# 해외한인사
## 1945~2000

История
иммиграции
корейцев,

книга вторая 1945~2000 годы

# 해외한인사
## 1945~2000

김 게르만(German Kim) 저/ 황영삼 역

Г. Н. Ким

# История
# иммиграции
# корейцев,

книга вторая 1945~2000 годы

한국학술정보㈜

가장 정답고 가까운 사람,

나의 아내 자리나 아키쉐바 혜존

- 김 게르만 니콜라예비치


Самому дорогому и близкому человеку –
моей жене Зарине Акишевой
посвящаю

- Г. Н. Ким

19세기 후반부터 제2차 세계대전 종전까지 시기에 한반도 주변에서 이루어
졌던 이주의 첫 단계를 다룬 『한인 이주의 역사』 제1권이 나온 지 7년이 흘렀
다. 인류의 역사에서 7년이란 순간에 불과하지만 이번에 맞이한 7년은 새로운
천년이 시작한 시기이자 세계가 범지구적인 경제제도의 창설을 기본 내용으
로 하는 글로벌 시대에 접어든 시기이기도 하다. 교통, 통신, 전자 및 현대정
보기술의 유례없는 발달이 다양한 국가와 대륙 및 사람들을 가깝게 하고 있
다. 분명히 강조되어야 할 점은 미래의 '지구촌'에서 사람들은 지나간 20세기
보다 서로를 더 잘 알게 되고 더 긴밀하게 교류하며 협력한다는 점이다. 그러
나 글로벌화와 지역통합은 국가 간의 경계가 없어지다시피 하고 공통의 통화
를 사용함에도 불구하고 국가주권을 부정하지 않는다. 그렇기 때문에 '출국이
주'와 '입국이주'는 일정한 절차를 밟게 되며 가까운 미래에도 총체적인 개념
인 단순한 '이주'로 해결되지 않는다.

2003년은 한인 이주사에서 획기적인 해였다. 200만 명이 넘는 미주한인들
이 하와이 이주 100주년을 기념하였던 것이다. 또한 50만 명에 가까운 구소련
권 한인들은 2004년에 이주 140주년 행사를 기념하였다.

지난 50여 년 동안 한인들은 중남미, 유럽, 서아시아, 동남아시아 및 호주

등지로 이주해 나갔다. 해외한인 규모는 600만 명을 넘어서고 한인 디아스포라는 현지국가와 한국과의 관계발전을 강화시키는 중요한 가교역할을 하고 있다. 해외한인들은 자신들의 의지로 인내하며 노동을 통해서 적응하고 새로운 국가에서 성공을 거두었다. 이러한 이유로 해외한인들은 사실 도처에서 '소수민족의 모범'으로 간주되었던 것이다.

해외한인들의 다양한 현지생활에 관한 연구는 풍부하게 축적되어 왔으나 사실 연구자들이 살고 있는 거주지역의 한인들에 대하여 썼기 때문에 많은 문제점 또한 내포되어 있다. 최근 10여 년 동안 해외한인에 대한 문제는 한국뿐만 아니라 기타 여러 국가에서 흥미를 끄는 연구과제가 되었다. 이러한 한국학 분야에 새로운 학자들이 많이 등장하였는데, 즉 젊은 학자들이 박사학위논문을 쓰고 특수한 주제를 가진 소책자를 발행하기도 하였다. 일부는 자신의 연구영역을 자신의 국가수준에서 벗어나는 등 좁은 시야를 극복하고 있다. 최근 10여 년 동안 한국, 미국, 일본, 중국 및 기타 유럽국가에서 해외한인을 조명한 수십 차례의 학술포럼이 개최되었다. 여기서 역사학자, 인류학자, 경제학자, 문화학자, 문학자 및 언어학자들의 만남이 이루어져 해외한인 문제를 연구하는 학자들의 직접적인 의견 교환을 통한 건설적인 결론이 도출되기도 하였다.

현재 해외한인사를 연구하는 역사학자들은 과거 어느 때보다 매우 많고 다양하다. 필자를 역사인구학적 문제로 관심을 끌게 한 막대한 자료는 상당한 정도의 통계자료에 근거하고 있다. 그러나 저자가 지닌 자료의 통계수치 부족으로 인한 간극을 채우기 위하여 매우 다양한 자료를 활용하지 않으면 안 되었다. 해외한인의 작은 규모와 해외한인에 대한 통계자료의 불완전성은 현대 해외한인 연구에 필요한 인구통계학적 자료 부족의 주원인이 되었다.

바로 최근에 한국 정부 재단들이 해외동포에 관한 문헌자료와 시청각자료를 체계적으로 수집하기 시작했다는 점은 중요하다. 지역별 해외한인 연구에 관한 대규모 프로젝트가 수행되었는데 그 결과 새로운 인터넷 홈페이지가 구축되고 해외한인에 관한 사료 및 자료들이 집적되었다.

한국의 재외동포재단은 홈페이지(http://www.korean.net)를 구축하여 현대 해외한인에 관한 자료를 제공하고 있다. 현재 60개국에 관한 통계자료가 있으며 그 속에는 유럽 9개국, 아시아 10개국, 아프리카 10개국, 중남미 10개국, 서아시아 11개국 및 오세아니아가 포함되어 있다. 역설적으로 위 사이트에는 미국, 중국, 일본, 러시아, 우즈베키스탄, 카자흐스탄 등 많은 수의 해외한인이 살고 있는 국가의 자료가 없다.

개인에게 7년은 매우 긴 기간이며 필자는 이 기간에 해외한인이 거주하는 많은 국가에 체류하면서 자료를 모으고 글을 쓰기도 하고 현지 한인들과 인터뷰를 진행하는 한편 유능한 전문가들의 조언도 받았다. 해외한인에 관한 사료와 연구자료의 많은 부분은 영어, 한국어, 중국어, 일본어, 스페인어, 독일어, 아랍어 및 기타 언어로 작성된 것이었다. 바로 이 점 때문에 자료 분석과 번역, 사유 및 비판적 분석에 많은 시간이 소요되었다. 사전 준비기간만 10년 이상이 소요되었으나 정작 단행본 집필과정은 몇 개월 정도만 걸렸다.

사실 소련 붕괴 이후 학문과 학자들의 상황은 어느 정도 좋지 않게 되었으며 본 저서가 나올 수 있었던 것은 수차례의 연구지원비 수혜와 많은 국가에서 개최된 국제학술회의 참석결과에 기인한 것이라고 본다. 따라서 필자는 한국의 '학술진흥재단', '국제교류재단', '재외동포재단' 등에 무한한 감사를 표한다. 또한 '소로스-카자흐스탄 재단', '한스 자이델'(독일), '동구권연구소'(미국), '브리티시 아카데미'(영국), 런던대학교 부설 '아시아-아프리카연구소(SOAS)', '현대언어스쿨'(동경), '인류학 박물관 및 지역연구센터'(오사카), '미시간대학교 한국학센터'(미시간, 안 아버), 서울대학교 부설 '이문화연구센터', 한국외국어대학교(서울), 전남대학교(광주), 계명대학교(대구), '아시아문화발전연구원'(서울), '한국세계통일문제연구소'(서울) 및 기타 해외 대학과 연구기관들에 특별한 감사를 표한다.

특히 한국 외교부 산하 '국제교류재단'은 두 번(1992년, 2004년)이나 필자에게 한국 현지연구를 위한 지원을 하였으며 그 결과 '한인 이주의 역사' 첫 두 권을 집대성할 수 있었다. 이 점에서 다시 한 번 감사의 마음을 표한다.

그리고 필자의 모교 알파라비 카자흐국립대학교에도 감사의 마음을 드린다. 필자는 학생 때부터 교수에 이르기까지 모교와 35년간 관계를 가지고 있다. 학교 당국은 필자에게 긴 기간의 해외현지 연구기회를 허용하였으며 그 결과 앞서 언급한 연구업적을 만들 수 있었다.

본 저서는 해외한인 문제를 연구하는 해외학자들의 진정한 지원 없이는 매우 불가능하였을 것이다. 기술적인 도움은 필자가 지도하는 알파라비 카자흐 국립대학교 한국학과 학생들과 대학원생 및 교수진들로부터 받았다. 이들을 일일이 열거하면 수십 명에 달할 것이기 때문에 이름과 직위 및 도움 정도를 말하는 일은 불가능할 것이다. 이 자리를 빌려 이들 모두에게 감사를 표한다.

나의 가족인 아내 자리나, 아들 아르춈 및 딸 알리나를 매우 고맙게 생각한다. 이들은 필자의 관심과 배려를 잃었음에도 오랜 기간 인내심을 가지고 지지해 주었으며 오히려 필자를 도와주었다. 항상 필자의 마음속에 갚지 못할 빚으로 남아 있다.

향후 수많은 연구도표를 이용한 『한인 이주의 역사』 제3권은 '적응', '변용', '동화'에 이르는 해외한인에 대한 비교분석 단계에 접어들 것이다. 제3권에서는 법적 지위, 노동활동, 민족문화 보존, 의식과 의례의 변화, 언어능력, 한국어 구사능력, 민족공동체의 역할과 장소, 신－구 한국이주민들 간의 상호관계, 역사적 조국과 혈연적 조국과의 상관관계 등이 다루어질 것이다. 그리고 민족의식의 변화문제와 현재 다양한 사회문화적 영역에 거주하고 있는 해외한인의 심성과 민족적·심리적 특성문제가 다루어질 것이다.

김 게르만 니콜라예비치
서울－알마티, 2005년

## 제2장 소련 및 소련붕괴 이후의 고려인 이주

# 서문을 대신하며:

## 현대 세계인구 및 국제이주 동향

# 1. 세계인구의 규모, 문제점 및 전망

지나간 20세기 특히 그 후반기에는 급속한 인구성장 및 출생률, 사망률, 연령
별 및 가족별 인구구조 등의 현격한 변화가 있었고, 동시에 세계인구의 뚜렷한
지역적 격차에서 비롯되는 급격한 도시화의 진전에 따른 인구이동이 특징적이었
다. 지구상 인구의 절대적인 수치증가율이 20세기 말만큼 그렇게 높았던 때는
없었다. 20세기 초에는 지구상의 인구가 16억 명에 불과하였는데 금세기 초의
인구는 이미 60억 명을 넘었다. 금세기 중반이 되면 지구상의 인구가 90억 명으
로 예상되며 이는 지구환경에 부담을 주어 추가적인 파괴와 고갈을 유발시켜 더
많은 사람들로 하여금 더 쾌적한 지역으로 이주하게 만들 것이다.[1] 세계은행에
의하면 지구상의 인구가 120~130억 명을 초과하면(아마 100년 후의 일이겠지
만) 지구에 대한 사람들의 요구와 지구가 감당해 낼 수 있는 능력 사이에서 커다
란 불균형이 초래되어 파국이 올 것이라는 것이다.[2]

현재 세계인구의 대륙별 분포는 다음과 같다. 아시아에 약 35억 명, 아프리

---

1) Lutz, W., Sanderson, W., Scherbov, S. Probabilistic Population Projections Based on Expert
Opinion. In: Lutz, W.(Ed.)(1996): The Future Population of the World. What Can We Assume
Today? Revised Edition. London(Earthscan Publications Ltd.).

2) См.: Daily, G. / Ehrlich, P. Population, sustainability and the Earth's carrying capacity. In:
BioScience, 1992, Vol.42, 761－771; Cohen, J. E. How many people can the earth support. New
York. W. W. Norton. 1995; Heilig, G. K. How Many People Can Be Fed On Earth? In: Lutz,
W.(Ed.): The Future Population of the World. What can we assume today? Revised and Updated
Edition. London(Earthscan), 1996, pp.196－249; Капица С. Теория роста населения Земли. －
М., 1997; Григорьев А.А., Кондратьев К.Я. Глобальная динамика народонаселения. －Известия
Русского географического общества. СПб, 1997. －Т.129, вып. 4., с.1－10.

카에 7억 8,000만 명, 북미에 2억 7,400만 명, 중남미에 5억 명, 유럽에 7억 3,000만 명 등이다. 이를 백분율로 나타내면 다음과 같다. 유럽과 북미가 16%, 아시아 61%, 아프리카 13%, 중남미 8%, 그리고 오세아니아가 0.5% 등이다.[3]

매년 세계인구는 평균 7,000만~8,000만 명 정도 증가하는데 1997년의 경우는 8,600만 명이 증가하였다. 가장 높은 증가는 15~24세 및 65세 이상 연령대의 사람들에서 볼 수 있었다. 이러한 구조 속에서 오늘날 대다수 젊은 층들은 경제, 사회, 환경 및 기타 문제와 맞서 싸워야 하는 개발도상국에 살고 있다. 제3세계 국가에서는 현재 젊은 층들의 인구이동이 유럽과 미주 등지로 이루어지고 있는데, 유럽과 미주 지역은 이미 인구감소가 꾸준히 이어지고 노년층 인구의 비율이 높다.

20세기 후반은 지구상 인구의 지역적 편차가 가장 극심했던 시기였다. 아시아, 아프리카 및 중남미 국가들의 인구가 크게 증가한 결과 인구팽창이 발생하였고 이에 반해 선진국의 인구성장은 현격하게 줄었던 것이다. 1992년 전 세계 인구는 매일 25만 5,000명씩 증가하였는데 그중 적어도 1만 5,000명은 선진국에, 나머지 24만 명은 개발도상국에 해당하였다. 또 이 중에서 60%는 아시아 지역, 20%는 아프리카, 10%는 중남미 지역에 해당하였다. 아프리카에서는 향후 수십 년간에 걸쳐 인구의 자연증가가 크게 나타날 것으로 예상된다. 대략 2050년이 되면 아프리카에는 약 20억 명, 22세기에는 25억 명의 사람들이 살게 될 것이다.[4]

오늘날 개발도상국의 인구폭발에는 다음과 같은 두 가지 요인이 작용한다. 하나는 이전에는 수십만 명의 인명을 앗아간 전염병 발병이 예방됨으로써 사망률이 현저히 감소하게 되었다는 점이며 다른 하나는 전통적으로 높은 출생률이 그대로 유지되었다는 점이다. 결국 이 두 가지 요인으로 인해 인구의 자

---

3) Брук С. И., Население мира. Этно-демографический справочник, 2 изд., М., 1996; Козлов В. И., Динамика численности народов, М., 1996.

4) Слука А. Е. Географические особенности развития населения мира в конце XX века. Вестник Московского университета, 1997. Сер.5. География. №2., С.8-13; Bos, E., Vu, My T., Massiah, E., Bulatao, R. A. World population projections, 1994~1995 Edition: estimates and projections with related demographic statistics. Washington, D.C., Baltimore, London-World Bank, Johns Hopkins University Press, 1994.

연증가가 현격하게 이루어졌다.

개발도상국의 사망률 수준은 계속해서 낮아지고 있으며 점차적으로 아동층 연령구조의 세계 평균 수준과 비슷해지고 있다. 후진국의 유아사망 감소실적은 미미하다. 1990~1995년까지 사망률이 매우 높은 상태에 있는데 가령 시에라리온이 천 명당 165명, 아프가니스탄이 163명, 말리가 159명 등으로 나타났다. 사망원인은 선진국이 앞서 겪었던 현대적인 것으로 변화하고 있는데 즉 주로 외부적인 원인에 의한 전통적인 유형과는 다르게 내부적인 사망원인에 의한 것이 압도적이다.

개발도상국의 인구 '폭발'은 매우 중요한 의미를 지닌다. 가장 큰 의미는 유럽에서의 급속한 인구성장이 우선적으로 사회경제적 변화수준에 바탕을 두고 있다는 사실이다. 반대로 개방도상국의 인구성장은 국가의 경제 및 사회발전 수준을 능가했고 이로 인해 심각한 일자리 문제, 사회문제 및 식량공급의 문제 또한 증대되었던 것이다.[5]

현대 인구변화의 두 번째 특징은 바로 그 팽창력에 있는데 왜냐하면 사망률의 감소가 빠르게 진행되는 반면 높은 출생률은 더 지속되고 있으며 이는 일찍이 유럽에서 발생했던 현상이다. 1970~1990년의 개발도상국 인구성장은 같은 시기 유럽에서 달성되었던 적정 수준보다 2배 이상 더 높았다.

특징뿐만 아니라 규모에 관해서도 언급할 수 있다. 세계인구의 대부분을 차지하고 있는 현대 인구폭발은 전 세계 사회문제와 직·간접적인 관계를 가지고 있는데 이는 지역적인 인구문제가 현대세계의 문제로 변화되는 것을 말한다. 현재 높은 인구성장은 세계 85개 국가에서 진행되고 있는데 거의 절반 정도가 아프리카 국가들이다. 75개 국가는 비교적 안정적인 인구규모를 유지하고 있다. 이들 국가에는 26억 명이 거주한다. 세계에서 10개 국가가 인구 1억 명 이상을 보유하고 있다. 1950년에 1억 이상 국가는 4개국(중국, 인도, 미국, 소련)이었는데 2025년 정도가 되면 인구 1억 이상의 국가들이 18개국으로 증가할 것이다.

---

5) Аникина Н. И. Африка: Население и развитие. М.: Восточная литература, 1997.

1970~1990년 기간에 있었던 개발도상국의 엄청난 인구폭발로 인하여 선진국의 최우선과제가 되었던 인구위기가 발생한 바 있다. 인구위기의 본질은 인구성장률의 급격한 감소, 고령화 및 전통적 가족가치관의 상실에 있다. 일부 유럽의 후기산업국가에서 나타나는 저출산으로 인하여 인구의 자연감소와 노동자원의 감소가 발생하고 또한 노인층 비율이 높아지면서 노동생산층의 '경제적 부담'이 늘고 있다.[6]

산업혁명 전까지는 65세 이상 세계 고령인구의 비율이 2~3%를 초과하지 않았다. 1998년의 세계에서는 80세 이상의 인구가 이미 6,600만 명을 넘어섰고 100세 이상만 해도 13만 5,000명에 이르렀다. 오늘날 이러한 고령인구는 세계에서 14%를 차지하고, 2030년경에는 25~30%에 이를 것으로 보이는데 대다수 선진국 경제의 걸림돌이 될 것이다. 가령 1억 2,600만 명의 인구를 지닌 일본에서는 65세 이상의 노인이 전체 인구의 1/6을 차지한다.[7] 사실상 사반세기 동안 일본에서는 전체 인구와 비교한 고령인구 비율이 두 배로 증가하였고, 2050년경에는 65세 이상 인구의 비율이 전체 인구의 1/3을 차지할 것으로 예상된다. 현재 연금생활자 1명당 생산가능인구 4~5명의 비율이라면 2020년에는 이 비율이 1:2가 될 것이다. 지난 5년간 생산가능인구는 100만 명 줄었다(8,700만 명에서 8,600만 명으로). 2050년에는 생산가능인구가 5,700만 명으로 될 것이다. 유럽국가에서도 상황은 이와 유사하다. 가령 2030년경이 되면 유럽국가에서는 연금생활자 1명당 생산가능인구 1.5명 비율이 될 것이며 독일과 이탈리아의 경우에는 생산가능인구와 비생산가능인구의 비율이 거의 비슷해질 것이다. 의심할 여지없이 이러한 극한 상황은 결국 인간의 삶의 질을 떨어뜨리고 마침내 해외이주를 초래하게 될 것이다.[8]

UN 전문가들의 견해에 따르면 한 국가의 사회경제적 발전에 필수적인 노

---

6) Eberstadt, Nicholas, "The Population Implosion", in The Wall Street Journal, Thursday October 16, 1997; Pritchett, Lant H., "Desired Fertility and the Impact of Population Policies", in Population and Development Review, Vol.20(no.1), March 1994, pp.1−55.

7) Kono, Shigemi(1992). Population aging in Japan. In Migration, population structure, and redistribution policies. Calvin Goldscheider, ed. Boulder, Colorado/Oxford: Westview Press, pp.303−320.

8) UN−United Nations(1998), "Family−building and Family Planning Evaluation", New York.

동수요에 감당할 만한 충분한 인구가 있다면 이 국가의 인구상황은 매우 좋은 상태에 있다고 본다. 그런데 경제활동가와 비활동가 간의 비율에서 후자가 전자를 초과하게 되면 국가 전반적인 생활수준이 저하되는 것과 같은 부정적인 사회현상이 발생하게 된다.[9]

현재 지구촌의 발전단계는 종종 '대도시의 시대'인데 곧 도시화 과정은 20세기의 '조용한 혁명'이었다. 최근 UN 전문가들에 의하면 첫째, 절대 농촌인구의 성장중지 및 감소, 둘째, 이전 시기처럼 21세기 초 역시 시대적 사건, 즉 농촌인구에 대한 도시인구의 초과가 예상된다. 이와 같이 농촌인구와 관련한 도시인구의 규모가 더 커질 것이며 이는 공식직으로도 인정되었다.

여러 국가의 도시화 정도는 지역과 대륙에 따라 일정하지 않다. 한편으로는 전 세계국가의 2/5, 즉 아프리카, 아시아 대부분 국가에서 농촌인구가 압도적이다. 다른 한편으로는 52개 국가, 즉 1/5 정도의 국가(유럽, 북미 및 중남미)에서는 도시인구가 75%를 넘는다. 오늘날 도시인구 증가의 9/10는 아시아 등지의 개발도상국에서 발생하는데 이는 전 세계 도시화 과정의 전형을 보여주고 있다.[10]

지난 10년간 도시화의 특징은 국가 인구의 거의 1/3이 몰려 있는 서울에서처럼 인구의 밀집도가 높은 대도시 중심의 도시발전이 진행되었다는 점이다. 20세기 중반에는 100만 명 이상의 규모를 가진 대도시가 전 세계적으로 7개 국당 1개였으나 현재에는 3개국당 1개로 되었다. 오늘날 지구상에는 100만 명 이상의 주민이 모여 집단적 주거지를 형성하고 있는 곳이 370개나 되며 세계 도시인구의 37% 및 지구인구의 17%를 차지한다. 100만 명 수준의 도시규모에서 앞서가는 지역은 동아시아와 남아시아 지역인데 그 비율은 전체 100만 명급 도시의 1/3을 차지한다. 또 다른 1/3은 북미와 유럽이 차지한다.

UN 전문가에 따르면 농촌인구가 공업중심지로 이주하는 일이 많은 국가에서 관찰되고 있다. 농촌인구는 감소하여 현재 전체 지구인구의 절반 이하이

---

9) UN-United Nations Economic Commission for Europe(1998), "Directory of Population Ageing Research in Europe". New York.

10) Осколкова О.Б. Урбанизации в странах Азии и Африки. — Азия и Африка сегодня. —М., 1998, №12. C.55−58.

다. 대신 도시인구는 증가하고 있다. 가령 동경인구는 3,000만 명에 육박하고 봄베이, 상해, 상파울루는 2,000만 명, 뉴욕, 멕시코시티가 1,600만 명, 북경과 자카르타는 1,400만 명 정도이다.[11]

세계적인 경험에서도 확연하게 나타나듯이 인구의 성별, 사회계층별, 민족별 구성, 지역별 인구분포도 등을 포함하는 인구학적 상황은 한 국가나 지역의 사회경제적 환경 및 생활의 질적 수준에 영향을 주어 다양한 특징과 성격을 지닌 인구이동을 보여 준다.


## 2. 현대 국제이주의 일반적인 특성


현대경제의 세계화 과정에서 나타나는 국제적 인구이동은 사회발전 과정에서 중요한 위치를 차지한다. 거의 대부분의 국가는 노동력의 수요자 혹은 공급자 등 다양한 형태의 인구이동을 경험하고 있다. 이러한 유동인구의 전체 규모는 해마다 증가하였으며 세계 각지에서 다양한 형태의 변화가 나타나고 있다. 20세기 말에는 전통적인 이주 중심지가 미국, 캐나다 및 호주였는데 이러한 국가에서는 새로운 세계적 노동력이 발생하였다. 이들 노동력의 출신지는 서유럽, 아시아 – 태평양 지역, 서아시아 산유국, 남미의 아르헨티나와 베네수엘라 그리고 아프리카 부국 등이다.[12]

관련 통계를 보면 1950년부터 1990년까지 미국은 중남미, 동남아시아 및 기타 지역으로부터 2,500만 명, 독일이 900만 명, 프랑스가 400만 명 그리고 캐나다와 호주가 각각 350만 명씩 이주자들을 수용하였다. 서아시아의 7대 자원부국(사우디아라비아, 리비아, 아랍에미리트, 쿠웨이트, 오만, 카타르, 바레인

---

11) Berry, Brian J. L., "ransnational Urbanward Migration 1830 – 1980" Annals(AAG), 83(3), 1993, 389 – 405; An Urbanizing World: Global Report on Human Settlements, United Nations Center for Human Settlements(HABITAT) published by Oxford University Press, 1996; State of the World Population, 1996, United Nations Population Fund.

12) Edited by Vaughan Robinson. Geography and Migration. The International Library of Studies on Migration. An Elgar Reference Collection, Cheltenham, UK – Northampton, MA, USA, 1996.

등)은 1975년부터 1990년까지 190만 명에서 800만 명까지 인구증가를 기록하였다.[13]

현대이주는 주로 두 방향으로 이루어진 점이 특징이다. 국가는 공급자임과 동시에 수요자로 기능하였다. 가령 영국과 미국은 세계에서 가장 큰 수요국이며 동시에 개별국가에 이주자를 제공하기도 하는데 미국은 캐나다에 대하여 그리고 영국은 호주에 대하여 그렇다.

60년대 말부터 미국에서는 개발도상국 출신 이주민 비율이 압도적이었다. 인구흐름에서 아시아 및 중남미 출신자들의 비율은 88%에 이르렀다. 이러한 이주는 동포들 간의 사업에 집중되었디는 점이 특징이다. 미국의 한 전문가에 의하면 1980년대 말에 재미한인의 47.5%가 기업가들이었고 27.6%는 이러한 업체에서 일하는 임노동자들이었다. 이란 이주자들의 경우는 각각 56.7%와 4.6%에 해당하였다. 동포 비즈니스의 전통적 영역은 건설업, 무역 및 서비스 업종이었다. 미국은 수준 높은 사람들의 유입을 권장해 왔기 때문에 오늘날 전문가들을 유인하는 중심국이 되었다. 미국과 캐나다에는 불법이주민들도 많이 있다. 전문가들의 평가에 의하면 미국에서만 불법이민자 규모가 450만 명에 이르고 이들 중 대부분은 멕시코 출신들이었다.[14]

캐나다 입국 이주자들의 구성에도 변화가 있었다. 1900년에 아시아계 이주민들은 3%에 불과하였지만 1991년경에는 52%로 증가하였다. 이주민 공급국은 홍콩(15.3%), 필리핀(5.2%), 스리랑카(5.1%), 인도(5.1%) 등이었다. 홍콩 출신 이주민들의 대다수는 영구거주를 목적으로 한 투자자 혹은 기업가들이었다. 경제전문가에 의하면 매년 20억~40억 캐나다 달러가 과거 영국 식민지 국가로부터 들어온다. 최근에는 폴란드를 비롯한 동유럽 국가에서 캐나다로 이주자들이 입국하고 있다. 그리고 여전히 영국, 독일, 이탈리아 및 미국에서 노동력이 수출되기도 한다.[15]

---

13) Bilsborrow, R. E., Graeme Hugo, A. S. Oberai and Hania Zlotnik. International Migration Statistics: Guidelines for improving data collection systems. International Labor Office. Geneva. 1997.

14) Карен Лэндснесс, Кэтлин Ньюланд. Цели и методы иммиграционной политики США. ≪Иммиграционная политика западных стран: альтернативы для России≫. Под ред. Г. Витковской. М.: Гендальф, 2002.

미국과 캐나다 다음으로 호주가 세 번째로 큰 이주민 수용국이다. 그러나 최근에는 초기 이주가 국법으로 인해 제한받고 있으며 기껏해야 가족재회의 수준에 그치고 있다. 통계자료에 의하면 영국이 여전히 호주에 대한 최대 인구공급국으로 남아 있다. 즉 1992년 호주유입 이주민 전체의 13.5%가 영국과 아일랜드 출신자들이었던 것이다. 신규 국가로서 홍콩이 12%, 베트남 8.9%, 뉴질랜드 6.7% 등으로 파악되었다. 국가노동인구에서 차지하는 외국인 비율은 24%에 달하였다.16)

서유럽도 국제노동인구의 이동이 빈번한 지역이다. 1950년부터 1990년까지 이 지역의 이주민 수는 510만 명에서 1,700만 명으로 증가하였다. 1990년에 이주민 인구가 많았던 국가로는 독일(524만 2,000명), 프랑스(360만 8,000명), 영국(187만 5,000명), 스위스(110만 명), 벨기에(9만 5,000명), 이탈리아(78만 1,000명), 네덜란드(69만 2,000명) 등이었다. 1995년 무렵에는 독일에 200만 명의 이주인구가 더 증가하였고 영국에는 2,000명이 더 늘어났는데 이주민의 비율이 가장 높은 국가는 룩셈부르크의 경우로서 1990년에 28%, 1995년에는 33.5%였던 것이다. 주요 이주민 공여국은 다음과 같다. 알제리, 모로코, 포르투갈 인들은 프랑스로, 이탈리아와 모로코 사람들은 벨기에로, 터키, 구 유고슬라비아, 이탈리아, 그리스, 폴란드 인들은 독일로, 터키, 모로코 인들은 네덜란드로, 이탈리아, 구 유고슬라비아, 스페인 인들은 스위스로, 인도인들은 영국으로 주로 이주해 갔던 것이다. 최근 유럽의 노동시장에서는 터키, 구 유고슬라비아, 그리스, 이탈리아, 포르투갈, 스페인 출신 이주자들이 집중되었다. 사실 외국노동자들은(주로 동양 출신자들이 많지만) 일손이 많이 가는 직업분야에 종사하고 낮은 대우와 저임금 부문에서 일을 하고 있다. 가령 프랑스에서는 전체 이주민 중 절반이 제조업과 무역에 그리고 독일에서는 3/5 이상의 외국노동자들이 제조업 부문에서 일하고 있다. 이러한 수치를 볼 때 외국인 노동력이 요구

---

15) Employment and Immigration Canada. Immigration Statistics 1986(Ottawa, Minister of Supply and Services Canada), 1988.

16) Australia, Department of Immigration and Ethnic Affairs. Annual Review 1981(Canberra), 1982.; Han Gil－Soo. Australian Immigration Policy and Settlement of Koreans in Australia. －Korean Social Science Journal. Vol.XXVII, 2000, No.2, pp.197－216.

되는 개별 산업분야를 알 수 있다. 최근 유럽에서는 외국인 노동자들이 몰렸던 일부 전통적인 분야가 확인되었다. 서비스 분야에서 외국인 노동자들의 비율이 증가되었던 것이다. 이와는 반대로 제조업, 금속가공, 자동차 분야에서는 감소현상이 일어났다. 그리고 불법이주 노동자들의 증가로 인하여 해당 국가에서 심각한 사회문제가 발생하였다. 전문가들에 의하면 90년대 초에 유럽연합에서는 300만 명 이상의 불법노동자들이 있었는데 주로 이들은 북아프리카와 아시아 출신자들이었다.[17]

유럽연합에서 발생한 통합과정으로 인하여 급속한 경제성장과 일자리 창출이 이루어졌다. 이러한 변화는 전 세계 노동시장에 영향을 주었시반 일부 전문가들에 의하면 유럽연합 국가들이 연합에 속하지 않은 국가 출신 노동자들에게는 우호적이지 않았다는 것이다.[18] 인구통계학적으로 보면 유럽연합에 대한 이주인구 증가폭이 감소할 것이다. 1989~1993년까지 연간 100만 명이 넘는 이주인구가 2000년에는 여러 평가의 결과 40만~80만 명 정도로 감소하였다. 유럽의 전문가들은 이주의 질적 변화를 예측하였는데 이러한 변화는 곧 노동시장에 반영될 것으로 보았다. 말하자면 질적으로 매우 높은 노동자들이 노동이동의 주력이 될 것이며 결국 이는 낮은 자질과 중간 정도의 노동자들을 포함한 전체 유입이주민에서 높은 비율을 차지할 것이다.[19]

아시아는 국제적 인구이동이 다양하게 나타나는 지역이다. 70년대는 그중의 한 시기에 속한다. 원유가격의 상승으로 인해 서아시아지역 국가의 국가경제가 필연적으로 재조정되었으나 이들 국가들은 필수노동자원을 확보하지

---


17) Джон Солт. Текущие тенденции в международной миграции в Европе: 1999
   http://www.archipelag.ru/agenda/povestka/povestka−immigration/; Russell King(Ed) Mass Immigration in Europe. London: Belhaven Press. 1993; Abad−Unat, Nermin. Turkish migration to Europe. 1995, pp.274−78 in Robin Cohen, ed., The Cambridge Survey of World Migration, Cambridge: Cambridge University Press.

18) Hollifield, James F.Migration and International Relations: Cooperation and Control in the European Community. International Migration Review. 1992, №26, pp.569−595.

19) Stalker, Peter. The Work of Strangers: A Survey of International Labour Migration. Geneva: International Labour Office. 1994; Hollifield, James F. "Migration and International Relations: Cooperation and Control in the European Community." International Migration Review. 1992. №26, с.569−595; Комисарова Л.И. Международная миграция рабочей силы и проблема занятости в странах ЕС. −Вестник финансовой академии. М., 1997. №4. С.87−93.

못하였다. 이주민 정책을 수정한 산유국들은 해외의 노동력을 수입하였고 그 결과 90년대 초에는 외국인 노동자의 비율이 매우 높았다. 즉 카타르에 92%, 아랍에미리트에 90%, 쿠웨이트에 85%, 사우디아라비아와 바레인에 약 40%, 오만에 34% 외국인 노동자들이 활약하였던 것이다. 이들 국가에 노동력을 제공하는 국가에는 비단 아랍국가, 인도 및 파키스탄 외에 동남아시아, 그리스, 터키, 이탈리아 심지어 한국과 태국도 있었다.[20]

홍콩, 싱가포르, 일본, 말레이시아, 한국 및 대만의 경제성장으로 인하여 필리핀과 태국과 같은 국가의 이주민들이 이동하였지만 동시에 이들 국가에서 차지하는 불법이주자의 비율 또한 매우 높게 증가하였다.[21] 80년대 중반에 일본은 서비스와 건설현장에서 일하는 저임금 노동자들을 받아들였다. 대부분 이주자들은 불법적으로 노동하였는데, 이는 법적으로 저임금 노동자들의 노동허가를 인정하는 항목이 없었기 때문이었다. 1990년에 법규가 바뀌었지만 결과적으로 노동자원은 주로 일본계 중남미 사람들과 일부 외국인 전문가로 충당되었다. 몇 년 동안 일본에 합법적으로 거주하는 외국인의 수는 60%나 증가하였지만 불법이주자들 또한 증가하였는데 1995년에 약 28만 명에 달하였다.[22]

중남미 국가들은 이주민 비율이 6.2% 정도로서 높지 않다. 이주민 수용국은 주로 아르헨티나, 브라질 및 베네수엘라이다. 이들 국가는 볼리비아, 칠레, 파라과이와 함께 심각한 숙련된 노동자 부족현상을 겪고 있으며 그 결과 동유럽과 독립국가연합의 이주민 유입을 권장하기 위한 특별 보조금 제도를 운영하고 있다. 또한 대륙 간 인구이동도 특징적이다. 이러한 변화는 유럽계 이주민들의 이탈로 귀결된 1980년대 경제붕괴 이후 두드러졌다.[23] 이 기간에

20) Кулямзин А. А. Страны Персидского залива. Иммиграция и классовая структура. М., 1990; Abella I. M. Asian Migrant and Contract Workers in the Middle East. The Cambridge Survey of World Migration. Edited by Robin Cohen. Cambridge University Press. 1995, pp.418－423.

21) Архипов В. Я., Международная миграция рабочей силы в Азии(70－80－е годы). М., 1997.

22) Loiskandl, Helmut. 1995. Illegal Migrant Workers in Japan. pp.371－375 in Robin Cohen, ed., The Cambridge Survey of World Migration, Cambridge: Cambridge University Press.

23) CELADE. 1989. "Investigacion de la migracion internacional en Latinoamerica(IMILA)", in Boletin Demografico(Santiago, Chile), Vol.22, No.43.

베네수엘라에서는 중남미 출신 이주자들이 67%로 증가하였는데 볼리비아, 칠레, 파라과이 및 우루과이가 아르헨티나와 독일에 대한 이주민 공급국이었다.[24] 멕시코에서 미국으로 이주하는 경향이 높아진 것이 새로운 특징이었다. 미국 거주 멕시코 인들은 1970년에 76만 명에서 1990년에는 430만 명으로 증가하였다.

북아프리카 국가들은 서아시아 산유국과 유럽에 대한 이주민 공급국이다. 알제리는 프랑스가 상당한 수준으로 이주민을 받아들이기 전까지의 주요 노동력 공급국이었다. 이집트 이주민 노동자들은 리비아와 서아시아 산유국으로 방향을 잡았다.[25] 서아프리카의 이주민 노동자 중심지는 코트디부아르였는데 1990년대 초 이주민 수만 150만 명이었고 이들 대부분은 인근의 아프리카 이웃 국가 출신자들이었다. 아프리카에서 가장 부유한 남아프리카공화국은 오랫동안 이주자들을 끌어당기는 중심지였고 이들 대부분은 광부들이었다.[26] 남아프리카공화국이 이주노동자 의존정책에서 탈피하자 전체 노동자 중 광산에 종사하던 노동자의 규모가 줄어들었는데, 즉 1970년에 77%에 달하던 것이 1980년에는 40%로 되었던 것이다. 최근에는 인근 국가로부터 불법체류자들이 많이 넘어오고 있다. 남아프리카공화국은 이전과 같이 영구거주를 위한 이주자들을 수용하고는 있지만 이렇게 되려면 전문적인 기술을 소지하지 않으면 안 되었다.[27] 기타 아프리카 국가의 이주자 실태에 관해서는 국가 간 인구이동에 관한 신뢰성 있는 자료의 부족으로 인하여 판단하기 힘들다.

세계적으로 인구이동에 큰 영향을 준 사건은 소련의 와해와 독립국가연합의 결성, 그리고 이들 국가에서 전개된 경제제도의 변화, 정치사회적 자유화 등이었다. 국외에는 약 2,500만 명의 러시아 인과 수백만 명의 기타 러시아연방 토착소수민족이 거주하게 되었다. 러시아 인근국가에서 러시아로 이주하

---

24) "Mass Immigration and Modernization in Argentina", Studies in Comparative International Development. 1966, №2, pp.165－182.

25) Baker, J., Aina, T. The Migration Experience in Africa. Uppsala: Nordiska Africainstitutet. 1995.

26) Bouillon, A. Immigration and Immigrants in South Africa. Revue Europeenne Des Migrations Internationales. 1998, №14, pp.193－219.

27) Solomon, H. Migration in Southern Africa: A Comparative Perspective. Africa Insight. 1994, № 24, pp.60－71.

는 러시아 동포들의 수는 근래에 지속되고는 있지만 그 규모는 이들 국가에서 러시아 인들이 감소되고 있고 또한 이주자들을 수용하는 데 대한 국가적인 규제로 인하여 점차 줄어들고 있는 실정이다.[28]

구소련 국가에서 이주민 규제정책이 완화되자 포화상태에 있던 이주민 유출이 나타났다. 7개년(1989～1995) 동안 59만 7,000명의 유태인들이 이스라엘로 떠났는데 그중 29.9%는 러시아연방에서 출국한 사람들이었고, 29.3%는 우크라이나, 22.3%는 독립국가연합의 아시아 쪽 국가 출신자들이었다.[29]

대체적으로 90년대 중반 연간 이주민 출입국자 차이는 약 100만 명에 달했는데 이는 떠나는 이주자들보다 들어오는 이주자들이 평균 100만 명이 더 많다는 것을 의미한다. 향후 전망에 따르면 세계경제의 안정으로 인하여 그 차이는 감소할 것이다.[30]

국제적 인구이동에 따른 연간 화폐금액의 규모는 수억 달러 정도에 이르는데 이는 외국인들의 직접투자 규모와 관계있다. 선진국으로는 영주권 없는 외국인에 지급되는 전체 노동소득의 9/10와 개인적인 송금액의 2/3가 흐르고, 이에 반해 개발도상국으로는 각각 1/10과 1/3이 흐른다. 이것이 뜻하는 바는 선진국에서는 외국인 임시노동자들이 주류를 이루는데, 즉 전환기의 경제국가를 포함하여 개발도상국 노동자들의 인구유출이 발생하고 거기서 영주권을 얻는다는 것이다. 인구이동과 관련한 화폐의 흐름에 관해서는 노동자의 송금액이 약 62%를 차지하고 노동소득이 약 31%, 그리고 이주민 거주지 이전비가 약 7%이다.[31]

비영주권자 개인에게 지급되는 노동소득이 가장 많은 곳은 스위스, 독일, 이탈리아, 일본, 벨기에, 미국 등이다. 개발도상국 중에서 외국인 노동자들의

---


28) Миграции в постсоветском пространстве: политическая стабильность и международное сотрудничество. М., 1997.

29) Симановский С.И. "Утечка умов": механизм абсорбции научно-технических кадров из бывшего СССР в Израиле. — Вестник научной информации. Институт международных экономических и политических исследований РАН. М., 1997, №6, С.64-98.

30) Ходов Л. Г. О современном состоянии миграции населения в мире. Внешнеэкономический бюллетень. М., 1998. №1. С.94-96.

31) Borjas, George J. The Economic Benefits from Immigration. — Journal of Economic Perspectives. Vol.9(2), Spring 1995, pp.3-22.

활동이 가장 큰 곳은 아랍에미리트, 이스라엘, 말레이시아, 쿠웨이트 등이다. 송금액이 가장 큰 곳은 주요 선진국(미국, 독일, 일본, 영국)과 신생공업국(한국)과 산유국들(사우디아라비아, 베네수엘라)이다. 대부분의 경우 송금액의 최대 수혜국은 선진국들인데 이는 주로 외국에서 장기간 근무한 사람들의 급여가 높기 때문이다. 일부 개발도상국의 개인적 송금액 규모는 상품수출액의 25~50%를 차지한다(방글라데시, 이집트, 그리스, 모로코, 파키스탄, 포르투갈, 스리랑카, 수단, 터키 등). 요르단, 레소토, 예멘에서는 송금액이 GNP의 10~50%를 차지한다.

노동력의 국제적 이동은 개별 국가와 지역의 불균등한 경제발전과 연관되어 강화될 것이다. 더 많은 수의 국가들이 사회적 · 문화적 · 정치적 및 인구학적 관련성 속에서 이러한 변화과정에 가장 적극적으로 참여하게 될 것이다.[32]

오늘날 외국인들이 가지는 특징은 영주권을 가지는 사람들이 압도적으로 늘어났다는 것이다. 구 서독 외국인들의 2/3, 오스트리아 및 스위스 외국인들의 1/2은 영주권자들이었다. 서유럽 외국인들의 평균 체류기간은 10년이 넘으며 독일의 경우 외국인 1/4이 20년 이상을 거주하였다.

이와 같이 현대 국제이주의 기본적인 특징은 다음과 같다. 첫째, 오늘날 국가 간 인구이동은 노동자 이주민들의 경우가 대부분이다. 둘째, 국제적 노동력 이동은 이주흐름을 보여 주는 인구학적 지표를 변화시키고 있다. 셋째, 최근 10년간 이주의 지리적 영역과 규모가 확장되었는데 여기에는 전 세계의 많은 국가가 포함되고 있다. 넷째, 연령별, 성별 이주민 구성이 매우 다양하게 나타난다. 다섯째, 불법이주자의 비율이 높게 확대되고 있다는 점도 특징적이다. 여섯째, 이주노동자 중에는 숙련된 전문가들의 비율이 높다. 일곱째, 현대 국제이주는 이주자 규모의 확대와 신속한 지리적 이동을 보여 주는데 이는 세계적인 현상이다.

---

32) ≪Анатолий Вишневский. Север≫ и ≪Юг≫ планеты: перспективы миграционного обмена. "Иностранец", 5 февраля 2002 г., №4(409).

## 3. 국제이주에 관한 개념적 접근의 통일성과 다양성

국제적 인구이동은 모든 국가와 대륙을 포괄하고는 있지만 이러한 규모에도 불구하고 현재 학문영역에서는 지금까지 통일되고 객관적인 개념이 정립되어 있지 않다. 이에 대한 이유로서는 이주 자체가 여러 국가(혹은 지역, 대륙)의 매우 다양한 정치적·경제적·사회-문화적 및 인구학적 과정과 밀접하게 관련되어 있다는 것으로 설명된다. 또 다른 이유로는 국제이주의 규모, 방향, 경향에 대한 분석이 불완전한 자료수집, 객관성을 보여 주는 표준지표 및 통일된 연구방법의 부족에서 비롯된다고 보기 때문이다.[33]

이주의 본질과 이주에서 기인하는 특징 및 영향에 관한 학문적 분석에는 일부 기본적인 개념적 접근법이 존재한다.[34] 이러한 접근법 중 하나는 이주를 매우 광범위한 것으로 인식하고 이주를 지리적인 변경뿐만 아니라 인구이동의 형태 그리고 인구의 구분, 직업 및 사회적 재분배를 포함한 사회적 이동 등과 연관시킨다. 두 번째는 지리적 인구이동이 목적과 성격이 다르다는 점이다. 세 번째는 단순한 공간적 이동은 거주지의 영구 혹은 임시적 변화를 가져올 뿐만 아니라 시계추와 같은 움직임을 초래한다. 네 번째는 거주지가 한 장소에서 다른 장소로 최종 결정되는 인구의 공간적 이동이 이루어진다. 분류작업의 다양성은 여러 가지 이주요소로 설명되기 때문에 각국의 이주원인을 설명하는 것은 구체적인 사실에 근거되며 결국 이것은 학문적 접근방식으로 조명될 것이다.[35]

국제이주는 사실 사람들이 영구거주지의 변화를 목적으로 특정 국가에서 다른 국가로 이동하는 것이기 때문에 가장 적절하고 최종적인 것이라야 한다. 따라서 이러한 과정이 1980년대 말에 러시아 학자 자슬랍스카야(T. I. Zaslavskaya), 리바콥스키(L. L. Rybakovskii) 등이 주장한 이주의 3단계로 구성되는 일련의 사태로 이어진다는 점이 강조될 필요가 있다.[36]

---

33) См.: В.А. Ионцев Международная миграция. М., 2001.

34) В. А. Ионцев Международная миграция населения: теория и история изучения. М., 1999.

35) См.: Edited by Robin Cohen. Theories of Migration. The International Library of Studies on Migration. An Elgar Reference Collection, Cheltenham, UK-Northampton, MA, USA, 1996.

이 이론에 따르면 이주는 상호관련성을 지니면서 인과관계를 갖는 세 가지 단계로 진행된다. 즉 1. 초기(예비) 단계는 사람들의 이주를 위한 지리적 공간이 마련되는 것이다. 2. 두 번째 단계인 기초구축 단계는 사람들의 이동이 이루어지는 것이다. 3. 최종(완성) 단계로는 새로운 장소에서 지속적인 주거생활이 이루어지는 것이다.

첫 단계에서는 이주예정자들이 이주국에 관한 다양한 정보를 다양한 채널로 입수하고 현재 살고 있는 거주지와 비교하여 이주에 관한 종합적인 계획을 수립한다. 이주 실행은 많은 면에서 양국의 정치적 상황, 사회경제적 상황, 이주자의 연령, 성, 직업, 교육, 가치관, 사회적 성격 등에 따라 달라진다. 이주 대상국이 더 나을수록 그리고 살고 있는 국가의 삶이 더 나쁠수록 이주 실행의 가능성은 높아진다. 국제적인 이주예정자 수가 높을수록 실제 이주민들의 수가 높은데 결국 잠재이주자가 높을수록 실제 이주자가 높은 셈이 된다.

국제이주과정의 두 번째 단계에서는 일정 국가의 출국자와 다른 국가의 입국자 곧 이주예정자가 형성된다. 사실 국제이주는 경제적으로 저개발국에서 보다 나은 국가로 이주하는 것이 일반적이며 그 결과 대부분 이주의 경우 영구거주와 국적취득을 목표로 하고 있다. 그러나 현실적으로 희망하는 상태로 되기 위해서는 상당한 시간이 소요된다.

이주과정의 마지막 단계에서는 주로 새로운 환경, 사회경제적 상황 및 정서적 구조에서 이주자들이 겪게 되는 적응단계가 이루어진다. 적응과정은 가끔 어렵고도 심각한 형태를 띤 힘든 시행착오가 나타나는데 그 이유는 기대와 제공된 환경이 현실과 부합되지 않고 정상적인 생활과 새로운 생활 간의 간극으로 인하여 소위 '문화충격'을 받기 때문이다. 처음에는 영구거주지와 국적을 바꿀 생각으로 이주했던 일부 국제이주자들이 외국의 자연환경과 사회적 조건에 적응하지 못하고 원래의 국가로 귀국하거나 제3의 국가로 이주하기도 한다.

---

36) Заславская Т. И., Рыбаковский Л. Л. Процессы миграции и их регулирование в социалистичес ком обществе// Социологические исследования. 1978. №1; Рыбаковский Л.Л. Миграция населения: Прогнозы, факторы, политика. М., 1987.

국제이주는 많은 학문적인 연구대상이 되고 무엇보다도 복잡한 연구가 요구된다. 각 학문은 실증적 근거(통계자료, 인구조사, 설문조사 등)에 바탕을 둔 각각의 사료에 입각하여 다양한 학문적 관점에서 다루어진다. 현재 국제이주에 관한 많은 연구는 두 영역 혹은 그 이상의 학문분야의 협력으로 실행되는데 가령 역사학과 인구학의 조합 그리고 경제, 지리 및 인구학의 조합 그리고 사회학과 인구이주학의 조합 등이다.

지금까지 행해진 인문사회학적 분야에서는 외국 및 소련학자들이 광범위하게 수용하여 현재에도 널리 활용되고 있는 국제이주에 관한 기본적인 접근법이 형성되어 있다. 국가 간 영역을 포함한 지리적 이동에 관한 연구가 진행될 때에는 자연과학적 방법이 충분히 활용되며 인구이주에 관한 관심은 지리학자·생물학자·논리학자·수학자·컴퓨터 프로그래머 등 속에서 발생한다.

**인구학적 접근법**은 인간의 생성과 보존 그리고 인구 수, 성별구조 등 관점에서 이주를 연구한다.[37]

**경제학적 접근법**은 근래 수 세기 동안 행해졌던 상당한 양의 이론과 개념을 통합한 인구이주에 관한 가장 보편적인 연구방법이다. 첫째, 이주는 생산가능 인구의 규모를 결정짓는 중요한 요소이다. 둘째, 이주는 자체적으로 노동자원의 재분배를 가져오며 이는 노동자원의 질적 수준에 따라 달라진다. 셋째, 이주는 노동시장의 경쟁을 자극하며 가장 경쟁력 있는 사람이 사회의 요구에 잘 부응하게 된다. 연구자들은 현대의 이주가 우선적으로 경제적 필요성에 부합하고 노동시장의 다양한 규모에 관련되고 있다는 사실에 동의한다.[38]

**사회학적 접근법**은 외국학자들이 대부분 수용하고 있는 것으로서 주요 관심은 이주자들의 새로운 사회, 문화, 민족적 환경에 대한 적응문제를 다룬다.[39]

---

37) Cм.: Bilsborrow, R. E., Graeme Hugo, A. S. Oberai and Hania Zlotnik. 1997. International Migration Statistics: Guidelines for improving data collection systems. International Labor Office. Geneva.

38) Borjas, George J. The Economic Benefits from Immigration. ─Journal of Economic Perspectives. Vol.9(2), Spring 1995, pp.3─22.

39) Edited by Robin Cohen. The Sociology of Migration. The International Library of Studies on Migration. An Elgar Reference Collection, Cheltenham, UK─Northampton, MA, USA, 1996; K

　**인류학적 접근법**은 보다 정확한 인구이주 모델을 추구하는 사람들에게 하나의 대안적 방법을 제공하고 있다. 현대의 연구자들은 아시아와 아프리카 인구이주 모델은 백인들의 인구이주와 다르다는 점을 지적하고 있다.[40]

　**역사학적 접근법**은 다양한 국가, 지역 및 전 세계 이주역사뿐만 아니라 이주 영역에서 진행된 학문적 연구변천사 문제를 포함한다. 인구학적 과정에서 나타나는 역사적 변천현상을 규명하는 역사학적 – 인구학적 이주사가 바로 이러한 접근법이다.[41]

　**철학적 접근법**은 베르낫스키(V. I. Vernadskii)와 구밀료프(L. N. Gumilev)가 제시하였다. 그들이 말하는 이동성의 기본 개념 속에는 인간사회(종족)와 외부 환경 간의 역동적인 교환이 자리 잡고 있다. 즉 이동성은 이주행위의 특정인자로 역할하고 있다는 것이다. 그러나 이동성은 개인이나 집단의 특징이 아니라 상당한 정도의 종족적 이동의 개념이며 이러한 동요현상으로 전 세계적인 이주를 설명하고 있다.[42]

　**법학적 접근법**은 여러 범주 이주자들의 법적 지위를 결정하고 국내법 및 국제법적 규범을 심의하며, 이주자의 기본법과 다양한 측면의 이익을 보장해 주는 정책의 실행을 결정하는 법률규범과 법률행위를 시행하는 데 필수적이다.[43]

　**지리학적 접근법**은 공간적 맥락 속에서 물리적 · 경제적 · 정치적 조건 사이의 상호작용과 상호영향을 보여 준다. 출발지에서 종착지까지의 이주경로에 따른 이주과정을 분석하는 것이 지리적 접근법의 핵심 주제이다.[44]

---

остин Р.А. Миграция: Этносоциальные и этнополитические проблемы: Автореф. дисс. ⋯⋯ д－ра. социол. наук. СПб., 1997; Чайников Ю. В. Современные этнические и миграционные процессы // Соц. и гуманит. науки. Зарубеж. лит. Сер. 5, История. М., 1993. N 1. С.52－56.

40) См.: Козлов В. И. Этническая демография. М., 1977; Казьмина О.Е., Пучков П. И. Основы этнодемографии. М. 1994.

41) Edited by Colin G. Pooley and Ian D. Whyte. Migrants, Emigrants and Immigrants. A social History of Migration. London & New York: Routledge, 1991.

42) См.: Вернадский В. И. Биосфера и ноосфера. М., 1989; Гумилев Л. Н. Этногенез и биосфера Земли. Л., 1990; Гумилев Л. Н. История людей и история природы. М., 1993.

43) Иванов М. М. США: Правовое урегулирование иммиграционного процесса(условия и процедуры приобретения статуса постоянного жителя США). Москва. －Международные отношения. 1998.

44) Edited by Vaughan Robinson. Geography and Migration. The International Library of Studies on Migration. An Elgar Reference Collection, Cheltenham, UK－Northampton, MA, USA, 1996;

**심리학적 접근법**은 이주의 동기를 규명하는 데 역점을 두고 있는데 이는 집단 및 개인적 이주 연구의 축이 되며 동시에 주체의 이주실행을 결정하는 내용(공동의 동기 개념)이 된다.[45]

이와 같이 이주는 복잡한 현상으로 나타나는데 인구이동과 관련된 여러 가지 양상을 모두 포괄하고 있는 것이다. 이주의 지표체제가 매우 다양하듯이 이주과정의 분석 또한 연구개시 전에 부여된 다양한 관점을 가지고 수행되어야 한다.


# 4. 국제이주의 원인

국제이주의 원인은 다양하다. 즉 정치적 · 경제적 · 민족적 · 종교적 · 가족적 원인 등이다. 이주과정은 자연재해, 전쟁행위, 환경파괴 등으로 인하여 발생하기도 한다. 각 원인은 자체적으로 발생한다. 실제로 국제적 인구이동을 결정짓는 것은 몇 가지 결정요소에 있다. 현대 국제이주의 대부분은 국가 간 노동자원의 이동인데 그 결과 경제적 원인이 노동공급국에서 노동수혜국으로 이주가 일어나게 하는 전제조건이 된다.

경제적 특징의 원인은 개별국가의 다양한 경제수준에 있으며 이주자들은 생활수준이 낮은 국가에서 높은 국가로 이동하게 된다. 세계경제의 총체적인 분석상 각국은 특징을 가진 몇 개의 집단으로 나누어진다.

1) 국가의 표준분류
① 산업선진국
② 개발도상국(제3세계 국가)
③ 전환기 경제국가

---

The new Geography of European Migration. Edited by Russel King. London; New York: Belhaven Press, 1993.

45) Лебедева Н М. Социальная психология этнических миграций. М., 1993.

2) 연간 1인당 국민소득(1995년 기준)에 따른 분류: 부국, 중간국, 빈국으로
   분류
   ① 저소득 수준: 765달러 이하
   ② 중간 이하 소득수준: 766~3,035달러
   ③ 중간 이상 소득수준: 3,036~9,385달러
   ④ 고소득수준: 9,386달러 이상


3) 연간 국민총생산의 비교는 세계경제 속 국가의 지위(경제력)를 결정할
   수 있다. 1996년 통화의 구매력 지수를 나타내는 일부 국가의 국민총생
   산은 다음과 같다(단위는 조 달러).
   ① 미국 – 6.8
   ② 중국 – 3.4
   ③ 일본 – 2.7
   ④ 독일 – 1.6
   ⑤ 프랑스 – 1.2
   ⑥ 영국 – 1.07
   ⑦ 이탈리아 – 1.07
   ⑧ 브라질 – 0.93
   ⑨ 멕시코 – 0.608
   ⑩ 캐나다 – 0.607
   ⑪ 러시아 – 0.585


1인당 국민소득 지수는 세계적 경험에서 보이듯이 국가의 경제적 발전수준
지표로서 실제적인 생활수준과 가치를 보여 주지는 못했다. 그래서 인간이
중심 되는 보다 더 완벽한 평가지표를 도입할 필요성이 생겨났다. 1990년의
UNDP(UN 개발프로그램)에서는 세 가지 기본지수, 즉 인간의 수명, 교육수준,
1인당 국민소득 등을 기준으로 한 인간개발 지표를 고안하였다. 최대 수치
(0.932)는 수년간 인간개발 지수에서 최상위를 기록한 캐나다였다. 최소 수치

(0.340~0.251) 지역은 아프리카의 빈국, 즉 부룬디, 에티오피아 및 시에라리온 등이었다.[46)

생활수준 외에 이주를 결정짓는 또 다른 경제적 요인은 일부 국가의 만성적인 실업과 잉여노동자원인데 동시에 다른 한편의 극심한 노동력부족 현상이다. 오늘날 노동시장은 혈관과도 같아서 여기서는 물리적 법칙에 따라서 한쪽의 빈 혈관이 꽉 찬 다른 혈관으로부터 혈액을 가져오게 한다. 이주흐름의 기본은 노동자들이며 적은 정도이지만 전문가 및 사회단체도 포함되어 있다.

국제적 노동력 이동 결과 세계 여러 국가와 지역에서 보다 효율적으로 노동자원을 이용하는 현상이 나타났다. 가령 사회경제적 개혁이 실시되고 '철의 장막'이 폐기된 이후 중국의 유휴 인력들이 캐나다, 호주, 미국 및 기타 러시아를 포함한 유럽과 아시아의 국가로 유입되었던 것이다.

자본유치와 외국의 투자 및 다국적 기업의 활동은 국제적 노동력 이동의 주요 요소이다. 거대 산업 - 금융그룹들은 노동과 자본의 결합을 가능하게 하였고 노동력을 자본으로 전환하거나 자체 자본을 잉여노동력 및 노동자원의 낮은 가치로 전환할 수 있다.[47)

오늘날 교통수단은 육로가 없고 광활한 바다와 같은 지리적 고립물과 자연장애물로 인하여 다수 사람들의 이동이 불가능하게 되었을 때 존재했던 과거의 장벽을 제거하였다.

국제적 노동력 이동은 크게 두 가지로 나뉜다. 즉 국제적 인구이동과 국제적 이주노동 등이다. 우선 국제적 인구이동은 사람들이 편도교통권을 구입해서 고국을 완전히 떠난 형태가 압도적이었다. 이러한 이주의 결과 미국, 캐나다, 호주 및 기타 국가가 형성되었다. 국제적 이주노동은 순전히 경제적인 영향, 즉 취업 때문에 국가 간 노동인구가 이동된 것이다. 단순이주자와는 달리 이주노동자들은 자신의 조국과 관계를 끊지 않으며 종종 계약종료 후에는 귀국도 하고 자신들의 직업전환과 사회적 지위 상승을 위한 재정수단도 축적한다.[48)

---

46) http://mylib.narod.ru/mecon.html

47) Krauss, M. B., and W. J. Baumol. 1979. Guest Workers and Income Transfer Programmes financed by Host Governments. Kylos 32:36 - 46.

48) Zimmermann, K. F. 1994. European Migration: Push and Pull. Supplement to World Economic

오늘날 국제이주의 중요한 요인 중 하나는 인구지표 간 차이이기도 한데 그 이유는 이주수용국의 사망률이 출생률보다 낮아 점진적인 인구고령화 현상이 일어나 연금수령층 인구비율이 비노동인구의 상승과 노동인구의 감소를 불러일으켰기 때문이다.[49] UN 전문가들에 의하면 이주자 수용 거부는 곧 수십 년 후 다수의 국가인구가 현격하게 줄어들게 할 것이며 이 때문에 심각한 경제적 타격을 동반한 인구학적 위기가 초래될 것이라는 것이다.

이러한 인구학적 전망으로 인하여 미국, 독일, 프랑스, 영국, 호주 및 기타 국가에서는 지속적으로 노동가능 연령층을 주축으로 한 이주자 수용쿼터를 늘려 왔다. 이러한 인력의 수용은 노동시장의 공간을 채우는 역할뿐만 아니라 국민을 젊게 하고 생산가능층 인구와 생산불가능층 인구 간의 적정비율을 유지하게 한다.

20~21세기의 전환기에 15개 EU 국가에는 3억 7,400만 명의 인구가 있었는데 평균 15% 정도인 약 5,700만 명이 65세 이상이었다. 평균 연령이 가장 낮은 국가는 아일랜드(11.5%)였고 가장 나이 든 국가는 스웨덴(17.5%)이었다. 그러나 10여 년 내에 간격 차는 좁아질 것이다. 2010년대 10여 년 동안 EU 국가에서 가장 노령화된 집단의 비율이 최고도에 이를 것으로 보이는데 그 이유는 최후의 베이비 붐 세대(1946~64) 출생자들이 피크에 이르기 때문이다. 미국은 서유럽 국가들과 비교해서 보다 더 젊은 국가이며 65세 이상 인구는 13% 이하이다.[50]

인구고령화 현상은 일련의 사회 – 경제적 문제를 야기한다. 첫째, 연금수령자 비율이 증가한다. 둘째, 노령인구 비율의 증가는 노인관리를 위한 사회적 과제를 던져 주는데 더욱이 80세 이상의 인구비율이 전체 노령인구의 비율보다 더 빨리 증가하고 있다. 1960년부터 1990년까지 EU 국가에서 80세 이상 인구는 500만 명에서 1,200만 명으로 불어났는데 이는 140% 증가에 달하는 비율이다. 셋째, 노령인구의 의료서비스는 자연적으로 노령화 정도에 비례하여

Review and World Bank Research Observer.

49) Акимов А. В., Мировое население: взгляд в будущее, М., 1998.

50) Брук С. И., Население мира. Этно-демографический справочник, 2 изд., М., 1996; Carr-Saunders A. M., World population. Past growth and present trends, Oxford, 1996.

추가적인 조치 곧 의료 네트워크의 확대, 노인들을 위한 기관, 보건제도의 질적 개선 등을 필요로 한다. 넷째, 노동희망 노인, 즉 '젊은 노인'들의 일자리를 마련하는 일이다.[51]

아시아 선진국의 일부는 수 세기 동안 엄격한 고립정책을 펴 왔기 때문에 외국인 노동자들에 대한 일자리는 매우 드물었다. 일본은 외국인 이주자의 비율이 전체 인구의 1%도 안 된다.[52] 한국에는 '제3세계 국가' 출신의 외국노동자들이 20만~30만 명에 이르며 이들 중 대부분은 불법체류자 상태에 있다.[53]

상당수의 사람들은 자연재해, 다민족국가의 '붕괴', 국가 간 전쟁, 인종학살 및 종교적 원인으로 야기된 사건으로 인하여 위험스러운 이주를 해야만 하였다. 흉작과 대량 기근을 초래했던 북한의 홍수는 수십만 명의 북한 사람들을 중국 영토에서 구원처를 찾게 만들었으며 소련과 유고연방의 붕괴 또한 수백만 명의 대량 이주를 촉발시켰다. 소련붕괴 이후 타지키스탄에서 거주하던 대다수의 고려인들은 집권여당과 야당 간의 무력충돌 결과 전쟁 난민의 처지로 전락하였던 것이다.


# 5. 이주유형 및 이주자의 구성


국제적 인구이동은 사실 두 개의 긴밀한 흐름으로 구성되어 있는데 공급국에서 수용국으로 이동하는 출국이주자와 그 반대인 입국이주자 등이다. 지금까지 모든 연구자와 국제기구가 이주에 관한 일반적 개념을 도출하고 국가 간 이주의 표준분류 및 영토적 인구이동의 보편적 지표를 도출하고자 하는 노력은 성공하지 못하였다. '국제이주'와 '이주노동' 및 '난민' 및 기타 핵심 개념의 정의에는 상당한 의미상의 차이가 존재한다. 국제이주에 관한 결정적

---

51) Осколкова О. Старение населения в странах ЕС. МЭ и МО, 1999 №10. с.74-83.

52) Komai, H. Migrant Workers in Japan, New York, Kegan Paul International. 1995.

53) Park, Young-bum(1994). The turning point in international migration and economic development in Korea. Asian and Pacific Migration Journal(Quezon City, Philippines), vol.3, No.1, pp.149-174.

인 노력은 또한 다양한 근거자료에서도 기인한다. UN 전문가에 의하면 기본
적인 근거자료에는 세 가지가 있는데, 즉 출입국사무소의 기록, 거주등록 기
록(가령 여권이 있어야만 되는 것) 그리고 다양한 조사서 등이다. 무엇보다도
중요한 것은 인구조사 통계자료일 것이다.

연구조사에서는 다음과 같은 여러 가지 형태의 국제이주가 파악된다.[54]
① 영구거주를 목적으로 이주수용국으로 미귀환(영구) 이주하는 유형.
② 대개 1~6년 정도의 체류기간으로 이주수용국으로 일시적 혹은 영구적
   으로 이주하는 유형. 이러한 유형의 이주는 국제이주에서 '장기거주 이
   주자'와 '계약노동자' 그리고 '상주 이주노동자'로 거론된다.
③ 단기입국 비자를 가지고 농업, 어업 및 서비스 부문에서 계절적으로 일
   하는 형태가 있다. 국제적 통계에서는 이러한 부류의 계절적 이주자들
   을 '단기이주자', '계절이주민' 등으로 부르고 있다.
④ 매일 혹은 매주 아니면 정기적으로 한 국가에서 다른 국가로 넘어갔다
   가 다시 되돌아오는 셔틀이주가 있다. 이런 방법으로 일하러 이웃 국가
   로 넘어 다니는 이주자들을 '국경노동자'로 부른다. 이러한 이주방식은
   서유럽과 북아메리카, 가령 캐나다와 미국 국경선 근처에서 광범위하게
   (대략 매일 수만 명 규모) 이루어진다.
⑤ 불법이주자(지하이주자)는 직장을 구하러 타국에 불법 입국하거나 혹은
   합법적으로 입국했지만 불법적으로 취업한 사람이다. 70년대 후반부터 불
   법이주자 수가 급증하였는데 이에 대한 통계수치가 잡히지 않고 있다. 가령
   미국의 불법이주자 수는 200만~1,500만 명이고, 유럽의 경우는 130만~
   500만 명, 일본의 경우는 30만~100만 명 등으로 추정되고 있다.
⑥ 정치 및 경제적 요인에 의하여 우선적으로 강제이주된 경우, 이 경우는
   난민의 이동에 해당하는데 규모는 20세기 마지막 10년간에 급증하였다.
   대부분 단기비자를 가지고 경제선진국으로 이주하는 사람들이며 난민

---

54) В. А. Ионцев Международная миграция. М., 2001; Валентей Д. И., Кваша А. Я. Основы демо
графии. М., 1989.

의 지위를 요구한다. 유럽에서는 1993년 이러한 유형의 이주자들의 수
가 50만 명이 넘었는데 이는 1973년의 1만 4,000명보다 많은 수치이며
이들 중 일부만이 난민의 지위를 획득했다.

⑦ 국제관광과 기타 이와 유사한 외국여행과 관련되어 나타나는 우연한 이주
유형이다. 1990년에 전 세계 관광객 수는 4억 1,500만 명에 달하였다.

국제보건기구는 오늘날 이주자들을 다음과 같은 다섯 가지 주요 집단으로
분류해 놓고 있다.[55]

**이주민**, 즉 영구거주를 목적으로 이동하는 사람들이다. 이러한 부류의 이주
자들은 선진국인 미국, 캐나다, 호주 및 독일 등지를 선호한다. 그러나 모든
이주의 흐름에는 무엇보다도 가족상봉이 근본인데 최근에는 최초 이주가 사
실상 국제적으로 힘들어지고 있다.

**계약노동자**, 이들은 입국하려는 국가에서 노동조건과 체재기간을 약정받은
사람들이다. 1990년대 말 전 세계에서 이들의 수는 2,500만 명이 넘었다. 많은
국가들이 외국인 노동자에 의존하고 있다. 노동계약은 잉여노동이 있는 아시
아의 일부 지역 가령 서아시아 지방의 국가와 유럽 간에 이루어진다. 계약당
사자들은 건설, 광산, 임산물가공, 농업 분야의 노동자들과 전문가들이다.

**전문가**, 이들은 자신의 영역에서 노련한 활동과 탁월한 업적으로 높은 실력을
가진 사람들이다. 이러한 범주에는 스포츠, 과학, 교육, 예술 영역이 속한다.

**불법이주민**, 이들은 단기비자나 관광비자를 가진 외국인으로서 취업을 하
고 있는 경우에 해당한다. 90년대 말 이들의 규모는 3,000만 명이 넘었다. 거
의 모든 산업국가에는 불법이주민들이 있다. 이들 중 일부는 불법입국한 사
람들이고 또 다른 일부는 단기비자를 가지고 타국에 잔류한 경우에 해당한다.
대개 이들은 낮은 대우를 받는 직장을 이리저리 바꾸어 다닌다.

**난민**, 이들은 특정한 위협 때문에 조국을 등진 경우에 해당한다. UN에 따
르면 1990년대 말 세계에는 2,200만 명 이상의 난민(그중 약 400만 명이 원거

---

55) Костин Л. А. Международная организация труда. Москва. 2002.

주지로 귀환하였지만 UN의 보호를 받고 있음)이 있었다. 오늘날 대다수 난민들은 UN이나 개인이 관리하는 특별거주구역에서 살고 있다. 난민의 1% 정도는 서방 선진국에 정착한 것으로 파악된다.

모든 국제이주의 유형은 비교적 상대적이고 상호간 밀접히 연관되어 있다. 오늘날 인구의 국제이동 기본은 노동이주에 있다. 현대 국제이주의 특징은 지속적인 규모 확장과 이주민 수의 증가이다. 1990년대 중반 전 세계에는 약 3,000만 명의 노동이주민이 있고(1960년에는 320만 명), 이들의 가족과 계절이주민, 국경노동자, 불법이주민, 난민 등을 고려하면 이주민 수가 5~6배 이상이 되었던 것으로 파악된다.[56]

현대 국제이주에서는 높은 교육수준과 전문성을 가진 사람들의 비율이 높아진 것을 감안한다면 이주자의 질적 변화가 관찰된다. '두뇌유출' 과정은 1960년대에 시작되었는데 이때는 여러 영역에서 높은 자질을 가진 학자, 엔지니어, 노동자들이 미국으로 이주해 나갔다. 일방향으로의 '두외유출'의 결과 다방향 이주가 발생하였는데 그 이유는 전문가 이주민들이 개발도상국과 서아시아 및 동남아시아에서도 절대적으로 필요했던 것이다.[57]

전문가 이주민의 이동은 고등교육제도의 통합과 관련된 조직적인 모집과 채용을 불러왔다. 현재 수십만 명의 학생들이 외국에서 교육을 받고 있으며 이주민 공동체의 상당한 부분을 차지하는데 그 이유는 졸업 후 이들은 장기간 혹은 영구적으로 잔류하기 때문이다.


## 6. 국제이주의 사회경제 및 정치적 영향

오늘날 국제이주는 사실상 전 대륙과 국가 및 사회계층에서 일어나는 전

---

56) Авдокушин Е. Ф. Международные экономические отношения: Учеб. пособие. −4−е изд., пе рераб. и доп. М.: ИВЦ "Маркетинг", 1999−264 с.

57) Старченков Г. И. Трудовые миграции между Востоком и Западом. Вторая половина XX столе тия. М., 1997.

지구적인 현상이다. 거주이전의 물결에는 타국으로 출국하는 이주자의 흐름과 임시 이주노동자, 전문가, 학자, 학생, 피난처를 찾는 난민, 불법이주자, 관광객들이 섞여 있다. 세계적으로 약 1억~2억 명 정도의 사람들이 출생국과 거주국이 다른 사람들로 추정된다.

전 지구적 성격과 규모를 볼 때 국제이주는 이주공급국 및 이주수용국의 사회경제 및 정치에 큰 영향을 주고 있다.

### 이주공급국에 대한 영향

무엇보다도 이주는 잉여노동력이 있는 국가경제에 긍정적인 영향을 주는데 그 이유는 타국으로 사람들이 나가는 것은 실업자 규모를 축소시켜 줄 뿐만 아니라 사회문제와 관련한 일들을 줄여 주기 때문이다. 특히 이러한 것은 급격한 인구증가를 하고 있는 다수의 제3세계 국가에 해당하며 이들 중 대부분은 청년들과 가장 생산성이 뛰어난 집단들이다. 일자리의 부재, 정부의 무능력한 실업자 정책, 고정수입이 없는 노년층 등 피부양인의 존재 등은 강력한 저항을 초래하며 기성 정치제도를 동요시켰다. 그래서 일부 경제개발국가와 또한 실업문제와 싸우고 있던 국가정부는 노동이주 정책을 단행하게 된 것이다.

세계적 경험상 해외노동 이주는 국가적 노동능력에 중요한 의미를 가지며 소득에 대한 임금지불이 경화로 이루어지기 때문이다. 이주노동자들은 소득의 절반 이상을 고국으로 송금하며 총화폐소득은 미화 수억 달러에 달한다. 재정수입의 증가는 건강한 경제상황을 유도하고 국내총생산(GDP)을 높이며 이주공급국의 균형재정에 영향을 준다.[58]

송금 외에 해외활동 기업들이 내는 세금과 이주자들의 본국 투자 또한 국가수입이 된다. 노동이주는 이주민 수입국에게 사회적 성격을 갖는 유학, 의료 및 기타 지출을 절감하게 한다. 전문가들에 의하면 이주자들이 본국으로 귀환할 때는 은행을 통한 송금액만큼의 축적된 외화를 가지고 간다. 이주자들은 선진기술과 경영기업을 가진 선진국에 체재하면서 전문적인 경험을 얻

---

58) Кириеев А. Международная экономика, часть 2. −М.: Международные отношения, 1999.

게 되고 자신의 능력을 높이게 된다. 따라서 이주자들은 귀국 후 재정적인 차원뿐만 아니라 숙달된 경험 차원에서 국가경제에 이바지한다. 많은 이주노동자들은 외국에 일정한 자본을 보장받으면서 개인적인 사업을 할 수 있기 때문에 실업자 수준을 낮추게 된다.[59]

능력 있는 전문가 이탈과 '두뇌유출'은 과학, 기술, 컴퓨터 프로그램 분야의 국가적인 전문가들을 상실하고 있는 대부분의 개발도상국에게 심각한 문제로 되어 있다. 더러는 선진국에 잔류하여 그곳의 국적을 취득하고 경력을 쌓으며 안정적인 고소득을 올린다. 많은 사람들은 경제발전상 수요가 있는 대로 귀국하기도 한다. 인도 학자들은 미국의 실리콘 밸리에 있는 회사에서 수년간 기술을 익힌 후 귀국하여 자국의 새로운 컴퓨터 기술분야에 관한 산업을 발전시킨 주역이 되었다.

### 이주수용국에 대한 영향

이주민을 받아들인 국가들은 국내 노동시장의 문제를 해결하는 데 이들을 활용한다. 많은 국가의 이주민들은 현지인이 가지 않는 빈 직장(힘들고 위험한 일)에 충원된다. 유럽선진국에서는 채굴산업, 건설 및 단순노무 분야에 종사하는 외국인 노동자 비율이 전체 직장종사자의 절반을 차지한다. 상당한 정도로 외국인 노동자들을 상시 활용하는 일부 국가에서는 새로운 이주민으로 교체하지 않는 일이 경제분야에서 노동자원의 결손으로 나타나는 심각한 문제를 발생시킨다.[60]

이주노동자 수용국가의 경제는 특히 중소기업 분야에서 이주민으로부터 많은 특권을 받는데 그 이유는 각종 세금과 연금공제액 및 보험금 부담이 상당히 축소되기 때문이다. 외국인 노동자는 자신들의 권익을 보호해 줄 노조

---

59) Рынок труда. Под ред. Буланова В. С., Волгина Н. В. —М, 2000.

60) Международные экономические отношения: Учебник для Вузов. Под ред. проф. В. Е. Рыбалкина, 2-е изд. Перераб. и доп. —М.: ЮНИТИ-ДАНА, 1999; Ichino, A. 1993. The Economic Impact of Immigration on the Host Country. In Migration Policies in Europe and the United States, ed. G. Luciani, 145-62.: Kluwer Academic; Friedberg, R. M., and J. Hunt. 1995. The Impact of Immigrants on Host Country Wages, Employment and Growth. Journal of Economic Perspectives 9(2):23-44.

가 없다. 항상 유사한 노동에 대한 낮은 급여를 받는 이주민들이 있다는 것은 현지 노동자들의 임금인상 요구문제를 낳는다.

이주수용국은 이주민들을 수용함으로써 전문가 충원비용을 절감한다.[61] 가장 우수한 인재가 몰려드는 미국은 1965년부터 1990년까지 교육과 과학 분야에서 최소한 150억 달러를 절약하였다. 미국은 개발도상국을 포함한 전 세계 인재들을 '빼앗아' 가고 있다.[62]

이주는 연령별 구조가 심각한 상태에 있는 서유럽과 같은 이주수용국에 도움을 준다. 사실 유럽선진국에서 진행 중인 인구고령화 문제는 경제영역 및 전체 사회생활 면에서 인구학적 문제를 야기하고 있다. 생산가능 연령 중 노령층이 증대하고 노동력이 부족한 현상이 지속적으로 나타나고 있는 국가에서는 남자뿐만 아니라 여자 연금생활자를 위한 특별문제가 발생하고 있다.

이주의 경제적 영향에 관한 평가는 외국인 노동자가 현지국의 노동시장을 채우고 현지민 실업자의 수를 증가시킨다는 점을 감안한다면 긍정과 부정을 포함하여 매우 다양하다. 물론 선진국에서는 질 낮은 노동력에 대한 임금지불이 억제된다는 이주의 부정적인 효과도 부인할 수 없다.[63]

오늘날 두드러진 이주 특징 중 하나는 이주민들의 민족구성이 다양해졌다는 것인데 그 결과 전에는 단일민족 구성을 하고 있던 이주수용국의 민족구성이 다민족화된 것이다. 전에는 '백색 이주'의 물결이 나타났는데 유럽에서 미국, 캐나다, 호주 및 아시아, 아프리카, 중남미 아메리카로 이주가 진행되었던 것이다. 이어서 현재 '유색 이주'의 흐름인 '황색' 및 '흑색 이주'가 전개되어 이주수용국의 민족구성이 변화되고 새로운 소수민족과 디아스포라가 형성되고 있다.[64]

---


61) Аваков Р., Гаврилюк В. Похищение умов. М., 1970.

62) Ушкалов И. Г., Малаха И.А. ≪Утечка умов≫ – масштабы, причины, последствия. М.: Эдиториал УРСС, 1999; 2. M. Cervantes, D. Guellec The brain drain: old myths, new realities. –Observer. OECD. May 07. 2002.

63) Ионцев В. А. Мировые миграции. М., 1992.

64) Старченков Г. И. Трудовые миграции между Востоком и Западом. Вторая половина XX столетия. М., 1997.

외국인 혐오증과 인종주의는 항상 이주를 수반하지만 20세기 말에는 경제 위기와 좌파 이데올로기 상실 및 노동운동 침체로 인하여 이러한 움직임이 심화되었다. 비유럽 국가로부터의 이주에 대해서는 '외국간섭', '제3세계의 합병' 및 '생물학 무기' 등으로 채색되었고, 이주민에 대해서는 해당 사회의 모든 경제적 · 사회적 병리현상을 제공하는 '내부의 적'으로 돌려서 마침내 토착민의 불만족을 자아내게 하는 존재로 간주되었다. 심지어 '난민'에 대해서는 폭력과 억압의 희생자로서가 아니라 유럽국가의 정치 및 사회경제적 안정을 위협하는 존재로 인식되었던 것이다.

개발도상국 출신 이주민들의 정착은 도시 지역의 일정한 지역에 집중된 점이 특징적인데 이는 지역의 사회적 불안공간을 형성하여 사회서비스 및 노동시장의 영역의 예산에 하중을 줄 뿐만 아니라 범죄 및 질병 악화에도 부담을 준다.

이주는 정당정치제도 및 정치참여와 대의제 구성 변화의 중요한 요소였다. 이러한 일련의 과정은 1990년대 외국인 혐오주의와 인종주의로 나타나는 민족주의 및 친파시스트 성향의 신우익정당 및 기타 극단주의 단체들의 정치적 성공으로 이어졌다.[65]

그러나 많은 정당들이 정치투쟁에서 이주문제를 활용하면서 선거용 수사학과 요란한 공약으로 한정하였고 그중 다수는 실제 정책에 반영되지도 않았다. 외국인의 정치참여는 사회적으로 가장 낮은 수준으로 제한하였고 주로 국적취득과 관련한 것과 노동조합, 정치 및 기타 단체 그리고 상담회사들의 활동에 국한되어 있다. 주거문제, 직업, 인종주의, 이주정책, 정치적 권리 및 국적취득 등은 이주민들이 행하는 주요 정치활동의 목표들이다.

서유럽, 북미, 호주에 정착한 제3세계 국가 출신자들은 처음으로, 예외적으로 혹은 무엇보다도 먼저 경제적 범주로 볼 때 외국인 노동자임을 느꼈을 것이다. 현재 이들은 선진국의 사회적 환경에 심대한 영향을 끼칠 수 있는 정치 – 사회적인 힘을 취득하고 있다. 외국인들이 선진국 사회생활에서 적극성을 띠게 됨

---

65) Правый радикал Ле Пен шокировал Францию и мир. http://whiteworld.ru/

으로써 이주와 관계된 새로운 정치문제들이 속출하고, 나아가 단식투쟁, 거리
시위 및 불매운동과 같은 거의 잊힌 정치투쟁이 나타나며, 이주민들의 상황
을 개선시킬 새로운 유권자 집단이 생성된다.

　최근에는 이주의 영향이 이주수용국에서 새롭고도 비유럽인적인 소수민족
형성과 관련 있고 다소 단일민족적인 특징을 다민족적, 다문화적인 형태로
바꾸는 것과 관련 있는 법적·제도적 그리고 사회구조적 문제를 야기하고 있
다. 동화된 삶으로 일하는 대신에 법적으로 토착민과 이주민의 동등한 복합
문화적 접근방식이 통용되어 문화적 자치권이 향유되고 모국어 사용과 종교
가 인정된다. 호주와 캐나다는 문화적으로 다양한 인구구성을 감안하여 자국
의 국가정체성 개념을 일신하였고 법적, 제도적 구조를 개혁하였다. 이들 국
가들은 새로운 다민족사회에서 발생하는 문제를 해결하는 데 성공하였다.[66]

　'파괴적인' 이주의 영향을 최소화하려는 이주수용국의 노력은 새로운 정치－사
회적인 현실 속에서 현대 서구의 유연한 정치, 법적 제도를 충분히 보여 주는 증거
로 작용하고 있다. 이러한 측면에서 이주는 정치와 법적 제도 및 구조, 그리고 무
엇보다도 대의정치제도와 국적문제 및 헌법의 발전과 혁신에 큰 역할을 하고
있다.[67]

　외국인 노동력을 수용하는 정책은 오늘날 많은 경제학자들의 지지를 받고
있다. 미국의 전문가 존 사이먼은 1989년에 발표한 '이주의 경제적 영향'이라
는 글에서 국제적 노동이주가 전 세계경제에 끼치는 영향에 대하여 당연히
긍정적으로 평가하였다. 이와 마찬가지로 미국경제의 성장에 끼친 이주도 동
일하게 평가되며 수년간 미국경제협회와 과거 미국대통령 경제자문회의의
전문가들 중 81%도 동일한 입장을 표명하였다.[68]

---


66) Цапенко И. Социально－политические последствия международной миграции населения. МЭ
　　и МО, 1999 №3. с.52－63.

67) Тарлецкая Л. Международная миграция и социально－экономическое развитие. МЭ и МО,
　　1998 №7. с.140－145.

68) Simon, J. L. 1989. The Economic Consequences of Immigration. Oxford and Cambridge, MA:
　　Basil Blackwell.

# 7. 국제이주과정의 규제

국가 간 대량 인구이동은 많은 국가들의 사회경제적 발전과 정치상황에 큰 영향을 끼치고 세계경제 제도의 중요한 양상으로 되기 때문에 감시와 계산뿐만 아니라 규제까지도 필요하다. 국제이주과정은 각국의 개별정책으로 이루어질 뿐만 아니라 양자 간 혹은 다자 간 국제협정으로 이루어진다. 대량 인구이동에 대한 규제와 다양한 형태의 이주민과 정부에 대한 원조를 행하는 데 큰 역할을 하고 있는 것은 바로 이주문제를 다루는 국제기구들이다.

이들 가운데는 UN 하위기관의 기구와 이들 기구와 관련된 조직, 즉 'UN 고등난민기구', '국제노동기구', 'UN인구문제위원회' 등이 있는데 이들은 독자적인 재원으로 운영되며 일부는 인구이동에 관한 국가별 프로그램의 보조로 이루어진다. 게다가 UN 기구는 주로 개발도상국을 대상으로 한다. 국제노동기구 목표 중의 하나는 이주를 규제하는 일이다. 세계보건기구가 수용한 일련의 국제협약은 이주노동자의 외부 환경과 관련한 특별규정을 담고 있다. 유네스코 협약에는 이주노동자와 그 가족들의 교육환경 개선에 관한 것도 있다.

그 다음 조직으로는 '국제이주기구' 등과 같은 정부 간 기구가 있다. 마지막 그룹에는 비정부국제기구, 즉 국제적십자, 유럽난민문제해결청, 유럽난민문제법률기구, 국제봉사단협회 등이 있다.

이주노동자의 권리는 헬싱키 협정으로 규정되었다. EU 회원국은 인권에 관한 유럽의 협정을 이행하고, 이주자와 토착민의 권리를 동등하게 하는 세계인권선언을 준수한다. 최근에는 EU 의원총회에서 감시기능을 강화하고 있다. UN과 유럽안보협력회의 회원국들의 인권준수 여부에 대한 감시는 특히 '인권감시기구'와 같은 비정부기구가 담당한다.[69]

국제적 인구이주와 관련해서는 국내이주보다 더 엄격하고도 심한 이주규

---

69) Гольдин Г. Г. Современная иммиграционная политика западных государств. М.: Интердиа лекг,1998; Ишапенко. На перекрестках иммиграционной политики. Журнал Мировая экономика и международные экономические отношения, №.10, 2000.

제 정책이 실행된다. 이주공급국과 이주수용국 모두는 이주민 유입의 규모, 민족구성 및 직업별 구성을 규제한다. 이주공급국은 이주를 허용하면서 이주민과 실업자 그리고 이주민들이 가지고 있는 금전적 수단의 감소를 감안한다. 이주정책은 제한적이며 동시에 권장되는 특징을 가지고 있으며 이주민을 입국이주민과 출국이주민으로 구분하고, 또한 각 정책들이 따로 나타나거나 혹은 동시에 나타나기도 한다.[70]

이주정책은 이주민들의 규모를 사회경제적 수요뿐만 아니라 국제적 상황과 국제적 환경과 관련하여 규제한다. 가령 지역통합에 참여하는 국가는 일정 지역의 노동자원을 보다 더 효율적으로 운영하여 사회문제를 해결하려는 목적을 지닌 통합기구의 정책에 따라서 자국의 이주정책을 변화시킨다. 이주정책은 우선적으로 각국 외교정책의 도구로서 활용되어야 한다. 최근에는 바로 외교정책적 측면이 이주정책의 개념에서 보다 큰 의미를 가지게 되었다.[71]

이주민 유입규제는 주로 양국 간 혹은 다국 간에 체결된 협약으로 실행된다. 높은 경제통합이 실현되어 있는 서유럽 특히 유럽연합에서는 우선적으로 저수준 이주민 입국을 규제하고, 불법이주민을 불허하며 재이주가 허용되는 단일 이주정책이 확고한 상태에 있다. 이주규제 정책으로서 중요한 행보는 바로 1990년 말에 더블린에서 '난민의 권리와 난민에 대한 관심'에 대하여 협의된 12개 유럽연합 협정(더블린 협정)이다. 유럽연합 전문가협의회에 따르면 난민과 이주민 유입규제에 관한 가장 효율적이고 보편적인 수단은 모든 지역 국가에 통용되는 입국서류를 통일하는 것이었다. 이러한 문제는 바로 센겐조약의 핵심 내용이었다. '이주규제정책'이라고 불리는 '효율적인 출입국 심사와 선택적인 이주규제'에 관한 제도가 센겐조약 회원국의 공통된 행동지침의 근거로서 회원국들의 심의규정으로 수용되었다.

개별국가 수준의 노동인구 규제가 추구하는 두 가지 기본목표는 다음과 같다. 즉 불법외국인 노동자 유입으로부터 자국의 노동시장을 보호하는 일과

---

70) См.: http://www.hrw.org/

71) Гольдин Г. Г. Миграция населения: проблемы политико-правового урегулирования. Автореф ерат диссертации на соискание ученой степени доктора политических наук. Москва, 2001, с.28.

그리고 자국 내 노동력으로 해결되지 못하는 경제분야에 외국인 노동자를 수용하여 활용하는 일이다. 노동력 수입국가에서는 국가적인 이주규제 정책이 있는데 여기서는 이주민의 법적·정치적·직업적 지위가 명문화되고 국가적인 이주담당 기구가 있으며 이주문제에 관한 국제협정이 체결되어 있다.[72]

노동이주 문제를 담당하는 곳은 국내법이나 양국 간, 다국 간 협정에 근거하여 활동하는 국가를 인정하는 국가적인 기관들이다. 사실 3개의 국가기관이 이를 담당한다. 즉 입국비자 발급을 심사하는 외교부, 입국비자를 직접 심사하는 출입국 관리 업무를 담당하는 법무부, 외국인 노동자 고용을 감독하는 노동부 등이다.[73][74]

대다수 이주수용국의 법적-규범적 근거는 수많은 법률과 규칙으로 구성되어 있다. 이들 국가들은 입국심사 때 관련 법률과 규정을 선택적으로 사용한다. 핵심은 해당국가에 필요한 노동자들의 입국을 막지 않고 그 외 나머지 모든 사람들의 입국을 제한하는 데 있다.

**전문성 분류:** 모든 이주수용국의 법률은 엄격한 교육수준과 전문적 숙련도를 중시한다.

**개인적 요건의 제한:** 당연한 일이지만 이주수용국은 법적으로 엄격하게 이주민의 건강한 상태를 요구하고 있다. 이주민의 연령별 자격이 노동을 필요로 하는 산업분야에 따라 법적으로 규정되어 있다. 보통 연령범주는 20~40세까지이다. 마지막으로 가장 심각한 것으로서 이주민의 정치 및 사회적 성격을 반영하는 입법요구인데 이는 달리 말하면 '사회적 무결점'으로 불리며 이주수용국의 사회 및 정치적 안정에 중요한 요소로 간주된다.

**규모 할당:** 대다수 이주수용국은 이주민 규모의 최대치를 제한하고 있다.

---

72) Мигас В., Нечай А. Закономерности современной международной миграции и особенности ее регулирования. http://beljournal.by.ru/1999/1/15.shtm

73) Там же.

74) См.: Иванов М. М. США: Правовое урегулирование иммиграционного процесса(условия и процедуры приобретения статуса постоянного жителя США). Москва. —Международные отношения. 1998; Денисенко М. Изменения в иммиграционной политике развитых стран. Отечественные записки. Журнал для медленного чтения. №.4(19)(2004). —http://www.strana-oz.ru

이주민 수 할당제는 경제 전반적으로 적용되어 전체 노동자에서 외국인 노동자 수의 최대치를 결정하고, 개별 부문에서는 해당 부문의 전체 노동자 중 외국인 노동자 비율의 최대치를 결정하며, 개별 기업에서는 특정 기업 내에서의 외국인 노동자 비율의 최대치가 정해지면서 특정 연도에 입국한 전체 이주민 수가 제한된다. 이주민 수 할당은 이주수용국의 노동자 수용에 대한 강력한 규제수단이며 사법기관이 감시하는 관련 법령으로 적절히 결정된다.

**경제적 규제:** 이주민 수를 축소시키는 일정한 재정적 제한조치이다. 법인에 관해서 말하자면 일부 국가에서 기업은 일정한 규모에 달하거나 국가예산으로 일정한 액수를 지불할 때에만 외국인 노동자를 채용할 권리를 가지고 있다. 자연인들은 이주수용국에서 법적으로 정해진 일정한 금액을 투자하고, 이러한 투자금액을 제시하며 일정한 고용예정 인원수를 보장해야만 이주권한을 가진다. 일부 국가의 법령에 의하면 현지기업 진출을 위한 이주신청과 직장개설은 반드시 유료로 운영된다. 거래체결권을 쥐고 있는 선도 기업을 위하여 국내경제에서 현지인을 채용할 준비가 되어 있는 외국인들에게는 일부 특혜가 주어진다.

**임시규제:** 대다수 국가의 법령은 외국인 노동자들의 최대 체류기간을 설정해 놓고 있는데 기간만료에 따라서 이들은 이주수용국에서 출국하든지 아니면 체류연장을 위한 허가를 관련기관으로부터 받아야 한다.

**지리적 우선성:** 사실 이주민을 수용하는 각국은 이주민의 지리적·국가적 구성을 법적으로 설정하고 있다. 이러한 구성은 대개 일정한 국가로부터 입국하는 이주민들의 할당규모에 따라 결정된다.

**금지사항:** 외국인 노동자 채용금지에 관한 투명성은 대개 외국인이 종사할 수 없는 직업을 명문화하는 법령에 나타나 있다. 명확히 금지되는 직종은 외국인이 일할 수 없는 특수 분야에 바로 명시되어 있다. 이와는 반대로 은밀히 금지되는 직종은 분야별 혹은 직업별 목록에 제시되어 있는데 여기서는 해당 국가의 국민만이 일하면서도 동시에 외국인에게도 연결되어 있기도 한다.

이주원칙을 위반하는 데 대해서는 법적으로 제재를 받는다. 이러한 제재는 이주민 자신뿐만 아니라 이주민의 불법입국을 도와주거나 이들을 고용한 사람들 모두에게 해당된다. 그 방법은 이주자들에게 벌금 혹은 법적 구속이 사용된다.

**재이주 권장:** 이주노동자가 국내실업의 주원인이라고 보는 노동조합의 압력하에서 많은 서유럽 국가들은 70년대 초부터 이주자들을 본국으로 송환시키는 적극적인 수단을 강구하기 시작하였다. 전통적인 재이주 방법으로는 다음과 같다. 즉 재이주 권장정책이다. 이는 불법이주자들을 강제송환시키는 방법에서 본국송환 희망자들에게 물질적 원조를 해 주는 방법에까지 다양하다. 서유럽 국가(독일, 프랑스, 네덜란드)에서는 본국 송환을 희망하는 이주민들에게 일정한 출국비용을 지원하는 제도가 있다. 하지만 본국 재송환 방법의 효율성은 매우 낮다.

**이주민의 직업교육 준비:** 이주민들의 본국 귀환을 도와주는 수단으로서 개별 국가(프랑스, 독일, 스위스)는 이주민들의 직업교육 프로그램을 시행한다. 선진국에서 교육받는 이러한 프로그램에 의하면 이주자들은 본국으로 귀국해서 높은 급여를 받는 직장에서 일할 수 있게 된다. 그러나 이주민들이 참여하기를 바라는 프로그램은 매우 수준이 낮아서 전문적 지식을 습득해도 본국에서 활용할 수 있는 기회가 보장되지 않는다. 바로 이 점 때문에 대다수 이주민들은 본국으로 재이주해서 좋은 직장을 찾느니 차라리 선진국에 눌러앉아 현 직장에서 그대로 종사하는 것을 선호한다.

**대량 이주국에 대한 경제원조:** 선진국은 노동자의 본국 송금액과 국가지급액의 일부를 본국으로 투자하여 재이주자들을 위한 일자리를 개발도상국에서 마련할 수 있도록 하는 협정을 노동자 송출국가와 체결한다. 이러한 기업들은 협동조합적 혹은 합작회사의 형태로 건설된다. 이러한 형태의 가장 발전적인 모습은 독일과 터키 양국 간의 체결협정에서 찾을 수 있다. 많은 경우에 주로 독일자본으로 세워진 새로운 터키 회사들은 재이주의 직접적인 장소로 될 뿐만 아니라 터키로부터의 이주를 방지하는 지점으로 사용된다.

이주수용국의 적극적인 행동에도 불구하고 재이주를 권장하는 대다수 프로그램은 목표달성을 하지 못하고 있다. 즉 초기 실행 당시 재이주가 일부 강화되면서 실행된 외국인들의 본국 귀환은 재정적 지원의 축소와 함께 급격히 감소했다. 이러한 저조한 효율성의 원인은 노동자 송출국가들이 노동자의 재송출에는 관심이 없고 이주민 축소에 관한 대책을 수립하지 않기 때문이다.

외국인 노동자의 수를 제한하는 수단 중의 하나는 일부 유럽국가에서 꾸준히 늘고 있는 외국인 노동자 고용에 대한 세금을 징수하는 방법이다. 그런데 이러한 세금에도 불구하고 많은 경우 불법노동자를 비롯한 외국인 노동자에게 덜 혜택을 주고 더 통제하는 형태로 이용하는 것이 더 이득이다.

이주수용국은 불법이주민을 규제하는 '부드러운' 방법(본국 귀환 시 보조금 지불 등)과 함께 강제출국과 같은 강력한 수단을 쓰기도 한다.

대체적으로 선진국으로부터 외국인 노동자들의 귀환과정은 경제적 및 비경제적 방법 사용에도 불구하고 천천히 진행되었거나 진행되고 있다. 귀환증가는 이주공급국과 이주수용국 간의 생활수준과 노동수준의 격차가 줄어들고 이주공급국의 사회경제적 개선이 이루어졌을 때에만 가능하다.

국가적인 입국이주규제와 함께 국가적인 출국이주규제도 있다. 출국이주규제는 노동자 송출이 경제발전의 중요한 요소인 국가에서 특히 발전되어 있다. 국가적인 노동자 송출 규제는 다음과 같은 목적에서 시행된다. 즉 이주수용국 이주노동자들의 권익을 보호하고, 일시체류 시에 이들의 차별대우를 방지하며, 노동자들의 국외유출에 대한 손실보상이 필요할 때이다.

출국이주정책은 다음과 같은 원칙을 갖고 있다. 즉 이주민들의 본국귀환의 확실성, 이주노동자들의 외화송금을 효율적으로 활용할 수 있을 것, 본국에서 이들 이주민들이 출국함으로써 국내 실업자 문제가 해소되는 점, 노동력이 더 이상 필요치 않는 경제부문 종사자들의 출국을 제한하는 것, 상당기간 동안 외국에 있으면서 높은 기술을 가진 귀환자들의 수용으로 국내 노동시장이 호전될 것 등이다.

출국이주 규제를 보장하는 법적 – 규범적 기반은 각국 헌법과 이주관련 법령의 관련 조항에 기초를 두고 있으며, 또한 양자 간 혹은 다자 간 국제협정에 기반을 두고 있다. 그 밖에 일부 국가는 특별 이주프로그램을 시행하고 있는데 여기에는 행정, 관세, 조세, 투자, 은행 및 기타 법령이 모두 포함된 법령이 채택되어 있다.

# 제1장
# 한반도의 인구학적 동향 및 이주의 전제

한반도가 두 개의 독립국가, 즉 대한민국(남한)과 조선민주주의인민공화국(북한)으로 분단된 지 벌써 반세기가 흘렀다. 양국 지도자의 야망과 서방신영과 사회주의 블록 간의 대립으로 세계사에서 '한국전쟁'으로 유명한 유혈전쟁(1950~1953)이 발생하였다. 종전 직후 남과 북 사이에는 38선을 따라 비무장지대(DMZ)가 설치되어 현재까지 한민족을 분할하고 있다.

전후 양국의 발전경로에서 비단 인구학적 변화뿐만 아니라 다양한 정치적·경제적·사회적 변화과정이 각각의 국가에서 발생하였다. 역사적으로 형성된 인구의 지리적 분포, 굴곡이 심한 지연지형, 기후, 기본적인 경제형태 및 일제강점기 정책 등을 감안하면 국가 분열 무렵에는 한반도의 남북 간 인구의 심각한 불균형 상태가 진행되고 있었다. 1945년에 남한의 인구는 약 1,613만 6,000명이었고 인구밀도는 164명/km$^2$였다.[1]

1949년 인구조사에 의하면 인구가 2,016만 7,000명, 인구밀도는 205명/km$^2$로 되었고 1955년경에는 각각 2,150만 2,000명과 218명이었다. 1945년부터 1949년까지 연간 인구증가율은 1,000명당 61명이었고 이는 한국역사에서 가장 높은 증가율을 의미하였다. 의심할 여지없이 이 기간의 대폭적인 인구증가는 북에서 남으로 이주해 온 사람들 때문이었다. 1945년부터 1949년까지의 순수 자연증가는 전체 인구증가의 31%에 불과하였고, 비록 높은 사망률과 비교적 낮은 출산율을 기록하여 전체적으로 한반도의 인구가 감소한 1949년부터 1955년까지는 54%를 차지하였다.[2]

---

1) Tai Hwan Kwon, Population Change and its components in Korea 1925－66(Unpublished Ph.D. Thesis, Australian National University), 1972, pp.241－380.

1960년대의 남한에서는 인구증가가 높았지만 급속한 경제성장, 도시화, 교육수준의 향상, 기타 요인들로 인하여 출생률이 낮아지게 되었다. 한국은 불과 20년 동안 높은 출생률과 사망률 및 짧은 평균수명을 가진 전통적인 농업국가에서 낮은 출산율과 사망률 및 높은 평균수명을 가진 발전하는 국가로 변화되었다. 남한의 인구는 처음부터 지금까지 꾸준히 성장하고 있는데 수명 증가와 지속적인 사망률 감소가 주된 원인이다.[3]

## 1. 남한 인구의 변화(1945~2000)

### 1) 출생률과 인구규모의 변화

제2차 세계대전까지 한국인구의 변동은 수십만 명의 한인들이 한반도를 빠져나간 국제이주의 영향이 매우 컸다.[4] 한국전쟁 이후에는 다시 인구변동이 발생하게 되었는데 주로 출생률, 사망률 및 평균수명의 규모에서 두드러졌다. 전쟁 기간에 다수의 사망에도 불구하고 1949년부터 1955년까지 남한인구는 150만 명이나 증가하였다. 1960년 인구조사에 의하면 1955년부터 1960년까지 연평균 인구성장률은 천 명당 29명이었다.[5]

높은 인구증가율은 이른바 베이비붐과 실질적인 사망률 감소, 그리고 전반적인 생활과 위생의 개선에 기인하였다. 급속한 인구증가는 남한의 성공적인

---

2) 김두섭 · 박상태 · 은기수 편. 한국의 인구. Vol.1-2. Korea National Statistical Office. Daejeon. 2002.

3) См.: Kim Doo-Sub and Kim Cheong-Seok(Eds). The Population of Korea. Korea National Statistical Office. Daejeon, 2004.

4) См. подробнее: Lee, Kwang-kyu 1993. "Overseas Koreans in the global context". Studies of Koreans Abroad 3: 7-64; Kwang-kyu. 2000. Overseas Koreans. Seoul: Jimoondang Publishing Company; Ким Г. Н. Корейцы за рубежом: прошлое, настоящее и будущее. Алматы: Гылым, 1995; Ким Г. Н. История иммиграции корейцев. Вторая половина 19 в.-1945 г. Книга 1., Алматы, 1999.

5) Lee, Sea Baik. 1989. "Population policy evolution and its demographic consequences in Korea". Korean Journal of Public Health 42(6): 25-37.

경제성장의 추가적인 걸림돌이 되는 바람에 1960년 초에 남한 정부는 출생을 정책적으로 제한하는 가족계획 정책을 최초로 시행하였다. 이러한 정책은 경제개발 5개년 계획 말까지 연평균 인구성장률을 천 명당 25명으로 감소시키는 것이었다. 이때부터 가족계획 정책은 단기간에 현저한 출생률 저하를 이루고자 하는 정부정책과 밀접한 관련을 갖게 되었다.[6]

1960년부터 1966년까지 인구성장률이 감소되기 시작했는데, 즉 1966년 인구조사에 의하면 1960년부터 1966년까지 연평균 인구성장률은 천 명당 26.5명이었다. 인구감소의 주원인은 도시민에게 특히 나타났던 출산 붐의 감소와 인공중절의 사실상의 확대, 그리고 혼인연령의 상승 등에 있었다. 출생률 감소를 위한 정책 초기단계에서는 이러한 효과가 절대적이지 않았으나 60년대 후반에 접어들면서 두드러지게 되었다. 이와 함께 다른 생활영역에서도 변화가 발생하였는데 즉 매년 국가경제가 역동적으로 발전하고 농촌인구가 급감하며 교육수준이 꾸준히 상승하고 도시화가 진전되었던 것이다. 1970년 인구조사에 의하면 1966년부터 1970년까지의 연평균 인구성장률은 이전 5년간과 비교해서 8포인트가 낮아졌다. 그리고 같은 인구조사에 의하면 한국인구가 3,143만 5,000명에 달하였으며 인구밀도는 $km^2$당 319명, 경작지는 $km^2$당 1,362명이었다.[7]

1955년부터 1960년까지의 출생률은 1,000명당 45명이었고 게다가 전후의 임신붐은 모든 여성들의 혼인연령 분포를 변화시켰다. 이 기간에는 사실상 전통적으로 여성의 조혼 현상(15~20세)을 관찰할 수 있었고 다수의 이혼부부들이 재결합될 수 있었다. 대다수 사람들은 사회 안정과 생활 개선에 최후의 전투를 치르고 있었다. 전후 연간 출생규모는 1957년에 정점을 이룬 후 이후에는 하향곡선을 그리게 되었다. 이 기간에 한인의 인구학적·사회학적·의학적 동태는 우선적으로 꾸준한 인구성장에서 기인한 심각한 문제에 직면하고 있었다. 거시적 측면에서는 급속한 인구성장이 국가 경제발전에 커다란

---

6) Cho, Pill—jay. Growth of Korean Population. Korea Journal 4:8(August 1964): 4−9.

7) Kwon, Tai—Hwan. The Historical Background to Korea's Demographic Transition. In Robert E. Repetto, et al, eds. Economic Development, Population Policy, and Demographic Transition in the Republic of Korea. Cambridge, MA: Harvard University Press, 1981.

어려움이 되고 있었고 미시적 측면에서는 다자녀로 인하여 가정경제가 힘들어졌던 것이다. 변화된 생활수준과 의료제도는 사실상 유아를 비롯한 전체적인 사망수준을 낮추었다. 전통적으로 농업국가인 한국에서 다자녀 가정은 사회적 가치가 있었고 다자녀 어머니는 사회적으로 존경받았으며 다자녀 가정은 그만큼 많은 영향력을 가졌다. 앞날의 불행에 대비해서라도 아이들을 낳았던 것이다. 그러나 새로운 도시화와 환경에서는 아이들이 더 이상 전통적 가치를 지니지 않게 되었고 그 결과 정부정책으로 인하여 가족은 산아제한을 하게 되었고 원치 않는 여성들의 임신은 중단되게 되었다.[8]

1960년대 초부터 출생률은 지속적으로 하락하였고 또한 도시 여성들의 가임연령 구조가 변화하였다. 공식적으로 가족계획 정책이 시행되기 전까지 한국에서 낙태는 불법이었으나 1960년대 후반부터는 사실상 광범위하게 확대되었다. 1966년 20~44세 사이의 임신 여성 100명 중 도시여성의 23명, 농촌여성의 11명이 낙태를 한 것으로 밝혀졌다. 1970년에는 도시여성의 35명, 농촌여성의 20명이 이에 해당하였다. 결과적으로 1970년 전까지 한국에서는 출생률 저하가 지속되었는데 이러한 현상은 어떤 다른 국가에서도 없을 정도였다. 동 기간의 출생률은 1,000명당 32명으로 줄어들었고 총출산 수준은 4.6%까지 떨어졌다. 출생률 저하의 최고점은 1965~1966년 시기였는데, 1965년에는 4% 그리고 1966년에는 3.5% 수준이었다. 출산감소는 수도와 같은 대도시에서 특히 두드러졌다. 1966년부터 출생률 감소는 모든 가임연령대 구조를 변화시켰는데, 가장 젊은 가임연령대인 15~24세 집단에서 늦은 혼인으로 인한 비율감소가 나타났던 것이다. 1970년에 한국여성들의 초혼 연령은 24세 수준이었고, 이러한 수치는 유럽과도 같은 것이었다.[9]

출생률 저하의 또 다른 원인은 39~49세 사이의 여성들이 현대적인 피임방식을 폭넓게 사용하고 있다는 점이다. 특정한 해에는 한국의 전통신앙에 기

---

8) Lee, Hae Young. Demographic Transition in Korea Prior to 1969. In Lee−Jay Cho and Kazumasa Kobayashi, eds. Fertility Transition of the East Asian Populations. Honolulu: University Press of Hawaii, 1979.

9) Sung Bong Hong, Junkug Inkong Yusan eu Siltae(National Status of Induced Abortion), Chesin Eihaksa, Seoul, 1972, pp.16−17.

초한 이유로 출생률이 현저하게 낮아지기도 한다. 가령 아이들의 운명이 12년 주기와 5가지 색깔(자연, 요소)로 결정된다고 생각하는 것이다.[10]

그러나 출생률은 전반적으로 다양한 사회 – 경제적 요소가 복합적으로 작용한 결과 나타나며 무엇보다도 한국의 근대화와 급속한 도시화의 결과에 좌우된다. 도시의 출생률 저하는 농촌보다도 훨씬 더 짧은 기간에 나타난다. 가령 서울의 총출생률은 1955~1960년에 0.54%, 1960~1965년에 0.45%, 1966년에 0.3%인 데 반하여 국가 전체 평균이 각각 0.63%, 0.6%, 0.51%였다.[11] 1960년대 말부터는 한국 전체의 도시인구 출산율이 전국적으로 비슷해지기 시작하여 1980년대 초에는 지역적 편차가 거의 사라지게 되었다.

출생률 저하 원인 중의 하나는 한국여성들의 사회적 지위가 변화하였다는 것이며 이는 여성들의 사회참여, 교육수준의 상승, 결혼 후의 직업활동으로 나타난다. 최근 10년 동안 한국에서 부부 모두 사회활동을 하는 가정의 수는 꾸준히 증가하였다. 기혼여성의 취업은 근대화 과정에서 여성의 사회적 역할에 대한 가치관이 변화된 것과, 또한 일상생활과 자녀양육이 남편의 소득에만 의존하는 일이 힘들게 된 경제적 상황에서 기인하였다. 2000년 초에 한국의 각지에 거주하고 있는 1,900세대를 조사한 결과 부부 모두 직장을 가지고 있었던 경우는 전체의 1/3(31.7%) 정도였다. 연령대별로 분석한 동 조사에서 부부 모두 일하고 있던 가정은 40~49세 연령대(37.2%)가 가장 많았다. 그 다음으로는 50~59세(29.5%), 세 번째는 39세 이전까지(26.2%) 연령대였다. 40~49세 연령대의 일부 세대는 앞서 언급한 경제적 원인으로 인한 경우였다. 대다수 한인들이 늦게 결혼한다는 점을 감안하면 부부에게 요구되는 자녀양육비가 문제가 될 수 있는데 그것은 이들이 40대가 넘어설 때 가장의 소득이 지출보다 종종 적기 때문이다.[12]

부부 모두 일하는 가정을 한국의 지방별로 보면 서울이 가장 높고(33.8%),

---

10) E. H. Choi and J. S. Park, Some Findings from the Special Demographic Survey(PDSC Publication Series No.3, the Population and Development Studies Center), Seoul, 1960, pp.130 – 131.

11) Lee, Chung – myun. Demographic Transition in Korea. Bulletin of the Population and Development Studies Center 8 – 9(1980): 5 – 18.

12) http://vestnik.tripod.com/

그 다음은 수도권(32.8%), 6대 대도시(31.6%), 농촌(30.5%), 중소도시(29.7%) 등이다.[13]

한국의 국가통계청 자료에 따르면 남한 사회에서 여성의 사회적 지위가 상승하였음에도 불구하고 이들에 대한 사회보장 수준은 여전히 충분하지 못하다. 남한 여성근로자들의 임금수준은 여전히 남자보다 낮은 상태에 있다. 2000년 초 여성근로자 임금은 '힘이 더 센' 사람들의 임금의 약 64% 정도였다. 사실 이것은 이전보다 조금 높은 수준이었다. 가령 1990년에 한국여성들의 임금이 남자들의 절반 수준(55%)이었다. 한국 여성들이 직업을 선택할 때 고려되는 사항은 직장의 안정성, 임금수준, 개인의 적성 등이다. 15세 이상의 여자 90% 정도는 직장을 다니고 싶어 하며, 약 40%는 반드시 일을 해야 하는 사람들이다. 2001년에 한국의 여성 31%만이 사회보장제도의 혜택을 받았다. 한국 여성들 중에서 전체 연금수혜자 28%는 경로연금자들이었다.[14]

1960년대부터 1970년대까지 도시와 농촌의 출생률 차이는 매우 높았지만 1980년대에는 산아제한과 가족계획 정책이 농촌에서도 확산되었다. 이와 같이 한국에서는 많은 개발도상국에서처럼 전통적으로 자녀를 많이 낳던 가정이 적게 낳는 가정으로 변화하였으며 출생률 저하 현상은 처음에는 대도시 나중에는 전체 도시로 그리고 마지막에는 시골 지방으로 확산되어 나타났다.[15]

20세기 말 한국의 출생률은 변함없이 낮았고 21세기 초 가임여성 1,000명당 130명이 출산을 기록하였다. 이것은 전 세계에서 최저 수준이다. 비교해서 말한다면 1990년에는 여성 1,000명당 약 160명이 출산한 반면, 1970년에는 450명 이상이었던 것이다. 서울의 출생률 수준은 전국 평균보다 낮았는데 2000년의 경우 인구 1만 명당 128명이 출산자였던 반면 2001년에는 110명에 불과하

---

13) Там же.

14) Kim Doo-Sub. Working Experience of Married Woman and Fertility in Korea. Bulletin of the Population and Development Studies Center, Seoul National University, Vol.15, 1986, pp.19-30.

15) Lee, Chung-myun. Demographic Transition in Korea. Bulletin of the Population and Development Studies Center 8-9(1980): 5-18; Kwon, Tai-Hwan. The Historical Background to Korea's Demographic Transition. In Robert E. Repetto, et al, eds. Economic Development, Population Policy, and Demographic Transition in the Republic of Korea. Cambridge, MA: Harvard University Press, 1981.

였다. 전문가들의 설명에 의하면 이러한 현상은 임신여성과 결혼여성의 수치가 감소하고 또한 첫 결혼연령의 평균치가 높아진 것에 기인하였다.[16]

한국의 가정에서 자녀들이 적어지고 평균수명이 길어지면서 연령별 인구구조에도 변화가 발생하여 이른바 불안정한 피라미드 형태, 즉 아래쪽이 오목하고 중간과 위쪽이 더 넓어지는 모습이 되었다. 한국에서는 제조업이 확대되고 상품과 서비스의 양적 규모가 팽창하는 경제적 발전에 힘입어 1990년대 중반에는 새로운 노동력이 요구되고 일부 산업부문에서는 인력마저 부족한 현상이 일어났다. 바로 이 점 때문에 한국 정부는 전국규모뿐만 아니라 지방 수준에서 당면문제를 해결할 적극적인 방책을 모색하여 임신여성과 젊은 어머니들에게 특혜와 수당을 지급하는 출산장려책을 펴기 시작하였다.

남한의 보건사회부에 의하면 현재 출산장려를 위한 재정지원은 28개 행정단위에서 실시되고 있는데 지급수당 액수는 5만 원에서 35만 원 정도, 즉 달러로 환산하면 40달러에서 300달러 수준에 이른다. 출산장려금 제도가 처음 실시된 곳은 전라남도인데 전국에서 인구고령화 현상이 가장 높은 지역이다. 2000년 초부터 전라남도의 젊은 어머니들에게는 매달 20만 원, 즉 170달러를 지급하고 있다. 2006년부터 월보조금은 30만 원, 즉 250달러로 인상되었다.[17]

가장 높은 출산장려금이 시행되고 있는 지역은 전라남도 광양시이다. 지방정부에서 젊은 어머니들에게 지급하는 30만 원 외에 매달 70만 원, 즉 590달러에 이르는 별도의 수당이 시예산에서 집행된다. 몇몇 지방에서 다양한 형태의 출산장려금이 임신여성들에게 지급되고 있다. 가령 경상남도 함양군에서는 임신여성들이 지방정부로부터 아기 옷과 육아서적을 선물로 받는다. 임신 8~12주에는 무료 항체검사와 천연두 예방접종을 해 주고 있다. 임신 5개월이 되면 여성들에게 철분이 함유된 음식물이 공급된다. 여성들은 출산 후에 10만 원, 즉 85달러를 받고 3만 원, 즉 25달러 수준의 기념앨범을 받는다.[18]

---

16) Kim, Doo‒Sub. The Demographic Transition in the Korean Peninsula, 1910‒1990: South and North Korea Compared. Korea Journal of Population and Development 23:2(December 1994): 131‒155.

17) Kim Doo‒Sub and Kim Cheong‒Seok(Eds). The Population of Korea. Korea National Statistical Office. Daejeon, 2004.

18) Сеульский Вестник, №14, 5 апреля 2002.

많은 지방정부들은 셋째 아이를 출산하는 가정에 재정적 지원을 해 준다. 전라북도 정읍군에서는 셋째 아이를 출산한 산모들에게 30만 원을 지급한다. 전라북도 군산과 경기도 수원에서는 20만 원을 지급해 준다. 서울시는 셋째 아이를 출산한 산모들에게 36만 2,000원, 즉 310달러가량을 지급한다. 그런데 보건사회부에서는 이러한 모든 제도가 현재까지 그렇게 뚜렷한 효과를 가진 것으로는 평가하지 않았다.[19]

1980년대와 1990년대에 도시에서는 가부장적 대가족제도에서 단출한 가족, 즉 핵가족 현상이 진행되었다. 2001년 '서울시 통계연감'에 따르면 수도의 인구가 전년도에 비해 0.4%가 감소한 10,331,244명으로 파악되었다. 다른 측면에서 보면 이와는 반대로 서울의 세대 수가 0.8% 증가한 3,570,228호였다. 서울에서 한 세대의 평균인원은 3명 이하(2.87명)였는데 이는 20년 전인 1981년에 4명(4.53명)이었던 것과 비교하면 훨씬 줄어든 것이었다.[20]

이러한 경향은 한국의 제2도시 부산에서도 유사한데 2003년 말 부산에는 371만 명이 거주하였고 이는 2002년보다 1% 적은 규모였다. 인구학적 분석에 따르면 한국 제1의 항구도시인 부산의 인구는 1997년부터 감소하기 시작하였다. 원인은 부산사람들이 서울이나 수도권으로 이주했기 때문이었다. 부산의 인구가 감소함에도 불구하고 세대수는 전년도에 대비하여 1.3%가 증가한 124만 호에 달하였다. 이러한 사실은 전통적인 가부장적 대가족 제도가 핵가족 제도로 지속적으로 전환되고 있음을 말해 준다.[21]


## 2) 사망률의 변화

제2차 세계대전, 국토분단, 한국전쟁 및 기타 중요한 정치적 사건이 포함된 1940년부터 1955년까지의 15년간 한국에서는 전쟁이 출생률과 사망률에 영향

---

19) Там же.

20) The Seoul Herald: News. 30.01.2003.

21) Ланьков Андрей. География размещения населения в Корее.
   http://world.lib.ru/k/kim

을 준 인구학적 변화가 발생하였다. 이 기간에 한국에서는 식량과 의약품의 부족이 만연하였고 사람들은 질병과 낮은 의료상태로 고생을 하였다. 상황은 콜레라 등의 전염병 확산으로 악화되었지만, 1947년부터는 국제적 식량원조와 백신 및 약품공급으로 상당 부분 극복되기 시작하였다. 그럼에도 불구하고 1945~1950년간의 사망률은 사실상 높은 상태에 있었다. 유감스럽게도 이에 대한 정확한 자료는 없지만 인구학적 분석자료를 이용한 한국 연구자들의 결론에 의하면 1940~1950년 10년 동안 총 사망률은 2.0~2.4%이고 평균수명은 37~40세였다.

1950~1953년간의 한국전쟁 시기의 사망률은 비교할 수 없을 정도로 높았는데 그 이유는 인적 손실이 40만 명에 달하였기 때문이었다.[22] 한국의 인구학자 권태환 박사의 견해에 의하면 1950~1953년간의 연평균 사망률은 3.6~4.7%에 달하였고 평균 4.2%였다.[23] 전쟁 종료 후에는 사망률이 현격하게 감소하였는데 1954년과 1955년에 사망률은 1,000명당 17명과 20명이었다. 이 과정에서 중요한 역할을 한 것은 무엇보다도 UN의 국제원조였고 항생제와 같은 제품들이 한국으로 공급된 점이다. 1955~1960년 기간에는 사망률이 4~6 포인트 감소하여 1,000명당 15명 수준으로 하락하였다. 같은 기간에 평균수명은 6~8년 정도 높아졌다. 이러한 급격한 사망률 하락은 성공적인 경제발전과 생활수준의 개선과 관계있다. 전쟁 기간에 국토는 유린되었고 많은 공장들이 파괴되어 국가재건 작업은 매우 더디게 이루어졌다.[24]

1960년대 한국의 사망률 수준은 큰 차이가 있었는데 가령 정부발표에 의하면 1970년 초 사망률이 0.8%이었으나 다른 기관의 평가는 1.2 내지 1.3% 수준이었다. 공식자료에 의한 1965~1970년간의 평균수명은 61세였는데 인구조사에 의한 결과는 50세로 나타나 차이가 무려 11년에 달하였다(공식수치는 1966

---

22) Bank of Korea, Annual Economic Review 1955, Seoul, 1955; Kwon, Tai-Hwan. Constructing Life Tables in Korea, 1925-70. Bulletin of the Population and Development Studies Center 4(November 1975): 1-39.

23) Kwon Tai Hwan Population Change and its Components in Korea 1925-66(Ph.D. thesis, Australian National University). 1972, p.291.

24) Shin, Eui Hang. 2001. Effects of the Korean War on social structures of the Republic of Korea. International Journal of Korean Studies 5(1): 133-158.

년 서울에서 발행된 경제기획원 자료임).

인구조사에 의하면 1960년경 사망률은 점차적으로 줄어들었다. 평균수명은 남녀 모두 1955~1960년의 50세에서 1965~1970년에는 54세로 상승하였다. 이러한 추세는 1960년대부터 시작된 급속한 국가경제의 발전과 예방접종 등의 의료서비스 확대와 함께 진행되었다. 남녀 사망률 저하에는 젊은 연령층 사람들이 더 많이 늘어난 것도 작용한다. 의심할 여지없이 전체 사망률은 1950~1955년의 11.5%에서 1995년에는 1.1%로 낮아졌다. 두 가지 지수 상이의 상호 연관성이 존재하는데, 즉 사망률이 낮아질수록 사실 평균수명은 늘어나는 것이다.[25] 남한에는 다른 국가들처럼 남녀 평균수명 간의 차이가 존재한다. 1950~1960년에 그 차이는 약 3년(46세와 49세)이었고 70년대 초부터는 7년(1970년에 59세, 1975년에 66세) 그리고 90년대에는 8년으로 벌어졌다. 남녀 평균수명의 차이는 생활수준과 의료서비스의 향상으로 안정적이었다. 한국에서는 과거처럼 여자들이 남자들보다 더 오래 산다.[26]

남한의 국가통계청에 의하면 여자의 평균수명은 2001년에 80세에 이르렀고 이는 1999년보다 거의 0.8년이나 증가한 것이었다. 같은 해에 남자의 비교지수는 1.13에 이르렀고 72.8세에 해당하였다. 전체적으로 남한 사람들의 평균수명은 76.5세로 증가하였다. 한국인의 수명이 긴 이유 중의 하나에 대해서 국가통계청은 생활수준의 향상과 의료제도의 발전을 언급하였다. 통계학자들의 견해에 의하면 남한 사람들은 자신의 건강과 신체관리에 대해 주의를 많이 기울인다. 남한 남자의 1/4(25.4%)이 2001년에 암으로 사망했는데 이는 남자 사망의 주원인이었다. 여자는 14.0%만이 암으로 사망하였다. 또 다른 사망원인은 호흡기 질환과 심혈관계통의 발병이었는데 남자 사망의 22.0%, 여자 사망의 24.4%를 차지하였다. 남자들은 여자들보다 예기치 않은 결과로 죽은 경우가 많은데 비율은 각각 8.7%와 4.9%였다. 국가통계청 자료에 의하면 남한의 남자들은 선진국(OECD) 평균보다 1.6년 더 짧게 산다. 여자들은 0.4년 더

---

25) Kim, Tai-Hun. The Determinants of Infant and Child Mortality in Korea: 1955-1973. Hanguk ingu hakhoeji 9:2(1986:12): 93-107.

26) Cho, Pill-jay. Growth of Korean Population. Korea Journal 4:8(August 1964): 4-9.

오래 산다. 전체적인 사망률을 분석하면 남한은 선진국에서처럼 현대적인 유형을 띤다.[27]

<표 1> 평균 사망률과 평균수명 수준

| 기간 | 평균사망률 | 평균수명 | |
|---|---|---|---|
|  |  | 여자 | 남자 |
| 1945~1950 | 23 |  |  |
| 1950~1955 | 33 |  |  |
| 1955~1960 | 16 | 46.9 | 52.5 |
| 1960~1965 | 15 | 48.1 | 53.5 |
| 1965~1970 | 13 | 50.8 | 56.5 |

출처: Kwon Tai Hwan Population Change and its Components in Korea 1925~66(Ph. D. thesis, Australian National University). 1972, pp.70~77, pp.87~105

최근 10년간 남한의 인구는 고령화하고 있다. 인구 중에서 청년층 비율은 점차 줄어들고 반대로 노년인구가 증가하고 있다. 국가통계청 자료에 의하면 18세 이하 인구는 현재 25.1%를 차지한다. 이것은 30세 이하 인구의 절반에 달하는 수치이다. 1965년에는 전체 국민의 절반 이상(51.1%)이 아동층과 18세 이하의 연령대였다. 1980년경에는 이 비율이 43.3%로 줄어들었다. 1990년에 아동층 비율은 남한 전체 인구의 33.8%를, 2000년에는 27.5%를 차지하였다.[28]

현재 남한에서 가장 고령화된 지역은 경상북도 의성군이다. 여기는 고령화지수, 즉 65세 이상의 인구수를 14세 이하 연령 인구수로 나눈 수치가 작년에 가장 높은 178.8%였다. 가장 낮은 지수는 울산시 동구로서 12.5%였다.[29]

이와 같이 60년대만 하더라도 남한 인구의 절반이 18세 이하였는데 오늘날에는 25% 정도만이 이 연령대에 속한다. 남한에서 젊은 층 인구비율이 급속히 줄고 있는 이유는 최근에 높아지고 있는 출생률 저하이다. 1970년에 여자 10명당 약 45명의 신생아(45.3)가 태어났다면 2002년에는 12명(11.7)에 불과하

---

27) Гуенков В. Число стариков в Южной Корее продолжает быстро увеличиваться. Сеульский вестник. 27 октября 2003.

28) Kim Doo-Sub. The Demographic Transition in the Korean Peninsula, 1910-1990: South and North Korea Compared. Korea Journal of Population and Development, Vol.23-2, 1994, pp.131-155.

29) Там же.

였다. 이러한 지표에 관해서는 남한은 선진국에서 뒤떨어진 국가였다. 가령 미국에서는 여성 10명당 21명의 신생아, 프랑스는 19명 등이었다.

## 3) 남녀별 구성지수

한국의 남녀인구 구성비는 연구기간 동안 역사상 중요한 사건과 직접 관련을 가지는 중대한 변화를 겪었다. 남자비율은 1944~1949년 동안에는 증가하였고 1949~1955년 동안에는 감소하였다. 하지만 한국인구의 성별 구조에 나타난 구체적인 수치는 연령별 집단과는 판이하게 달랐다.

1949년 이전 한국의 남녀구조의 변화경향은 변화를 발생시켰던 중요한 요소였던 이전 시기의 국제이주와 밀접한 관련을 가지고 있었다. 국외이주는 주로 남자들에 해당하였는데 15~44세 연령대의 구성변화를 가져왔던 것이다.[30]

1950~1953년의 한국전쟁 시기에는 남성들의 인적 손실이 컸고 그 결과 남성비율이 크게 감소되었다. 전후 시기에는 남성비율의 절대수치와 상대수치가 상승하였다. 이러한 현상의 원인에는 한국의 전통적인 남아선호 사상의 결과 사내애들의 출생이 많아졌고 그리고 여성들의 국제이주가 발생하게 되었다는 데 있었다.

한국의 국가통계청에 의하면 현재 한국의 남녀구성비는 거의 비슷한데 여성비율이 국가 전체에서 49.7%를 차지한다. 그러나 연령대별 성별구조는 차이가 난다. 청년층에서는 남성이 여성보다 많다. 가령 10~19세 연령대에서는 여성 100명대 남성 112명(111.7)이다. 이와는 반대로 60세 이상에서는 여성비율이 더 높은데 여성 100명에 대하여 남성은 약 72명(72.2) 수준이다.

여성이 남성보다 압도적으로 높아지기 시작한 연령 폭은 전에는 매우 낮은 상태에 있었다. 1975년에 남녀성비는 40세 이상부터 여성이 조금 높았다. 80년대와 90년대에는 50세 이전에서도 여성의 연령폭이 상승하였고 현재에는

---

30) Tai Hwan Kwon, Population Change and its Components in Korea 1925-66(Ph.D. thesis, Australian National University). 1972, pp.356-359.

60세 이전까지의 연령에도 해당된다. 이러한 사실은 한국 남성들의 평균수명이 과거와는 달리 매우 높아졌음을 말해 준다.[31]

이러한 통계자료가 보여 주는 사실은 과거에는 남녀 출생유아의 불균형이 매우 심했다는 점이다. 2001년에 여아 100명당 남아 비율이 109명에 달하였다.

연구기간 동안의 한국인구의 연령별 구조는 사회경제적 요인과 인구학적 변화로 인하여 형성되었다. 식민지 시대의 국제이주는 최고의 노동생산인구인 15~44세 사이 연령대에서 이루어졌고 그 결과 이 범위의 인구가 감소하였으며 다른 연령대 인구의 비율이 높았던 것이다. 20~40년대 초반의 사망률 감소는 출국이주민의 영향에서 비롯되었는데, 즉 아동 및 노년층 인구비가 상승하고 중간범위의 인구는 낮아졌다. 전쟁 시기에는 중간범위 연령대 남성들의 손실이 있었는데 월남한 북한 사람들이 이를 보상하여 주었다.[32]

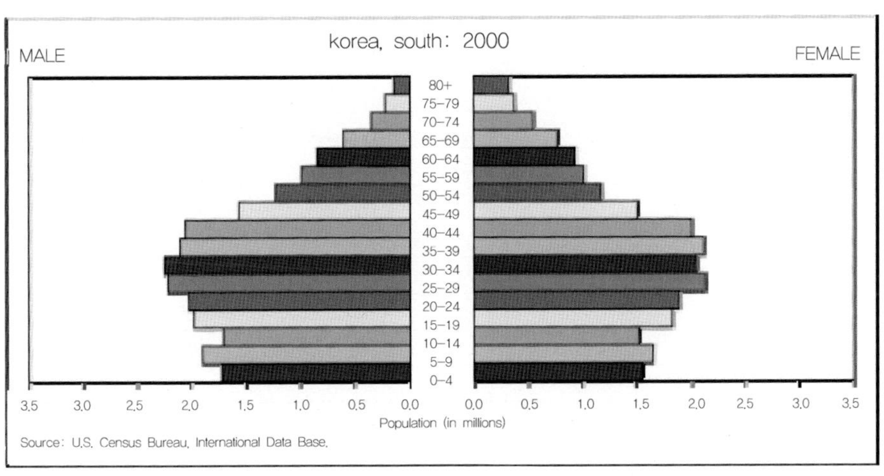


한국의 인구(2000년)

---

31) Kim Doo-Sub. ≪Recent Uprising of the Sex Ratio at Birth in Korea≫ Asia Journal, Vol.2-1, The Center for Area Studies, Seoul National University, 1995(June), pp.69-85.

32) Kim, Yun. Population Growth and Changes in North and South Korea, 1925-2025. In Yun Kim and Eui Hang Shin, eds. Toward A Unified Korea: Social, Economic, Political, and Cultural Impacts of the Reunification of North and South Korea. Columbia, SC: Center for Asian Studies of the University of South Carolina, 1995.

전후 10년간의 높은 출산율은 연령별 인구구조를 변화시킨 중요한 요소였다. 특히 이것은 1955~1960년 사이에 0~4세 범위의 유아집단에서 두드러졌다. 그런데 인구학적 분석에 의하면 이 기간에 있었던 인구조사에서는 사실상의 손실이 있었는데 그 결과 아동들의 수치에 대한 일부 의견불일치가 있었다.[33]

<표 2> 한국의 연령별, 성별 분포(2000년, 2025년)

(단위: 천 명)

| 연령 | 2000 | | | 2025 | | |
|---|---|---|---|---|---|---|
| | 소계 | 남 | 여 | 소계 | 남 | 여 |
| 총계 | 47,261 | 23,792 | 23,469 | 51,801 | 25,801 | 26,000 |
| 0~4 | 3,282 | 1,720 | 1,562 | 2,542 | 1,308 | 1,234 |
| 5~9 | 3,556 | 1,895 | 1,661 | 2,554 | 1,317 | 1,237 |
| 10~14 | 3,225 | 1,702 | 1,524 | 2,616 | 1,355 | 1,261 |
| 15~19 | 3,798 | 1,969 | 1,830 | 2,869 | 1,492 | 1,377 |
| 20~24 | 3,917 | 2,017 | 1,900 | 3,025 | 1,578 | 1,447 |
| 25~29 | 4,356 | 2,219 | 2,137 | 3,246 | 1,695 | 1,551 |
| 30~34 | 4,295 | 2,238 | 2,057 | 3,508 | 1,860 | 1,648 |
| 35~39 | 4,219 | 2,096 | 2,123 | 3,167 | 1,659 | 1,508 |
| 40~44 | 4,072 | 2,060 | 2,012 | 3,704 | 1,901 | 1,803 |
| 45~49 | 3,066 | 1,561 | 1,505 | 3,783 | 1,921 | 1,862 |
| 50~54 | 2,390 | 1,215 | 1,175 | 4,135 | 2,062 | 2,073 |
| 55~59 | 2,000 | 981 | 1,019 | 3,966 | 2,002 | 1,963 |
| 60~64 | 1,784 | 843 | 942 | 3,733 | 1,760 | 1,972 |
| 65~69 | 1,366 | 597 | 769 | 3,369 | 1,578 | 1,791 |
| 70~74 | 887 | 339 | 548 | 2,278 | 1,036 | 1,242 |
| 75~79 | 586 | 208 | 378 | 1,477 | 635 | 842 |
| 80+ | 461 | 133 | 328 | 1,828 | 640 | 1,188 |

출처 : U.S. Census Bureau, International Data Base, October 2002 version.

---

33) Tai Hwan Kwon, "Evaluation of Adequacy and Accuracy of Census Data", Yunshik Chang, et. al., Seoul National University, 1974, pp.18-41.

## 4) 결혼과 이혼

한국 사회에서 결혼은 사실 과거처럼 필수적인 것이다. 1925년 한국의 인구 조사에 의하면 결혼한 사람들은 20~24세 연령대의 67%, 25~29세 연령대의 90%를 차지하였다.[34] 20세 이전에 결혼한 여성들의 수는 90% 이상이었다. 1945~1955년간의 결혼연령이 남성과 여성 공히 약 3년 높아졌다. 미혼의 경우 20~24세 남자는 35~67%, 15~19세 여성의 경우 38~85%에 달하였다. 1970년에는 결혼연령이 남자 27세, 여자 23세에 이르렀다. 도널드 보그(Donald J. Bogue)의 분류에 따르면 한국에서는 식민지 기간에 결혼연령이 세계에서 가장 높은 지역에 속하였다.[35] 그러나 1970년경에는 이러한 수준이 가장 낮은 상태로 되었는데 이는 유럽과 북미 선진국 수준에 해당한다.

결혼연령이 늦어지게 된 이유는 여러 가지 있지만 주된 요인은 도시화의 진전과 도시생활의 변화에 있었다. 개인적인 성공에 더 많은 관심을 가지고 더 좋은 교육을 받아 성공적인 경력을 쌓고자 하는 도시민들은 결혼에 대하여 소극적이다. 1960년대 이후 도시민들의 비중은 빠른 속도로 높아졌다. 결론적으로 결혼연령에 달한 사람들의 이주가 크게 증가하여 사람들 간의 교류가 중단되고 그 결과 남녀 간의 성비 불균형이 초래되어 결혼이 늦어지는 것이다. 1950년대에 접어들면 20세 이상의 모든 남자는 3년간 군복무 의무를 수행해야 하였고 그 결과 최소한 3년간 결혼이 늦어지게 되었다. 군복무 후 사회생활의 적응과 취업 그리고 인생문제를 해결하는 데 일정한 시간이 소요되기 때문이다.

전후의 경향으로서 결혼이 늦어지는 현상은 60~70년대의 특징이었고, 1980~1990년대에는 결혼연령대가 더 늦어졌다. 21세기 초 한국 사람들은 더 늦은 나이에 결혼한다. 2002년을 기준으로 평균 첫 결혼나이는 여성의 경우 27세, 남성의 경우는 29.8세에 달한다.

---

34) J. Hajnal, "Age at Marriage and Proportions Marrying", Population Studies, Vol.7, No.2, 1953, pp.129-131.

35) Donald J. Bogue, Principles of Demography, New York, 1969, pp.217-25.

남한에서는 동갑내기 부부와 여자가 남자보다 나이가 많은 부부들이 많이 늘고 있는데 얼마 전만 하더라도 이러한 결혼은 한국에서 이상한 것으로 간주되었다. 여자의 나이가 많은 부부의 비율은 1990년과 비교하여 2.8%가 증가한 11.6%였다. 동갑내기 결혼의 경우는 같은 기간에 5.2%가 증가한 14.3%를 차지하였다. 1990년부터 이혼부부의 비율은 두 배 반이나 증가하였다(4.7%에서 11.6%). 부부 중 한 명이 이전에 결혼한 경력을 가진 경우의 비율도 증가하는 경향이 있다.

2001년에 남한의 수도에서는 2000년보다 2% 적은 약 77,000(정확히 77,376)건의 결혼이 이루어졌다. 결혼 건수의 감소현상은 다음 수치에서도 알 수 있는데, 즉 1991년 서울에서는 1만 명당 104건의 결혼이 이루어진 데 반하여 2001년에는 75건에 불과하였다. 다른 측면에서 보면 2001년의 이혼 건수는 2000년에 비하여 12%(28,962)나 증가하였다.[36]

2001년 남한에서는 하루에 평균 877건의 결혼이 이루어졌고 1년 전체를 따지면 320,100건이었는데 이는 2000년보다 4%나 감소한 것이었다. 인구 1만 명당 결혼 건수는 2001년에 가장 낮았던 67건이었다. 처음 결혼하는 남성들의 비율도 감소하였는데(85%까지), 이와는 반대로 재혼하는 남성들의 비율은 높았다(14.7%). 재혼 여성들의 비율도 증가하는 것이 관찰되고 있다(14.5%에서 16.4%로).

20세 이하의 남녀가 결혼하는 경우도 감소하였으나 30~34세 연령의 남녀가 결혼하는 경우는 늘고 났다. 무엇보다도 외국인과 결혼하는 경우가 늘고 있다. 2001년의 경우는 15,000건(15,234건)으로 등록되었는데 이는 2000년의 경우보다 23.7%나 높아진 것이었다. 게다가 한국인 남성과 중국인 여성 간의 결혼이 가장 많으며 한국인 여성들은 주로 일본인 남성들과 결혼하는 경우가 많다. 통계청 전문가에 따르면 이혼여성과 총각남성과의 결혼비율도 지속해서 증가하고 있다. 비율은 2000년의 4.9%에서 1999년에는 5.6%였다. 이혼남녀 간의 결혼비율은 2001년에 전체 결혼건수에서 거의 11%를 차지하였다. 평균

---

36) The Seoul Herald: News. 30 January, 2003.

재혼연령은 남성의 경우는 42.1세, 여성의 경우는 37.6세이다.[37]

한국사회에서 있었던 많은 결혼풍습들이 과거로 사라졌는데 특히 노년층에게 두드러졌던 남편보다 연장자인 아내와의 결혼에 대해 한국사회는 더 관용적이었다. 한국인 부모들이 자녀들의 배우자들을 선택하였고 부모들의 허락으로 맺어지는 결혼은 오늘날 이미 드문 일이 되었다. 한국의 젊은이들은 배우자 선택의 자유를 더 많이 가지고 있다. 2000년에 이러한 형태의 결혼은 0.6%나 증가하였는데 전체 결혼 중의 10.7%를 차지하였다.[38]

'2001년 결혼과 이혼에 관한 통계'를 발행한 국가통계청에 따르면 한국에서 최근 10년간 이혼이 증가하고 있다는 것이다. 2000년의 수치는 전년도의 수치보다 12.5%나 증가한 것이었는데 135,000건에 달하였다. 가장 많은 증가를 보였던 연령대는 35~39세 사이의 집단이었다. 작년에 결혼이 파기된 한국 남자들의 평균 연령은 40.2세였고 여자는 36.7세였는데 대개 10년 정도 (54.4%) 가정을 이룬 사람들이었다. 20년 이상 가정을 이룬 후 이혼한 경우는 작년에 11%(11.3%) 정도였다. 1990년부터 2000년까지 10년간 이혼건수는 거의 두 배로 되었다. 이혼의 주요 원인은 가정불화(74%), 금전문제(11.6%) 및 건강문제(0.7%) 등이었다.[39]


## 2. 남한 인구의 지리적 분포


오늘날 한국 사람들의 지리적 정착은 자연과 기후적 특성에서 비롯된 지배적인 생산양식과 경제정책의 인프라가 오랫동안 변화하면서 형성되었다. 사실 서쪽 연안지대의 평야지대에 대다수 한국인들이 거주하고 있는데 이 지역

---

37) Сеульский Вестник, №14, 5 апреля 2002.

38) Yoon, Hyungsook. 1990. "Gender and personhood and the domestic cycle in Korean society(Ⅱ)". Korea Journal 30(4): 39−47.

39) Семейные узы в Корее под угрозой. Asiatimes.ru. 19 июня, 2001; Сеульский Вестник, №14, 5 апреля 2002.

에는 서울과 평양을 비롯한 주요 도시들이 분포되어 있다. 산악지대는 수 세기 동안 인구희소 지역이었고 수렵과 채집의 장소였는데 정착하기 힘든 많은 지역은 현재까지도 원시상태에 있다.

한국은 인구밀도가 가장 높은 나라 중의 하나인데 2000년에 km$^2$당 472명이었다. 그런데 국가 내에서는 지역별로 큰 차이가 있는데 많은 경우는 1,000배 이상 차이가 난다. 내무부 통계에 의하면 인구밀도가 가장 높은 지역은 서울시 양천구인데 여기에는 km$^2$당 27,936명이었고 반면에 강원도 인제군의 인구밀도는 km$^2$당 20명 수준이다. 이러한 두 행정단위 간의 인구밀도의 차이는 무려 1,400배에 달한다. 한국에서 두 번째 인구밀도가 높은 지역은 서울시 동대문구(km$^2$당 27,011명)이고 그 다음은 서울시 동작구(km$^2$당 24,941명) 등이다. 인구밀도가 낮은 쪽에서 본다면 인제군 다음으로 경상북도 영양군(km$^2$당 27명)이며 그 다음은 강원도 화천군(km$^2$당 28명)이다.[40]

오늘날 한국은 매우 높은 도시화 수준을 기록하고 있는데 2000년의 경우 4,610만 명의 인구 중 도시인구는 3,660여만 명으로서 전체 인구의 79.6%를 차지하였다. 농촌 인구비율은 8.6%에 불과한데 그중에서 일부는 농촌에 거주하면서 도시에서 일한다.[41]

국가 중심지는 한국의 수도인 서울인데 이 도시는 1945년 이후 급속한 성장을 하고 있고 거대한 도시의 경제발전이 급속한 인구성장을 수반하고 있다. 사실 1918년 한국의 수도 인구는 189,000명 정도였으나 1990년대 초 1,000만 명에 달한 뒤 안정적인 추세를 유지하고 있다. 공식통계에 의하면 2000년에 서울 인구는 989만 5,000명 수준이었다. 그러나 이러한 수치는 실제 대도시 서울보다는 작게 반영되는 '행정적인 서울'을 반영하고 있을 뿐이다. 도시경계는 오랫동안 변화되지 않았고 위성도시는 물론이고 대다수 신주거지가 수도 외곽에 형성되었다. 그래서 한국 사람들은 대개 '수도권'이라는 용어를 사용하는데 이는 수도 서울을 중심으로 반경 수백km를 에워싸는 원형지역을

---

40) Ланьков Андрей. География размещения населения в Корее.
   http://world.lib.ru/k/kim

41) Kim Yong－Woong. Industrialization and Urbanization in Korea. Korea Journal, Vol.39, No.3, 1999,
   pp.35－63.

말한다. 서울 외에도 수도권에는 두 개의 100만 인구 도시가 있는데 수원(2002년에 100만 명에 달함)과 인천(240만 명)이 있고 수많은 위성도시가 있다. 이와 같이 한국의 중심권에는 약 2,000만 명, 즉 전체 인구의 40~45%가 거주하고 있다. 이와 같은 수도권 인구집중 현상은 세계 어느 국가에서도 거의 찾아볼 수 없다.[42]

서울 면적은 605km$^2$이며 인구밀도는 세계에서도 상위권에 속하는 km$^2$당 17,157명이다. 최근에는 다수의 서울 사람들이 거주조건이 보다 양호하고 주거비용이 싼 도시 교외로 나가고 있다. 그 결과 서울인구는 1992년부터 점차적으로 감소하고 있다. 가령 1998년에 수도를 떠난 사람은 65,628명(서울인구의 0.63%)이었다. 사실 거의 모든 서울 사람들이 중심지역에 살고 있으나 공식적으로 서울 외곽으로 빠져나가 살고 있는 사람도 있다.

서울의 남자인구는 5,146,825명이고 여자인구는 이보다 조금 많은 5,123,681명인데 가장 젊은 층의 인구집단에는 다음과 같은 차이가 있다. 10세 이하의 아동에서는 여아 100명당 남아 110명이다. 서울은 한국거주 외국인들이 집중적으로 살고 있는 도시다. 서울 남자의 평균수명은 71.1세이며, 여자의 평균수명은 77.8세이다. 서울에는 100세가 넘는 노인이 359명이 있다. 이러한 장수인구는 수도인구의 0.0035%를 차지한다.[43]

두 번째로 중요한 도시는 일본과의 교역 중심으로 중요한 부산인데 현재 한국 제1의 항구도시이다. 부산인구는 366만 명이며 외곽도시에는 약 500만 명이 거주하고 있다. 세 번째로 큰 도시는 인구 248만 명의 대구, 네 번째는 인구 137만 명의 대전이다. 이 밖에 한국에는 인구 100만 명이 넘는 도시로 광주(135만 명), 울산(101만 명) 등 2개가 더 있다. 한국 전체적으로 이런 규모의 도시는 모두 8개 있는 셈이 된다.

---

42) The Seoul Herald, 5 April, 2002: Seoul Demographic Statistics.

43) Средняя продолжительность жизни в Южной Корее выросла. Сеульский вестник. 18 сентябр
я 2003.

# 3. 한반도 내의 이주

## 1) 한국의 국내이주

한국 내의 지리적 이동은 정치와 경제적 원인으로 발생한, 대규모 사람들이 참여한 다양한 형태와 특징 및 방향성을 가지고 있다. 국내이주의 주된 내용은 이촌향도 현상에 있다. 도시민의 비율은 1945년 4.5%에서 1985년에는 65.4%, 그리고 1990년대 말에는 80%를 넘어섰다.[44]

도농 간 인구이동은 수십만 명의 이재민이 도시로 들어갔던 한국전쟁 시기에 시작되었다. 그 후 경제성장과 관련 있는 전후 시기에는 수많은 청년들이 고향을 버리고 교육을 받고 새로운 삶을 시작하기를 희망하면서 직장을 찾아 도시로 이주하였다. 결과적으로 한국의 도시들은 지나칠 정도의 이주민 도시가 되었다. 1970년대 초에 박정희는 전통적인 한국의 농촌에 대하여 '새마을 운동', 즉 '새로운 농촌운동'으로 알려진 개혁정책을 대대적으로 시행하였다. 박 대통령이 정부와 국민 앞에 제시한 과제는 농촌의 주거지, 도로, 공업시설, 생활시설의 재건과 현대화 그리고 다양한 생산시설과 사회문화 시설을 건설하는 것이었다. 정책실행 과정에서 선진농업방식이 도입되고 농촌생산의 기계화, 새로운 경영방식 및 활동양식이 적용되었다. '새마을 운동'은 도시와 농촌주민들의 소득격차를 줄이고 도시와 농촌의 삶의 질 사이에 존재하던 현격한 격차도 감소시켰다. 또한 한국의 신진농촌인력을 대대로 이어지는 토지와 농사일에 어떻게 고정시키는가 하는 것도 과제로 남았다.[45]

새로운 농촌운동의 상당한 진척과 대중적인 선전, 선동에도 불구하고 농촌 청년들의 이탈은 감소되지 않았고 1980년대 말경에는 농촌의 신세대를 붙잡는 일이 더 이상 목표가 될 수 없었다. 이때 한국농촌은 주로 노인들이 사는

---

44) Source: Based on information from Korea Institute for Population and Health, Journal of Population and Health Studies[Seoul], 8, No.2, December 1988.19.22.

45) Jacobs, Norman. The Korean Road to Modernization and Development. Urbana: University of Illinois Press, 1985.

곳으로 바뀌었는데 통계자료에 의하면 1986년과 1987년에 50세 이상의 인구 비율이 각각 28.7%와 30.6%로 되었다. 같은 시기에 20세 이하 농촌인구의 비율은 11.3%에서 10.8%로 낮아졌다. 전국의 50세 이상 인구비율은 14.9%였고 20세 이하 인구비율은 20.2%였다.[46)]

1980년대 말 서울의 연평균 인구성장률은 3% 이상이었는데 이 중에서 2/3는 외지인들이었다. 이와 똑같이 부산, 대구, 인천, 광주, 대전의 중심지에서도 외지인들의 증가가 있었다. 특히 도시인구의 높은 성장은 마산, 여수, 진해, 울산, 포항과 같은 동남해안 지방의 도시에서 나타났다. 인구조사에 의하면 1960년과 1985년 인구조사 사이에 울산인구는 3만 명에서 551,300명, 즉 18배나 증가하였다. 이러한 현상은 경상남도 지방의 발전에 특별히 관심을 가졌던 정부의 태도로 자주 설명되었다. 이와는 대조적으로 전라남도의 중심 광주시는 이 기간에 3배 정도, 즉 315,000명에서 906,129명으로 증가한 것에 불과하였다. 국가정책의 지역주의는 인구학적 변화과정을 포함한 생활영역에서 나타났다.


## 2) 한국전쟁과 피난민

한국이 해방된 후 첫 몇 년간은 38선을 따라 획정된 남북 국경선에서의 사람들의 상호 이동을 금지하려고 소련과 미군정이 노력하기는 하였지만 그래도 비교적 자유롭게 오갈 수 있었다. 어떤 면에서는 1950년 이전까지 이러한 양측 군정의 노력이 성공하지 못했는데 그 이유는 무력이나 구체적 방법 그리고 지역상황에 대한 인식이 없었기 때문이었다. 다른 면에서 1945년부터 1950년까지 북한에서 개혁이 진행되었다는 점이었는데, 즉 토지개혁, 산업의 국유화, 비공산당과 교회조직의 궤멸 등으로 인하여 불가피하게 남쪽으로 이주한 사람들이 많아졌다는 것이다. 그리고 1950~1953년의 한국전쟁으로 인

---

46) Бучкин А. А. Социальная революция современной Южной Кореи: капиталистическая модернизация и средние городские слои(АН СССР. Ин-т востоковедение-М.: Наука. 1987).

하여 많은 피난민이 발생하였다. 불가항력적인 상황에 빠졌던 수십만 명의 한국 사람들은 고향을 버리고 떠났으며 그 결과 이들에게 고향은 1953년 이후 다시는 갈 수 없는 곳이 되었다. 즉 철조망과 지뢰밭으로 된 휴전선이 국토를 양분하고 수십 년 동안 남북 간 교류를 불가능하게 만들었던 것이다. 전쟁은 특히 혼란기였던 개전 초기에 국가를 마비시켰고 효율적인 정부 또한 없게 만들어 북쪽에서 얼마나 많은 피난민들이 내려왔는지 알 수가 없다. 매우 확실한 사실은 1945~1951년 사이에 남북 간 사람 이동은 대규모적으로 이루어졌으나 1953년 이후에는 양측 국경선이 완전히 폐쇄되었다는 점이었다.[47]

월남한 피난민 수에 대한 것은 신뢰할 만한 통계의 부재 때문에 정확하게 산출할 수 없다. 다만 1955년과 1960년의 인구조사를 비롯한 일부 간접자료를 통해서 대략적인 이주민 규모를 짐작할 수는 있다. 전쟁기간 동안 월북한 사람 규모는 약 28만~30만 명 정도이며 반대로 월남한 사람 규모는 65만 명~200만 명에 이른다.[48]

피난민의 압도적 다수는 남자들이었으며 월북한 사람들은 여자 100명당 남자 1,273명 정도였다. 월남한 경우에는 여자 100명당 남자 714명이었다.

1955년 인구조사 자료에 의하면 월남한 피난민들이 불균형적으로 분포하였다. 동 자료에 따르면 가장 많이 분포된 곳이 북한과 경계를 가지고 있는 강원도(27.2%)와 경기도(27.2%)였다. 일부 피난민(20.7%)은 멀리 떨어진 경상남도까지 갔고 서울에는 겨우 15% 정도 그리고 기타 지역에는 20% 이하의 피난민들이 모여들었다. 이러한 이주지 분포에 대한 신뢰성 있는 원인은 여러모로 보아 피난민들의 과거 거주지와 관련이 있었는데, 사실 1945~1949년 시기에 상당수의 월남 난민들이 남한 영역에서 거주했었기 때문이다.[49]

다수의 만주 출신 귀환자들은 서울에 머물렀고 일부는 다른 지역에 다소


47) Cumings, Bruce. The Origins of the Korean War: The Roaring of the Cataract, 1947−1950, 2. Princeton: Princeton University Press, 1990.

48) Foley, James A. Korea's divided families. Fifty years of separation. London: Routledge Curzon. 2002.

49) Kwon, Tai−Hwan, Kwang−Hee Jun and Sung−Nam Cho. The Population of Korea. Population and Development Studies Center, Seoul National University, 1975, pp.125−132.

균등하게 거주하였는데 최종적으로 보면 중국 출신 귀환자 60%가 중부 및 남부 지방에 머물렀다.

1955년 인구조사 자료에 의하면 전쟁 기간에 월남 피난민의 약 52%는 농촌 지방에 거주하였다. 농촌거주 난민 중 78%는 2개의 도, 즉 경기도와 강원도에서 살게 되었다. 북한 피난민이 가장 많이 몰렸던 곳은 남한 도시민의 80%가 살고 있는 부산, 서울 및 인천이었다. 부산은 북한 피난민이 가장 많이 살았던 도시이며 이곳에는 남한의 도시를 선택했던 난민들의 36%가 거주하였다. 부산에는 경남지방 피난민의 90% 이상이 거주하였다.[50]

## 3) 월남한 북한피난민

최근에 제3국을 통하여 난민의 형태로 남한으로 입국하는 데 성공한 사람들의 수가 꾸준히 증가하고 있다. 남한의 통일부 자료에 따르면 1953년부터 2000년까지 이러저러한 형태로 남한영토로 들어온 북한 사람들의 수가 1,307명이었다. 그중에 현재 190명이 사망하였고 33명은 제3국으로 영구 출국하였으며(주로 미국), 이후 2001년 초에 남한에서는 북한 난민 1,187명이 거주하고 있었다.[51]

통일부 자료에 따르면 1989년까지 607명의 난민이 남쪽으로 탈출하였고 이들 중 대다수가 북한 엘리트들이었는데 그 이유는 평범한 사람들은 탈출할 가능성이 거의 없었기 때문이었다. 당시 난민 중에는 자신의 전투기를 타고 남으로 향한 조종사와 그리고 외교관 및 대외무역기구 직원, 휴전선을 따라 배치된 국방관련 업무종사자 및 어부들도 있었다.

1990년 초에 난민의 수는 크지 않았는데 그 이유는 북한의 생활이 비교적 견딜 만하였고 엄격한 언론통제, 주요 간부들의 교체 및 국경통제 등으로 인하여 조직적이고 집단적인 탈출시도가 제한받았기 때문이다. 1990~1991년

---

50) Там же.

51) 2000 Dongj'il Baekseo(Сеул: Министерство Объединения, 2000) p.131.
http://www.unikorea.go.kr

사이에 남한으로 탈출한 사람은 18명이었고, 1992~1993년 사이에는 16명이었다. 1994년 초부터 난민(한국식 표기로는 탈북자)이 증가하였는데 이는 명백히 북한의 생활이 열악해진 것과 남한 정부의 탈북자 우대정책과 관련이있었다. 1994년에 탈북자 수는 54명, 1995년에 41명, 1996년에 56명, 1997년에71명이었다. 1999년부터 탈북자 규모는 이미 수십 명, 수백 명 단위로 불었고,북한은 2000년 한 해에만 212명을 방출할 수 있었는데 이러한 규모는 1990년부터 1996년까지 7개년간에 진행된 것과 같은 것이었다.

탈북우대 정책은 박정희 군사독재 정권 출범부터 시작되었는데 1962년에『탈북자보호 특별법』(법률 제1053호)이 제정되었기 때문이었다. 1978년에 남한 국회는 몇 가지 수정조항을 넣어 1993년까지 실행되었던「탈북자보호법」(법률 제3156호)을 제정하였다. 두 개의 법률은 재정수단의 제공을 규정하여탈북자들은 상당한 특권을 누리게 되었다. 이들은 생활보조금을 받았고 국가는 이들에게 서울의 주거지를 무상 제공하였으며 대학 진학도 보장하였다.

90년대 초에 접어들면서 사회주의 체제의 위기와 소련 붕괴로 인하여 상황은급변하기 시작하였다. 첫 번째 징후는 러시아 극동지방의 북한 벌목공들이 남한으로 들어가게 된 일이었다. 일부 벌목공들은 자신들의 거처에서 탈출하여 이러저러한 방법으로 남한으로 가는 데 성공하였는데 이들의 규모는 1994~1995년 동안에 전체 탈북자의 1/3이 넘었다.[52] 현존하는 자료를 보면 탈북자의 질적 수준,연령, 성별 구성을 알 수 있다. 무엇보다도 여성의 비율이 높은데 전체의 약34.3%를 차지한다. 사회신분별 구성을 보면 최근 탈북자의 46.3%는 노동자및 농민인데, 즉 고등교육을 받지 못한 사람들이다. 그리고 탈북자 34.1%는전업주부들이었다. 당기구나 교육계를 포함한 사무직 종사자들은 9.1%에 불과하였다. 1996~2000년간의 탈북자 6.7%는 군인들이었다. 이와 같이 최근 탈북자 중에서 북한사회에서 엘리트 혹은 중류층 이상에 속하는 사람들의 비율은 겨우 15~20%에 불과하다.

1995년에 북한에서 흉년이 들자 심각한 식량위기가 발생하였다. 대량기근

---

52) Korea Times, 1 августа 1995, 24 сентября 1995, 16 января 1991.

으로 인하여 중국과 인접한 동북부지방의 수십만 명 북한 사람들이 죽음을 면하려고 구원책을 찾았다. 탈북자 중 일부만이 남한으로 탈출구를 찾을 수 있을 뿐이었고 이들은 주로 높은 당관료와 고급공무원들 그리고 북한특수조직 요원들이었다. 이러한 사람들은 높은 정보를 가졌기 때문에 남한 정부에서 많은 관심을 가졌다.

필요한 조사를 받은 탈북자들은 1999년 연수원으로 특별히 건립된 서울에서 70km 떨어진 안성의 '하나원'으로 보내졌다. 연수 프로그램은 3개월, 520시간의 연수시간인데 시간 중 대략 절반(268시간)은 남한문화의 특수성 교육에 관한 것이다. 나머지 시간은 남한에서 생활하는 데 필수적인 실용적 과목들이 배정되었다. 2001년 3월 초에 안성강좌를 마친 사람은 248명이었는데 남한거주 전체 탈북자의 1/4에 해당하였다. 그러나 탈북자들이 남한에서 적응하고 새로운 삶을 시작하는 일은 매우 어려웠고 이에 대해서는 현재 남한의 사회학자들이 증명해 주고 있다. 2000년에 연구대상 탈북자 924명 중에서 55.8%가 직업이 없었으며 이에 반해 남한의 실업자 비율은 4%에 불과하였다. 그리고 탈북자의 16.5%는 일용직으로 일하고, 9.1%는 하청기업에 그리고 1.7%는 대학이나 연구소 연구원으로 일하였다. 나머지는 건강이나 연령상의 이유로 실업상태에 있었다. 아울러 탈북자들의 소득은 국가 전체의 평균소득보다 훨씬 낮았다. 2001년 초에 탈북자들의 세대당 월평균 소득은 96만 원(미화 770 달러)이었다. 국가통계청 자료에 따르면 남한의 도시가계 월평균 소득은 2001년 초의 경우 256만 원(미화 2,000달러)이었다. 조사에 응답한 탈북자 가정 82.9%가 자신의 소득이 '매우 부족하다'는 답변을 하였다.[53]

탈북자의 규모는 전체적으로 볼 때 작은 수준이지만 이들을 남한사회에 동화시키려는 노력은 향후 한반도에서 큰 의미를 가진다. 북한주민들에게 남쪽은 매력적인 곳인데 남한의 1인당 국민소득이 북한보다 20배 이상이기 때문이다. 생활의 질과 수준 차이를 극복하는 데에는 적지 않은 시간이 소요될 것이다.

---

53) Ланьков А. Н. Выходцы из КНДР в Южной Корее: проблемы и перспективы. ─ Проблемы Дальнего Востока, 2002, №2.

가까운 시기에 한국의 상황이 급변할 수 있다는 점을 배제할 수 없다. 가령 북한의 개혁 부진으로 인하여 적어도 탈북자들의 수가 급증하게 될 것이며 연간 탈북자들의 규모가 현재 수준을 유지한다면 몇 년 후 이들의 규모는 남한 내의 '북한 사람 공동체'로 하여금 사회적·경제적 및 정치적 생활이 변화되는 중요한 요소가 될 것이다. 어떤 경우든 향후 십여 년이 지난다면 '북한 사람 공동체'가 증가할 것이며 이는 남한사회의 중요한 요소로 부각될 것이다. 이것은 불가피한 일일 것이다.[54]

## 4. 북한의 인구학적 특징 변화

북한의 인구학적 분석을 역사적으로 회고한다면 믿기 어려울 정도로 어려운 일인데 그 이유는 북한인구에 관한 통계자료가 매우 부족하고 주어진 자료조차도 비체계적이고 신뢰하기 힘들기 때문이다. 현재 북한 통계의 비공개성은 심각한 수준이다. 인구통계를 포함한 공식적인 사회-경제적 지표들은 거의 현실과 동떨어져 있는 것이 많다. 서방 연구자들은 북한인구에 관한 간접자료를 공식적인 것으로 이용하지만 전체적으로 의혹을 불러일으키지는 않으며 인구학적 지표들을 잘 계산하고 있는 편이다. 가령 1962년까지 인구 5만 명당 그리고 이후에는 3만 명당 1명씩 선출되는 북한 최고인민회의 대의원의 정확한 수를 알면 성인들의 사회적 구성을 알 수 있다. 1977년에 김일성이 낭독한 교육제도에 관한 보고서에 입각하면 그해의 인구수를 1,720만 명으로 가늠할 수 있다.

1980년 말에 북한이 봉착한 위기를 앞두고 국제기구의 원조가 절실해지자 북한 당국은 일부 정보를 공개하지 않을 수 없었다. 출생, 평균수명, 사망률 및 그 원인 등 전체 인구에 관한 기본통계가 전 세계에 제시되었던 것이다.[55]

---

54) Там же.

55) Kim, Doo-Sub. "The Demographic Transition in the Korean Peninsula, 1910-1990: South and North Korea Compared" Korea Journal of Population and Development 23:2(December 1994): 131

1989년 북한 통계청은 UN 식량원조기구(UNFPA)의 재정원조를 받기 위하여 1948년 최초 북한정권 수립 이후 북한의 인구조사 결과를 제출하였다. 북한이 UN 기구에 제출한 통계자료는 계획적으로 왜곡된 것이었다. 그렇지만 이러한 시도는 대외 세계에 자국을 공개하려는 노력의 일환임은 분명하다. 북한에는 전국 규모의 인구조사를 수행할 수 있는 전문 인구학자나 또 이를 연구하는 학자들도 없다. 그러나 미국의 전문가인 에버쉬타트(N. Eberstadt)와 바니스터(J. Banister)는 북한에서는 엄격한 거주등록, 출생, 사망 및 국내이주에 관한 정확한 통계가 있다고 밝혔다. 그들의 견해에 따르면 이러한 통계는 농촌에서는 '리', 도시에서는 '동'이라는 행정단위에서 축적되고 보존되고 있다는 것이다.[56)]

<표 3> 북한인구의 변화(1945~2000)(단위는 천 명)

| 인구수 | 연도 | 인구수 | 연도 | 인구수 | 연도 |
|---|---|---|---|---|---|
| 9,253 | 1945 | 12,439 | 1966 | 21,576 | 1990 |
| 9,300 | 1946 | 12,787 | 1967 | 21,947 | 1991 |
| 9,346 | 1947 | 13,151 | 1968 | 22,614 | 1992 |
| 9,393 | 1948 | 13,518 | 1969 | 23,051 | 1993 |
| 9,441 | 1949 | 13,892 | 1970 | 23,472 | 1994 |
| 9,726 | 1950 | 14,273 | 1971 | 23,867 | 1995 |
| 9,348 | 1951 | 14,661 | 1972 | 22,451 | 1996 |
| 9,100 | 1952 | 15,054 | 1973 | 22,893 | 1997 |
| 8,985 | 1953 | 15,451 | 1974 | 23,171 | 1998 |
| 8,991 | 1954 | 15,852 | 1975 | 23,414 | 1999 |
| 9,070 | 1955 | 16,255 | 1976 | 21,687,6 | 2000 |
| 9,296 | 1956 | 16,661 | 1977 | 21,968 | 2001 |
| 9,557 | 1957 | 17,072 | 1978 |  |  |
| 9,864 | 1958 | 17,500 | 1979 |  |  |
| 10,193 | 1959 | 18,260 | 1980 |  |  |
| 10,526 | 1960 | 18,500 | 1981 |  |  |
| 10,850 | 1961 | 19,000 | 1982 |  |  |
| 11,160 | 1962 | 19,490 | 1983 |  |  |
| 11,464 | 1963 | 19,865 | 1984 |  |  |

-155.

56) Source: Based on information from Nicholas Eberstadt and Judith Banister, "Military Buildup in the DPRK: Some New Indications from North Korean Data", Asian Survey, 31, No.11, November 1991, 1101.

| 11,767 | 1964 | 20,357 | 1985 | | |
|---|---|---|---|---|---|
| 12,100 | 1965 | 20,862 | 1986 | | |
| | | 21,373 | 1987 | | |
| | | 20,837 | 1988 | | |
| | | 21,229 | 1989 | | |

출처 : http://www.library.uu.nl/wesp/populstat/Asia/nkoreac.htm

애버쉬타트와 바니스터의 단행본에는 UN에 제출된 인구부문에 관한 활동 보고서가 인용되고 있으며 또한 개인적인 계산지수도 활용되었다. 이들 저자들은 1990년대 중반 전체 북한인구수를 남자 1,060만 명, 여자 1,080만 명 등 약 2,140만 명으로 파악하였다.[57] 이러한 수치는 1990년 UN 인구연감에 기록된 1988년 중반의 2,190만 명과 근접되어 있다. 북한 사람 리황주가 쓰고 1987년에 평양에서 외국어로 발행된 'Korea Review'에 의하면 1986년 북한인구는 1,910만 명이었다.

북한당국이 제출한 자료에는 여자에 비하여 남자의 비율이 비정상적으로 낮은데, 즉 1980년과 1987년에 비율차이는 86.2:100과 84.2:100이었다. 남자비율이 낮은 것은 세계역사가 보여 주는 대로 보통 전쟁의 결과에 기인되지만 앞서 제시된 불균형 비율은 한국전쟁 직후인 1953년에 기록된 88.3:100보다도 더 낮은 것이다. 인구의 자연적 변화의 결과 나타난 이러한 남녀구성비의 불균형 격차는 1953~1970년까지 시기에는 95.1:100 정도로 더 줄어들었어야 하였다. 그러나 이와는 반대로 1970년 이후 남자 비율이 감소하였다. 애버쉬타트와 바니스터는 이러한 현상에 대해 다음과 같이 설명하였다. 1970년 이전까지는 모든 남자와 여자들이 통계에 포함되었으나 그 이후에는 남자군인들이 제외되었다는 것이다. 북한통계청이 발표한 자료에 따르면 1986년에 북한군 남자들의 은폐된 규모가 120만 명에 달하기 때문에 1990년의 실제 남녀비율은 97.1:100이라고 추정할 수 있다.[58]

---

57) Eberstadt, Nicholas, and Judith Banister. The Population of North Korea.(Korea Research Monograph No.17.) Berkeley: Center for Korean Studies, Institute of East Asian Studies, University of California, 1992.

58) см. http://lcweb2.loc.gov/cgi – bin/query/r?frd/cstdy

　1960년의 연평균 인구성장률은 2.7%, 1970년에는 이보다 조금 높은 3.6%였지만 1975년에는 1.9%로 떨어졌다. 이러한 감소는 임신과 출산의 급격한 하락 때문이었다. 1966년에 기혼여성 1인당 출산인원은 6.5명이었지만 1988년에는 겨우 2.5명이었다. 출산율 저하 원인은 다음과 같이 설명될 수 있는데, 즉 결혼연령이 늦어지는 것과 가임기간이 단축된 것이었다. 여성 인구는 도시화되고 사회생활에 적극적으로 참여하고 있다. 여성들은 모든 국가적 영역에서 이중적인 부담을 안고 있는데 하나는 육아를 비롯한 가사이며 다른 하나는 사회활동이다. 17세부터 20세 사이 남성들의 비율이 높은 것은 낮은 임신에서 기인된 일일 수도 있다. 1991년의 인구성장률은 1.9%였다.

　북한지도부는 국가인구가 남한에 비하여 매우 적다고 생각하고 있다. 바로 이 점 때문에 1980년에 정부는 인구증가와 가족규모 확대 정책을 시행하였다. 1980년 초 북한에서는 산아제한이 폐지되었고 자녀 수가 6명까지 확대되었다. 국가는 취학 전 교육기관을 전담하였고 여성들에게 77일간의 산후 유급휴가를 제공하였다. 사실 북한 가정이 핵가족이고 부모와 자녀들로 구성되어 있어서 여성들은 남성들처럼 일하고 있으며, 3개월 이상 4세 이하의 유아들은 소위 탁아소에 맡겨진다. 탁아소에 맡기는 일은 엄격한 의무사항은 아니지만 적어도 대다수 북한 아동들은 4세까지 머문다. 북한의 통계에 의하면 1970년대 초에 8,600개의 취학전 교육기관이 활동하였고 아동들은 거기서 일반교육뿐만 아니라 이념교육도 받는다. 1990년 초에 국가경제 위기와 관련하여 북한 사람들은 출산율을 줄이고 피임과 출산계획을 재조정하였다.

　전통적인 한국과 마찬가지로 북한에서는 남아선호 사상이 강한데 그 결과 대를 잇는 후손을 낳지 못하는 여자들은 1980년대 초인데도 불구하고 남편들에게 이혼근거를 제공하게 된다. 남자들은 여자들보다 이혼요구를 더 하는 편인데 사실 양자의 합의가 필수적이다. 무엇보다도 이념적 마찰로 인하여 결혼이 파기되는 경우도 있는데 한쪽이 '반동분자'라고 비난받게 되는 경우 대개 이혼에 대한 당국의 지지를 얻게 된다. 애버쉬타트와 바니스터는 북한 통계청 자료를 인용하면서 1949년부터 1987년까지 공식적으로 이혼이 허용된 연평균 건수는 3,000∼5,000(최소치 1965년의 3,021, 최대치는 1949년의 4,763

건 등)으로 제시하였다.

남자의 혼인가능 연령은 18세, 여자의 경우는 17세이지만 현재는 이보다 더 늦은 28~33세이다. 이것은 군복무 의무와 취업활동에 필요한 기간과 관련이 있다. 대부분 결혼은 일정한 농업협동조합원이나 도시 기업 및 공장사람들이 참여한 가운데 이루어진다. 전통적인 중매결혼은 이미 사라졌고 비록 옛날처럼 부모들의 허락이 필수적이긴 해도 상호 희망에 의하여 결혼이 이루어진다.[59]

많은 개발도상국의 연령별 인구구조는 아래가 넓은 피라미드형인데 유아동층은 많고 노년층은 적은 구조이다. 북한은 이러한 구조를 가지고 있지 않다. 북한의 인구구조는 중간층이 넓은 형태를 띠고 있는데 즉 17~54세 연령대가 가장 많다. 1991년의 평균수명은 남자의 경우 66세, 여자의 경우는 거의 73세에 이른다.

북한에 나타난 심각한 식량위기는 1995~2000년에 걸쳐 대량 사망으로 이어졌고 인근 중국으로의 대량 탈북사태를 불러왔다. 아사자들의 규모는 대략 20만~300만 명으로 추정되고 있다.

<표 4> 1990년대 말 북한의 연령별 인구구조

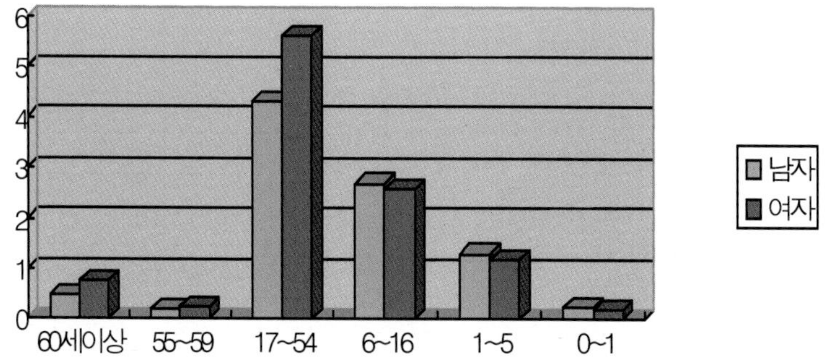


| | 60세 이상 | 55~59 | 17~54 | 6~16 | 1~5 | 0~1 |
| --- | --- | --- | --- | --- | --- | --- |
| 남자 | 0.50 | 0.20 | 4.30 | 2.70 | 1.30 | 0.25 |
| 여자 | 0.75 | 0.25 | 5.60 | 2.60 | 1.20 | 0.20 |

출처 : http//lcweb2.loc.gov/frd/cs/korea_North/kp02_02a.jpg

---

59) см. http://lcweb2.loc.gov/cgi-bin/query/r.; http:/ lcweb2.loc.gov/cgi-bin/query/r

인구학자 굿킨드(D. Goodkind)와 웨스트(L. West)가 미국뷰로 국제센터에서 행한 최근의 인구조사에 따르면 사망자 수가 60만 명에서 100만 명에 이르고 있다. 이 조사에서는 인구학적 모델분석법이 이용되었는데 여기에는 북한당국의 공식자료와 탈북자들에 대한 연구 그리고 중국으로 '대량유출' 시기에 상실되었던 사람들이 모두 고려되었다. 북한의 기아현상은 예전 중국의 경우와도 매우 흡사하다. 다른 국가에서도 기아는 자연재해에서 기인되기도 하고 마르크스주의를 이행하기 위한 광적인 국가동원체제의 부작용에서도 비롯된다. 기아는 중국과 북한에서 수년간 지속되었는데 그 결과 먼저 많은 사람들의 건강악화 그리고 신체약화가 나타났다. 이들은 무엇보다도 이념적 문제로 인하여 국제원조를 거부하였다.

1997년 8월 북한 당국은 국제식량계획(WFP)의 전문가들이 아동들의 영양실조 문제를 조사하도록 허용하였다. 이 결과에 따르면 아동들의 16.5%가 야윈 상태로, 38.2%가 저발육 및 약한 체질로 파악되었다. 1998년 국제식량계획의 두 번째 조사에서는 앞선 지표가 각각 15.6% 및 63.8%로 밝혀졌다. 이러한 사실은 유아사망이 이 기간 동안에 거의 신생아 1,000명당 87명에 이른다는 것이다.[60] 전문가에 따르면 명확한 사실은 미래에 북한의 연평균 인구성장률은 증가할 것인데 그 결과 2010년에는 인구가 2,500만~2,800만 명이 될 것이다.

북한 인구는 평야와 저지대에 집중되어 있다. 인구희소 지역은 지형상 중국 인접지대인 자강도와 양강도이다. 북한에서 가장 인구밀도가 높은 지역은 평안남도와, 도시화된 함흥과 흥남을 포함하는 함경남도이다.[61] 전국 평균 인구밀도는 1km$^2$당 167명이며 지역편차는 평양의 경우 km$^2$당 1,178명, 양강의 경우는 km$^2$당 44명이다.

한국전쟁 이후 북한도 심각한 이촌향도 현상을 겪고 있다. 1987년의 공식통계에 의하면 도시인구의 비율이 전체 인구의 59.6%이었는데 1953년의 경우에는 불과 17.7%였던 것이다. 문제는 도시의 적정 인구가 얼마냐 하는 것이다.

---

60) D. Goodkind, L. West. The North Korean Famine and Its Demographic Impact Population and Development Review, Vol.27, No.2, June 2001.

61) см. рис. 1 <http://lcweb2.loc.gov/frd/cs/korea_north/kp00_06a.pdf>.

남한에서는 인구 5만 명 이상을 가져야 도시로 간주한다. 반면 북한에서는 도시규모가 인구 2만 명 수준이다.

북한의 도시화 과정은 분명히 1953~1960년까지 최고 성장을 이루었는데 이때는 도시인구가 매년 12%에서 20%까지 불어났다. 이후 상승속도는 느려졌고 1960년에는 연간 6% 그리고 1970~1987년까지는 1~3% 수준에 머물렀다.

1987년에 북한의 최대도시는 평양이었는데 인구는 약 230만 명 정도였고 다음은 함흥 701,000명, 청진 520,000명, 남포 370,000명, 성진 356,000명, 신의주 289,000명 등이다. 같은 시기에 전체 인구 중 수도인구 비율은 11.5%였다. 북한 정권은 평양의 인구유입을 엄격하게 통제하고 있으며 지역적 인구균형 정책을 실시하고 있다.

<표 5> 1966~2002년의 북한 도시인구의 분포

| 도시 | 2002 | 1987 | 1968 | 1966 |
| --- | --- | --- | --- | --- |
| 강계 | 1,481,2 | 1,156,0 | 780,0 | 739,0 |
| 청진 | 2,566,6 | 2,003,0 | 1,110,0 | 1,333,0 |
| 함흥 | 3,263,6 | 2,547,0 | 1,315,0 | 1,699,0 |
| 사리원 | 1,805,4 | 1,409,0 | 1,060,0 | 993,0 |
| 해주 | 2,452,5 | 1,914,0 | 1,340,0 | 1,301,0 |
| 원산 | 1,572,2 | 1,227,0 | 1,030,0 | 1,050,0 |
| 신의주 | 3,085,5 | 2,380,0 | 1,760,0 | 1,599,0 |
| 평산 | 3,399,4 | 2,653,0 | 2,250,0 | 1,875,0 |
| 혜산 | 804,7 | 628,0 | 435,0 | 422,0 |
| 청진 | - | - | 385,0 | |
| 개성 | 424,1 | 331,0 | 289,0 | 265,0 |
| 남포 | 916,2 | 715,0 | 530,0 | |
| 평양 | 3,017,6 | 2,355,0 | 1,275,0 | 1,364,0 |
| 총계 | 24,789,0 | 19,346,0 | 13,559,0 | 12,640,0 |

출처 : http://www.library.uu.nl/wesp/populstat/Asia/nkoreac.htm

2000년 7월 북한에 관한 다음과 같은 보도가 있었다. 즉 인구는 2,168만 명. 연령별 구조는 0~14세 26%(남자 284만 3,000명, 여자 270만 5,000명), 15~64세 68%(남자 722만 3,000명, 여자 750만 2,000명), 65세 이상 6%(남자 44만

8,000명, 여자 96만 5,000명), 연평균 인구성장률은 1.35‰. 출생지수는 20.43‰. 사망지수는 6.88‰. 유아사망률은 24.29‰. 평균수명은 70.7세이며 그중 여자는 73.86세, 남자는 67.76세이다. 남녀 인구구성비는 출생 직후 1.05:100, 15~64세는 0.96, 그 이상은 0.46이다.[62]

## 5. 한인 국제이주의 기본 단계와 방향

### 1) 전후 귀환

1944년과 1949년의 인구조사 자료를 비교하면 조사기간 사이의 남한의 인구는 260만 명 증가한 것을 알 수 있다. 외국에서 남한으로 입국한 귀환자 수는 180만 명에 이르며 1949년 인구조사에 의하면 북에서 월남한 사람들은 74만 명이었다. 일본에서 입국한 귀환자들은 전체 귀환자의 75%를 차지하는데 이는 이주결과 증가한 한국인구의 55%에 해당한다.

1945~1949년 사이 남한 인구 증가는 인구 천 명당 60명이었고 남자는 67명, 여자는 53명이었다. 국제이주는 증가추세에 있었다. 남자의 72%, 여자의 65%가 증가하였고 전체적으로는 69% 증가율이었다. 1945~1949년간의 전체 이주민 수 증가비율은 14%이었고 남자는 16%, 여자는 12%였다.

출국이주가 많았던 식민지 기간에는 연령별 불균형이 일어났다. 전체 이주민 중 여자 100명당 남자의 비율은 144명이었다. 연령별 불균형은 일본 출신 귀환자들 속에서 가장 심했고 동시에 월남한 사람들 속에서 남자들은 그렇게 많지 않았다. 남자 이주민들은 연령별로 볼 때 차이가 심하였다. 연령별 이주민을 1949년 인구조사를 토대로 살펴본다면 20~44세 사이 연령대가 많았고 그중 가장 높은 비율은 25~29세 사이 연령대가 차지했다. 남자의 경우와는 달리 여자 이주민들의 연령별 분포는 인구조사에 나타난 여자 연령별 분포와

---

62) http://en.wikipedia.org/w/wiki.phtml?title=Demographics_of_North_Korea

거의 유사하였다. 그렇지만 20~39세의 연령대가 가장 많았다. 남자와 여자 이주민 중 노동연령의 분포가 다른 것은 독신 남자들이 많았기 때문이다. 이 주민 연령대를 본다면 사실상 모든 여자 이주민들은 가족과 함께 이주해 온 기혼여성들이었다.

독신 이주자 중에서 가장 비율이 높은 이주민은 일본에서 온 사람들이었고 가장 낮은 비율을 가진 이주민은 월남한 사람들이었다. 1949년 인구조사에 의하면 1945~1949년 사이의 거주계획에서 이주민들의 불균형이 있음을 알 수 있다. 일본에서 귀환한 사람들은 주로 경상남북도와 전라남도 지역으로 갔다. 전체 한인들의 82%는(혹은 전체 남한 사람들의 83%) 3개 지역에 주소를 가지고 있었다. 이들 3개 지방은 전체 귀환자의 73%, 남자의 68% 그리고 여자의 82%가 몰려 있었다. 즉 일본에서 귀환한 사람들은 상당수가 과거에 살던 지역으로 왔던 것이지만 곧바로 시골보다는 도시를 찾아서 나갔다.


## 2) 1945~1965년간의 출국 한인 이주

한국전 종전과 함께 한인들의 국제이주는 거의 중단되었다. 9년간(1957~1965) 28,000명이 국외이주자로 등록되었다. 그러나 이전 시기와는 달리 국외이주는 다른 지수를 갖게 되고 무엇보다도 지리적으로 확대되었다.

1960년대 초 한인 젊은이 수백 명이 서독에 광부와 간호사로서 고용계약을 맺어 파견되었는데 거기서 한인 영주자들이 많이 늘게 되었다. 3년간의 고용계약이 종료한 후 이들 중 일부는 유럽국가와 미국으로 재차 이주하였다.

같은 시기에 수십 명 규모의 한인들이 남미로 이주해 나갔는데 이들은 처음에는 브라질의 상파울루에서 거처를 잡았다. 10년 후 한인 이주자들은 일부 남미국가로 이주해 나갔다.

## 3) 1965～1975년 시기 한인들의 미국 및 서방국가 이주

전후 이주사의 새로운 단계는 남한이 하트 - 셀라 협정을 수용하여 연간 2만 명의 이주민 쿼터를 받아들인다는 1965년부터 시작한다. 출국이주민 물결은 군사정부 대통령인 박정희 장군(나중에 민간인 신분으로 대통령이 됨)이 시행한 권위주의적 근대화 정책에 기인하는데, 1965년 무렵 미국 이주에 관한 특별법이 제정되었던 것이다. 박정희 대통령의 권위주의는 강제적인 한국 산업화에 업적을 내었고, 산업화 개혁은 전통적인 농산물 수출국에서 세계자본주의 체제에 크게 의존하는 산업발전과 수출지향국가로 변화시켰다.

권위주의 정권은 한국의 엘리트들을 중하층권으로 만드는 데 일조하였다. 한국의 초기업체 소유주들인 재벌들은 하나의 기업에 편제된 거대복합체였는데 이들은 정치적 후원을 대가로 독점에 대한 세금혜택 등 정부로부터 특혜를 받았다. 군인엘리트들도 특권을 받았다. 이와 같이 성공적인 산업화의 '경제적 기적'은 농민들의 고갈상태와 소기업의 약화 및 '화이트칼라' 직업의 약체 및 시민권의 위반을 초래하였는데 이는 결국 대규모 출국이주의 토대가 되었다. 주로 이러한 인구유출은 미국 쪽으로 향했고 거기서 남한의 노동자와 전문직 종사자들이 생활터전을 마련하게 되었다. 그러나 1970년대 중반에는 새로운 국제적 노동이주민이 생겨났는데 이들 한인 계약노동자들은 이러한 노동력 흐름의 한 줄기를 형성하였다.

서독의 광부로 계약된 총각들과 간호사로 계약된 여성들, 그리고 남미국가의 농장이주민으로 갔던 사람들 그리고 1970～1980년대에 서아시아와 이란의 건설노동자로 파견된 사람들은 남한 정부와 이주수용국 간의 정책에서 비롯된 사람들이다. 그리고 국제적 노동이주에 대한 남한 정부의 정책은 엄격한 제한책에서 촉진 및 권장책으로 전환되었던 것이다.

## 4) 이주의 현 단계(1975~2000)

80년대 초에 접어들면서 남한의 노동이주는 급감하기 시작하였는데 이는 국가의 경제성장, 급여의 증대, 사회여건의 개선, 실업자 감소에 기인하였다. 80년대 내내 남한의 국민총생산은 210% 증가하였다. 건설과 서비스 부문에서 획기적인 발전이 이루어졌다. 이것과 함께 기타 산업부문에서 심각한 노동력 부족현상이 발생했는데 특히 출생률 감소와 인구의 자연증가율 감소도 한몫 하였다.

남한 정부는 장기간 값싼 외국인 인력으로 급증하는 노동수요를 충당하려고 했기 때문에 중국, 필리핀 및 기타 국가의 불법이주민들이 입국하는 결과를 초래하였다. 이러한 문제에 대처하기 위하여 1991년 8월부터 남한은 공식적으로 철저한 입국통제하에 외국인 노동자를 받기 시작하였다. 이러한 이주민 물결의 인구학적 영향에 관해 언급하는 것은 아직은 이르지만 이미 인구학적으로 영향을 주고 있는 것은 사실이다. 따라서 이 점에서 남한의 관심(노동력 수요)과 북한의 이해(노동력 공급)가 일치하고 있는데 이것은 향후 통일을 위한 중요한 단계가 될 것이다.

2000년에 남한 사람들은 외국으로 수없이 많이 빠져나갔다. 남한의 출입국사무소에 따르면 1999년에 남한 사람들이 기록적으로 출국하였는데 그 규모는 515만 명이었다. 이것은 1998년보다 115만 명이나 많은 수치이다. 과거의 통계자료들을 본다면 남한의 출국관광객들은 1995년부터 증가하기 시작하여 1998년에는 1997년 말에 발생했던 외환위기로 인하여 급감하였다. 결과적으로 1998년 말에 약 284만 명의 한인들이 외국에서 머물렀던 것이다. 그리고 다시 해외출국민이 증가하게 되었는데 대부분 중산층들인 이들은 동남아시아, 유럽, 호주 등지를 여행했고 대다수 학생들은 배낭여행을 떠났던 것이다. 남한에 거주하던 외국인들의 출국도 많이 증가하였다. 이들의 여행은 약 417만 건이었는데 이러한 수치는 1999년보다 약 40만 건이 많은 것이었다. 전체적으로 작년에 남한에서 출국한 사람들은 933만 명에 달한다. '한국은행'의 전망에 따르면 국외여행의 급증으로 인하여 소위 여행수지 적자가 약 7억 2,400만 달러에 달한다고 밝혔다.[63]

2003년 1월 30일에 남한의 외교통상부가 발간한 통계에 따르면 외국으로 이주한 국민들이 2002년에는 조금 감소하였다. 이 자료에 의하면 이전에 국가를 떠났다가 재차 조국으로 재이주해 오는 사람들이 늘고 있다는 것이다. 2002년에 새로 이주해 나간 한인 이주민들의 규모는 11,178명이었고 이전 해보다 3.5%나 적었다. 무엇보다도 남한 사람들은 캐나다(5,923명), 미국(4,167명), 뉴질랜드(755명) 및 호주(330명) 등지로 이주해 나갔다. 2002년에 고국으로 재이주해 온 사람들은 4,257명이었다. 이러한 규모는 이전 해보다 15% 늘어난 것이었다. 한인들이 재이주해 온 국가 중에서는 미국이 으뜸이었고 (2,122명) 다음으로는 캐나다(693명), 그리고 중남미(629명), 뉴질랜드(115명) 및 호주(67명) 등이었다. 남한의 외교부 추론으로는 출국이주민 감소경향이 최근 몇 년 동안 캐나다와 뉴질랜드 등 국가에서 엄격한 이주법령을 시행한 것과 관련이 있다. 또 다른 요인인 남한경제의 호황으로 인하여 사람들이 전과 같이 국가를 떠나지 않게 되었다.

재외동포재단에 의하면 2001년 초 당시 재외동포의 수는 570만 명 정도였는데 이는 미국, 중국, 일본 및 독립국가연합 등 4개국을 중심으로 한 총체적인 인원이 합산되었다. 남한의 외교부는 한반도 이외 지역에서 거주하는 한인들의 수에 관한 정보를 제공하였다. 재외동포 규모는 2003년 1월부로 6,076,783명인데 이는 2001년보다 7.5%(42만 명) 증가한 것이었다.

공개자료에 따르면 미주한인은 약 215만 명, 중국한인은 약 214만 명, 일본은 63만 명, 그리고 러시아를 비롯한 독립국가연합은 55만 명, 캐나다 17만 명 등이다. 외국 국적을 가진 한인들의 규모는 약 330만 명이며, 영주권 소지자는 108만 4,000명, 단순체류자 68만 명, 외국유학생은 23만 명 등이다.

해외한인의 수가 가장 많이 증가한 곳은 중국인데 25만 명이나 늘어났다. 그 뒤로 독립국가연합(3만 명), 미국(3만 명), 캐나다(2만 9,000명) 등이 있다.

---

63) Number of Korean Tourists Traveling Abroad To Top 6 Million This Year. Ministry of Culture and Tourism. December 24, 2001. http://www.korea.net/kwnews/pub_focus/content

외교부에 의하면 이들 국가의 한인증가는 주로 학생, 비즈니스맨 및 출장연구원에 기인한다.

<표 6> 2001년 재외한인 규모

|   | 국가 | 인원수 | 비율 |   | 국가 | 인원수 | 비율 |
|---|---|---|---|---|---|---|---|
| 1 | 미국 | 2,123,167 | 37.55% | 14 | 영국 | 15,000 | 0.27% |
| 2 | 중국 | 1,887,558 | 33.39% | 15 | 프랑스 | 10,485 | 0.19% |
| 3 | 일본 | 640,234 | 11.32% | 16 | 태국 | 9,870 | 0.17% |
| 4 | 독립국가연합 | 521,694 | 9.23% | 17 | 베트남 | 6,226 | 0.11% |
| 5 | 캐나다 | 140,896 | 2.49% | 18 | 파라과이 | 6,190 | 0.11% |
| 6 | 브라질 | 48,097 | 0.85% | 19 | 과테말라 | 5,456 | 0.10% |
| 7 | 호주 | 47,227 | 0.84% | 20 | 싱가포르 | 4,960 | 0.09% |
| 8 | 독일 | 30,492 | 0.54% | 21 | 이태리 | 4,888 | 0.09% |
| 9 | 아르헨티나 | 25,070 | 0.44% | 22 | 스페인 | 3,317 | 0.06% |
| 10 | 필리핀 | 24,618 | 0.44% | 23 | 대만 | 2,945 | 0.05% |
| 11 | 멕시코 | 19,500 | 0.34% | 24 | 말레이시아 | 2,937 | 0.05% |
| 12 | 인도네시아 | 18,879 | 0.33% | 25 | 기타 | 35,765 | 0.63% |
| 13 | 뉴질랜드 | 18,338 | 0.32% | 총계(151개국) | | 5,653,809 | 100% |

출처 : http://www.hanminjok.net/research/stat/residence.htm(2002.5.26)

이와 같이 한인들은 아르헨티나에 9,000명 정도 있고, 멕시코에 2,000명, 일본에 1,000명, 중동에 600명, 아프리카에 100명이 거주한다. 남미지역에 한인들의 수가 감소한 원인에 대하여 한국 외교부는 이들 국가의 어려워진 경제상황을 들고 있고 서아시아 지방의 경우에는 일자리가 부족해진 점을 들고 있다.

현재 재외한인들은 사실상 전 세계 국가에서 거주하고 있지만 규모가 가장 큰 곳은 무엇보다도 중국, 미국, 일본 등이다. 약 50만 명의 한인들이 거주하던 소련이 붕괴하자 이들 한인들은 각각 러시아, 우즈베키스탄, 카자흐스탄 및 기타 국가 국민으로 분리되었다. 현재 여러 가지 상황으로 인하여 한인들은 캐나다, 호주, 뉴질랜드 및 남미국가에서 두드러진 민족구성원이 되었다. 한인공동체는 서유럽과 동남아시아 일부 국가에 형성되어 있으며 서아시아 지역과 아프리카에도 형성되어 있다.

# 제2장

# 소련 및 소련붕괴 이후의 고려인 이주

# 1. 고려인들의 규모와 지리적 분포(1945~2000)

소련 고려인들은 제2차 세계대전 종전 이후부터 소련 해체 때까지 양적 및 질적으로 현저한 인구변화를 겪었다. 많은 사건이 일어난 지난 반세기 동안, 소련 고려인의 전체 역사는 소련 정부의 총체적인 정치, 경제, 사회, 문화적 변화 맥락과 연관되어 있다. 동시에 거대한 국가에 거주하는 개별 민족에게도 이러한 공통의 역사노선상에서 인구변동을 포함한 독자적인 변화양상이 일어나고 있다.

사실 인구조사는 인구수 변화에 관한 역동적인 분석을 제공해 주는 기초자료가 된다. 1945년부터 1991년까지 소련에서는 1959년, 1970년, 1979년 및 1989년 등 네 차례에 걸친 전국적인 인구조사가 실시되었다. 그러나 여기서 파악된 고려인에 관한 통계는(다른 모든 소수민족과 마찬가지로) 러시아민족 및 기타 토착민족의 것과 비교하면 거두절미된 느낌이다. 소련 고려인의 인구변동에 대한 세세한 분석을 위해서는 사료와 자료가 각각 불충분하기 때문에 이를 위해서는 간접적인 정보와 자료들을 다양하게 활용하는 수밖에 없다.

재생산활동의 변화, 즉 인구의 자연적 감소뿐만 아니라 공화국 간 이주로 결정되는 고려인 인구수의 변화는 <표 1>에서 나타난 바와 같다.

<표 1> 1959~1989년 구소련 고려인의 수와 분포

| 구분 / 연도 | 1959 | | 1989 | |
|---|---|---|---|---|
| 공화국명 | 인구수(천 명) | 비율(%) | 인구수(천 명) | 비율(%) |
| 구소련 전체 | 313.7 | 100.0 | 439 | 100.0 |
| 러시아 | 91.4 | 29.2 | 107.1 | 24.4 |
| 우즈베키스탄 | 138.5 | 44.1 | 183.1 | 41.7 |
| 카자흐스탄 | 74.0 | 23.6 | 103.1 | 24.4 |
| 키르기즈스탄 | 3.6 | 1.1 | 18.4 | 4.1 |
| 타지키스탄 | 2.4 | 0.8 | 13.4 | 3.1 |
| 투르크메니스탄 | 1.9 | 0.6 | 2.8 | 0.6 |

출처 : 1959년과 1989년 전국인구조사 자료.

1989년 소련 마지막 인구조사에 따르면 약 35만 명의 고려인들이 우즈베키스탄, 카자흐스탄, 키르기즈스탄, 타지키스탄, 투르크메니스탄 등 중앙아시아 5개국에 거주하였다. 표에 나타나 있듯이 1989년의 경우 소련 고려인 75% 정도가 중앙아시아에 집중되어 있으며, 중앙아시아 고려인 약 90%는 우즈베키스탄과 카자흐스탄에 거주하며 나머지는 소련 각지에 분산되어 있었다. 20세기 말경에는 우크라이나, 북카프카즈, 벨라루시 및 발트 국가에 고려인 공동체가 형성되었다.

## 1) 러시아

러시아 고려인은 해외한인사에서 가장 오래된 역사를 지니고 있으며 2004년에 이주 140주년 행사를 가졌다. 1937년에 소련 극동의 고려인들은 중앙아시아 지역으로 강제이주당하였다. 중앙아시아의 고려인 강제이주에 관해서는 널리 알려져 있으나, 러시아의 아스트라한 주와 로스토프 주로의 고려인 강제이주 역사는 보질 못하고 연구가 전혀 되지 못했다.[1]

기록문서에 의하면 카자흐스탄으로의 이주가 예정된 고려인 520가구 2,871

---

1) Kolarz W. The Peoples of the Soviet Far East. London, 1954, p.42; Stephan J. The Korean Minority in the Soviet Union, -Mizan(Central Asian Review). 1970, Vol.13, No.3, pp.138-147.

명이 아스트라한 어업생산기업에 분산 배치된 사실이 있었다.[2] 현재 아스타나에 거주하고 있는 주 페트라 스테파노비차(1927년생), 양 일리야 르보비차(1925년생) 및 조분선(1926년생) 등의 회고에 의하면 고려인들이 탄 열차가 아스트라한에 도착하더니 바로 어촌마을에 '분산배치'되었다는 것이다. 1941년 12월 중순에는 고려인 전원이 카자흐스탄으로 소개되었는데, 출발 며칠 전에야 스탈린그라드 인근지역의 참호공사와 대전차 방호벽 공사에 노동군으로 동원되었던 남편들이 풀려 나왔다.[3]

스탈린 사망 전까지 국민으로서의 권리를 박탈당한 고려인들은 전국 각지로 거주지를 이동할 자유도 없었고 자신이 거주지를 선택할 수도 없었다. 그러나 수십 명의 고려인 청년들이 여러 가지 상황과 좋은 조건 속에서 성공하였고, 그리고 단순히 운이 좋아서 전쟁 이후에 모스크바와 레닌그라드 등 러시아의 여러 도시에서 유학할 수 있었다. 고등교육을 받고 직장에서 지도 경험을 가졌으며 조직능력도 겸비한 중앙아시아 고려인들 중 일부는 전쟁 이후에 극동 지역과 사할린으로 정부와 당기관에 의하여 파견되었다.

전후 남부 사할린에 잔류한 한인들의 숫자에 대해서는 비교적 다양한 견해들이 있다. 쿠진(A. Kuzin)이 1946년 4월부터 5월에 걸쳐 행했던 조사에 의하면 문서상 기록된 해당 지역의 인구는 일부 출판물에서 자주 언급되고 있는 4만 명이 아니라 약 23,000명이었다. 통계상 사할린 주에서 거주했던 한인들이 가장 많았던 해는 42,900명(북한에서 징집된 인원 포함)으로 기록된 1951년이었다.[4]

전쟁 이후 사할린 한인들의 상황은 악화되었는데 그 이유는 일본 정부가 외면했던 한인들이 국적을 상실함으로써 새로운 소비에트 정권하에서 어떠한 권리행사도 할 수 없었기 때문이었다. 더욱이 한인들은 계속해서 탄광노동자로 힘든 일을 계속했고, 일본식 이름을 유지함으로써 모국 귀환의 희망에 걸림돌이 되었다. 한인들의 모국 송환을 위한 대규모 집회가 두 번 있었다


2) Кан Г.В. Корейцы Казахстана. Алматы, 1994, с.68.

3) Свидетельства очевидцев, -Нива, 1997, №4, с.24, 27, 29.

4) Кузин А. Т. Дальневосточные корейцы: жизнь и трагедия судьбы. Южно-Сахалинск: Лик, 1993, с.200.

고 문서에 전해지고 있다.

소련 정부는 한인들을 노동력 확보의 차원에서 이용하는 데 관심이 있었다. 1947년 8월 소련 각료회의는 억류된 일본인 주민의 본국송환 문제를 심의하였지만 한인들을 다루지는 않았다. 그래서 사할린 한인들의 소비에트 역사시대가 시작된 것이다.[5]

1946년에 사할린 거주 비토착인 주민에 대한 인구조사가 실시되었는데 그 결과 남사할린 지역에 분포된 사람들의 숫자가 파악되었다(<표 2> 참조).

<표 2> 1946년 남사할린 주민의 구성

| 지역 | 주민 전체 | 그중 | | | |
|---|---|---|---|---|---|
| | | 일본인 | 한인 | 중국인 | 아이누 |
| 유즈노 - 사할린스크 | 40,891 | 38,738 | 2,120 | 23 | - |
| 코르사코프 | 16,994 | 13,333 | 3,605 | 4 | 52 |
| 아니바 | 9,252 | 8,888 | 363 | 1 | - |
| 네벨스크 | 22,418 | 18,715 | 3,682 | 21 | - |
| 홀름스크 | 39,696 | 37,912 | 1,770 | 14 | - |
| 돌린스크 | 28,326 | 24,667 | 3,570 | 17 | 72 |
| 마카로프 | 20,255 | 18,943 | 1,295 | 17 | - |
| 포로나이스크 | 14,710 | 14,429 | 279 | 2 | - |
| 토마리 | 16,628 | 16,213 | 403 | 12 | - |
| 우글레고르스크 | 51,153 | 46,606 | 4,491 | 10 | 46 |
| 레소고르스코예 | 14,213 | 13,014 | 1,229 | - | - |
| 총계 | 274,566 | 251,458 | 22,817 | 121 | 170 |

출처 : 사할린 주 기록보존소(ГАСО) Ф.171. Оп.3. Д.6. Л.6.

위 표에 나타난 바와 같이 한인들의 수는 22,817명이며 이것은 섬 남부지역 주민의 약 10%에 해당한다. 한인 수가 가장 많은 곳은 우글레고르스크, 네벨스크, 코르사코프, 돌린스크 등이며 문서에 나타난 바와 같이 많은 한인들은 영구거주지나 직장이 없었다. 이와 관련하여 1948년 10월에 지방정부는 한인들의 유랑생활 청산과 자발적 이주를 결의하였다. 이에 의하면 자신의 직장

---

5) Бок Зи Коу. К вопросу о ≪проблемах сахалинских корейцев≫. - Нам жизнь дана. Южно - Сахалинск. 1989.

이 명시된 증명서를 소지한 사람들만 해당되었다. 사회적으로 유용한 노동에서 벗어나 유즈노-사할린스크, 코르사코프, 홀름스크 등에 거주하고 있던 모든 사람들은 우글레고르스크 및 레소고르스크 군으로 이주되게끔 행정적인 말소가 이루어졌다.[6]

1951년 8월 18일 기준으로 사할린 주에는 한인들이 42,916명이 있었고 그중 남자는 22,427명, 여자는 10,777명, 16세 이전 아이들은 9,712명 등이었다. 생산활동 가능인구 중 어업종사자가 5,410명, 임업 1,650명, 광부 1,579명, 제지업 종사자 1,096명이었다. 농촌에는 170가구, 철도운송 343명, 무역 441명, 관목재배 341명, 그리고 실업자는 약 700명가량 되었다.[7]

1950년대 초에 일부 한인들은 소련 국적을 받기를 희망하였지만 새로운 법적 지위에 관한 심의과정이 어렵고 시간이 많이 소요되었다. 한인들의 소련 국적 수용에 관한 통계는 다음 수치에 나타나 있다. 즉 1952년 72명, 1953년 1,207명, 1954년 719명, 1955년 299명, 1956년 444명, 1957년 467명 등이다.[8]

이후 사할린 한인의 역사적 운명을 결정짓는 중요한 문서 중의 하나는 1958년 7월 25일자 소련 각료회의 결정문 제818-391번 '사할린 주에 거주하는 한인 무국적자들에 대하여'[9]이다. 이 결정문에 의하면 1958년에 다음과 같은 사항이 이행되도록 계획되었다.

① 사할린 주에 거주하는 한인 무국적자 중 소련 국적 취득에 관한 자신들의 청원권 행사를 이행한다. 소련 국적 취득을 희망하는 사람들의 청원은 러시아공화국 최고회의 상임위원회의 심의를 득한다.

② 북한 국적 취득 혹은 무국적자로 잔류하기를 희망하는 한인 무국적자 목록은 소련 외교부와 소련 내무부로 발송된다.

③ 소련 외교부는 이러한 작업이 실행된 이후 소련주재 북한 대사관에 북

---


6) ГАСО, ф.943, оп.1, д.1, л.156.

7) ГАСО, ф.53, оп.1, д.110, л.189-191.

8) ГАСО, ф.53, оп.1, д.23, л.23.

9) ГАСО, ф.53, оп.1, д.37, л.218.

한 국적 취득을 희망하는 한인 무국적자 명단을 전달한다.

정부결정문 이행과정에서 다음과 같은 사실이 알려지게 되었다. 즉 1,008명의 한인들이 소련 국적 취득을 희망하였고, 6,346명이 북한 국적을, 15,909명이 무국적자로 남게 되었던 것이다. 1958~1960년 동안 소련 정부는 4,882명을 더 수용하였는데 그중 4,067명은 무국적자 중에서 나머지 715명은 북한 국적자 중에서 소련 국적을 부여하였다.[10]

1948~1969년 동안 소련 정부는 6,414명의 한인들에게 국적을 부여하였다. 그러나 이 과정은 때로는 느리게 진행되었다. 즉 1965년에 98명, 1966년에 88명, 1967년에 82명, 1968년에 129명, 1969년에 118명 등이었다. 이것은 객관적인 원인 때문이었다. 많은 한인들은 소련 국적 취득이 나중에 고국으로 돌아가는 데 방해가 될 것 같아 국적취득을 자제하였던 것이다. 그리고 성인한인들 중 여자가 남자들보다 약 1/3 수준이었기 때문에 가족을 구성하기가 어려웠지만 소련 국적을 취득한 한인들은 즉시 자녀 없음에 대한 세금을 납부해야 하는 사정도 한몫하였다.

1988년 1월 1일자 사할린 주 거주 한인들은 약 35,000명이고 그중 약 32,000명은 소련 국적자, 456명은 북한 국적자, 262명은 무국적자였다. 연령별로 보면 16세 이하 약 10,000명, 17~30세는 8,800명, 31~50세는 12,200명, 50세 이상은 약 4,000명이다. 가족 수별로 보면 다민족 가정이 7,669세대이며 그중 2명이 1,603세대, 3명이 2,081세대, 4명이 2,805세대, 5명이 798세대, 6명이 247세대, 7명이 86세대, 8명 이상이 49세대 등이다. 동시에 사할린 한인의 약 2,000세대는 복합 민족문화 가정이었다. 교육수준별로 보면 대학교육 3,905명, 대학중퇴 249명, 중등 특수학교 3,113명, 중등학교 10,619명, 7년제 학교 7,279명, 초등학교 5,228명 등이다. 산업부문별로 보면 광산업 1,051명, 어업 883명, 제지 및 임업 1,273명, 원유생산 226명, 식품경공업 623명, 농업 904명, 무역 및 음료업 1,901명, 생활가전 1,841명, 운송업 495명, 수도, 전기, 가스 등 764

---

10) ГАСО, ф.53, оп.1, д.23, л.30.

명, 건설업 1,613명, 교육문화 1,815명 등이다. 약 2,000명의 한인들은 간부급 및 전문기술직에 종사하고 약 7,000명은 높은 전문성을 보유하고 있다.[11]

소련 국적 취득으로 사할린 출신 일부 한인 젊은이들은 러시아의 여러 지방도시에서 고등교육을 지속할 수 있었는데 대부분 블라디보스토크, 하바롭스크, 노보시비르스크, 크라스노야르스크, 이르쿠츠크, 톰스크 등 극동과 시베리아 지방 대학에서 학업을 계속하였다. 일부는 모스크바와 레닌그라드 및 유럽러시아 지역의 더 나은 대학으로 입학할 수 있었다. 한국어 구사력이 뛰어났던 사할린 출신 한인들은 중앙아시아 공화국의 신문, 라디오, TV 등지에서 일하도록 요청받았다. 출산과 수명의 변화와 함께 이러한 구조적 유동성은 사할린 한인들의 숫자와 지리적 분포의 변화에서 알 수 있다.[12]

소련 시기에 행해졌던 인구조사에 따른 러시아공화국의 고려인 수는 다음과 같다. 즉 1959년에 91,445명, 1970년에 101,369명, 1979년에 97,649명, 1989년에 107,051명 등이다.

전후 첫 10년간(1945~1955)의 숫자 변화는 근본적으로 구조적 성장에 기인한다. 거주 이전의 자유를 얻은 중앙아시아 고려인 청년 수백 명은 러시아 도시로 유학하러 갔고 대학졸업 후에는 여러 지역으로 분산되었는데 주로 러시아에 머물렀다. 이 시기에 고려인들의 자연증가가 비교적 많이 이루어졌는데, 왜냐하면 소련시기에는 결혼적령기가 아주 낮았고 많은 젊은이들이 대학졸업 직후 혹은 재학 중에 결혼을 했기 때문이었다. 그 결과 젊은이들은 일찍 부모가 되었는데 이러한 사실은 소련시기에 결혼한 남자가 아이가 없을 경우 세금을 내야 했고 또한 아이가 있으면 아파트를 받는 자격이 된다는 사실과도 관련 있다.

전후 시기(1945~1955)에 러시아 고려인들은 2,000~3,000명 증가했는데 주로 사할린, 극동 등지로 가족들과 함께 장기 파견된 경우가 많았다. 카자흐스탄과 우즈베키스탄 출신의 노동자 간부와 전문가들이 가장 활발한 연령대에

---

11) Кузин А. Т. Дальневосточные корейцы: жизнь и трагедия судьбы. Южно-Сахалинск: Лик, 1993, с.257-259.

12) См.: Бок Зи Коу. Сахалинские корейцы: проблемы и перспективы. Южно-Сахалинск, 1989.

있었고 이들의 부인들 역시 가임기에 해당하였으므로 새로운 직장이 있는 거주지에서 아이들을 출산하게 되었던 것이다.

1970년대 초부터 러시아와 기타 소련의 구성공화국에서는 계절농업 이주자가 출현하였다. 이 점에 관해서는 나중에 자세히 언급하겠다. 여기서는 단지 농업이주자들이 시간이 흐름에 따라 자신들이 계절적으로 활동하던 지역에 점차 상주하게 되었다는 점에 주목할 필요가 있다. 그리고 일부 고려인 젊은이들이 비상군복무 후에 중앙아시아로 복귀하지 않았다는 점을 고려해 볼 때 러시아 고려인의 수는 어느 정도 증가하였다. 이주자들이 감안된 고려인들의 수가 증가하게 된 것은 같은 시기에 여타 구성공화국에서도 나타났다.

그래서 종전 이후부터 소련붕괴 이전까지 러시아 고려인들의 수가 지속적으로 증가한 것은 이주자 수가 늘어난 것과 인구의 자연증가에 기인한다. 점차적으로 사할린, 극동, 시베리아, 북카프카즈 및 모스크바와 레닌그라드 등 러시아연방 내에는 고려인들이 비교적 밀집하여 거주하는 지역이 나타나게 되었다. 러시아 고려인들은 중앙아시아 고려인의 경우에서처럼 점진적이고 높은 도시화의 특징으로 나타나고 숫자적으로는 대도시에서 압도적으로 많이 거주하는 특징을 갖게 되었다.[13]

2002년 러시아연방 최초의 인구조사 결과 고려인들의 수가 107,051명에서 148,556명으로 현저하게 증가하였다. 사실 공식통계는 소련해체 이후 중앙아시아 국가에서 러시아로 이주한 불법체류 고려인들을 포함하지 않고 있다. 러시아는 소련해체 이후 고려인들의 수가 매우 급속히 증가한 유일한 국가인데 이것은 주로 이주자들의 유입 때문이다.

2002년 러시아연방 관구별 고려인 분포는 그림 1)에 나타난 바와 같다. 1989년 인구조사와 비교해 본다면 극동관구, 볼가관구 및 남부관구에서 고려인들의 수적 증가가 돋보인다.

---

13) См.: Ким Г. Н. Социально-культурное развитие корейцев Казахстана. Алма-Ата: Наука, 1989.

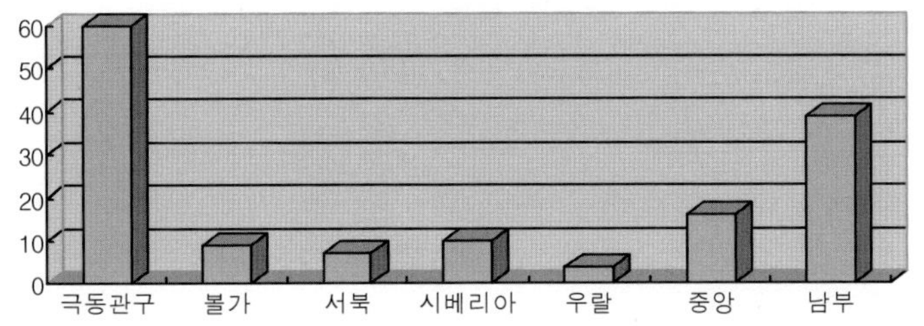



[극동관구－60,131명, 볼가 관구－9,088명, 서북관구－6,903명, 시베리아 관구－10,797명,
우랄 관구－4,071명, 중앙관구－16,720명, 남부관구－39,031명]

**그림 1) 러시아연방 관구별 고려인 분포(2002년 인구조사)**

지방 여러 주에서 고려인들의 현격한 증가가 눈에 띈다. 즉 볼고그라드 주의 경우 1989년 272명에서 2002년에는 6,066명으로 22배나 증가하였고, 사라토프 주의 경우 1989년 545명에서 2002년에는 2,533명으로 5배 증가하였으며, 연해주는 8,454명에서 17,899명으로 두 배 이상 증가했던 것이다. 고려인 수의 현저한 증가는 모스크바 주, 아스트라한 주, 스베르들로프 주, 첼랴빈스크 주, 칼리닌그라드 주, 옴스크 주, 오렌부르그 주, 노보시비르스크 주 및 하바롭스크 주, 크라스노다르 주, 스타브로폴 주 등지에서 일어났다. 러시아 수도의 고려인 수는 3,633명에서 8,630명으로 증가했는데 이는 외부이주자들의 유입에 기인한다. 고려인들의 증가는 사실상 볼가 관구, 우랄 관구, 북서관구, 시베리아 관구 및 중앙관구의 전 지역에서 이루어졌다.

동시에 고려인 수가 캄차카 주, 마가단 주, 사할린 주, 아르한겔스크 주, 무르만스크 주, 튜멘 주를 비롯한 여러 주와 극동관구와 남부관구의 카프카스 일대 자치지역에서는 감소하였다.


## 2) 우즈베키스탄

우즈베키스탄 고려인 구성숫자의 변화는 1939년부터 1989년까지의 인구조사에서 다음과 같이 나타났다.

<표 3> 1939~1989년 우즈베키스탄 고려인 숫자의 변화

| 연도 | 1939 | 1959 | 1970 | 1979 | 1989 |
|---|---|---|---|---|---|
| 총인구 | 73,000 | 138,000 | 148,000 | 163,000 | 183,100 |
| 도시인구 | 11,000 | 44,000 | 85,000 | 117,000 | 146,000 |
| 농촌인구 | 62,000 | 94,000 | 63,000 | 46,000 | 37,000 |

출처 : 1939, 1959, 1970, 1979, 1989년 소련 인구조사

위 기간에 고려인의 수는 증가추세를 보였다는 것을 알 수 있다. 1939~1959년 동안에는 카자흐스탄의 농사에 적합하지 않은 고려인들 일부가 금지조치에도 불구하고 우즈베키스탄으로 이주했는데 그 결과 20년 동안 고려인 수가 두 배나 불어났던 것이다. 고려인 증가의 또 하나 원인은 당시 고려인 가정에서 지켰던 다산의 전통을 지적할 수 있다.

1959~1970년 기간 증가율은 하락했지만 고려인 수가 매년 약 1%씩 늘어났고 이전 시기에 비해 많이 증가되었다. 우즈베키스탄의 생활여건이 그러한 증가를 수반했다고는 볼 수 없는데 그 이유는 고려인들이 집중된 지역은 주로 우즈베키스탄의 수도인 타쉬켄트 근처에 있었기 때문이었고 거기에는 '폴리토젤', '김병화', '북쪽등대' 등 소련시기에 유명했던 콜호즈들이 있었다. 이와 같은 백만 부호 고려인 콜호즈들은 고려인 공동체에게 노동업적 달성가능성을 부여하고 사회 및 민족문화적 생활을 이끌고 강화시켰다. 타쉬켄트 주의 상·중·하치르칙 세 개 지역은 강제이주 직후부터 고려인들의 생활근거지로서 소련 시기 동안 고려인 농민들에게 높은 수확을 제공하면서 고려인 콜호즈의 경제적 성공을 낳게 했던 곳이다.

고려인 농업인구의 높은 출산율과 소련 국내에서 지역적으로 낮은 유동인구 수준, 평균수명의 증가 및 높은 동족 간 혼인 등은 우즈베키스탄 고려인들의 수가 증가된 원인들이었다. 심각한 주거문제의 결여, 안정적이고 충분히 높은 급여, 직업의 성장전망, 지방 농촌에서 다산의 전통으로 남아 있는 젊은 인재들의 매혹 등은 자연적이고도 구조적인 성장의 전제조건이었다. 1979~1989년 기간의 고려인 인구 연평균 증가치는 약 1.1%로서 전체 기간에는 11%였다.

1990년대 초에 우즈베키스탄 고려인들의 증가 수치는 이전 10년간의 증가

치와 동일할 것으로 생각되어 1999년경의 고려인 숫자는 20만 5,000명~21만 명으로 추정되었다. 결국 이러한 수치는 우즈베키스탄과 그 인근국가의 유동 인구를 포괄하는 것이었다. 타쉬켄트 한국대사관의 자료에 의하면 1990년대 말 우즈베키스탄 고려인의 수는 약 20만 9,500명으로 파악되었는데 행정구역 별 인구는 <표 4>와 같다. 그러나 사실 소련 최후의 인구조사가 있었던 1989 년 이후 우즈베키스탄 고려인의 수는 지속해서 감소되었다. 변호사이며 열정 적 연구자인 블라디미르 김이 우즈베키스탄 내무부에서 입수한 자료에 의하 면 1990년 말 우즈베키스탄 고려인의 수는 약 17만 명 정도였다.[14]

<표 4> 1990년대 말 우즈베키스탄의 지역별 고려인 분포

| 주 또는 도시명 | 인구수 |
| --- | --- |
| 타쉬켄트 | 80,000 |
| 타쉬켄트 시 | 65,000 |
| 시르다리야 | 12,500 |
| 페르가나 | 9,000 |
| 사마르칸드 | 8,500 |
| 호레즘 | 6,000 |
| 쥐작 | 4,500 |
| 안디잔 | 4,200 |
| 나망간 | 4,000 |
| 부하라 | 2,000 |
| 카쉬카다리야 | 2,000 |
| 나보이 | 1,500 |
| 수르한다리야 | 1,100 |
| 카라칼팍 자치공화국 | 9,200 |
| 총계 | 209,500 |

출처 : 우즈베키스탄 한국대사관 제공자료

상기 공식자료에 따르면 1991~2004년 동안 러시아, 타지키스탄 및 인근 국가에서 우즈베키스탄으로 11,200명의 고려인들이 유입되었다. 게다가 90년 대 초반기에 2,000명 이상의 한국인이 우즈베키스탄으로 들어왔다. 최근 이 수치는 크게 줄어 연중 100~300명 수준에 머무르고 있다.

---

14) Архив автора.

같은 시기에 36,600명의 고려인들이 우즈베키스탄에서 빠져나갔다. 해마다 출국이주자는 입국이주자보다 오히려 비교적 합법적인 것으로 변화하였다. 90년대 초에 연중 2,000~2,300명 수준이던 출국자들은 최근 4~5년 동안 3,400~3,900명 수준으로 되었는데 이는 출국자들이 더 많아졌음을 의미한다.

입국자보다 출국자가 더 많은 결과 우즈베키스탄 고려인의 총 이주자는 1991~2004년까지 25,400명, 즉 1989년 인구조사 수치의 13.9%에 해당하였다. 이것은 소련 시대에 우즈베키스탄에서 살던 고려인들 중 1/7~1/8 정도가 이 기간에 빠져나갔음을 의미한다.

독립국가 우즈베키스탄에서는 아직까지 인구조사가 실시되지 않았으므로 현재 살고 있는 고려인들의 수치에 대해서는 사실 인구조사보다 신빙성이 적은 통계에 의존할 수밖에 없다. 최근 통계로는 1999년 우즈베키스탄 고려인 수가 147,500명으로 파악되었다.[15] 이것은 우즈베키스탄 고려인들이 1989년 인구조사 때와 비교하여 35,600명이 줄었다는 것이며 이러한 많은 수의 감소는 이주의 결과에서 비롯된 것임을 뜻한다.

<표 5> 1959~1989년의 우즈베키스탄 고려인의 지역별 분포

| 주 및 도시 | 우즈베키스탄 총인구에서 고려인이 차지하는 비율 | | | | 성장률 |
|---|---|---|---|---|---|
| | 1959 | 1970 | 1979 | 1989 | 1979~1989 |
| 카라칼팍 | 2.0 | 1.3 | 0.9 | 0.8 | 113.6 |
| 안디잔 | 0.6 | 0.4 | 0.3 | 0.2 | 94.2 |
| 부하라 | 0.2 | 0.2 | 0.2 | 0.2 | 110.1 |
| 쥐작 | 2.2 | 0.4 | 0.6 | 0.6 | 134.5 |
| 카쉬카다리야 | 0.1 | 0.1 | 0.1 | 0.1 | 138.0 |
| 나망간 | 0.6 | 0.4 | 0.3 | 0.3 | 113.2 |
| 사마르칸드 | 0.6 | 0.6 | 0.5 | 0.4 | 95.2 |
| 시르다리야 | 3.6 | 3.1 | 2.7 | 2.2 | 100.8 |
| 수르한다리야 | 0.3 | 0.6 | 0.3 | 0.1 | 70.2 |
| 타쉬켄트 | 7.9 | 5.0 | 4.7 | 3.6 | 103.0 |
| 페르가나 | 0.6 | 0.5 | 0.4 | 0.4 | 116.2 |
| 호레즘 | 1.3 | 1.2 | 0.8 | 0.6 | 101.4 |
| 타쉬켄트시 | 0.8 | 1.4 | 1.7 | 2.1 | 149.2 |
| 우즈베키스탄 전체 | 1.7 | 1.3 | 1.1 | 0.9 | 112.3 |

출처 : 1959~1989년 소련 인구조사표

---

15) Alikhan Aman. Population migration in Uzbekistan. Tashkent, UNHCR, 2000, p.101.

<표 5>에서 나타난 것처럼 우즈베키스탄 고려인 비율은 행정구역별로 심한 변동이 있었다. 아무다리야 강 하류, 인구밀집지인 페르가나 분지에서 고려인들은 자신들의 경제활동에 적합한 지역으로 점차 이동하게 되었다. 소련 시기 말경에 고려인들은 이미 주로 타쉬켄트 시와 그 주변인 타쉬켄트 주와 시르다리야 주에 거주하였다. 우즈베키스탄 국내에서의 인구이동은 최근에 더 활발해져 주로 수르한다리야 주와 사마르칸드 주의 많은 고려인들이 타쉬켄트로 이동했는데 이는 수도에 사는 고려인 비율이 변화한 것에서 알 수 있다. 타쉬켄트 시와 타쉬켄트 주(알말릭 시, 베카바드 시, 양기율 시, 치르칙 시 등)에서는 현재 전체 고려인 중 압도적인 비율의 고려인들이 거주하고 있다.[16]

## 3) 카자흐스탄

1999년에 실시된 카자흐스탄의 인구조사에 의하면 고려인 수가 99,665명이었다. 이 수치는 1989년에 비하면 1,100명 줄어든 것이다. 1939~1999년의 인구조사 자료에 따라 카자흐스탄 거주 고려인 수에 관한 10년마다의 수치(1949년 제외)는 <표 6>과 같다.

<표 6> 1939~1999년 카자흐스탄 고려인 구성의 변화

| 연도 | 1939 | 1959 | 1969 | 1979 | 1989 | 1999 |
|---|---|---|---|---|---|---|
| 총인구 | 6,082,000 | 9,295,000 | 13,009,000 | 14,684,000 | 16,464,000 | 14,953,000 |
| 고려인 인구 | 96,453 | 74,019 | 78,078 | 91,984 | 103,315 | 99,665 |
| 비율(%) | 1.6 | 0.8 | 0.6 | 0.6 | 0.6 | 0.7 |

출처 : 카자흐스탄 연감(알마티: 1996, 2000)

공화국 간, 즉 다른 구성공화국으로의 이주영향으로 고려인 수의 변화가 이루어졌는데 이는 위의 인구비교가 증명해 주고 있다. 1959~1970년 기간에

---

16) Максакова Л. Миграция корейского населения Центральной Азии. − Miltiethnic States and National Identification. The 5th International Conference on Korean Studies. Central Asian Association for Korean Studies. Bishkek, Kyrgyzstan, June 30 − July 1, 2005, pp.5 − 13.

카자흐스탄 고려인의 증가는 소련 평균 이하였다. 같은 시기에 키르기즈스탄 고려인의 증가는 거의 2.5배, 타지키스탄 3.5배, 투르크메니야에서는 거의 2배 등이었는데 이는 카자흐스탄과 우즈베키스탄에서 대규모 고려인들이 유입된 결과였다. 이 시기에는 우크라이나와 몰도바 등의 다른 구성공화국으로의 계절농업이 시작되었다. 1979년 우크라이나의 인구조사에 의하면 6,000명 이상의 고려인들이 우크라이나에 상주하고 있었던 것으로 나타났다.

1989년 인구조사에 의하면 카자흐스탄에는 71,800명의 결혼연령대 인구와 약 6,000명의 홀아비와 과부, 4,200명의 이혼자들이 있었다. 홀로된 사람들 중의 84.7%가 여성이었고 이들 중 70.5%가 60세 이상이었다. 고려인 이혼자의 2/3는 여성, 1/3은 남성이었다.[17]

1989년 인구조사 자료에 카자흐스탄 고려인의 성별, 연령별 분포가 나와 있다. 카자흐스탄 고려인 총 인구 103,315명 중 14세 이하의 아동은 29,797명, 15~24세는 13,402명, 25~45세는 35,419명, 45~65세는 17,896명, 65세 이상은 6,801명이었다. 카자흐스탄 전체적으로 고려인의 1/3은 16세 이하이며, 약 57%는 노동생산인구, 13%는 노령인구였다. 연령대를 10년씩 나누어 본다면 30~40세 사이의 청년들이 수적으로 가장 많으며 전체 고려인의 1/5을 차지한다. 오늘날 수적으로 가장 많은 연령대가 10~20세, 40~50세로 변화한 것은 주목할 만한 일이다. 아래 <표 7>은 연령대를 5년씩 나누어 정리한 것이다.[18]

<표 7> 성별, 연령대별 카자흐스탄 고려인 분포

| 구분(연령대) | 합계 | 남자 | 여자 |
| --- | --- | --- | --- |
| 0~4 | 10,118 | 5,139 | 4,979 |
| 5~9 | 10,115 | 5,095 | 5,020 |
| 10~14 | 9,564 | 4,881 | 4,683 |
| 15~19 | 7,569 | 3,864 | 3,705 |

---

17) Пак А. Д. Демографическая характеристика корейцев Казахстана. —Советские корейцы Каз
　　ахстана(энциклопедический справочник). Алма—Ата: Казахстан, 1992, с.154—163.

18) Там же, с.158.

| 구분(연령대) | 합계 | 남자 | 여자 |
| --- | --- | --- | --- |
| 20~24 | 5,833 | 2,929 | 2,904 |
| 25~29 | 8,123 | 4,103 | 4,020 |
| 30~34 | 9,825 | 5,033 | 4,792 |
| 35~39 | 10,632 | 5,239 | 5,393 |
| 40~44 | 6,839 | 3,427 | 3,412 |
| 45~49 | 4,777 | 2,445 | 2,332 |
| 50~54 | 4,543 | 2,224 | 2,319 |
| 55~59 | 4,708 | 2,302 | 2,406 |
| 60~64 | 3,868 | 1,732 | 2,136 |
| 65~69 | 2,716 | 1,183 | 1,533 |
| 70 이상 | 4,085 | 1,515 | 2,570 |
| 생산가능인구보다 저연령대 | 31,511 | 15,969 | 15,542 |
| 생산가능인구 | 58,729 | 30,712 | 28,017 |
| 생산가능인구보다 고연령대 | 13,076 | 4,430 | 8,646 |

출처 : 1989년 소련 인구조사

1989년 인구조사 이후 지난 10년간 카자흐스탄 고려인들 중에는 0~9세와 30~39세 연령대 수가 급격히 감소하였다. 만약 1989년에 이들 연령대 인구비율이 19.6%, 19.8%라면 1999년에는 12.4%와 12.7%였다. 10~29세 연령대 고려인은 4.1% 더 높았고, 40~49세는 7.2%, 50세 이상은 3.0% 높았다. 30세 이전 연령대 인구비율은 1989년 49.7%에 비해 46.6%에 해당했고, 30~59세는 41.2%, 60세 이상은 12.2%였다. 남녀별로 본다면 이러한 수치는 조금씩 차이가 나며 이에 대한 것은 <표 8>에 나타나 있다.

<표 8> 카자흐스탄 한인의 연령별 구조(1989년과 1999년)

| 카자흐스탄 한인 | 전체 인구 대비(%) | | 성별 | | | |
| --- | --- | --- | --- | --- | --- | --- |
| | | | 남자 | | 여자 | |
| | 1999 | 1989 | 1999 | 1989 | 1999 | 1989 |
| 30세까지 | 46.6 | 49.7 | 48.5 | 50.9 | 44.9 | 48.6 |
| 30~59세 | 41.2 | 40.0 | 40.9 | 40.5 | 41.5 | 39.5 |
| 60세 이상 | 12.2 | 10.3 | 10.6 | 8.6 | 13.6 | 11.9 |

출처 : 해당 연도의 인구조사 통계자료

1989년 고려인 평균연령은 31세로서 남자는 30세, 여자는 32세였다. 10년 후 이 수치는 각각 32세, 32세, 34세로 바뀌었다. 표에서 나타난 바와 같이 생산가능인구보다 고연령대 인구가 지속해서 늘고 있는데 이는 주민의 고령화 경향과 여성고령 인구의 증가를 의미한다.

소련 시기인 1960~1970년대에 시작된 고려인들의 출산율 저하경향은 소련 해체 때까지 지속되었다. 최근 10년간 급격한 출산율 하락은 도시와 농촌 모두에 해당되는 전체적인 현상이었다. 악화된 경제상황과 높아진 삶의 질에 대한 요구는 향후 출산율 하락에 영향을 끼치게 될 것이다. 환경적으로 스트레스가 조성되는 상황의 악화, 주민에 대한 사회적 보호의 약화 등으로 평균수명이 단축될 수도 있다.

다른 한편에서는 젊고, 노동생산이 가능하고, 재생산할 수 있는 고려인 연령층의 비율이 많이 향상되는 잠재력이 인구학적으로 유지되고 있다. 그래서 20~30년 후 국가의 사회경제적 여건이 호전될 경우 카자흐스탄의 다른 민족들처럼 고려인들의 생활수준과 기타 인구학적 지표들이 긍정적으로 기대될 수 있으며 이는 필연적으로 수적인 면에서나 연령구조 면에서 최적상태로 나타날 것이다.

1999년 인구조사에 의하면 고려인 남자는 48,529명, 여자는 51,136명으로 집계되어 있다. 인구 100명당 남자가 49명, 여자가 51명인 셈이다. 남자비율은 48.7%로서 여자비율 51.3%보다 다소 낮다. 여자 1,000명당 남자는 949명(1989년에는 980명)이며 도시의 경우 936명, 농촌의 경우는 1,037명이다.

사실 소련역사의 마지막 10년간에는 성별 구조가 지속적으로 호전되었는데, 즉 남녀구성비가 동등해지면서 제2차 세계대전과 스탈린의 정치탄압으로 상실된 남자 비율로 인해 초래된 불균형이 시정되어 나갔다는 것이다. 소련 붕괴 및 이에 따른 일련의 사태는 소련 이후의 모든 영역에서 남자의 비율이 감소하는 원인이 되었고 고려인의 경우도 예외가 될 수 없었다. 1979년 전체 고려인 중 남자의 비율이 49.7%, 여자의 비율이 50.3%라고 한다면, 1989년에는 49.5%와 50.5%, 그리고 1999년에는 각각 48.7%와 51.3%를 나타내었던 것이다. 연금생활자 이전연령으로 국한하여 본 연령대별 고려인 남자의 경우도 여자보다 조금 많을 뿐이다. 노동생산 가능연령대보다 더 높은 연령대 중 여자의 비율은 1989년 7.8%, 1999년 7.1%로서 매우 높은 편이다.

<표 9> 1989년과 1999년 고려인 남자 및 여자 비율 상호관계

| 구분 | 양성 | | 카자흐스탄 고려인비율 | | | |
|---|---|---|---|---|---|---|
| | | | 남 | 여 | 남 | 여 |
| | 1999 | 1989 | 1999 | 1989 | 1999 | 1989 |
| 연령대 백분위 | 100.0 | 100.0 | 100.0 | 100.0 | 100.0 | 100.0 |
| 노동생산연령 이하 | 23.8 | 30.5 | 24.9 | 31.2 | 22.8 | 29.8 |
| 노동생산연령 | 63.0 | 56.8 | 65.6 | 60.1 | 60.6 | 53.7 |
| 연금생활층 | 13.2 | 12.7 | 9.5 | 8.7 | 16.6 | 16.5 |

출처 : Пак А. Д. Демографическая характеристика корей цев Казахстана. Алматы, 2002, c.13.

그러한 성별 불균형은 특별한 사실이 아니다. 왜냐하면 일부 민족에게는 예외가 있긴 하지만 여아 출생보다 남아 출생을 더 선호하는 경향이 가족계획에 많은 영향을 주기 때문이다. 남자의 평균수명은 여러 가지 이유로 여자의 평균수명보다 짧고, 우리의 경우에도 여러 번 확인되고 있다.

인구조사 방법론에 의하면 혈연으로 혹은 혼인관계로 형성되어 함께 살면서 공동의 예산을 보유하는 사람들의 집단이 바로 가구(세대)이다. 인구조사 시에 가구의 범주에 들지 않는 사람들은 가족이면서 따로 떨어져 사는 사람과 독신자 등 두 범주로 구별된다. 1989년 인구조사는 카자흐스탄공화국에서 한민족에 속하는 고려인 가구가 19,300개로 파악되었고 그중에서 알마아타에서는 3,100가구 이상이 거주하였다. 곧 고려인 가구 수를 인원수로 보면 카자흐스탄에서 70,200명, 곧 전체 고려인의 67.9%, 그리고 알마아타에서는 11,600명 곧 알마아타 고려인의 72.4%에 해당하였다.

한 가구 평균 구성원은 3.7명이며 공화국 전체 평균 4.0보다 0.3 낮은 수치이며 알마아타 3.5보다는 0.2 높은 수치이다. 가구 수에 따른 특징은 <표 10>에 정리되어 있다.

<표 10> 1989년 카자흐스탄 고려인 가구의 구성

| 구분 | 총가구 | 구성인원수별 가구 | | | | | | | | 10 이상 | |
|---|---|---|---|---|---|---|---|---|---|---|---|
| | | 2 | 3 | 4 | 5 | 6 | 7 | 8 | 9 | 가구 수 | 인원수 |
| 동일민족에 속한 가구 수 | 19,350 | 4,624 | 4,730 | 5,815 | 2,598 | 1,019 | 335 | 122 | 66 | 41 | 448 |
| 비율 | 100 | 23.9 | 24.5 | 30.1 | 13.4 | 5.3 | 1.7 | 0.6 | 0.3 | 0.2 | |

출처 : Пак А. Д. Демографическая характеристика корей цев Казахстана. Советские корей цы Ка захстана(Энциклопедический справочник). Алматы: Казахстан, 1992. с.160.

1999년 인구조사에서는 고려인 가구별 구성 수에 관한 통계가 없지만 지난 10년간 가구당 평균인원수는 감소되었다고 확신할 수 있다. 1989년 고려인의 혼인유무별, 성별, 연령별 구성표는 <표 11>에 나타나 있다.

<표 11> 카자흐스탄 한인의 결혼상태, 연령별 현황

| 구분 | 총계 | 내용 | | | | |
|---|---|---|---|---|---|---|
| | | 기혼자 | 미혼 | 과부/홀아비 | 이혼자 | 무응답 |
| 남자(16세 이상 총인구) | 35,142 | 25,129 | 7,606 | 917 | 1,320 | 170 |
| 16~29세 | 10,042 | 3,478 | 6,314 | 10 | 165 | 75 |
| 30~39세 | 10,272 | 8,642 | 1,014 | 40 | 543 | 33 |
| 40~49세 | 5,872 | 5,259 | 195 | 66 | 338 | 14 |
| 50~59세 | 4,326 | 4,119 | 47 | 174 | 178 | 8 |
| 1,000명당 규모 | | 715 | 216 | 26 | 38 | 5 |
| 여자(16세 이상 총인구) | 36,662 | 22,523 | 6,028 | 5,072 | 2,840 | 199 |
| 16~29세 | 9,769 | 4,464 | 4,708 | 43 | 485 | 69 |
| 30~39세 | 10,185 | 7,896 | 937 | 202 | 1,113 | 37 |
| 40~49세 | 5,744 | 4,426 | 249 | 368 | 686 | 15 |
| 50~59세 | 4,725 | 3,378 | 69 | 883 | 380 | 15 |
| 1,000명당 규모 | | 614 | 164 | 138 | 78 | 6 |

출처 : Пак А. Д. Демографическая характеристика корей цев Казахстана. –Советские корей цы К азахстана(энциклопедический справочник). Алма–Ата: Казахстан, 1992, с.159–160.

기혼자층의 특징을 알려 주는 1989년의 인구조사에 의하면 카자흐스탄에는 결혼연령대 고려인이 71,800명, 홀아비와 과부가 약 6,000명, 이혼자가 4,200명 있는 것으로 파악되었다. 홀로된 사람 중에는 84.7%가 여자이고 그중

70.5%는 60세 이상이다. 이혼자 중 2/3는 여자이고 1/3은 남자이다.

1999년 인구조사의 결혼상태 여부는 15세 이상의 연령대의 인구수로 파악된다. 총 고려인 중 결혼연령대 사람들은 78.1%, 즉 77,864명이며, 그중 남자는 37,428명, 48.1%, 여자는 40,436명, 51.9%였다. 전체 인원 중에 결혼하지 않은 남자와 여자의 비율은 각각 28.3%와 23.1%였고, 결혼한 사람들은 각각 62.7%, 51.3%였고 홀로된 사람은 각각 3.7%와 14.4% 그리고 이혼자는 각각 5.3%, 11.2%였다.

연령별로 본다면 20~24세 남자들 중 72.6%, 여자들 중 55.9%가 미혼이고, 25~29세는 각각 37.1%, 25.3%, 30~34세는 20.6%, 13.7% 그리고 35~39세는 11.2%, 9.2%가 결혼하지 않은 것으로 나타났다. 35~69세의 남자와 30~59세의 여자들 중 기혼자 비율은 79~87%(남자), 62~70%(여자)에 이른다. 16~19세 및 20~24세 연령대에서는 기혼 남자가 기혼 여자보다 각각 1.6%와 4.9% 그리고 25.6%와 37.1%로 조금 낮다.

연령이 늘면서 홀로되는 가능성은 급격히 증가했는데 이는 1999년 인구조사에서 증명되었다. 특히 사회적 현상으로서의 홀로되기는 여자들에게 더 특징적이며, 만약 남자와 여자들을 비교할 경우 비율은 다음과 같다. 즉 20~24세 남자들은 0.2%, 65~69세에는 15.7%까지 증가하는 반면 여자들은 20~24세의 경우 0.7%, 55~59세 24.6%, 60~64세 34.2%, 65~69세 48.5% 그리고 70세 이상은 74.3%로 나타났다.

인구조사 결과 이혼여성의 비율은 30~34세에서 18.1%, 35~49세 약 17.5%, 50~54세 15.4%, 65~69세는 4.3%였다. 결혼연령대에서 가장 높은 남자이혼율은 30~39세에서 8.6~8.9%, 40~54세에서 7.4~7.9% 및 65~69세에서 2.0%로 나타났다. 만혼현상이 급증하였다. 1989년에 16~29세 사이에 결혼한 사람이 40%였다면 1999년에는 25%에 불과하였다. 젊은이들은 결혼문제에서 더욱더 실용적으로 되었고 결혼보다 학업, 취업, 출세, 경제적 독립, 주택문제 등에 더 치중했던 것이다.

도시화되면서 학업, 직장생활, 일상생활 및 직장 외 개인들 간의 교류 속에서 국제적인 현상이 심화되었다. 도시문화는 주택, 가구, 편의시설, 식기, 의류 등 요소에서 표준화를 형성하였다. 자그마한 민족별 특수성은 음식, 즉 가장 보수적인 물질문화 속에서 보존되었다. 다양한 민족음식은 명절음식의 특징으로 되었고 도시민의 평일 아침식사는 민족에 관계없이 유사한 형태를 띠었다. 신앙과 예식, 관습에서도 동일하다고 할 수 있다. 전통적인 민족특성은 사상과 교류 면에서 공통적으로 수용된 모습에 자리를 양보하게 되었다. 소련 시기의 카자흐스탄 도시에서는 고려인들에게 모국어가 된 러시아어가 주된 언어였으며 국제교류에서는 프랑스어가 사용되었다. 이 결과 카자흐스탄 고려인들 속에서 국제결혼 비중이 증가하게 되었다. 30~40년대의 국제결혼은 특이한 것이었으나 1960~1970년대에는 국제결혼이 고려인의 민족적 발전에 중요한 양상을 제공하게 되었다. 1970년대 고려인 청년들이 러시아 여자들을 선호하게 되었다면, 1980년대에는 이 비율이 매우 감소하였다(70.7% 및 54.7%). 같은 시기에 카자흐 여자를 선택한 비율은 9.7% 및 20%였다. 고려인 여자의 경우에는 완전히 반비례하는 경향을 보였다. 10년 동안 고려인 여자들이 러시아 남자를 선택한 경우는 많이 증가하였고(42.2%와 56.6%), 같은 시기에 카자흐 남자를 선택한 경우는 줄어들었다(33.3%와 23.7%).[19] 고려인 1/5가량이 거주하고 있는 알마티의 한 작스(동사무소 같은 기관 - 역주)의 1990년대 문서에 의하면 고려인 국제결혼은 약 40%였다. 민족구성의 변화와 향후 생활문화의 균등화, 일상적인 도시생활 환경과 관련되어 고려인과 카자흐인과의 국제결혼 비율이 높아졌다.[20]

믿을 만한 연구에 따르면 국제결혼은 복합민족 가정에서 출생한 젊은이들 사이에서 매우 많이 발생한다. 가족과 친척 간 관계에서 두 명 혹은 서너 명 이상의 민족이 구성되는 경우도 드물지 않다. 젊은 고려인들이 국제결혼을 하는 경향은 확고하게 남아 있다.[21]

---

19) См. подробнее: Ем Н.Б. **Межнациональные браки корейцев Казахстана в 30−90−е годы XX века**(историко−демографический аспект). *Автореферат диссертации на соискание ученой степени кандидата исторических наук. Алматы, 2004.*

20) Ем Н. Б. К проблеме национально−смешанных браков(по результатам актовых записей гор архива ЗАГС г. Алматы). −Известия корееведения Казахстана. −№2, 1997, с.40−51.

21) Kim German. On Inter−Ethnic Marriages among the Korean Population in the City of Almaty. −International Journal of Central Asian Studies. Institute of Asian Culture and Development,

최근 10년간 고려인을 비롯한 카자흐스탄 민족들의 출생률이 감소하기 시작하였다. 1980년 말에서 1990년 초에는 사망률이 증가하는 경향도 보였다. 1989년 인구조사에 따른 고려인들의 연령별 구조는 다음 도표에서 정리된다.

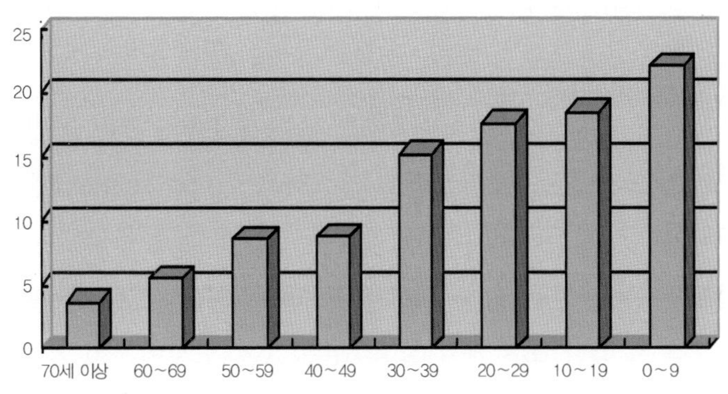



[70세 이상-3.7%, 60~69세-5.5%, 50~59세-8.6%, 40~49세-15.2%,
30~39세-15.2%, 20~29세-17.6%, 10~19세-18.5%, 0~9세-22.1%]

**그림 2)** 고려인 연령별 구조(1989년)

1989년 카자흐스탄 고려인의 성별 구조는 다음과 같다. 첫째, 여아에 비해 남아가 더 많이 출생했다는 것은 35세 이전 연령에서 뚜렷이 나타난다. 이 연령층에서 남성이 우세한 것은 평균 1.3% 정도이다. 35세 이상부터는 여성 수가 더 많아지기 시작하는데 만약 45세까지 이러한 차이가 1% 정도라면 60~69세 연령대에서는 12.6%, 70세 이상에서는 17%까지 벌어졌다. 이러한 노령인구에서의 차이는 활발한 노동생산 연령대에서 남성들의 사망률이 높다는 것과 또한 여성들의 수명이 길다는 것으로 설명된다. 대체적으로 1979~1989년 기간에는 남녀 비율이 비슷하게 되었는데, 즉 1979년에 전체 고려인들 중 남자가 49.7%, 여자가 50.3%였다면 1989년에는 각각 49.5% 및 50.5%로 나타났다. 지속적인 가임율과 출산율 저하와 높은 남성 사망률과 관련해서 전망한다면 성별 구조는 여성 고려인들의 비율이 압도적으로 증가될 것으로 예상된다.

---

Seoul, No.5, 2000, pp.14-27.

카자흐스탄 고려인의 사회적 구조를 분석하는 일은 대표적이고, 체계적인 실증자료의 부재로 인해 어려움이 있는데 그 이유는 국가공식 통계자료에서는 고려인들을 도표상의 '기타' 범주에 넣기에 이러한 수치로는 구체적인 조사연구가 불가능하기 때문이다.

그러나 다음과 같이 예상되는 결과는 있다. 첫째, 젊은 학생들의 비율이 매우 높아 전체 고려인 중 20% 이상을 차지한다. 둘째, 도시 인구의 절대다수는 정신노동 종사자가 많다. 셋째, 육체노동을 하는 산업노동자와 농민들의 수는 매우 적다. 넷째, 도시 혹은 농촌지역에 거주하고 있다는 사실이 반드시 사회적 소속을 대변하는 것은 아닌데 그 이유는 상당수의 농촌거주 고려인들이 문화, 교육, 보건, 농업전문가 등 사무직원으로 일하고 있기 때문이다. 또한 최근까지 수도를 포함한 도시에서 살고 있는 많은 도시민들이 계절농업에서 벗어나지 않고 있다. 다섯째, 계획경제로부터 시장경제로 전환되면서 고려인들의 사회적 이동이 가속화되었다. 훗날 학자, 문화예술가, 교육자 등이 되려고 몰두하던 사람들이 지난 10년간 중소기업군으로 이동한 일이 질적으로나 양적으로 급증하였다. 여섯째, 고려인 대학생들의 수가 현격하게 줄었다. 이러한 현상은 대학학위의 장점 및 고등교육의 질적 하락, 학비 유료화, 많은 대학전공에서 카자흐어로 강의하는 것, 가치성향의 변화, 입학동기의 부족 등에 기인된다. 일곱째, 국가기관 및 기타 예산사용 기관에서 고려인 직원들의 수가 감소하는 경향은 강화될 것으로 보인다.

인구조사 자료에 의하면 카자흐스탄 내 일정지역의 고려인 수는 감소한 반면 다른 지역에서는 증가했는데 이는 이주뿐만 아니라 국가 행정구역 개편에도 이유가 있었다. 1945~1989년까지 가장 큰 행정단위인 주의 개수는 주기적으로 바뀌었는데 때로는 통합되기도 하고 때로는 분리되기도 하여 구성인원의 숫자도 이에 따라 변화했던 것이다. 그러나 대체적으로 1959~1989년 사이 고려인들의 지역적 분포는 큰 변화를 겪지 않았는데 그 이유는 강제이주 직후부터 계속해서 대부분의 고려인들이 남부와 남동부 지역에 거주했기 때문이었다.

같은 시기에 도시와 농촌거주 고려인들의 재배치가 이루어졌다. 도시화는 전 연방적으로 나타난 현상이었지만 특히 카자흐스탄에서는 고려인들의 도시화 비율이 전국평균을 상회하였다. 가령 연구지표에 의하면 중앙아시아에서 고려인들의 도시화 비율이 가장 안정적으로 높았던 곳이 카자흐스탄이었으며 이것은 이미 밝혀진 인구조사에서도 확인되었다. 1989년에 카자흐스탄에는 약 10만 700명의 고려인들이 거주했었고, 1999년에는 9만 9,700명이 거주하였다. 1999년 인구조사 후 카자흐스탄 고려인 수도 대략 그 정도 수준을 유지하고 있다. 현재 이주자 규모도 그렇게 많지는 않다. 그래서 1998~2000년 카자흐스탄 유입이주 고려인은 1,600명이고 2,600명은 출국이주자로서 그 차이는 1,000명 정도였다.[22]

## 4) 키르기즈스탄

소련의 전국인구조사에 따른 키르기즈스탄 고려인들의 수는 다음과 같이 변화하였다. 즉 1939년에 508명, 1959년에 3,622명(총인구의 0.1%), 1970년에 9,404명(0.3%), 1979년에 14,481명(0.4%), 1989년에 18,355명(0.4%), 그리고 1994년에는 18,558명(0.4%) 등이다. 1959~1989년 30년 동안 이 중앙아시아 국가의 고려인 수는 거의 6배나 증가하였던 것이다.[23]

키르기즈스탄에 거주하는 대부분 고려인들은 스탈린 사후 거주이전 제한조치가 해제되자 우즈베키스탄이나 카자흐스탄 등지에서 이주해 온 사람들이다. 1945~1980년의 고려인 수와 분포는 인구조사 자료에 나타나 있지 않지만 <표 14>는 1989년 키르기즈스탄의 고려인에 관한 것이다.

---

22) Тенденции в области миграции в странах Восточной Европы и Центральной Азии. Обзор за 2001~2002 годы. М., МОМ, 2002, с.108.

23) Back Tae Hyeon. The Social Reality faced by Ethnic Koreans in Central Asia. —German Nikolaevich Kim and Ross King(Eds.) The Koryo Saram: Koreans in the Former USSR. Korean and Korean American Studies Bulletin. Vol.2&3, 2001, pp.45－89.

<표 12> 1989년 키르기즈스탄 도시 및 농촌 고려인 인구분포

| 지역(주, 시) | 고려인수 | 구분 | |
|---|---|---|---|
| | | 도시인구 | 농촌인구 |
| 키르기즈스탄 전체 | 18,355 | 14,268 | 4,087 |
| 프룬제(비쉬켁)시 | 10,043 | 10,026 | 17 |
| 이식-쿨, 나린 주 | 258 | 178 | 80 |
| 오시, 잘랄-아바드 주 | 2,086 | 1,775 | 311 |
| 추이, 탈라스 주 | 5,968 | 2,289 | 3,679 |

소련 최후의 인구조사에서 밝혀진 키르기즈스탄 고려인 수는 18,355명으로서 다민족 국가인 키르기즈스탄에서 12번째에 해당하였다. 키르기즈스탄의 도시거주 고려인 비율은 카자흐스탄과 러시아에 비하여 그렇게 높지 않은데 그 이유는 고려인 1/3 이상이 농촌에 거주하기 때문이었다. 위의 통계에 나타난 바와 같이 1959~89년 기간의 고려인은 도시 프룬제(현 비쉬켁-역주)에 집중되어 있었다. 1989년 이 도시 고려인은 10,026명, 즉 전체 고려인의 85.8%에 해당하였다. 추이 주와 탈라스 주는 고려인들이 두 번째로 많은 지역이었다. 여기서는 농촌 고려인 인구가 도시 고려인 인구보다 61.6% : 38.4%로 더 많았다. 여러 지역들은 자체 지리적 상태 및 카자흐스탄과 우즈베키스탄과의 연결 도로망의 존재 유무, 그리고 경작지에 따라 각각 특징이 있었다. 여기서 1960년대 초반에 인근 중앙아시아 공화국 고려인들이 야채와 과일 재배차 계절농업을 시작했고, 시간이 흐르면서 정착하게 되었다.

일부 고려인 청년들은 고등교육을 받기 위해 프룬제로 들어왔다가 잔류하게 되었고, 또 소련 각 지역에서 대학을 졸업한 다른 일부는 개인의 희망이나 연방 및 공화국 교육부의 지시에 의해 현지 전문가로서 남는 경우도 있었다. 아마 이러한 이주는 개인적으로는 직업과 관련한 일시체류적 차원이었으나 시간이 흐르고 업무의 변동으로 일부 고려인들이 잔류하게 되었던 것이며, 이것은 결국 고려인 수의 자연적 증가를 초래하였다. 1989년과 비교하여 고려인들은 전체적으로 1,356명보다는 더 많게 되었다.

독립 이후에 중앙아시아 각국의 경제사정이 악화되면서 많은 사람들이 여러 지방에서 비쉬켁으로 이주하였는데, 그곳은 물가가 상대적으로 낮고 생활여건이 나은 형편이었다. 그리고 최근 몇 년간 고려인 수가 급증한 곳은 바로 비쉬켁에서 75km 떨어진 자일 군의 카라 - 발타 시였다. 현재 이곳에 거주하고 있는 고려인은 약 4,000명(도시 총 인구는 54,000명)에 이른다. 이 도시는 소련 시기에 군사도시였으며 고려인들은 1952년 카자흐스탄 발하쉬 호수 인근지역에서 이곳으로 이주하기 시작하였다. 최근 카라 - 발타로 고려인들이 이주하게 된 계기가 몇 가지 있다. 첫째, 알마티에서 타쉬켄트로 이어지는 도로가 있다는 지형적 이점, 둘째, 여기는 제당 공장, 금가공 공장, 국수생산 공장, 제분공단(콤비나트), 완구 및 기타 공장들이 성공적으로 운영되고 있어서 지역경제가 비교적 활성화되어 있다는 점이다.[24]

키르기즈스탄에서 출국하는 이주민 수는 비교적 적다. 1999년 인구조사 때 키르기즈스탄에는 19,800명의 고려인이 거주하고 있었으나 국가에서 나가려는 잠재적 이주민은 적었으며 실제로도 이주비율이 높지 않았다. 1998~2000년의 경우 키르기즈스탄 유입 이주민은 약 480명, 출국 이주민은 628명으로 전체 이주민 차이는 3년 동안 148명에 불과하였다.[25]


## 5) 타지키스탄

타지키스탄에 고려인들이 출현한 것은 제2차 세계대전 초였으나 그 수는 극히 적었다. 50년대 말에서 60년대 초에 걸쳐 우즈베키스탄과 카자흐스탄에서 타지키스탄으로의 대규모 이주 원인은 인근의 키르기즈스탄의 경우와도 같았는데 당시의 거주지 제한조치의 해제, 이주의 자유, 좋은 기후와 풍부한 천연자원, 새로운 생활 가능성 등이었다. 인구조사에 의하면 고려인 인구는 꾸준히 증가하는 경향을 보였는데, 즉 1939년에 43명, 1959년에 2,365명, 1970년에 8,490명, 1979년에 11,179명, 그리고 1989년에는 13,431명이었다. 타지키

---

24) Там же.

25) Тенденции в области миграции в странах Восточной Европы и Центральной Азии. Обзор за 2001~2002 годы. М., МОМ, 2002, c.116.

스탄 고려인은 주로 수도인 두샨베, 레니나바드 인근(오늘날의 후잔드) 그리
고 남부지역인 쿠르간튜브에 거주하였다.

<표 13> 1989년 타지키스탄 거주 고려인의 지역별 분포

| 지역 | 인구수 | 비고 |
|---|---|---|
| 타지키스탄 총 인구 | 5,092,603 | |
| 전체 고려인 수 | 13,431 | |
| 두샨베 | 6,600 | |
| 쿨랴브 주 | 423 | 전체 인구의 0.26%(제9위) |
| 쿠르간튜브 주 | 1,510 | |
| 레니나바드 주 | 3,307 | |
| 기타 지역 | 1,157 | |

출처 : 타지키스탄 고려인협회 자료(1998년)

그러나 1990년대 초에 시작된 내전으로 인해 수많은 고려인들이 타지키스
탄을 떠나야 했고 결국 타지키스탄 고려인협회에 따르면 1996년 초에 두샨베
에서만 겨우 1,800여 명의 고려인들이 남았다.[26]

오늘날 타지키스탄에서 떠나는 고려인들의 규모에 대해서는 파악된 인구
조사로 비교해 볼 뿐이다. 즉 1979년 타지키스탄 고려인들의 수는 11,200명이
었고 1989년에는 13,400명이었는데 이 기간에 고려인 수의 증가는 2,200명이
었다. 20세기 말의 완만한 인구증가 속도를 감안해서 타지키스탄 고려인 수는
대략 16,000~17,000명가량으로 추정되었다. 그러나 2000년 인구조사에 의하
면 총 1,696명, 즉 1989년의 1/6 수준에 불과한 것으로 파악되었다.[27]

최근 타지키스탄에서 떠나는 이주 고려인 수는 극히 줄어들었다. 이것은
우선 내전이 끝나 국내적 안정이 이루어졌고 그리고 잠재적 이주 고려인 수
가 감소되었기 때문이다. 현재 타지키스탄에서 떠나는 이주민은 평균적으로
연간 200명 정도이다.[28]

---

26) Ким В. М. Вопросы национальной самоидентификации малочисленных корейских диаспор(на примере Таджикистана). Материалы международной конференции ≪Содействие развитию кор ееведения в странах СНГ: проблемы и решения≫. Ташкент, 2006, с.426-432.

27) Население Республики Таджикистан 2000 по итогам переписи 20-27 января 2000 г. Душанб е, Госкомстат РТ, 2002, с.159-163.

1959년 인구조사 및 소련해체 이전까지의 조사자료에 의하면 고려인들은 전체 구성공화국에서 거주하였다. 소련 고려인들이 많았던 또 다른 공화국은 투르크메니스탄과 우크라이나였다. 투르크메니스탄 고려인 수는 1939년 40명, 1959년 1,919명, 1970년 3,493명, 1979년 3,105명 및 1989년 2,848명 등이었다. 이곳 고려인들은 1939년에서 1970년까지 급증했고 나중에는 점차적으로 감소하였다. 우크라이나에서는 고려인들의 수가 줄어들지 않은 것이 특징인데 1939년에 845명, 1959년 1,341명, 1979년 4,480명, 1979년 6,061명 및 1989년 8,669명 등이었다. 가장 적은 고려인들이 거주했던 곳은 카프카즈 일대의 공화국, 발트 지역 및 몰도바였다.


## 2. 고려인의 소련국내 이주


구소련 지역의 고려인 거주분포는 농촌에서 도시로 집중화되는 질적 변화를 보였는데 이러한 변화속도는 소련 전체와 구성공화국별 평균을 상회하였다. 가령 연구기간 동안의 카자흐스탄에서는 고려인들의 도시화가 가속화하였다. 만약 1937~1940년에 농촌 고려인 인구비율이 80%까지 보였다면 독립 당시에는 도시 고려인 비율이 90% 가까이 되었던 것이다.

다른 비토착 소수민족에 비해 소련 고려인과 현재 독립국가연합 고려인들의 이주특징 중 하나는 자신들의 역사적 모국으로 귀환하는 경우가 전혀 없다는 것이다. 소수 젊은이들이 유학이나 취업차 한국으로 가는 경우가 있고, 단지 몇십 명의 사람들만이 다른 외국으로 완전히 거처를 옮겼을 뿐이다.

전체 연구기간 중에 우즈베키스탄과 카자흐스탄에서 러시아 및 다른 중앙아시아 국가로 영구 이주하는 고려인들도 있었다. 이주자들이 주로 청장년들에 속했으므로 중앙아시아 고려인들은 구조적 결손뿐만 아니라 잠재적 상승

---

28) Тенденции в области миграции в странах Восточной Европы и Центральной Азии. Обзор за 2001~2002 годы. М., МОМ, 2002, с.149.

요인의 부재로 인해 증가속도를 상실해 버렸다. 그러나 중앙아시아와 러시아 고려인 수의 절대지수는 높은 출산율과 낮은 사망률 및 평균수명의 연장으로 인해 꾸준히 상승하였다.


## 1) 도시화 속의 소련 고려인

연구자들의 지적에 의하면 1960년대 초부터 카자흐스탄 고려인에게 나타난 사회 – 인구학적 특징으로서 급격한 도시화가 꼽혔는데 도시화는 매우 빠른 속도로 진행되었던 것이다. <표 14>는 도시와 농촌인구의 비율변화를 지역적으로 표시한 것이다.

<표 14> 카자흐스탄의 주와 시에 거주하는 도시, 농촌 고려인들의 비율(%)

| 도시/주 | 1970년 | | 1979년 | | 1989년 | | 1999년 | |
|---|---|---|---|---|---|---|---|---|
| | 도시 | 농촌 | 도시 | 농촌 | 도시 | 농촌 | 도시 | 농촌 |
| 전체 | 73.5 | 26.5 | 80.1 | 19.9 | 84.1 | 15.9 | 87 | 13 |
| 알마티 | 41 | 59 | 46 | 54 | 86 | 14 | 59 | 41 |
| 카라간다 | 96 | 4 | 97 | 3 | 97 | 3 | 97 | 3 |
| 잠불 | 74 | 26 | 84 | 16 | 86 | 14 | 88 | 12 |
| 남카자흐스탄 | 67 | 33 | 77 | 23 | 85 | 15 | 87 | 13 |
| 크질오르다 | 77 | 23 | 88 | 12 | 91 | 9 | 93 | 7 |
| 쿠스타나이 | 82 | 18 | 88 | 12 | 86 | 14 | 90 | 10 |
| 아티라우 | 87 | 13 | 91 | 9 | 93 | 7 | 97 | 3 |
| 동카자흐스탄 | 83 | 17 | 84 | 16 | 85 | 15 | 85 | 15 |
| 아크몰라 | 53 | 47 | 54 | 46 | 60 | 40 | 49 | 51 |
| 악튜빈스크 | 67 | 33 | 77 | 23 | 87 | 13 | 91 | 9 |
| 파블로다르 | 90 | 10 | 92 | 8 | 91 | 9 | 94 | 6 |
| 서카자흐스탄 | 60 | 40 | 73 | 27 | 79 | 21 | 77 | 23 |
| 망기스타우 | 99 | 1 | 98 | 2 | 100 | 0 | 99 | 1 |
| 북카자흐스탄 | 33 | 67 | 35 | 65 | 40 | 60 | 54 | 46 |
| 아스타나(시) | 100 | | 100 | | 100 | | 100 | |
| 알마타(시) | 100 | | 100 | | 100 | | 100 | |

출처 : 카자흐스탄 통계청, <카자흐스탄 인구연감>, 알마티, 2000.

다른 구성공화국에서도 위와 유사하였다. 가령 1989년 인구조사에 의하면 키르기즈스탄 도시 고려인들의 비율은 78%에 달했고 이는 키르기즈스탄 국가평균을 훨씬 상회하는 것이었다. 우즈베키스탄에서는 조금 늦은 1970년대 초에야 도시화가 진행되었는데 이유는 수도와 가까운 곳에 대규모적이며 선진경제적인 고려인 콜호즈가 밀집하여 있었기 때문이었다. 농촌 고려인에 비해 도시 고려인이 더 많아지게 되는 전환기는 1970～1979년 사이였으며 1989년 인구조사에 의하면 우즈베키스탄 고려인들은 농촌보다 도시에서 현격하게 많이 거주하고 있는 것으로 파악되었다(<표 15> 참조).

<표 15> 우즈베키스탄 고려인들의 도시와 농촌인구 비율비교(%)

| 연도 | 1939 | 1959 | 1970 | 1979 | 1989 |
|---|---|---|---|---|---|
| 도시 | 15 | 32 | 57 | 72 | 80 |
| 농촌 | 85 | 68 | 43 | 28 | 20 |

출처 : 1939, 1959, 1970, 1979, 1989년 인구조사.

도시화 과정은 고려인들에게 여러 형태로 나타났다. 우선 농촌에서 도시로의 이주를 촉발하였다. 농촌에서 주도 혹은 수도로 곧장 가는 형태뿐만 아니라 비교적 덜 알려진 도시로 이주하는 형태도 있었다. 처음 고려인들은 자신들이 거주하던 공화국 내에서 주로 이주하였지만 나중에는 전 연방적인 규모로 이주거리를 늘렸다. 중요한 점은 고려인들의 조직화한 도시화는 이루어지지 않았는데 그 이유는 이촌향도 결정이 개별적인 가정의 수준에서 이루어졌기 때문이었다. 그러나 일종의 연쇄반응 효과를 관찰할 수 있는데 우선 가족 중 성년이 된 자녀가 도시에 가서 남게 되면 이어서 나머지 가족과 친척들이 합류하는 것이었다.

거주지의 교체결과 발생하는 도시화 외에도 고려인들은 행정구역의 개편 결과 농촌구역에서 도시로 편입되어 도시민이 되는 경우도 있었다. 대도시 주변 교외지역이 도시확장의 결과 도시로 편입되는 경우가 종종 있었다. 또한 도시형태를 띤 대단위 농촌거주지가 시간이 흐르면서 도시지위를 부여받기도 하였다.

## 2) 시계추와 같은 계절농 이주 - 고본질

고본질, 이는 어려운 단어인데 명사 '고본'과 접미사 '질'(무슨 일에 종사하는 뜻인)로 이루어져 있다. 연구자들에 따르면 '고본'이라는 것은 '임차경작 분여지'의 뜻이다. 러시아어로는 다양하게 표기되는데, 즉 кобончжи(고본지), кобончжиль(고본질), кобонджири(고본지리), кобондий(고본지), гобонди(고본지) 등이다. 여기서는 고본질(кобончжиль)이라는 중성명사를 선택하여 사용하기로 하며 이는 어떤 일에 종사한다는 뜻을 가진 말이다.

고본질에 종사하는 사람은 여러 가지 형태의 단어가 있는데, 즉 고본자(кобончжа), 고본지시닉(кобондишник), 고본자 샤키(гобондя сякки), 고본자 아드리(гобондя адыри) 등이다. 그래서 여기서는 첫 번째 단어를 선택하여 남성명사로 사용하며 그리고 복수 형태로는 고본자들(кобончжадыль)로 쓰기로 한다.

몇 년 전만 하더라도 고본질 연구는 별로 의미 없는 것으로 생각되었는데 그 이유는 이러한 고려인들의 활동이 고려인들의 품격을 하락시키는 대수롭지 않는 일로 간주되었기 때문이었다. 가령 타쉬켄트의 시인인 보리스 박(Boris Park)은 "민족국가의 부재는 소련 고려인 민족분산의 주원인이었다. …… 민족분산은 엄청난 규모의 한인들을 '집 없는 사람들', 즉 '고본지'라고 하는 유랑가족 작업반들을 만들어 내었다."[29]고 하였다.

최근 고본지 문제는 한국, 키르기즈스탄 및 우즈베키스탄 언론인과 학자들의 관심거리가 되었다. 비쉬켁에서는 백태현 교수가 이 주제로 박사학위를 받았으며 학위논문 중 일부가 학술지에 발간되었다.[30] 언론인 리계룡 씨는 '토지에 대한 고려인들의 사랑에 관한 이야기'(2000년 비쉬켁 발간, 467쪽)를 발간하였다. 권희영 교수와 발레리 한(Valerii Khan) 교수는 2003년에 '한국학

---

29) Пак Б. Потомки страны белых аистов. Ташкент, 1990, с.12.

30) См.: Пэк Тэ Хён. Кобонджиль корейцев Средней Азии и Казахстана. Автореферат канд. Диссертации. Бишкек, 2001; Back Tae Hyeon. The Social Reality faced by Ethnic Koreans in Central Asia. —German Nikolaevich Kim and Ross King(Eds.) The Koryo Saram: Koreans in the Former USSR. Korean and Korean American Studies Bulletin. Vol.2&3, 2001, pp.45−89.

중앙연구원' 지원을 받아 우즈베키스탄의 여러 지방에서 현지조사를 실시하면서 실제 고본질에 종사하던 사람들을 설문조사 하고 그 결과를 한국어로 된 책으로 만들어 내었다.[31]

고본질의 정체를 규정하려는 필자는 다음과 같은 결과 데이터를 제시하고자 한다. 즉 "고본질은 소련 및 소련해체 이후의 고려인들에게 존재하던 것으로서, 토지를 임차하여 작업반장(브리가지르)이 지도하는 일련의 집단이 주로 야채와 과실류를 재배하던 특수한 작업이었는데, 이는 계절적이고 주기적인 생산활동과 지리적인 이동을 수반하였다."

필자는 소련 시기에 발전했던 고본질의 출현에 대한 동의반복적인 표기를 생략하고, 생산기술이나 상품판매, 토지임대인과 고려인 작업반 간의 관계 등 문제를 다루지 않으면서 단지 고본질의 사회적 실행구조에만 집중하고자 한다. 고본질은 작업반장을 필두로 작업반(브리가다)의 형태로 구성된 사람들 조직이다. 이러한 의미에서 콜호즈의 구성 조직이던 현장작업반과 고본질이 연상되기도 하지만 실제로 양자의 유사성은 없다.

고본질의 작업반 평균세대수는 10~25세대인데 작은 규모일 때는 5~6세대, 큰 규모일 때는 40~50세대에 이른다. 작업반의 수와 구성은 다양한 생산 여건, 개별적 환경, 세대원들의 실력 등에 좌우되며 한 번의 계절작업 동안에도 바뀐다.

가족 전체(배우자와 자녀들), 홀로된 사람들, 이혼자 및 독신자들이 작업반에 가입할 수 있다. 작업반은 봄철의 경작준비 기간에 우선 남자들만으로도 구성되다가 일이 많아지고 특히 제초시기, 추수기에 들어서면 가족들이 총동원되면서 작업반의 수는 2~3배로 증가한다. 소련시기에 여름방학을 맞이한 아동들과 대학생들이 자신들의 부모들과 함께 양파 밭이나 수박 밭에서 시간을 보내는 경우가 많이 있었다. 만약 임차지가 거주지역과 매우 가까운 곳에 있다면 학생들이 밭에서 여름방학을 보내는 일은 필수적이다. 기업이나 기관에 근무하는 사람들도 추가 일손이 필요한 시기에 휴가를 얻어 들판에서 보

---

31) 권희영·한 발레리 공저. 중앙아시아 초원의 유랑농업. 우즈베키스탄 고려사람의 고본지 연구. 한국 정신문화연구원. 2004.

내는 일도 흔하다. 바로 이렇기 때문에 그들은 3~4주일 동안 자신들의 가족 분여지 — 고본 — 에서 제초작업, 비료주기, 물 뿌리기에 종사했던 것이다.

연중 바뀌는 여건, 재정상황 및 개인적인 일 등은 누군가가 추수 때까지 작업반에서 이탈하게 되는 원인이 될 수 있었다. 가끔 작업반원 모두에게 분배된 땅이 좋지 못한 상태일 경우거나 시의적절한 제초와 파종작업이 되지 않을 경우에는 경작지를 환수하고 집으로 돌아가야 하였다. 그러나 이러한 경우는 거의 없었는데 그 이유는 친척이나 친구관계로 되는 사람들이 조력자로서 작업반에 있었기 때문이었다.

작업반 구성의 특징은 가까운 친척이나 먼 친척 그리고 잘 아는 사람들로 되어 있었다는 점이다. 이러한 집단구성원의 결속력은 콜호즈 생산체제의 노동집단 것과는 형태를 달리하고 있는 것이다. 작업반의 구성은 매년 바뀌었다. 어떤 사람은 나가고 어떤 사람은 들어오기도 했지만 혈연적 중심은 세월이 지나도 변화하지 않았다. 이주방향과 임차지의 지리적 위치는 변동하고 재배식물 또한 양파, 수박, 채소 등으로 교체되었지만 작업반의 핵심은 남아 있어야 했다. 그렇지 않으면 작업반은 붕괴되고 그 자리에 새로운 작업반이 들어설 것이기 때문이었다.


### 연령별 구성

하루 종일 들판에서 일하면서 작업반의 핵심을 이루는 활동적인 작업반원들은 중년 이후의 사람들이 많은데 그 이유는 농사일의 숙련과 경험, 인내와 자제력, 그리고 남들과의 화해력이 요구되기 때문이다. 그러나 농촌지방에는 청년들의 비율도 높은데 이는 협소한 노동시장과 실업자, 그리고 가족 및 재정적 이유로 시골에서 도시로 못 가기 때문이다. 90년대 말 백태현 씨가 카라탈 군에서 수집한 자료로 이러한 현상을 확인할 수 있다.

협동농장 '칼페'(이전에 동일한 이름의 콜호즈가 있었고 1930~70년대까지 고려인들이 살고 있었다)는 우쉬토베에서 14km 떨어져 있다. 작업반장 로베르트 손(Robert Son) 지도하의 임차지에서 주로 우쉬토베 고려인 13세대가 어렵게 일을 하였다. 앞의 표에서 본 것처럼 작업반원의 절반은 혈연관계로 나머지 절반은 친구나 지인들로 이루어져 있다. 거의 대부분 아내는 자신들의 남편과 함께 일하고 취학 전 아동들은 부모들과 함께 들판에서 지낸다. 이러한 작업반원들은 이미 고본질의 경험을 소유하고 있다. 특히 11년 동안 카자흐스탄 여러 지방(악추빈스크, 우츠-아랄, 카스켈렌)과 러시아 및 우즈베키스탄에서 고본질을 하여 수박과 양파를 재배했던 여자반원 형 류드밀라(Khen L.)가 주목할 만하다.

<표 16> 카라탈군 TOO '칼페'의 고본질 작업반 구성과 재배작물

| 이름 | 나이 | 거주지 | 배우자 참여 | 총면적 (ha) | 재배작물 | | 비고 |
|---|---|---|---|---|---|---|---|
| | | | | | 양파 | 수박 | |
| 손 로베르트 | 41 | 우쉬토베 | | | | | 브리가디르(작업반장) |
| 손 로만 | 44 | 우쉬토베 | 김 안토니나(43세) | 2 | 2 | | 브리가디르의 형 |
| 손 루슬란 | 37 | 우쉬토베 | 박 알리나(34세) | 3 | 1.5 | 1.5 | 브리가디르의 아우 |
| 형 뱌체슬라프 | 40 | 에스켈디 | 김 논나(35세) | 3 | 3 | | 형 블라디미르 아우 |
| 형 블라디미르 | 47 | 알마티 | 김 라리사(38세) | 4.5 | 4.5 | | 형 뱌체슬라프 형 |
| 형 류드밀라 | 43 | 알마티 | 미혼 | 4 | 4 | | 형 블라디미르 남매 |
| 최 세르게이 | 31 | 우쉬토베 | 김 나탈리야(24세), 최 안드레이(5세, 아들) | 2 | 2 | | |
| 김 빅토리야 | 52 | 탈디쿠르간 | 단독 | 4 | 4 | | |
| 리 예브게니 | 26 | 우쉬토베 | 리 알라(22세) | 2 | 2 | | |
| 김 아나톨리 | 42 | 우쉬토베 | 리 발렌티나(43세) 김 이리나(6세, 딸) | 2 | 2 | | |
| 김 세르게이 | 45 | 우쉬토베 | 김 갈리나(45세) 블라디미르(아들, 15세) | 2 | 2 | | |
| 김 뱌체슬라프 | 24 | 우쉬토베 | 김 엘라(25세) | 2 | 2 | | |
| 김 블라디미르 | 34 | 우쉬토베 | 미혼 | 2 | 2 | | |

출처 : Пэк Тэ Хён. Кобонджиль корейцев Средней Азии и Казахстана. Рукопись канд. диссертации. Бишкек, 2001, л.78.

20년간의 고본질 경험이 있는 김 아나톨리는 탈디코르간, 세미팔라틴스크, 알마티 근교 및 기타 지방에서 머문 적이 있었다.

작업반에서 가장의 평균 연령은 39세인데 사실 고본질을 주도하는 사람들의 연령대는 다양하다. 가령 가장 연령이 많은 김 빅토리야는 52세이고 가장 어린 작업반장인 김 뱌체슬라브는 24세였던 것이다.

구성원들이 적었던 서 뱌체슬라브의 작업반을 보자. 그는 '레닌의 길' 콜호즈 회장과 '프라브다 신문' 솝호즈(현재 TOO '시기스－카라탈', 농장장은 리 블라디미르) 회장을 역임했던 윤 세르게이 그리고레비치의 농작지에서 수년간 일한 바 있었다. 윤 세르게이는 카자흐스탄에서 최초로 한국산 무와 배추를 자신의 땅에 파종했던 사람이었다. 결국 윤 세르게이는 그러한 채소를 재배하는 데 성공하여 재배법을 전수하였고 한국산 무와 배추 경작이 알마티에서 성공하게 되었다. 경작지 9ha에 모두 4세대가 참여했을 뿐이었다. 작업반장 서 뱌체슬라브는 47세였고 그의 아내 강 로자는 42세, 김 빅토르는 43세, 그의 아내 서 류보비는 40세로서 작업반장 중에서 가장 나이가 적었다. 리 비체슬라브는 38세, 그의 아내는 러시아인 갈리나로서 26세였다. 김 게라심은 43세, 그의 부인은 독일국적을 가진 류드밀라로서 38세였다. 작업반원의 평균연령은 39.6세였다. 고려인들의 국제결혼 비율이 도시뿐만 아니라 농촌에서도 높았기 때문에 고본질하는 사람들 속에도 다른 민족을 종종 발견하게 된다.[32]

카라탈 군 에스켈디 면(과거 '극동' 콜호즈)에는 '노인작업반'이라고 불리는 특수작업반이 있었다. 이 작업반은 1990년에 연금생활자들로 구성되었고 비록 시간이 흐르면서 여성 4명을 포함하여 고작 10명만이 남을 정도로 구성원이 변화하였지만 1990년대 말까지 활동적이었다. 작업반장은 에스켈디 주민이던 67세의 현 니콜라이였다. 작업반원에는 김 바실리(74세), 신 베라(72세), 리 문제(72세), 조 폴리나(70세), 안 이고리(67세), 정 보리스(65세), 블라디미르(러시아인, 65세), 소 갈리나(64세), 리 옐리자베타(60세) 등이 있었다. 작업반원의 평균연령은 68세였다.[33]


## 성별 구성

작업반원의 거의 대부분은 남자들이었으며 여자들은 10～20% 정도에 불과하였다. 여자들은 주로 과부거나 이혼녀들이었으며 이들은 자신들 혹은 자녀

---

32) Пэк Тэ Хён. Кобонджиль корейцев Средней Азии и Казахстана. Рукопись канд. диссертации. Бишкек, 2001, лл.77－79.

33) Там же. лл.78－82.

들의 생계를 위하여 일을 하지 않으면 안 되는 사람들이었다. 남편 있는 여자들은 들판에서 남편들을 돕고 집에서는 가사를 보았기 때문에 사실상 남녀관계는 거의 동등하였다. 농사준비 기간과 이사 직후 집 정비 기간에는 힘든 육체적 노동이 필요한 때인데 이때는 기본적으로 남자들이 역할을 한다. 농사일이 한창일 때는 고본질 종사자들은 추가노동자, 즉 사회적으로 밑바닥에 있는(술에 찌든) 남자 일용농민들을 활용한다. 종종 매년 일거리를 보장받기 위하여 지방학생들이나 군사구역 인근 병사들이 현금으로 고용되기도 한다. 수확기인 가을에 특히 채소와 과일류를 시장에 판매할 때에는 친척이나 친구들을 도우러 오는 사람들 중 절반은 여성들이다.

### 사회 및 직업별 구성

사회적 신분 및 전문직업별로 본 작업반원들의 구성은 매우 다양하고 각양각색이다. 언론인 리계룡 씨에 의하면 "고본지에는 수 세기 동안 우리 선조들의 경험을 본받아 가면서 대학졸업자, 학자, 유명 운동선수, 예술가, 건축가, 군인, 의사들이 참여했거나 하고 있다. 즉 고본지 제도로 인해 고려인들이 최고교육 수료자의 숫자상 높은 자리에 있는 직종에 종사할 수 있었다. 오늘날 독립국가연합의 남녀 고려인들은 각자 언제 어떻게 해서든지 친척 혹은 가까운 친구로서 고본지에 참여하였다고 나는 확신한다."[34]

완전히 동의할 수는 없는 말이지만 논쟁의 여지없이 확실한 점은 중년 혹은 그 이상의 모든 고려인들이 사실상 어느 정도 고본질하는 사람과 관계가 있다는 것이다. 현재 고본질에 종사하는 사람들 중에는 다양한 학교의 학위를 가진 사람들과 얼마 동안 전문직업 활동을 한 사람들이 적지 않게 있다. 그들이 자신의 직업을 육체적으로 힘든 고본질로 바꾼 이유는 다양하겠지만 주로 경제적인 원인일 것이다. 고본질을 하여 성공하면 적지 않은 돈을 벌 수 있고 그것도 1년 중 일정 기간만 일을 하면 되었다. 그러나 이러한 새로운 일거리로 첫 성공을 거두거나 실패를 하는 사람이 사실 이러한 형태의 일을 자

---

34) Ли Г. Записки наблюдателя о любви корейцев к земле. Бишкек, 2000, с.147.

신의 평생직업으로 삼는 경우는 드물다. 크게 보아 고본질을 단지 특수한 노동의 형태로만 간주하는 것은 적절하지 않으며 오히려 특수한 삶의 형태로 보는 것이 좋을 것이다.

고본질에서 핵심적인 역할을 하는 사람은 작업반장(브리가지르)인데 그는 전문성을 지니고 인격이 뛰어나 생산활동을 합리적으로 지도하고 반원들 간의 관계를 잘 유지시킨다. 풍부한 고본질 경력이 있어서 친척들과 친구들 사이에서 권위와 신뢰를 지니고 있는 사람이 작업반장이 된다. 작업반장은 훌륭한 조직관리 능력을 소유해야 하며 필요한 사람과 접촉하는 능력, 신속한 계산능력과 신중함도 소지해야 한다. 그는 삶의 중요한 문제, 즉 고본질 지역의 선택, 토지임차조건, 들판에 임시주거지 건설을 위한 자재확보, 생산물 수확 이전까지의 생필품 확보 등 문제를 수립하고 해결할 줄 알아야 한다. 작업반원의 수와 자신의 희망에 따라 작업반장은 자신의 분배지인 고본을 소유하거나 아니면 단지 지도자로서의 역할만을 하면서 반원으로부터 일정한 대가를 받을 수 있었다. 작업반장 직무 안정성에 매우 중요한 점은 반원들 간의 질서유지, 규율, 규범의 준수, 상호 협동 및 우애 등이었고 이들의 요소는 대부분 작업반장의 인품에 달려 있었다.

카자흐스탄에서는 고본질에 대한 연구가 특별히 되어 있지 않아서 고본질의 향후 발전전망을 예측하기는 매우 어렵다. 단지 추정할 수 있는 것은 대다수의 고려인들이 거주하고 있는 러시아, 카자흐스탄 및 우즈베키스탄 간의 국경선이 공고해지고, 세관들이 설치됨에 따라 고본질은 이제 거주국 내에서 행해질 것이라는 점이다. 시장관계는 고본질 생산조직의 변화를 수반했고 우선적으로 토지소유 관계가 변화되었다. 카자흐스탄공화국 국민으로서 고려인은 경작지 및 기타 농지에 대한 매입권을 소유한다. 그렇지만 카자흐스탄 농업부문의 핵심이 되는 개인 농장이 큰 도시들에서 거주하는 고려인들을 매혹시킬 수는 없다. 바로 이 점 때문에 필자가 보기에 카자흐스탄에서는 고본질에 종사하는 고려인들의 수가 분명히 줄어들 것이다.

## 3. 고려인들의 국제이주

### 1) 극동과 사할린의 북한 노동자

소련의 극동지역과 사할린 및 시베리아 등지의 북한 노동자들에 관한 문제
는 오랫동안 학문적 분석뿐만 아니라 공개적인 논의조차도 허용되지 않던 금
기사항이었다. 긴스버그(G. Ginsburg)는 이 문제에 대해 처음으로 관심을 둔
서방 학자 중 한 명이었다.[35]

사실 1946년 5월부터 7월까지 있었던 소련과 북한과의 양자 간 협정에 입
각해서 주로 어업에 종사하는 사람들을 포함한 2,000명 내의 북한 사람들이
사할린으로 모집되었다. 소련 각료회의의 결정에 따라서 1947년 한 해 동안
극동지역에서만 22,000명의 북한 노동자들이 모집되었고, 모집비용만 6,000만
루블에 해당하는 북한돈이 소요되었다. 북한 항구에서 파견된 노동자들을 월
별로 보면 3월에 3,000명, 4월에 8,000명, 5월에 11,000명 등이었다. 그들과 함
께 30,000명에 이르는 가족들이 도착하였다. 1946~1949년 동안 노동 목적으
로 사할린에 도착한 총 인원수는 북한 노동자 20,891명 및 그의 가족 5,174명
이었고 반면에 사할린에서 고국으로 귀환한 사람들은 12,386명의 노동자와
2,009명의 가족들이었다. 연도별로 보면 다음과 같다.

<표 17> 1946~1949년간 사할린에 주로 유입되거나 유출된 북한 사람들의 수

| | 유입인구 | | | 유출인구 | | |
|---|---|---|---|---|---|---|
| | 소계 | 노동자 | 가족 | 소계 | 노동자 | 가족 |
| 1946 | 7,523 | 7,523 | – | 6,595 | 6,595 | – |
| 1947 | 6,474 | 5,083 | 1,391 | – | – | – |
| 1948 | 11,888 | 8,105 | 3,783 | 5,406 | 4,113 | 1,293 |
| 1949 | 180 | 180 | – | 2,394 | 1,678 | 716 |
| 총계 | 26,065 | 20,891 | 5,174 | 14,395 | 12,386 | 2,009 |

출처 : Кузин А. Т. Дальневосточные корейцы: жизнь и трагедия судьбы. Южно-Сахалинск:
Лик, 1993. c.231.

---

35) Ginsburgs, George. Labor Policy and Foreign Workers: the case of North Korean Gastarbeiter in the
Soviet Union. −Soviet Administrative Law, by Kluver Academic Publishers !989, pp.399−424.

처음에 도착한 북한 노동자들은 어업지역에만 국한되었다. 노동계약이 체결된 이후 그들은 종종 다른 지역으로 이동하기도 하였는데 그 결과 거주지가 사할린 주 전 지역으로 확산되었다.

특히 주목할 만한 사실은 쿠릴열도에 관한 것이다. 1947년 6월 당시 상황을 보면 대략적으로 쿠릴열도 북부지역에 2,039명의 북한 사람들이 거주한 반면 중부와 남부지역에는 전무하였다. 북한 사람들은 1948년 어획시기에 중남부지역으로 들어갔고 1년이 지난 뒤 그 규모는 가족들을 포함해서 831명이 되었다. 쿠진이 지적하기를 중남부 쿠릴열도로 들어간 북한 사람들은 짧게 체재하였다. 어업수요를 충족하기 위해 북한에서 모집된 이들은 경제적 난관과 생활시설의 부족에 봉착하였고 공공연히 불만을 표명하였다. 당시에 이러한 태도는 '정치적 위험행위'와 다름 아닌 것으로 간주되었다. 즉 그 결과 열도에서 북한 사람들을 완전히 철수시키도록 요구되었던 것이다.

다음 문제는 1952년에 사할린 섬 중부지역에 거주하던 모든 한인들을 남쿠릴 및 쿠릴 군 영역 및 남사할린의 국경연안 지대로 옮기는 것에 관한 것이었다. 북한 노동자 모집은 3년, 2년 혹은 1년(계절적)으로 노동계약이 이루어졌다. 3년 계약일 경우 1945년 8월 1일자 소련 최고회의 간부회의 결정에 따라 부분적인 특혜가 있었다. 특히 북한 노동자들에게는 6개월마다 기본급여에 10%의 추가금이 지급되었고 또한 18일간의 추가 휴가가 주어졌던 것이다.[36]

1948년 6월 2일자 소련 각료회의 결정과 관련하여 장기고용 어업노동자를 확보하기 위하여 위의 특혜조치와 함께 900루블 규모의 일시적 보조금이 지급되었다. 1~2년간의 고용계약에는 그러한 특혜조치가 없었다. 그럼에도 불구하고 많은 북한 노동자들은 1년간의 고용계약을 선호하였다. 1952년 1월 1일자 상황을 보면 5,410명의 북한 노동자 중에서 3,756명이 어업에서, 328명은 제지업에서 그리고 82명은 임업부문에서 정부의 특혜를 받았다.

소련 임업에서 북한 노동자들이 대규모 유입되어 공동작업을 펼친 것은 1967년 6월 2일 소련과 북한 간의 협정이 체결되면서 시작되었다. 특징적인

---

36) Там же, с.264.

것은 북한 노동자들에 대한 감독권이 소련 당국에 있지 않았다는 것이며, 북한은 목재채벌권을 소유했고 게다가 노동자들에 대한 모든 조직과 통제가 북한 당국에 의해 행해졌다. 소련 측은 생산과정의 재정부문을 비롯하여 필수적인 기술, 기구, 주거지 및 기대 부대시설을 담당하였다. 북한은 임업지대에 노동력을 제공했고 독자적인 행정기구를 갖추어 외상환자와 내과환자들의 진찰을 담당하였다.[37]

채벌된 목재 중 일부는 북한에 제공되었고 나머지는 소련 당국에 제공되었다. 양국 간의 정확한 분배에 대해서는 알려진 바 없으나 긴즈버그에 의하면 51:49로 소련 측이 조금 더 많이 가졌다.[38]

소련 극동지역의 임업지대에서 일하던 북한 사람들의 수는 정확히 집계되지는 않았으나 대략 1만~3만 명 정도로 보고 있다. 북한 사람들은 15군데 노동시설에서 상호간 격리된 채 거주하면서 일을 했고 지역주민과의 접촉 또한 가지지 못하였다. 노동시설의 엄격함은 알려져 있었지만 러시아로 파견되고자 하는 희망자 수는 노동수요를 초과하였다.[39]

소련의 붕괴와 사회정치적 생활의 탈이데올로기화 및 자유 등은 러시아 임업지역에서 일하던 북한 노동자 사회협동생산조직의 여건과 환경에 희망을 던져 주었다. 극동과 모스크바의 정기간행물에서는 이전에 체결된 양국 간 계약 내용에 대한 신랄한 비판과 심지어 계약파기 요구에 관한 글이 발표되었다.[40]

1990년대 초에 접어들면서 양국 간의 지속적인 관계에 심각한 문제가 발생했는데 북한 벌목공들이 러시아 정부가 허용하는 자유행동을 이용하여 현지에서 탈출하여 남한으로 가려고 했기 때문이었다. 사실 러시아에서 남한으로

---

37) Fritsche K. Nordkoreanische Holzfaeller in Russischen Fernost. −Koreaforum, Nummer 2, 1996, S.17.

38) Ginsburgs, George. Labor Policy and Foreign Workers: the case of North Korean Gastarbeiter in the Soviet Union. −Soviet Administrative Law, by Kluver Academic Publishers 1989, p.407.

39) Lee Chaimun. Gastarbeiter Dynamics: The North Korean Labor Forces in the Russian Far East. Manuscript of Paper of International Conference on "The 140th Year Anniversary of Korean Migration to Russia: Its historical Meanings and Contemporary Revaluation", Vladivostok, Russia. July 14−15, 2004.

40) См.: Головин В. Рубили корейцы лес в России······ −Российские вести, 6 октября 1993; Платковский А. Спецслужбы КНДР охотятся за беглыми лесорубами. −Известия, 4 марта, 1994 и т.д.

도피하는 것은 완전한 공상이었는데 그 이유는 러시아, 북한, 남한 등 어떠한 측도 이 문제에 대해 관심을 두지 않았기 때문이었다. 정확한 도주자 규모는 밝혀지지 않았으나 대략 150~200명 정도로 추정되고 있다.[41]

러시아 측은 이러한 문제에도 불구하고 경제적 이익의 측면에서 상호협력 조약의 연장에 집착하였다. 조약이 만료될 무렵인 1993년 12월 31일에 양측은 비교적 새로운 상호협력 조건에 대한 공통의 견해에 도달하지 못했고, 이 때문에 노동의 규모가 많이 줄었음에도 불구하고 벌목노동은 중단되지 않았던 것이다. 사실 1994년 초에 대규모 노동자들이 북한으로 보내어졌고 러시아의 임업에 종사하던 북한 노동자들은 2만 명에서 7,000~8,000명으로 줄어들었다.[42]

1995년 2월 24일부터 1998년까지 효력을 지닌 새로운 협정이 체결되었다. 경제적 측면에서 볼 때 러시아는 상당한 특혜를 받게 되었는데 그것은 벌목 삼림이 전체에서 차지하는 비율이 초기 협정에 의한 51%에서 상향되어 58~61%로 증가되었기 때문이다.[43] 협정에서는 목재를 러시아-북한 국경까지 운송하는 수송비를 비롯하여 자연환경 보존에 관한 사항도 합의되었다. 특히 북한 노동자들의 노동에 대한 법적인 측면과 사회보장에 관한 사항들은 어려운 심의과정을 거쳤다. 결국 상호이견에도 불구하고 러시아와 북한은 상호협정 체결에 이르렀는데 이유는 양측이 자국의 경제여건에 적합하다고 생각했기 때문이었다. 러시아는 값싸고 질 좋은 노동력을 얻어 수출상품의 생산을 보장받았고 북한은 다량의 안정적인 목재를 확보했던 것이다.

러시아의 북한벌목공에 대한 인구학적 측면을 연구하기 위해서는 노동자의 수, 연령, 러시아 체류기간, 도주노동자의 수, 미귀환자의 수, 즉시 귀국한 사람, 현지에 주저앉은 사람, 노동자로 등록한 사람 등에 관한 통계가 필수적

---

41) Fritsche K. Nordkoreanische Holzfaeller in Russischen Fernost. −Koreaforum, Nummer 2, 1996, S.17−18.

42) Norfkorea hat grosse Anzahl von Holzfaellern heimgeholt. −Yonhap news agency, May 10, 1994.

43) Ginsburgs, George. Labor Policy and Foreign Workers: the case of North Korean Gastarbeiter in the Soviet Union. −Soviet Administrative Law, by Kluver Academic Publishers 1989, p.407.

이다. 유감스럽게도 이에 관련된 신뢰할 만한 자료는 없어서 러시아에 잔류한 북한 노동자들의 숫자를 토대로 만들어진 간접정보를 이용하게 되었다.

러시아의 신문, 잡지에서 적지 않게 보도되고 있는 것은 1990년대 중반에 약 500～800명가량의 북한 사람들이 노동시설에서 벗어나 저렴한 임금을 받고 개인회사, 농장 등에서 일할 수 있었다는 것이다. 게다가 최근에는 탈북자들이 러시아의 중앙, 남부 및 서부지역의 대도시에 가서 불법이주자 신분으로 생계를 잇고 있다는 것이다.

바로 이 기간에 하바롭스크 주, 아무르 주, 시베리아 동북지역에서 임업에 종사하던 북한 사람의 전체 수는 약 1만 명이었다. 계약을 마친 대다수 노동자들은 북한으로 되돌아갔다.

1990년대 말에서 2000년 초에 연해주 주정부는 중앙아시아 출신 고려인과 북한 사람들의 대규모 수용에 대해 여러 차례 언급했는데 왜냐하면 연해주는 땅이 넓은데 인구가 매우 적었기 때문이었다. 연해주 주지사 다르킨(S. Darkin)은 2003년 말 북한방문을 마치고 와서 약 20만 명의 탈북자들을 받아들일 준비가 되어 있으며 계약에 의해 일할 수 있는 사람도 두 배 늘여 5,000명까지 늘이겠다고 말한 바 있다. 다르킨은 이러한 견해를 이행하기 위하여 지역의 경작지 1/3이 이용될 것이며, 북한 사람들은 농사와 건설 그리고 청소 같은 일에 종사할 수 있을 것이라고 기자들에게 말하였다. 이주정책을 관장하는 모스크바 중앙당국이 지역긴장 고조 위험성과 현지 지역주민인 러시아인의 민족주의적 현상 증가에 어떻게 대처할지는 명확하지 않다.[44]

2000년 초 러시아의 대기업 '틴다 - 레스(Tynda - Les)'에 근무하는 3,000명의 노동자 중 60% 이상이 계약직 북한 노동자들이었다. 관리자에 의하면 외국인 노동자들이 러시아 극동에서 가장 큰 목재가공회사 중의 하나를 만들었다고 하였다. "북한 사람들은 훌륭한 노동자들이다. 나는 더 나은 사람들을 보지 못했다."라고 벌목노동시설 '잘린그라(Dzalingra)' 소장인 테레센코(A. Teretschenko)가 말하였다. 러시아인들은 낮은 임금과 혹독한 기후 때문에 벌목일을 하

---

44) Ne2w York Times, December 8, 2003.

지 않는다. 겨울에 이곳은 영하 40도까지 내려가며 심지어 한여름에도 숲속의 이끼 위에는 얼음이 맺힌다. 노동시설은 가장 가까운 대도시인 하바롭스크에서 북서쪽으로 625마일, 모스크바에서 동쪽으로 3,185마일 떨어진 곳에 있다. 그러나 이러한 일은 외교적 고립에 있으면서 세계에서 가장 가난한 국가 중 하나인 북한에 살고 있는 주민들에게는 매우 큰 행운이었다. 월급은 200달러로서 본국에서 일하는 것보다 몇 배나 많은 액수였다. 북한당국으로서는 노동자들을 국경 밖으로 보내는 일이 불만족을 약화시킬 수 있는 안전판이 될 수 있었다.

"'틴다 - 레사'의 북한 측 파트너는 '제2호 목재조달회사'인데 조달목재의 35%를 받는다. 국영회사는 목재를 중국과 일본에 판매하여 임금지불에 충분한 돈을 벌고 생산품을 구매하며 다시 국내로 들여오는 데 지불한다."라고 '틴다 - 레사'의 소장 사르납스키(N. Sarnavskii)가 말한 바 있다.

북한 사람들이 러시아에 있어도 법적으로는 북한 국민이었다. 북한 노동자의 말에 의하면 오늘날 가장 심한 형벌 중 하나는 벌목과 관련 없는 낮은 임금을 받는 직업으로 전직하는 일이다. 공식자료에 의하면 최근 도주 시도는 발생하지 않았으나 틴다 군에 있는 257명의 북한 사람들이 있는지는 밝혀지지 않고 있다. 벌목은 틴다 지역을 범람시켰는데 여기서는 벌목된 목재들이 가옥 부속지 시설이나 장작패기, 집수리 등의 자체 시설물 재료로 활용되었다. 일부는 열차 차장들의 노획물로 러시아의 다른 지역으로 운반되기도 하였다.[45]

이와 같이 러시아의 북한 노동자 문제는 세계적 규모의 한인 이주사의 단지 한 부분만을 차지하지만 경제적·법적·역사적 및 인구학적 입장을 지닌 독자적인 학문연구의 대상으로 될 수 있다.


## 2) 사할린 한인의 귀환문제

남부 사할린에 잔류했던 한인들은 소련 정부에 의해 일본 국민으로 인정되

---

45) Медецкий Анатолий. *Лагерь лесорубов—благо для корейцев.* 25 августа 2004,
   http://www.inopressa.ru

지 않았기 때문에 전후의 송환문제에서 배제되었다. 소련 정부의 결정에 따라 대규모 남사할린 일본인들의 송환이 1946년 10월에 개시되었고 쿠릴열도에서는 1947년 9월에 시작되었다. 1948년에 송환이 종료되기 위하여 달마다 인원계산 문제가 어렵게 이루어졌다. 전체 송환기간 동안에 일본인들의 출발일정이 각 지역마다 2주 전 출발예고와 함께 재확인되었다. 출발 지정일이 되면 집결장소로 사람들이 모였고 거기서 2,000~3,000명씩 제379번 중간기착지인 홀름스크로 파송되었다. 일본인들의 수용은 이름순서대로 행해졌고 이 때문에 해당 문서의 변경이 요구되었다. 이어서 사람들은 소련, 미국 및 일본 배들을 이용하여 일본으로 출발하였다.

유즈노-사할린스크 시당국에 의하면 종전 무렵에 남부 사할린과 쿠릴열도에 있던 일본 국적사람은 약 39만 명으로 파악되었다. 1949년경 남부 사할린과 쿠릴열도 거주 일본 국적인의 거의 모두는 일본으로 귀환하였다.[46]

1956년 소련-일본 간 선언이 체결된 이후 무국적 상태 혹은 가족이 한국인인 일본인들의 송환조건이 만들어졌다. 1958년 5~6월 나홋카 북한 총영사관의 요청으로 사할린 주정부 내무국에 의해 고용계약이 종료하고도 북한으로 귀국하지 않은 북한인과, 또 이전에 일본 국적을 가졌으나 다시 북한 국적을 회복한 사람들을 파악하는 조사가 행해졌다. 그러나 나홋카 북한 총영사관은 무국적자 117건을 포함한 207건의 설문조사지만을 회수했고 이들 모두는 국적 있는 여권을 부여받았다.[47] 1957~1960년까지 사할린으로부터 귀환된 사람은 2,294명이었다. 소련 국적이나 북한 국적을 얻은 한인들은 귀환대상이 되지 않았다. 사할린에 일본인의 가족으로 남아 있던 449명의 한인들이 1957~1959년의 추가 송환기간에 일본으로 향하였다.[48]

소련 당국은 일본으로 가려는 사할린 한인들의 염원을 꺾었다. 거절원인은 노동력의 심각한 약화에서뿐만 아니라 정치와 이데올로기 영역에서 비롯된

---

46) Кузин А. Т. Дальневосточные корейцы: жизнь и трагедия судьбы. Южно-Сахалинск: Лик, 1993, с.216-218.

47) ГАСО, ф.53, оп.1, д.23, л.19.

48) Кузин А. Т. Дальневосточные корейцы: жизнь и трагедия судьбы. Южно-Сахалинск: Лик, 1993, с.216-218.

다. 일본으로의 송환은 어쩌면 한인들이 새로운 사회주의 국가보다 이전의
본국을 더 선호했었다는 것을 증명하는 것일지도 모른다. 소련 국적이나 북
한 국적을 받은 한인들은 일본 귀환을 법적으로 거부한 셈이 된다.

1970년대부터 고르바초프의 페레스트로이카 때까지 사할린 한인들이 일본
이나 남한으로 떠나는 일이 사실상 불가능해졌다. 1980년대 후반에 유즈노-
사할린스크에서 일본과 한국 거주 친지상봉 협력단이 가동하면서 새로운 변
화가 일어났다. 1990년에 120명에 달하는 사할린 한인들이 친지상봉을 위해
유즈노-사할린스크 공항에서 '보잉 727' 항공기를 타고 남한으로 향했던 것
이다. 1990년 5월에 일본과 남한의 국회의원들이 사할린 한인 이산가족문제
를 해결하기 위하여 유즈노-사할린스크에 도착하였다. 같은 해 9월 일단의
사할린 한인들이 역사적 조국인 남한으로 가기 위하여 직항 항공편을 탔다.
1991년 4월 26일 소련 각료회의는 외국인의 소련체류에 관한 새 규칙을 공포
하였는데 이는 무국적자에게도 적용되었다.

사할린 주정부 내무국에 의하면 1981~1987년 동안 개인적으로 친지를 만
나기 위하여 일본방문 신청을 한 한인들이 177명에 달하였다. 그중 128명은
소련 국적을 지닌 한인들이었다. 전체적 과정은 다음 표에 나타나 있다.

<표 18> 1981~1987년 친지방문을 위해 일본으로 떠난 사할린 한인

| 연도 | 총신청수 | 그중 | | 허가 | 그중 | | 거부 | 그중 | |
|---|---|---|---|---|---|---|---|---|---|
| | | 소련 국적 | 외국 국적 | | 소련 국적 | 외국 국적 | | 소련 국적 | 외국 국적 |
| 1981 | 17 | 11 | 6 | 9 | 6 | 3 | 8 | 5 | 3 |
| 1982 | 8 | 8 | - | 8 | 8 | - | - | - | - |
| 1983 | 15 | 13 | 2 | 9 | 8 | 1 | 6 | 5 | 1 |
| 1984 | 17 | 13 | 4 | 8 | 7 | 1 | 9 | 6 | 3 |
| 1985 | 14 | 11 | 3 | 7 | 6 | 1 | 7 | 5 | 2 |
| 1986 | 48 | 38 | 10 | 27 | 22 | 5 | 21 | 16 | 5 |
| 1987 | 58 | 34 | 24 | 58 | 34 | 24 | - | - | - |
| 종계 | 177 | 128 | 49 | 126 | 91 | 35 | 51 | 37 | 14 |

출처 : Кузин А. Т. Дальневосточные корей цы: жизнь и трагедия судьбы. Южно-Сахалинск:
　　　 Лик, 1993. с.135.

1990년대 전반기 러시아와 남한과의 외교관계 수립과 모든 방면에서의 관계증진으로 사할린 한인 1세의 역사적 조국으로의 귀환문제가 제기되었다. 게다가 일본과 남한의 공식단체, 언론인, 학자 및 사할린 한인 1세 자신들도 그러한 문제를 제기하였다. 그러나 귀환을 위한 조직은 막대한 재원이 소요되었는데 그 이유는 한 국가에서 다른 국가로 단순히 사람들이 이동하는 것만을 뜻하는 일이 아니었기 때문이었다. 귀환자용 주택이 건설되어야 하고 생활시설이 만들어지고 연금, 수당 등이 보장되어야 하며 의료지원 등이 해결되어야 했던 것이다. 그래서 러시아, 일본 및 한국 간의 협정이 힘들고도 오랫동안 진행되었고, 삼국 간의 협정 결과 사할린 한인들이 남한으로 귀환할 수 있게 되었다.

## 3) 북송 한인

일본 송환이 시작되는 것과 함께 1946~1949년에 고용계약으로 사할린 주로 왔던 북한 사람들의 북한 송환도 이루어졌다. 북한 송환의 집결지는 코르사코프였으며 거기서 해상항로로 연해주의 나홋카로, 그리고 포시에트 기차역까지 이동되었다. 1946~1949년 사이에 사할린에 갔던 북한 노동자들은 고용계약의 체결 여부에 관계없이 가족과 화물의 발송에 소요되는 돈을 지불받았다. 사할린에서 북한 국적을 취득한 사람들은 송환 당시 실직자와 마찬가지로 특혜는 없었으며 모든 비용은 스스로 부담하였다.

북한 정부는 자국 국민들의 신속한 귀환문제를 강력하게 제기하였다. 이러한 차원에서 1958년 6월 5일 소련 각료회의는 지방정부가 동 문제를 1958년 말까지 매듭짓도록 특별결정을 내렸다. 그러나 귀국희망자는 모두 327명이었고 그들 모두는 귀국조치되었다.

1958년 11월에 북한 측의 요청과 겨울철 기상악화로 인해 본국 송환이 일시 중단되었다가 1959년 봄이 되어서야 재개되었다. 그 결과 소련 정부는 시행조치를 연장하지 않을 수 없었다. 이 기간에 사할린 주에는 2,708명의 아동을 포함한 북한 사람 6,870명이 거주하고 있었으며 이들은 북한으로의 송환을 기다리고 있었다. 1959년 5월에 여객선 '쿨루' 호로 503명이 그리고 6월 2일에 '볼홉스트로이' 호로 994명이 송환되었다.

그런 식으로 북한 사람들의 본국 귀환이 지체되었던 것이다. 거주지에서의 확실한 직업활동도 좋은 결과를 가져다주지는 않았다. 1960년 7월경 송환희망자는 모두 25가구 76명이었다. 출발일에서 2개월이 지나 개별적으로 출발한 사람은 52명뿐이었다. 1961년에 추가적으로 24명의 노동자와 39명의 그들 가족들이 귀환의사를 표명하였다. 나머지는 자비로 해결하거나 아니면 아예 잔류하였다. 1959~1961년 동안 5,096명이 귀환하였는데 그중 성인은 3,066명, 아이들은 2,030명이었다.[49]

1962년 4월에 500명이 넘는 마지막 귀환자들이 '루시'와 '자바이칼' 호를 타고 북한으로 향하였고 이후 단체귀환은 없어지고 개별적으로 본국으로 되돌아갔다. 이러한 원인은 국가의 방해나 행정적인 제재에서 비롯된 것이 아니고 북한 사람들이 본국으로 가지 않겠다고 공개적으로 선언한 점에 있다.[50]

사할린 주에 한인들이 거주하는 70년 동안 다음과 같은 경향이 나타났다.

첫째, 북한 사람들의 소련 국적 신청건이 많아졌다. 그러나 북한 당국의 관련기관이 승인한 문서가 제출되지 않는 한 신청건은 효력을 발휘할 수 없었다. 그런데 타 민족과 결혼한 사람, 고등교육이나 전문기관 수료자들에 대해서는 예외적으로 소련 국적이 인정되었다.

둘째, 자국여권의 유효기간이 만료된 많은 북한 사람들은 기간연장이나 신여권을 받지 못하여 외국인처럼 대우받는 거주증명서만을 소지할 따름이었고 자녀들도 마찬가지였다.

셋째, 영구거주 목적으로 북한으로 간 사람들은 현격하게 줄어들었다. 다른 한편으로는 한 사회조사에서 밝혀진 것처럼 무국적자 중 7% 정도는 남한이나 일본으로 가고 싶다는 희망을 표시하였다.[51]

---

49) Там же, c.244－246.

50) Там же, c.246－247.

51) Там же, c.252－253.

1970년대 후반에 사할린 한인들은 영구거주나 친지방문을 위한 초청을 남한으로부터 보다 자주 받았다. 그러나 남한과 소련 간에 외교관계가 없었으므로 소련 관련기관에 신청하는 일은 소용이 없었다. 이러한 양상은 일부 한인들의 불만을 야기하였다. 이러한 상황에서 일부 가족들은 사할린에서 추방되기도 하였다.

1977년 당시 소련 외교부 명령에 입각해서 남한이나 일본으로 가려던 4가구 31명의 북한 사람들이 북한으로 쫓겨 나갔다. 유즈노-사할린스크에 거주하던 유길수 가족(6명)과 반대련 가족(12명)은 모국이던 북한으로 자발적으로 가는 일이 거부되었고 강제출국 조치되었다.

북한 사람이 사할린으로부터 강제출국된 사건은 당시에 많은 잡음을 일으켰다. 레오니드 브레즈네프의 심판소에서도 소련에 잔류하기를 바라는 여러 편지들이 접수되었다. 북한 사람의 추방조치는 한 번이 아니었다. 사회에서는 이러한 명백한 전횡에 대한 비난이 일어났다.[52]

1992년에 러시아, 일본, 남한 정부는 사할린에 거주하는 연로한 한인들을 역사적 조국으로 송환하는 문제를 논의하였다. 오랜 협상 끝에 3개국의 관련 위원회는 '사할린 한인'들을 남한으로 귀환시키기 위한 공동의 노력을 하기로 결정하였다. 한인들을 사할린으로 강제이주시킨 책임이 있는 일본은 역사적 조국으로의 귀국에 필요한 여건을 지원하기 위하여 금전적으로 부담하기로 하였다. 90년대 중반에 첫 영구 귀국 사할린 한인들이 남한에 도착하였다. 이들은 본 목적에 부합된 전용 숙소에 배치되었으며 일부는 고령과 건강상의 이유로 노인전용 주택으로 보내어졌다. 현재 남한의 여러 도시에 약 1,300명의 사할린 한인들이 거주하며, 그중 약 1,000명은 안산에 특별히 건축된 9층짜리 8개 동에 거주하고 있다. 사할린에는 남한, 러시아, 일본 간의 협정에 의해 영구 거주지로 남한을 선택하여 귀국하기로 한 사람들이 약 2,000명 등록되어 있다. 사할린에서 남한으로 이주하는 사람들은 또 다른 이산가족의 문제를 야기하고 있다.[53]

---

52) Choung Il Chee. Repatriation of Stateless Koreans from Sakhalin Island. -Korea and World Affairs. 1987, Vol.XI, No.4, pp.708-743.

## 4) 소련해체 이후의 이주문제

중앙아시아와 러시아에서 발생한 정치 및 사회경제적 변동으로 인하여 구소련 국민들의 생활여건이 악화되고 불안감이 조성되었으며 미래에 대한 구원의 문제가 대두되었다. 제국의 와해와 신생 주권국가로의 신속한 진전이 이루어지면서 소련 고려인들의 공통적 민족성 또한 분화되었다. 그 결과 '카자흐 고려인', '우즈베크 고려인', '러시아 고려인' 그리고 '키르기즈 고려인' 등의 새로운 개념이 형성되기 시작하였다.[54]

소련 해체 이후 진행되고 있는 최근의 이주과정은 사회 – 경제적 및 정치적 원인이 복합되어 있다. 이주자들과 관련된 공통점 외에 고려인들이 거주지를 바꾼 몇몇 특별한 원인도 있다. 이것은 다음과 같다.


① 일부 고려인들이 러시아 극동으로 회귀하려는 희망 및 이에 대한 남한의 지방자치단체, 공식 및 경제단체들의 지원

② 고려인들 간의 내부결속을 다지려는 민족적 성향 및 과정

③ 특수한 농업경제 활동 – 고본질

④ 비즈니스에서의 친족성 및 가족성

⑤ 도시화, 교육수준, 개인주의 및 성취지향성의 높은 수준

⑥ 사할린 한인들의 남한으로의 귀환 희망 및 일본 정부의 보상

⑦ 반세기 동안 타지키스탄에서 거주했던 고려인들이 내전으로 인해 사실상 모두 국가를 떠남


구소련 고려인들이 외국으로 이주한 경우는 규모가 크지 않다. 그런데 소련 해체 이후 러시아와 같은 소위 가까운 외국으로 이주하는 경우가 주류를

---

53) Независимая Газета, 28.04.2001; ≪Парламентская газета≫, №104(0735), 08 июня 2001.

54) Ким Г. Н. Актуальные аспекты этнического ренессанса корейцев постсоветской Центральной Азии. – Материалы международной конференции ≪Государство и общество в странах постсоветского Востока: история, современность, перспективы≫. Алматы: Дайк – пресс, 1999, с.262 –272.

이루었다. 가령 최고를 기록했던 1994년에는 카자흐스탄에서 먼 외국으로 이주한 사람은 10만 명 중에서 96명이었고 가까운 외국으로 간 사람은 1,700명이나 되었다. 1996년 이주 고려인들의 구성은 먼 외국 – 90명, 가까운 외국 – 1,063명이었다.55) 미국, 캐나다, 네덜란드, 벨기에 등 기타 먼 외국으로는 젊은 세대의 고려인들이 갔는데 이들은 서구 노동시장에서 필요한 자금과 전문성이 있는 자들이었다.

1990년대 중반에는 우즈베키스탄을 비롯한 수천 명의 중앙아시아 고려인들이 연해주로 이주하였고 1990년대 말 수십 명의 고려인들이 볼고그라드로 이주하여 새로운 경제공동체를 형성하였다. 이러한 이동은 개인적 차원에서뿐만 아니라 가족 – 친지 단위로 이루어졌고 남한의 NGO와 교회로부터 재정적 · 정신적 후원으로 이루어졌다.56)

소련 고려인은 중앙아시아의 다른 민족에 비해 이촌향도의 형태로 나타나는 도시화의 속도가 현저하게 달랐다. 가령 지난 60년 동안 카자흐스탄 고려인들은 농촌인구 중 대다수(85%)가 도시인구로 전환되었다.57)

알마티, 타쉬켄트, 비쉬켁 등 중앙아시아 국가 수도의 고려인 인구는 최근 20년 동안 몇 배나 증가하였다.

구소련 고려인 이주의 또 하나의 특징은 '고본질'이라고 하는 야채와 과일 재배 계절농업과 관계가 있다. 가족 – 친지 단위로 조직된 수천 명의 고려인들은 중앙아시아 국가에서 볼가유역, 우크라이나, 몰도바, 카프카즈, 시베리아, 우랄 등 여러 지역으로 분산되었다. 소련에서 생산된 거의 모든 양파는 고려인들의 노동 결과에서 얻어졌으며 오랫동안 이러한 노동에 경쟁할 만한 상대가 없었다. 1990년대 초에 이러한 경제활동이 위험하고 부담되는 일이 되면서 그리고 중요한 원인으로 수입이 낮아지면서 고려인들은 이를 포기하였다.

---

55) http://www.net.kg/journal/n4/jrnal412htm

56) Tae Hyeon Back. The Social Realty faced by ethnic Koreans in Central Asia. In: German Nikolaevich Kim and Ross King(Eds.) The Koryo Saram…… pp.45 – 89.

57) Пак А. Д. Демографическая характеристика корейцев Казахстана. – Советские корейцы Казахстана.(Энциклопедический справочник). Алма – Ата, 1992, c.154 – 162; Пак А. Д. Демографическая характеристика корейцев Казахстана. Алматы, 2002, 58c.

최근 고본질은 새로운 농업기업의 형태로 재개되었으나 판매경로와 방향이 이전과는 다르다.[58]

타지키스탄 내전의 결과 고려인들은 불가피하게 국가를 떠났고 이러한 재난대피성 이주가 큰 특징이 되었다. 2000년 초에 1만 3,000명의 고려인 중 남은 사람은 겨우 1,700여 명에 불과했고 주로 수도인 두산베에 머물렀는데 그곳은 정부가 다소 상황을 장악하고 있었고 러시아군대가 주둔하는 지역이었다. 타지키스탄 출신 이주 고려인은 모두 전쟁 피난민들이었다.[59]

중앙아시아 출신 고려인들의 이주는 안정화와 더불어 활성화되었는데 그 이유는 정치 및 사회경제적 상황으로부터 그리고 민족 간, 종교 간 관계로부터 독립적이었기 때문이었다. 중앙아시아 고려인들의 이주과정은 특수성을 유지하면서 계속해서 밀도 있게 진행될 것이다.

소련 해체 이후 중앙아시아 고려인들의 첫 번째 이주방향은 연해주에 있었다. 우선 연해주는 사할린 한인들을 제외한 소련 고려인들과 현재 대다수 러시아 고려인들의 고향이고 이곳에는 자신들의 뿌리가 있다. 고려인들의 연해주 귀환문제가 대두된 또 다른 이유는 중앙아시아의 독립국가에는 우즈베크인, 카자흐인, 키르기즈인들이 주류민족으로 되어 있기 때문이었다. 이러한 민족들은 주로 교육제도와 문화 면에서 소비에트화되고 러시아화된 스탈린식 정책에서 탈피하고자 하였다. 스탈린식 정책들은 많은 민족적 특성을 빼앗아 갔고 그 결과 젊은 세대들이 자민족 언어와 관습, 전통을 잊어버리게 되었던 것이다. 이러한 상황에서 주류민족의 민족의식 각성과 우월성의 강화로 인해 중앙아시아의 비토착 민족들은 점차 불안과 동요를 겪게 되었다. 일부 지역에서는 여러 민족 간의 공공연한 갈등이 표출되기도 하였다. 바로 이 점에서 많은 사람들이 자신들이나 선조들이 있었던 지역으로 되돌아가게 되었던 것이다.

---

58) Ким Г. Н. Социально−культурное развитие корейцев Казахстана. Наука, Алма−Ата, 1989; Ли Герон. Гобонди. Записки наблюдателя о любви корейцев к земле. Бишкек, 2000; Бэк Тхе Хен. Кобонджиль корейцев в Средней Азии. Манускрипт диссертации на соискание ученой степени кандидата наук. Бишкек, 2001.

59) Migration in Central Asia: Its History and Current Problems. JCAS Symposium Series, 9, Osaka, 2000.

고려인들의 연해주 귀환문제를 처음 제기한 사람은 학자인 박일이었는데 그는 공산당 중앙위원회에 서한을 보내어 고려인들의 복권과 연해주로의 귀환 및 연해주에서의 자치주 건설 등에 대한 문제를 심의해 달라고 하였다. 브레즈네프 시기에 고려인 이주희망자들은 개별적으로 연해주로 이주하였다. 물론 당시에 거주신분증 제도가 있었으나 사람들이 거주지를 변경하는 것이 불가능하지는 않았다. 이 시기에는 수천 명의 젊은 고려인들이 모스크바, 레닌그라드, 키예프, 리가, 톰스크, 노보시비르스크 및 기타 도시로 공부하러 갔다. 학업을 마친 후 많은 사람들은 현지에 잔류하였다. 1960~1980년대 수천 명의 고려인들은 우크라이나, 몰도바, 북카프카즈 및 기타 지역에서 양파와 수박을 재배하는 데 종사하였다. 시간이 흐르면서 상당수는 계절농업지에 정착하였다. 그러나 극동을 떠나 남기를 희망하는 사람들은 없었다.

그 후 고르바초프 개혁시기에는 유린된 권리를 회복시켜 줄 것을 모두 요구하였다. 러시아 고려인들은 집요하게 주장했고 결국 러시아연방 최고회의는 '러시아 고려인의 복권에 관하여'(1993.4.1)라는 결의문을 채택하였다. 러시아 정부는 고려인들의 강제이주가 불법적이고 잔혹한 스탈린 정책의 산물이었음을 인정하였다.[60]

중앙아시아 고려인들은 공식적인 복권을 얻지는 못했으나, 일부는 개인적으로 법정에서 금전적 보상까지도 받아 내었는데 이들은 주로 카자흐스탄으로 간 사람들이었다. 우즈베키스탄과 카자흐스탄 정부는 자국들이 소련 정부의 승계국가가 아니므로 과거사에 대한 책임이 없다는 사실에 입각해 있다. 구소련 전체 고려인들에 대한 공식적 복권조치를 단행하려면 수십만 명에 대한 보상이 이루어져야 하는데 이러한 일은 막대한 국가예산이 필요한 일이다.

연해주 귀환문제에 대한 새로운 검토는 1990년대 중반에 이루어졌다. 여기서는 새로운 양상이 나타났다. 첫째, 이러한 주제에 대담하게도 남한의 학자, 언론인, 정치인 등이 접근하기 시작했던 것이다. 여러 수준의 러시아 및 한국

---

60) Постановление Верховного Совета Российской Федерации ≪О реабилитации российских корейцев≫. −Белая книга о депортации корейского населения России в 30−40 года. Авторы−составители Ли У Хе, Ким Ен Ун. Москва, МККА, 1997, с.260−262.

관리들이 참가한 세미나와 학회가 개최되었다. 러시아 전문연구자인 남 스베틀라나는 '고려인 민족구'라는 책자를 만들었는데 그것은 과거 포시에트에서 공식적으로 존재했던 것과 같은 개념이었다.[61]

　고려인들의 연해주 복귀문제는 다음과 같은 사실의 등장과 함께 적극적으로 검토되었다. 첫째, 러시아의 남한에 대한 채무변제의 형태, 둘째, 극동지역의 변화, 셋째, 군막사의 잉여 상태, 넷째, 지역 농산품의 수요, 다섯째, 일부 중앙아시아 고려인들의 이주경향 등이다. 특히 타지키스탄의 고려인과 일부 우즈베키스탄 고려인 잉여농민의 경우가 특징적이다. 이러한 경향은 미약하지만 카자흐스탄에서도 나타났다. 당시에 대개 권위를 가지고 있는 대가족이나 친척들의 대표들로 이루어진 비공식적인 지도자들이 적극적인 움직임을 보였다. 이주에 결정적인 역할을 한 사람은 김 텔미르이었는데 그는 과거 포시에트군 지역당 서기였던 김 아파나시의 아들이었다. 1990년대 중반에 수천 명의 고려인들이(정확한 수치는 알 수 없지만) 연해주로 이주하였다. 1990년대 말에 학술논문이나 신문기사 한국인들의 논문에서 인용된 수치는 3만 명 정도로서 이는 명백히 과장된 것이었다.[62] 2002년 당시 인구조사에서 공식적으로 밝혀진 통계에 의하면 합법적으로 거주하고 있는 고려인만 17,899명이었다.

　고려인들의 조직적인 연해주 이주와 러시아 정부 및 극동 지방정부의 재정적, 물질적 보장에 관한 이야기는 거론되지도 않았다. 고려인 자치주 건설문제는 논의대상도 아니었다. 여기에 시의적절한 구체적인 역사적 사례가 두 개 있다. 첫째, 1934년에 유태인 자치주가 건설되었는데 1989년 인구조사에 의하면 유태인들은 자치주 전체 인구의 5%(1만여 명 정도)였다. 1989년 러시아 유태인 총 인구는 70만 명이 넘었고 그중 대다수가 모스크바, 레닌그라드 및 기타 대도시에 거주하고 있었다(유태인 자치주는 존재한다. 그곳에는 총 22만 명의 인구 중 유태인이 3,000여 명 있고 주지사, 정부 및 기타 법률기관이 존재한다). 고려인들에게 자치주를 부여하는 일이 반드시 고려인들이 자치

---

61) Нам С. Корейский национальный район. Пути поиска исследователя. М., 1991.

62) http://www.konkurent.vl.ru/

주에서 살 것임을 의미하지 않는다는 추정이 여기서 가능하다.

둘째, 1941년 8월 28일자 결정으로 독일인자치 공화국이 폐지되고 수천 명의 독일인들이 알타이, 시베리아 및 카자흐스탄으로 강제이주되었다. 통일독일공화국 정부는 러시아에 대해서 볼가지방에 독일인들의 자치주를 부활시켜 달라고 건의했고 상당한 정도의 투자를 준비하고 있다고 하였다. 그러나 러시아인들의 반독일 집회와 러시아 정부의 반대로 인해 자치주 부활문제는 아무런 결정 없이 끝나고 말았다. 지금은 소련 독일인의 2/3가 독일로 귀환하여 독일인 자치주 문제는 필요 없는 것으로 되어 버렸다. 이러한 사례에서도 고려인 자치주는 불필요한 것으로 추론되었다. 자치주 문제에는 러시아 정치 지도자의 의도, 법적 근거, 재정지원 및 고려인 대다수의 희망도 없다. 대신 해당 지역에서는 반고려인 움직임이 즉각적으로 나타났다. 90년대 말에 발간된 극동지역의 간행물에서는 중앙아시아 이주 고려인들을 겨냥한 반고려인에 대한 글이 공공연히 게재되었다. 권위주의 통치기인 스탈린 시기에 행해졌던 자치주 건설시대는 지나갔다.

중앙아시아 고려인의 재이주 문제에서 일부 고려인 사회지도자들의 주관적 역할이 중요한 요소였다는 점을 주목할 필요가 있다. 가령 우즈베키스탄에서 연해주로 이주해 온 '수찬 협회' 회장은 지역 고려인조직의 대표자들의 동의 없이 중앙아시아 고려인들의 재이주 문제를 상의하러 주정부 당사자와 만난 적이 있었다. 그의 계획에 따르면 5~10년 동안 연해주에 약 15만 명의 고려인들이 재이주해야 한다는 것이었다. 그는 열성적인 노력으로 자신의 생각을 연해주뿐만 아니라 모스크바 및 외국에까지 '알려 대기' 시작하였다.

주정부 관리들은 인위적이고 광범위한 연해주 재이주에 대해 달갑지 않게 받아들였다. 경제적으로 보나, 재정적 예산으로 보나 사회적 인프라를 보나 그리고 가장 중요한 것으로서 사회적으로 보나, 연해주에서는 그러한 이주자들을 수용할 준비가 되어 있지 않았다. 거의 동일한 시기에 남 스베틀라나는 하산 군에 고려인 자치구(영토적)를 구상했고 이 구상안은 구소련 고려인들을 모두 그곳으로 이주시킬 방안이었다.[63]

이 결과 연해주 신문과 라디오에서는 연해주를 고려인들이 비밀리에 장악하려 한다는 자료가 등장하게 되었다. 고려인 조직의 지도자들이 학자와 정치가들에게 연해주 대량이주에 관한 언급을 자제해 달라고 경고했지만 때는 이미 늦었다. 매스미디어에서는 '황화론' 용어가 확산되었다. 좋지 못한 관계와 관료들이 고려인들에게 많이 나타나기 시작하였다. 특히 주정부 내무국 국장은 보고서를 작성하여 주지사에 보내어 대통령 및 국회에 제출해 줄 것을 요청하였다. 이 보고서에는 "경찰조사에 의하면 향후 고려인들이 연해주를 러시아에서 분리시킬 것이다."라고 기록되어 있었다.64)

1997년에 연해주 고려인재단 회장인 김 텔미르는 극동군관구 측과 협의하여 버려진 군용막사를 무상으로 고려인 이주자에게 제공하기로 하였다. 러시아연방의 법령에 의하면 군용막사 문제는 연해주의 재산관리위원회에서 처리되어야 한다. 군용촌의 토지와 시설물들이 재산관리위원회로 귀속된 후 계약이 체결되었는데 여기서 여러 지역 중 한 군데에 다음과 같이 부기되었다. 즉 기관(연해주 고려인재단 '부흥')이 수용하는 것은 금하며 다른 방식으로 그 재산(군용막사)이 활용되도록 하는 것이었다. 이것은 1998년 1월 19일자 주지사의 결정인 "군용막사를 연해주 고려인재단 '부흥'이 고려인 이주자들을 위해 무상으로 이용하도록 한다."라는 사항과 배치되는 일이었다.65)

김 텔미르는 사실상 군용막사 계약체결 후 주정부 관리들이 자신에게 주었던 힘든 상황을 체험하였다. 사실 군용주택은 주거에 적합하지 않은 상태로 전달되었다. 김 텔미르는 군용막사를 받은 후 외국에 있는 한인들의 도움을 기대하였고 처음에는 실행되었다. 그러나 외국 투자자들은 군용막사 이전과 관련된 계약을 정확하게 알고 난 뒤 관련계획에 대한 재정지원을 중단하였는데 그들은 나중에 이 모든 것이 다른 사람의 소유로 될 것이며 완전히 다른 용도로 이용될 것이라고 판단했던 것이다. 여러 해 동안 '부흥'재단은 상황을 개선시키기 위해 노력하였고 계약서에서 한 지역을 제외하기도 하였으나 재

---

63) Вячеслав ЛИ, председатель Совета Национально-культурной автономии Владивостока(ВНК
   А). Неприветливо наше родное Приморье. К 10-летию Постановления Верховного Совета Р
   Ф ≪О реабилитации российских корейцев≫ 1 апреля 1993 года. Архив автора.

64) Там же.

65) Там же.

산관리위원회는 최초의 입장에서 벗어나지 않았다.

내부 재정지원이 부재하고 이전 군용막사 보수를 위한 남한의 관련단체들도 거부함으로써 일부 군용막사에서의 생활이 고사상태에 이르자 사람들은 떠나가기 시작하였다. 또한 인근의 지역주민들이 시설물을 계속해서 파괴하면서 군용막사는 주거에 부적합한 상태로 되었다.[66]

이와 같이 고려인들과 관련한 민족문제는 아주 예민해졌는데, 즉 현재 고려인들이 시작하는 어떤 것이든 의심을 받게 되고 연해주 주민들의 심한 반발을 초래하고 있다. 현안인 미하일로프카 근처의 고려인 이주민과 지역민들을 위한 주거지 건설을 보면 알 수 있다. 정착촌 건설은 한국 기업가의 지원으로 전적으로 진행되고 있다.[67]

연해주 정부와 미하일로프카 군은 이 계획을 달성시키기 위하여 약 2,000ha의 땅을 책정한 바 있었다. 고려인 정착촌 건설의 첫 단계는 $68.56 \sim 96.38m^2$ 면적의 주택을 한국양식으로 450채 건설하는 것이었다. 이 밖에 160채당 2개의 유치원, 학생 300명 수용시설의 학교, 병원, 약국, 800명 규모의 클럽, 카페, $1,000m^2$ 규모의 상점, 생활근린시설 및 행정시설 등이 계획되었다. 공사기간은 10년으로 예정되었고 그동안 1,000채의 가옥이 건설될 예정이었다. 정착촌 기획과 건설은 '프롬스트로이 프로젝트사'와 '프림크라이인베스트로이사'가 담당하였다.

고려인 정착촌 건설은 러시아 고려인들의 연해주 정착과 직업활동 및 지역 농촌경제의 발전에 관한 문제를 해결한다. 사실 고려인 경제활동의 기본방향은 바로 농업이다. 미하일로프카의 선택은 우연이 아니었다. 거기서는 다른 지역에서와 마찬가지로 1937년 이전까지 적지 않은 고려인들이 거주했었으며 이후 카자흐스탄과 우즈베키스탄으로 강제이주당했던 것이다. 정치적 희생자들인 러시아 고려인의 복권에 관한 1993년 러시아공화국 최고회의의 결정 이후 중앙아시아 고려인들이 이전에 살았던 연해주 땅으로 복귀했던 것이다. 1998년에만 687명의 고려인들이 연해주로 재이주하였다. 재이주자들은 나

---

66) Там же.

67) http://www.konkurent.vl.ru/

제진스크, 달네레첸스크, 호롤스크, 한카이스크, 쉬코톱스크 및 미하일로프카의 과거 군용촌에서 새 삶을 시작하였다. 오늘날 연해주에는 상당수의 고려인들이 살고 있다. 구소련 고려인들은 현재에도 연해주로 계속 가고 있다.[68]

미하일로프카의 '세베르니' 구역 건설은 공식적인 고려인 정착촌으로서 연해주 주지사 나즈라텐코와 한국의 김대중 대통령이 서울에서 만난 이후 체결된 계약에서 시작되었다. 한국 측은 연해주에서 주거지 건설과 러시아 고려인의 직장을 만들기로 하였다. 이 과정에서 가장 중요한 역할을 한 측은 바로 한국건설협회인데 협회 회장은 정착촌 건설 개막식에 참석한 바 있었다.

한국건설협회 회장 박길훈이 'K' 신문사 기자와의 인터뷰에서 말하기를 정착촌 건설은 러시아 노동자와 기술자들의 참여로 이루어질 것이라고 하였다. 그 밖에 한국 측은 이미 현지 기후에 적합하게 벽돌과 기와 제조설비를 갖추었다.[69] 다른 소수민족들처럼 러시아 고려인들은 우즈베키스탄을 비롯한 중앙아시아 및 북카프카즈에서 1980년 초부터 90년대 후반까지 지역에서 겪었던 사회적 과정을 경험하지 않을 수 없었다. 민족 간 갈등은 고려인 이주를 더 자극했다.[70]

러시아 고려인들은 주로 연해주, 극동지역 및 사할린에 거주하고 일부는 모스크바 주변을 비롯한 서부 러시아 지방에 거주하고 있다. 니콜라이 부가이 박사의 견해에 의하면 러시아 거주 고려인에 대한 추정치는 공식통계에 집계되지 않은 인원도 포함되어 있는데 이 때문에 고려인들은 2002년 인구조사 결과의 것보다 높게 추산되고 있다. 두 개의 수치를 비교하면 하나는 부가이 박사의 것이며 괄호 안의 것은 인구조사 결과의 것이다. 즉 사할린 거주 고려인은 1990년 중반에 약 4만 3,000명(2만 9,952명)이었다. 연해주는 3만 명 이상(1만 7,899명), 하바롭스크 주는 1만 4,000명(9,519명), 그중 하바롭스크 시는 9,000명(인구조사 수치는 없음), 캄차카 주는 1,952명(1,680명), 알타이 주에 일부 등이다.[71]

---


68) Там же.

69) Там же.

70) Бугай Н. Ф. Российские корейцы: новый поворот истории. 90 - е годы. М., 2000, с.17.

1990년대 전반기에 우즈베키스탄, 타지키스탄 및 카자흐스탄의 고려인 이주자 및 난민들은 러시아연방의 서부지역으로 이주하였다. 특히 고려인 이주민들의 뚜렷한 유입은 볼고그라드 주에서 이루어졌는데 비공식 통계로 2001년에 1만~1만 4,000명(인구조사 결과 6,066명)으로 추산되었고 크라스노다르 주에는 약 1만 명(인구조사 결과 3,389명) 등으로 추정되었다.[72]

볼고그라드 주는 전통적으로 이주민들이 많이 모여드는 곳이다. 이주자의 입장에서 보면 이곳은 교통상 유리한 장점을 가지고 있었다. 1990년대 초에 소련이 붕괴하면서 러시아연방의 이 지역에 심각한 이주민 상황이 발생하였다. 볼고그라드 주는 국경지대 근처에 위치하고 있을 뿐만 아니라 러시아 중앙지대로 가는 길목에 있어서 다양한 민족들의 이주지로서 중심적인 곳이다. 많은 이주자들은 볼고그라드 주에 완전 정착하려고 한다. 이곳에는 타지키스탄에서 온 1,000여명의 고려인 난민들이 모여들어 개인적 차원에서뿐만 아니라 주와 군 행정기관의 도움으로 거주지와 일터 및 사회보장 등을 해결하고 있다. 공식적으로 주에 등록된 고려인은 약 2,000명 이상이다.

1960년대 초에 사라토프 주에는 91명의 고려인이 등록된 반면 1990년대 초에는 이미 약 550명으로 늘어났다. 공식통계에 의하면 1999년 1월에 고려인들의 수는 카자흐스탄 13명, 타지키스탄 13명, 우즈베키스탄 31명 등이 이주해오면서 57명이나 늘었다. 이와 함께 사라토프 주로 23명의 고려인 난민들이 들어왔는데 이들은 아제르바이잔 5명, 그루지야 2명, 카자흐스탄 6명, 키르기즈스탄 2명, 타지키스탄 3명, 투르크메니스탄 1명 등이었다. 사라토프 주 고려인들의 수가 여름철에는 더욱 증가하여 약 1만 5,000명에까지 이른다는 점이 주목된다. 사실 이들 중 대다수는 계절농에 종사한다(겨울에는 살던 고향으로 가서 가족과 함께 지낸다). 사라토프 주 사회조직인 '코레아스'의 회장 권 발레리얀이 '재러한인'지와의 인터뷰에서 "최근 아주 많은 고려인들이 우즈베키스탄과 카프카즈에서 우리 지역으로 오고 있다."라고 말한 바 있다.[73]

---

71) Бугай Н. Ф. Российские корейцы и политика ≪солнечного тепла≫. Москва ≪Готика≫ 2002, с.39.

72) Там же, с.144－149.

73) Бугай Н. Ф. Российские корейцы: новый поворот истории. 90－е годы. М., 2000, с.16－22.

1960~1980년대 러시아 고려인의 이주는 극동지역이 아니라 주로 로스토프 주, 크라스노다르 주, 스타브로폴 주 등지로 행해졌다. 러시아연방에서 고려인들은 매우 다양한 경제활동 및 문화활동에 종사하고 있다. 러시아 남부, 북카프카즈 지역(남부관구)에서는 고려인들이 조밀한 형태가 아니라 개별 세대 및 작업반 형태로 주거지를 형성하고 있다. 능숙한 영농솜씨를 지닌 고려인들은 버려진 땅에서 참외류 재배에 성공하고 파 및 기타 야채류 재배에도 성공하였다. 고려인들이 활동하는 경작지의 수확은 그렇지 못한 지역의 수확보다 훨씬 더 많았다. 아울러 고려인들의 노동참여 비율이 1990년대에 50~55%에도 이르지 못했다는 점도 주목할 만한 일이다.

러시아연방을 구성하는 볼고그라드 주, 보로네쥐 주, 리페츠크 주, 니줴고로드 주, 로스토프 주, 탐보프 주 및 기타 주들은 고려인들의 뛰어난 생산력을 감안하여 러시아 고려인들에게 경작지를 공급하기로 결정하였다. 이들 지방정부는 고려인들의 정착을 돕는 데 일정한 역할을 하였다.

가령 케메로보 주에서는 1990년대 중반에 300여 명의 고려인들이 거주하게 되었다. 마가단 주에서도 고려인들이 살고 있다고 알려져 있다. 톰스크 주에서는 고려인 공동체가 구소련의 중앙아시아 지방에서 톰스크로 유학 혹은 영구 거주를 목적으로 온 사람들로 구성되어 있다. 남 일리치의 조사에 의하면 1990년대 초 톰스크 주에는 약 900명의 고려인들이 살고 있었으며 고려인들 중 90~92%는 22세 정도에 이른 연령으로서 고등교육을 받은 전문가들이었다.[74)]

당시 러시아 고려인들은 독립국가연합의 다른 고려인들과 함께 마음대로 거주지를 변경시킬 수 있는 자유를 가졌는데 가장 선호도가 높은 곳은 북카프카즈 지역이었다. 왜냐하면 그곳의 기후는 농사짓기에 적합했고 고려인들의 적응력도 빨랐기 때문이었다. 북카프카즈에서는 고려인들의 상당수가 북오세티야-알라니야(약 3,000명)에 집중되어 있는데 여기서는 농업 외에 상업활동에도 종사하고 있다. 1989년 인구조사에서 카바르디노-발카리야 공화국

---

74) Пак Б. Д., Бугай Н. Ф.140 лет в России. Очерк истории российских корейцев. М., 2004, с.366.

에는 4,983명의 고려인들이 파악되었다. 크라스노다르 주와 스타브로폴 주의 고려인 수도 역시 변화하고 있다. 1989년 크라스노다르 주에는 1,157명의 고려인이 거주하였다. 스타브로폴 주에는 훨씬 적은 수가 살고 있었으나 최근 증가추세에 있다. 1980년대 말에서 90년대 초에 칼미키야 – 할름탕치 공화국에서는 600명 정도의 고려인이 살고 있었다. 가장 밀집되어 있던 곳은 엘리스타(120명), 옥차브리스크 군에 358명, 카스피(라군스크) 군에 41명, 이키 – 부룰스크 군에 25명, 그리고 기타 지역에 소수의 고려인들이 살았다.

주목해야 할 사실은 러시아연방의 고려인들은 급속한 도시화과정을 겪고 있다는 점이다. 1930년대 극동에서는 80% 이상의 고려인들이 농업에 종사하고 있었으나 90년대에는 80% 이상이 도시주민, 노동자, 사무원 및 지식인들이었다. 사회신분의 향상과, 교육을 받고 높은 사회적 위치를 습득하려는 욕구는 러시아 고려인 사회의 전통적인 특징이었다.[75]

2003년 한국외국어대학교 연구팀은 북카프카즈 지방 현지조사를 실시했는데 여기서 팀은 주로 선교차 온 사람들을 대상으로 질의하였다.[76] 연구결과는 다음과 같다. 설문응답자의 다수는 40세 이상이었고 그중 여자는 70%, 남자는 27%였다. 대부분 설문조사가 교회에서 이루어졌기 때문에 20~30대 청년층의 비율이 낮았으며 남자응답자들의 수도 적었다. 이렇게 된 원인 중의 하나는 조사가 현장노동이 한창 때 이루어졌다는 점이다. 연령별 구성비율은 다음과 같다. 즉 10세 이전 9%, 20~30세 21%, 30~40세 8%, 40세 이상 62% 등이다. 그래서 조사결과를 평가할 때는 응답자의 대다수가 고려인 노령층에서 나왔다는 사실을 고려해야 한다.

응답자의 56%는 타 공화국에서 이주해 온 사람들이었고 44%는 지역민이었다. 북카프카즈로 이주해 온 사람들을 소련붕괴 시기 전후로 분류한다면 이주민 중 64%는 이미 독립국가연합의 사람, 즉 1990년대의 이주자들이었으며 36%는 소련 시기에, 즉 1950년대 초부터 1980년대 중반까지 이주했던 사

---

75) Бугай Н. Ф. Российские корейцы и политика ≪солнечного тепла≫. Москва ≪Готика≫ 2002, с.46 – 47.

76) См.: Ким Санг Чхоль. Корейцы на Кавказе. Известия корееведения Центральной Азии. Алматы, 2005, вып. 2(11), с.64 – 74.

람이다. 응답자의 대답을 볼 때 1980년대까지 이주한 사람들은 토착지역민으로 간주되고 1990년대에 이주한 사람들은 유입이주자로 간주되었다.

응답자의 64%는 1990년대에 우즈베키스탄과 타지키스탄에서 북카프카즈 지역으로 이주하였다. 1950~1980년까지 이주한 응답자 35% 중에서 12%는 우즈베키스탄 출신이었으며, 10%는 카자흐스탄, 8%는 사할린과 연해주 출신, 5%는 기타 지역 출신이었다. 1990년대 초 대다수 이주자들은 우즈베키스탄과 타지키스탄 출신 고려인들이었다. 1990년대 후반에는 타지키스탄 출신 고려인들의 유입이 사실상 종료되었으며 동시에 우즈베키스탄 출신 고려인들의 유입이 다시 높아졌다.

현재 북카프카즈 고려인 인구구성의 특징은 우선 1950~1980년대에 이주했던 토착 고려인들과 이후 1990년대 새로이 이주한 사람들로 살펴볼 수 있다. 토착 고려인들의 교육과 직업수준 및 생활수준은 후기 고려인들의 것보다 높다. 부부 고려인의 민족비율은 69%이며 이민족 간의 부부는 31%에 달한다.

소련 해체 이후 중앙아시아의 다른 국가와 마찬가지로 카자흐스탄에서도 1990년대에 이주자가 많아진 것이 특징적이다. 90년대 중반 전 세계 국제이주민 중 카자흐스탄의 비율은 0.4%였는데 반면 카자흐스탄 인구는 총세계인구의 약 0.003%에 해당한다. 이주자들의 수는 항상 구소련의 다른 국가에 비해 매우 높다. 1987년에 카자흐스탄에서 출국한 이주자는 7,100명(소련 전체는 39,100명)이었고, 1988년에는 23,600명(108,200명), 1989년에는 53,000명(235,000명) 등이었다.[77]

이주민의 증가는 1990년대에 나타났다. 6년(1991~1996) 동안 약 200만 명이 국가를 떠났다. 이주의 결과 카자흐스탄이 상실한 인구는 인구의 자연증가율에 대해 1991년에 22.2%, 1992년에 89.3%였으며 1993년과 1994년에 이주로 인한 인구상실은 자연증가분을 상쇄하는 수준이었지만 각각 1.4배, 2.8배로 더 높았다. 최고 정점기였던 1994년에 48만 명이 국가를 떠나갔고 7만 명이 유입되었다. 1995년에 출국이주자들은 입국이주자들보다 4.4배(309,600명

---

77) Садовская Е. Ю. Внешняя миграция в Казахстане и предупреждение потенциальных конфликтов. / Ренессанс или регресс. Бишкек, 1997, стр. 205-215.

대 71,100명)나 많았다.

출국이주민은 많고 입국이주민이 적음으로써 국가인구는 토착인구의 높은 자연증가에도 불구하고 4년 동안 16,914,000명(1993년 1월 1일)에서 15,860,000명(1997년 1월 1일)으로 감소하였다. 주요 이주는 카자흐스탄과 인근의 가까운 국가 간(주로 러시아, 우크라이나 및 중앙아시아 국가)에 이루어졌다. 1996년 독립국가연합으로 간 이주비율은 63.5%(155,800명)였는데 그중 러시아가 89%(138,700명), 우즈베키스탄 3.7%, 우크라이나 3.1%, 키르기즈스탄 및 벨라루시 1.7%와 1.4% 등이다.[78]

오늘날 카자흐스탄에서 이루어지는 이주에는 여러 가지 원인이 있다. 국외이주를 결정짓는 것은 사회경제적 및 정치적 측면이고, 입국이주를 결정짓는 것은 사회경제적 및 환경적 요인이다. 카자흐스탄의 국외이주에서는 사회경제적 요소, 즉 주민의 생활수준이 중요한 역할을 한다. 소련의 붕괴는 생산 하락과 인플레이션 조장, 실업증가 등을 수반한 경제위기를 초래하였는데 결과적으로 주민들의 생활수준이 떨어지고 심각한 사회적 위기가 초래되었던 것이다. 세계은행 자료에 의하면 카자흐스탄의 실질임금은 1994년에(평균 24달러) 인근의 다른 공화국에 비해 최저수준이었다. 1996년 12월에 평균명목임금은 공식적으로 8,770.1텡게, 즉 121달러였지만 이러한 상승은 노동생산력을 보장해 주지는 못하였다.[79]

연구에 의하면 이주에 영향을 주는 요인은 사회경제적 측면과 함께 정치적 측면도 포함된다. 그러나 명백히 경제적 요소가 유일하게 보이는데 그 이유는 수십만 명의 사람들이 경제적 위기에 처해 있는 국가인 러시아로 떠나갔고 정치적인 특성은 미미한 영향을 주었기 때문이었다. 정치적 요소가 근본적이라고 할 수 있는지는 발트 국가의 경우에서 확인된다. 국민으로서 그리고 소수민족으로서 갖는 러시아인의 권리는 발트 국가에서 침해받았지만 발트 국가에서 나가는 이주는 양호한 이 지역의 경제상황과 크게 관련 없었

---

78) Итоги миграции населения по Республике Казахстан за 1994 год. Алматы, 1995.

79) Социально-экономическое положение Республики Казахстан в 1996 году. Нацстатагентство Республики Казахстан. Алматы, 1997, стр. 23; Статистический пресс-бюллетень. Госкомстат Республики Казахстан. Алматы, 1995, с.37.

다.[80]

1996년에 국제선거재단(IFES, 미국)의 참여와 지도로 실행된 힐러 연구소의 조사에 의하면 현재 카자흐스탄 국민의 불만족도는 다음과 같이 명백하다. 즉 응답자의 90%가 사회보장제도에 불만이었으며, 87%가 의료수준과 범죄예방에 대해 불만이었다. 오직 33%만이 정치와 시민의 권리에 만족을 표했고 28%는 선거제도에 대해, 27%는 교육영역에 대해 만족을 표하였다.[81]

카자흐스탄 고려인의 특징은 높은 경제적·사회적 위상, 남북한으로의 귀환정책이 부재한 점, 주권국 카자흐스탄에서 통합을 위한 디아스포라 대표자 기구의 설치, 정치적 충실성, 약한 한국어 구사력 등인데 이 모든 것은 고려인들이 대규모로 카자흐스탄을 떠나지 않을 것임을 말해 준다. 이러한 사실은 통계자료에서도 확인되는데 이주의 정점기였던 1994년에 총 11만 명의 고려인 중 먼 외국으로 이주해 나간 사람은 96명, 가까운 외국에 간 사람은 1,700명이었다. 1996년 밖으로 나간 이주민은 먼 외국으로 간 경우 90명, 가까운 외국으로 간 경우는 1,063명으로 집계되었다.[82]

이와 같이 소련 붕괴 이후 10여 년간 고려인들은 농촌에서 도시로, 한 국가의 일정 지역에서 다른 지역으로 지속적으로 이주했고 또한 가깝거나 먼 외국으로 이주해 나가기 시작했던 것이다. 대다수의 고려인들은 노동이주자의 범주로 둘 수 있지만 타지키스탄 고려인들은 전쟁 난민으로 간주될 수 있다. 사할린 한인 1세대들의 귀환은 이산가족의 문제를 피할 수 없을 것이다.

카자흐스탄 이주민의 발생은 소련 붕괴와 함께 구소련의 국가들이 주권을 획득하는 과정에서 나타났다. 이러한 인적 자원의 감소는 한때 다민족 국가의 구성 부분이었던 개별 민족성의 상황과는 관계없이 다양한 형태로 발생하였다.

---

80) Садовская Е.Ю. Внешняя миграция в Казахстане и предупреждение потенциальных конфликтов. / Ренессанс или регресс. Бишкек, 1997, стр. 205－215.

81) Вагнер С. Казахстан 1996: общественность, теряющая терпение, ждет реальных реформ. Вашингтон, Алматы, 1997.

82) Итоги миграции населения по Республике Казахстан за 1994 год. Нацстатагентство РК. Алматы, 1995. Итоги миграции населения по Республике Казахстан за 1996 год. Нацстатагентство РК. Алматы, 1997.

## 5) 러시아 및 중앙아시아 국가를 향한 한국인의 신이주

소련과 남한과의 관계는 1990년경부터 발전하기 시작하였다. 소련 해체 후 새로이 등장한 독립국가들은 대다수 한국과의 외교관계를 체결하였다. 현재 러시아와 중앙아시아 국가의 한국인 공동체에는 보편적이고 특수한 성격이 있다.

남한 사람들에 대한 러시아의 개방으로 1991년부터 러시아어와 러시아문화의 학습이 현재까지 고조되었다. 과거에는 학생들이 미국이나 유럽으로 러시아어를 배우러 갔지만 현재는 바로 러시아에 가서 공부하게 되었다. 따라서 러시아에 자유의지로 도착한 초기 남한 사람들은 대부분 학생들이었다. 이것은 등록금을 내는 외국인 학생들에게는 입학시험이 면제된 것과도 관계가 있다. 이 때문에 1990년대 전반기에는 수백 명의 남한 학생들이 모스크바와 상트-페테르부르그에 있는 대학에서 공부하였다. 그러나 1990년대 후반기에는 남한의 시장이 러시아에서 교육받은 전문가들로 채워지고, 또한 남한의 대학에서 새로운 러시아어학과들이 생겨나게 되었다. 그 밖에 1997년의 경제위기 이후 많은 학생들의 가정에서는 유학비용을 조달할 수 없었고 외국유학을 하는 자녀들의 생활비를 보내기 어렵게 되었다. 바로 이 점 때문에 1998년에는 일부 한국인 학생들이 한국으로 되돌아갈 수밖에 없었다. 현재 학생들의 유입은 많이 줄어들었다. 이러한 배경에는 신파시스트들의 활동에도 기인하고 있다.[83]

학생 다음으로 많은 집단은 선교사들이다. 사실 남한 인구의 40% 이상이 개신교 신자들이고 약 10%가 가톨릭 신자들이다. 한국인 선교사들은 전 세계에서 적극적인 활동을 하고 있다. 그리고 한국교회들을 러시아인, 중국인, 러시아 고려인들뿐만 아니라 서방국가의 대표자들도 방문한다. 공정하게 평가한다면 선교회는 동향 출신들이 모여드는 매개지로서 그리고 이주자들의 재정협력 및 취업알선의 중심으로서 중요한 역할을 하고 있다. 이 조직은 러시아에 있는 한국인 소규모 자영업에 큰 영향을 끼치며 중앙아시아를 비롯한

---

83) Сергей Лаптев. Демографическая угроза или упущенный шанс? Выходцы из Восточной и Юго-Восточной Азии в России. "Неприкосновенный запас" №5, 2002 с.40-44.

다른 국가 출신 이주 고려인들의 활동에 적극적으로 개입한다.

러시아의 한국인 비즈니스맨은 매우 적다. 재벌기업인 '삼성', '대우', 'LG' 및 기타 한국회사들은 모스크바, 상트-페테르부르그, 블라디보스토크에 일부 지사를 두고 있으나 대개 이 지사에 한국인들은 일부에 불과하다. 주로 러시아 한국인들의 활동은 러시아인 중개인을 통하여 이루어진다. 러시아에서 소규모 비즈니스맨은 거의 찾아보기 힘들다.

한국인이 가장 많은 곳은 약 1,000명 가량이 거주하는 모스크바인데 이곳에는 가장 유명한 대학(모스크바대학교, 민족우호대학교, 푸시킨대학교 등)이 위치하고 있다. 한국인들은 평균 4~6년 러시아에 머문다. 이들의 문화활동 중심지는 '오를료녹' 호텔이며 여기에는 몇몇 한국음식점과 비디오대여점, 이발소, 주점 등이 있다. 모스크바 외에 한국인들이 많이 있는 곳이 블라디보스토크이며(약 500명), 여기에는 학생들 외에 한국인 기업도 있다. 상트-페테르부르그에는 이보다 적은 수가 있으며 일부 한국인 학생들은 예카테린부르그, 툴라, 노보시비르스크 등 기타 도시에 거주하고 있다.

모스크바, 블라디보스토크, 우수리스크(연해주)의 한국, 북한, 중국, 중앙아시아 국가 출신 한인 이주자 185명을 대상으로 한 설문조사에서 현재 러시아로 유입하는 이주의 가장 큰 원인은 경제적 원인인 것으로 나타났다. 비록 응답자의 30%만이 입국의 주원인을 비즈니스로 밝혔지만 사실상 남한의 기업에 취업하려고 입국한 경우(11%), 유학차 러시아에 입국한 경우(19%) 등도 러시아에서 개인사업을 하기 위한 것으로 보인다.

한인 이주 동기의 가장 큰 부류는 개인사업(61%)이다. 현재 러시아의 경제 상황과 전망은 응답자들에게는 매우 낙관적이었는데 응답자 70%는 이미 러시아 경제에 대규모 한국의 투자가 이루어졌다고 보았고, 67%는 대규모 구매를 할 준비가 되어 있다고 보았다.

한인 이주자들의 가장 큰 불만족은 경찰의 뇌물수수, 화물관세에 관련된 문제, 권력기관의 뇌물수수 등에서 기인한다. 두 번째 문제는 원하는 러시아 사업파트너 찾기가 어렵다는 점과 이들이 저지르는 약속불이행이다. 러시아 한인들이 겪는 세 번째 문제는 법률 규정이 자주 바뀐다는 점이다. 그 밖에 응답자의 20%는 지방 주민들이 자신들에게 보이는 비우호적 및 적대적 태도, 특히 아이들에 대한 조롱과 신체적 위협 등을 지적하였다. 사실 러시아에 거주하는 중국 국적의 사람들은 모두 약 10만 명에 달하며 그중 20%는 조선족이다.[84]

적은 수이지만 또 다른 한인 부류는 1990년대 말에서 2000년대 초에 걸쳐 나타난 북한 출신 탈북자들인데 이들은 국경지역의 위험을 극복하고 러시아 연해주 땅을 밟은 사람들이다. 탈북자들은 북한으로 귀환하지 않을 것이며 남한으로 가거나 러시아에 잔류하기를 희망한다. 사실은 러시아연방의 형법 제322조에 의하면 국경이동이 불법적이라고 할지라도 정치적 피난으로 간주하여 처벌을 면제하고 있다. 북한 탈북주민에게 본국으로 강제송환하겠다고 위협하는 일은 실제로 있었다. 소련 그리고 나중에 러시아는 여러 차례 북한 정부에게 탈북주민들을 돌려보내겠다고 했던 것이다.[85]

1998년 러시아, 중국, 북한은 최초로 하산에서 서쪽으로 이르는 국경접경 지역에 대해 상호 합의를 했는데, 즉 이 지역은 이들 국가의 경계가 서로 만나는 지점이다. 게다가 북한대표들은 '조선민주주의인민공화국(DPRK)'이 아니라 '코리아(KOREA)'로 표기할 것을 고집하였다. 외국 언론사 보도에 의하면 이 지역의 북한 국경선은 한국 정부의 동의를 구한 것이어서 북쪽 경계에 관한 한 '조선'이 아닌 전체 '코리아'로 언급되었던 것이다.

1994년까지 중국은 러시아로 나가는 취업이주민과 임시주거의 규모에서 북한보다 적었지만 그해 7월부터는 북한을 초월하여 현재까지 앞선 상태에 있다. 이것은 주로 목재산업에 종사하는 러시아 극동지역의 북한 노동자들과 계약 감소와 북한과의 관계에서 비롯되는 것은 아니었다. 극동경제분석(Far Eastern Economic Review)지의 평가에 의하면 남한과 일본의 자료를 볼 때 1999년 12월 초 당시 러시아로 공식적으로 일하러 온 거의 15만 명에 달하는 외국

---

84) Jeanyoung Lee. The Korean Chinese(Chosonjok) in the Russian Far East: A Research Note. −Tsuneo Akaha, ed., Human Flows across National Borders in Northeast Asia, Seminar Proceedings, United Nations University, Tokyo, Japan, November 20−21, 2002, Monterey, CA: Center for East Asian Studies, Monterey Institute of International Studies, January 31, 2003. p.165.

85) http://www.rol.ru/sp/chronicle/

인들 중 한인비율은 약 3%였으며 중국인(타이완 제외)은 약 23%였다. 그런데 1994년 1월 1일자의 이러한 수치는 각각 24%와 12%였다.

사실 대부분 정치적 원인으로 러시아와 북한은 1992년부터 북한 노동자들의 러시아 목재산업 장기고용계약을 거부하였다. 그리고 러시아는 북한 사람들의 러시아 장기체재를 은밀히 제한했고 북한도 이에 대응하였다. 남한 측은 러시아 극동지역의 자국 국민들에 대한 관심을 보이지 않았다. 코리아의 북쪽 경계선을 획정한 후 남북한은 서로 안정상태로 되었다. 그러나 북한과 인접한 연해주를 비롯한 러시아 극동지역에 중국이 진출하면서 남북한 정부는 러시아 국경지대에서의 자국 경제정책을 조정하기 시작하였다. 이러한 증거는 연해주의 경작지를 남한에서 오는 사람들에게 장기간 임차해 주는 협정으로 나타난다.

그러나 또 다른 간접적인 증거지만 중국인들의 팽창에 대항하여 남북한이 러시아와 공동으로 대처한 일도 있다. 가령 황해 연안의 북한수역에 원유와 가스기지 건설을 러시아만의 원조로 진행하려고 한 상담을 들 수 있다. 1999년 가을에 간행된 서울 문화공보원의 한국과 동북아시아 지도에는 남부 쿠릴섬과 중국 - 러시아 국경지대가 표시되어 있고 이 지대는 모두 러시아 영토로 표시되어 있었다.[86]

카자흐스탄과 남한과의 국교체결 직후부터 양국 간의 관계는 매년 다양한 방면에서 발전적인 형태로 진전되고 있다. 지난해 수천 명의 카자흐스탄 고려인들이 남한을 방문했고 수천 명의 남한 사람들도 역시 카자흐스탄을 방문한 바 있다.

LG와 삼성 같은 남한의 대기업은 카자흐스탄에 수백만 달러의 경제투자를 실행하였다. 카자흐스탄에는 순수 혹은 합작형태의 남한기업이 활동하고 있고 카자흐스탄 고려인들도 그 기업에서 일하고 있다. 많은 기업이 자동차와 컴퓨터에서 식료 및 일상품에 이르는 다양한 형태의 상품을 남한에서 수입하고 있다.

---

86) "Китаизация" и "кореизация" Дальнего Востока становится геополитической тенденцией, выг одной соседям России. Независимая Газета, 1 февраля 2000.

대학에서는 한국어가 남한에서 온 교원들로부터 강의되고 있고 남에서 온 수십 명의 학생들이 카자흐스탄에서 공부하고 있다. 한국어를 배우는 모든 학생들은 남한에서 제작된 교과서와 또 다른 수업교재들을 남한으로부터 받아 사용하고 있다.

1991년에 한국교육원이 알마티에 개원되어 카자흐스탄 고려인들의 생활에 중요한 역할을 하였다. 교육원에서는 수천 명의 학생들과 수백 명의 교사들에게 어학과정과 연구과정을 제공하였다. 교육활동과 함께 교육원은 한국역사와 문화를 알고 싶어 하는 사람들에게 한국의 민속예술을 가르치는 등 다양한 문화활동을 전개하였다. 교육원은 고려인이 밀집해 사는 여러 지방도시에 분원을 소유하고 있다.

카자흐스탄에서는 1991년부터 한국교회가 세워진 후 현재 20여 개에 이른다. 신도들의 대다수는 한인들이지만 모든 사람에게 개방되어 있다. 많은 사람들은 신앙 때문에 교회를 다니는 것이 아니라 한국어를 배우거나 혹은 사람들과의 비공식적 교제를 위하여 다닌다. 처음에 주로 노인들이 교회를 다녔다면 지금은 젊은이들도 관심을 보이고 있다.

과거 카자흐스탄에서는 음악연주회, 전시회, 극장공연, 패션쇼, 예술영화 및 기타 다양한 문화활동이 펼쳐졌다. 남한의 주요 TV 방송사 및 라디오 방송사가 여러 번 카자흐스탄으로 와서 다큐멘터리를 촬영하고 카자흐스탄의 현재 생활과 역사 및 미래 전망 등에 관한 방송을 하였다. 알마티 한인들이 '아리랑' 방송을 유선으로 보게 된 것도 이미 1년이 흘러갔다.

학자와 언론인들은 많은 기사를 쓰고 책을 간행하여 카자흐스탄 고려인들과 독자들을 연결하였다. 알마티에서는 국제학술회의가 다수 개최되었고 고려인 학자들은 한국에서 개최된 학술회의에도 참가하였다.

카자흐인과 남한 사람들과의 관계는 공식적인 범주에서 직접적이고 생활적이며 일상적인 관계로 변화하였다. 이러한 관계변화는 이미 혼인문제에서도 나타나고 있다. 10년 전에는 카자흐인과 남한 사람들과의 혼인이 특별한 사건이었는데 그 이유는 생활관습, 심성, 언어 등이 서로 다른 사람들이 결혼했기 때문이었다. 요즈음은 이미 누구도 놀라지 않게 되었다. 카자흐스탄 고려인과 남한 사람들과의 혼인도 많이 이루어졌다. 경제발전국으로서의 한국의 권위는 카자흐스탄 한국인들의 위상 강화에 결정적으로 기여했던 것이다.

사실 국제결혼은 남한 남자와 중앙아시아 여자 간에 이루어졌고 이러한 결혼은 한국에서뿐만 아니라 카자흐스탄, 우즈베키스탄, 러시아 및 키르기즈스탄에서도 행해졌다. 처음에는 보통 한국에 있는 대학에 유학 중인 여학생이 대상이었으나 나중에는 알마티, 타쉬켄트, 블라디보스톡 및 비쉬켁에 있는 비즈니스맨들이 대상이었다. 문선명에 의한 대규모 국제결혼은 중앙아시아 여성들을 대상으로도 진행된 바 있었다. 남한 남자들은 전망 있는 결혼상대자였는데 왜냐하면 이들과 결혼하면 물질적인 풍요와 재정문제가 해결되고 자신의 삶과 아이들의 운명이 보다 낫게 될 것으로 보였기 때문이었다. 바로 이점 때문에 남한 여자와 고려인 남자가 결혼하는 경우가 거의 없는 것이다. 한편 카자흐스탄, 러시아 및 우즈베키스탄의 다른 민족들과의 국제결혼이 남자들뿐만 아니라 고려사람 여자들도 동시에 활발하다.[87]

카자흐스탄에 거주하는 남한 사람의 정확한 수치는 정확하게 알 수 없는데 왜냐하면 많은 수의 비즈니스맨, 선교사 및 가족들이 여러 차례 입출국을 반복하기 때문이다. 대략 평가에 의하면 카자흐스탄 거주 남한 사람의 수는 약 2,000명 정도이며 대부분 대도시로서 과학과 교육의 중심지인 알마티에 살고 있다.

카자흐스탄 남한 사람들의 사회신분 및 직업별 구성은 몇 가지 균등하지 않은 수의 집단으로 나뉜다. 우선 외교활동 종사자, 기타 다양한 단체들의 대표(KOICA, KOTRA, 교육원) 등이다. 이러한 집단의 수는 가족들과 합하면 대략 100명 정도이다. 두 번째 집단은 비즈니스맨, 기업가, 그리고 삼성, LG, 현대 등 한국대기업의 해외지점 대표 및 직원들과 그 가족들을 들 수 있다. 이러한 집단의 수는 대략 300~500명 정도이다.

그 다음 집단은 많은 수를 이루는 선교회 인원들로서 대부분 개신교와 관계가 있다. 현재 카자흐스탄에는 약 50개의 한국개신교 선교회가 활동하고 있

---

87) German Kim. On inter-ethnic Marriage among the Korean Population in the city Almaty. - Inthernational Journal of Central Asian Studies. 2000, Vol.5, pp.14-26.

고 이에 따른 선교회 봉사자들과 그 가족들이 약 200명 있다.

현재 카자흐스탄의 여러 대학에서 남한 학생들이 공부하고 있고 동시에 KOICA 파견 자원봉사 교사 및 고용계약에 바탕을 둔 초빙교수 등이 학생들을 가르치고 있다. 이러한 일에 종사하는 사람의 수가 대략 100명쯤 된다.

대략 500~600명의 남한 사람들이 매달 카자흐스탄을 왕래하고 있고 150~250명이 1주일에서 1달 정도 머문다. 입출국 이동의 시기는 대략 봄부터 가을까지이며 겨울에는 일시적으로 인원수가 감소한다.

카자흐스탄에서 안정적으로 비즈니스를 하기 원하는 다수의 남한 사람들은 국적이나 영주권 비자를 얻기를 희망한다. 그러나 실질적으로 이주법령은 이러한 문제가 해결되는 데 많은 어려움을 안고 있다. 심지어 남한 학생이나 선생들도 1개월용 비자를 가지고 카자흐스탄에 체류하고 있고 내무부 경찰에 등록하는데 좀 나은 경우라면 1년, 그리고 많은 경우 3~6개월 유효비자, 그리고 거주등록을 연장하는 데 모두 다 추가 비용이 지불되어야 한다.

우즈베키스탄 남한 사람들은 카자흐스탄의 경우보다 적고 키르기즈스탄에서도 매우 적다. 타지키스탄, 투르크메니스탄 등지에서도 여러 가지 이유로 인해 인원수가 적은데 이들 국가에서 외국인 신분을 가진 남한 사람들의 수는 한 자릿수에 불과하다.

이와 같이 정치체제, 경제발전 수준, 좋은 투자환경, 유용광물의 수요, 개인 안전보장 및 기타 요소들은 현대 중앙아시아 국가에서 남한 사람의 수를 결정한다. 사람 규모가 다양함에도 불구하고 이들 국가에서 남한 사람들의 사회적 직업별 구조는 거의 동일하다. 대표적인 연령대는 노동생산력이 가장 뛰어난 25~55세의 사람들이며 아이들과 노년들의 수는 매우 적다. 정확한 차이는 알 수 없으나 남자들의 수가 여자들보다 많다. 마지막으로 러시아, 카자흐스탄, 우즈베키스탄 및 기타 구소련의 구성국가들 그리고 한국의 정치·경제적 상황과 관련하여 남한 사람들의 이주자 수는 증가되거나 아니면 그 반대로 감소될 것이다. 물론 이들 중 일부는 일시적인 문제에도 불구하고 카자흐스탄에 잔류할 것이며 이러한 일은 이미 실제로 나타나고 있다.

# 제3장

# 북미 이주한인:

# 미국과 캐나다

# 1. 한인의 미국 이주(1945~1975)

재미한인 문제가 전 세계 재외한인 문제 중에서 가장 많은 연구주제로 되었다는 것은 의심할 여지없는 사실이다.[1] 그런데 재미한인의 역사가 100년이 넘었지만 역사－인구학적 이주분석은 아직까지도 불충분하며 현재까지 여러 가지 원인을 설명할 만한 기초적 연구도 되어 있지 않다. 그 배경으로는 첫째, 다른 국가 한인들의 경우에서처럼 통계자료들이 단편적이고 비체계적이었으며, 1970년 인구조사에서 처음으로 한인들이 미국의 개별 민족집단으로 분류되었다는 점과 둘째, 1970년 인구조사의 한인에 관한 통계는 총괄적인 수준에서만 평가된 것이어서 구체적인 인구학적 과정과 변수들을 알 수 없었던 점을 들 수 있다. 전체적으로 보아 이러한 속성은 다른 민족들에게도 해당되지만 문제는 재미한인들에게 더 심하게 나타나는데 그 이유는 1970년대 초부터 한인들의 이주가 급속히 증가했기 때문이었다.

한인들의 미국 이주는 미국의 한국에 대한 정치, 경제, 군사, 사회 및 문화적 영향의 요소로 관찰될 수 있다. 한반도분단, 미국과 한국의 양국관계, 한국의 경제발전과 중산층의 증가, 새로운 국제노동 시장의 형성 및 한국의 위상변화, 한국과 미국의 이주정책 등은 1965년 이후 한인의 미국 이주에 대한 주요 전제가 되었다.[2]

---

1) Ким Г. Н. Корейцы за рубежом: прошлое, настоящее и будущее. Историография и библиографи я. Алматы, Гылым, 1995.

2) Kyeyoung Park. The Korean American Dream. Immigrants and small business in New York city.

## 1) 전쟁 이후의 한인 이주

20세기 전쟁 이전과 전쟁기간 동안에 있었던 미국의 적대적 아시아 감정은 아시아 출신 이주자들의 제한된 규모에서 분명히 드러난다. 1924년 이민법과 1952년 맥 카렌 - 울터법으로 인해 한인들의 미국 이주는 주춤해졌고 이는 동아시아 출신국 사람들에게도 적용되었다. 그러나 1945년 종전 이후 이미 과거에 형성되었던 한인공동체는 6,500명 규모로 하와이에서 계속 거주하였고 대륙에서는 약 3,000명의 한인 이주민이 형성되었다.[3]

1945~1947년간 미국으로 이주한 한인들의 정확한 수치는 알려진 바 없다. 미국 이주당국의 발표로는 1948년에 48명, 1949년에 40명의 한국 태생 사람들이 미국으로 이주한 것으로 되어 있지만, 1945~1947년 기간에 미국으로 이주한 한인들에 대한 근거는 없다.[4] 종전 무렵 한인 이주민의 권리문제가 미국의 상원과 하원에서 제기되었으나 결과는 나지 않았다. 1947년에 한인들을 위한 이주제도의 자유화에 관한 토론이 상원에서는 페펜(K. Peppen)에 의해, 하원에서는 셀러(E. Seller)에 의해 제기되었다. 파링턴(G. Farington)은 연간 100명 규모의 한인 이주쿼터를 제안하였다.

1952년에 미국 이주 한인들의 쿼터제가 연간 100명으로 결정되었다. 신법령(다른 아시아 민족에 대한)이 결정되면서 이 법령에 의해 미국에 합법적으로 거주하는 이주민들은 인종, 성별, 가족상황에 관계없이 미국 국적을 요구할 수 있게 되었다. 1952년 이주법령은 한인들의 미국 이주를 분명하게 하였다. 물론 이주법령은 이주민들에게 미국 국적 신청권을 부여하였지만, 과거 한인들을 비롯한 아시아계 사람들에 대한 다양한 차별법령들은 사실상 법안 실현을 저해하고 있었다.[5]

---


Cornell University Press. Ithaca and London, 1997, p.7.

3) Edward Taehan Chang. Korean Kaleidoscope: An Overview of Korean Immigration to The U.S. -The Korean Diaspora in the USA: Challenges and Evolution. Korean and Korean American Studies Bulletin, Vol.11, No.2, 2000, p.11; Ким Г. Н. История иммиграции корейцев. Книга первая. Вторая половина XIX в. -1945. Алматы: Дайк-пресс, 1999, с.283-292.

4) Kim Hyung-chan. Some Aspects of Social Demography of Korean Americans. -The Korean Diaspora. Santa Barbara: ABC-Clio. Inc. 1977. pp.111-112.

전쟁 이후인 1951~1964년 시기의 미국 이주민들은 출신국과 성분 면에서 매우 다양하였다. 바로 이들 집단들은 한인 이주사에서 가장 덜 알려져 있다. 이들은 세 부류로 나누어지는데 첫째, 미군 부인으로서 한국여자들, 둘째, 전쟁고아들, 셋째, 전문노동자들 등이다. 이 집단의 대다수(77%)는 첫 두 부류에 있는 사람들이다.[6]

전후의 이주자들은 여러 면에서 이전 시기의 사람들과 다르다. 인구학적 특징에서 보면 그들 대다수는 여자와 아이들로 구성되어 있었다. 또 다른 점은 그들이 한국을 버렸다는 점이었다(전쟁, 결혼, 부모 잃음 등으로). 적응 유형도 특징적이다. 전후 이주자들은 가족문제나 사회화되는 과정에서 갈등을 겪었다. 특히 그들은 구성 성비에서도 매우 달랐는데 첫 시기의 이주자들이 남자 10명당 여자 1명이었다면 전후 이주자들은 남자 1명당 여자 3.5명이었던 것이다. 또 다른 차이점은 그들이 종사하던 직업이었다. 전후 이주자들 대다수(80%)는 초기 이주자들과 비교하여 미국으로 출국할 때 특정한 직업이 없었고 사회적 신분과 물질적 기반이 천차만별이었다. 초기 하와이 이주자들은 도착 전까지 미국 땅과 어떤 인연도 없었던 이방인적 특성을 지녔던 반면에 전후 이주자들은 아이를 가진 '군인 배우자'로서 그리고 혼혈가정의 신세대로서 미국민(주로 유럽 출신 사람들)의 일원이 되었던 것이다. 이와 같이 전후 이주자들은 국가 전역에 걸쳐 살아 초기 한인들이 일정한 지역에 모여 산 것과는 달랐다.[7]

한국전쟁 초기부터 수십만 명의 미군들이 남한에 있었고 이들 중 상당수가 한국인 부인을 데리고 미국으로 되돌아갔다. 1950~1975년 사이에 28,205명의 한국여자들이 미군 부인 자격으로 미국에 입국하였고 연구자들에게는 이

---


5) Севастьянов Е. П., Корсакова Н. Е. Позолоченное гетто. Очерки о жизни в США эмигрантов из Китая, Кореи и Японии. М., Наука, 1983, с.76.

6) Won Moo Hurh and Rwang Chung Kim. Korean Immigrants in America: A Structural Analysis of Ethnic Confinement and Adhesive Adaptation. Cranbury, New Jersey: Fairleigh Dickinson University Press, 1984, p.50.

7) Edward Taehan Chang. Korean Kaleidoscope: An Overview of Korean Immigration to The U.S. – The Korean Diaspora in the USA: Challenges and Evolution. Korean and Korean American Studies Bulletin, Vol.11, No.2, 2000, p.11.

른 바 '보이지 않는 소수자'로 남게 되었다. 미국 거주 한인들의 약 10%를 차
지하는 이러한 여자들은 재미한인사에서 중요한 역할을 하였는데 일부 평가
에 의하면 한인 이주자 중 40~50%는 미군 부인의 후원으로 미국으로 입국할
수 있었던 것이다.[8]

김복림은 한국여자와 미군들 간의 결혼에 대해 다음과 같이 간단한 인구학
적 특성을 말하고 있다. 즉 "보통 평균 연령 이하인 중학교 2학년 정도의 젊
은 여성들이 자신보다 나이가 더 많은 미군들과 결혼하고 때로는 나이 어린
미군이나 기술자와 결혼하기도 한다. 결혼한 부부는 2명 혹은 그 이하의 자식
을 두며 한국인 부인들은 사실상 민족문화 단체 등 어떠한 사회조직에도 속
해 있지 않았다."[9]

즉 한국인 부인들은 이중고립자들이었는데 왜냐하면 이들은 미국사회에도
한국이민사회에도 수용되지 못했기 때문이다. 연구자들의 평가를 보면 이들
에게는 사회적 제한이 뒤따랐고 사회와 유리되어 있었다는 것이 새로운 세계
에서 느꼈던 가장 큰 아픔이었다. 김복림에 의하면 한국인 부인들은 한국과
미국과의 문화 차이, 자신들의 부족한 교육, 전문적 지식의 결여, 높은 이혼
율, 이방인적 대접 및 고립성 등으로 인한 심한 동요를 느꼈다. 물론 한국인
부인과 미군과의 결혼이 다행스러운 경우도 있었으나 대부분 이러한 연합은
육체적·정신적 상처만 초래하였다.[10]

수천 명의 군인과 민간인들의 희생을 초래한 한국전쟁은 고아들의 출현 원
인이 되었다. 국가재정의 결핍, 정부 및 기타 기관들의 무능력 등은 부모를 잃
고 친척들의 후견도 없는 아이들에게 실질적인 도움을 주지 못했다. 이 모든
것은 미국을 비롯한 다른 나라에 아이들을 떠나보내게 된 원인이 되었다. 미

---


8) Kim, Bok-Lim C. Casework with Japanese and Korean Wives of Americans. Social Casework,
  53(5): 273-279, 1972; Kim, Bok-Lim C. Asian Wives of U.S. Servicemen: women in
  shadows. Amerasia Journal, 5:23-24, 1978; Hong, Sawon. 1982. Another Look at Maritages
  between Korean Women and American Servicemen. Korea Journal 22: 21-30.

9) Kim, Bok-Lim. "Asian Wives of U.S. Servicemen: Women in Shadow", Amerasia Journa,
  1977, 14: 91-115.

10) Kim, Bok-Lim. Casework with Japanese and Korean Wives of Americans. Social Casework,
  1972, 53: 273-279; Sunoo, Harold and D. Kim(eds.). Korean Woman in a Struggle for
  Humanization. Memphis, TN: The Korean Christian Scholars Publication, 1978.

국으로 보내진 전후 한국인 고아의 역사는 아직 충분히 조명되지 못한 상태에 있다. 다음과 같은 통계자료가 있다. 1950년 한국에서는 24,945명의 아이들이 215개의 보육시설에 수용되어 있었다. 6,293명의 아이들이 1955~1966년 사이에 주로 홀트아동복지회의 주선으로 미국 양부모 가정에 양자와 수양딸로 보내어졌다.[11]

김동수는 한국인 입양아 문제에 관한 1970년 중반의 연구에서 평균 입양아 연령이 14세임을 밝혔다. 질문대상은 수양부모와 어린아이들 모두에 관한 것이었다. 이 연구의 결과는 다음과 같다. 1) 한인 고아들을 양자 혹은 수양딸로 받아들인 가정은 개신교 신앙을 가지고 지방이나 중소도시에 거주하고 있는 백인 가정이었다. 2) 한인들을 수용한 이유는 주로 종교적이거나 인도적인 차원이었다. 3) 약 2/3의 아동들은 순수 한인들이었고 나머지 대다수는 백인 아버지이었고 적게는 흑인 아버지도 있었다. 4) 많은 부모들은 아이들의 입양에 만족하였다. 5) 아이들은 자신이 한인임을 잘 인식하지 못하였다. 그들은 자신을 미국인으로 동일시하였으나 대부분 한국계 미국 사람으로 인식하였다. 6) 대체적으로 입양된 한인고아들의 자체평가는 미국인 아동들의 보통 집단에 대한 테네시 연구지표에서 얻어진 결과와 유사하였다. 7) 좋은 가정환경은 입양아들에게 좋은 자체평가를 내릴 수 있게 하였다. 8) 한국인 고아들을 미국가정으로 입양시키는 사업은 성공적이었다.[12]

전후 한인 이주자 중의 또 다른 집단은 대학생들이었다. 약 6,000명의 한국인 대학생들은 1945~1965년까지 미국의 대학교에서 유학하였다.[13] 이들 중 많은 수는 졸업 이후에도 미국에 남아 상주하였다. 일부에 의하면 미국유학생 중 약 6%만이 졸업 후 한국으로 되돌아갔다. 군부정권은 비교적 단기간에 남한을 농촌사회에서 공업화한 도시사회로 변환시켰다. 그러나 '경제기적'은 이

---

11) Holt International Children's Services. 1992. Years of love⋯⋯ A collection of articles and letters about adoption and helping homeless children. Eugene: Holt International Children's Services 1992.

12) Kim, Dong Soo. How they fared in American homes: a follow-up stidy of adopted Korean Children. Children Today, 1977, 6:2-6.

13) Kim, Warren(Kim Won-yong). Koreans in America. Seoul: Po Chin Chai Printing Co., 1971.

촌향도 현상을 가속시켰고 도시 실업자들을 양산하였으며 그중에 교육받은 사람들도 포함되어 있었다. 한국에서 전문직업이 보장되지 않자 도시의 많은 식자층은 1965년 이후 교육 및 경제적 전망이 있던 미국으로 이주하게 되었다.[14]

1950년대와 1960년대 초에 한인의 미국 이주민 쿼터가 증가하자 한인들의 수가 급증하였다. 1950년에 미국으로 합법적으로 이주한 한인은 10명, 1951년 32명, 1952년 115명, 1954년 254명, 1956년 703명, 1958년 1,000명 등이었다. 1948년부터 전후 10년씩 미국으로 이주한 한인들의 수를 보면 다음과 같다. 1948~1950년 107명, 1951~1960년 6,231명, 1961~1970년 34,526명, 1971~1980년 267,637명 등이다.[15]

1965년 미국 이주민법의 개정으로 한인들의 이주증가가 두드러졌다. 즉 1965년 한인 이주민은 2,139명, 1966년 2,492명, 1967년 3,956명, 1968년 3,811명, 1969년 6,045명, 1970년 9,314명 등이었다.[16] 이러한 수적 증가속도는 10배로 뛰었고 한인공동체도 1973년경에는 120%(1965년과 비교하여) 되었다. 미국의 공식통계자료에서도 한인들이 별도로 다루어졌고 심지어 한인들의 이주민 통계자료가 인구학적 분석과 전망을 통하여 특별히 간행되기도 하였다.

미국 한인들에게는 여자 비율이 아주 높다는 특징이 있다. 여자 100명당 남자 70명의 꼴이며 게다가 늦게 이주한 사람들 속에서는 그 차이가 더 심하다. 20~29세 연령대를 감안해 본다면 여자 100명당 남자 29명으로서 여자가 압도적으로 많다. 미국으로 이주한 대다수 한인들은 주로 주한 미8군 소속 군인들의 부인들이었다. 1974년에만 3,500명의 미군들이 한국여자와 결혼하여 미국으로 귀국했고 그 수는 당시 전체 한인 이주민의 13%에 해당하였다.

---

14) Edward Taehan Chang. Korean Kaleidoscope: An Overview of Korean Immigration to The U.S. -The Korean Diaspora in the USA: Challenges and Evolution. Korean and Korean American Studies Bulletin, Vol.11, No.2, 2000, p.11.

15) 미법무부 이민국, 2000년 통계연보. 2000 Statistical Yearbook, USA; Yu, Eui-Young. Koreans in America: an emerging ethnic minority, Amerasia Journal, 1977, No.4, pp.117-131; Kim, Illsoo. New Urban Immigrants: The Korean Community in New York. Prinston, New Jersey: Prinston Uneversity Press, 1981; Yoon In-Jin. On My Own. Korean Businesses and Race Relations in America. Chicago & London: The University of Chicago Press, 1997.

16) 유의영. 미주 한인 인구학적 특징. 미주 한인이민사. 100 Year History of Korean Immigration to America. 한미 동포재단. Los Angeles. 2002. p.133.

최근의 미국 이주 한인들의 특징은 지식인들(엔지니어, 의사, 법률가, 교사 등)의 비율이 높다는 점이다. 광범위한 지식인들의 이주는 외국으로의 '두뇌유출'에 관한 한국 측의 통제만 없었더라면 더 많았을 것이다. 새로운 한인 이주는 높은 전문직 종사자 비율에서도 특징이 있다. 1961~1965년 동안 전체 한인 이주자의 71%는 직업종사자들이었는데 1966~1968년에는 이러한 비율이 75%까지 증가했고 70년대 후반에는 40%로 감소하였다. 이러한 전문직업 종사 경향은 모든 아시아 이주민에게서도 나타나는 특징이었다.

1950~1971년 기간에 미국 이주청에 등록된 한인들은 57,129명이었는데 얼마나 많은 사람들이 불법상태로 입국하여 나중에 영주권을 갖게 되었는지는 밝혀지지 않았다. 1968년 한 해에 1,098명의 한인들이 외국인 체류자에서 영주권자로 자격을 바꾸었고 다음 해에는 또 다른 1,812명의 한인들이 자신의 지위를 바꾸게 되었다. 1970년과 1971년에는 각각 2,079명과 4,049명의 한인들이 자신의 법적 지위에서 제한받았으나 자신의 지위를 외국인 체류자에서 영주권자로 바꾼 사람의 전체 규모는 알 수 없다.[17]

미국 국적부여에 관한 1965년의 이민법으로 기존의 입국쿼터제가 폐지되고 새로운 방식의 이주민 제한제도가 도입되는 동시에 외국인 노동자의 자격이 심사되었다. 이러한 새로운 법령은 여러 국가에서 온 이주민에게 다양한 결과를 초래하였는데 특히 아시아 출신 이주민에게 영향이 컸다. 아시아계 이주민은 1961~1965년간 7.6%에서 1969~1973년에는 27.4%로 증가하였고 유럽계의 경우(1969~1973년간 27.3%)와 비슷하였다. 미국 거주 전체 한인들의 숫자는 1965~1973년에 0.7%에서 3.8%까지 증가하였다. 1965년에 미국 이주민 중에서 영국, 독일 및 이탈리아 출신이 가장 많았으나 1975년에는 필리핀, 한인, 중국인 등으로 순서가 바뀌었다. 10년간(1965~1975) 한인들의 증가는 15배에 이르렀다. 70년대 중반에는 동부 아시아 이주민들의 1/3이 한인들이었다.

이와 같이 한인들은 새롭게 성장하는 이주민들이 되었다. 1970년 미국 인구

---

17) Kim Hyung-chan.(ed.) Some Aspects of Social Demography of Korean Americans. -The Korean Diaspora. Santa Barbara: ABC-Clio. Inc. 1977. pp.111-112.

조사국에서 한 조사에서 한인들이 처음으로 독립항목으로 설정되었는데 이
전에는 기타 항목으로 처리되었다. 1970년 인구조사에 의하면 한인들의 규모
는 70,598명이었는데 1950년보다 7배나 많은 수치였다.[18] 유의영 교수는 인구
조사의 한인 규모는 잘못된 계산으로 인해 부정확한 것이며 실제로는 113,000
명 이상이 된다고 주장하였다. 그럼에도 불구하고 1970년 인구조사는 한인 이
주자에 대한 인구학적 자료를 제공해 주었다.[19]

## 2) 한인 이주자의 성별, 연령별, 사회신분 및 지위

1970년 인구조사에 나타난 재미한인들은 기타 아시아계 미국인과 비교해
볼 때 여자 100명당 남자 68명이라는 심각한 불균형 성별구조를 지니고 있었
고, 국외 출생률도 54%로서 가장 높았다. 20세 이하 연령대 한인들 중 74%가
미국에서 출생하였고 그 이상 연령대의 71%는 한국에서 출생하였다. 재미한
인 35%가 18세 이하의 젊은이들이었고, 노령인구는 전체의 3%였다.[20]

재미한인의 교육수준은 아시아계 이주민 중에서 가장 높았는데 71%가 중
고등학교 졸업자였고, 36%는 대졸자들이었다. 1970년 당시 미국 전체의 대졸
자 비율은 11%에 불과하였다. 남자들의 대다수인 76%는 직업에 종사하였고
여성취업자 비율은 절반에서 조금 안 되는 42%였다. 이러한 수치는 전국에서
아시아계 이주민들이 차지하는 비율과 매우 흡사한 것이었다. 재미한인의 교
육수준이 다른 이주민족에 대해 비교적 높았음에도 불구하고 소득은 더 높지
못하였다.[21]

입양아를 둔 미국의 가정은 남아보다는 여아가 더 많다. 남아보다 더 많은
수의 여아들이 한국의 고아원에서 한국가정이나 혹은 해외로의 입양을 하였

---

18) См.: 미상무부센스국, USA Population Census, 1950, 1970.

19) Yu, Eui-Young. Koreans in America: an emerging ethnic minority, Amerasia Journal, 1977,
No.4, pp.122-123.

20) U.S. Immigration and Naturalization Service, Annual Report. Washington, D.C.: U.S. Government
Printing Office, 1971.

21) Там же.

다. 어려웠던 시기에 한국인 가정은 아들보다는 딸을 더 빨리 입양시켰던 것
이다. 대체적으로 미국인 가정에서도 아들보다는 딸을 더 선호하였다. 아마
딸을 더 선택한 것은 미국문화에 대한 적응과 동화에 따른 점도 고려되었을
것이다.[22]

둘째, 20~29세 연령대의 여자는 재미한인 중 가장 많으며 반면 30~39세
연령대 여자는 두 번째로 많았다. 이렇게 여자가 많았던 이유는 한국여자와
미군들 간의 결혼이 한국여자들을 미국으로 입국가능하게 만든 사실에서 비
롯되었다. 1959년 한인 이주자 1,720명 중에서 1,593명이 이주담당 기관에게
일시 입국을 신청할 수 있는 상근직장이 없었다. 당시 다양한 연령대의 여자
들 1,184명이 미국으로 입국하였다. 이러한 사실은 모든 여자들이 직장을 갖
지 않았음을 말해 주는 것은 아니지만 상당수의 여자들이 다소 안정된 직장
이 없었음을 뜻한다. 셋째, 20~29세 및 30~39세 연령대의 남자와 여자들은
1959~1971년 기간에 전체의 약 61%에 달했는데 이것은 미국에 이주한 상당
수의 한인들이 생산활동 가능연령들이었음을 보여 준다. 넷째, 1959년부터
1971년까지 남자이주민은 전체의 30%인 반면 동 기간에 여자이주민의 비율
은 70%였다.[23] 미국의 이주 및 귀화담당 기관에 의하면 총 8,654명, 즉 1959~
1971년 미국 이주한인의 16.2%가 전문가, 기술자 및 기타 노동자로 분류되었
다. 주부와 아이 등 직업이 없던 사람은 같은 기간의 이주민 전체에서 77%
였다.

이주한인의 고용과 관련해서 두 가지 특징을 들 수 있다. 첫째, 이들 중 대
다수는 가정을 이끄는 주부들과 미국가정에 입양된 아이들이었다. 둘째, 두
번째 큰 집단은 전문노동자들이었다. 1966년까지 전문노동자들의 이주는 매우
제한적이었으나 1959년부터 1965년까지는 전체 이주자의 7%, 그리고 1966년
이후에는 전체의 15%까지 상승하였다. 1969년부터 1971년까지 다음과 같이
다섯 부류의 고용집단으로 나누어 볼 수 있는데, 즉 전문노동자, 매니저, 사무

---

22) Kim Hyung—chan. Some Aspects of Social Demography of Korean Americans. —The Korean
　　 Diaspora. Santa Barbara: ABC—Clio. Inc. 1977. —p.112.

23) U.S. Immigration and Naturalization Service, Annual Report. Washington, D.C.: U.S. Government
　　 Printing Office, 1960~1972.

원, 기술자, 주부 및 아이들로서 이들 집단은 전년도에 비해 각 집단별로 40%씩 증가하였다.[24]

국적취득은 이주민들의 사회적 적응도와 통합도의 지표로 가장 중요한 것인데 왜냐하면 귀화관련법들이 미국에서는 다른 국가에서보다 차별적이지 않기 때문이다. 미국귀화 절차는 공식적으로 보기에는 매우 간단하게 보인다. 예외가 있긴 하지만 미국 국적 신청자는 미국에서 계속해서 5년 이상 이주민으로서 거주해야 한다. 미국 시민이나 군인들의 부인들인 경우 이들은 5년이 지나면 국적을 받을 수 있다. 신청자는 이전의 국적을 포기해야 하고 미국에 충성을 맹세해야 한다. 또한 신청자는 일정한 수준의 영어구사력이 있어야 하고 역사에 대한 필수지식과 기본적인 민주주의 제도에 대해 이해해야 하며 불법적인 행동을 하지 말아야 한다.

1959~1971년 기간의 한인이주에서 나타난 미국 국적의 취득 정도는 한인의 미국사회에 대한 높은 적응력과 관련이 있다. 가령 1959년에 한국에서 미국으로 이주한 1,720명 중에서 1,338명이 귀화하였고, 1961년에는 모두 1,534명의 한인들이 미국에 도착하였는데 그중에서 1,269명이 1971년에 국적을 받았다.[25]

1959~1965년 기간의 미국 이주 한인들의 절반이 6년 거주 후 국적을 부여받았는데 이는 다른 이주민족에 비하여 매우 높은 수준이었다. 이러한 이주한인들의 높은 귀화율에는 여러 요인이 있다. 첫째, 미군 부인인 한국인 여자들 중에는 높은 교육적 지식으로 영어를 잘 구사하여 미국 국적을 받는 시험에 많이 통과할 수 있었다. 둘째, 많은 수의 한국인 아동들이 미국의 가정에서 양육되었다. 또 다른 요인은 한인 이주민들이 한국의 국적을 버리고 미국을 새로운 조국으로 인식하여 미국 국적을 기꺼이 받아들였던 점이다.[26]

---

24) Kim Hyung-chan. Some Aspects of Social Demography of Korean Americans. -The Korean Diaspora. Santa Barbara: ABC-Clio. Inc. 1977, p.115.

25) Там же, с.116-117.

26) Cha, Marn. Ethnic Political Orientations a Function of Assimilation: with reference to Koreans in Los Angeles. Journal of Korean Affairs. 1975, 5:14-25; Chang, Edward and Janet Chunghee Kim. 1995. Following the Footsteps of Korean Americans. Los Angeles: The Pacific Institute for Peace.

1959~1971년의 미주한인 귀화과정과 내용의 특징은 다음과 같이 언급될 수 있다. 첫째, 대다수 한인 이주자들은 지정된 대기 기간 만료 후에 미국 국적을 부여받았다. 귀화한인들은 대부분 전문가, 전문노동자, 회사원 및 주부와 아동들이었는데 이들의 수는 해당 기간 동안 매년 꾸준히 증가하였다.

둘째, 전체 이주귀화인 중에서 전문노동자들의 귀화가 비교적 안정적인 증가추세를 보였다. 1959년에는 전문노동자 전문노동자가 귀화했는데 이것은 당해 연도 이주귀화인 중 3.8%에 불과한 것이었다. 반면 미군 부인의 자격으로 있던 한국인 여자와 미국 가정에 입양된 아동들의 경우는 그 비율이 89.4%에 달하였다.

1967년 이전까지 전문노동자들의 귀화비율은 9%를 넘지 않았으나 1968년부터는 그 비율이 급증하였고 당해 연도의 국적취득 이주민 중 12.2%까지 증가하게 되었다. 1959년부터 1971년까지의 전 기간 동안 한인 이주민의 귀화비율은 미국 국민으로 수용된 미국인 가정에 비교해 볼 때 절대적으로 적은 7.9%였다.

1970년 미국의 인구조사 결과 한인들이 공식적으로 68,216명으로 등록되었고 그중에서 36,681명이 현지에서 출생하였다. 새로운 국가에서 태어나고 한인 혈통을 유지한 이러한 새로운 부류의 미주한인에 관해 분석해 보면 여러 가지 특징이 나타난다. 첫째, 무엇보다도 여아출생률이 전체 미주한인 출생자 중 64%에 달하고 또한 20~39세 연령대가 45% 이상을 차지하고 있다는 점이다.27)

미국 밖(가령 한국 등)에서 출생한 3,797명의 한인들 중에서 남자들의 비율은 20~24세 연령대의 경우 모두 19%에 달하며, 이에 반해 미국 밖에서 출생한 7,777명의 한인들 중 여자들의 비율은 25~29세의 경우 75%에 달하였다. 잠재적 노동력을 감안해 볼 때 19세 이전 연령대의 남녀들은 미국 밖에서 출생한 전체 한인들의 17%를 차지하였다.

미국 태생 한인들의 평균연령대와 비교하면 한국 태생 평균연령대가 훨씬

---

27) Kim Hyung-chan. Some Aspects of Social Demography of Korean Americans. -The Korean Diaspora. Santa Barbara: ABC-Clio. Inc. 1977. p.122.

젊다. 19세 이전의 18,935명의 한인들 중에서 약 60%가 한국에서 출생하였다. 이러한 사실은 미주한인들의 이주가 오래되지 않았음을 말해 준다. 19세 이하의 집단을 보면 20~39세 사이의 연령대는 한국에서 출생한 이주민의 18%에 불과하였다.

1970년 인구조사에 의하면 미국 밖과 안에서 출생한 20~39세 연령대가 30,603명이었다. 이것은 전체 미주한인의 44%에 해당하였다. 역시 같은 인구조사에 의하면 미국 안팎에서 태어난 25,515명의 한인들 중에서 19세 이하의 사람은 전체 미주한인의 37%를 차지하였다.[28]

한인 이주자들 중 젊은이들이 더 두드러져 보였다. 1971~1973년에 미국으로 이주한 전체 한인들 중 67.8%는 30세 이하의 연령대였다. 이것은 1970년 인구조사 자료와 비교한다면 51.5%에 해당하는 비율이었다. 1975~1977년 및 1971~1973년에 동아시아에서 미국으로 입국한 이주민의 동일한 연령대 중에서 한인들의 비율이 가장 높았다. 1975~1977년 기간에 약 44%의 한인 이주민들이 20세 이하의 연령대였으며 이에 반해 중국의 경우는 26.9%, 핀란드 27%, 일본 17.5% 등이었다. 동시에 20~39세 연령대 한인들은 44%로서 전체 동아시아 이주민 중에서 가장 낮았다. 1977년 한인 이주자들의 성별 구성은 다음과 같았다. 즉 여자 100명당 남자 64명으로서 일본인의 경우 100 : 62, 중국인 100 : 92, 핀란드 인 100 : 67.7 그리고 미국 전체는 100 : 95.1이었다.[29]

1970년에 재미한인의 평균연령은 26.1세로서 국가평균 28.1세보다 적었고 흑인들의 22.5세보다는 많았다. 미주 아시아인들 중에서 한인들이 일본인(32.4세)보다 나이가 더 적었고 중국인과 핀란드 인들의 평균연령대와 비슷하였다.

미주 한인 중 아동들의 비중은 다른 아시아계 민족보다도 더 높았고 1970년부터는 더욱더 증가하였으며 1974년에는 전체 한인 이주민의 15.6%에까지 이르렀다. 1970~1974년의 전체 이주한인 중 15%는 5세 이하의 아동들이었

---

28) U.S. Immigration and Naturalization Service, Annual Report. Washington, D.C.: U.S. Government Printing Office, 1971.

29) Won Moo Hurh and Hwang Chung Kim. Korean Immigrants in America: A Structural Analysis of Ethnic Confinement and Adhesive Adaptation. Cranbury, New Jersey: Fairleigh Dickinson University Press, 1984; Eui-Young Yu. Korean Communities in America: Past, Present and Future. -Amerasia. 1983 Vol.10. N.2. pp.23-35.

다. 1970~1974년에 미국에 입국한 이주한인 중에서 37%는 20세 이하의 젊은 이들이었다.[30]

새로운 한인 이주 물결이 비교적 짧았던 관계로 60세 이상 연령대 사람들은 극히 적었다. 1970년에 미국 전체 평균 14.2%에 비해 4.6%에 불과하였다. 가장 근로활동이 왕성한 20~59세 연령대의 한인 이주자 비중은 1970년대 전반기에 다른 어떤 미국 이주민보다도 더 높았다. 1967년부터는 이러한 연령대의 한인들이 계속해서 줄어들기 시작하였다.[31]

1970년 미국의 인구조사 자료에 의하면 16세 이상의 한인들 47,000명 중 남자의 75.5% 이상과 여자의 41.5%가 직업활동을 하였다. 이러한 통계수치는 백인을 포함한 전체 미국인들의 것과 거의 일치한다. 실업자 통계도 이와 유사한데 1965~1974년에 미국으로 이주한 한인들 중에서 67%는 직업을 가지고 있고 높은 전문성과 기술 및 관리능력을 가지고 있다고 밝혔다. 재미한인들 중에서 이렇게 높은 전문노동자 비율은 미주한인의 직업적 성향을 제공해 준다. 시간이 흐르면서 한인들 중에서 전문노동자들의 비율은 점차 낮아지기 시작하였다. 1971년에 전문노동자 비율이 73%라고 한다면 1972년에는 64%, 1973년에는 50%, 1974년에는 42%였다.[32]


## 3) 주거지 분포의 변화

한인 이주의 첫 번째 물결은 하와이로 시작되었고 그 다음 캘리포니아를 비롯한 대륙으로 이동되었다. 1970년 인구조사에 의하면 캘리포니아 주의 한인은 주에서 출생한 사람 여부에 관계없이 9,557명으로서 제일 높았다. 9,557명 중에서 로스앤젤레스에 4,029명, 샌프란시스코에 792명의 한인이 있었다.

---

30) U.S. Immigration and Naturalization Service, Annual Report. Washington, D.C.: U.S. Government Printing Office, 1971~1975.

31) Там же.

32) Ryu Jai. P. Koreans in America: A Demographic Analysis. ‒Kim Hyung‒chan.(Ed.) The Korean Diaspora. Santa Barbara: ABC‒Clio. Inc. 1977, pp.205‒ 228.

세 번째 많은 곳은 오클랜드였는데 146명의 한인이 있었다. 캘리포니아는 미국에서 출생한 한인 수에서 두 번째였다(7,124명). 하와이는 미국 출생 한인들이 가장 많은 곳이었다(7,639명). 캘리포니아에서 출생한 7,124명의 한인들 중에서는 단지 1,649명만이 로스앤젤레스에서, 산디애고에는 324명이 거주하였다.[33]

뉴욕 주는 미국 이외에서 출생한 한인들의 수가 두 번째 많은 곳으로서 3,855명이 있었고 미국에서 출생한 한인들의 수는 세 번째로서 2,254명이었다. 외국에서 출생한 후 뉴욕에 거주하던 3,855명 중에서 2,665명이 뉴욕 시에 거주하였다. 이것은 외국에서 출생한 후 뉴욕에서 거주하던 한인들의 70% 정도에 해당하였다. 뉴욕 시에는 미국에서 출생한 후 뉴욕 주에 거주하는 한인들 2,254명 중에서 989명이 거주하였다. 이것은 미국에서 출생한 후 뉴욕 주에 거주하는 한인들 중 43%가 뉴욕 시에 거주했음을 의미한다. 일리노이 주는 미국 밖에서 출생한 한인들의 수가 세 번째로 많은 주로서 인원은 2,506명이었다. 이 중에서 1,333명은 시카고에서 거주하였고 피어리와 록포드에서는 각각 13명과 7명이 거주하였다. 1970년 일리노이 주에는 미국에서 출생한 한인 1,297명이 있었다. 시카고에는 590명이 있었는데 이것은 미국에서 출생하고 일리노이에 거주하던 한인들의 45%에 해당하였다.[34]

1970년 인구조사 결과 출생지와 관계없이 68,216명의 한인들 중에서 15,837명, 즉 전체의 23%가 미국의 5개 도시에 거주하였다. 로스앤젤레스 5,678명, 뉴욕 3,654명, 호놀룰루 3,528명, 시카고 1,923명, 샌프란시스코 1,084명 등이다. 미국에는 출생지에 관계없이 약 200명가량의 한인들이 거주하는 도시가 27곳이었다. 이러한 27개 도시의 한인인구는 22,183명, 즉 전체 미주한인의 32%를 차지하였다. 1970년 인구조사에 의하면 미국에는 143개의 도시근교 지역이 있었고 대략 이러한 경계지역에 29,147명, 즉 전체 한인의 42%가 거주하였다.[35]

---

33) U.S. Immigration and Naturalization Service, Annual Report. Washington, D.C.: U.S. Government Printing Office, 1971∼1975.

34) Kim Hyung−chan.(ed.) Some Aspects of Social Demography of Korean Americans// The Korean Diaspora. Santa Barbara: ABC−Clio. Inc. 1977. pp.124−125.

재미한인들은 취업과 비즈니스 및 더 나은 교육을 받을 수 있는 대도시에 모여 사는 집중화 경향을 보였다. 1970년 인구조사에 의하면 미주한인의 67%는 도시인구에 속하였다.[36]

미주 한인의 지역분산은 또한 도시 - 농촌 인구의 전형적인 모습이 아니었다. 1970년 인구조사 때와 그 이후에는 전체 미주한인의 16%만 거주하던 서부지역에 모든 아시아계 주민들이 집중화되어 살았다. 1970년 미주한인의 44%는 서부지역에서 살았다. 그러나 그 이후 인구유형은 심각하게 변화하였다. 1971~1974년에 이주해 온 한인들 중에서 적어도 1/3은 서부지역에 살았고 나머지는 미국의 주요 지역에 골고루 흩어져 살았다. 이러한 유형은 주요 아시아계 세 민족의 것과는 다른 것이었다. 다른 민족들의 서부지역 집중화 경향은 비교적 낮았지만(1970년 인구조사) 서부지역에 있는 이러한 민족들은 각각 한인들보다 더 많았다. 미주한인들은 이미 설명했듯이 지역적 도시 - 농촌적 인구분포에 있어서 다른 아시아계 민족보다 더 분산적이었다.[37]

주별 분포를 보면 편중 현상이 심하다. 한인들은 도시형보다는 농촌형 거주모델을 보이고 다른 아시아계 사람들보다 지역적인 특징이 강하지만 대체적으로 캘리포니아, 하와이, 일리노이, 미시간, 메릴랜드, 버지니아, 뉴욕, 뉴저지, 펜실베이니아, 오하이오 및 워싱턴 주 등 고도의 산업화된 주에 집중화되어 있다. 1972년에 외국인으로 등록된 70,382명 중에서 75%인 52,924명은 상기 10개 주 및 콜롬비아 근처에 거주하였다.

전후 시기인 1945~1975년 미주한인의 상당수는 여자들이었고 이는 1902~1905년에 미국으로 이주한 이주 1세대의 성별 구성과는 대조적이었다. 한인

---


35) Kim, Illsoo. New Urban Immigrants: The Korean Community in New York. Prinston, New Jersey: Prinston Uneversity Press, 1981.

36) Park, Hyunjung. Demographic and Socioeconomic Characteristisc of Korean Americans in the United States in 1980., Korean Journal of Population and Development, 19:2, pp.177-199, 1990; Min, Pyong Gap. 1995. Koreatown., pp.940-944 in The Asian American Encyclopedia, edited by Franklyn Ng. New York: Marshall Cevendish.

37) Ryu, Jai P. Koreans in America: a demografic analysis. In Hyung-chan Kim, The Korean Diaspora, pp.205-228, 1977; Hong, Lawrence and Sa-Hun Kim. Socio-Economic Characteristics of Korean Migrants. Seoul: Korea Development Institute Press, 1979; Yu, Eui-Young. Koreans in Los Angeles: size, composition and distribution. In Eui-Young Yu et al.(eds.) Koreans in Los Angeles: Prospects and Promises. Los Angeles Research Institute, pp.23-47, 1980.

이주자의 대부분은 미국인의 부인과 아이들이었고 미국 입국 시에 이주당국에 신고할 어떠한 직업도 가지고 있지 않았다. 1965년 10월 3일자의 새로운 이주법령으로 인해 한국을 포함한 아시아계 이주민들의 질적, 양적 구성 변화가 일어나기 시작하였다. 특히 미국 이주당국의 분류에 따라 직업을 가진 한인들이 많이 유입된 것은 이러한 법령도입의 결과였다. 이주한인들은 다른 아시아계 이주민과 비교해 볼 때 미국 국적을 성공적으로 받았으며 그 결과 귀화한인들의 대다수는 미국인의 아내와 아이들이었다. 전후 미국으로 이주한 한인들은 두 개의 집단으로 나누어진다. 첫 번째는 1965년 신이민법 발효 이후 미국으로 입국한 사람들이며 두 번째는 1976년에 그들과 합류한 사람들이다. 이 두 집단은 사회경제적 배경이나 이주동기가 서로 달랐으며 다양한 사정들이 있었다. 1970년 인구조사에 의하면 미주한인들은 미국의 산업도시인 캘리포니아, 뉴욕, 일리노이, 하와이, 펜실베이니아, 미시간 및 뉴저지 등지에 집중된 경향이 있었다.


## 2. 1975～2000년의 미국 이주


### 1) 미주한인 이주의 전제 및 요소

  1962년에 남한 정부는 신이주민정책을 국가발전 계획의 일부분으로 수용하였다. 1960년부터 1975년까지 남한인구는 2,400만 명에서 3,460만 명으로, 즉 44%나 증가하였다. 한국 정부는 국민총생산 증가속도를 능가하는 인구증가율의 상승이 국가경제 발전을 저해하는 것으로 간주하였다. 그래서 과잉인구에 대한 이주정책이 경제성장에 대한 압박해소책으로 출현하게 되었던 것이다. 이주정책의 다른 목적은 외화송금의 형태로 한국에 유입되는 미달러를 확보하는 일이었는데 외국에서 노동하면서 거주하던 한인들이 외화를 고국에 송금했던 것이다. 가령 1963～1974년까지 서독에서 일하던 약 17,000명의

간호사와 광부들이 남한으로 7억 2,000만 달러를 송금한 바 있었다.[38]

한인 이주는 세 범주로 분류된다. 첫 번째는 남한과 이주민수용 국가와의 협정에 따라 개인을 포함한 단체이주가 진행된 것이다. 두 번째는 계약이주로서 각 개인이 수용국에서 근로자로서의 고용계약이 체결된 경우이다. 대다수 이와 같은 고용계약은 남한에 있던 수용국 회사에서 이루어졌다. 이러한 범주에 속하는 많은 사람들은 미국에서 전문직 혹은 높은 자질을 가진 사람들이었다. 세 번째는 개인 혹은 사회단체의 초청을 받아 이루어진 경우이다. 이 범주에는 미국에 미리 이주해 있던 친척들을 두고 있는 경우가 많았다.[39]

남한 정부는 일부 시민들의 해외이주를 금지하였는데 전과자, 정신질환자, 노동무능력자 및 탈영병과 반체제인사들이 대상이었다. 나중에는 여행사를 통하여 이주할 수 있었던 고위 민·군관리들, 사업가들에 대한 이주제한도 취해졌다. 과거에는 이와 같은 형태로 중요한 정보와 막대한 자본유출이 행해질 수 있었던 것이다(외국인의 미국투자 최소자본금은 지속적으로 증가하였다. 즉 1976년에는 4만 달러면 충분하던 것이 현재에는 저개발지역에는 50만 달러, 기타 지역에는 100만 달러가 있어야 한다).

외화와 두뇌의 해외유출을 우려한 한국 정부는 1975년에 이주법 개정을 단행하여 10만 달러 이상 소지하고 출국하는 것을 금지하였고 다음과 같은 사람들의 출국도 제한하였다. 즉 고위급 퇴직 장성인사, 정부 고위 공무원, 국회의원, 사법부 고위법관, 주요 공기업체 사장 등이 이에 포함되었다.[40]

이와 같이 남한 정부의 신이주 정책은 한국사회의 중산층 대표들을 국가로부터 나가게 장려하는 쪽이었지 국가에서 큰 소득을 획득하게 하거나 귀중한 정보를 가져오게 하는 것은 아니었다. 즉 새로운 중산층이 미국한인 이주사회의 주류를 형성하게 된 것이었다. 산업화 과정에서 출현한 노동자와 농민층은 이주가능성을 가지지 못하였다.

---

38) Yoo, Jung-Sook: Koreanische Immigranten in Deutschland: Interessenvertretung und Selbstorganisation. Hamburg, 1996, S.28-50.

39) Kim Ilsoo. New Urban Immigrants: The Korean Community in New York. Prinston, New Jersey: Prinston Uneversity Press, 1981, p.51

40) Там же, с.65.

이주가 중산층 대표들에 국한된 이유는 주로 경제적인 것과 관련이 있었는데 이유는 대학교육을 받은 사람들이 주로 이들이고 곧 이들은 출세에 성공한 사람들이었기 때문이었다.[41] 그러나 이주를 가기 위한 가능성은 한국에서 제한되었는데 그것은 고등교육 노동자에 대한 수요가 초과되었기 때문이었다. 1965~1990년 사이에 3년 군복무를 마친 대졸 남자 실업자 평균은 30%에 달할 정도로 실업자 문제는 매우 심각하였다. 1980년대 초까지 미국인의 평균 소득은 적어도 한국인보다 10배 이상이었고 1993년에만 소득차가 3배에 이르렀다. 그러나 경제적 요인이 이주의 유일한 원인은 아니었다.

가령 윤인진 교수는 이주의 원인을 다르게 보았다. 그는 한국사회의 정실주의와 지역주의로 인해 남들과 비교하여 성공가능성이 낮다고 여겨지는 사람들이 타국에서의 새로운 가능성을 위하여 나갔다고 하였다. 이에 대한 증거로서 경상도와 전라도 출신 이주자를 들었다. 대통령들과 많은 국가정책, 고위관료들은 경상도 출신에서 나왔고, 이렇게 구성된 체제에서 경상도 지역 발전 정책이 급격하게 추진되었고 반면에 전라도는 후진적 발전상태로 남아 있게 되었다. 이러한 비대칭적 경제성장의 결과 전라도 출신 주민들은 서울로 이동하였고 거기서 이들은 오늘날 서울 인구의 30%가량을 차지하게 되었으며 주로 낮은 사회계층을 이루었다. 아직 정확한 연구자료가 나와 있지는 않지만 아마 전라도 출신 사람들이 다수의 한인 이주자를 형성하게 되었을 것이다.[42]

남한으로 피난 갔던 북한 사람들 중 새로운 환경에 적응하지 못한 사람들도 국가를 등지게 되었다. 이 문제에 관한 연구에 의하면 1962년부터 1968년까지 라틴 아메리카에 살았던 이주 한인 중 절반이 북한 지역 출신자들이었다. 이주원인은 주로 그들이 남한 지역에 연고가 없었다는 점에 있었다. 1981년 자료에는 로스앤젤레스의 응답자 중 22%는 북한에서 출생한 사람들이었

---

41) Kim, Illsoo. New Urban Immigrants: The Korean Community in New York. Prinston, New Jersey: Prinston Uneversity Press, 1981; Light, Ivan and Edna Bonacich. Immigrant Enterpreneurs: Koreans in Los Angeles, 1965－1982 Berkerley, University of California Press, 1988.

42) In－Jin Yoon. On My Own. Korean Businesses and Race Relations in America. Chicago & London: The University of Chicago Press, 1997, pp.75－76.

으며 이것은 남한 출신 사람들 총인원 중 북한 출신 사람들의 비중에 비해 11
배나(675,000명) 많은 수치였다.[43]

자녀들에게 양질의 그리고 비교적 저렴한 교육을 시키고 싶어 하는 중산층
부모들의 희망이 미국(캐나다, 호주, 뉴질랜드 등 영어권 국가) 이주의 또 다
른 동기가 되었다. 1969년까지는 한국에서 무상 의무교육이 초등학교까지만
이루어졌다. 자녀교육비는 가정 지출의 평균 1/3을 차지하였다. 사실 한국에
서의 출세 여부는 교육을 받은 정도에 직결되어 있다. 학교수업 외에 학원교
육으로 추가교육비가 소요되었고 이는 중ㆍ상류층 가정에서는 보편적인 일
이다. 저소득 가정에서조차 더 나은 대학교에 가기 위하여 추가 지출을 마다
하지 않는다. 부유한 가정은 매달 평균 노동자 월임금인 100만 원 이상을 과
외수업에 지출한다.

미국 이주의 또 하나의 원인은 미국에 대한 고정적인 이미지, 즉 민주주의
에 기초한 평등한 국가, 한국사회와 문화에 대한 미국 대중문화가 끼친 영향
등이 있다. 그 결과 많은 중산층 한인들이 자신들의 삶의 질과 수준을 바꾸려
고 하였다. 사회이동 및 물질적 혜택의 희망과 가능성 사이의 점증하는 격차
는 향후 자기 나라에서 회의적인 전망을 제기하였고 미국으로의 이주는 그들
에게 매력적인 선택으로 되었던 것이다.[44]

박계영 씨는 1970~1980년대의 대량이주의 원인을 이른바 '아메리칸 드림'
에서 찾았다. 이주의 원인은 다양하지만 사실 대체적으로 한국에서 '미국병'
이라고 불리는 미국의 '문화적 식민주의'에 기인하였다. '미국병', 이것은 미
국에 대한 단순한 관심이 아니라 병적인 현상이고 심리적 의존성을 말하는
것이다. '미국병'은 정치, 경제, 사회 및 문화적 풍요를 위해 미국사회와 일치
시키려는 문화학적 복합개념이다. 이 병을 치유하고 의존성에서 탈피하기 위
해서는 미국으로 가는 수밖에 없는 것이다.[45]

많은 연구자들은 70년대에 미국으로 대량 이주한 원인을 다른 곳에서 찾고

---

43) Там же, p.76.

44) Park Kyeyoung. The Korean American Dream. Immigrants and small business in New York city.
    Cornell University Press. Ithaca and London, 1997, pp.7－36.

45) Там же, p.29.

있는데, 즉 한국의 권위주의 정부하에서의 불만족, 남북의 대치국면에서 초래되는 불안감, 그리고 정치적 불안정 등을 꼽고 있다. 특히 이러한 면은 1950~1953년 사이의 북한에서 남쪽으로 향한 사람들과도 관계가 있으며 이들에게는 미국이 가장 매력적이며 안정적인 국가로 간주되었던 것이다. 과거 북한지역에서 이주한 사람들은 북한의 남침에 대해 무엇보다도 우려하였는데 왜냐하면 만약 전쟁이 일어날 경우 우선적인 희생자들을 자신들로 보았기 때문이었다.

1975년 이후 미국 이주 요건이 단순화하였는데 우선 많은 현금보유는 더 이상 필수적인 조건이 되지 않았고, 미국에 이주해 있던 사람들과 친척관계가 형성되었으며, 많은 사람들은 이미 미국에서 거주하면서 한인공동체를 조직할 수 있게 되었다. 또한 구비서류도 이주당국 자체에서 폐기해 버리기도 하였다.[46]

70~80년대에 있었던 미국으로의 대량 이주는 20세기 초에 있었던 초기 이주와 판이하게 달랐다. 아시아 대륙은 미국의 전략적 이해지역이었고 여기서 일련의 국가들이 경제, 무역적으로 중요한 상대국이 되었다. 한국은 극동지역의 중국과 소련의 팽창에 맞서는 미국 정치제도상의 전초 기지가 되었다.[47]

아시아인에 대한 인종적 편견이 일상생활 및 제도적 측면에서 지속되었지만 미국의 여건도 근본적으로 변화하였다. 물론 과거에 존재했던 인종차별적 법령은 사라진 상태였다. 민족적·인종적 이유로 개인이 차별받는 일은 불법적인 것으로 간주되었다. 미국에서 이주라는 것은 강력한 국가정체성의 한 부분이며 본질적으로 이주민으로 구성된 미국인들은 '아메리칸 드림'이라는 고전적인 방법을 고안하였고, 이를 위해 누구나 미국에 오면 성공할 수 있으며 적어도 생활은 보장된다고 하였던 것이다. 1990년대 말 미국에서는 약 100만 명의 사람들이 매년 합법적 거주권, 일명 '그린카드'를 받았다. 이에 반하

---

46) In-Jin Yoon. On My Own. Korean Businesses and Race Relations in America. Chicago & London: The University of Chicago Press, 1997, pp.75-89.

47) Hagen Koo and Eui-Young Yu. Korean Immigration to the United States: Its Demographic Pattern and Social Implications for both countries. -Hawaii Papers of the East-West Population Institute. 1981, p.27.

여 이주 및 귀화 담당관청의 평가에 의하면 매년 약 275,000명의 사람들이 불법상태로 이주하였다. 약 500만 명이 미국의 불법이주민들로 추산된다.[48] 미국의 합법 이주는 크게 네 가지로 분류되는데 각각 이주정책 실행방법 차이에서 비롯된다. 즉 가족과의 재회, 노동 및 인도적 이주, 그리고 다양한 민족문화의 유지 등이다.[49] 한국인에 관해서는 1970~2000년의 경우 합법적 이주의 첫 두 부류에 속한다.

한국에서 미국으로 이주하는 과정에서 보면 이른바 '밀고 당기는 요인'이 작용하는데 곧 수혈국가로부터의 미는 힘과 받는 국가로부터의 당기는 힘과의 상호작용이 연구기간 동안에 다양한 형태로 있었다. 즉 어떤 힘이 절대적으로 작용했던 것인지 말하기는 어려우며 최근 미국으로의 한인 이주원인에 대한 복합적인 성격에 대해서는 고찰해 볼 필요가 있다.

## 2) 이주민들의 규모, 성별 구성 및 사회적 구성

1965년 이후 미국 이주 한인들을 '신이주민'이라고 자주 지칭하지만 일부 연구자들은 1965~1976년 기간에 미국에 거주한 한인들을 '초기 한인물결'로 부르기를 더 선호한다. 1976년까지 한인 이주자들은 압도적으로 전문가 비자를 받았으나 나중에는 가족과의 합류를 목적으로 한 친지초청 비자를 받았다. 미국의 이주 및 귀화청에 의하면 1981~1982년에 학생 8,000명을 포함한 약 10만 명의 한인들이 비자 없이 미국으로 입국하였다. 이들 10만여 명 중에서 얼마나 많은 사람이 미국에 잔류했는지는 알 수 없다.[50]

초기 물결 한인 이주민들 일부는 수년간 미국에 머문 후 남미, 독일, 캐나다

---

48) Иванов М. М. США: Правовое урегулирование иммиграционного процесса(условия и процедуры приобретения статуса постоянного жителя США). Москва. −Международные отношения. 1998.

49) Карен Лоуренс, Кэтлин Ньюланд. Цели и методы иммиграционной политики США. −Иммиграционная политика западных стран: Альтернативы для России. Под редакцией Г. Витковской; Международная организация по миграции. Московская исследовательская программа по миграции. Москва, Гендальф, 2002, с.187−203.

50) Korea Times, September 6, 1985.

등지로 나갔다. 독일과 캐나다에서는 한인들이 광부로, 간호사로 그리고 성직자로 일하였다. 일부 한인 이주민은 한국 거주 미군들과 결혼한 친척으로부터 재정적 지원을 받기도 하였다.

1976년 이후 미국에 도착한 이주민들은 두 부류로 나누어진다. 하나는 상당히 많은 돈을 가진 자들이고 다른 하나는 그렇지 못한 자들이었다. 한국 정부가 1978년에 1,000달러 이상 소지한 채 출국할 수 없는 제도를 해제하자 일부 이주민들은 많은 현금을 가지고 미국으로 떠났다.[51]

대체적으로 초기 및 후기이주의 두 집단은 정치안정과 사회적 이동을 목적으로 미국으로 떠나갔다. 또 다른 한인 이주의 원인은 자신의 돈으로 투자하여 얻는 이익에 있었다. 재산이 없는 한인들은 단지 살기 위하여 이주하였다. 상당수의 한인들이 관련 서류 없이 미국으로 이주하였고 '피곤한 이민자', 즉 불법이주자들이었다.

1976년부터 매년 3만 명 이상의 한인들이 미국으로 입국하였으며 1965년부터 1980년까지 이주한 총 인원수는 30만 명이 넘었다. 미국 이주 아시아계들 중에서 한인들은 필리핀 인 다음으로 많은 숫자를 차지하였다. 1980년 인구조사에는 354,529명의 한인들이 등록되었는데 이것은 1970년에 비하면 4배 이상이었다.[52]

1970~1980년대의 급속한 이주증가는 1990년대의 급속한 하락으로 이어졌는데 오늘날 주요 도시지역에 거주하는 미주한인들은 이주민 및 이들의 자녀로 구성되는 두 세대로 이루어져 있다. 1990년대 인구조사에 의하면 미국에는 약 80만 명의 한인들이 거주하였고 이들 중 28%만이 미국에서 태어났으며 나머지는 이주민 자녀들이었다. 이들 이주자 중에서 약 267,000명이 1970년대에 도착하였고 약 339,000명은 1980년대에 도착하였다. 1990년대에는 일부분(6.9%) 한인들이 18~22세 연령대였고 약 1/4은(28%) 23~35세 연령대였다. 한국에서 태어난 이주자들의 대다수는 36세 이상의 연령대였다. 미국에서 출생

---

51) Park Kyeyoung. The Korean American Dream. Immigrants and small business in New York city. Cornell University Press. Ithaca and London, 1997, p.24.

52) U.S. Department of Commerce, Bureau of the Census. 1980 Census of Population. PC80-S1-3. Race of the Population by States: 1980. Washington, D.C., 1981.

한 약 15%의 이주민은 대학생들이었고 나머지 15%는 중간연령대의 사람들이었다. 미국 태생 중 일부(6.3%)는 36세 이상이었고 대부분 아동들이었다.[53]

<표 1>은 1970~1980년 인구조사 사이에 아시아계 이주민들의 출신국별로 변화한 수치를 작성한 것이다. 10년 동안 미국의 총 인구는 11.4% 증가하였고 아시아계 이주민들의 상대적 증가가 매우 빨리 이루어졌다. 증가수치가 가장 낮은 것은 일본인들로 18.5%였고 가장 높은 것은 한인으로 412.8%였다. 1970년에 미국 이주 한인들은 일본인들의 11.7%, 중국인의 15.9%였다. 10년 후 이 비율은 각각 50.5%, 44%에 달하였다.

<표 1> **1970년과 1980년의 미국거주 아시아계 주민 수**

| | 전체 | | 백분율(%) |
|---|---|---|---|
| | **1970년** | **1980년** | |
| 미국 전체 | 203,302,031 | 226,504,825 | 11.4 |
| 중국인 | 435,062 | 806,027 | 85.3 |
| 필리핀인 | 343,060 | 774,640 | 125.8 |
| 일본인 | 591,290 | 700,747 | 18.5 |
| 한인 | 69,130 | 354,529 | 412.8 |

출처 : Составлено по материалам: U.S. Department of Commerce, Bureau of the Census. 1980 Census of Population. PC80-S1-3. Race of the Population by States: 1980. Washington, D.C., 1981.

1980년 인구조사에서 한인들의 숫자가 354,593명이었으나 미국 한인공동체의 지도자들은 이러한 수치가 실제보다 낮게 조사되었다고 보았으며 사실은 60만 명 이상으로 보았다.[54] 1970년 이전에 미국에 거주하던 10만여 명의 한인들을 감안하고, 1970년 이후 이주한 45만 명 이상의 한인들, 1970년 이후 미국에서 출생한 아동들, 일시 체류한 학생 등 모두 1986년 1월의 한인 수는 약 80만 명에 달한다.

이주민에 관한 인구학적 지표를 보면 대다수 이주자는 생물학적·경제적 의미에서 젊은 세대의 가족들이었으며 자녀가 있는 가장 활동적인 사람들이

---

53) U.S. Bureau of Census, 1990 Census of Population; Kvon Ho-Youn, Kim Kwang Chung. Korean Americans and their Religion. Pennsylvania State University, 2001.

54) Choong-Ang Daily, September, 11, 1981.

었다. 1977년 이주와 귀화통계에 의하면 이주자의 87%가 40세 이전의 사람들이었다. 이러한 연령대의 비율은 미국에서는 64%, 한국에서는 80%로 파악되었다. 이와 같이 평균 이주연령층은 한국인구의 평균치보다 낮았고 미국 평균치에 비해서는 조금 높은 편이었다.[55]

<표 2> 1970~1986년간의 미국 이주 한인들과 합법적 이주민의 수

| 이주 연도 | 입국자 수 | 등록자 수 |
|---|---|---|
| 1970 | 9,314 | 2,079 |
| 1971 | 14,297 | 4,049 |
| 1972 | 18,876 | 5,513 |
| 1973 | 22,930 | 4,961 |
| 1974 | 28,028 | 4,658 |
| 1975 | 28,362 | 2,364 |
| 1976 | 30,803 | 1,881 |
| 1977 | 28,437 | 2,480 |
| 1978 | 25,830 | 3,458 |
| 1979 | 26,646 | 2,502 |
| 1980 | 29,387 | 2,933 |
| 1981 | 28,819 | 3,844 |
| 1982 | 27,861 | 3,863 |
| 1983 | 29,019 | 4,320 |
| 1984 | 28,828 | 4,214 |
| 1985 | 30,532 | 4,721 |
| 1986 | 30,745 | 5,031 |

출처 : Составлено из материалов: 미법무부 이민국, 2000년 통계연보. 2000 Statistical Yearbook, USA; 유의영 미주 한인 인구학적 특징 -미주 한인이민사. 100 Year History of Korean Immigration to America. 한미 동포재단, Los Angeles, 2002, p.133; Jin Yoon. On My Own. Korean Businesses and Race Relations in America. Chicago & London: The University of Chicago Press, 1997.

미주 한인 이주는 1990년대에 급감하였는데 1980년대 말 연평균 35,000명에서 90년대에는 평균 15,000명 수준으로 낮아졌던 것이다. 이러한 원인에는 몇 가지가 있다. 중산층 한인들의 사회경제적 상황이 박정희 독재권력의 종식에 이어서 1993년 발생한 국가와 사회의 민주화 정부와 함께 악화되었다.

---

55) Yu Eui-Young. Korean Communities in America: Past, Present and Future. -Amerasia. 1983, Vol.10, N.2, pp.30-31.

그리고 미국 이주 한인들의 생활이 어렵다는 사실과 사건 및 소식들이 한국에 전파되면서 잠재적인 이주민들의 숫자가 감소하게 되었다. <표 3>은 1986~2000년 동안 미국 이주 한인들의 감소현상을 나타낸 것이다. 1991~2000년간의 미국 이주 한인들의 수는 164,166명이 되었고 이는 1981~1990년의 337,746명의 절반에 머무르는 수준이었다. 이주자들의 숫자가 가장 적었던 해는 1999년으로서 12,840명이었고 2000년에는 조금 증가한 15,214명이었다. 2000년에 미국 이주 한인들 전체 수에서 7,332명(46.3%)은 이주입국 비자를 소유하였으나 나머지 8,498명(53.7%)은 관광비자나 유학비자를 가지고 입국하였다. 1980~2000년 미국한인들의 수는 한국에서 유입되는 이주자들과 한인 이주자들의 자연증가를 감안해 볼 때 꾸준히 증가하였고, 최근 공식 인구조사에 의하면 1,007,000명의 한인들이 거주하고 있는 것으로 밝혀졌다.

<표 3> 1986~2000년간의 미국입국 한인들의 수와 정식 등록된 인원수

| 이주 연도 | 입국자 수 | 정식등록자 수 |
| --- | --- | --- |
| 1986 | 30,745 | 5,031 |
| 1987 | 32,135 | 3,714 |
| 1988 | 31,071 | 3,632 |
| 1989 | 28,248 | 5,974 |
| 1990 | 25,966 | 6,335 |
| 1991 | 18,351 | 8,167 |
| 1992 | 14,062 | 5,297 |
| 1993 | 12,375 | 5,651 |
| 1994 | 10,661 | 5,350 |
| 1995 | 9,397 | 6,650 |
| 1996 | 9,479 | 8,706 |
| 1997 | 14,239 | − |
| 1998 | 14,268 | − |
| 1999 | 12,840 | − |
| 2000 | 15,830 | 7, 332 |

출처 : 미법무부 이민국, 2000년 통계연보. 2000 Statistical Yearbook, USA; 유의영 미주 한인 인구학적 특징 −미주 한인이
민사. 100 Year History of Korean Immigration to America. 한미 동포재단, Los Angeles, 2002, p.133; Jin Yoon.
On My Own. Korean Businesses and Race Relations in America. Chicago & London: The University of
Chicago Press, 1997, 274p.

미국 거주 한인들의 실제 규모에 대해서는 여러 가지 견해가 있는데 우선 많은 연구자들이 여러 가지 형태의 사람들을 포함시키고 있는데 여기에는 입양아, 미군 부인, 혼혈아동, 일시체류자 혹은 불법상태로 지속적으로 거주하는 자들이 해당된다. 다음으로는 다소 주관적인 특징을 가지고 있는 것으로서 미국 거주 한인 디아스포라의 수치의 상승경향과도 관계가 있다. 이러한 증가 견해는 미국학자들뿐만 아니라 한국의 공식정부당국도 가지고 있다. 이러한 두 원인으로 인해 미국 거주 한인들의 숫자 범위는 125만 명에서 200만 명까지 이른다.

1980년대 초 재미한인의 평균 세대당 구성원은 3.63명이었으며 반면에 한국의 경우는 이보다 조금 높은 4.62명이었고 미국의 경우는 2.73명이었다. 이와 같이 이주한인과 미국인과의 차이는 두 가지로 설명될 수 있다. 첫째, 미국의 경우 아이들은 고등학교나 대학을 졸업하면, 즉 성인이 되면 부모로부터 독립하여 거주하는 데 반하여 한국에서는 자녀들이 결혼할 때까지 부모와 함께 한 가정에서 살기 때문이다. 둘째, 미국 이주 한인세대의 17%는 대가족형인 데 비하여 미국의 경우는 모두 8%에 지나지 않는다. 한인가정의 절반 이상은 한 명 혹은 두 명의 부모를 포함한다. 또한 많은 한인 이주민 가정은 형제자매 및 기타 친척들을 포함한다.

80%가 독신자이던 초기 이주민과는 달리 최근 시기의 이주민 대다수인 79%는 가족들로 구성되었으며, 13%는 가족이 없는 독신자, 그리고 6%는 과부나 홀아비들이었다. 이혼자의 비율은 전 연령대 대비 1.3%였다. 1978년 미국의 평균 이혼자 비율은 전 인구대비 8.5%였다.[56]

35세에서 44세까지의 한인여성 이주자 1,000명당 출생 아동은 2,097명으로서 각각 4,036명과 2,652명으로 파악된 한국과 미국의 경우보다 낮았다. 이것은 상기 연령대 한인 이주 여성들은 평균 2명, 한국은 4명, 미국토착인은 2.5명의 아이들을 가지고 있었음을 의미하였다.[57]

---

56) U.S. Department of Commerce, Bureau of the Census. 1980 Census of Population. PC80－S1－3. Race of the Population by States: 1980. Washington, D.C., 1981.

57) Там же.

이러한 낮은 출산율에 대한 두 가지 요인을 보면 다음과 같다. 첫째, 주로 높은 교육수준을 지닌 중산층 한인 이주민들은 하층 사람들보나 출산율이 낮다는 점은 잘 알려져 있다. 한인 이주민들은 경제적 성공과 사회적 신분상승의 동기를 가지고 있어서 특히 대체적으로 중산층 한인들의 경우 이러한 경향이 출산율 저하에 영향을 끼쳤다는 점은 특징적이다. 둘째, 이주민들이 겪었던 적응기간의 어려움으로 인해 출산율이 낮아졌다는 점이다. 35~44세의 한인여성들 중 1/3이 미국에서 아이들을 낳았다. 미국의 한인여성들 중 대부분은 직장활동을 하였다. 자녀양육에 필요한 지출과 어려움으로 인해 2명 이상의 아이들을 기르기는 힘들었다고 보인다.

1980년대에 결혼한 미국의 한인청년들 중 대다수는 어릴 때 부모와 함께 미국으로 이주하였다. 이렇게 한국에서 태어나고 미국에서 자란 미주한인들을 '1.5세대'라고 한다. 이러한 세대들이 자라서 혼인적령기에 이를 무렵 이들 부모들은 대략 50~60대에 해당된다. 결과적으로 한국에서의 깊은 뿌리와 전통을 지니고 있는 부모들은 국제결혼에 대해 부정적이다. 허원무 교수와 김광충 교수의 조사에 의하면 응답이주자 중 22%만이 한인들과 백인들과의 국제결혼에 찬성하는 것으로 나타났다. 응답자 평균연령은 약 40세였으며 50~60대 연령대의 응답자 중에는 그 비율이 더 낮았다.[58]

정작 한인청년들은 부모들보다 국제결혼하는 일에 더 관용적이었으나 대다수는 자신들이 한국에서 유년시절을 보낸 만큼 한인 배우자들을 더 선호하는 것은 사실이었다. 이것은 다른 연구에서도 확인되었는데, 즉 LA에서 수학하던 한인들 중 66%는 같은 한인 배우자들을 더 선호했던 것이다. 이와 같이 초기 하와이 이주 한인들 간에 주로 행해졌던 국제결혼이 신한인 이주자에게서는 비율이 낮게 나타났다.[59]

한인 이주자들은 미국에서 국제결혼하는 일이 어려웠고 같은 한인 배우자

---

58) Hurh, Won Moo and Kwang Chung Kim. Korean Immigrants in America: A Structural Analysis of Ethnic Confinement and Adhesive Adaptation. Cranbury, New Jersey: Fairleigh Dickinson University Press, 1984, p.80.

59) Song, Young In. Battered Women in Korean Immigrant Families: The Silent Scream. New York: Garland. 1995.

들의 수는 한인사회의 규모, 교회공동체 등에 따라 결정되었다. 1986년의 연구에 의하면 이전 5년간 결혼한 LA 한인 중 약 34%는 자신들의 배우자를 한국에서 직접 찾은 사람들이었다. 공동체 규모가 작은 도시에 살고 있던 한인들은 뉴욕이나 LA 지역 한인들보다 배우자를 찾기가 더 어려웠다. 그 결과 작은 도시에 거주하던 한인들은 자신들의 배우자를 한국에서 찾았던 것이다. 또 하나 주목할 일은 많은 청년이주민들이 결혼을 목적으로 한국으로 갔으며 이 과정에서 자신들의 미국 거주 사실을 강조했는데 사실 이들은 미국에서보다 가정의 배경과 교육 면에서 더 나은 배우자를 찾을 수 있었다.[60]

한인 이주민 사회에서 배우자감으로 선택되는 기준에 영향을 준 것은 공동체의 규모뿐만 아니라, 성별분포 및 기타 특수한 사정도 있었다. 1980년대에 미주 한인여성은 수적으로 남성보다 많았는데 그 비율은 58:42였다. 혼인연령대(20~29세)의 경우 이러한 불균형은 더욱 심한데 여성이 68%를 차지했던 것이다.[61] 따라서 한인 이주여성들은 남성보다 미국에서 배우자 찾기가 훨씬 더 어려웠다. 설상가상으로 이주 남성들은 한국의 전통가정에서 교육된 여자들을 자신의 배우자로 더 선호했던 것이다. 이러한 이유로 이주여성들은 자신의 남편을 한국에서 찾거나 아니면 주로 백인들과의 국제결혼을 했던 것이다.[62]

이와 같이 미주한인들은 어느 정도 국제결혼의 경향이 없었던 점과 성별 불균형이 없었다는 점에서 중국이나 일본 한인들과 달랐다. 2000년 인구조사에 의하면 미주한인들의 국제결혼 비율은 평균 12.6%였으나 지역에 거주하던 민족 종류와 연령대 구성 면에 따라 차이가 있었다. 국제결혼 비율이 가장 높았던 지역은 하와이로서 43.08%였는데 이 지역은 한인 3, 4세가 다수를 이루었고 이들은 이미 기존의 정착민과의 교류에 익숙해 있었다. 한인공동체 규모와 국제결혼 비중 간의 상반적인 관계는 미국의 서부지역, 즉 캘리포니아

---

60) Min, Pyong Gap. The Korean American Family. In Charles Mindel et. al.(eds.) Ethnic Families in America. New York: Elsiver, 1988, pp.199-229.

61) US Bureau of the Census, 1983b:50.

62) Min, Pyong Gap. The Korean American Family. In Charles Mindel et. al.(eds.) Ethnic Families in America. New York: Elsiver, 1988, p.217.

를 비롯하여, 메릴랜드, 펜실베이니아, 일리노이, 뉴욕, 뉴저지 주 등에서 존재하였는데 이들 지역의 국제결혼 비율은 10% 이하였다. 전체 재미한인 중 12.3%가 거주하던 중서부 지역과 28%가 거주하던 남부 지역에서는 국제결혼 비율이 그보다 조금 높았다. 가령 북다코타, 아이다호, 뉴멕시코 주 등에서는 30% 정도, 아칸소, 오클라호마, 메인, 남다코다, 미시시피, 몬타나 주 등에서는 25~27%였던 것이다.[63]

1979년에 미주한인의 13%가 LA에 거주했기 때문에 연구자들의 관심이 이 지역에 특별히 쏠린 것도 당연한 일이었다. 20~84세에 이르는 LA 한인들의 경우 31~50세의 여성들 중 평균 연령은 42.2세였다. 21~40세의 경우 평균 한인연령은 38.8세였다. 남녀 모두 가장 높은 비율을 차지하는 연령대는 31~40세이며 조사연구대상자 중 80%는 21~50세였다.[64] 이러한 허원무 및 김광충 교수의 조사결과는 1977년 LA 한인을 연구한 이화수 교수의 인구학적 연구결과와 거의 동일하다. 이들에 의하면 한인 성년들 중 80.5%가 20~49세 연령대였다는 것이다. 또 다른 비교결과는 1975년에 이들 연구자들이 행한 비교 수치에서 찾아질 수 있다.[65] 연구결과 한인들의 평균연령은 36세였다. 남녀 모두 가장 높은 비율을 차지하고 있는 연령대는 31~40세 사이이며 절대다수인 94%는 20~50세 사이였다.[66]

이주민들의 현지사회 적응은 사회적 과정이므로 나이는 교육이나 전문성 못지않은 중요한 요소이다. 다수의 응답자들(66%)은 1970~1980년대에 21~41세 사이의 연령대로 미국으로 입국하였다. 좀 더 심층적인 조사에 의하면 절반 이상의 남자들이 미국에 입국했을 때 31~40세 사이였고 절반 이상의

---

63) 1990 Census of Population, 1990, CP-3-5.

64) Won Moo Hurh and Kwang Chung Kim. Korean Immigrants in America. A Structural Analysis of Ethnic Confinement and Adhesive Adaption. Cranbury, New Jersey: Fairleigh Dickinson University Press, 1984, p.56.

65) Lee Hwa Soo. A Study of Korean Voluntary organization in Los Angeles: Structure, Function and Leadership. Paper presented at a meeting, Koryo Research Institute, Los Angeles, March 10, 1979.

66) Hurh, Won Moo, Hei Chu Kim and Kwang Chung Kim. Assimilation patterns of Immigrants in the United States: A case study of Korean Immigrants in the Chicago area. Washington, D.C. University Press of America, 1978, pp.17-18.

여자들은 21~30세 사이였다.[67] 2000년도에 미주한인의 압도적 다수인 95%는 1965년 이후 입국한 제1세대 이주민들과 미국에서 출생한 이들의 자녀들로 구성되었다.

이와 같이 미주한인은 1세대에 비하여 그리 오래된 역사를 가진 것은 아니었다. 비교적 짧았던 정착기를 감안한다면 이들의 민족성, 심성, 심리, 모국어가 거의 온전히 유지되었고 모국과 관련한 정치, 경제, 사회, 문화적 속성 등이 잘 유지되고 있다. 시간이 흐르면서 이주자들의 세대구성이 바뀌고 1세대들의 비율이 줄어들자 2세대 및 이후 세대의 비율은 점차 증가했는데 이는 통계수치로 증명된다. 미국 땅에서 출생한 2세대 한인들의 비율은 1980년에 18%에서 1990년에는 27%, 2000년에는 35%까지 증가하였다. 1990년 인구조사에 의하면 2세대 중 5세 이하의 연령비율은 91%였으며 5~9세까지는 80%, 10~14세는 61%, 15~24세는 28.2%, 25세 이상은 가장 낮아서 5% 정도였다. 1990~2000년 사이에 미주한인 중 2세대가 차지하는 비율이 증가하는 경향은 계속되었으며 15~25세 연령대가 가장 높은 비율을 보였다.[68]

앞서 언급했듯이 전후의 미주한인들은 연령이 젊다는 점이 특징이었는데 1980년의 경우 평균 한인연령은 26세였다. 이는 미국 전체 평균치보다 4세 낮은 것이었다. 10년 후 평균연령은 29.1세로 높아졌고 국가평균치는 33세였다. 이에 반해 일본과 중국 평균치는 각각 36.5세와 32.3세였다. 2000년 조사에 의하면 평균연령은 32.4세 수준으로 되었고 미국 전체 평균치는 35.3세였는데 이는 점차적으로 격차가 줄어들고 있음을 말해 준다.

1980~2000년 인구조사 사이에 한인 이주민들의 연령구조는 미국 전체와 비교해 볼 때 다음과 같은 인구학적 특징을 지닌다. 1980년에 국가 전체에서 14세 이하 연령대 비율은 22.62%인 데 반하여 한인들은 32.3%였고 10년 이후에는 각각 21.53%와 25.53%였다. 이러한 사실은 아동들의 비율이 전국 평균치가 1% 줄어든 데 비하여, 한인들의 경우는 7%나 감소했음을 보여 준다. 이

---

67) Won Moo Hurh and Kwang Chung Kim. Korean Immigrants in America. A Structural Analysis of Ethnic Confinement and Adhesive Adaption. Cranbury, New Jersey: Fairleigh Dickinson University Press, 1984, p.57.

68) 1990 Census of Population, 1990, CP-3-5.

와는 반대로 성인층의 경우는 확실히 증가하는 경향을 보였는데 65세 이상의 경우 1980년의 경우 2.4%에서 1990년에는 4.3%로 그리고 2000년에는 6.75%로 변화했던 것이다. 분명히 재미한인의 노령인구가 거의 2.5배나 늘었지만 2000년 자료의 경우 전국평균치 12.5%보다는 절반 정도에 머물렀다.[69]

앞에서 여러 번 언급했지만 한인 이주자들에 대한 인구학적 특성은 여자가 남자보다 압도적으로 많다는 것인데, 남자의 비율이 신장되기는 했음에도 연구대상 전 기간에 걸쳐 여자가 더 많았다. 1970년에서 1980년까지 이주자들 중에서 여자와 남자의 비율은 100명 : 69명이었고 1996년부터 2000년까지는 각각 100명 : 82명이었다. 남녀비율은 연령층에 따라 현저한 차이를 보이는데 나이가 많을수록 여자가 남자보다 더 많았다. 가령 75~84세 연령대에서는 100 : 46.5, 65~74세는 100 : 60.3, 55~64세는 100 : 77.56이었고 반면 10세부터 45~54세 연령대에는 100 : 93.6이었다.[70]

두 번째 단계의 이주민들은 상당수가 자본주의 체제의 개발환경에서 전문직에 종사한 경험을 가지고 있었는데 가령 이들은 1966~1968년간에 미국으로 이주한 한인의 71%를 차지하였다. 그런데 이러한 수치는 1974~1977년에 걸쳐 이들 한인들에 대한 특혜조치가 변화됨으로써 크게 줄어들게 되었다. 미국 이주민 중 전문직 종사자에 대한 쿼터는 1966~1968년에 73%, 1969~1972년에 25%, 1977년에 9%로 되었던 것이다. 1977년에는 미국 이주한인 중 91%가 미국 국적을 지닌 한인의 친지초청 범주에 해당되었다. 이후 전문직 종사자 쿼터의 비율이 감소하기는 하였지만 이 비율은 다른 나라 이주민에 비하면 비교적 높은 편이었다.[71]

미국 이주한인들은 다른 아시아계 이민자처럼 높은 교육수준을 가지고 있었고 이주 이전의 취업률도 높은 상태에 있었다. 연구조사에 의하면 이주한 지 얼마 안 되는 한인들은 전문직업종사자, 즉 화이트칼라들이었다. 조사에 따르면 뉴욕 한인 80%가 화이트칼라 출신이었고 한국을 떠난 이후에도 전문

---

69) 1980, 1990, 2000 Census of Population.

70) Рассчитано по: U.S. Bureau of the Census, 1990 Census of Population, 1990 CP-3-5.

71) Yu Eui-Young. Korean Communities in America: Past, Present and Future. -Amerasia. 1983, Vol.10, N.2, p.29.

직업에 종사하였다.[72]

대부분의 한인 성인 남자들은 의료종사자, 대기업 간부, 교원 및 공무원 출신이었다. 특히 이들의 특징은 도시 출신자였다는 점이었다. 조사에 의하면 시카고 거주 한인들의 약 90%는 도시 지역 출신이었다.[73]

1980년 인구조사에 의하면 인구조사 사이 기간(1970~1980)에 이주한 25세 이상의 이주 한인의 30%는 4년제 대학을 졸업한 사람들이었다. 같은 기간에 다른 이주자들의 경우 이러한 수치는 22%였고 전국 평균도 16%에 그쳤다.[74]

1980년대 초부터 중산층의 미국 이주 현상이 급감하기 시작하였는데 이유는 한국의 물질적ㆍ정적 상황과 사회경제적 생활 여건이 더 나아졌기 때문이었다. 미국에 이주해 간 화이트칼라 출신 한인들의 지위가 예전만큼 보장되지 못하고 자신의 과거 직업보다 더 낮지 않은 일을 강요받는 등 이러한 일들은 한인들의 미국 이주를 감소시킨 주원인이었다. 이와는 반대로 한국의 하류계층 사람들의 미국 이주 희망은 더 증가되었는데 이러한 사실은 다음의 수치에서 파악된다. 즉 노동자와 사무직 한인들의 이주허가 비율은 각각 29%, 45%였음에 반대 중산층 한인들의 이주허가 비율은 이보다 더 낮은 22%에 불과하였다.[75]

이러한 이주동기의 변화는 차기 이주한인들의 사회경제적 상황에 큰 영향을 주었다. 1990년의 인구조사에 의하면 1975년 이전에 미국에 도착한 한인들은 나중에 도착한 사람들보다 더 높은 사회경제적 지위에 있었다. 이들은 상당한 수준으로 나중에 도착한 사람들보다 자신들의 과거 직업을 그대로 유지할 수 있었는데 그 결과 이들의 개인 및 가족소득은 나중에 온 사람들 것보다 더 높았다. 즉 1980년 미주한인들 중 저계층 및 노동자계층 출신 이주자들의 성장은 백인들과 비교해 볼 때 미주한인들의 경제적 지위를 확실히 낮춘 셈

---

72) Kim, Illsoo. New Urban Immigrants: The Korean Community in New York. Prinston, New Jersey: Prinston Uneversity Press, 1981, p.41.

73). Kim Bok Lim. The Asian Americans: Changing Patterns, Changing Needs. New Jersey: Association of Korean Christian Scholars in North America, p.181.

74) U.S. Department of Commerce, Bureau of the Census. 1980 Census of Population. Washington, D.C., 1981.

75) Там же.

이었다. 1980년 미국 인구조사에 의하면 한인들의 평균 가족소득은 백인들 소득의 97.4%를 차지하였는데 1990년 인구조사에 의하면 91.3%로 낮아졌던 것이다. 두 인구조사 사이 기간에 공식적 빈곤층에 해당하는 미주한인들의 비율은 13.1%~14.7%에 이르렀고 백인들과 비교해 보면 거의 두 배에 해당하였다. 1980~1990년 기간에 미주한인들의 경제적 지수가 낮아짐으로써 장애 및 경제적 무능력자들의 비율이 높아지게 되었는데, 즉 1970년에 60세 이상의 노령층은 1.5%에 불과하던 것이 1980년에는 6.7%, 1990년에는 7.7%로 되었던 것이다.[76]

초기 적응기의 이주민들은 문화와 심성의 차이 및 부족한 영어실력 등 여러 가지 이유로 사실 자신들의 사회적 지위를 낮추었다. 미주한인 이주자들도 예외가 아니었으며 어려운 환경에도 불구하고 그들은 다양하고도 힘든 일을 하는 것을 마다하지 않았다.[77] LA 한인사회에서 실시된 1979년의 조사결과에 의하면 한인들의 취업률이 높은 수준으로 나타났는데 노동가능층의 38%에 해당하는 응답자들이 높은 수준의 직업에 종사하고 있었으며 응답자의 60%는 미국에 도착하여 블루칼라로서의 일을 시작한 것으로 나타났다. 응답자의 53%는 LA 한인사회 가정의 가장이었는데 이들은 미국에 이주하면서 자신들의 직업수준이 더 낮아졌음을 인정하였다. 이러한 사실로 인해 상당수의 한인 여성들이 노동에 종사하였다. 이주 전에 전문직에 종사하던 여성들 중 31%와 가정주부로 있던 여성들 75%는 미국에서 질적으로 낮은 수준의 노동에 종사하였다. 봉제업은 한인 여성들에게 가장 보편적인 일이었으며 전체 직업의 약 절반을 차지하였다.[78]

한인들의 미국 이주 초기 저조한 전문직종 종사비율은 점차적으로 안정적으로 변화하기 시작하여 마침내는 상승기조를 타게 되었다. 1979년 LA 지역의 조사에 의하면 우선적으로 한국에서 38%에 이르던 전문직종의 비율이 미

---


76) Yoon In－Jin. On My Own. Korean Businesses and Race Relations in America. Chicago & London: The University of Chicago Press, 1997 pp.91－92.

77) Yu Eui－Young. Korean Communities in America: Past, Present and Future. －Amerasia. 1983. 10:2, p.45.

78) Там же, p.46.

국 이주 직후 14%였던 것이 1979년 말에는 23%까지 증가하였던 것이다. 이러한 경향은 이주 한인들의 또 다른 조사결과와 이주자들의 직업 및 귀화자에 대한 조사로 확인되었다. 미국 국적을 부여받는 이주한인들의 귀화는 다른 민족들과 비교해 볼 때 높은 노동의 질을 가진 사람들의 비율이 더 높은 것으로 파악되었다. 한인 취업종사들 중에서 취업자 비율은 1973년에 42.2%, 1977년에 42.5%인 데 반하여 귀화자들의 평균비율은 이보다 절반 수준인 1973년에 22.6%, 1977년에 26.2%였다.[79] 이러한 통계수치는 귀화절차를 밟은 사람들을 비롯한 한인 이주자들의 높은 사회경제적 이동성을 보여 주었다.

한인들은 미국 내 여타 민족 중에서 가장 높은 교육수준을 가지고 있는 사람들 중 하나이다. 1970년 인구조사에 의하면 한인들 중 4년제 대학교육을 받은 25세 청년들의 비율은 36.3%였던 반면에 일본인의 경우는 15.9%, 중국인 25.6%, 필리핀 인 22.5%, 백인들 11.6% 그리고 흑인들의 경우는 4.5%에 불과하였다. 1978년에 LA의 유의영이 행한 전화조사에 의하면 대상자 180명 중 가장인 남자의 71% 및 여자의 75%는 최소한 4년제 대학을 졸업한 사람들이었다.[80]

1979년에 허원무와 김광충이 행한 615명의 LA 한인 이주자에 관한 조사에서는 남녀 53%의 사람들이 이주 전에 한국에서 대학을 마친 상태였다. 1979년 여름의 심층조사는 미국 전체 이주한인들에 대하여 우편조사로 이루어졌는데 여기서 응답자의 66%가 대학졸업자였다. 1981년 LA 지역의 조사도 이주한인들의 높은 교육수준을 보여 주었다. 응답자의 25%는 한국에서 대학을 마쳤고 28%는 현지에서 대학을 다니고 있었다.[81]

1953~1980년 기간 미국대학에 다니고 있던 한인 대학생들의 총 수는 15,147명이었고 그중 졸업 후에 한국으로 귀국한 학생은 10% 이하였다. 1985

---

79) Там же, pp.47, 49.

80) Yu, Eui-Young. Occupation and Work Patterns of Korean Immigrants in Los Angeles. -Yu, Eui-Young, Earl H. Phillips and Eun Sik Yang(eds.) Koreans in Los Angeles: Prospects and Promises: Center for Korean American and Korean Studies. California State University, 1982, 49-73.

81) Yu Eui-Young. Korean Communities in America: Past, Present and Future. -Amerasia. 1983, 10-2, p.28.

년에는 약 13,000명의 학생들이 미국 대학에 재학 중이었다. 본래 한인 대학
생들은 미국 대학교를 선호하였으며 1953~1980년 동안 외국유학생 중 미국
에 유학한 학생들은 전체 유학생의 83%를 차지하였다. 이러한 선호는 한국의
정부기관, 기업체 및 대학교의 미국식 교육에 대한 높은 의식에서 비롯되었
다. 가령 1988년에 서울대학교 교수의 46%가 외국 특히 미국대학의 학위 소
지자들이었다.[82]

미국에서 교육을 받은 많은 한인 학생들은 미국학위의 높은 혜택으로 인해
정치인, 학자, 고위공무원으로서의 경력을 쌓고자 고국으로 돌아갔다. 그러나
이들 중 많은 사람들은 학위를 마쳤음에도 불구하고 전문적 능력에 해당하는
마땅한 직업을 찾지 못하였다. 그 결과 많은 전문학위 소지자들이 미국에 남
아 국적을 받기로 결정하였다. 이러한 희망이 이루어지는 것은 주로 미국에
서 받은 전문적 능력 때문이었다. 이들 학생들 중 대부분은 남한에서 중산층
이상의 출신자들이었기 때문에, 이들은 한인 이주민 사회에서 이러한 집단의
대표성을 증가시켜 주었다.[83]

1980년 인구조사에 의하면 25세 이상 남자 중 4년제 대학 이상을 졸업한 사
람은 52%, 여자 중에서는 22%를 차지했는데 이는 백인, 중국인 및 일본인보
다 더 많은 수치였다. 그러나 1960~1970년대의 교육수치와 비교하면 한인
이주민들의 교육수준은 점차 떨어지고 있었다. 1990년경에는 25세 이상의 인
구 중 대학졸업자 비율은 34.5%에 달했는데 남자들의 비율은 다소 높은
46.7%로서 국가 전체의 남자 비율보다 2배나 높았다. 여자 비율은 25.8%로서
역시 국가 전체 평균인 17.6%를 상회했지만 중국인 35%, 일본인 28.1%보다는
낮았다. 주목할 점은 미국 태생의 한인들은 중국인과 일본인보다 수준이 낮
다는 점이다. 1990년 인구조사에 의하면 25세 이상의 인구비율에서 대학졸업
자 비율이 29.1%로서 중국인 52.1%, 일본인 36%와 비교되었다.[84]

1981년 LA 지역의 조사결과는 미국 이주 전 이주민들의 높은 취업률(75%)

---


82) In-Jin Yoon. On My Own. Korean Businesses and Race Relations in America. Chicago & London:
The University of Chicago Press, 1997, pp.75-76.

83) Там же.

84) U.S. Bureau of the Census, 1990 Census of Population, 1990 CP-3-5.

을 보여 주었다. 약 56%가 화이트칼라층에 해당하였지만 이들 중 17%만이 뉴욕에서 자신들의 사회적 위치를 유지하고 있었다.

미국 정보제공자의 대다수(73%)는 소규모 비즈니스 종사자들이었고 게다가 36%가 고용주, 37%는 임노동자였다. 즉 미국 이주 한인들이 화이트칼라에서 영세기업인이나 노동자로 하락하는 사회이동 현상의 원인이 몇 가지 있었다. 우선 언어와 문화장벽으로 인해 한인들은 높은 지위를 얻을 수 없었다. 둘째, 전문직 허가에 대한 엄격한 통제로 인해 한인들은 과거 자신이 가지고 있던 사회적 위치로 오를 수 없었다. 물론 일부는 미국에서 오랫동안 거주한 후다시 화이트칼라층으로 되는 경우도 있었다.

1980년과 1990년의 인구조사에 의하면 16세 이상의 한인 이주민들의 전문직 종사비율에 대한 비교는 아래와 같다.

① 중간관리자 및 전문가 비율이 각각 24.9%, 25.4%

② 무역, 여행업의 사무원 27.4%, 37.1%

③ 서비스업 종사자 16.4%, 15.1%

④ 농업, 임업, 어업 종사자 0.9%, 0.7%

⑤ 기계제조 종사자 9.9%, 8.9%

⑥ 단순노무자 20.4%, 12.8%

지난 10년간 한인들의 전문직 구조비율의 변화는 무역 및 여행업 사무원들의 비율 증가로 귀결되었다. 중간관리자 및 전문가 한인들의 비율 변화는 거의 발생하지 않았으며 전국평균인 26.4%에 근접하였다. 그러나 이러한 수치는 인도인 43.6%, 중국인 35.8%, 일본인 36.98%에 비해 낮았다. 중간관리자 및 전문가 한인비율 중 미국 태생과 비미국 태생자 간의 비율은 25.7%와 25.5%로서 거의 비슷하였고, 육체노동자 중에는 이주해 온 사람들이 조금 더 높아그 차이는 4% 정도에 달하였다.

1990년 미주한인의 연평균 가구소득은 33,909달러이었는데 이는 미국인 연평균 가구소득보다 1,326달러 낮은 것이었다. 이에 대해 일본인 연평균 가구소득은 거의 2만 달러를 넘는 수준이었다. 여기서 또한 미국 태생 한인가구의 수입이 42,427달러로서 비미국 태생자 출신 이주민의 수입 33,401달러와 현격한 차이를 보였다.[85]

전문직업인 비자로 미국에 이주한 사람들의 비중은 1972년에 45.1%로서 최고도에 이르렀으나 이후 점차적으로 줄어들면서 1975년에는 22%로 떨어졌다. 1980년부터는 전문직업인 이주자 비율이 3.9% 수준에 머물렀다.

이러한 비율 하락이 실제로 전문직업인 한인들의 미국 이주 감소를 뜻하지는 않는다. 상대적인 비율은 감소했지만 절대적인 수치는 오히려 증가했다는 것이다. 가령 1969년에 미국 이주 한인들 중에서 1,164명이 전문직업인으로 분류되었지만 1972년에는 그 수가 3,955명이었고 1985년에는 2,782명, 1989년에는 3,109명이었다. 1976년에 미국의 이민법 개정으로 한인들의 미국 이주 합법경로는 바로 이른바 가족들의 재결합을 통한 것이었다. 그 결과 이주민들의 사회계층에 변화가 일어나게 되었는데 1976년 이전까지 이들이 주로 중산층 출신들이었다면 이후에는 다양한 학력과 전문가 계층 출신의 사람들이 가족비자로 입국하게 되었던 것이다.[86]

또 다른 변화는 한국 정부가 외화유출 한도를 1,000달러에서 3,000달러로 제한한 1978년에 이루어졌다. 1980년에는 이주민 가구당 10만 달러까지 허용되었고 1990년에는 20만 달러로 증대되었다. 이러한 소지외화 금액의 증가는 한국과 미국 간의 교역 증대로 인한 경제적 효과에 기인하였다. 그러한 재력을 가진 일부 한인들은 한미 간 교역 사업을 쉽게 실행할 수 있는 기회를 가지게 되었던 것이다.

1965년의 미국 이민법 제2차 개정이 1986년에 이루어졌다. 이 개정법은 미국 내에서 불법체류자들을 고용하고 있는 고용주들에게 행정 및 형사상의 책임을 부과하였다. 이와 동시에 이민법 부가조항에 의하여 1982년 1월 1일 이전에 미국에 입국한 거주자에 대하여 임시거주증이 부여되고 이후 18개월이

---

85) Там же.

86) Park Kyeyoung. The Korean American Dream. Immigrants and Small Business in New York City. Cornell University Press. Ithaca and London, 1997, p.16.

지나면 영주권이 부여되었다. 아시아 출신 불법이주민들의 수가 멕시코 출신 이주민들처럼 감소하자 멕시코인보다 한인들에 대한 이민법적 심사가 줄어들게 되었다. 일부 한인 이주민들은 핵심 사회계층 출신자들이었으나 일부는 중간 이하 계층 출신자들이었다. 최근 이주민들은 가족 및 친지간의 관계가 많으며 이들 중 일부는 이미 미국 국적을 가지고 가족의 합류를 위해 초청한 경우가 많았다.[87]

1990년 이민법은 주로 우수한 자질의 이주민을 유치하려는 미국 정부의 이주민 정책 변화로 나타났다. 이러한 목표 달성을 위하여 이전 시기보다 2.6배나 많은 14만 명의 사무직 이민쿼터가 책정되었다. 이러한 증가에는 대부분 영국, 캐나다 등 가족의 합류보다 전문직의 종사자들이 많았던 국가가 압도적인 역할을 하였다. 국내사정이 좋지 못한 제3세계 국가 출신 이주민들에 대해서는 이러한 변화가 별로 도움이 되지 못하였다. 또 다른 새로운 변화는 가족 재합류를 위한 유입 이주민 쿼터를 연간 48만 명 규모로 제한하는 것이었는데 사실 아시아나 아프리카 출신 이주민들에게는 그 수가 낮아지고 있었다.

1990년 법은 한인들의 미국 이주 증가에 수정을 가하게 되고 가족비자로 입국한 사람들의 비율을 꾸준히 높이는 결과를 초래하였다. 1970년 이전 한인들의 수가 많지 않았음을 볼 때 한인 이주민들은 주로 전문직 비자를 지니고 있었다. 현재 이 비율이 약 한인 이주민들의 30%를 차지하고 또한 미국 국적을 지니고 있는 한인 수가 조금 증가한 사실을 감안해 본다면 1975～1980년 기간에 이미 가족비자로 입국한 사람들의 비율이 30%에 달했고 이러한 비율은 계속해서 증가하였던 것이다.[88]

1966～1990년 기간 한인들의 미국 입국은 다음과 같은 도표로 구조화된다.

---

87) Иванов М. М. США: Правовое урегулирование иммиграционного процесса(условия и процеду ры приобретения статуса постоянного жителя США). Москва. −Международные отношения. 1998.

88) Карен Лоуренс, Кэтлин Ньюланд. Цели и методы иммиграционной политики США. −Иммиг рационная политика западных стран: Альтернативы для России. Под редакцией Г. Витковско й; Международная организация по миграции. Московская исследовательская программа по м играции. Москва, Гендальф, 2002, с.187−203.

**<표 4> 1966~1990년 한인 이주민 입국구조**

| 인원수 제한 | | | | |
| --- | --- | --- | --- | --- |
| 입국연도 | 1 A | 2 B | 4 C | 5 D | 전문가 E |
| 인원수 제한 면제 | | | | |
| 부모 | 배우자 | 자녀 | 기타 특수이주민 | 합계 |

출처 : Yoon In-Jin. On My Own. Korean Businesses and Race Relations in America. Chicago & London: The University of Chicago Press, 1997, pp.88~89.

① 제1범주에는 미국 국민의 아들, 딸 및 그 자녀

② 제2범주에는 출생지가 외국인 배우자, 미혼 아들, 딸 및 그 자녀

③ 제3범주에는 결혼한 아들 및 딸, 즉 미국 국민으로서 그 배우자와 자녀

④ 제4범주에는 미국 국민의 형제자매 그리고 그 배우자 및 자녀

⑤ 전문가 범주에는 자신의 영역에서 우수한 자질을 가진 사람들 및 그 배우자 자녀

⑥ 기타 전문가 이주민 비자는 성직자, 외국파견 공무원 및 그 가족

## 3) 한인 거주지의 지리적 분포

1970~2000년 기간 재미한인들의 지리적 분포에 본질적인 변화가 발생하게 되었는데 그 결과 거주지가 전국적으로 분포되었다. 1970년 이전까지 한인들은 주로 캘리포니아, 하와이 및 뉴욕에 집중되어 있었으나 10여 년에 걸쳐 뉴욕은 재미한인의 9.5%가 거주하는 두 번째 자리로 부상하고, 1990년 인구조사 결과 이 비율은 12%로 증가하였다. 물론 2000년 조사에서는 11.1%로 다소 낮아졌지만 2위의 자리는 유지되었다. 캘리포니아 거주 한인들의 비율은 1990~2000년 사이에 44%에서 43%로 낮아졌다. 일리노이 주의 대도시인 시카고 거주 한인들의 비율은 1970~1980년에 걸쳐 6.8%까지 증가하였고 시카고를 미국 한인공동체 규모에서 3번째 큰 주로 만들었다. 1990년에 일리노이주 한인들의 비율은 5.2%로 낮아졌다가 2000년에는 4.8%까지 낮아졌음에도 불구하고 4위의 자리는 유지되고 있다.

1990년과 2000년 인구조사 자료를 토대로 미국의 11개 주에 거주하고 있는 한인들의 분포는 다음 표와 같다.[89]

<표 5> 1990년과 2000년 재미한인의 분포

| 주 | 1990 | | 2000 | | 증가율(%) |
|---|---|---|---|---|---|
| | 인원수 | 비율(%) | 인원수 | 비율(%) | 1990~2000 |
| 캘리포니아 | 259,941 | 32.54 | 345,882 | 32.12 | 33.06 |
| 뉴욕 | 95,648 | 11.97 | 119,846 | 11.13 | 25.30 |
| 뉴저지 | 38,540 | 4.82 | 65,349 | 6.07 | 69.56 |
| 일리노이 | 41,506 | 5.0 | 51,453 | 4.78 | 23.97 |
| 워싱턴 | 29,697 | 3.72 | 46,880 | 4.35 | 57.86 |
| 텍사스 | 31,775 | 3.98 | 45,571 | 4.23 | 43.42 |
| 버지니아 | 30,161 | 3.78 | 45,279 | 4.20 | 50.12 |
| 메릴랜드 | 30,320 | 3.80 | 39,155 | 3.64 | 29.14 |
| 펜실베이니아 | 26,787 | 3.35 | 31,612 | 2.94 | 18.01 |
| 조지아 | 15,275 | 1.91 | 28,745 | 2.67 | 88.18 |
| 하와이 | 24,451 | 3.6 | 23,537 | 2.19 | -3.75 |
| 합계 | 798,846 | 100.00 | 1,076,872 | 100.00 | 34.80 |

최근 10년 동안 재미한인들의 숫자는 하와이를 제외하고 모든 지역에서 절대적인 증가를 보였으나 캘리포니아, 뉴욕, 일리노이, 펜실베이니아, 메릴랜드 및 하와이 주에서는 상대적인 감소를 보였다. 동 기간에 한인들의 증가를 보였던 곳은 조지아 주(88.18%)였으며 전국 평균인 34.80%를 상회한 지역으로서는 뉴저지(69.56%), 워싱턴(57.86%), 버지니아(50.12%) 및 텍사스(43.12%) 등이었다.

1970, 1980, 1990, 2000년의 인구조사는 미국 지역에 따른 한인들의 규모를 보여 주고 있는데 30년 동안 안정적이면서도 서부 지역에서는 감소 경향, 나머지 지역에서는 증가 경향 그리고 남부 지역에서는 2배의 증가를 보였다. 2000년에 한인들의 분포는 다음과 같다. 즉 서부 지역 474,090명(44%), 북동 지역 246,144명(23%), 남부 지역 224,260명(21%), 중서부 지역 132,378명(12%)

---

89) U.S. Bureau of the Census, 1990, 2000 Census of Population.

등이다. 2000년 조사결과 전국 기준 전체 민족별 규모를 비교했을 때 한인들은 서부와 북동 지역에서 가장 높은 수치를 보였고 남부와 중서부 지역에서는 가장 낮은 수치를 보였다.

한인 이주민들의 지리적 분포는 이주민들이 새로운 환경에 적응하는 능력에 따른 것임을 보여 주고 있다. 한인 이주민들의 지리적 이동성은 한국에서의 도시화 정도와 산업화 수준과 밀접한 관계를 가지고 있다. 미국 이주 전에 한국에서 가졌던 학력과 전문화 수준은 한인 이주의 분포를 결정짓는 가장 중요한 요소였다. 높은 교육수준과 사회지도자 경험이 이주 한인들에게 중요한 역할을 했기 때문에 그들은 새로운 환경에 재빨리 적응하였고 언어장벽을 극복하고 미국사회의 법령을 쉽게 취득하였다.

1980년 인구조사에는 캘리포니아에 103,000명, 뉴욕에 33,000명이 기록되었고 1990년 조사에는 각각 259,941명과 95,648명이 기록되었다. 이러한 공식 수치가 실제 상황을 그대로 나타내는 것으로 보지 않고 사실상 더 많은 것으로 보는 것이 한인공동체 연구자들의 불변의 견해이다. 가령 많은 한인 이주민들이 이런저런 이유로 인구조사 시기에 거주지에 있지 않았기 때문에 정확한 통계 결과로 볼 수 없다는 것이다. 한인공동체 지도자들의 견해에 따르면 1989년 뉴욕 거주 한인들의 규모는 20만 명에 이르렀고 LA도 30만 명 정도에 이르는 것으로 보았다.[90]

캘리포니아 주는 아시아계 이주민들이 가장 많은 지역이었는데 1980년에 미국 인구의 10%가 거주하였다. 그중 필리핀인이 46.2%, 중국인 40.05, 일본인 37.4% 그리고 한인들이 29.3%를 차지하였다. 한인들의 분포가 전국적인 성격을 띠고 있었음에도 불구하고 30%에 이르는 사람들이 캘리포니아 주에 집중되었고 그중에서 특히 LA 및 인근지역에 밀집해서 거주하였다. 캘리포니아 주 한인들의 규모는 1970년 15,756명(22.8%)에서 1980년에는 103,891명(29.3%)로 증가한 반면, 하와이의 경우는 절대수치가 8,656명에서 17,948명으로 증가하였지만 비율은 12.5%에서 5.1%로 감소하였다. 1980년 인구조사에

---

90) Korea Times, December, 31, 1989.

의하면 두 번째 많은 주는 뉴욕 주(34,157명), 세 번째는 일리노이 주(23,980명)였다.

재미한인의 지리적 분포의 뚜렷한 특징 중 하나는 바로 대도시에 집중 거주하는 것인데 2000년 통계의 경우 전체 한인의 96%가 대도시에 거주했으며 이는 전국 평균 80%보다 더 높았다. 2000년에 재미한인의 72%가 13개 주요 대도시에 거주하였다. LA는 한인들이 미국에 도착해서 많이 거주하는 지역이 되었다. 1970년 통계에 의하면 LA에는 8,900명의 한인들이 살고 있었는데 이는 전체 재미한인들의 13%에 해당하였다. 1980년 LA에는 이미 60,618명, 즉 17%에 해당하는 한인들이 거주하였다.

<표 6> 1970~1980년 아시아계 이주민의 미국 지역별 거주현황

| 지역 | 미국 전체 | | 중국인 | | 일본인 | | 한인 | |
|---|---|---|---|---|---|---|---|---|
|  | 1980 | 1970 | 1980 | 1970 | 1980 | 1970 | 1980 | 1970 |
| 북동 | 21.7 | 24.1 | 27.0 | 26.6 | 6.7 | 6.6 | 19.2 | 20.1 |
| 북중부 | 26.0 | 27.8 | 9.0 | 9.0 | 6.3 | 7.2 | 17.5 | 19.1 |
| 남부 | 33.3 | 30.9 | 11.3 | 7.9 | 6.4 | 5.2 | 19.9 | 18.2 |
| 서부 | 19.1 | 17.1 | 52.7 | 56.5 | 80.6 | 81.0 | 43.4 | 42.6 |

출처 : U.S. Department of Commerce, Bureau of the Census. 1980 Census of Population. PC80-S1-3. Race of the Population by States: 1980. Washington, D.C., 1981

미국 대도시 거주 한인들이 교외에 사는 것을 더 선호하게 되자 LA 거주 한인들의 비율은 1972년 70.1%에서 1977년에는 67.5%, 1979년에는 50.1%로 감소하였다. 코리아타운에 거주하는 한인들의 비율도 1977년에 37%에서 1979년에 33% 그리고 1981년에는 29%로 변화하였다. 한국에서 입국한 많은 한인들도 친지가 살고 있는 교외에 거처를 잡았다. 이와 같이 코리아타운 거주 한인보다 교외 등 도시외곽에 거주하는 한인들의 비율이 증가하였으나 일정한 특정지역이 선호대상 지역으로 나타난 것은 아니었다. LA 코리아타운은 많은 인종, 민족들로 함께 형성되어 있으며 라틴 아메리카 출신의 흑인들, 동남아시아 이주민들 및 단순노동자 신분의 백인들도 있었다. 결국 코리아타운은 한인들의 비즈니스와 기업활동 그리고 상업의 중심지였다.[91]

<표 7> 1970~1980년간 미국 개별 주의 아시아계 거주분포

| 주 | 미국 전체 | | 중국인 | | 일본인 | | 한인 | |
|---|---|---|---|---|---|---|---|---|
| | 1980 | 1970 | 1980 | 1970 | 1980 | 1970 | 1980 | 1970 |
| 뉴욕 | 7.8 | 9.0 | 18.4 | 18.7 | 3.5 | 3.4 | 9.6 | 9.6 |
| 일리노이 | 5.6 | 5.5 | 3.5 | 3.3 | 2.6 | 2.9 | 6.8 | 5.3 |
| 캘리포니아 | 10.4 | 9.8 | 3.5 | 3.4 | 37.9 | 36.1 | 29.3 | 2.8 |
| 하와이 | 0.4 | 0.4 | 7.0 | 12.0 | 34.2 | 36.8 | 5.1 | 12.5 |

출처 : U.S. Department of Commerce, Bureau of the Census. 1980 Census of Population. PC80-S1-3. Race of the Population by States: 1980. Washington, D.C., 1981.

교외 거주 인구비율에 관한 1980년 인구조사에 의하면 한인의 경우는 46.4%인 데 반해 백인들은 33.8%였다. 여기에는 이주한 지 얼마 안 되는 한인들이 대부분이었지만 민족별로 비교했을 때 가장 높은 비율을 차지하였다.[92]

한인 이주민들은 지리적 고립성을 형성하지 않고 여러 단체를 통하여 행정구역을 뛰어넘는 민족공동체를 유지하였다. 한인들의 압도적 다수(약 90%)는 하나 혹은 여러 민족단체들의 구성원들이며 이들 단체 및 구성원들과 비공식적인 우호관계를 유지하였다.[93]

허원무와 김광춘은 미국 한인공동체의 급속한 성장에도 불구하고 한인들의 지리적 분포와 미국 내 거주지 이동에 관한 전문연구는 이루어지지 않았다고 지적하였다. 그 결과 문제는 한인들의 미국 내 이동에 관한 통계자료가 없다는 점이다. 미국 내 한인들의 이주문제에 관한 공식자료가 없기 때문에 1972년, 1975년 및 1979년의 '남캘리포니아 한인 안내서'에 나타난 자료를 이용할 수밖에 없다. 의심할 여지없이 '안내서'에 나타난 한인들의 주소는 물론 당시 남캘리포니아에서 거주한 모든 한인들을 망라한 것은 아니지만 대안적 자료가 없던 점을 감안하면 안내서는 일종의 원천자료로서 활용되었을 것이다. 안내서에는 이름순서로 인명이 나열되어 있기 때문에 가족구성원들이 서

---

91) Min Pyong Gap. The Korean American Family. -Charles Mindel at al(eds.) Ethnic Families in America. NY: Elsevier; 1988, pp.199-229.

92) U.S. Department of Commerce, Bureau of the Census. 1980 Census of Population. Washington, D.C., 1981.

93) Kyeyoung Park. The Korean American Dream. Immigrants and small business in New York city. Cornell University Press. Ithaca and London, 1997. p.19.

로서로 나누어져 정리되었다. 동일한 주소에 동일한 전화를 사용하는 한 가족의 구성원임을 알기 위해서는 주소와 전화번호 순서대로 정리되는 컴퓨터 프로그램을 사용해야 하였다. 한인 가족들의 거주지 변화는 한인 이주자들이 미국의 도시에서 어떻게 지리적인 동화를 하였는지를 알 수 있게 한다. LA 거주 한인들의 거주지 이동에 관한 문제는 도시의 성격 외에 도시 주변부에 대한 특징을 파악하고 한인들이 어떤 공동체를 형성했는지 연구하는 것을 토대로 한다.94)

민족공동체 거주지 이동의 전통적 유형에 관한 이해는 다음 세 가지 형태에서 접근된다. 첫째, 최초 입국 후 분포 — 이것은 이주민들의 입국 후 형성되는 거주 지역을 뜻한다. 둘째, 집중 분포는 입국 후 거주 지역에서 바로 가까운 지역 혹은 먼 지역에 위치하지만 바로 여기에서 이주민들의 정착 근거가 마련된다. 셋째, 분산 분포는 집중 분포 지역과는 관계없는 비교적 먼 곳에서 형성된 지역이다.

1972년에 LA 한인안내서에 기록된 한인 가구 1/3이 올림픽 도로를 따라 서부 지역을 감싸는 후버, 웰쉬 도로 인근 지역에 집중되어 있었다. 이러한 초기 입국 후 거주 지역은 일명 '코리아타운' 혹은 '코리아시티'라고도 하며 크게 피코 헤이츠, 센포드 및 림파우 등으로 구분되었다(지역 코드번호는 각각 90006, 90005, 90019임).95)

1972년에 하데나 지역은 한인들이 비교적 많이 거주하던 유일한 도시 외곽 지역이었다. 이주민들의 최초 입국 후 분포는 1975년까지 종전의 모습으로 남아 있었으나, 3년 동안 한인들의 북동부 지역이주 집중현상이 나타났고 1979년경에는 신흥 거주촌이 형성되었다. 이에 관한 세부적인 분석은 유의영의 인구분포에 관한 글에 나와 있다.96)

---

94) Won Moo Hurh and Kwang Chung Kim. Korean Immigrants in America: A Structural Analysis of Ethnic Confinement and Adhesive Adaptation. Cranbury, New Jersey: Fairleigh Dickinson University Press, 1984, pp.56－68.

95) Там же, p.62.

96) См.: Yu, Eui－Young. Koreans in America: Social and economic adjustment. －Kim Byongsuh and Sang Hyun Lee Eds. The Korean Immigrant in America, Montclair, New Jersey.: The Association of Korean Christian Scholars in North America. 1980, pp.75－98.

　최초 입국 후 분포지와 집중지역에서의 인구유동성은 매우 높았다. 위 저서에 나타난 한인들의 전화번호를 분석해 보면 1972년에 거주하던 한인들의 11%만이 1979년에도 남아 있었다. 이와 같이 '코리아타운'은 이미 한국은 아니지만 그렇다고 미국도 아닌 한인들의 임시 거주지 역할을 하고 있었다. 일부 응답자들의 경우 LA 거주 한인들의 거주기간 진폭이 불과 몇 개월에서 53년까지로 증가하였으며 미국 전체로는 몇 개월에서 67년까지로 나타났다. 응답자의 약 80%는 LA에서 7년 정도 거주하였고 조사 당시 도시 거주 한인들의 평균 거주기간은 5.6년이었다. 국가 전체적으로 보면 2/3가 7년 정도로, 평균 거주기간은 6.5년이었다. LA 내에서의 지역 이동에 관한 연구에 의하면 낮은 비율(9.5%)만이 5년 이상 한 지역에 머문 경우였고 응답자 대부분(65%)은 3년 정도 일정 지역에서 거주했던 것으로 나타났다.[97]

　주거 형태에 관해서는 응답자의 절반 이상(56.9%)이 아파트나 주택을 임차하였으며 약 1/3(37.3%)이 개인 부동산을 소유하고 있었다. LA 지역의 조사응답자 한인 중에 25명이 71세 이상의 노인이었으나 응답자 중에 아무도 양로원에 거주하지는 않았다.

　1979년경에 상당수의 한인들이 LA 교외 지역에 거주하게 되었다. 1975년부터 4년 동안 하우손(229가구), 몬테레이 파크 등의 한인 수는 3배로 늘어났다. 남동부의 세리토스 및 라 푸엔테 및 하르데나 지역에는 동 기간에 100가구 이상의 한인들이 증가하였다.

　1972~1979년 사이에 남캘리포니아의 한인 가구 수는 3,430호에서 12,722호로 늘어났다. 1972~1975년간 같은 주에 거주한 한인들 거의 모두는 LA 인근에서 거주하였고 일부만이 오렌지, 리버사이드 및 산디에고 등지에 거주하였다. LA 인근 거주 한인들의 70%는 도시 경계 지역에서 살았다.

　그럼에도 불구하고 1979년경에는 급속한 도시화가 진행되었다. 한인 이주자의 절반만이 LA 내에 거주하였고 38%는 LA 주변 도시에 거주하였다. 나머

---

97) Won Moo Hurh and Kwang Chung Kim. Korean Immigrants in America: A Structural Analysis of Ethnic Confinement and Adhesive Adaptation. Cranbury, New Jersey: Fairleigh Dickinson University Press, 1984, p.58.

지 12%, 즉 약 140가구는 주로 산티아나, 오렌지 인근의 아나하임 및 산디에고에 거주하였다. 의심할 여지없이 이러한 도시화 과정은 LA 지역 한인 공동체의 성장과 관련이 있었다. 1972~1979년에는 한인 공동체가 코리아타운에서뿐만 아니라 LA에서 60마일 떨어진 곳에서도 생겨났다. LA 시내 서쪽 올림픽 도로 주변을 따라 한인 이주민들 거점 지역이 형성되었다. 이곳에는 한국교회, 비즈니스 회사 및 신흥 이주촌이 있었다. 한인 공동체가 수적으로 증가함에 따라 도시화는 남부 지역의 하우손, 하르데나 그리고 동부 지역의 산디에고, 몬테레이 파크 및 라 파운테 방향의 도속도로 주변, 반 뉴스 주변 도로 등 구역별로 진행되었다.[98]

또 다른 도시화의 사례는 뉴욕 주변 도시인 퀸스인데 1980년 말에 이 도시의 플라싱 및 엘후르스트 구는 특히 가장 높은 한인거주 집중도를 보였다. 플라싱 한인협회의 보고에 따르면 한인들의 수는 65,000명이었으며 지역발행 한인신문은 퀸스의 한인들을 115,000명으로 보았다. 퀸스는 1960년대 이전까지도 한인 대학생들의 거처였는데 이는 비교적 싼 주거비와 시내 중심과 연계된 편리한 교통체계와 관련이 있었다. 플라싱의 최초 거주자들은 남한 출신의 사업가들이었는데 이들은 1964년 세계박람회에 왔다가 미국에 정착한 사람들이었다. 엘후르스타 거주는 1971년에 처음 시작되었으며 시립병원 맞은편에 두 개의 주택 동에서 한인 간호사들이 가족들과 함께 거주하였다.[99]

한인 이주자들의 분산은 민족유대감의 내적 약화뿐만 아니라 현지 주류 민족과의 동화현상 차원에서도 설명된다. 백인 다수 거주 지역에 살던 한인들이 이미 다른 한인 이주자들이 다수 거주하던 지역으로 거처를 이동하였다. 이러한 현상은 결국 한인 이주자들의 지리적·민족적 결속력이 백인 다수의 지역으로 분산되는 것과 관계없다는 것은 아닐까? 만약 그렇다면 민족적 유대감의 약화 없는 지리적 동화현상은 인구이동의 적응단계로 지칭될 수 있다.

---

98) Yu Eui-Young. Korean Communities in America: Past, Present and Future // Amerasia. 1983. -10:2, pp.23-51; Yu, Eui-Young. Koreans in Los Angeles: size, composition and distribution. In Eui-Young Yu et al.(eds.) Koreans in Los Angeles: Prospects and Promises. Los Angeles Research Institute, 1980, pp.23-47.

99) Korea Times, December 31, 1989.

시카고 도시사회학 학파는 미국 도시의 인종 및 민족집단에 대한 10년간의 연구를 실행한 바 있는데 이 연구에 의하면 도시인구가 공간 및 사회적 상황 사이에서 변동하였다.[100] 인종 및 민족집단 간 상호경쟁력의 차이는 인구거주의 특징과 같은 중요한 양상으로 나타나게 된다. 가령 특징지역 거주편중 현상이 발생한다는 것이다.[101] 그 결과 추론할 수 있는 것은 사회적 관계가 공간적 관계와 떨어질 수 없으며 외형적 거리는 곧 사회적 거리라는 것이다. 따라서 거주분포의 특성은 공동체 동화의 중요한 요소로 간주된다.[102]

아시아계 이주민들은 인종 및 민족적으로 가장 동질적인 집단인데 위의 이론에 가장 잘 부합된다. 가령 다른 지역 출신에 비해서 아시아 출신 사람들은 수적으로 우월한 지위에 있는 백인들과 가장 근접하며 이러한 사회경제적 지수 중의 하나로서 소득, 교육수준 및 전문직업 등을 들 수 있다. 미시간 주에서 실시한 1980년 조사결과에 의하면 한인들을 포함한 아시아계 이주민 92%가 12개의 괜찮은 도시에서 거주하였는데 그 수는 베이시티의 289명에서 디트로이트의 33,257명에 이르렀다. 이러한 사실은 다음과 같은 결론을 맺게 한다. 첫째, 대다수 백인들 거주지에 대한 아시아계 이주민 거주지의 격리 정도는 라틴아메리카 혹은 아메리카 인디언들의 경우보다 조금 작다. 둘째, 다양한 인종집단 간 교육수준, 물질소득 및 전문직업 정도는 거주지 격리 정도와 직접적으로 관련이 있다. 셋째, 아시아계 주민은 미국의 비백인계 주민 중에서 도시화가 가장 잘된 사람들이다. 넷째, 아시아계와 백인들 간의 비동화지수는 다른 인종 및 민족집단의 경우에 비해 더 낮다(아시아계 27%, 흑인 66.8%, 라틴아메리카계 36.9%, 인디언계 34.8% 등). 이러한 결론은 사회 및 공간적 거리 간의 상호관련성이 있다는 것이며 이러한 원칙의 파괴는 인종 간 및 민족 간 분쟁과 충돌을 야기할 수 있다는 것을 보여 준다. 가장 적절한 사례가 바로 1992년 4월 29일의 LA 사태였다.[103]

---


100) Burgess E.W. Residential Segregation in American cities. − Annals of the American Academy of Political and Social Science. 1940. pp.105−115.

101) Lieberson S. Ethnic Paterns in American cities. New York, 1963, p.4.

102) Joe T. Darden. Asians in Metropolitan Areas of Michigan: A Retest of the Social and Spatial Distance Hipothesis// Amerasia. −1985−1986. −12:2, pp.67−77.

# 3. 한인들의 캐나다 이주

캐나다의 국가이주부 장관 엘리놀 카플란은 한국 공식방문 기간에 이주를 단지 인적 이동뿐만 아니라 교역증대와 상호신뢰 및 상호이해 강화의 기능을 하는 교량에 비유한 바 있다. 이어서 그는 이주는 사회정책의 근본이며 그 이유는 캐나다는 원주민을 제외하면 이민자들의 국가이며 모든 국민은 신생활을 시작하는 목적을 지니고 있다고 하였다. 사람들은 새로운 사회생활과 사업의 가능성을 찾기 위하여 혹은 가족들과 합류하기 위하여 또는 최고의 생활수준을 이용해서 평화롭고 안정적인 분위기를 완전히 느끼고 현대 세계적인 환경문제 속에서 가장 깨끗한 곳에서 살기 위하여 캐나다로 이주한다.

캐나다는 한인 이주자들에게 인기 있는 곳이며 매년 전체 이주자의 60%를 차지할 정도인데 2000년의 경우 이주자 수는 8,000명에 달했다. 한국은 캐나다의 이주자 규모 면에서 다섯 번째에 속한다. 매년 캐나다 대학으로 유학하는 한국 학생들의 수가 증가하고 있다. 캐나다 거주 한인들의 규모는 14만 명에 이르며 이들은 이주민 공동체의 성공과 발전에 기여하고 있다.[104]

## 1) 이주 초기

캐나다인과 한인의 첫 접촉은 19세기 말에 캐나다 선교사들이 조선에서 활동하면서 이루어졌다. 1899년 캐나다에서 조선으로 파견된 기독교 선교사들은 함흥 지방, 간도 지방(만주) 및 러시아령 연해주에서 종교적 활동뿐만 아니라 새로운 서양문물을 전해 주었다. 선교사들은 일본의 보호하에 있던 조선

---

103) См. подробнее: Chang, Edward Taehan. "Building Minority Coalitions: A Case Study of Korean and African Americans" Korea Journal of Population and Development. 1992, 21, p p.37-56; Chang, Edward and Russell Leong(Eds.). 1994. Los Angeles Struggles Toward Multiethnic Community: Asian American, African American, and Latino Perspectives. Seattle: University of Washington Press.

104) http://www.newsworld.co.kr/cont/0107/64.htm

의 독립을 위한 민족해방 운동을 도와주었을 뿐만 아니라 조선의 젊은이들이 무상으로 캐나다로 유학 가는 것을 도와주면서 양국 간의 인적 접촉이 자연스럽게 이루어졌던 것이다.105)

'토론토 4인방'이라 자처하던 가장 유명했던 초기 선교사들은 제임스 스카드 게일(1863~1937 생존, 1889~1928 조선 체류), 말콤 C. 펜윅(1856~1936 생존, 1889~1936 조선 체류), 로버트 알렉산더 하디(1865~1949 생존, 1890~1935 조선 체류), 올리버 R. 아비슨(의사, 1860~1956 생존, 1893~1935 조선 체류) 등이다. 이들 모두는 1880년대 말에서 1890년대 초에 조선에 도착하였다.

같은 시기에 조선에는 또 다른 캐나다인들이 있었는데 이들은 윌리엄 제임스 홀(의사, 1860~1894 생존, 조선 체류 1891~1894, 조선에서 묻힘), 그의 아내 로제타 쉐우드 홀(의사, 1856~1951 생존, 조선 체류 1890~1940), 윌리엄 맥켄지(1861~1895 생존, 조선 체류 1893~1895, 조선에서 묻힘) 등이었다.106)

1890년대 말에 조선으로 3명의 캐나다인 선교사들이 추가로 도착했는데 이들은 1898년 8월 7일에 동시에 입국한 던컨 M. 그리슨(한국명 구래선, 의사, 1868~1965 생존, 1898~1928 조선 체류), 윌리엄 R. 푸트(한국명 부두일, 1869~1930 생존, 1898~1928 조선 체류), 던컨 맥래이(한국명 마구래, 1868~1949 생존, 1898~1937 조선 체류) 등이다.107)

원산 지역의 부두일 목사, 성진 지역의 구래선 목사, 함흥 지역의 마구래 선교사들의 1899년부터 1909년까지 10년간의 활동결과 기독교 신자 수는 원산 2,297명, 함흥 1,997명, 성진 1,308명 등으로 불어났다.108)

1920~1940년 사이에는 교육과 의료 부문에서 활동한 캐나다인 선교사들이 있었는데 이들은 윌리엄 스코트(한국명 서호도, 1886~1979 생존, 1914~1942 조선 체재), 얼 A. 니콜(한국명 나태일, 1897~1995 생존, 1927~1940 조

---

105) 최협 · 박찬웅. 세계의 한민족. 미국－캐나다. 세계한민족총서. 3. 통일원. 1996. pp.233－234.

106) Побробнее о ранних канадских миссионерах см.: Darden Joe T.. Asians in Metropolitan Areas of Michigan: A Retest of the Social and Spatial Distance Hipothesis// Amerasia. －1985 －1986. －12:2, pp.67－77.

107) 최협 · 박찬웅. 세계의 한민족. 미국－캐나다. 세계한민족총서. 3. 통일원. 1996. pp.231－232.

108) Yoo Young－sik. Canada and Korea: A Shared History. －Canada and Korea. Perspectives 2000 Ed. by R. W. L. Guisso, Young－sik Yoo. Toronto, 2002, pp.10－22.

선 체재) 등이었다. 서호도 목사는 중학교 교장으로서, 의사 세브란스 스코필드(1889~1970)는 3·1운동 때 전국을 누비면서 일본 관리들의 무자비하고 불법적인 만행을 기록하였다.[109]

조선에서 지속적으로 거주했던 캐나다인 선교사들은 종교활동뿐만 아니라 의료, 교육, 농사 및 사회활동에 전념하였다. 그들에 의해 일기와 기록문, 논문 등이 신문과 잡지에 기고되어 조선의 역사와 문화 및 사람들에 대한 이야기가 서양 세계에 소개된 것은 높이 평가될 만한 일이었다. 유영식의 연구자료에 의하면 약 185명의 캐나다인 선교사들이 1888년부터 1941년까지 조선에서 활동하였고 선교시간을 모두 합하면 3,073년이나 되었다.[110]

태평양전쟁의 시작과 함께 조선의 캐나다인 선교사들의 활동은 예기치 않게 종식되었고 1942년 일본 정부는 모든 기독교 선교단체를 폐쇄하고 이들을 조선과 만주에서 떠나도록 명령하였다.[111] 한국전쟁 개전과 함께 북한에서 활동하던 캐나다인 선교사들은 남한으로 되돌아와서 원조단체를 조직하고 주로 북한 피난민들을 지원하였다. 나중에 1960년대에 이들은 캐나다 이주 한인들의 연결 거점 역할을 하였다.

한국전쟁(1950~1953) 동안 26,971명의 캐나다 군인들이 UN군의 일원으로 남한에 파견되었고 그중 516명이 전사, 1,256명이 부상을 당하였다.[112] 한국과 캐나다 간의 공식적 외교관계는 1963년에 수립되었고 '특별한 동반자' 관계에 대한 신협약이 1993년에 발효되어 양국 간 관계설정의 기초로 되었다.[113]

캐나다 한인 이주 역사는 한인들에게 잠시 거쳐 가는 사람들로 혹은 잠시

---


109) Hamish A. Ion. Across the Tumen and Beyond: Canadian Missionaries, Korean Christians and the Japanese on the Manchurian Border, 1911–1941. –Canada and Korea. Perspectives 2000. Ed. by R. W. L. Guisso, Young–sik Yoo. Toronto, 2002, pp.45–71.

110) You Young–sik. Canadian mind and Korean Heart: A History of Canadian Missions to Korea 1890–1998. Paper presented to the Conference of Celebrating the One Hundredth Anniversary of Canadian Missions to Korea. Emanuel College, University of Toronto, October 17–18, 1998.

111) Scott W. Canadians in Korea. Toronto, Ontario: United Church of Canada, 1976, p.146.

112) Toronto Star, July 27, 1997.

113) http://www.emb–korea.ottawa.on.ca/html/overview.htm

체재하는 사람들로 혹은 대학에서 공부하는 사람들로 기록하였다. 1888년부터 1893년까지 캐나다 반데빌트 및 에모리 대학에서 유학한 후 1893년에 조선으로 귀국한 바 있는 윤치호가 캐나다 땅을 밟은 최초의 한인이었다. 한인들이 본격적으로 캐나다로 이주하기 전 오래전 19세기 말부터 한인들은 잠시동안 캐나다 땅을 밟은 사실이 있다. 박유산과 그의 아내 김정동(최초의 여성한인의사로서 에스터 박으로 더 잘 알려진)은 홀의 아내와 함께 온타리오 지방의 글렌 뷰엘의 집으로 휴가를 다녀간 바 있었다. 1896년 기독교청년협회 한국 지부를 통하여 캐나다로 입국한 김일환 목사의 유학생활이 캐나다 유학생의 시작으로 기록되었다. 민영환 등 일행 세 명은 러시아 황제 니콜라이 2세의 대관식에 참가하기 위하여 서울 - 인천 - 상해 - 밴쿠버 - 몬트리올 - 뉴욕 노선을 선택한 바 있었다. 1902년 5월 이제학은 수행원 세 명과 함께 조선황제의 특명전권사절 자격으로 영국 국왕 에드워드 7세의 대관식에 참가하기 위하여  서울 - 인천 - 요코하마 - 빅토리아 - 밴쿠버 - 토론토 - 몬트리올 - 퀘벡 - 런던 노선을 택하였다.

조희렴은 '차세대 지도자' 프로그램을 실행한 엘리자벳과 루이스 막칼리 수녀회 후원을 받은 최초의 캐나다 유학생으로서 1914년에 할리팩스에 도착하여 달하우지 대학에 입학한 후 6년간의 수학 끝에 학사학위를 취득하였다. 이후 그는 토론토의 크녹스 대학에 입학하여 1923년에 석사학위를 취득하였다.

1919년에 강영일은 델하지 대학에서 1년간 수학하고 미국으로 가서 하버드 대학에서 공부한 후 '유리지붕', '동양에서 서양으로', '행복한 숲' 등을 저술하였다. 그런 다음 뉴욕대학에서 비교문학을 강의하고 한국전쟁 후 미군정 기간에 한국으로 귀국하여 사회정보 분야 업무를 담당한 바 있으며 다시 미국으로 이주하여 플로리다에서 여생을 마쳤다.[114]

1920년대에는 캐나다 선교사들의 지원으로 몇몇 한인 학생들이 캐나다로 유학을 가게 되었다. 1925년에 캐나다 교회연합체가 결성되자 이들은 토론토 대학의 엠마누엘 학부로 파송되었으며 교회와 긴밀한 관계를 유지하였다.

---

114) 최협·박찬웅. 세계의 한민족. 미국-캐나다. 세계한민족총서. 3. 통일원. 1996. p.234.

1922년에 김광식 목사는 토론토 대학에서 수학하고 한국에 귀국한 다음 함경도 지방의 캐나다 선교단에서 일하였다. 1928년 문제는 엠마누엘 대학에서 수학하고 1932년 졸업 후 귀국하여 15년간 성직자 생활을 하였다. 한국이 해방된 후 그는 남한으로 가서 교육과 선교활동에 전념하였으며 1971년 캐나다로 가서 토론토에서 생활하였다. 1974년 4월 19일 김재준 목사는 다른 사람들과 함께 '토론토 한인 민주주의 및 화해실행 협회'를 결성하고 초대 회장이 되어 한국의 민주화 운동에 협력하고 캐나다 정부로부터 25,000달러 상당의 자금을 받아 '한인 노인협회'를 창건하였다. 1973년에 그는 엠마누엘 대학 명예박사를 수여하였다. 김준성도 캐나다 선교회 장학금으로 1934년에 같은 대학에서 공부한 후 학사와 석사학위를 받고 한국으로 귀국하여 교수로서 활동하였다. 이후 그는 한신대학교 총장이 되었다.

캐나다 대학에서 공부한 일련의 한인 학생들은 교육과 과학, 정계에서 두드러진 경우가 많았는데 그중에는 여성들도 있었다. 가령 이우정은 한신대학을 마치고 1951~1953년 동안 토론토 코버난트 대학을 수료한 후 한국으로 귀국하여 여성운동을 활발히 전개하였는데 1995년에는 마침내 한국의 국회의원이 되었다. 김영정은 1951년부터 1954년까지 토론토 대학에서 서양사를 전공한 후 한국으로 귀국하여 대학에서 얼마간 강의한 후 국회의원과 장관을 맡은 바 있다.

1947년부터 1964년까지 캐나다에 입국한 한인들 중에서 가장 흥미로운 인물은 전대위 교수, 황대영 의사 및 최초 캐나다 이민비자를 받은 서정욱일 것이다.[115]

전대위는 1948년부터 1949년까지 엠마누엘 대학을 다닌 후 신학석사 학위를 취득하고 한국으로 귀국하여 한신대학교에서 강의하였으며 옐림대학에서 박사학위를 받은 후 건국대학교 총장이 되었다. 21년이 지난 1968년 그는 다시 캐나다로 가서 칼톤대학교에서 1983년까지 강의하였다.

황대영 의사는 신학박사 스코트의 추천으로 에드먼턴 라멘트 병원에서 2년

---

115) Yoo Young－sik. Canada and Korea: A Shared History. －Canada and Korea. Perspectives 2000. Ed. by R. W. L. Guisso, Young－sik Yoo. Toronto, 2002, pp.32－34.

간 근무하다가 1949년에 뉴욕으로 가서 5년간 일하고 다시 1954년에 캐나다로 되돌아왔다. 이어서 퀘벡, 뉴브론스윅, 오타와 등 장소를 옮겨 가며 일을 하였고 1958년에는 온타리오 주 북서부의 블라인드 리버에 이주하여 개인병원을 성공적으로 운영하였다.

1953년 5월 31일 서정욱은 캐나다 밴쿠버로 이주하였는데 당시 일본 유학생활 동안 그와 결혼했던 일본인 캐나다 아내 때문이었다. 한인 초기이주 역사 중에서 최초의 캐나다 이민비자 취득자에 관한 의견이 분분한데, 황대위라는 의견도 있지만 아무래도 서정욱이 가장 유력한 인물일 것이다.[116]

1950년대에는 다양한 이유로 몇몇 한인들이 캐나다로 갔는데 그중에 조정원은 1953년 토론토에 도착하여 물리학 박사가 되었으며 뉴펀들랜드의 메모리 대학에서 강의하였다. 1954년 2월에 정희수는 퀘벡에 도착하여 라발 대학교에서 경제학 박사학위를 받고 교수로 활동하였다. 서울대학교 약학대 졸업생 윤여화는 1956년 7월에 캐나다로 가서 1965년부터 5년간 '토론토 한인회' 초대 회장을 역임하고 '한인교회연합센터'의 수립에 참가했으며 나중에는 평화통일자문회 위원이 되었다. 1956년에 캐나다로 간 허태영은 달하우지에서 유전학을 강의하였다. 김익선 목사는 1957년에 뉴스코트 주 파인 힐 대학에서 수학하고 한국으로 귀국한 다음 대한기독교장로회 부회장이 되었다. 1977년에는 다시 캐나다로 가서 연합 교회에서 활동한 다음 토론토에서 거주하였다. 김창렬은 연합교회의 장학금을 받아 몽레알의 맥길 대학교에서 신학을 전공하고 한국으로 돌아와 1962년에 서울에서 YMCA 조정관으로 일하였다. 이어서 그는 1966년부터 1972년까지 캐나다 이민협회 사무국장을 역임하면서 캐나다 이주 희망자들을 위한 상담활동을 하였으며 1972년에는 그 자신이 토론토로 이주하여 YMCA 한인지부를 조직하고 1995년부터는 조정관으로 일하였다. 이상철은 1961년부터 1964년까지 유니언 대학(캐나다 밴쿠버)에서 신학을 공부하고 제네바의 연합교회에서 24년간 활동하였다. 그는 1992년에 빅토리아 대학교 총장이 되었다. 1995년부터는 토론토의 북쪽 지역인 뉴마켓에서 전

---

116) Yoo Young−sik. Canada and Korea: A Shared History. −Canada and Korea. Perspectives 2000. Ed. by R. W. L. Guisso, Young−sik Yoo. Toronto, 2002, pp.34−35.

임대통령 김대중의 아내 및 딸과 거주하였다.[117]

1960년대에 토론토에서 거주했던 한인들이 학생들에게만 국한된 것은 아니었다. 일부 한인들은 새로운 생활을 하기 위하여 단기 비자를 받아 캐나다로 입국하였으며 이들은 나중에 취업비자를 받고 이민자가 되었다. 단기 체류자에서 단기 취업자로 그리고 이민자로 지위가 변화되는 일은 당시 흔한 현상이었으며 지속적인 캐나다 이주자 유입에 큰 영향을 주지 않았다. 일부 한인들은 한국에서 출발한 것이 아니라 독일에서 온 경우도 있었는데 이들은 현지에서 광부나 간호사로서 계약제로 일하고 있었던 사람들이었다. 독일 한인 대부분은 현지에서 노동계약을 연장하였으며 일부는 한국으로 돌아가고 또 다른 일부는 다른 유럽 국가와 중남미 지역으로 이주하였다.

일부 한인들은 초기 캐나다 이주한인 역사에서 중요한 역할을 하였는데 이들 중 한 사람은 황태영으로서 박찬웅이 자신의 논문에서 그를 '최초의 캐나다 한인 이주자'로 오기한 바 있다.[118] 1947년에 황태영은 알버타 주 라몬트 병원 연구생으로 캐나다에 입국하였고 연구가 끝난 후 여러 지역으로 옮겨 다니다가 온타리오 주 블라인드 리버에 정착하였다. 거기서 그는 20년간 개인 병원을 열었다. 1977년에 그는 토론토로 가서 생애 마지막(1999년)까지 생활하였다.

1964년 4월 21일 황태영은 캐나다의 전직 수상인 레스터 피르손에게 편지를 써서 한국의 농민들을 초청해도 되는지 알아보면서 40명의 명단을 보내었는데 그들 대부분은 그의 친척들이었다. 그는 두 군데의 땅을 확보하여 가금류를 사육했는데 대부분 동포들의 노동을 이용하였다. 그러나 대규모 한인 농민들을 캐나다로 이주시키려는 그의 계획은 실현될 수 없었는데 그 이유는 계획이 이민법에 위배되었기 때문이었다.

한인들의 캐나다 공식이주 초기에 중요한 역할을 했던 사람은 서울의 '조누사 캄파니사' 사장이던 천택보였는데 그는 1964년 6월에 오타와에서 캐나다 이주부 차관 K. M. 이즈비스터를 만났다. 이 만남의 결과 1964년 7월 2일자

---

117) 최협·박찬웅. 세계의 한민족. 미국-캐나다. 세계한민족총서. 3. 통일원. 1996. pp.236-244.
118) New Korea Times(Toronto), 14 and 21 January, 1978.

편지가 천택보에게 전달되었고 한인들의 캐나다 이주가 실현되었다. 편지에는 이즈비스터의 서명이 있었기 때문에 편지가 한인 이주가 공식적으로 인정된 최초의 공식 문서로 간주되었다. 1965년까지 캐나다 이주 한인들은 모두 홍콩에서 비자를 받았는데 1966년부터는 캐나다 영사가 한 달에 한 번 서울로 가서 영사업무를 보았고 서울의 천택보는 자신의 회사에서 비자 업무를 진행시켰다. 나중에 천택보는 서울 YMCA 산하 캐나다 이주자문협의회를 조직하고 한-캐 문화협력과 캐나다 이주문제에 적극적으로 활동하였다.[119]

천준림과 그의 '무역회사'는 한인 이주의 근거를 가족-친지 원칙에 두었다. 1962년 천준림과 그의 가족 4명은 캐나다에 이주한 최초의 비유학생이었다. 방문비자로 캐나다에 입국한 후 캐나다 선교회와 긴밀한 관계를 가지고 있던 천준림은 노동비자를 캐나다 정부로부터 정식으로 받게 되었고 2년 후 일을 하면서 새로운 생활을 하게 되었다. 그에게는 자신과 가족들의 영주비자가 있었다. 천준림은 자신의 경우와 똑같이 친척과 친구들을 초청하고 이러한 원칙은 서울에서 이주를 위한 규칙으로 삼게 되었다. 동일한 입국준비 과정과 초기 선교회들의 도움으로 천준림과 가까운 사람들이 한국에서 캐나다로 입국하게 되었다. 이들이 영주권을 받은 후 천준림과 유사하게 다른 한인들의 캐나다 이주를 도와주는 역할을 하게 되었다.[120]

이와 같이 1960년대 중반 이후 캐나다 공식이주 시작 전에는 선교사, 학생, 외교관, 정부관리 및 전문가 등 적은 수의 한인들이 일시체류 혹은 영구 정착을 하게 되었다. 1961년 토론토 한인들의 수는 약 30명에 이르렀으며 1964년 밴쿠버에는 50명 정도의 한인이, 그리고 총영사관의 자료에 의하면 몽레알에는 약 15세대의 한인들이 살고 있었다. 1963년에는 캐나다와 한국과의 외교관계 수립으로 캐나다 이주정책이 실행되었고 한인 이주민들의 유입이 지속적으로 증가하게 되었다.

1965년 미국의 신이민법의 발효로 아시아 국가에서 일정한 쿼터에 의거하

---

119) Yoo Young-sik. Canada and Korea: A Shared History. -Canada and Korea. Perspectives 2000. Ed. by R. W. L. Guisso, Young-sik Yoo. Toronto, 2002, p.36.

120) Kim Jung-Gun. How Koreans came to call Toronto home. Polyphony, Vol.6, 1984, pp.176-180. Multicultural History Society of Ontario.

여 미국으로 이주할 가능성이 생기면서 1967년 캐나다 정부가 신이민법을 어느 정도 공식적으로 수용하게 되었다. 역동적인 국가경제의 발전은 노동시장의 공급 부족 원인이 되었고 결국 추가 노동력의 수요 증대를 초래하였던 것이다. 그러나 제3세계 개발도상국 출신 사람들의 캐나다 이주 희망자는 다소 수요를 넘어섰기 때문에 이민법에 점수제와 가산점 제도가 채택되었다. 출신 국가, 연령, 교육, 영어실력, 기초 회화, 직업전문성, 재산, 가족상황 등등에 대한 문항이 만들어지고 각각 점수화되었으며 총점에 따라서 이주 여부가 결정되었다.

사실 한인들의 캐나다 이주는 1965년부터 이루어지기 시작하였는데 이때는 서울의 이주센터에서 캐나다 이주희망자의 신청을 접수받았다. 김창열은 당시 YMCA에서 근무하고 있었으며 동시에 캐나다 이주협회의 총무직을 수행하고 있었는데 그의 회고에 의하면 당시 한국에는 이주 붐이 일었고 200장의 문항지(이주희망자에 대한 월별 쿼터)가 2시간 전에 다 끝날 정도였다. 동협회의 회장은 천택보였으며 전대위 박사 및 기타 사람들이 회원으로 활동하였다.

1965년경에 약 70여 세대의 한인들이 캐나다에 거주하였고 주로 토론토에 집중되었으며 1966년에는 토론토에 100여 명의 한인들이 추가로 이주해 왔고 이듬해에 다시 토론토 한인들의 수는 두 배에 이르게 되었다.


## 2) 캐나다 한인의 규모, 구성, 지리적 분포


1970년대 초부터 캐나다의 이주정책 본질은 특혜제도로 특징되었는데 이 제도에 의하면 자신의 학력과 전문성 및 재정능력이 보장되면 비자 취득에 유리하다는 것이었다. 또한 캐나다 국민 중에 친척이 없다고 하더라도 개인적으로 신청서를 작성할 수 있었다. 이러한 새로운 제도의 결과 이주민들의 민족별 구성은 변화하게 되었다. 이전에는 입국이주자들의 대부분이 유럽과 미국 출신이었다면 이후 아시아계 민족을 비롯한 유색인종이 많아지게 되었다.

　백인이나 캐나다 원주민과 관계가 없는 제3세계 국가 출신 이주자들은 '특
출한 소수민족'으로 불리게 되었다. '특출한 소수민족' 이주자의 수는 1980년
대 초에 두드러졌으며 수적으로 110만 명에 이르렀고 이는 전체 인구의 4.7%
에 해당하였다. 증가세는 계속되어 1996년에 그 수치는 320만 명, 2001년에는
400만 명, 즉 전체 인구에서 각각 11.2%, 13.4%를 차지하였다. 2001년 인구조
사 통계에 의하면 이들 소수민족의 2/3는 중국인과 인도인들이었다. 전체 이
주자들의 60%가 몰려 있던 토론토에는 중국계 은행에서 돈을 찾은 후 택시를
타고 인도계 사람에게 택시비를 주며 일본계(나중에는 아랍계) 식료품 가게
앞에서 정차한다는 말이 있을 정도였다.121)

　캐나다 한인들의 수적 규모는 서울의 캐나다 대사관에서 1973년에 적용된
특혜이민제도의 도입으로 증가하게 되었으며 1974년부터 1976년까지 거의 1
만 명에 이르렀다. 가장 정점에 올랐던 때는 1975년으로서 이때 4,331명이 캐
나다로 이주하였고 이후 1980년대 말까지 한 해에 1,000명 정도로 안정세를
보였다. 1987년부터 1996년까지 캐나다 이주 한인들의 연인원은 평균 3배 증
가하게 되었고 지난 10년에 비하면 거의 3배 정도 증가하였다. 한국의 외환위
기 시기에는 한국을 떠나는 사람들이 더욱더 많아졌는데 1997년부터 2000년
까지 캐나다로 매년 평균 6,000~7,000명 정도의 한인들이 떠났다.

　10년 단위로 집계한 연간 캐나다 이주 한인들은 다음과 같다. 즉 1970~1980
년은 18,148명, 1981~1990년 16,403명, 1991~2001년 53,326명 등이다. 이와
같이 이전 10년간에 비하여 나중 10년 동안의 이주 한인은 거의 두 배를 기록
하였다. 1990년대 말에 캐나다는 한인들의 이주 희망국 중 미국 다음의 2위를
차지하였다.

---

121) Moon Young-suck. New Horizon in Korea-Canadian Relations in Emerging Asia-Pacific
　　Community. International Area Review: HUFS, Seoul, 2003, Vol.6(2), pp.185-199.

<표 8> 1970~2001년간 캐나다 이주 한인들의 수

| 연도 | 이주자 수 | 연도 | 이주자 수 |
|---|---|---|---|
| 1970 | 918 | 1986 | 1,203. |
| 1971 | 1,119 | 1987 | 2,350 |
| 1972 | 1,280 | 1988 | 2,814 |
| 1973 | 1,571 | 1989 | 3,008 |
| 1974 | 2,866 | 1990 | 2,081 |
| 1975 | 4,331 | 1991 | 2,598 |
| 1976 | 2,252 | 1992 | 3,804 |
| 1977 | 1,258 | 1993 | 3,809 |
| 1978 | 718 | 1994 | 3,007 |
| 1979 | 817 | 1995 | 3,501 |
| 1980 | 1,018 | 1996 | 3,251 |
| 1981 | 1,507 | 1997 | 4,000 |
| 1982 | 1,583 | 1998 | 4,910 |
| 1983 | 1,081 | 1999 | 7,216 |
| 1984 | 873 | 2000 | 7,626 |
| 1985 | 984 | 2001 | 9,604 |

출처 : Citizenship and Immigration Canada. Citizenship and Immigration Statistics, 1970~2001.

2001년 캐나다 인구조사 통계에 의하면 캐나다 거주 한인들의 수는 101,715 명이었는데 1996년의 64,840명과 비교하면 56%나 많은 수치였다. 캐나다의 총인구 2,963만 9,000명에 대한 한인들의 비율은 겨우 0.3%에 불과하였다. '특출한 소수민족' 398만 4,000명에 비하면 한인들은 2.6%(1996년 인구조사에는 2%)에 해당하였으나 양 조사기간 중의 한인들의 변화는 24.6%가 증가한 것으로서 이는 한인들의 수가 이전보다 2배 반이나 높아졌음을 의미한다.[122]

주목할 점은 2001년 캐나다 인구조사 당시 한인들의 수가 한국 당국과 학계에서 파악하고 있는 것과 다르다는 것인데 이들은 캐나다 거주 한인들의 수를 14만~15만 명으로 집계하였다. 이러한 수치가 다른 것은 계산방식의 차이에서 비롯되었다. 공식 숫자에는 단기 비자 소유자, 여행객 및 학생 그리고 무비자 입국자를 제외한 사람들만 파악된 것이다. 인구조사 당시 현 거주

---

122) Ethnic Origin. Ottawa: Statistics Canada, January 21, 2003. 2001 Census of Canada. Catalogue number 97F0010XCB01001. 18 March 2003.
http://www12.statcan.ca/english/census01/Products/Standard/Index.cfm

지에 없었던 사람들 또한 공식집계에서는 빠졌다.

1996년 인구조사 자료를 보면 한인들의 연령별 구성을 알 수 있는데 총 인구에 대비하여 젊은 것으로 나타났다. 0~14세 한인들의 비율은 18.7%로서 총인구 대비 비율 20.7%보다 낮지만 생산가능인구층인 15~64세 인구비율은 76.5%로서 총인구 대비 비율 67.8%보다 높았다. 65세 이상 노령 한인인구는 4.8%이며 캐나다 총인구 대비 노령인구 비율은 11.5%였다. 이러한 연령별 구성에서 알 수 있는 사실은 생산가능 연령의 한인들이 캐나다로 이주했다는 것이다. 그 증거는 1994년 캐나다의 이주국에서 제공한 자료인데 이 자료에 의하면 한국에서 이주한 3,007명의 이주자 중에서 55.2%에 해당하는 사람들이 20~49세에 해당하였고 반면 노령층 비율은 9.5%에 불과하였던 것이다.

<표 9> 1996년 캐나다 이주 한인의 연령별 구성

| 연령별 | 이주자 수 | 비율(%) |
| --- | --- | --- |
| 0~14 | 12,115 | 18.7 |
| 15~24 | 15,530 | 24.0 |
| 25~44 | 19,475 | 30.0 |
| 45~64 | 14,610 | 22.5 |
| 65세 이상 | 3,110 | 4.8 |
| 전체 | 64,835 | 100 |

출처 : 1996년 캐나다 인구조사: 출신민족, 특출한 소수민족

1996년의 인구조사에 의하면 한인들의 성별 구성도 알 수 있는데 남자에 비해 여자의 비율이 더 높다. 여자 100명당 남자가 90.9명이었으며 캐나다 전체 인구비율에서 보면 여자와 남자의 비율이 100 : 97이었다. 2001년 인구조사에서는 남자의 비율이 93%까지 높아졌으나 일부 연령층에서는 편차가 여전히 있었다. 특히 이러한 현상은 65세 이상의 연령대에서 나타났으며 여자와 남자의 비율이 100 : 61.6이었다. 45~64세 사이의 편차는 100 : 77.8이었다. 0~14세 사이의 남녀비율이 108.9 : 100이었고 45~64세 사이의 남녀비율은 104.6 : 100이었는데 이것은 전통적으로 남아선호 경향에서 비롯되었고 또 다른 원인은 캐나다로 이주한 사람들은 대부분 노동가능한 남자들이었기 때문이다.

캐나다 거주 한인들은 캐나다 태생자가 17.1%인 반면 대부분이 한국에서 이주한 사람들이었고, 1996년 인구조사에 의하면 대개 5년 이하의 캐나다 거주 기간을 가진 사람이 35.1%, 1981년 이전 도착자 34.3% 그리고 1981~1990년 사이에 도착한 사람들이 30.5%를 차지하였다.[123]

캐나다 이주 한인들의 압도적 다수는 남한 출신자였지만 윤인진의 연구에 의하면 약 110명의 북한 출신자도 있었다. 북한 피난민들도 아주 소수 있었지만 이들은 주로 한국전쟁 시기에 남한으로 갔다가 이후 캐나다로 이주한 사람들이다. 미국이나 남미 국가 등 제3국을 거쳐 캐나다로 들어간 한인들은 약 600명 정도였다.[124]

1980~1995년 사이에 캐나다로 이주한 한인들은 주로 가족 중심으로 이루어졌기 때문에 1996년 인구조사에 의하면 결혼한 사람의 비율이 43.7%로서 전국 평균 비율 41%보다 높았다. 그러나 한인들 간의 이혼비율은 2.6%(생존하고 있던 배우자 포함, 혼인상태로 있던)로서 전국 평균 8.1%보다 더 낮았다. 사실 한인가정은 핵가족 형태였는데 보통 부부만으로 되어 있든지 아니면 미성년 자녀가 포함된 형태였다. 전통적인 대가족적 한인가정은 이미 해체되었고 단지 이주한인 가정의 3.1%만이 두 명 혹은 한 명의 부모를 모신 경우였다. 1996년 인구조사에 의하면 캐나다 한인가족의 상황은 다음과 같은 비율로 나타났다. 즉 미혼자 50.8%, 기혼자 43.7%, 미망인 혹은 홀아비 2.9%, 이혼자 1.5%, 독신자 1.1% 등이었다.

한인들의 주요 거주지와 관련한 1991년의 통계에 의하면 온타리오 47.5%, 브리티시 콜롬비아 및 퀘벡 18.6%씩, 알버타 9.7%, 마니토바 4.6%, 기타 나머지 주에 각각 1% 정도씩 분포되었다. 캐나다 동부 지역인 온타리오 주의 유입 이주민 감소는 서부 지역인 브리티시 콜롬비아 주와 알버트 주의 증가세와 대조적이었다.[125]

---

123) Canada. The Daily statistics. February 17, 1998. 1996 Census: Ethnic origin, visible Minorities.

124) 윤인진. 코리안 디아스포라. 재외한인 이주, 적응, 정체성. The Korean Diaspora. 고려대학교출판부. 2004. p.292.

125) Kim Jung-Gun. How Koreans came to call Toronto home. Polyphony, Vol.6, 1984, pp.176-180. Multicultural History Society of Ontario.

2001년 인구조사에서는 일부 지리적 분포의 변화가 나타났다. 한인 이주민들은 온타리오, 브리티시 콜롬비아 및 알버타 주에 집중되었고, 특히 앞의 2개 주에 전체 캐나다 한인 중 1996년에 84%, 2001년에는 85.4%가 거주하였다. 알버타와 퀘벡 주 한인 비율은 전체에서 약 12%였고 기타 주는 낮은 비율을 차지하였다.

<표 10> 캐나다 거주 한인들의 지리적 분포

| 주 | 1996 | | 2001 | |
|---|---|---|---|---|
| | 인원수 | 비율% | 인원수 | 비율% |
| 온타리오 | 35,400 | 54.6 | 54,645 | 53.7 |
| 브리티시 콜롬비아 | 19,055 | 29.4 | 32,200 | 31.7 |
| 알버타 | 4,705 | 7.3 | 7,925 | 7.8 |
| 퀘벡 | 3,390 | 6.1 | 4,470 | 4.4 |
| 마니토바 | 1,090 | 1.6 | 1,110 | 1.1 |
| 서스캐처원 | 305 | 0.5 | 645 | 0.6 |
| 뉴 스코트 | 300 | 0.5 | 515 | 0.5 |
| 프린스 에드워드 섬 | 45 | 0.1 | 0 | 0.0 |
| 뉴브린스윅 | 20 | 0.0 | 80 | 0.1 |
| 뉴펀들랜드 | 0 | 0.0 | 85 | 0.1 |
| 기타 | 30 | 0.0 | 40 | 0.0 |
| 전체 | 64,840 | 100.0 | 101,715 | 100.0 |

출처 : 1996 Census of Canada: Ethnic origin, visible Minorities; 2001 Census of Canada. Census Nation Tables. 20% sample data.

캐나다 한인들은 다른 국가의 한인들과 같이 도시생활에 대한 강한 애착심 때문에 1991년의 경우 1980년대에 이주한 한인들의 2/3가 토론토, 밴쿠버 및 몬트리올 등 도시를 거주지로 선택하였다. 이들 3개 도시에 거주한 한인들의 비율은 2001년에 73%로 증가하였고 토론토에 거주한 한인은 캐나다 전체 한인의 44%를 차지하였다. 밴쿠버는 '홍쿠버'라는 별명에서처럼 아시아계 소수 이주자의 도시가 되었는데 이는 1990년대에 중국계 사람들이 대량 이주해 왔기 때문이었다. 1996년에 중국인들은 '특출한 소수민족' 중 절반을 차지했으며 한인들은 겨우 3%에 불과하였다. 한인들은 지난 10여 년 동안 많지 않은 규모로 밴쿠버로 이주하였고 그중 약 2/3는 1991년부터 1999년까지 도착한 사람들이었다. 시기에 따른 이주자 비율은 다음과 같다. 즉 1971년까지 4%, 1971~1975년 10%, 1976~1985년 14%, 1986~1990년 22%, 1991~1996년 50% 등이다.[126]

<표 11> 1996년과 2001년의 캐나다 한인규모

| 도시 | 1996 | | 2001 | |
|---|---|---|---|---|
| | 인원수 | 비율(%) | 인원수 | 비율(%) |
| 토론토 | 28,555 | 44.0 | 42,615 | 42.3 |
| 밴쿠버 | 17,080 | 26.3 | 28,850 | 28.7 |
| 캘거리 | 1,875 | 3.4 | 3,885 | 3.9 |
| 몽레알 | 3,505 | 5.4 | 3,760 | 3.7 |
| 에드먼턴 | 1,875 | 2.9 | 2,830 | 2.8 |
| 해밀턴 | 1,175 | 1.8 | 2,030 | 2.0 |
| 런던 | 890 | 1.4 | 1,705 | 1.7 |
| 오타와- 할 | 670 | 1.0 | 1,590 | 1.6 |
| 키체네르 | 350 | 0.5 | 1,135 | 1.1 |

출처 : 1996 Census of Canada: Ethnic origin, visible Minorities; 2001 Census of Canada. Census Nation Tables. 20% sample data.

1996년 인구조사에 의하면 토론토 거주 '특출한 소수민족'의 전체 규모는 133만 8,000명으로서 그중에는 중국인 33만 5,000명, 남아시아계 33만 명, 흑인계 27만 5,000명, 필리핀계 9만 9,000명, 아랍 및 서아시아계 7만 2,000명, 동남아시아계 4만 6,500명 그리고 한인이 2만 8,555명이었다.[127]

캐나다 한인의 대부분은 프랑스어가 통하지 않는 영어권 지역에 살았기 때문에 몽레알 지역의 한인 수는 2001년 통계에 의하면 총 3,760명으로서 전체 캐나다 한인의 3.7%를 차지하였다. 언어구사 여부에 대한 답변으로서 국가공용어인 영어만을 사용한다고 한 한인들은 전체의 82.2%, 불어만 사용하는 사람은 0.2%, 영어와 불어를 구사하는 사람은 4.6%, 그리고 나머지 13%의 한인

---

126) Building Community: A Framework for Services for Korean Community in the Lower Mainland region of British Columbia. Prepared for the City Vancouver, Canadian Heritage and MOSAIC by Martin Spigelman Research Associates, July 2000, pp.3, 5.

127) Canada. The Daily statistics. February 17, 1998. 1996 Census: Ethnic origin, visible Minorities.

들은 두 언어를 모두 구사하지 못하는 사람들로 나타났다. 캐나다에서 불어보다 영어를 월등히 잘 구사한다는 것은 명확한 사실이며 불어 구사자의 43.4%는 영어도 구사하는 데 반해 영어 구사자의 9%만이 불어를 구사하였다.

캐나다 이주 한인들은 주로 친척의 초대로 혹은 전문인, 투자자 및 학생 신분으로서 입국하였다. 윤인진 교수가 토론토에서 행한 조사에서 대상자 333 명 중 이주 1세대에 해당하는 224명에 대한 결과로부터 다음과 같은 결론이 도출되었다. 즉 14명은 기업가, 27명은 투자자, 9명은 일반인, 69명은 친척의 초청으로, 87명은 개인적으로 그리고 나머지 18명은 기타 형태로 입국한 것으로 파악되었다. 역시 같은 조사에서 전문가는 63명, 사회지도자 12명, 사무직 42명, 기술자 24명, 무역업자 22명, 봉사직 10명, 생산직 종사자 8명, 농업 1명, 대학생 22명, 주부 15명, 무직 3명, 기타 5명으로 분석되었다.[128]

친척들의 초대로 이루어진 캐나다 이주 한인에 대해서는 이미 앞에서 언급하였지만 최근에 급증하고 있는 투자 이주민에 대해서도 언급해야 되지 않을까? 캐나다 이주부의 설명에 의하면 투자 이주민은 경제선진국에서 투자 능력이 있는 사람들을 뜻한다. 이들은 크게 세 가지로 분류된다. 투자가들은 기업경영 경험을 가지고 있으며 자본금도 최소한 80만 캐나다달러를 소지하고 있고 이들 중 절반은 반드시 국가경제 활성화에 내놓은 사람들이다. 기업가들은 개인사업 경험을 가지고 있고 최소한 30만 캐나다달러의 자본금을 소유하며 캐나다에 입국해서 사업을 시작하고 일자리를 창출하는 사람들이다. 세 번째 부류는 자신의 일자리를 보장할 수 있는 능력을 가진 사람들이며 훗날 문화, 스포츠 및 농업 부문에서 활동할 사람들이다.[129]

1996년 인구조사에 의하면 15세 이상의 노동가능 연령대 한인들의 비율은 57.2%이며 국가 전체 평균인 65.5%보다 낮았다. 주요 산업활동 형태는 식품 영역의 소매업, 공공시설물 수립업 등이었으며 이에 종사하는 사람들의 비율은 전체 노동인구의 61%에 해당하였는데 국가 전체로는 27.8%였다. 미국에서

---

128) 윤인진. 코리안 디아스포라. 재외한인 이주, 적응, 정체성. The Korean Diaspora. 고려대학교출판부. 2004. pp.297, 300.

129) Moon Young-suck. New Horizon in Korea-Canadian Relations in Emerging Asia-Pacific Community. International Area Review: HUFS, Seoul, 2003, Vol.6(2), p.198.

와 마찬가지로 이 분야의 캐나다 한인들은 소규모의 가족 차원의 비즈니스를 이루었고 그 결과 1인당 연간 평균소득은 16,934캐나다달러였는데 이는 전국 평균의 67%에 해당하였다. 한인들의 32%는 연소득 5,000달러 이하였고 37.5%는 5,000~2만 달러, 5만 달러 이상은 겨우 6.6%에 불과하였다.

　캐나다는 교육제도가 훌륭한 국가이며 그 결과 캐나다 국민의 대부분이 고등교육을 받은 사람들이다. 캐나다는 교육과 과학 수준이 높은 국가 중 하나이며 이 점이 바로 질 높고 비교적 저렴한 학비에 만족스러운 교육을 받고 싶어 하는 한인들의 관심을 끌었다. 서울에서 열리는 캐나다 유학박람회는 연중행사로서 6,000~8,000명의 관람객을 끌었으며 방문자 대부분이 캐나다 유학을 희망하였다. 1990년대 말부터 2000년대 초 기간에는 '아메리카 드림'과 비슷하게 '캐나다 드림'의 붐이 일었는데 그 이유는 캐나다 유학 선택의 배경이 교육수준, 학비 및 언어 면에서뿐만 아니라 전체적인 생활의 질과 사회안전 및 낮은 인종차별성 등에 기인하였다. 미국이 테러리즘으로부터 확실한 안전보장을 못해 주고 있다는 사실도 외국학생들이 미국을 떠나는 요인이 되었다. 미국이 교육부문에 돈을 소비하고 있는 반면 다른 나라들은 외국학생들의 유치에 집중적으로 노력하였다. 그래서 수천 명의 한인들이 캐나다 유학을 떠난 것은 타국에 비해 비교적 간단하게 유학비자를 받은 점에 기인하였는데 이는 캐나다 당국의 외국인 학생 유치책이었다. 2002년에 캐나다에서 수학하고 있던 외국인 학생은 68,820명이었고 그중에서 한인 학생이 13,774명이었는데 이 규모는 상위 10개국 중 첫 번째였다.[130]

　한인들이 캐나다에 입국할 때 6개월간은 여행비자나 유학비자가 필요하지 않았으므로 단기 어학연수생을 감안한 실제 캐나다에서 공부하고 있던 학생들의 수는 공식 통계치보다 더 높았다. 한국주재 캐나다 대사관에 의하면 캐나다에서 공부하고 있던 한인 학생들의 수는 약 5만 5,000명 정도이며 그중 2만 명은 다양한 형태의 프로그램 수혜자이며 캐나다의 공식 유학비자를 소지하고 있었다. 나머지 3만 5,000명의 학생들은 캐나다와 한국 간에 체결된

---

130) CIC Canada. http://www.cic.gc.ca/english/business/index.html

무비자제도 이용자들이었다.[131]

이와 같이 한인들의 캐나다 이주는 타국에 비해 비교적 역사가 짧지만 그 증가추세가 지속적이라는 점이 특징적이다. 전체 이주기간 동안 이주 한인들의 수는 한국에서 입국한 사람들의 증가뿐만 아니라 현재는 자연증가의 형태로도 나타나고 있다. 캐나다 한인 동포들은 주로 노동가능 연령대 사람들이 많으며 높은 학력을 가지고 다양한 분야에서 활동하는 사람들이다. 한인 이주자들은 국가의 서부 지역에 집중적으로 거주하고 있으며 온타리오, 브리티시 콜롬비아 등 대도시에 밀집해 있다.

---

131) http://www.cic.gc.ca/english/monitor/issue04/04－students.html#table7

# 제4장

# 중국 조선족: 규모와 이주

중국의 조선족 디아스포라는 거대한 규모를 이루고 있으며 비교적 짧은 150년 정도의 역사를 가지고 있다. 그동안 소수민족인 조선족들에게 중국은 조국이 되었다. 조선족은 19세기 후반에 조선의 북부지방 사람들이 만주로 이주하면서 형성되었고, 중국에서 몇 단계 적응과정을 거치면서 자신의 역사를 만들었다. 한반도의 해방과 1949년의 중화인민공화국 형성으로 인해 중국 조선족들은 새로운 삶의 국면에 접어들게 되었다. 중국 공산당과 정부는 조선족들의 항일투쟁과 1945~1949년의 국민당에 대한 내전참여를 높이 평가하였고, 이러한 인식으로 인해 연변에 조선족자치주가 형성되었던 것이다.

중국 정부는 만주해방 이후 잔류하고 있던 조선족들에게 중국국민의 자격을 부여했고, 공식적인 소수민족임을 인정하였다. 그런데 조선족들은 모택동의 좌파실험기, 특히 문화혁명기에 강력한 이데올로기 압력뿐만 아니라 민족차별까지도 당하였다. 그러나 소수민족인 한인, 즉 조선족들은 한국과의 광범위한 무역을 가능하게 한 등소평의 개혁시기에 물질적·문화적 생활영역에서 새로운 가능성을 얻게 되었다.

조선족들은 중국한족 및 다른 민족들뿐만 아니라 한국인들과도 다르다. 이들의 특성은 국가의 동북지방에 집중적으로 거주하고, 북한과의 교류 및 중국에서 발생했던 정치, 경제, 사회상의 변화를 겪었던 150년의 역사 속에서 형성되었다. 몇몇 변수는 이주과정을 포함한 조선족들의 인구변화에 대한 본질이 되었다.

# 1. 이주민 규모의 변화와 지리적 분포

## 1) 조선족 규모의 변화

1945년 8월, 제2차 세계대전의 종료와 한국해방 직후 중국 조선족들은 조국으로 귀국하느냐 아니면 현지에 잔류하느냐 하는 어려운 딜레마에 직면하게 되었다. 결국 약 50만 명이 귀국하기로 결정했는데 이들 중에는 독립운동가들과 중국에서의 친일협력자들이 포함되었고, 모두 다 조국에서 새로운 가능성을 기대하고 있었다. 그리고 50만 명 이상의 한인들이 여러 가지 이유로 중국에 남게 되었다. 일부는 중국에서 기존의 생활기반을 가지고 있었다는 이유로 조국으로 귀국하지 않았고, 나머지는 단지 일본인이 빠져나간 중국과 한국에서의 어떠한 변화를 기다리고 관망하기로 결정했던 것이다.[1]

제2차 세계대전에서 일본이 패망하였지만 훗날 중국의 국가건설에 관해서는 국민당과 공산당 사이에 어떠한 형태의 협정도 체결되어 있지 않았다. 오히려 전쟁 직후 양 진영은 각각 과거 일본점령 지역에 대해 독자적인 세력을 형성하려고 하였고 결국 군사적 대결양상으로 변화되었다. 1946년 여름에 전면적인 내전이 발발했고 중국 공산당의 승리로 끝났다. 1949년 10월 1일 북경에서는 중국 공산당 주석 모택동을 수반으로 하는 중앙정부가 구성되었고 이는 새로운 국가형태 곧 중화인민공화국이 되었다.[2]

만주에서는 수만 명의 조선족 청년들이 중국인민해방군에 가담하였다. 조선족들은 한편으로는 국민당의 친한족 정책 가능성을 염려하였고, 다른 한편으로는 공산당이 약속하고 있던 전 인민의 평등과 농민에 대한 토지제공을 경계하였다. 그러나 만주에서는 중국인민해방군과 공산당의 통제가 확실시되었고 그 결과 조선족들은 주도적인 정치현실에 적응해야만 했다. 출간된 통

---


1) Ким Г. Н. Корейцы за рубежом: прошлое, настоящее и будущее. Алматы, Гылым, 1995, c.13; См.: Ким Г. Н. История иммиграции корейцев. Вторая половина XIX в. −1945. Алматы: Дайк −Пресс, 1999, c.203−263.

2) Фицджеральд Ч. П. История Китая. М.: Центрполиграф, 2004.

계자료에 의하면 만주에서 중국공산당이 승리하는 데 있어서 조선족들이 크게 기여하였다. 조선족들은 일본과 국민당에 저항하는 일이 곧 중국의 완전한 국민이 되는 것임을 확신하였다.

또한 중국 조선족들은 한국전쟁에서 큰 역할을 하게 되는데, 이들은 북한을 전폭적으로 지원했으며, 특히 많은 수의 연변 조선족청년들이 문천일과 조남기가 지휘하는 중국인민군의 부대를 형성하였던 것이다. 그 외 한인들은 스스로 두만강과 압록강을 넘어 북한인민군 대원으로 활동하였다.

바로 한국전쟁 시기였던 1952년 9월에 중국 정부는 주덕해를 지도자로 하는 '연변 조선족 자치구' 건설을 승인하였다. 중국의 신헌법 도입 이후 1955년부터 이 지역은 '조선족 자치주'로 개칭되었다. 중국 동북부의 다른 행정구역도 자치지위를 얻었는데, 가령 조선족들이 거주하던 흑룡강성에서 1952년에 5개의 조선족 자치군과 101개의 조선족 자치읍이 형성되었던 것이다. 요녕성과 내몽골에서는 3개의 조선족 자치군이 만들어졌고, 길림성에서는 7개의 조선족 자치군과 1개의 조선족·만주족 혼합 자치군이 형성되었다.[3] 자치구역이 형성되었다고 해서 정치적인 문제가 완전히 자유롭게 결정될 수는 없었지만 그래도 민족문화가 발전하고 어느 정도 지방자치가 가능하게 되었다.[4]

조선족들은 높은 의식수준과 민족문화 및 유교전통을 가졌다는 이유로 문화혁명기에 타 민족에 비해 많은 피해를 당했다. 조선족들은 지적 노동부문에 많이 종사하고 있었고 도시화된 생활에 주력하고 있었다.[5] 조선족 자치지역들은 1957~1959년의 숙청시기와 1966~1976년의 프롤레타리아 문화대혁명기의 강력한 좌경화 경향을 견디어 내었다. 급진적인 모택동주의자들에 의하면 민족자치는 전국적인 민족통일의 과업과 사회주의 건설사업에 방해가 된다는 것이었다. 그들의 신념에 의하면 모든 소수민족들은 중국문화의 우수

---

3) Katherine Palmer. China's Nationalities and Nationality Areas. —The China Handbook. Edited by Christopher Hudson. Chicago & London. Fitzroy Dearborn Publishers. 1997, pp.276—289.

4) Ким Г. Н. Корейцы за рубежом: прошлое, настоящее и будущее. Алматы, Гылым, 1995, c.14; Lu Yun. "The Korean Autonomous Prefecture", Beijing Review[Beijing], 30, No.51, December 21—17, 1987, 27—29.

5) 권태환. 세계의 한민족. 중국. 세계한민족총서. 2. 통일원. 1996, 79.

성을 인정하고 빠른 시일 내에 터득하라는 것이었다. 모택동주의자들은 민족과 문화의 다양성보다는 소수민족의 동화와 단일사회로의 통합을 더 우선시했던 것이다.[6]

모택동의 조카인 모원신의 지휘하에 조해련을 지도자로 하는 청년조선족 조직은 연변 조선족 자치주 대표인 주덕해에 저항하던 한족행동 단체(홍위병)와 통합하였다. 그들은 주덕해를 '중국의 흐루시초프'라고 별칭하고 연변에서 독립왕국을 건설하고 있다고 비난하였다. 그들은 많은 조선족 지도자들과 지식인들을 체포하여 비판하였고 '연변의 주덕해 도당'이라는 꼬리표를 달았다. 이러한 연변 문화혁명 시기에 약 4,000명이 살해당하고, 5,000명 이상의 사람들이 부상당하거나 실종되었다.

'4인방' 숙청과 모택동 사후 조선족들은 점차적으로 새로운 정치지도자 등소평의 실용주의적 민족정책의 궤도에 기반을 두게 되었다. 등소평은 자신의 결정으로 민족 간 마찰과 갈등을 줄이고, 소수민족의 법적 관심과 의도를 인식하면서 만족시켰다. 그는 급진적인 모택동주의자를 제거하고 민족지도자들을 대규모 인사조치했다. 신정책으로 인해 민족의식이 각성하고, 이전까지 알려지지 않았던 새로운 소수민족에게도 지방자치 실행의 계기가 마련되었다. 역시 조선족들에게도 결정적인 특혜가 주어졌다.[7]

연변자치주는 일정 부분 정치적 자치를 가진 행정구역으로 회복되었다. 많은 수의 조선족들이 지도층 위치로 올라섰는데 리덕수(45세)는 영향력 있는 연변 공산당 서기가 되었다. 동시에 리덕수는 연변 군부의 정치위원이면서, 길림성 부성장 및 중국공산당 중앙위원회 상임위원이기도 하였다.[8]

중국은 전후의 전 역사과정에서 북한과 긴밀한 관계를 유지하였는데, 이는

---


6) Dreyer, J. Chinas Minority Nationalities in Cultural Revolution. The China Quaterly, N.35, 1968, pp.96－109; Diao, R. The National Minorities of China and Their Relations with the Chinese Communist Regime, In Kunstadter P. South－East Asian Tribens, Minorities and Nation Princeton University Press, Princeton, 1967; Сыроежкин К.Л. Регламентация межэтнических отношений в КНР: теория и практика. М., 1997; Сыроежкин К.Л. Эволюция формирования и основное сод ержание концепции национальной политики КПК. Алматы, 1998.

7) Setsure, Tsurusima. The Effect of Cultural Revolution on the Korean Minority in Yenpien. －Korean Studies, Vol.3, pp.93－124.

8) Ким Г. Н. Корейцы за рубежом: прошлое, настоящее и будущее. Алматы, Гылым, 1995, c.15.

북한 지도자에게 이데올로기적으로 영향을 주고, 나아가 전폭적인 지원을 해주는 것으로 나타났다. 중국과 북한 간의 상호협력은 정치, 경제, 심지어 문화, 교육 및 과학 방면에서 발전되었다. 이후 계속해서 중국 조선족들은 북한을 역사적인 조국으로 삼았는데 이는 역사적으로나 혈통적으로나 정당한 것이었다. 왜냐하면 조선족들의 압도적인 대다수는 한반도 북쪽 지방 출신이었기 때문이었다. 조선족들은 문화, 교육, 과학 및 예술 부문에서의 직접적인 교류를 통하여 북한에 영향을 끼쳤다. 그리고 지리적 근접성과 조선족 언어와 북한 표준어의 유사성 또한 무시할 수 없었다.[9]

한국과의 외교관계 수립 그리고 양국 간의 교류확대, 조선족 밀집거주 지역에서의 한국기업들의 쇄도, 상호국경 개방, 친족방문, 한국 사람들과의 잦은 접촉은, 이전의 역사적인 조국의 소속을 변화시켰다. 결집된 경제력과 한국에 대한 국제적인 인식이 조선족들에게 준 영향력은 최근 십 년간 약하고 그러지 못한 북한보다 더 큰 의미가 있었고 비중이 있었다. 중국 조선족들은 중국의 개혁정책에 순응하며 한민족임을 최대한 이용하는 데 박차를 가했다.

그러한 구도하에서 중국 조선족 인구에 대한 인구학적 변화가 전개되었는데, 이는 인구조사 자료를 활용한 것이었다. 중국에서 최초의 인구조사는 1953년에 이루어졌고 이후 지금까지 1964년, 1982년, 1990년 및 2000년 등 네 번에 걸쳐 이루어졌다. 1953년과 1964년 최초 2회의 인구조사는 한계를 가지고 있었는데 이는 조선족에 관한 총체적인 수치 이외에 구체적인 통계자료가 만들어지지 않았기 때문이다. 심지어 토착 지배민족인 중국 한족에 대해서도 완벽하지 않은 조사가 이루어졌다. 왜냐하면 인구조사 실시를 몰랐던 사람들이 있었기 때문이었다.

적어도 인구학적 측면에서 현대적 요구에 부응하는 최초의 인구조사는 1982년에 이루어진 것이었다. 그러나 거대한 규모의 인구와 무수한 인구조사 결과조사로 인해 체계적 도표자료가 만들어지지 못했는데 특히 조사에 한계

---

9) 김병호. 중국의 민족문제와 조선족. 학고방. 1996; Olivier Bernard. Ethnicity as Political Instrument among the Koreans of Northeast China, pre‑1945 to the present. ‑Korean Diaspora in China; Ethnicity, Identity and Change. Korean and Korean American Bulletin. Vol.12, No.1, 2001, pp.6‑19

가 많았던 소수민족에 대한 것은 더 그러했다. 1990년 인구조사는 조금 나은 점이 있었지만 조선족을 포함한 일부 소수민족에 관한 자료는 제공되지 않았다. 이러한 통계자료의 부족으로 인해 조선족에 관한 인구학적 분석이 어렵지만 기존자료를 통하여 기본적인 인구변화에 관한 것은 특징지을 수 있다.[10]

중국 조선족에 관한 인구학적 측면을 분석하기 전에 먼저 1949년 이후, 즉 중화인민공화국이 형성된 이후 국제적인 인구이동이 사실상 중단되었다는 점을 주목하여야 한다. 그 결과 인구구조와 주거분포에 관한 수치는 기계적인 성장과 감소로 변화된 것이 아니라 출생률과 사망률의 변화에 전적으로 의존되었다. 이후 오랫동안 국민의 국내이동은 정부가 통제하고 제한했기 때문에 지리적·공간적인 주민분포는 큰 의미가 없었다.

1953년 중국 최초의 인구조사에서 조선족은 111만 명, 즉 전 국민 5억 7,580만 명 중 약 0.2%를 차지했고 소수민족 중에서는 3.1%를 차지하였다. 조선족의 숫자는 170만 명 이상을 차지하던 1945년보다 줄어들었다. 이러한 수치변화는 60여만 명의 한인들이 1945년 일본의 식민지배로부터 해방된 남한이나 북한으로 떠나갔기 때문에 비롯되었다.[11] 중국 영토에 살고 있던 약 20%의 조선족들이 1945년까지 중국 국적을 받았지만 중국 잔류 대다수의 조선족들은 중국 공산당의 특별법령이 승인된 1952년이 되어서야 국적을 받았다.

중국 조선족의 수는 1953~1964년 인구조사 사이에 134만 명으로 증가하였고, 1982년에는 177만 명, 그리고 1990년에는 192만 명으로 확대되었다. 결국 1953년에서 1990년까지 37년 동안 중국 조선족은 71%의 인구성장률을 기록하였다. 그런데 중국 전체 인구에서 차지하는 조선족의 비율은 같은 기간에 0.19%에서 0.16%로 감소하였다. 1990년에 조선족은 55개 중국 전체 소수민족 중 13번째에 해당되었는데 1982년 11번째에서 두 단계 아래로 내려갔다. 인구조사에 의하면 중국 한족들은 전체 인구의 92%를 차지하고 소수민족은 8%를 차지했는데, 한족을 제외한 민족비율에서 조선족은 2.1%였다.[12]

---

10) 권태환. 세계의 한민족. 중국. 세계한민족총서. 2. 통일원. 1996. 77-78; Lee Chae-Jin. The Koreans in China: Identity and Adaptation. -Korea and World Affairs, N.3. 1989.

11) Kim Wonsuk. A Study on the History of Immigration of Ethnic Koreans in China. -East Asian Studies 25(in Korean). Seoul: Institute of East Asian Studies, Sogang University, pp.233-234.

다른 소수민족과 비교해서 조선족들은 1953~1964년 사이에 높은 성장을 기록했다. 다른 소수민족들의 연평균 인구증가율은 1.09%인 데 반해 조선족 인구증가율은 1.62% 수준이었다. 그러한 차이로 볼 때 그 시기에 조선족들의 생활형편이 다른 소수민족들보다 나았다는 것을 알 수 있다. 두 번째에서 세 번째에 이르는 시기(1964~1982)에는 중국의 평균인구 증가율은 2.1%였고 한족은 연평균 2% 증가를 보였다. 전체 소수민족의 인구증가율은 평균보다 넘었는데 조선족들은 평균이하, 즉 연 1.5% 증가하는 데 그쳤다.[13]

중국에서 1970년 초에 산아제한에 관한 법령이 통과되면서 인구성장률은 큰 영향을 받게 되었다. 조선족들에게는 두 자녀 출산이 허용되었지만, 지독한 여건 속의 조선족들은 정부정책에 따르기로 하고 적극적으로 산아제한을 하였다. 1982~1990년 기간에 소수민족들은 꾸준한 증가추세를 보였으나 한족들은 감소추세를 보였고, 조선족들 역시 한족들보다 더 많은 감소를 보였다. 조선족 가정에서는 한 자녀 갖기를 선호했는데 이는 조선족들의 준법성 뿐만 아니라 사회경제적 생활수준의 변화를 말해 준다. 출산계획은 사실상 조선족 가정에서 단단히 굳어졌고 조선족 인구의 감소경향은 현재까지 줄곧 변화 없으며 미래에도 지속될 것으로 보인다.

1982~1990년 기간에는 중국 인구가 12.61% 증가했는데, 한족의 수는 10.94% 증가했고 소수민족들은 36.33% 증가했다. 같은 기간에 조선족 증가율은 8.96%였는데 이는 소수민족 증가율보다 네 배나 낮은 것이었다. 그러나 1950~1985년 중국 내 여러 민족들의 인구변화에 관한 수치비교에 의하면 조선족들의 사망률은 최저에 해당했고 이는 낮은 출생률을 상당한 정도로 상쇄했다.[14]

---


12) 신철. 중국 조선족. 그들의 미래는…, 신인간사, 2000, 153.

13) Han Jing−Quing, Cho Lee−Jay, Choe Minja Kim, Tuan Chi−Hsien. The Fertility of Korean Minority Women in China: 1950−1985. Asia−Pacific Population Journal(ESCAP), 1985, Vol.1, No.1, p.31.

14) Cм.: Dowdle N. Variations in Fertility and Mortality Among Minority in Nationality Populations of the People's Republic of China. Paper presented at the workshop on China's 1982 Population Census, Honolulu 2−8 December, 1984.

<표 1> 중국 인구조사에 나타난 조선족 인구수의 변화(단위: 천 명)

| 연도별 | 총인구수 | 길림성 | | 흑룡강성 | 요녕성 | 내몽골자치구 | 기타 |
|---|---|---|---|---|---|---|---|
| | | 전체 | 연변 | | | | |
| 1953 | 1,111 (100) | 756 (68) | 551 (50) | 232 (21) | 116 (10) | 7 (1) | 1 (0) |
| 1964 | 1,349 (100) | 867 (64) | 623 (46) | 308 (21) | 147 (11) | 11 (1) | 16 (1) |
| 1982 | 1,765 (100) | 1,104 (63) | 755 (43) | 432 (24) | 198 (11) | 18 (1) | 14 (1) |
| 1990 | 1,921 (100) | 1,182 (62) | 821 (43) | 452 (24) | 230 (12) | 23 (1) | 33 (2) |
| 2000 | | | | | | | |

* 중국의 인구조사는 1953, 1964, 1982, 1990, 2000년에 실시되었다. 2000년 조사결과는 아직 공표되지 않았다.

연변 자치주에서 조선족들의 수가 다소 감소한 것은 여러 요인에 기인한다. 중요한 이유는 도시로의 이동이 이루어진 국내 이주로서, 이러한 도시화는 농촌거주보다도 출생률이 더 감소하게 된 것이다.

출생률 감소는 최근 십여 년 동안에 더 진행되었는데 그 이유는 결혼적령기의 중국 조선족 여성들이 취업이나 결혼 등 목적으로 한국으로 나갔기 때문이다. 최우길 교수의 연구에 의하면 1993~1996년 동안 21,000여 명의 중국 조선족 여성들이 한국 남자와 결혼하였다. 1995년 당시 이러한 여성들은 20~30세에 이르는 전체 중국 조선족 여성들의 20%를 차지하였다. 1992~2001년까지의 입국자에 관한 한국 법무부 자료에 의하면 47,135명의 조선족 여성들이 결혼을 목적으로 한국으로 입국했다.[15]

언어와 전통문화 및 관습 등에서 한국에 익숙한 조선족 여성들은 한국 독신 남성들의 좋은 배우자가 될 수 있었는데, 특히 16~35세 사이 성인들의 성비가 맞지 않는 시골에서는 더 적합했다. 한국의 매스미디어에서는 그러한 결혼이 개인적으로나 사회적으로 적지 않은 문제를 야기하고 있다고 다루었다. 이러한 '엑소더스'의 결과 중국 동북부지방의 조선족 여성들이 20~30% 가량 줄어들고 성비의 불균형이 초래되어 이미 조선족 남성들은 가정을 이루

---

15) 윤인진. 코리안 디아스포라. 재외한인 이주, 적응, 정체성. **The Korean Diaspora.** 고려대학교출판부. 2004. p.67.

기가 어려워지고 있었다.

중국 조선족들은 특별한 연령구조를 이루고 있다. 1990년 인구조사에 의하면 1960~1965년생, 즉 25~29세의 사람들이 가장 높은 비율을 가지고 있고, 다음으로는 30~34세층이다. 45~49세 층의 비율은 50~55세 층보다 더 낮다. 20~24세 연령층과 5~9세까지의 연령층은 지속적으로 줄어들고 있으며 0~4세 연령층보다 조금 높은 수준을 유지하고 있다.

이러한 통계수치는 제2차 세계대전 이후 초래된 낮은 출생률과 높은 사망률을 보여 주고 있다. 이후 중국 정부의 형성에서 1960년대 초까지 조선족 출생률은 꾸준히 증가하였으나 사망률은 감소하였다. 이것은 바로 전후기간에 중국 조선족들의 삶이 향상되었음을 보여 주는데, 무엇보다도 토지개혁으로 인하여 조선족 농민들이 소유주가 되었던 것이다. 조선족들은 사회적 불평등과 차별로부터 보호된다고 여겼으며 안정적인 미래를 확신하게 되었다. 그러나 문화혁명이 개시된 1960년대 후반부터 출생은 재차 감소하게 되었지만 더 심각하게 된 것은 바로 1970년대 후반 산아제한법의 승인 때문이었다.

1980년대에 조선족의 출생이 다소 증가한 것은 사회경제적인 환경으로는 설명하기 힘들며 오히려 이미 앞에서 설명한 특별한 연령구조로 해명된다. 더 구체적으로 말하자면 전후 최고도의 여성출생이 나중에 가임연령대를 형성하여 결국 출산의 증가로 이어졌던 것이다. 1990년대에 재개된 출생의 하락 경향은 앞으로도 지속될 것으로 보인다.[16]

1990년 인구조사에 의하면 인구조사 실시 전 18개월 동안 두 번째 자녀의 출산율은 조선족의 경우는 겨우 33.9%인 데 반하여, 한족 49.6%, 그리고 그 외 소수민족은 64%를 차지하였다. 이러한 수치로 보아 조선족 여성의 출산이 낮았음을 알 수 있고, 또한 출산자녀 수와 가임연령대 여성에 근거한 계산이 더 정확했음을 보여 준다. 조선족의 출산율은 천 명당 7.94, 한족은 11.04 그리고 기타 소수민족은 14.56이었다. 즉 조선족의 출산수준은 한족보다 약 30%, 기타 소수민족보다 50%나 낮았던 것이다.[17]

---

16) Ким Г. Н. Численность и миграции корейцев в КНР(1945~2000). −Шыгыс. Институт восток оведения МОиН РК, 2005, №2, с.71−90.

UN의 인구전문가 평가에 의하면 1990년 중국의 평균출산 수준은 가임 여성 한 명당 2.2명이었다. 이러한 수치는 안정적인 인구수준 조건에 근접하는 것이었다. 조선족의 경우 이 수치는 약 1.55명이며 향후 큰 변동이 없으면 30년 후에는 인구수가 30% 감소하게 된다. 이러한 조선족 출산율의 저하와 인구수의 감소전망은 일부 연구자들의 우려를 자아내었고 이미 이러한 문제에 대해서는 한국의 매스미디어에서 다루어진 바 있다. <연변일보> 신문에 의하면 1995년의 경우 한 자녀를 가진 조선족 여성의 비율이 66%에 이른다고 했다.[18] '연변 조선족 문화발전위원회'가 주최한 중국 조선족 문제에 관한 세미나에서 1998년 인구증가율이 0.132%였다고 발표되었다. 조선족의 자연증감은 출생 3,730건, 사망 4,751건이었다. 1996년 조선족 인구는 859,340명, 1997년 854,510명, 1998년 853,770명이었고, 한족의 많은 유입으로 인해 연변 조선족의 비중은 40% 이하 수준으로 내려갔다.[19]

연변 조선족 지방관리의 말에 의하면 현재의 속도로 조선족들이 이탈해 나가고, 낮은 출산율과 한족의 유입 등이 지속된다면 연변 조선족 인구의 감소가 확실해질 것이며, 2050년경에는 연변에서 조선족들의 비율이 15% 정도로 낮아질 것이라고 한다.[20]

조선족들은 기본적으로 도시에서뿐만 아니라 농촌에서도 작은 가정을 이루고 있다. 1990년 연변의 경우 부모와 함께 사는 세대는 도시에서는 13.2%, 농촌에서는 20.2%를 이루었다. 이러한 핵가족화는 경제체제와 생활환경의 변화에서 기인되었다. 농촌의 핵가족은 바로 생산단위체이며 주로 노동일손에 따라 분배되는 토지할당량이다. 따라서 같은 농촌에서 분가하는 새로운 가정이 부모와 따로 떨어져 사는 것은 자연스러운 일이다. 그러나 여러 세대를 이루는 생활이 사실 대가족을 분리하지는 못하며, 또한 농촌의 자식들은 거의 매일 자

---

17) Tai－Hwan Kwon. The Uncertain Future of the Korean Chinese. －Korean Diaspora in China; Ethnicity, Identity and Change. Korean and Korean American Bulletin. Vol.12, No.1, 2001, p.32.

18) 조선일보. 1997년 3월 13일자.

19) 조선일보. 1999년 3월 28일자.

20) Tai－Hwan Kwon. The Uncertain Future of the Korean Chinese. －Korean Diaspora in China; Ethnicity, Identity and Change. Korean and Korean American Bulletin. Vol.12, No.1, 2001, p.33.

신의 부모를 계속 방문하고 자주 공동으로 농사일도 돌봐야 한다. 만약 부모가 병들거나 돌아가신다면 한집에 많은 가족들이 모이기도 하는 것이다.

도시에서 대가족을 이루는 경우는 농촌보다 조금 문제가 있다. 첫째, 거주 문제와 관련이 있다. 도시에서 젊은이들이 아파트를 제공받는 일은 최근 10여 년 동안 아주 어려워졌다는 것이다. 둘째, 아파트 크기에는 한계가 있으며 평수의 확대가능성은 예외적인 일이다. 셋째, 전통적 사고방식을 지닌 부모의 삶과 변화하는 가치관을 지닌 손자들의 삶의 차이는 부모 – 아들 – 손자의 관계에서 어려운 점을 야기한다. 시골이라면 비교적 자급자족을 하지만 도시에서 연금생활을 하는 부모들은 가정경제에 보탬에 되지 못한다. 그러나 이미 언급했지만 농촌과 도시의 대가족이 분가하는 세대의 차이는 1990년 인구조사에 의하면 7% 정도였다. 이러한 사실로 보아 주택의 부족으로 인해 결혼한 자녀들과 부모가 같이 살게 되고, 일하는 젊은 여성들이 부모들에게 아이들을 맡기는 일이 나타남을 알 수 있다.[21]

1970년대부터 시작된 출산율의 저하와 핵가족화로의 전환은 가족의 규모에서도 나타난다. 가령 연변에서 1982년에서 1990년까지 조선족 가정의 평균 인원은 4.3명에서 3.6명으로 낮아졌던 것이다. 이것은 곧 현대 조선족 가정은 사실상 부부와 한 자녀가 사는 사실을 보여 준다. 연구자들이 지적하고 있는 것처럼 중국 조선족 가정에서는 지금까지도 가부장적 전통이 강하며 남자의 권위가 높다. 조선족 여성들은 두 가지 일을 해야 하는데 밖에서 일을 하여 돈을 벌어야 하고 또한 안에서는 집안일을 모두 도맡아 한다. 1992년에 연변에서 실시된 사회조사에 의하면 식사준비와 설거지를 하는 조선족 남성들은 겨우 2%에 불과했다. 한족 가정의 경우는 이와는 완전히 다른데 남자들이 식사준비, 빨래, 이불정돈 등 집안일을 거든다. 그래서 최근에는 조선족 여성들이 중국 한족 남자들과 결혼하는 경우가 증가하고 있는데 그 이유는 바로 여성들이 같은 민족과 결혼하여 '노예'같이 사느니 다른 민족과 결혼하여 '왕비'처럼 사는 것을 선호하기 때문이다.[22]

---

21) 권태환. 세계의 한민족. 중국. 세계한민족총서. 2. 통일원. 1996. pp.142–143.
22) 권태환. 세계의 한민족. 중국. 세계한민족총서. 2. 통일원. 1996. pp.144–145.

중국 조선족 공동체는 줄곧 지리적으로 안정되어 있었는데 이는 이주 자체
가 정부에 의하여 1980년대 말까지 제한되어 있었기 때문이었다. 한국의 연구
자인 한상복과 권태환이 강조한 것처럼 조선족 자신들은 민족동질성을 유지
하고 한족의 유입을 억제하려고 노력하였다.[23] 조선족들이 우려한 것은 바로
만약 한족 한 명이 공동체에 수용된다면 한족유입이 연쇄적으로 일어날 것이
고 이것은 바로 조선족들의 우위를 상실하게 할 것이라는 점이었다. 이러한
지리적·인구학적 정체성 유지노력은 1980년대까지 잘 유지되었다. 그러나
조선족의 독자적 우위성의 와해는 내부에서 발생했다.

한·중관계의 정상화와 한국 비즈니스맨들의 활발한 유입은 조선족들의
이주에 큰 영향을 주었다. 젊은이들을 비롯한 조선족들은 농촌 고향을 버리
고 도시로 이주하거나 국경을 넘어 한국이나 러시아의 극동지방으로 이주해
갔다. 그 결과 20세기 마지막 10여 년 동안 농촌의 조선족 비율이 급격히 감
소하게 되었던 것이다. 농촌에서는 기본적으로 나이 많은 조선족들이 남게
되고 젊은이들이 떠나간 빈자리는 한족들이 채우게 되었다.[24]


## 2) 연변 조선족 자치주

중국의 조선족들은 다른 외국의 한인들과는 달리 영토적 행정자치 지역을
가지고 있다는 점이 특징이다. 연변 조선족 자치주*는 길림성 동부지방에 위
치하며 북쪽으로는 흑룡강성과, 동쪽으로는 러시아연방과, 남쪽으로는 북한
과 맞닿아 있다. 자치주 면적은 42,700km$^2$으로서 길림성 전체의 1/4에 해당하
며 네덜란드 크기와 비슷하다. 연변 조선족 자치주에는 6개 도시, 즉 연길(주
도), 도문, 돈화, 훈춘, 용정 및 화룡 등이 있으며 2개의 읍인 안도, 방천 그리

---

23) 한상복·권태환. 중국연변의 조선족: 사회의 구조와 변화. 서울대학교지역연구총서. 서울대학교출판부.
1994. pp.154-156.

24) Kwon Tai-Hwan. The Uncertain Future of the Korean Chinese. -Korean Diaspora in China;
Ethnicity, Identity and Change. Korean and Korean American Bulletin. Vol.12, No.1, 2001, p.34;
Choi Woo-Gil. The Korean Minority in China: The Change of its Identity. Development and
Society, Volume 30 Number 1, June 2001, pp.119-141.

고 642개의 농촌마을이 있다.[25]

  이 지역은 고대시기부터 한반도의 주거인들에게 중요한 의미를 지니고 있는데 그 이유는 일찍이 고구려나 발해가 현재의 중국, 러시아, 남북한을 아우르는 거대한 영토를 소유하고 있었기 때문이다. 그래서 연변에는 19세기 후반에서 20세기 초까지 4반 세기 동안 많은 수의 한인들이 이주해 있었다. 연변 자치주는 1952년 9월 3일에 형성되었고 지금까지 중국 동북부지방의 유일한 민족자치주로 남아 있다.[26] 자치주 설립 직후부터 주영랑, 주덕 등 당 관료들이 수년간 검열한 바 있고, 등소평, 강택민, 리붕 등 당 지도자들은 자치주의 발전상에 대해 주목하였다. 그들은 '자치주의 모범', '훈춘의 발전', '두만강 유역의 경제기지', '동북아 국가들과의 교류확대와 강화 연결지'로 연변이 변화해 줄 것을 요청하였다. 연변 조선족 자치주는 두 번이나 중국에서 전 민족 자치주의 '모범'으로 선정되었다.[27]

  연변 자치주는 최근 10년간 비약적인 경제성장을 이룩하였다. 2000년 총생산량은 127억 4,000만 위안, 즉 1995년에 비해서 39.1% 증가했으며, 연평균 6.8%씩 성장했던 것이다. 1인당 평균소득은 5년간 37.9% 증가한 5,830위안이었다. 특히 괄목할 만한 성장을 보인 부문은 원유생산, 전력, 삼림벌채 및 임산물가공, 대외무역, 교통, 건설 및 관광 등이다. 외국투자의 증가와 예산지원으로 인해 대규모 프로젝트가 가능해졌고, 비정부 부문이 공고해졌던 것이다. 2000년 연변에서는 독립적인 경영을 하는 966개의 사기업이 활동하고 있었다. 대외무역 부문은 지리적 상태부터 볼 때 길림성과 관련 있으며 연변 또한 지역적 유리함을 배제할 수 없다. 2000년에 중국 정부는 실험적으로 훈춘시에 수출증진 지역을 만들었고, 1992년 3월에는 훈춘시의 지위를 '국경개방' 도시로 격상시켰는데, 그 결과 수입품이 증대될 수밖에 없었다. 현재 연변은 중국, 한국, 러시아 및 북한과 수로, 항공, 육로로 다양한 교통망이 연결되어 있다.[28]

---

25) www.jilin.gov.cn/en/sxfm/xz.htm

26) 김상철·장재혁. 연변과 조선족. 역사와 현환. 백산서당. 2003. 89-90쪽.

27) Brief Introduction to Yanbian Korean Nationality Autonomous Prefecture.
    http://chinawest.cei.gov.cn

1997년 연변 조선족 자치주의 총 인구수는 218만 4,000여 명이며, 그중 조선족이 39.7%, 한족이 57.4%, 만주족이 2.4%, 기타 소수민족이 0.4%였다.[29] 1953년 인구조사에서는 중국 조선족의 절반인 49.7%가 연변에 거주하였으나 이러한 비율은 점차 줄어 1982년 조사에서는 42.8%로 낮아졌고 이러한 현상은 지속될 것이다.[30]

조선족들이 연변을 떠나 다른 지방으로 이주할 것이라는 것은 의심할 여지가 없으나 인구수 감소는 다른 원인에 있는데 그중 가장 중요한 것은 출생률의 저하에 있다. 1950~1959년 기간에 조선족의 출생률은 최고에 달했는데, 출생률은 4.45로서 최저는 1951년 3.5, 최고는 1957년 5.2였다. 1960~1969년 기간에는 출생률이 약간 저하되었는데 10년 동안 평균 출생률은 4.39로서 최저는 1961년, 1966년, 1967년의 3.6 최고는 1962년의 6.4였다.

출생률의 급격한 감소는 1970년대에 이루어졌는데 이것은 중국 정부의 산아제한 정책과 관련이 있었다. 70년대 10년 동안의 연변 조선족 인구 수치는 인구 천 명당 25.1이었고, 최저는 1975년, 1977년, 1979년의 19.0, 최고는 1970년의 43.0이었다.[31] 10년씩 한 단위로 나누어 본 비교적 짧은 역사기간에 연변 조선족 출생률은 인구의 자연증가율 수준 이하였고, 이러한 현상은 1980년~1990년대에도 지속되면서 비교적 낮은 조선족 인구 수치로 나타나게 되었다.

길림성 조선족의 남녀 출생비에 관한 한양대학교 김두섭 교수가 수행한 인구학적 연구는 이상한 법칙을 보여 준다. 게다가 출생률이 명백한 지역적인 편차를 보이며, 조선족 거주의 집중도가 높을수록 출생률이 더 낮아졌다는 것이다. 1990년 연변 자치주에서 조선족 출생률이 가장 낮았던 곳은 연길, 천 명당 14.7, 도문(14.5), 용정(14.9), 화룡(15.3) 등이었다. 가장 출생률이 높았던

---

28) Brief Introduction to Yanbian Korean Nationality Autonomous Prefecture. http://chinawest.cei.gov.cn.

29) http://www.fact−index.com/y/ya/yanbian_korean_autonomous_prefecture.html.

30) Lee Kwang Kyu. The Transformation of Korean Chinese Ethnic Identity. Korean Diaspora in China; Ethnicity, Identity and Change. Korean and Korean American Bulletin. Vol.12, No.1, 2001, p.63.

31) Han Jing−Quing, Cho Lee−Jay, Choe Minja Kim, Tuan Chi−Hsien. The Fertility of Korean Minority Women in China: 1950~1985. Asia−Pacific Population Journal(ESCAP), 1985, Vol.1, No.1, pp.44−45.

곳은 인구밀집도가 낮은 곳인 안도 천 명당 19.7, 돈화 17.8이었다. 따라서 조선족 자연증가율의 지역적 차이는 최저 용정의 천 명당 7.2, 최고 안도 13.2 등 두 배에 이른다.[32] 여기서 알 수 있는 점은 가장 높은 인구 밀집률을 기록하는 연변에서의 조선족 출생률이 다른 지방보다도 더 낮다는 것이다.

연변 조선족 인구감소와 한족의 유입증가는 비단 자연적이고 구조적인 인구증가뿐만 아니라 자치주 행정경계의 변화 때문에도 비롯되었다. 1958년에 돈화군은 수적으로 압도적 우위에 있던 한족의 저항에도 불구하고 연변으로 편입되었고 그 결과 조선족의 집중도가 행정적인 방법으로 낮아졌던 것이다. 한족들은 조선족들이 적었던 돈화, 안도, 왕청으로 이주해 갔다.[33]

1953년에 조선족은 통계에 나타난 바와 같이 전체 도시와 농촌에서 다수를 점하였고 수적으로 볼 때 단지 돈화 지역에서만 한족에게 뒤졌다. 돈화에서 한족은 85.5%를 차지하였던 것이다. 자치주 내에서의 조선족 주거분포는 균등하지 않았는데 주로 용정, 화룡, 훈춘 및 연길에 많았고 인구비율은 각각 76.5%, 92.4%, 66.2% 및 63.8%를 차지하였다. 왕청과 안도군의 조선족 수는 절반 수준(각각 57.7%, 59.1%)이었다. 1953년 인구조사 당시 도문 지역은 용정에 포함되어 있었고, 돈화 지역은 연변자치주에 속해 있지 않았다.

<표 2> 1953년 연변의 조선족 및 한족 거주민 수

| | 전체 | 연길 | 도문 | 동화 | 훈춘 | 용정 | 화룡 | 왕청 | 안도 |
|---|---|---|---|---|---|---|---|---|---|
| 합계 | 926,207 | 72,873 | – | 162,441 | 102,198 | 271,540 | 136,121 | 127,357 | 53,654 |
| 한족 | 346,427 | 25,659 | – | 138,867 | 23,345 | 62,043 | 23,621 | 52,099 | 20,793 |
| 조선족 | 557,279 | 46,577 | – | 19,049 | 67,670 | 207,809 | 125,849 | 72,301 | 31,720 |

출처 : 한상복 · 권태환. 중국연변의 조선족 사회의 구조와 변화. 서울대학교지역연구총서, 서울대학교출판부. 1994. 57쪽.

---

32) Kim Doo-Sub. The Pattern of changing Trends and regional Differences in the Sex Ratio at Birth: Evidence from Korea and Jilin Province, China. Korea Journal of Population and Developmet. Vol.26, Number 1, 1997, p.34.

33) 권태환. 세계의 한민족. 중국. 세계한민족총서. 2. 통일원. 1996. 85.

1953년에서 1964년까지는 연변의 조선족과 한족의 구조나 행정적 변화가 없었다. 따라서 30년 후인 1982년의 인구조사와 비교하는 일이 필요하다.

<표 3> 1982년 연변 조선족 및 한족 거주민 수

| | 총계 | 연길 | 도문 | 돈화 | 훈춘 | 용정 | 화룡 | 왕청 | 안도 |
|---|---|---|---|---|---|---|---|---|---|
| 총계 | 1,871,508 | 175,957 | 93,197 | 449,028 | 146,672 | 314,672 | 241,605 | 264,476 | 185,901 |
| 한족 | 1073,979 | 73,205 | 37,337 | 415,089 | 48,861 | 107,090 | 93,751 | 168,456 | 130,190 |
| 조선족 | 754,706 | 100,337 | 54,848 | 23,680 | 82,989 | 204,773 | 145,870 | 90,011 | 52,195 |

출처 : 한상복·권태환. 중국연변의 조선족 사회의 구조와 변화. 서울대학교 지역연구총서, 서울대학교 출판부, 1994, 57쪽.

30년 동안에 연변의 총 인구수는 926,200명에서 1,871,000명으로 두 배 증가했고, 그중 조선족은 557,300명에서 754,700명으로(35.4%) 증가했고, 한족은 346,400명에서 1,074,000명으로(310%) 3배 증가했다. 그런 식으로 한족화가 가속화되고 한족 인구의 성장 속도가 조선족의 10배나 되었던 것이다. 총 인구수에서 조선족의 비율은 60.2%에서 40.4%로 감소된 반면 한족의 비율은 37.4%에서 57.4%로 증가하였다.[34]

거주지역에서 조선족 인구의 수적 변화는 다양한데 이는 자치주 내에서 재이주과정이 발생했기 때문이었다. 조선족이 가장 많이 증가한 곳은 바로 자치주의 주도였는데 46,600명에서 100,300명으로 215%나 증대되었던 것이다. 그러나 한족의 유입은 이 수치를 넘어선 285%를 기록하였다. 조선족 숫자의 절대적 수치는 도시와 군 지역 모두에서 증가한 것으로 파악되었으나 단 한 군데 용정은 예외였다. 그곳은 3,000명이나 줄었던 것이다. 도시의 조선족 비율은 화룡 92.4%, 용정 65%, 연길 63.9%, 도문 58.8%, 훈춘 56.6%였다. 한족은 돈화에서 압도적으로 많았는데 그곳에서 조선족은 불과 5.3%에 불과하였다. 왕청과 안도의 조선족 비율은 각각 지역 전체 인구에서 1/3 이하 수준이었다. 1953년~1982년의 기간에 중국의 조선족 인구는 111만 1,000명에서 176만 5,000명, 즉 58.9% 증가하였다. 이러한 수치로 을 내릴 수 있는 것은 연변의 조선족은 관련 수치에서 보듯이 줄어들었고, 동 기간 동안 증가율은 전국적

---

34) 김병호. 중국의 민족문제와 조선족. 학고방. 1996.

수치보다도 23.5% 낮았다.

연구자들에 따르면 중국 정부는 전략적으로나 경제적으로 중요한 지방에서 상황통제를 효과적으로 하기 위하여 조선족의 희석화에 역점을 두고 있다는 것이다. '대약진 운동' 혹은 '문화혁명' 기간에 조선족들은 좌파 세력들로부터 압력과 박해를 받았으며 그 결과 자치주로부터 다른 큰 도시로 이주하게 되었는데 새로운 곳은 다민족들이 쉽게 적응할 수 있는 곳이었다.[35]

1960~1970년대 연변 조선족의 인구학적으로 그리고 이주학적으로 인정된 경향은 1980년대에도 그대로 지속되었다. 1990년 인구조사에 의하면 자치주 총 인구가 2,079,902명으로까지 증가하였고 이것은 1982년과 비교하여 11.1%, 1964년과 비교하여 60.7% 증가한 것이다. 무엇보다도 먼저 전반적인 성장속도가 줄어들었다는 것인데 한족뿐만 아니라 조선족의 출생률과 유아층의 감소가 나타났다. 인구조사 실행 사이 기간에 도시화가 가속화되었고 국내에서의 인구이주가 발생했던 것이다. 자치주의 한족은 11% 증가했고, 조선족은 이와 비슷하게도 10.8% 증가했다. 자치주의 한족 비율은 57.4%, 조선족은 40.3%였는데 1982년과 비교하여 거의 변동이 없었다. 그러나 자치주 내부를 보면 수적인 규모와 분포도에 현저한 변화가 있었다. 조선족은 돈화를 제외한 도시지역에서 수적인 우위를 보였으나 농촌지역인 왕청과 안도에서는 한족보다 적었다. 이것은 곧 조선족의 급속한 이촌향도 현상을 보여 주고 있는 것이다. 자치주의 수도는 지속적으로 조선족을 끌어들였고 인구조사 기간 동안에 조선족 인구수는 연길에서 77,210명으로 증가하였고 이것은 곧 8년 동안 77% 이상 증가한 셈이 된다. 조선족의 비율은 전 지역에서 감소했는데 가장 높은 비율로 남은 곳은 용정(65.8%)이었고 다른 도시지역은 겨우 50% 정도를 차지하였다.

---

35) Kwon Tai－Hwan. The Uncertain Future of the Korean Chinese. －Korean Diaspora in China; Ethnicity, Identity and Change. Korean and Korean American Bulletin. Vol.12, No.1, 2001, p.29.

<표 4> 1990년 연변의 조선족과 한족의 규모와 분포도

| | 총계 | 연길 | 도문 | 돈화 | 훈춘 | 용정 | 화룡 | 왕청 | 안도 |
|---|---|---|---|---|---|---|---|---|---|
| 총계 | 2,079,902 | 293,069 | 122,579 | 477,127 | 183,755 | 279,611 | 238,730 | 268,642 | 216,389 |
| 한족 | 1187,262 | 109,133 | 51,301 | 433,683 | 72,367 | 91,864 | 98,849 | 172,084 | 157,481 |
| 조선족 | 821,479 | 177,547 | 69,166 | 24,745 | 92,100 | 183,994 | 136,894 | 85,049 | 51,984 |

출처 : 한상복·권태환. 중국연변의 조선족: 사회의 구조와 변화. 서울대학교지역연구총서, 서울대학교출판부, 1994, 57쪽.

1998년 연변 조선족은 850,555명이었고 지역적으로는 연길 225,129명, 도문 79,712명, 돈화 21,783명, 훈춘 88,088명, 용정 179,570명, 화룡 125,849명, 왕청 81,093명, 안도 49,331명 등이었다. 1990년과 비교해서 조선족은 연길에서 47,582명, 도문에서 10,000명 증가했고 나머지 지역에서는 감소하였다.[36]

1990년대에는 조선족 젊은이들이 연변의 농촌지역에서 빠져나갔는데 이들 중 대다수는 교육을 받거나 취업을 하려고 북경, 상해, 하얼빈 등 대도시로 갔다. 연변에서 이탈해 나간 이주는 대개 되돌아오는 경우가 거의 없는 것이었는데 그 이유는 젊은이들이 졸업 이후에도 도시에 남았기 때문이다. 그래서 조선족 인구의 연령구조가 변화되었던 것이다. 45세 이상 사람들의 비율은 꾸준히 증가했고 이에 반해 청장년층 인구는 줄어들었다.[37]

1986년과 1987년의 연변 조선족 연령구조와 성별구조를 보면 기본적인 유형이 결정된다. 0~14세 연령대 비율은 24.6%, 15~24세 비율은 21.5%, 25~34세 비율은 20%, 35~44세 비율은 11.9%, 45~54세 비율은 10.8%, 55~64세 비율은 7.1%, 65세 이상은 4%로 구성된다.[38] 1987년의 수치를 10년 이후로 이동시켜서 1997년경 연변 조선족 인구를 보면(순수한 인구의 자연증가와 구조적 이동을 감안하여) 상당한 정도의 '고령화'가 진행된 것을 알 수 있다.

성별 구조에 관해서는 0~15세 사이의 연령대에서는 여자 100명당 남자 105.3명으로서 남녀성비에 큰 차이가 없다. 15~24세 연령대에서는 100:98.6

---

36) 이광규. 격동기의 중국조선족. 백산서당. 2002, p.85.

37) 김상철·장재혁. 연변과 조선족. 역사와 현환. 백산서당. 2003; 신철. 중국 조선족. 그들의 미래는. 신인간사. 2000. 153.

38) 한상복·권태환. 중국연변의 조선족: 사회의 구조와 변화. 서울대학교지역연구총서. 서울대학교출판부. 1994. 57쪽.

으로 여자 비율이 더 높았다. 성인층인 25~44세에서는 100:103.8이었다. 45세 이상의 연령대에서는 여자의 비율이 매우 높아 성비의 차이가 극심했다. 55~59세에서는 여자 100명당 남자 77.1명, 65세 이상에서는 여자 100명당 남자 65.6명으로 나타났던 것이다. 연구자들에 따르면 연변의 조선족들은 현대 한국의 경우처럼 남아 선호사상이 없다는 것이다.[39] 이것은 바로 중국에서는 여자가 사회와 가정에서 더 많은 권리를 가지고 있기 때문에 아들과 똑같이 딸의 출생을 희망하고 있다는 말로 설명된다.

## 3) 중국 조선족의 거주지 변화와 분포

제2차 세계대전의 종전과 중화인민공화국의 수립 이후에도 조선족들은 중국 내 3개의 동북지방(한국에서는 동북삼성이라고 표기함), 즉 길림성, 흑룡강성, 요녕성에 계속 거주하였다. 연변 자치주는 조선족이 가장 밀집되어 있던 곳이었고 나머지 지역은 조선족이 분산되어 있던 곳이었다. 중요한 사실은 연변 자치주 외에도 또 하나의 조선족 자치지역인, 즉 장백 자치군이 있었고, 42개의 조선족 자치면이 있었는데 자치면은 흑룡강성에 29개, 요녕성에 3개, 내몽골 자치주에 3개, 길림성에 7개 있었다.[40]

중국 정부는 '민족문제'에 관한 레닌주의 원칙을 따랐는데, 이 원칙에 의해서 소수민족 지위의 합법화와 특권 및 특혜를 통한 소수민족에 대한 지원이 표명되었다. 이러한 정책으로 인해 동북 지방의 조선족을 포함한 전체 소수민족들이 고유의 언어와 민족문화를 간직한 채 중국사회로 안전하게 편입될 수 있었다. 중국의 민족정책은 소수민족에 대한 통제를 완화하고 그들로 하여금 신정권을 지지하도록 하는 것이었다. 중국과 북한 간의 상호 끝없는 국경은 중국 조선족들을 역사적 조국으로부터 격리시켰고, 동북삼성에 비교적

---

39) Kim Doo-Sub. The Pattern of changing Trends and regional Differences in the Sex Ratio at Birth: Evidence from Korea and Jilin Province, China. Korea Journal of Population and Development. Vol.26, Number 1, 1997, pp.39-40.

40) Lee Kwang-kyu. Overseas Koreans. Seoul: Jimoondang Publishing Company, 2000, p.47.

밀집되어 거주하던 조선족들에게 새로운 민족정체성을 인식하게 했다.

버나드 올리비에(Bernard Olivier)는 실제적인 것이든 가상적인 것이든 민족성은 민족이 어떻게 결정되느냐에 달려 있으며, 이러한 민족집단들에게 집단행동을 조작하고 동원할 수 있다고 보았다. 언어와 문화는 구체적인 정치적 권리의 상징이며 영토적 자치형성에 있어서 소수민족에게 특권으로 부여한 민족집단의 정체성을 이룬다. 중국 동북지방에서 이러한 특권적 지위는 문화, 경제 및 정치 영역에서 일정한 권한을 부여하는 정책을 통하여 여러 행정 수준에서의 조선족 자치주가 수립되는 것으로 나타났다.

중국 정권 초기 조선족들에게는 새로운 의미가 부여되었는데 그것은 바로 적어도 최하위 레벨에서는 공식적인 차별이 부재했었고, 지방행정의 직접 참여가 가능했으며, 경제와 사회계획의 수립과 이행에 참가하고, 고유의 언어와 문화를 소유하고 발전시키는 자유를 가졌기 때문이다. '백화개화사업', '대약진운동', '문화혁명' 동안 중국 민족정책의 급격한 동요는 정책의 근본을 변화시키지 못했고 기본원칙을 벗어나게 하지도 못했다.

등소평이 공산당과 정부의 지도자로 되면서 시작된 개혁시기에 중국 정부는 조선족에게 중국 동북부의 구성원으로서 새로운 소속감을 가질 것을 주문하였다. 근본적으로 농업에 기반을 두고 있던 조선족들은 시장경제의 형성에 준비되어 있지 않았기 때문에 중국 정부는 조선족들에게 새로운 경제환경에 적응할 수 있는 여건을 조성해 주고, 중국 한족들과 경쟁할 수 있도록 하였다. 이러한 첫 어려운 시기를 보낸 후 조선족과 중국 정부는 결실을 맺게 되었고 1980년 말경에 경제상황은 전반적으로 호전되었는데, 그들은 이러한 성과가 소수민족으로서의 공식적인 지위와 관련되어 있다고 생각했다.[41]

그래서 중국의 소수민족 정책과 엄격한 국내이주의 제한 및 통제 그리고 자체적인 지리적 자치와 동질성을 유지하려는 희망을 가진 별개의 집단에 소속된 조선족 자체의 집단적 자각 등은 연구기간 동안 조선족의 특징이다.

---

41) Bernard Olivier. Ethnicity as Political Instrument among the Koreans of Northeast China, pre－1945 to the present. －Korean Diaspora in China; Ethnicity, Identity and Change. Korean and Korean American Bulletin. Vol.12, No.1, 2001, pp.6－17.

1953년과 1990년의 인구조사 사이에 중국 조선족의 규모와 지리적 분포의 변화에 관한 통계자료는 참고할 만한 도표들을 가지고 있다. 약 40년 동안 조선족은 동북부지방에 집중 거주하였는데, 그 비율을 보면 1953년에 전 조선족의 99.2%, 1964년에 98%, 1982년에 98.2%, 그리고 1990년에 97.1% 등으로 조사되었다. 결국 동북삼성 지방의 조선족 비율은 2.1% 감소하였으며 1953~1964년 인구조사 사이 시기인 11년 동안 처음으로 1.2% 하락하고, 1982년~1990년 사이 9년 동안 1.1% 감소했던 것이다. 아울러 1964~1982년 약 20년 동안에는 0.2% 증가하기도 하였다. 이러한 수치를 볼 때 조선족의 자연적·구조적 변동은 1980년대에 가속화되었고 1990년대에도 지속되었던 것이다. 최근 2000년 11월에 실시된 중국의 다섯 번째 인구조사에 대한 자료가 없어서 구체적인 수치로 논할 수 없는 점은 유감스러운 일이다.[42]

<표 5> 중국 조선족의 규모와 지역적 분포(1953~1990)

| 행정구역 | 1953 | | 1964 | | 1982 | | 1990 | |
|---|---|---|---|---|---|---|---|---|
| | 인구수 | % | 인구수 | % | 인구수 | % | 인구수 | % |
| 길림성 | 756,026 | 68.0 | 866,627 | 64.3 | 1,104,071 | 62.5 | 1,181,964 | 61.5 |
| 흑룡강성 | 231,510 | 20.8 | 307,562 | 22.8 | 431,644 | 24.5 | 452,398 | 23.6 |
| 요녕성 | 115,719 | 10.4 | 146,513 | 10.9 | 198,252 | 11.2 | 230,378 | 12.0 |
| 내몽골 자치구 | 6,705 | 0.6 | 11,280 | 0.8 | 17,580 | 1.0 | 22,641 | 1.2 |
| 북경시 | 384 | 0.03 | 2,909 | 0.2 | 3,905 | 0.2 | 7,689 | 0.4 |
| 하북성 | 68 | 0.01 | 1,376 | 0.1 | 1,737 | 0.1 | 6,250 | 0.3 |
| 산동성 | 122 | 0.01 | 512 | 0.04 | 939 | 0.05 | 2,830 | 0.2 |
| 호북성 | 17 | 0.0 | 112 | 0.01 | 652 | 0.04 | 1,874 | 0.1 |
| 장춘시 | 108 | 0.01 | − | − | 816 | 0.05 | 1,788 | 0.1 |
| 하남성 | − | − | 246 | 0.02 | 545 | 0.03 | 1,099 | 0.06 |
| 기타 | 6,150 | 0.06 | 11,457 | 0.8 | 5,063 | 0.3 | 11,686 | 0.6 |
| 총계 | 1,111,274 | 100.0 | 1,348,594 | 100.0 | 1,765,204 | 100.0 | 1,920,597 | 100.0 |

출처 : 한상복·권태환. 중국연변의 조선족: 사회의 구조와 변화. 서울대학교지역연구총서. 서울대학교출판부. 1994. 57쪽.

---

42) Ким Г. Н. Численность и миграции корейцев в КНР(1945~2000). −Шыгыс. Институт восток оведения МОиН РК, 2005, №2, c.75.

각각의 동북삼성 지방에서 조선족 거주민 분포가 불균형을 이루고 있다는 것은 다음 사실을 말해 주고 있다. 길림성 조선족의 비중은 위에서 살펴본 시기에서 6.5% 감소하였고 이러한 수치는 동북삼성 모두를 합한 수치보다 3배나 크다. 반면에 흑룡강성과 요녕성의 조선족 비율은 각각 2.8%, 1.6% 증가하였다. 이러한 작은 수치는 조선족의 지역적인 분포상의 변동이 기계적인 이주의 결과인지 아니면 자연적인 이주의 결과인지에 대한 결론을 내리기 어렵게 한다. 그러나 위 도표상에서 중국 내 다른 지역에서의 조선족 수치가 작지만 높아지고 있다는 점과 비교해 본다면, 표에 나타난 시기에 인구 이주가 발생했다고 결론을 내릴 수 있다.

내몽골 자치구의 조선족 인구는 1953년에 6,705명에서 1990년에는 22,641명으로 337.6% 증가하였고 전체 조선족 총인구에서 차지하는 비율은 0.6%에서 1.2%로 높아졌다. 다른 지방에서의 조선족 증가율은 더 높았는데 하북성의 경우 1953년에 68명이던 것이 1990년에는 6,250명으로 거의 10배 증가하였다. 그러한 증가는 호북성, 산동성, 하남성에서도 찾아질 수 있다. 결론적으로 중국 조선족은 전통적인 거주지인 동북삼성(만주지역)에서 다른 지방으로 이주하였고 점진적으로 거주지역을 확대하고 있다.

그러한 문제와 관련하여 조선족의 국내 이주에 관한 원인이 무엇일까 하는 의문이 제기된다.

많은 연구자들은 무엇보다도 조선족의 지리적 이동에 대해 경제적인 측면을 지적하고 있다.[43] 이광규 교수는 중국 조선족들이 중국 사회의 현대화로 인해 거주지를 이전하였는데 이는 1960년대 한국의 산업화 시기 한국인들의 국내이동과 유사하다고 간주하였다.[44] 즉 한 지방에서 다른 지방으로 조선족 거주지가 이동된 것뿐만 아니라 농촌-도시 간 이동이 있었다는 것이며, 그 두 가지 사항은 이주의 기본적인 내용이 되었다. 사회주의 계획경제의 개혁

---

43) 한상복·권태환. 중국연변의 조선족: 사회의 구조와 변화. 서울대학교지역연구총서. 서울대학교출판부. 1994; 심계속. 중국 조선족 취락지명과 인구분포. 연변대학출판사 및 서울대학교출판부. 1994; 신철. 중국 조선족. 그들의 미래는. 신인간사. 2000.

44) Lee Kwang Kyu. The Transformation of Korean Chinese Ethnic Identity. Korean Diaspora in China; Ethnicity, Identity and Change. Korean and Korean American Bulletin. Vol.12, No.1, 2001, p.62.

과 자유시장 경제로의 전환으로 인해 중국 도시가 발전하고 인구의 도시화가 가속화되었던 것이다.

중국 조선족들은 이주금지와 제한조치가 해제되자마자 농촌에서 도시로 이주하였는데 주로 대도시와 수도로 가는 것을 선호하였다. 북경 거주 조선족은 1953년 384명에서 1990년에 7,689명, 즉 20배로 증가하였고 장춘은 108명에서 1,788명으로 늘었다. 확인되지는 않았지만 북경 조선족은 1996년에 6만 명, 1999년에는 8만 명으로 추정되고 있다. 중국의 수도에 거주하는 조선족 다수는 일용노동이나 시상에서 일하고 있기 때문에 현재의 통계자료나 인구조사에도 밝혀지지 않고 있다. 북경의 비공식 자료에 의하면 약 1,500개의 한국기업이 활동하고 있는데 여기에는 여행사, 식당, 노래방 및 기타 유흥업소 등이 포함된다.[45]

상해와 기타 중국 대도시에서도 조선족들이 많이 증가하고 있다. 하북성, 산동성, 호북성의 조선족 증가는 북경과 기타 대도시로 이주하기로 결정한 조선족들이 높은 집값과 도시화된 생활 적응의 어려움 등으로 인해 대도시 외곽으로 삶의 터전을 잡고 있는 것과 관련 있다.[46] 따라서 조선족의 그러한 이동은 농촌과 도시 간 이주의 구성 부분이라고 간주될 수 있다.

1980년대의 첫 이주파동은 주로 도시화된 지역이나 동북부 대도시로 가는 것이었다. 1982년과 1990년의 인구조사에서 나타난 통계자료에 의하면 조선족들이 대도시로 이주해 간 것을 알 수 있다. 우선 조선족들이 상해, 청도, 대련 등 도시지역으로 이주해 갔고, 북경, 청도 등 대도시에서도 괄목할 만한 인구증가가 이루어졌다. 숫자상의 현저한 증가는 하얼빈, 연길, 장춘 등 조선족이 거주하는 대도시에서도 나타났다.

---

45) Там же, c.66.

46) 권태환. 세계의 한민족. 중국. 세계한민족총서. 2. 통일원. 1996. p.82.

<표 6> 중국 대도시로의 조선족 이주(1982, 1990)

| 도시 | 1982년 | 1990년 | 증가율 % |
|---|---|---|---|
| 북경 | 3,905 | 7,689 | 96.9 |
| 텐진 | 816 | 1,788 | 48.7 |
| 상해 | 462 | 734 | 135.8 |
| 진황도 | 108 | 869 | 19.8 |
| 청도 | 83 | 355 | 327.7 |
| 선양 | 69,460 | 80,539 | 704.6 |
| 장춘 | 18,324 | 27,241 | 58.9 |
| 하얼빈 | 30,514 | 36,562 | 16.0 |
| 연길 | 100,337 | 177,547 | 119.1 |
| 대련 | 2,042 | 4,816 | 77.0 |

출처 : Kim Si Joong. The Economic Status and Role of Ethnic Koreans in China. The Korean Diaspora in the World Economy. Edited by C. Fred Bergsten and Inbom Choi. Institute for International Economics. Special Report 15, January 2003, p.113.

대도시 지역을 향한 두 번째 중국 조선족의 대이동은 이들 도시에 진출해 있던 한국의 기업과 관련 있다. 1992년 중국과 한국 간의 국교정상화 이후 수백 개의 한국 기업들이 중국의 중앙에 나타났다. 한국기업들은 주로 북경, 상해 및 청도에 집중되었다. 청도에서만 200 개가 넘는 한국기업이 활동했다. 한국은 현재 미국과 일본에 이어 세 번째로 큰 중국의 무역 상대국이며, 미국, 일본, 싱가포르에 이은 네 번째 큰 투자국이다.

조선족들의 국내외적 이동 증가는 1990년대에 두드러졌다. 1990년대 흑룡강성에서 실시된 연구에 의하면 이농 조선족들의 비율이 농촌 지역 조선족의 20%에서 40%까지 차지했다. 이주자들에는 주로 젊은이들이 많은데 그 결과 농촌지역에서는 노동인구가 감소되는 결과가 초래되었다. 중국에서 1세기 이상이나 불변의 터전으로 남아 있던 조선족들의 전형적인 농촌은 최근 급속한 속도로 해체되고 새로운 형태의 터전이 도시에서 시작되고 있는 것이다.

사실 조선족들은 공동생활에 기반을 둔 강한 민족의식과, 언어 및 사회문화적 그리고 영토적 공동체를 지니고 있다. 이러한 오래된 단결전통은 도농 간의 연쇄이주 현상을 설명해 준다. 이주 가족의 도시적응이 성공하자마자 친척과 이웃의 도시이주를 부추기는 일이 나타나는 것이다. 만약 몇몇 가정이 어떤 도시의 한 구역에서 보인다면 이 지역은 타 농촌 조선족들을 끌어들이기 시작할 것이다. 그 결과 중국의 여러 도시에서 새로운 조선족 공동체가 형성되는 것이다. 가령 흑룡강성의 상서시는 1980년대 말에 조선족 가정이 80세대에 불과했는데 1995년경이 되면서 330세대로 늘었던 것이다.[47]

신조선족 공동체는 이와 유사한 형태로 국내 이주의 주목표가 되는 주요 산업도시에서 증가했을 뿐만 아니라, 만약 한국 투자기업의 주요 목표가 될 경우에는 중간 규모의 도시거주지로서도 증가했다. 따라서 한반도와 마주 보고 있는 황해 연안 항구도시에 조선족들이 눈에 띄게 증가하였던 것이다. 청도, 연대, 유방의 조선족은 1990년의 경우 모두 약 600명 정도였는데 1997년경에는 그 수가 6만~7만 명으로 늘었다.[48]

조선족들은 한국기업에서 사무원, 통역원으로 일을 많이 했고, 가끔 한국과 중국 업체를 매개하는 역할까지도 했다. 따라서 한국기업이 활동하는 산업공단 근처에 있는 도시에 조선족들이 많이 거주하고 있는 것이다. 한 연구에 따르면 한국기업이 특히 많이 있는 산동성 조선족 수는 7만 명에 이른다. 이 수치에는 이른바 '유동인구', 즉 일정한 지역에 일시적으로 거주하거나 아니면 상시거주의 의도를 가진 사람들이 포함된다. 그런데 사실 그러한 숫자는 통계상에는 포착되지 않는다.

동북지방의 조선족 수는 한국의 자본과 기업이 집중되어 있는 요원시, 대련, 선양에서도 증가하였다. 한 신문기사에 의하면 1997년 대련시의 조선족 수는 1990년 규모의 두 배나 초과하는 1만 5,000명에 이르렀다.[49] 조선족의 상당 부분이 중국의 탈농업화 현상 속에서 소기업을 위해 일할 수 있는 수단이 있으면 도시로 이주해 나갔다. 그들 중 다수는 김치나 기타 상품 소매업에 종사했다. 일부는 비즈니스의 경험이 부족함에도 불구하고 이른바 '개체호(介

---


47) Tai-Hwan Kwon. The Uncertain Future of the Korean Chinese. -Korean Diaspora in China; Ethnicity, Identity and Change. Korean and Korean American Bulletin. Vol.12, No.1, 2001, p.35.

48) Kwon Tai-Hwan. The Uncertain Future of the Korean Chinese. -Korean Diaspora in China; Ethnicity, Identity and Change. Korean and Korean American Bulletin. Vol.12, No.1, 2001, p.36, Heilongjiang Newspaper 12/05/98.

49) Lyaoning Choson Wenbao, 1997, May 29.

體戸)'라고 하는 고용노동 소기업을 만들었다. 그러한 사업에 약 8명 정도가 종사하는데 보통 가족과 친척이 주로 활동했다.

이미 지적했듯이 이주를 가장 활발하게 한 세대는 젊은이들로서 연구자에 의하면 대략 20~34세에 이르는 사람들이었다.[50] 젊은이들이 도시로 간 이유는 교육을 받기 위해서였다. 1980년대까지는 조선족 젊은이들이 언어문제로 인하여 주로 연변대학교[51]를 다녔지만 최근 20여 년 동안에는 북경, 상해, 하얼빈 및 기타 도시의 대학교에 다녔다. 일부 조선족 젊은이들은 한국, 러시아, 미국 등 외국으로 유학을 갔다. 교육수준 면에서 조선족은 중국에서 높은 위치를 차지하고 있는 민족이다.

두 번째 연령집단은 도시와 시골 이주에서 두드러지는데 이들은 50~59세 사이로서 한번만 보아도 이상하게 여겨진다. 그러나 한인 디아스포라의 전통적인 가족결속과 협동정신을 감안한다면 노년세대들이 자신들의 자녀와 함께 도시에 거주할 수도 있다.[52]

이주과정에서 조선족 여자들이 크게 활동했다는 것을 언급하지 않을 수 없는데 그 이유는 다음과 같다. 첫째, 여학생들이 초중등학교를 다니는 동안 우수한 학업성적을 기록했고 이는 더 나은 고등교육을 받고자 하는 강한 동기를 가지게 했다. 둘째, 중국의 도시에서 서비스 산업과 오락산업이 발전하자 젊은 여자에 대한 노동수요가 발생하게 되었다. 셋째, 실제 모습에서도 나타났듯이 여자들이 남자들보다 소매업종에서 더 나은 활동을 하였다. 결국 고령층에서 여자가 더 많은 구조로 된 남녀성비의 불균형을 볼 때 여자들이 왜 더 많은 지리적 이동을 했는지 이해가 되는 것이다.

1990년 인구조사에서 조선족 수가 1만 명에 이른 도시의 수는 길림성에 21

---

50) 권태환. 세계의 한민족. 중국. 세계한민족총서. 2. 통일원. 1996. p.92.

51) 연변대학교는 1949년 3월에 설립되었고, 민족특성을 살린 고등교육기관으로서 길림성 최고의 대학 중의 하나였다. 동 대학교에는 인문과학과 자연과학 등 12개의 단과대학이 있고 63개의 학사전공, 48개의 석사전공, 4개의 박사전공이 있다. 대학에는 전공학과와 연관 있는 19개의 연구소와 32개의 연구센터가 있다. 총 재학생은 16,413명, 그중 학사과정생은 10,599명, 석사과정생은 712명, 박사과정생은 44명, 외국인 학생은 384명, 통신과정 및 야간학부생은 4,674명이다. 전임강사를 포함한 교원들은 1,462명이며 그중 정교수는 156명, 조교수는 396명이다. 대학 설립 이후 이 대학에서 최고 교육을 마친 전문가들은 62,000명이 넘는다. http://www.yanbianuni.htm.

52) Там же.

개, 흑룡강성은 14개, 요녕성은 3개였다. 동북삼성의 11개 도시에서 조선족은 5만 명에 달했다. 중국 조선족의 전후 역사 초창기에 인구학적 측면은 출생률의 급격한 저하와 사망률의 하락으로 표현되는 재생산행위의 변화로 귀결되었다. 1980년대 초부터 도농 간의 이주인 지리적 이동이 활발하게 되었다. 그리고 도시화와 대도시로의 재이주는 1990년대에 특히 심화되었다.

## 2. 조선족의 국제이동

1945년 일본 패망과 연이은 한국의 해방으로 인해 일본과 만주에 거주하던 많은 한인들이 본국으로 귀국하게 되었다. 대략 약 40%의 한인들이 해방 직후 곧바로 본국으로 귀국했다. 제2차 세계대전 말에 170만 명 정도였던 것이 1949년 중화인민공화국 수립 때는 100만 명 정도로 줄어들었던 것이다.[53]

### 1) 한국의 중국 조선족

1992년 8월 한국과 중국 간의 공식 외교관계가 수립되면서 양국 간의 상호협력은 무역, 직접투자, 관광, 문화교류 등 다방면에 걸쳐 광범위하게 증진되었다. 양국 간의 대외무역 규모는 2001년에 315억 달러에 달했는데 그중 한국의 수출액은 182억 달러, 한국의 수입액은 133억 달러였다. 양국은 상호 무역 상대국에 있어서 홍콩을 제외하면 세 번째 지위를 차지했다. 2002년 7월 한국수출입 은행에 따르면 중국에 대한 한국의 총투자는 6,600건에 달했고 액수로는 60억 달러에 해당되었다. 그러나 중국자료에 의하면 2001년 한국의 직접투자는 120억 달러였고 한국통계보다 두 배 많았다. 중국통계에 의하면 한국은

---

53) Kim, Doo‐Sub, 1999, "Korean emigration to Manchuria and Japan and the repatriation movements after the liberation in 1945"(한국인의 만주 및 일본으로의 이동과 1945년 광복 이후의 귀환이동), 「社會科學論叢」(한양대학교 사회과학대학), Vol.17, pp.441~470.

외국투자의 비중에 있어서 미국, 일본, 대만, 싱가포르에 이어 다섯 번째를 차지한다.[54]

사업이나 여행, 유학 등의 이유로 중국을 방문한 한국 사람들은 1990년대에 들어서서 그 수가 증대되었고 2000년에는 100만 명에 이르렀다. 이와 반대로 중국에서 한국으로 들어간 사람들의 수는 2001년에 482,000명이었다.

1992년 한중 간의 국교정상화로 인해 중국 조선족들은 역사적 조국을 방문할 수 있는 기회를 더 많이 가지게 되었다. 우선 한국에 친척이 있어서 초청비와 체재비를 제공받을 수 있는 조선족들이 입국했다. 1993년 88명의 조선족들이 처음으로 한국을 방문했고, 이후 그 수는 매년 증가했다. 시간이 흐르면서 혈연적 친척뿐만 아니라 사촌관계에 있는 사람들도 방문권리를 가지게 되었다. 방문비자 유효기간은 90일로 제한되었다.

중국 조선족들은 한국에서 매우 따뜻한 대접을 받았는데 좋은 선물과 금전적인 것도 포함되었으며, 나아가 한국에 친척이 없는 사람들을 포함한 많은 사람들이 역사적 조국에 남아 살기를 희망하게 되었다. 연구자들은 그러한 현상을 이른바 '한국 바람'으로 불렀는데, 이는 일종의 '아메리칸 드림'과 유사한 것으로서 한국에 대한 관심과 한국에서 사는 것이 그들의 희망으로 여겨졌다. 이러한 꿈은 물질적 기반을 뜻했고 한국에서의 생활수준과 봉급이 중국에서보다 몇 배나 높다는 사실에서 비롯되었다. 한국의 하루 일급이 중국의 평균월급과 동등했던 것이다.

많은 중국 조선족들은 한국의 친척들이 초청해 준 덕분에 중국산 약제를 선물이나 판매용으로 반입했다. 1990년대 초에 서울과 기타 도시의 거리, 지하철역, 철도역, 광장 및 공원 등에서 약제를 판매하던 조선족들은 약 8,000명에 이르렀다. 불법 상행위와 관련 있는 이러한 문제를 해결하기 위해 한국 적십자는 2,000명의 상인들로부터 200만 원 이상을 주고 약제를 구입했다. 한국 정부는 조선족들에 대한 친지초청을 60세 이상으로 제한하기도 했다. 그러나

---

54) Kim Si Joong. The Economic Status and Role of Ethnic Koreans in China. The Korean Diaspora in the World Economy. Edited by C. Fred Bergsten and Inbom Choi. Institute for International Economics. Special Report 15, January 2003, p.114.

제한조치나 입국통제조치에도 불구하고 조선족들의 대량유입을 막을 수 없었고 조선족들은 다양한 방법과 수단을 통해 입국했다.

18세에서 35세 사이의 조선족 젊은이들은 연수생(한국 중소기업공단의 산업연수생을 말함)의 신분으로 한국에 입국할 수 있는 합법적인 자격이 있다. 1994년부터 한국 정부는 외국사람들을 초청하여 기술을 가르쳐서 자국에서 사용할 수 있도록 하는 연수를 시작했던 것이다. 우선 임시 노동자(연수생) 제도로서 외국인 노동력을 활용하는 정부의 결정은 외국인을 고용하던 한국의 기업들에게 그늘의 자질을 향상시키는 데 도움을 주기 위하여 이루어졌다. 1993년 하반기의 이러한 결정으로 약 1만 명의 외국인 노동자들이 소규모 산업체에서 1년 기간의 연수생으로 수용되었다. 1993년 12월에는 그 수가 두 배로 증가했고 체류와 노동기간의 허용도 2년으로 연장되었다. 1994년 8월 정부는 인력부족이 심각한 섬유와 신발 공장에 1만 명의 연수생을 추가 허용한다고 발표했다. 1995년에는 4만 명의 연수생 초청이 더 허용되었는데 외국인이 다수인 그들은 어류가공산업에 종사하게 되었다.[55]

그러나 한국의 산업연수생 제도는 사실은 두 가지 상황에서 기인된 이른바 개발도상국으로부터 고용된 자질 없고 값싼 노동력의 변형이었다. 첫째, 1985～2000년까지 한국의 임금은 급격히 상승했는데 1인당 국민소득이 1960년에 200달러에서 1996년에는 11,500달러가 되었던 것이다.[56] 둘째, 높은 교육수준과 전문성을 지닌 한국 사람들은 힘들고, 위험하고, 더러운 일을 기피하게 되었다.[57]

따라서 90년대 후반 산업연수생 제도에 의하여 수십만 명의 외국노동자들이 중국, 필리핀, 네팔, 파키스탄, 스리랑카 및 몽골 등으로부터 한국으로 입국하게 되었다. 연수생들의 절반 이상이 섬유산업(25%), 고무 및 플라스틱산업(9.7%), 피혁 및 신발산업(8.4%), 기계생산(7.8%), 자동차생산(7.2%) 등에 종사했다. 노동자가 11명에서 50명인 소기업체에서 일하던 연수생들이 상당 부

---

55) http://home.pacific.net.hk/~amc/papers/AMY98SK.htm.

56) http://home.pacific.net.hk/~amc/papers/AMY98SK.htm.

57) Jung Yukyung. "Migrant Workers' Situation in Korea: For a General Understanding", Hand in Hand, Vol.1, Fall 1997(published by Migrant Workers' House / Korean‐Chinese House).

분을 이루었다(36.9%). 노동자가 300명 이상인 대기업에서 일하던 연수생 비율은 가장 적었다(4.5%).[58]

그러나 산업연수생 제도의 실시에도 우선 이러한 프로그램이 의도한 한국의 중소기업 노동력 부족문제는 해결되지 않았다. 왜냐하면 연수생들이 그들에게 주어진 일자리에서 임금이 더 높은 곳을 찾으러 달아났기 때문이었다. 2002년 <서울헤럴드> 보도에 의하면 89,000명의 연수생 중 52,000명이 불법노동자 신분으로 바뀌었다.[59] 연수생들은 한 달에 200~260달러를 받았는데 불법노동자 신분으로는 약 500달러 정도를 받았고 이것은 한국 노동자 평균임금의 약 1/3 수준이었다.[60] 불법적 신분으로 되는 일은 외국인 노동자에게 부여된 보험증서, 의료혜택 등 모든 사회보장권을 상실하는 것을 뜻했다.[**]

산업연수생의 합법적 이용은 한국에서 심각한 토론이 야기된 부정적인 현상을 초래하게 되었다. 무엇보다도 연수생들의 불법취업이 문제였다. 노동부에 따르면 1997년 10월 1일 당시 1993년부터 초청된 연수생들 중 34%가 근무지를 이탈하여 독자적인 일자리를 찾아 나섰다는 것이다.[61] 연수생 제도로 외국인 노동자를 초청하는 법규가 불완전했기 때문에 그들을 고용하는 고용주의 책임성은 불명확했다. 그래서 고용주 측에서는 이를 악용하게 되는 근거로 삼았고, 연수생으로서는 자신의 지위가 외국인 노동자에 대한 차별과 자신들의 권리축소로 이어지게 되었던 것이다.[62]

한국의 법무부에 따르면 대다수의 노동이주자들이 국내에서 불법적으로 일을 하고 있다는 것이다. 1992년 불법이주자로 분류된 61,000명의 외국인들 중에 22,000명(36%)이 중국인이었고, 19,000명(31%)이 필리핀인, 9,000명(15%)

---

58) Kim Aehwa. Legal exploitation of migrants in South Korea. Asia Labor Update, Issue No.42, January−March 2002.

59) The Seoul Herald, July 18, 2002.

60) http://www.jobcenter.com.ua/old/koreja.php

61) South Korea's Hard Labor. Far Eastern Economic Review, March 29, 2001.

62) Docoy Eugene. Migrant Workers in Korea. Report submitted at the 1997 People's Summit on APEC, November 1997, Vancouver, Canada; Joint Committee for Migrant Workers in Korea, South Korea Report, paper submitted at the Regional Lobbying and Documentation Training on Migrants' Human Rights, 16−22 February 1998, Hong Kong.

이 방글라데시인, 그리고 5,000명(8%)이 네팔인이었다. 불법체류자의 다수는 여행비자 등 단기입국 비자에 근거하여 합법적으로 입국했는데 그중 중국 조선족들은 외국출생의 한국인 신분을 이용했다. 90년대 중반경에는 한국의 불법 노동이주민 수가 8만 명이 넘었다. 2000년 통계자료를 보면 236,000명의 외국인 노동자 중 단지 6%만이 합법성을 지녔고, 30%는 '산업연수생' 신분이었으며 나머지 135,000명, 즉 64%가 불법체류자였다.[63)]

한국에서 외국인 노동자의 합법적 체류와 노동문제에 관한 통제는 법무부 산하 출입국사무소에서 담당하고 있다. 입국 시에 엄격한 입국심사가 이루어지며 출입국사무소의 직원이 의심하게 되는 모든 외국인은 엄밀한 조사와 검사가 이루어진다. 그래서 많은 수의 중국인, 동남아시아인, 러시아인 그리고 기타 불법노동자들이 공항에서 바로 추방되었다. 법무부의 자료에 의하면 1999년의 경우 하루에 100~120명이 입국 거부되었다. 2000년의 11개월 동안 18,800명의 외국인들이 서류의 불충분으로 인하여 공항에서 곧바로 추방되었다.

한국과 국제언론에서는 한국 정부의 외국인 노동자 정책에 대해 자주 비난한다. 그 기사들에 의하면 한국 정부는 외국인 노동력을 이용하는 데 지지는 하지만, 불이익과 차별 그리고 고용주의 전횡에서 벗어나려는 연수생들과 불법노동자들의 힘든 상황에 주의를 기울이지 않고 있다는 것이다. 인권조직과 운동단체들은 불법노동자들의 적발, 구류, 추방에 대한 경찰의 대대적인 작전에 대항하는 시위를 자주 벌인다. <한겨레신문>의 사설에는 교회에서까지 외국인을 체포하고 수갑을 채우는 '몰이식' 작전에 관해 적혀 있었다. 신문에 의하면 외국인 노동자 거주지로 돌격하여 곤봉을 휘둘러서 눈에 보이는 사냥감을 포획하는 한국경찰의 행동은 모든 법규범에 수치스럽고 모순되는 것이라고 했다.[64)]

힘들고 위험하고 지저분한 일을 하는 다수의 산업연수생과 불법노동자들은 사전 안전교육도 받지 못하고 초과수당도 못 받는 상처를 안고 있다. '이

---

63) http://www.hamkke.ru/gazeta/news.htm.

64) 한겨레신문, August 17, 2004.

주노동자협회'의 연구에 따르면 서울에서 산업연수생과 불법노동자의 49.7%
가 한국 체류 첫해에 이러저러한 손해를 당하고 있다는 것이다. 545명의 외국
인이 질문에 응했는데 그중 13.7%는 첫 한 달 동안, 56.2%는 첫 3개월 동안
일하다가 피해를 입었다. 응답자의 절반 이상인 56.2%는 그들에게 누구도 안
전교육을 시켜 주지 않았고, 피해의 대다수는 노동자들에게 미리 알려 주었
더라면 피할 수 있었던 것이라고 주장했다. 산업재해를 당한 이주노동자 100
명 중 절반 정도인 59명만이 신체불구에 대한 보상을 받았는데 그들 중 일부
는 치료비를 스스로 지불했다.65)

   이러한 노동자들의 열악한 상황과 생활은 외국인 노동자들의 합법적인 시
위를 야기했고, 국제인권단체와 한국의 비정부기구 및 종교단체들이 이를 지
지했다. 노동자들은 연좌시위와 단식투쟁 및 기타 방법으로 저항했다.66) 그러
나 대체적으로 대다수의 불법노동자들은 자신들의 가족안전이나 자금획득을
위해 일하는 것을 더 선호한다.67)

   2000년 10월 28일부로 한국에서 가장 많이 차지한 외국인은 중국인이었는
데 그 숫자는 불법노동자를 포함하여 153,930명이었다. 그들 중 절반 정도는
조선족이었다. 이광규 교수에 의하면 한국으로 일하러 보낼 사람들이 있는
중국 조선족 농촌은 없었다. 사람들의 추산에 의하면 일부 농촌 중 전 주민
중 50%까지 역사적인 조국으로 나갔고 농촌 주민 소득의 90%가 한국에서의
송금으로 충당되었다. 조선족 상당수는 불법 입국을 이용하고 위조여권과 비
자 그리고 기타 서류 준비용으로 대리인과 중개인에게 수만 위안화를 지불한
다. 한국으로 가는 위조용 수수료는 계속 높아지고 있는데 1992년에 5만 위안
화이던 것이 1995년에는 7만 위안화, 그리고 2000년에는 9만 위안화에 이르렀

---

65) Korea Herald, Editorial, October 21, 2002; Soh Ji−young. One in Two Migrant Workers
    Injured Within a Year: Korea Times, October 29, 2002.

66) Joint Committee for Migrant Workers in Korea, South Korea Report, paper submitted at the
    Regional Lobbying and Documentation Training on Migrants' Human Rights, 16−22 February
    1998, Hong Kong; Seo Soo−min, "Detained Migrant Workers go on Hunger Strike", Korea
    Times, October 31, 2002.

67) Kim Aehwa. Legal exploitation of migrants in South Korea. Asia Labor Update, Issue No.42,
    January−March 2002.

고 달러로 환산하면 각각 5,750달러, 8,230달러, 10,975달러에 해당한다.[68]

중국 조선족들은 한국의 사기꾼들에게 피해를 많이 당하는데, 사기꾼들은 중국으로 가서 자신을 중요한 역할을 할 수 있는 공무원이라고 하거나 성공한 사업가라고 사칭하고 다닌다. 사기꾼들은 취업과 유학을 약속하거나 한국으로의 결혼을 주선한 다음 신청자들로부터 많은 돈을 거두고 마침내는 사라지는 것이다. 조선족 학생들이 유학하러 한국에 도착한 후 입학금이 학교에 지불이 안 되고 장학금도 제공되지 않는 경우가 허다하다. 사기꾼들로부터 위조 여권과 비자를 받고 한국으로 입국한 조선족들은 어떠한 보상도 받지 못한 채 곧바로 출국조치된다. 이런 피해를 당한 사람들이 얼마인지 정확히 알 수는 없지만 신문기사와 인터뷰 내용을 볼 때 많이 있을 것으로 본다.

사기꾼들의 위장 결혼사업으로 피해를 보는 쪽은 한국이나 조선족이나 마찬가지이다. 조선족 여자들은 자신들을 입국하도록 이미 돈을 지불한 한국남자와 결혼하기 위해 위조 이혼증명서를 보낸다. 조선족 여자들이 곧바로 한국국적을 취득하게 되면 자신의 한국남편을 버리고 많은 경우에는 빈손이 아닌 채 떠난다. 1990년대 재외국민 영사국 자료에 의하면 매년 6~7명의 조선족 여자들이 결혼을 목적으로 한국으로 입국했다.[69] 현재의 한국 법령에 의하면 외국인과의 결혼은 2년간의 유예기간이 지나야 효력이 발생한다.

다른 한편으로는 한국의 '구혼자' 사기가 있다는 것이다. 이들은 조선족 여성들에게 돈 지불과 동시에 결혼을 약속하거나 바로 스스로 신청인 여자와 결혼한다. 그런데 사기꾼들은 사실 돈을 받은 후에는 사라져 버린다. 결혼의 성립은 남자가 한국인이고 여자가 조선족으로서 농촌 지방에서 압도적으로 이루어진다.

최근에는 한국으로의 입국과 취업을 약속하는 사기사업이 새로운 형태를 띠고 있는데 단순한 약속으로는 조선족들에게 통하지 않는다는 것이다. 조선

---


68) Lee Kwang Kyu. The Transformation of Korean Chinese Ethnic Identity. Korean Diaspora in China; Ethnicity, Identity and Change. Korean and Korean American Bulletin. Vol.12, No.1, 2001, pp.62-72.

69) Kim Si Joong. The Economic Status and Role of Ethnic Koreans in China. The Korean Diaspora in the World Economy. Edited by C. Fred Bergsten and Inbom Choi. Institute for International Economics. Special Report 15, January 2003, p.116.

족들은 이미 사기행위에 대해 들은 바 있어서 중개인을 믿지 않게 되었다. 2000년 7월 <코리아타임즈>지에 따르면 서울 검찰청에서 한국입국을 위한 불법 조직 혐의로 9명을 체포했다. 사전 기소내용에 의하면 43세의 여제현은 서류상에만 존재하는 몇 개의 한중 기업체를 위조 등록시켰다. 그 여자는 위조 서류를 통해 14명의 조선족을 한국으로 입국시킬 수 있었는데, 조선족들을 마치 기업체 직원인 것처럼 꾸미고, 게다가 1인당 한국돈 500만 원을 챙겼던 것이다. 이와 유사한 사례는 50세의 이경애의 사례에서도 보이는데 1997년에 그 여자는 한국에서 서류상에만 존재하는 중국회사의 지사를 차리고 11명의 조선족들을 개인당 500만에서 700만 원씩 받고 마치 중국에서 한국의 지사로 파견하는 것처럼 위조하여 입국시켰던 것이다.[70]

중국에서도 조선족 불법여행사 직원들이 체포되고 법정선고를 받았다. 예를 들면 2003년 2월에 북경시 제2법원에서는 2002년 3월에 월드컵 축구경기의 팬으로 가장하여 서울로 가려던 혐의로 7명을 재판에 회부했다. 66명의 조선족들이 100만 위안화(약 121,000달러)가 넘는 돈을 업체에 건네주었으나, 인천 국제공항에 도착하자 23명은 곧바로 중국으로 출국조치되었고 나머지 남자 28명, 여자 15명은 국경을 넘어 들어와 한국에서 불법신분의 상태로 남게 되었다. 업체는 위조된 도장과 중국청년여행사(China Youth Travel Service)의 재정보증서를 이용했다. 법원의 결정으로 상당 기간 동안 자유가 억압된 여행사는 6개월간 한국으로 여행 보내는 일을 금지당했다.[71]

여러 가지 형태의 불법 행위는 이익이 되는 사업이었는데 수십만 혹은 수백만 달러까지 돈을 벌 수 있었기 때문이었다. 한국 사기사업가로부터의 손해가 모두 얼마인지는 계산도 되지 않지만 중국의 한국동포들 사이에서 한국인의 이미지가 입는 피해는 비교할 수도 없이 크다. 왜냐하면 한국 사람들은 진실하지 않고 바르지도 않으며 약속을 쉽게 파기하며 말도 지키지 않는다는 평판이 동포들 사이에서 굳어지기 때문이다.

바다를 통한 불법사기는 중국인과 한국인 사업가들 사이에서 공통적으로

---

70) Korea Times, July 17, 2000.

71) China Daily. February 12, 2003.

쓰는 수법인데, 조선족을 한국으로 보내는 널리 알려진 또 다른 방법이다. 중국 연안에서 배 여러 척이 억류되는 일이 있는데 1995년에만 194명의 조선족이 바다를 통해 출국하려다 체포되었던 것이다. BBC 정보통에 의하면 2000년 1월~10월 사이에 중국 남부지방인 복건성에서만 400명의 사람들이 바다를 통해 불법적으로 이주하려다 적발되었다.[72]

2003년 말 요녕성에서는 중국 경찰이 배를 억류하고 한국으로 가려던 2명의 조직책과 59명의 조선족을 붙잡았다. 지방정부의 설명에 의하면 이것은 숫자상 불법을 저지른 최대 규모였고 이러한 계획에 대해 경찰은 미리 알고 있었다는 것이다. 여러 지방에서 모인 수십 명의 조선족들이 선양에 집결하고 그 다음 대련항이나 단동항으로 보내지기로 알려졌었다. 조직책과 불법행위자들은 단동항구 선착장에서 체포되었는데 거기는 이미 출항준비가 된 배가 마련되어 있었다. 체포된 59명 중 대다수가 남자(48명)였는데 지역별로 보면 흑룡강성 12명, 길림성 25명, 요녕성 1명 그리고 나머지는 복건성이었다. 한국과 지리적으로 인접한 요녕성은 '보트 피플'을 위한 최적의 출항지였다.[73]

중국에서 출항 전에 체포되는 경우는 전체 불법조직책의 규모에서 볼 때 아주 낮은 비율을 차지한다는 것을 지적할 수 있다. 많은 경우에 도주하게 되며 중국에서 벗어난 배는 한국에서 250~300km 떨어진 공해상에서 한국 배와 만나고, 승객들은 한국의 국경경비대들을 피하기 위해 배를 갈아탄다. 중국 측이나 한국 측이나 수송환경은 생존이 위험한 상태에 있다. 왜냐하면 탑승인원이 과다한 결과 답답함과 후덥지근한 상태로 인한 고통을 당해야 하기 때문이다. 배를 타고 공해상에서 항해하다가 승객 환승이 쉽지 않을 경우 며칠을 더 지체하게 되는데, 만나기로 한 한국 배가 레이더상에 나타날 때까지 더 기다려야 하기 때문이다. 조선족들은 이러한 위험한 항해에 수만 위안화를 지불하는데 더러는 실패하는 경우도 있다. 1995년에만 45척의 배와 488명의 불법이주자들이 한국 연안경비대에 적발되었다.[74]

---

72) BBC, Saturday, 21 October, 2000.

73) China Daily. February 12, 2003.

74) Lee Kwang Kyu. The Transformation of Korean Chinese Ethnic Identity. Korean Diaspora in China; Ethnicity, Identity and Change. Korean and Korean American Bulletin. Vol.12, No.1,

불법이주자들이 불행한 일을 당하는 경우도 있었는데 그중에서 가장 비극적인 사건은 2001년 10월 5일 밤에 한국의 영해에서 발생했다.[75] 한국 정부가 실시한 조사에 의하면 중개인들은 7명이었고 그중 총책은 73톤 어선 '태창호' 선장 44세의 이판근이었다. 승객들을 이송시키는 데 부적합한 배에 중국에서 모인 60명의 이주자가 탔으며, 그들은 대부분 복건성 출신들이었다. 각 불법이주자들은 한국으로의 수송비와 취업 알선비로 약 1,000만 원(8,800달러) 정도를 지불했다. 60명 중에 49명은 중국 한족이었고 11명은 조선족이었다. 한국의 연안경비선이 태창호를 발견하자 선장과 선원들은 노동자 25명을 냉동고에 몰아넣고, 나머지 35명을 그물보관 창고에 몰아넣었다(자료에는 수치에 차이가 있음).[76] 총 25명이 냉동고에서 질식하여 숨졌고 시신은 바다로 던져졌다. 한국의 해양구조대가 2대의 헬기와 8척의 소형선박을 파견했으나 예상대로 가라앉은 시신을 한 구도 찾지 못했다. 이러한 비극적인 사건과 관련하여 한국의 공식관리는 외교경로를 통하여 중국 정부에 유감을 표명했고 유가족들에게도 사과를 표명했다. 한국 정부는 중국 국민의 죽음과 관련된 사람들에게는 엄중한 처벌을 내릴 것이라고 확인했다.[77]

그러나 엄격한 규제와 통제가 조선족의 한국 잠입을 막을 수는 없었고 더구나 사람들은 위험부담을 안고 들어가며, 많은 사람들은 브로커와 조직책들에게 줄 돈을 친지나 가까운 사람으로부터 많이 빌린다. 조선족들은 종종 중국에서도 한국 사업가들에게 장기 예속된 상태에 있는데 나중에 협상된 임금을 보면 한국인들이 불법이주자들을 착취하고 있다는 것을 알 수 있다. 불법적으로 한국으로 잠입한 조선족뿐만 아니라 '산업연수생'이라는 합법적으로 입국한 사람들도 한국사업주가 결정한 직장에서 일을 한다는 점도 예속상태의 한 원인이 되고 있다. 상당수의 조선족들이 불법노동자 신분으로 일하면서 자신의 채무를 변제하기 위해 노력하고 있다.

---

2001, p.68.

75) www.csis.org/pacfor/cc/0104Qchina_skorea.html

76) People's Daily. Friday, October 12, 2001; China Daily. October 13, 2001.

77) http://www.fmprc.gov.cn/eng/xwfw/2510/2535/t14840.htm

한국에는 외국인 노동자의 67%가 불법상태에 놓여 있는데 대만에는 7.4%, 싱가포르에는 이보다 더 적은 3.2%에 불과하다.[78] 현재 한국에 살고 있는 거의 모든 조선족들은 불법이주자들이다. 바다를 통해 불법적으로 잠입하거나 위조서류로 공항으로 입국한 사람들은 자동적으로 한국에서는 불법체류자로 분류된다. 방문비자로 입국한 조선족들은 3개월간 체류할 수 있는데 이들은 본국으로 귀국하기보다는 어떤 방법으로든지 취업하려고 한다. 이들은 체류 기한을 넘기고 잔류하기 때문에 비자는 효력이 없어지고 게다가 이러한 불법 상황에서 한국에서 몇 년 정도 살면서 일할 수는 있다. 장기 노동비자로 한국에 들어온 산업연수생의 대다수도 직장을 잃고 고용주가 보관용으로 빼앗아 버린 여권 또한 잃어버리는 경우가 많다.

조선족들은 다른 외국 출신 이주민과는 달리 한국어구사력, 외형, 전통문화와 관습에 대한 이해의 우수성으로 인해 한국에서 비교적 편리하게 생활한다. 그러나 전문가들의 연구에 따르면 언어와 민족문화의 차이, 그리고 가장 중요한 것으로서 시간이 흐르면서 변화한 심성과 조선족과 한국인의 생활습관 등 차이가 너무 커서 이주한 조선족들은 대체적으로 많은 어려움을 겪으며 처음 이른바 '문화충격'을 받는다. 언어 차이에 관해서 말한다면 만주로 이주한 한인들이 대개 함경북도 출신이었기 때문에 함경도 말이 다른 지역방언의 어휘를 흡수하고 중국에서 주요 언어로 되었던 것이다. 조선족의 한국어는 중화주의 과정에 있는데 특히 한국과 중국의 정치, 경제, 사회 계층의 차이를 반영하는 용어로 나타난다. 많은 조선족들은 중국의 지방에서 이탈하여 도시 문화를 잘 알지 못하고 새로운 환경에 대한 적응도 매우 어려워한다. 한국에 간 조선족들은 간판과 표지를 읽는 데도 어려움을 겪고 있는데 그 이유는 그것들이 영어로 표기되어 있거나 혹은 한국식 용어로 되어 있기 때문이다. 한자표기에도 차이가 있다.

조선족들은 인간적 학대와 모멸감으로 인해 한국 직장에서 충돌하는 일도 발생한다. 그러나 더 나쁜 일은 중국에서는 이미 근절된 것으로 간주되나 한

---

78) South Korea's Hard Labor. Far Eastern Economic Review, March 29, 2001.

국에서는 종종 발생하는 구타행위를 감내하는 일이다.[79] 한국인 작업반장이나 조장들은 건설현장과 공장일터에서 중국 출신 이주노동자들을 쉽게 마구대한다. 일부 조선족들은 자신의 은행계좌를 가지지 못하고 집으로 송금도 못 하는 불이익을 당하고 있다. 조선족들은 한국인 아는 사람에게 돈을 전해달라고 하기도 하지만 이내 한국인들은 돈을 가지고 사라져 버린다.

조롱, 무례함, 착취 및 장기 억류 혹은 임금체불 등으로 인해 외국인 노동자들의 시위가 발생하기도 한다. 차별, 멸시, 불평등에 대항하는 불법체류자들은 자살로서 그 의사를 표현하기도 한다. 추방에 대한 우려에서 기인되는 끝없는 스트레스는 조선족을 포함한 외국인 노동자 자살충동의 원인이 된다. 2003년에 외국인 노동자에 대한 대대적인 경찰의 행동이 시작되었다. 10개월 동안 자살한 사람이 11명이나 되었고 수십 명의 사람들은 체불임금을 지불하지 않고 외국으로 추방하면 자결하겠다고 했다.[80] <코리아타임즈> 소지영 기자는 열차에 몸을 던지거나, 고층건물과 다리에서 뛰어내리거나, 분신자살한 조선족 자살 사건을 시리즈로 연재한 바 있다. 2003년 10월 26일 저녁 서울 종묘공원에서는 '불법노동자 수호연합'의 회원인 24세 이영석이 가연성 기름을 몸에 끼얹고 "불법노동자 차별을 금지하라!" 하고 외친 후 불을 긋고 자결했다. 이 사건은 당시 3개월 동안 외국인 노동자 자살사건의 네 번째에 해당했다.[81]

가끔 외국인 노동자들은 잔인한 고용주에게 부적당한 저항을 하기도 하는데 이러한 사례 중 가장 비극적인 것은 1996년 어선인 '페스카마'호 갑판에서 발생했다. 6명의 조선족들이 선장과 간부선원들의 지속적인 조롱과 쇠몽둥이로 구타하는 것에 못 이겨 선장을 비롯한 11명의 한국인 선원들을 살해했던 것이다.[82]

---

79) Job opportunities legally secured for ethnic Koreans. Korea Times, October 29, 2002; Soh Ji-young. South Korea-Foreign Labor and Environment Problems.
http://www.geocities.com/uioeastasia2002/KSP12.html

80) Korean workers suicides. Report by Christian Karl, ETU-MB. Published: 01/11/03.
http://www.labournet.net/world/0311/korea1.html

81) Korean workers suicides. Report by Christian Karl, ETU-MB. Published: 01/11/03.
http://www.labournet.net/world/0311/korea1.html

조선족들의 운명은 한국에서 인권단체나 노동조합 및 종교단체를 비롯한 사회단체의 관심과 동정심을 불러일으켰다. 현재 한국에는 조선족을 포함한 불법노동자를 지원하는 비정부기구 네트워크가 구축되어 있다. 가톨릭 외국인 노동자 센터가 1992년에 서울에서 출범했다. 5명의 상근 노동자들이 불법이주자들의 건의사항과 문제에 관련된 사건을 한 달에 1,000여 건 심의하고 있다. 서울 인근의 성남에 있는 '사랑의 집' 또한 외국인 노동자들에게 잘 알려져 있다. '사랑의 집'에 대해서는 개신교 교회가 후원하고 있다. 불교계에서 지원하는 또 다른 외국인 노동자들을 위한 기관이 있다. 이 기관은 전체 외국인 노동자와 조선족 모두를 후원한다. 서울에서는 서경석 목사와 개신교 교회가 창설한 조선족 후원센터가 등장했다.[83]

1995년 한국 정부는 조선족을 비롯한 불법노동자를 지원할 수 있는 일련의 대책을 세우기 시작했다. 정부 관리와 사회인사, 종교인사가 포함된 협의회가 구성되었고 여기서는 한국에서 활동하는 조선족과 외국인 노동자 문제를 심의하고 취업알선 문제를 다루었다. 조선족 사기피해 사건과 관련하여 300명 이상의 한국인 사기꾼들이 기소되고 법원의 결정으로 사기꾼들은 2,000만 원을 지불하지 않으면 안 되었다. 그러나 한국 거주 조선족들의 많은 문제는 미해결된 채 남아 있고, 조선족으로서는 직장에서의 차별과 생활의 열악함에도 불구하고 불법적인 상태로 중국으로 귀국하지 않은 채 한국에 잔류하는 것을 선호한다.

합법적, 불법적 입국자를 포함한 한국 내의 조선족 수는 정확히 알 수 없기 때문에 그 수치상의 차이가 클 수가 있다. 게다가 공식수치는 사회단체와 연구기관에서 다루는 매스미디어의 통계자료보다 더 낮다.

2002년 3월에 한국에 입국한 조선족은 116,000명이었고 그중 76,000명은 불법입국자였다.[84] 그러나 이러한 수치는 출입국 사무소를 통과한 사람만 포함

---

82) Lee Kwang Kyu. The Transformation of Korean Chinese Ethnic Identity. Korean Diaspora in China; Ethnicity, Identity and Change. Korean and Korean American Bulletin. Vol.12, No.1, 2001, pp.70－71.

83) Там же.

84) Kookmin Daily. May 26, 2002.

시킨 것이지 바다를 통한 불법입국자는 배제되어 있는 것이다. 일부 조사에 의하면 한국에 거주하는 조선족 총 인구는 약 15만 명으로 추정된다.

최근 10년 사이에 중국 거주 조선족의 약 1/4이 중국을 떠났는데 이는 조선족 스스로의 존립기반을 약화하는 충격적인 일이었다. 중국사회의 현대화와 생활형태의 도시화로 인해 조선족들은 세계에 대한 넓은 시각을 가지게 되었고 마침내 중국 한족뿐만 아니라 한국인과의 관계도 심도 있게 가지게 되었다. 그 결과 조선족은 자체 민족문화적 특성을 상실하게 되었다.[85] 중국어를 주요 언어로 간주하는 것, 국제결혼의 증가, 농촌의 동질적 민족성에서 도시의 다민족 사회로의 전환 그리고 한국으로의 노동이주 등에 대해 중국 조선족 사회의 지식인들은 심각하게 우려하고 있다.


## 2) 중국의 북한 사람들

1990년대 전반기에 북한은 흉작과 대기근을 초래한 자연재해로 인해 사회경제적 위기를 맞이했다. 식량위기는 전국적인 것이었지만 특히 산악지대가 많고 경작지가 적은 북부지방 주민들의 피해가 극심했다. 그 결과 기아에 시달린 수천 명의 북부지방 사람들이 1990년대 후반에 북한과의 접경지대인 중국으로 피난가기 시작했다. 이는 결국 북한, 중국, 한국 간의 문제로 되었을 뿐만 아니라 사실상 매스미디어에서 다루어지는 화제로 되었다. 이러한 북한 사람들의 불가피하고 비극적인 이주에 관한 연구는 법학자, 정치학자, 경제학자 및 인구학자들의 글로 나타났다. 한국의 사회, 종교단체, 연구단체 그리고 국제적 재단과 기관 등은 상세한 설명서와 간행물의 형태로 출판된 현장 자료를 대대적으로 모았다. 많은 문제들이 아주 상세하게 해명되었지만, 인구학적 차원에서의 북한 사람들의 중국탈출에 대한 평가와 견해는 때로는 감정이 지나치게 개입되어 있어서 본질적으로 큰 차이를 지니고 있다.

---

85) Kwon Tai-Hwan. The Uncertain Future of the Korean Chinese. -Korean Diaspora in China; Ethnicity, Identity and Change. Korean and Korean American Bulletin. Vol.12, No.1, 2001, p.38.

　가장 방대하고 충실한 연구가 '굿 프렌즈(Good Friends)' 협회에서 진행되었는데 협회 회원 30명은 중국의 동북삼성 2,479개 마을에 거주하고 있는 탈북자***에 대한 자료를 수집했다. 1,566개 마을은 행정적으로 연변 조선족 자치주에, 그리고 913개 마을은 요녕성, 길림성, 흑룡강성과 관련되어 있었다. 동북삼성 인구가 1억 명이 넘기 때문에 충분하지 못한 조사원들을 감안한다면 3~5명이 한 행정단위를 담당했는데, 농촌행정 단위에는 '촌'(120세대), 도시에는 '위', '구', '호'(370세대) 등으로 되어 있다. 연구기간은 1998년 11월부터 1999년 4월까지 진행되었다.

　연변 자치주의 총 인구수는 829,582명이고 그중 조선족이 416,236명이고 탈북자는 15,525명, 즉 총인구수의 1.9%를 차지한다.

　요녕성, 길림성, 흑룡강성 등 동북삼성의 913개 마을이 조사되었고 그중 일부는 국경에서 400km까지 떨어진 곳도 있었다. 푸신, 강평현(선양), 법고현(선양) 인근의 지방 마을은 내몽골과 인접하고 있다. 조선족 주민이 자발적으로 모여든 길림성의 일부 마을은 모두 연구에 포함되었다. 주로 농촌 지방의 194,929세대 총 822,598명이 조사대상이 되었다. 요녕성에 314개 마을, 63,871세대, 273,641명, 흑룡강성에 542개 마을, 121,000세대, 508,717명 그리고 길림성에 57개 마을, 1,058세대, 40,240명 등이다.

　동북삼성의 평균 조선족 비율은 전체의 1.05%를 차지하고 372개의 마을에서 조선족 비율은 0%였다. 조사가 실행된 마을에서의 조선족 비율은 31.5%였다. 조사된 조선족 마을 거주지별로 가장 높은 비율을 차지한 곳은 542개의 마을에 176,691명이 거주하고 있는 흑룡강성으로서 전체 주민의 35%를 차지했다. 요녕성에서는 314개 마을 58,464명(21.4%), 길림성 57개 마을 24,174명(60% 이상)이었다.

　북한 탈북자들은 조사대상 지역에서 전체 주민의 1.6%, 조선족의 5%를 차지했는데 이것은 3.7%의 비율을 가진 연변에서의 것보다 조금 높다. 탈북자들은 흑룡강성과 요녕성에서 1.5%, 길림성에서 3% 차지했다. 연변과 국경에서 가까울수록 등록된 탈북자들의 수는 더 적었다.[86]

　중국과 북한이 맞대고 있는 총 국경선은 1,360km이며 압록강과 두만강 등

2개 강이 흐르고 있다.[87] 가장 중요한 국경도시는 평안북도 도청소재지인 신의주로서 중국 요녕성 단동과 멀지 않은 곳이며, 또 다른 곳은 온성군으로서 중국 연변과 접해 있다. 또 다른 국경도시는 양강도의 혜산으로서 이 또한 조선족 자치주와 맞닿아 있다. 장대한 국경선, 약한 국경수비대, 산악지형, 빽빽한 삼림, 낮은 인구밀도 등은 불법이주자들을 양방향으로 활동하게 만드는 요인들이다.[88]

란코프(A. Lankov) 교수의 지적대로 국경선을 통한 불법이동과 똑같이 밀수행위도 과시가 아니라 어쩔 수 없는 경우라 할지라도 이 지역에서 종종 발생했다. 反김일성 음모에 가담했다가 실패한 북한 정치지도자들이 1956년 8월 별다른 노력 없이 국경을 통과하여 중국으로 잠입한 일이 있었는데 중국에서는 그들을 도피자로 수용했던 것이다. 이들의 사례는 정치적 입장을 달리하는 또 다른 북한 사람들에서도 나타났다. 이와는 반대로 '문화혁명'의 시기인 1960년대 말 많은 중국 조선족들이 북한으로 달아났다. 북한 사람들의 이웃 국가로의 이동은 1980년대에 재개되었는데 그때는 대규모 이동이 일어나지는 않았다.

국경 양쪽으로 이동하는 일은 어느 정도 심도 있게 진행되었는데 그 이유는 북한 사람들 중에는 연변 조선족 자치주를 비롯한 중국 동북삼성 지역에 거주하고 있는 친척들이 많이 있었기 때문이었다. 북한의 중국인과 중국의 북한 사람들은 양 국가 정부가 다른 외국에 대해서는 굳게 문을 닫고 있던 1960년대와 1970년대에도 친척을 만나기 위한 출입국이 자유로웠다. 란코프 교수의 지적에 의하면 1980년대 초와 중반에 이미 북한 사람과 조선족들이 규모는 크지 않았지만 밀무역에 종사하고 있었다는 것이다.[89]

---

86) Report on Daily Life and Human Rights of North Korean Food Refugees in China. Seoul: Good Friends, 1999; 두만강을 건너 온 사람들. 서울: 정도출판. 1999.

87) http://www.economy.gov.ru/MertRuntimeWeb/economy/

88) Hazel Smith. North Koreans in China: Defining the Problems and Offering some Solutions. p.116. http://www.kasm.org/PDFs/NorthKoreansinChina_HS.pdf

89) Ланьков А. Корейские беженцы в Северо-Восточном Китае. Данная статья с незначительными вариациями располагается на нескольких сайтах:
http://world.lib.ru/k/kim_o_i/a9.shtml;
http://www.lankov.oriental.ru/refugees.shtml;

북한 탈북자문제 연구가인 일본 간사이 대학교 교수인 이영화는 탈북문제 시기를 네 단계로 구분하고 있는데 그것은 다음과 같다.

### 1단계: 1993년 10월~1994년 10월

1993년에 함경북도와 양강도를 포함한 북한 북부지방에 감자공급이 중단되었고, 이러한 중단은 1994년 가을경에는 함경남도 지역으로 확대되었다. 심각한 생산품 부족에 이 지역 주민들은 식량확보를 위해 남쪽으로 이동하였다. 처음에는 함경북도와 양강도 주민이 이주하였고, 이러한 주민 이동은 전국적인 규모로 변화하였다. 이 시기에 중국으로의 이주와 탈주는 발생하지 않았는데 그 이유는 사람들이 그러한 현상을 일시적인 것으로 보았고 곧 정상상태를 회복하리라 생각했기 때문이다.

### 2단계: 1994~1995년

이 시기에 북한의 주요 곡창지대인 황해남북도가 심각한 홍수피해를 당하는 바람에 흉작과 전국에 걸친 식량위기가 발생하게 되었다. 그러나 흉작은 기근의 부차적인 이유에 불과했는데 그 이유는 과거 동유럽 국가들을 비롯한 국제적 식량원조가 감소된 결과 식료품 부족이 몇 년 동안 걸쳐 누적되었던 것이다. 1993~1994년 황해도 지방의 알곡 및 채소 비축량은 협동농장보다는 개인 텃밭에서 더 빨리 구축되었다.[90] 2단계에서는 상당수의 사람들이 국경을 넘어 중국에 정착했는데 그 목적은 식료품을 구해 귀국하는 것이 아니라 아예 불법적으로 거주하는 일이었다.

### 3단계: 1995년 11월~1996년 말

1995년 가을부터 북한 사람들의 대규모 월경이 시작되었는데 그 이유는 기근이 전국적으로 확산되었고 개선될 조짐이 보이지 않았기 때문이었다. 식료

---

http://asiainfo.narod.ru/news/13_11_2000/koreas.htm

90) See Ahn, Chul and Dong-myong Park. "Gottjaebi's Shriek-North Korea seen through hidden camera" translated by Young-hwa Lee and RENK, The Masada Publications, 1999.

품 배급은 엘리트와 특권계층에만 실시된 편이었고 국제원조품의 잔여량은 암시장에서 처리되었는데 그 가격은 매일 상승했다(암시장에서 곡물 1kg은 북한돈 70~80원에 거래되었는데 이는 노동자 월급에 해당했다). 국내에서 식품을 구하는 일은 생각하기 어려웠고 기아로부터의 사망에서 벗어나는 일은 중국으로 피난하는 길만이 유일한 것으로 여겨졌다.

### 4단계: 1997년~ 현재까지

1997년이 시작하면서 중국의 국경이나 대륙 안쪽의 지방으로 피난한 북한 사람들의 수는 급증했다. 일부 보도에 의하면 1998년 북한 사람들의 수는 전년도보다 10배 증가하였다. 탈북자들의 구성도 변화했는데 이전에는 북부지방의 젊은이로서 농민과 노동자 출신들이 주류였는데 이 시기에는 전국에 걸쳐 사람들이 탈출한 점이다. 국경을 넘은 사람들은 다양한 연령대와 사회계층 출신이었다.[91]

현 연구에서 가장 중요한 문제는 다음과 같다. 즉 기아로 인해 중국으로 피난 간 북한 사람들은 현재까지 어느 정도 알려져 있는가. 이미 언급했듯이 이에 관한 현재의 추정치는 서로 다른데 그 이유는 무엇보다도 어떠한 통계수치도 기록되어 있지 않다는 점, 둘째, 자료제공자와 출처가 대체적인 추세만을 반영하고 있다는 점, 셋째, 연구조사기간이 다양한 시기에 걸쳐 있다는 점, 특히 탈북자의 숫자는 계속해서 변화하고 있는데 왜냐하면 상당수는 중국의 다른 지방으로 갔거나 아니면 북한으로 되돌아갔기 때문이다. 일부 탈북자들은 국경을 이리저리 여러 차례 넘은 경우도 있고, 중국 남자와 결혼한 탈북 여성은 계속해서 은폐되어 외부인과의 접촉이 단절되어 있다. 중요한 점은 중국이나 북한 정부 그 어느 쪽도 탈북자에 관한 통계자료 수집에 관심이 없다는 것이다. 그러나 체포 혹은 강제송환된 사람들의 수치는 있지만 공개되지는 않고 있다. 북한과 중국에서 공식 활동하고 있는 언론인들에 의해 발표된 숫자 또한 정확성을 결여하고 있는데 그 이유는 숫자들이 개인들의 증언

---

91) Lee Young-hwa. Situation and Protection of North Korea Refugees in China.
http://www.bekkoame.ne.jp/ro/renk/en/lee1.htm

과 피상적인 관찰에 기반을 두고 있기 때문이다.

1999년 봄에 실행된 조사에 의하면 탈북자들의 수는 143,000명(최소치)에서 195,000명(최대치)으로 파악되었다. 2000년 8월 발간된 탈북자에 관한 UN 사무국 평가에 의하면 중국에 약 10만 명의 북한 사람들이 불법체류하고 있는 것으로 밝혀졌다.

'Good Friends' 협회는 탈북자 수치를 14만 명에서 20만 명으로 보았다.[92] 그리고 2000년 9월 중앙일보에서는 중국에 북한 탈북자가 30만 명에 이른다고 보았다.[93] 2001년 3월 'Newsweek International Report'의 중국 동북삼성 탈북자에 관한 추정치는 30만 명에 달했다.[94] 또 다른 자료에 의하면 2002년에 중국 탈북자가 10만 명에서 20만 명에 이르는 것으로 알려졌다.[95] 2001년 8월 미국 상원 국제관계 소위원회는 중국 정부의 허가 없이 중국에 체재하고 있는 북한 사람들이 10만에서 30만 명에 이른다고 결정했다.[96]

탈북자 수를 2000년 기준 50만 명으로까지 보는 평가도 있는데 가령 미국의 탈북자문제 위원회는 존스 홉킨스 대학교 보건학부 통계에 근거를 둔 이러한 수치에 입각하고 있다.[97] 하젤 스미스(Hazel Smith) 또한 이러한 수치가 2001~2002년 기간의 사실을 가장 잘 반영해 주고 있다고 한다.[98]

이와 같이 매스미디어와 학자들뿐만 아니라 공식정부기관과 국제기구도 중국거주 탈북자에 관한 수치를 이용하고 있다. 의심할 여지없이 탈북자가

---

92) Report on Daily Life and Human Rights of North Korean Food Refugees in China. Seoul: Good Friends, 1999, p.3.

93) JoongAng Ilbo. September 1, 2000.

94) George Wehrfritz and Hideko Takayama, "Riding the Seoul Train", Newsweek International, March 5, 2001.

95) China Police Storm Plane after Botched Hijack, http://latelinenews.com/ll/1205714.shtml
James Seymour, "China and the International Asylum Regime: The Case of the North Korean Refugees in China", July 28, 2002.
<http://www.hrwf.net/newhrwf/html/north_korea___countries__polic.html>.

96) Resolution Urges China to Halt North Korean Repatriations.

97) US Committee for Refugees. Country Report: North Korea.
http://www.refugees.org/world/countryrpt/easia_pacific/2001/north_korea.htm

98) Hazel Smith. North Koreans in China: Defining the Problems and Offering some Solutions. pp.116-118. http://www.kasm.org/PDFs/NorthKoreansinChina_HS.pdf

대규모로 발생한 주원인은 기아문제에서 비롯되었다. 그러나 'Good Friends'
회원들이 조사한 응답자들의 주요 반응은 다음과 같다.

① 함경북도 명천군 47세 여자 — 기아로부터 가족을 구하기 위해
≪우리는 몇 년 동안 식권과 임금을 못 받았다. 우리는 풀과 나무뿌리로 연
명했다. 그 결과 아이들은 영양실조로 병이 들고 2명은 죽었다. 우리는 더 이
상 그곳에서 살 수 없었다. 그래서 남편과 나, 10살 난 딸, 13살 아들과 함께
국경을 넘었다. 딸은 오다가 죽었다. 우리는 중국에 있는 사촌언니 집에서 다
시 살고 있다.≫

② 황해남도 백성군 27세 남자 — 병든 형제를 치료하기 위해
≪우리 도시의 몇몇 가정에서는 전 가족이 기아로 죽은 경우도 있었다. 살
아 있는 아동과 노인들은 거의 없었다. 북한에는 먹을 것이 없고 앞으로도 없
을 것이다. 큰아버지와 작은아버지는 중국에 있는 국경 근처에 살고 있다. 그
분들이 계속해서 식량을 주셔서 70세 우리 아버지가 지금까지 살고 계신다.
그러나 그러한 경우는 드문 일이고 예외적인 일이다. 나는 병든 형을 위한 약
을 구하기 위하여 중국으로 건너왔다.≫

③ 함경북도 무산군 32세 여자 — 투옥된 형제를 구하기 위해
≪내 동생이 1998년 4월과 5월에 중국에 다녀왔다고 해서 투옥되었다. 감
옥에서는 새벽부터 밤까지 강제노동이 실시되었다. 그곳에서는 풀을 캐고 풀
로 연명하고 있었다. 내가 동생을 찾아갔으나 동생을 알아볼 수 없었다. 동생
은 피부가 없고 뼈만 남아 있었다. 교도관이 내게 말하기를 만약 내가 그들에
게 큰 염소를 준다면 동생을 석방해 주겠다고 했다. 우리 부모들은 이미 돌아
가셨고 내 동생은 유일한 혈육이다. 나는 동생을 구해야 하기 때문에 중국으
로 왔다.≫

④ 함경북도 부령군 27세 여자 ― 결혼 및 가족을 구하려고

≪부모님들이 편찮으신데 약이 없다. 그분들은 아픈데도 불구하고 먹을 것을 구하려고 이 산 저 산 다니시고 있다. 내가 집에서 나왔을 때 아버지는 이미 지팡이가 아니면 일어날 수 없을 정도로 약해 있었다. 내가 듣기로 중국에는 독신 남자들이 많이 있고 쌀도 많이 있다. 그래서 강을 넘어 중국으로 오기로 했다. 여기서 결혼하고 부모님들을 구하고 싶다. 이곳의 많은 독신 남자들은 이러한 일이 불법이기 때문에 결혼하는 것을 꺼려한다. 나는 지금까지 혼자로 있다.≫

⑤ 북한에서 완전한 고립생활을 함

≪부모님들은 생존투쟁에서 견디지 못하고 돌아가셨다. 나의 12살 난 동생은 가출하여 부랑인이 되었다. 15살 난 여동생은 죽었다. 다른 동생은 군입대했다. 나는 완전히 혼자가 되었다. 나에게는 중국에 친척도 없다. 나는 여기서 단지 생존을 위해 있을 뿐이다.≫[99]

북한 탈북자문제를 다루고 있는 의학잡지 ≪The Lancet≫의 1998년 발간호에서는 이주자들의 대부분이 함경북도 출신이며 연변과 맞닿아 있는 중국 국경을 직접 넘었다고 했다. 탈북자의 많은 수가 기타 북부지방(자강도, 양강도, 평안북도)과 기타 북한의 다른 지방 주민일 것이라는 예상은 확인되지 않았다. 대부분 응답자들은 탈북자들이 대부분 함경북도 출신이라는 것을 확인해 주었다.[100]

함경북도는 산악지형에 부족한 경작지, 추운 기후와 낮은 수확량(1인당 69kg)이 특징이다. 높은 수준의 도시화는 높은 실업률과 관계있다. 함경북도의 주민은 전 인구의 1/10인 220만 명 정도이다.

---

99) Report on Daily Life and Human Rights of North Korean Food Refugees in China. Seoul: Good Friends, 1999, p.46.

100) Courtland Robinson. Myung Ken Lee, Kenneth Hill, Gilbert M. Burnham, Mortality in North Korean Migrant Households: A Retrospective Study. The Lancet, vol.354, no.9175(July 24, 1999), p.294.

인근의 자강도는 함경북도보다 주민 수는 2배 적으나 반대로 수확량은 두 배 많다. 자강도는 국제단체의 원조를 받고 있다. 왜냐하면 자강도는 외국인의 방문과 국제감시를 수용하고 있기 때문이다. 이곳에는 상당 부분 군인들의 몫도 있는데 북한 정권이 식량공급에 관한 한 가장 우선시하는 분야이기도 하다.

평안북도에는 도청소재지인 신의주의 무역발전과 관련된 농업-산업공단이 놓여 있다. 2001년 평안북도 수확량은 250만 명 인구 1인당 300kg으로서 식량문제는 충분히 해결되었다. 양강도는 함경북도 서쪽 산악지대에 위치해 있으나 1990년 후반 식량생산이 지역주민에게는 충분했다. 2001년 연간 1인당 식량 생산량은 223kg이었다. 양강도는 조선족들이 거주하고 있는 중국과 국경을 맞대고 있다.[101]

그러면 도대체 왜 대부분 함경북도 출신자인가? 위에서 언급한 명백한 상황 이외에도 역사적 후손임을 언급하지 않을 수 없는데 왜냐하면 바로 이 지역에 살던 주민 상당수가 19세기 후반기에 만주와 연해주로 이주했던 것이다.[102] 따라서 많은 북한 사람들에게는 연변 자치주에 거주하고 있는 직계 친척들이 있었던 것이다. 이주 한인들은 자연적으로 같은 방언을 쓰던 조선족들과 섞이게 되었고 도움을 얻게 되었으며, 추적조사로부터 보호되었던 것이다. 무엇보다도 확실한 것은 얕고 협소한 압록강과 두만강을 감안할 때 함경북도와 중국 사이의 자연적 국경선을 극복하는 일은 매우 쉬웠다는 점이다.

그렇지만 국경을 넘는 일이 외관상 쉽게 보이지만 비극적인 일이 종종 벌어지기도 했는데 ≪Good Friends≫ 회원들이 철저히 조사한 두 차례의 사례는 다음과 같다.


① 함경북도 부령군의 28세 여자

≪나의 남편은 중국과 소규모 밀무역을 하고 있었으나 체포되어 밀수혐의

---

101) Smith Hazel. North Koreans in China: Defining the Problems and Offering some Solutions. pp.116-118. http://www.kasm.org/PDFs/NorthKoreansinChina_HS.pdf

102) См.: Ким Г. Н. История иммиграции корейцев. Книга первая. Вторая половина XIX в. - 1945 Алматы: Дайк-пресс, 1999, с.424.

로 기소되었다. 이 사건 이후 나는 남편의 소식을 듣지 못했다. 나는 젖먹이 애기가 있어서 일을 할 수가 없다. 그래서 시어머님이 들판의 풀을 뜯고 나무 뿌리를 캐어 우리를 먹여 살리고 있다. 그러나 곧 시어머님이 돌아가셔서 아이와 홀로 남게 되자 중국에 사는 오빠에게 가기로 결정했다. 우리는 국경 근처 강가에 이르렀다. 그때 아이가 잠에서 깨어 울기 시작했다. 젖을 달라고 한 것이었다. 나는 젖을 먹일 수 없었다. 오빠는 나에게 아이를 내버려 두자고 했다. 왜냐하면 우리가 발각될 수도 있고 강을 건널 수 없기 때문이었다. 나는 하고 싶지는 않았지만 대안이 없었다.≫

② 함경북도 온순군의 30세 남자

≪나에게는 아내와 3살 난 어린 딸아이가 있었다. 우리는 벌써 몇 년간 굶었고 이후 아내는 가출하여 돌아오지 않았다. 딸은 온종일 울어 댔고 엄마를 찾았으며 먹을 것을 원했다. 그러나 나는 어떠한 일도 할 수 없었다. 마침내 나는 아이를 버리기로 결심했다. 팔로 아이를 안고 기차역으로 달려갔다. 역 광장은 사람들로 가득 찼다. 나는 종이쪽지에 다음과 같이 썼다. '이 아이는 부모를 잃은 애입니다. 동정을 베풀어 주세요. 넉넉한 가정으로 데려가 주세요.'라고. 그리고 나서 나는 종이쪽지를 아이의 손바닥에 쥐어주고 주먹을 쥐게 했다. 그리고 말했다. '여기 잠깐 있어라. 아빠가 사탕 사 올게.' 나는 눈물을 흘리면서 역으로 달려갔다. 그리고 중국으로 강을 건넜다.≫

많은 아이들이 이동 도중에 부모들을 잃어버렸다. 아이들을 비롯한 몇몇은 강물에 빠지기도 하고, 일부는 불구가 되기도 하며, 부상당하기도 하고, 북한 경비대에 의해 죽거나 체포당하기도 한다.[103]

1998년 3월부터 9월까지 학자와 의사들의 국제단체가 실행하고 ≪The Lancet≫지에 실린 바 있는 탈북자에 관한 조사결과에 의하면 전형적인 중국 이주는 가족을 북한에 남긴 채 개별적인 단기간 이동으로 특징지어질 수 있

---

103) См.: Report on Daily Life and Human Rights of North Korean Food Refugees in China. Seoul: Good Friends, 1999, pp.47－49; 두만강을 건너 온 사람들. 서울: 정도출판. 1999.

다. 이러한 결론은 같은 해인 1998년 탈북자문제를 조사한 바 있는 한국의 영남대학교 학자들의 연구결과로도 확인되고 있다.[104] ≪Good Friends≫ 회원들이 조사한 탈북자들의 중국체류 기간에 관한 내용은 나중에 연도별 도표로 제시하고자 한다.[105]

탈북자들의 평균 체류기간은 다음과 같다. 3개월 이내-50.3%(연변-74.6%, 동북삼성 19.4%), 6개월 혹은 그 이상-28.8%(연변-11.4%, 동북삼성-48.8%) 등이다. 중국에는 15일 이내 체류한 사람들(6,279명, 22.1%), 1개월(4,476명, 15.7%), 3개월 이내(3,327명, 11.7%), 6개월까지(5,851명, 20.6%), 1년까지(5,001명, 17.6%), 3년 이내(3,085명, 10.8%) 그리고 453명은 확인되지 않았다. 1개월 체류 후 송환된 탈북자 수는 연변에 1,857명, 동북삼성에 584명 등이었다. 이와 같이 탈북자 대다수는 식량을 구하러 일시적으로 중국에 체류했고, 그 결과 비록 이들 중 일부가 중국에 남는 것을 선호했지만 이들은 '기아로 인한 탈북자' 범주에 들어가게 되었다.[106]

북한 탈북자의 63%는 중국에 한 달 이내의 짧은 기간 머물렀고 단지 3.7%만이 1년 이상 거주했다. 단기간 체류의 원인에 대해서는 우선 신고와 체포 및 국외추방을 위한 중국경찰의 활동을 들 수 있다. 둘째, 탈북자들은 기아사 때문에 북한에서 탈출했고 따라서 많은 사람들이 돈을 조금 벌자마자 그리고 식량을 비축하자마자 귀국하는데 그 이유는 북한에는 도움을 필요로 하는 가족들이 남아 있기 때문이다. 탈북자들의 중국 내 체류기간이 지방에 따라 차이가 있다. 국경지방의 탈북자들은 주로 체류기간이 아주 짧은데 그 이유는 그곳에는 도움을 받고 있는 친척들을 포함한 많은 조선족들이 거주하고 있기 때문이다. 탈북자들은 건강을 회복하고 기아에서 원기를 회복한 후 식품을 받아 북한으로 귀국하는 것이다. 내륙 쪽에 위치한 돈화, 왕청, 안도 지방의

---

104) Courtland Robinson. Myung Ken Lee, Kenneth Hill, Gilbert M. Burnham, Mortality in North Korean Migrant Households: A Retrospective Study. The Lancet, vol.354, no.9175(July 24, 1999), p.293.

105) Cм: Shim Jae Hoon, "North Korea: A Crack in the Wall", Far Eastern Economic Review, April 29, 1999.

106) Cм.: Report on Daily Life and Human Rights of North Korean Food Refugees in China. Seoul: Good Friends, 1999, pp.4-5.

탈북자들은 보다 더 길게 체류하는데 주로 이들은 중국남자와 결혼하여 머물게 된 경우가 많다.

탈북자에 관한 성별, 연령별 구조는 명확하며 특별한 토론을 요하지 않는다. 대다수는 여성들이었는데 이에 관한 수치는 조사 시간과 장소에 따라 조금 달랐다. 그러나 주로 평균적으로 볼 때 여성들은 전체 탈북자의 3/4을 차지하는 것으로 생각된다. 'Good Friends' 회원들이 조사한 바에 의하면 여성들은 탈북자의 75.5%를 차지했고 그중 20∼30세 연령대가 60.2%, 기혼자가 51.9%, 연변의 경우 각각 62.2%, 54.8%, 23.9%였고 동북삼성의 경우 90.9%, 66.5%, 85.4% 등이었다.[107]

이러한 불균형 비율의 이유는 첫째, 여자들은 북한 정부의 감시에서 보다 쉽게 벗어나 국경을 넘어갈 수 있다는 점, 둘째, 여자들은 중국에서 가정부 등 단순노동으로 쉽게 취업할 수 있다는 점, 셋째, 이익을 얻기 위해 북한 여자들이 국경을 넘는 일이 조직화되어 있다는 점 등을 들 수 있다.

여성 탈북자의 수가 돈화와 안도 등 내륙지방에서 더 많이 있는 것 또한 특징적이다. 여성 탈북자 비율의 차이는 국경으로부터 떨어진 정도에 달려 있으며 멀면 멀수록 여성 탈북자들이 더 많았다. 여성 탈북자의 가장 높은 비율은 착취와 성적 희롱으로부터 무방비 상태에 있던 구릉, 언덕, 삼림지대 등 고립지역 마을에서 나타났다. 여성 탈북자는 시골 지역에서 압도적으로 많았는데 그 이유는 중국인 농부들과 위장결혼을 하여 살고 있었기 때문이었다. 남성 탈북자들은 일하고 있던 직장이 있는 도시에서 보다 더 많았다.

탈북자들의 대다수는 가장 활동적인 연령대인 20∼40대의 사람들이다. 연령대를 비율로 파악한 것에 따르면 다음과 같다. 10대－770명(2.7%), 20∼30세－8,273명(29.1%), 30∼40세－8,851명(31.1%), 40∼50세－6,756명(23.7%), 50∼60세－2,531명(8.9%), 60세 이상－735명(2.6%) 그리고 556명은 연령대를 알 수 없었다.[108]

10세 이하의 아이들 또한 미미한 비율을 이루고 있는데 이들은 주로 부모

---

107) Там же, с.7－8.

108) Там же.

들과 북한에 남아 있던 경우다. 10세 이하의 어린 아이들 비율이 가장 높은 곳은 국경지대 마을들이다. 주로 이들은 기아로 숨진 부모들로부터 버려진 고아들이거나 심각한 병을 앓아 북한에 남아 있던 아이들이었다. 이러한 아이들은 기아로부터 스스로 목숨을 구하고, 그들 부모에 의해 북한에 남겨져 생존의 도움을 받은 경우로서 역과 시장 기타 사람이 많은 중국과 인접한 국경도시에서 다른 사람들에 의해 목숨이 구해졌던 것이다. 아동 탈북자는 완전히 떠돌이 생활을 하고 있고 고층아파트나 기타 건물의 옥상 혹은 입구에서 노숙하고 있다.

1993~1997년의 탈북자 대다수는 신체가 튼튼한 젊은이들이었다. 1998년부터는 정부가 국경감시를 보다 더 강화하려고 했지만 정작 북한 국경수비대들은 돈을 받고 국경통과를 허용하는 경향이 나타났다. 국경을 여러 번 드나들었던 사람들은 주로 이러한 방법을 썼던 것이다. 조사대상자들의 증언에 의하면 북한을 떠나는 일이 귀국하는 일보다 더 쉬웠는데 그 이유는 나갈 때는 빈손으로 갔다가 올 때는 국경수비대들에 줄 뇌물이 있었기 때문이었다. 중국 수비대들은 마약 밀매나 도난 차량이 아닐 경우 탈북자들의 이동을 보고도 못 본 척했다.[109]

처음에 중국으로 국경을 넘어가는 일은 긴급히 도와줄 수 있는 친척이 있는 북한 사람들에게서 나타났다. 북한의 식량위기가 장기적인 성격을 띠자 나중에는 중국에 친척이 없는 사람들도 탈북했는데 그 이유는 기아사로부터 벗어나기 위한 것이었다. 탈북자 중에서 중국에 장기체류하거나 중국 남자와 결혼한 사람들의 수가 매년 증가하고 있다. 그들 중 다수는 불법적으로 체류지역에 도착했고 중국 남자와 살지 않을 수 없었다. 더 나은 삶을 보장한다는 거짓말을 믿고 넘어가서 결국 중국 남자와의 결혼을 위해 팔려 간 젊은 여성 탈북자들도 종종 있었다. 사실 일부 탈북자들은 충분히 잘 살려고 노력하고 있지만 여성 탈북자 대다수는 모욕과 불법 및 가혹한 노동조건과 생활로 인한 피해를 당했다.

---

109) http://www.bekkoame.ne.jp/ro/renk/en/lee3.htm

중국으로 넘어간 여성 탈북자 절반 이상이 다음과 같은 형태의 불법상황에 익숙하게 되었다. 우선 중국으로 가려는 여자들은 중국행 조직책과 선계약을 하게 된다. 국경을 통과한 후 여자들은 통관검색을 하는 중국인에게 넘겨진다. 중간소개책은 여자 1인당 약 500위엔화(약 50달러) 정도를 받는다. 최근에는 중간소개책들 사이에 핸드폰망이 이용되고 있는데 왜냐하면 핸드폰이 북한 국경 지방의 중국에서 사용가능하기 때문이다. 국경 근처의 북한 중간소개책들은 중국 중간소개책들과 전화로 통화하며 다음에는 어떤 '물건'이 오는지 확인하고 있는 것이다.[110]

두 번째 경우는 여자들이 스스로 중국 연안으로 넘어가서 거기서 기다리고 있는 중개책과 만나는 일이다. 북한에는 불법 중매에 종사하는 전문적인 꾼들이 있다. 그들은 시장과 역에서 여자들에게 더 나은 생활과 나중에 북한에 남아 있는 가족들을 먹여 살릴 수 있는 부잣집 중국 사람과 결혼시켜 준다고 약속하면서 모집한다. 그러한 약속은 여자들 자신뿐만 아니라 부모들까지도 혹하게 만드는데 특히 부모들은 자기 딸이 기아가 없고 북한에 남은 가족들을 도와줄 수 있는 중국으로 가기를 바라는 것이다. 부모들은 종종 적은 돈(북한돈 만원 혹은 400위안화 혹은 47달러)이지만 떠나는 자기 딸에게 건네주기도 한다.

중국 중개책들은 획득한 '물품'을 지역 주민들에게 마누라 혹은 첩으로 판매한다. 발간된 자료에 의하면 가격은 매우 다양한데 대개 천 위안화에서 만 위안화이고 가장 적정한 가격은 20~29세 여성의 경우 3,000~4,000위안화(400~600달러) 정도이다.[111]

탈북자 구매자로서의 현지 지역 주민들은 주로 여러 가지 이유로 인해 자신의 아내를 찾을 수 없다. 그들 중에는 중국인도 있고 조선족도 있다. 몇몇 경우에는 문제가 발생하기도 하지만 이는 남자의 잘못이 아니며, 즉 대부분 만주의 시골에는 젊은 여성들이 도시로 많이 떠나가서 상대자가 거의 없다는

---

110) Choi Bo−shik. Ceaseless Flights of North Koreans. Human Traffickers Prey on North Korean Women. http://pr.chosun.com/digital/intro.html

111) http://pr.chosun.com/digital/intro.html

것이다. 그리고 중국 정부는 중국 영토에 불법체류하는 여성 탈북자들과의 결혼을 공식 인정하지 않는다. 따라서 법적 관점에서 볼 때 단순동거라는 것이 있는데 이는 더 나은 경우로서 증거인을 둔 전통혼례방식으로 국가에 대해서는 아니지만 동네주민들에게는 적법성을 가지게 하는 경우이다. 사실 이 결과 발생하게 되는 자식들의 법적 상태는 대체적으로 공식적으로 인정받지 못한다.[112]

매우 많은 탈북자들은 자신의 새 남편들에 만족하며 그들을 따뜻하고 착한 사람으로 말하고 아울러 그들과 함께 끝까지 살고 싶다는 소망을 표현하기도 한다. 북한 여자들이 남편과 함께 다시 북한으로 되돌아갔다는 소식도 종종 언론에 보도된다. 또 다른 측면에서는 팔려진 많은 여자들이 완전히 불법상태로 놓이고 자신의 남편에 의존하게 되는 경우도 있다. 이에 관한 여성의 경험담은 책에 많이 소개되어 있다.[113]

지역 조선족과 중국 한족들과 같은 지역 주민들은 탈북자들에 대해 동정심을 가지고 있는 것으로 알려져 있다. 많은 탈북자들은 완전히 모르는 사람들이 자신들에게 음식, 옷 그리고 적은 돈을 주었다고 말한다.[114] 친척이나 아는 사람 집에 사는 탈북자들은 약 10~20%의 적은 수이며 대부분은 모르는 사람 집에서 산다. 친척의 도움을 받거나 중국 남자와 결혼한 탈북자의 비율은 절반 정도이며, 나머지 절반은 스스로 일을 하며 산다. 스스로 생계를 유지하는 사람들 중 약 절반인 45.6%는 노동의 대가를 한 푼도 못 받고 단지 먹는 것과 주거만 보장받는다. 급여를 받는 탈북자의 비율은 조선족이 많이 사는 지역에서는 높고 중국 한족이 많이 사는 도시와 농촌에서는 낮다.[115]

연변에 있는 탈북자들의 노동활동은 주로 농업과 관련 있다(6,617명, 42.6%). 응답자의 1/3(4,482명)은 자신의 직업을 표시하지 않았다. 783명은 기타 여러 가지에 노무활동에 종사했고, 또 다른 형태는 가사일로서 가정부, 아이 돌보

---

112) Ланьков А. Корейские беженцы в Северо-Восточном Китае. http://world.lib.ru/k/kim_o_i/a9.shtml

113) 두만강을 건너 온 사람들. 서울: 정도출판. 1999.

114) http://www.bekkoame.ne.jp/ro/renk/en/lee3.htm

115) См.: Report on Daily Life and Human Rights of North Korean Food Refugees in China. Seoul: Good Friends, 1999.

기, 재봉질, 빨래, 집안 수선활동 등이다(3,083명, 20%). 소규모 비즈니스에는 783명이 종사하는데 이는 주로 물물교환의 형태이며 개나 숟가락 교환 그리고 북한산 고춧가루를 중국산 식품과 교환하는 일 등이다. 동북삼성의 탈북자 대다수인 87%는 직장을 갖지 못한 상태이고 직장을 가진 자 중 78%는 월급도 받지 못하고 있다. 수많은 탈북자들은 변변치 못한 다양한 일에 종사하고 있다. 여성들이 일하는 이러한 일에는 행상인, 식당 설거지와 청소 및 가정부 등이 있다. 남자들은 도시에서 노동현장 보조원, 농촌에서 부농에 예속된 날품팔이 농부 등으로 일한다. 1999년 봄에 실시된 조사에서는 탈북자의 18%가 노동에 대한 대가로 현금을 받았고, 12.4%는 겨우 식품으로 받았던 것으로 나타났다. 그 다음 그룹으로 10.7%의 탈북자들은 중국에 있는 자신의 친척집에 살고 있다. 이들 또한 가족이 머물고 있는 가정에 도움이 되고 있는데 사실상 일을 하면서 음식과 주거를 해결하고 있다.[116]

중국 정부는 탈북자의 은닉과 임노동 고용에 대해서 큰 벌금을 부과하는데 그 액수는 개인당 2,000~3,000위안화 정도로서 이것은 농민의 연평균 소득에 해당한다. 그리고 중국 정부는 탈북자의 유입을 막는 데 노력하고 북한 정권의 정책에 대응하면서 1998년 9월부터는 5,000위안화까지 인상했다. 게다가 중국 정부는 탈북자의 거주지를 알려 주는 사람들에게 포상금부여를 규정하고 있다. 이영화는 최근 개별 한족들에게 나타나고 있는 탈북자들에 대한 적대적인 경향을 지적하고 있다.[117]

북한 사람들이 입국하는 국경지대에서 중국 공안의 조사가 종종 철저하게 시행되었고, 체포된 탈북자들은 곧바로 북한으로 출국조치되었다. 'Good Friends' 조사단의 결과에 의하면 단지 1999년 한 달 동안에는 1,857명의 탈북자들이 체포되었다. 체포된 사람들은 국경에서 멀수록 더 많았는데 이는 중국 체류기간이 더 길었다는 것과 관련이 있으며 중국 경찰에 억류되어 있었음이 확실했다.[118] <Korea Times> 지에 의하면 강제송환이 2000년 초에 강화

---

116) Там же, с.42, 50-54.

117) Lee Young-hwa. Situation and Protection of North Korea Refugees in China. http://www.bekkoame.ne.jp/ro/renk/en/lee3.htm

118) Report on Daily Life and Human Rights of North Korean Food Refugees in China. Seoul: Good

되었고 2000년 중국 측 자료에는 중국에서 추방된 탈북자 수는 약 3,000～4,000명에 달한 것으로 알려졌다. 전체 탈북자 수는 신문 기사에서도 나와 있듯이 점차 감소되어 3만 명 정도에 이르지만 추방된 탈북자 수는 증가하고 있는데 이는 중국 정부 당국의 정책과 관련 있다. 중국 당국의 조사와 체포 및 강제 송환되지 않으려고 일부 탈북자들은 몽골로 가기도 하는데 몽골 당국은 보다 우호적인 입장을 보이고 있다.[119]

2001년 여름 한국의 한 인권단체인 '탈북자 원조위원회'가 제출한 보고서에 의하면 중국 당국이 매주 탈북자 100명씩 강제송환시키고 있다고 했다. 동 위원회에 의하면 중국에 있는 탈북자 수용소에는 852명의 북한 사람들이 출국대비를 하고 있다고 했다. 이전에 중국 당국이 '경제적 이주자'로 간주한 탈북자들을 송환시키고 있는 것이다. 그러나 국제적 지형과 2008년 북경 올림픽 보이콧 움직임에 직면하여 여름에 중국에 방문한 인권단체 회원들은 중국 당국이 강제송환 정책을 중지해 줄 것을 요구했다.

북한으로 강제송환된 탈북자들은 심한 심문을 당하고 고문받기도 한다. 이 점에 관해서는 북한 인권문제에 관한 미국의 인권위원회가 '비밀 수용소: 은폐된 북한수용소'라는 제목의 보고서를 발간한 바 있다. "중국에서 식량과 일자리를 구하려고 있었다는 것이 밝혀지면 6개월에서 1년까지 강제노동을 받을 수 있었다는 사실을 월요일 서울의 기자회견에서 북한 탈북자 임용사는 밝혔다. 그러나 한국 사람들과 연관되어 있다는 일이 밝혀진다면 종신구속과 심지어는 사형에 처해질 수 있었다."[120]

워싱턴에 본부를 둔 탈북자 인권단체인 'Refugees International'의 대표 조엘 차르니는 여름에 중국에 있는 탈북자들과 같이 일한 바도 있는데 러시아 극동지방이 탈북자들에 대한 가장 좋은 대안이라고 밝혔다. 많은 탈북자들은

---

Friends, 1999, p.30.

119) China deported over 3,000 North Korean defectors last year. Korea Times. September 21, 2001.

120) См.: коллекцию газетно－журнальных публикаций и других материалов, посвященных права м человека в Северной Корее и северокорейских беженцах на сайте НПО ≪Гражданского с оюза по защите прав человека в Северной Корее≫(Citizens' Alliance for North Korean Human Rights －NKHR).
http://www.nkhumanrights.or.kr/about.html

나중에 북한의 정권이 바뀌거나 경제사정이 호전되면 집으로 돌아가고 싶다고 말한다.[121]

중국 정부는 중국에서 탈출하는 탈북자들을 돕는 북한 주민들을 체포하여 감금하고 억류했다. 적어도 체포된 탈북자 중 한 명에게는 중국에서의 종신형 위협을 받았다. 2004년 초에 인권단체들은 대규모 탈북자들이 1월 18일 중국의 연안도시 연태에서 바다를 통해 한국과 일본으로 탈출하려다 체포되었다고 했다. 그들과 함께 40세 한국 기업인 최영훈과 사진작가 석제현도 감금되었다. 북한 사람들이 한국으로 가는 데 여러 번 도와주었던 더글라스 신 목사가 말한 바에 의하면 최영훈이 탈북자 탈출지원 명목으로 중국당국으로부터 종신형 위협을 받았다는 것이다. "중국 당국이 만약 우리 일을 범죄행위로 간주한다면 나는 이번 일을 주도한 사람으로서 2명의 죄 없는 한국 사람들을 풀어 주는 것을 대가로 중국 정부의 방침을 수용할 준비가 되어 있다. 그리고 매스미디어를 통하여 중국 정부에 대해 이 점을 이미 알렸다."라고 신 목사는 밝혔다. 신 목사는 또한 탈북자의 한국행을 돕던 독일의 유명한 인권운동가 호르베르트 볼레르첸도 억류된 한국인을 풀어 주는 것을 대가로 자신의 체포를 제안했다고 했다.[122]

'Good Friends' 협회의 연구센터 원장인 김정님은 탈북자에 관한 국제법 규정을 위반한 중국 당국의 처사를 지적하고 UN 최고난민위원회(United Nations High Commission for Refugees – UNHCR)에서 이 문제를 다루도록 했다. 3월 15일부터 4월 15일까지 중국의 많은 도시에서는 탈북자 색출과 체포를 위한 경찰활동이 실시되었고 총 5,000명에 이르는 북한 사람들이 가족들과 함께 강제송환되었다. 본국에서 탈북자들을 기다리고 있는 것은 공안기관의 엄밀한 심문과 심리적·육체적 압박, 이러저러한 형태의 처벌이다. 중국에서 한국 사람들과 접촉한 사람들은 국가반역자로 처리되고 공작원이나 배신자로 간주된다.[123] 그리고 여러 기사에서는 감옥에 감금된 북한 사람들의 증언과 석방 이

---

121) The New York Times, August 24, 2004.

122) Информационное агентство ПРИМА[2003－01－24－Nkorea－03]
　　　http://prima－news.ru/

123) Kim Jeongnim. Research Director, Good Friends, Korea Forceful Repatriation of North Korean

후 다시 중국으로 탈주했다는 사실이 나와 있다. 그러한 사람들에 대해서는 중대한 처벌이 기다리고 있는데, 즉 정치범 수용소와 교화소에 투옥되는 일이다.[124]

2002년 12월 일본의 비정부기구인 '북한 탈북자 구제회'(Rescue the North Koreans - RENK)는 1986년에 중국과 북한 보안당국 간에 비밀리에 체결된 문서사본을 공개했다. 그 문서에 의하면 북한 탈북자를 체포하고 또한 중국 영토 안에서 북한 비밀요원들이 자국 국민을 조사할 수 있도록 되어 있었다.[125]

한국 정부는 중국과 북한과의 관계에 손상을 주지 않으려고 탈북자문제에 대해 신중하게 접근했다. 한국은 경제적으로 많은 탈북자를 수용할 수 있는 준비가 되어 있지 않았는데, 더구나 탈북자들은 대개 농촌 출신이거나 한국에서 적응하기 힘든 사람들이었던 것이다.

란코프의 지적에 의하면 한국 정부는 탈북자들을 세 부류로 분류하고 있다. 첫째, 한국으로 가는 것이 탈북자에게 도움이 되는 경우로서 이들은 정보제공이나 선전적 가치가 있는 사람들이다. 둘째, 한국이나 서방 국가에 친척이 있는 탈북자로서 대개 그들 친척들은 필요한 사항이 많이 있는 한국 입국에 필요한 서류준비에 도움을 준다. 셋째, 몇몇 알려진 경우와 같이 한국 언론의 관심을 불러일으켜 결국 한국 정부의 입국 허가를 받아 내는 탈북자들이다.[126]

최근 중국 정부의 강력한 정책과 관련하여 일단의 탈북자들이 중국에서 치외법권을 누리고 있는 외국 국가 대사관과 국제기구 혹은 외국기관 등으로 탈출함과 동시에 한국으로의 입국을 요구하는 사태도 발생했다. 일부 북한 사람들은 중국 국경을 넘어 제3국으로 가는 데 성공하여 거기서 한국 정부의 관계자들과 접촉하여 탈북자로서 수용해 줄 것을 요구하기도 한다.

숫자상 미증유의 북한 탈북자 탈출사건이 2004년 7월 27~28일이 발생했는

---

Refugees And Their Punishment.
http://www.nkhumanrights.or.kr/bbs/board2/files/89_fr4.doc

124) О системе северокорейских лагерей см.: David Hawk, The Hidden Gulag; Exposing North Korea's Prison Camps, U.S. Committee for Human Rights in North Korea, www. HRNK.ORG.

125) http://www.bekkoame.ne.jp/ro/renk/englishhome.htm

126) Ланьков А. Корейские беженцы в Северо-Восточном Китае.
http://world.lib.ru/k/kim_o_i/a9.shtml

데 이틀 동안 450명의 북한 사람들이 한국으로 들어갔던 것이다. 탈북자들은 동남아시아 국가의 특별전세기를 이용하여 서울에 도착하게 되었다. 한국 정부는 공식적으로 국가를 거명하는 것을 거부했지만 그러한 일을 조직한 비정부기구인 '북한 탈북자 원조위원회' 회장인 손보현 목사가 밝힌 바에 의하면 사람들을 이동시키기 위한 장소가 베트남 남부 도시인 호치민(이전의 사이공)이었다. 손 목사는 호치민에 몇 개월 거주하던 한국 사람들이 한국으로 가려는 동포들을 수용하고 지원하였다고 말했다. 손보현 목사는 또한 탈출 작전은 한국 외교부의 지원과 승인하에 이루어졌다고 했다. 한국으로 가기 위한 유일한 조건은 작전에 관해 어떠한 기술적인 내용이 언론에 알려져서는 안 된다는 것이었다.[127]

남한의 북한난민문제위원회 위원장인 김상철에 의하면 최근 북한에서 중국을 거쳐 동남아시아로 탈출한 사람들의 수가 너무 늘어나서 호치민 시에서 사람들을 다 데려갈 수 없다는 것이다. 때로는 난민들이 순서를 기다리면서 9개월 동안이나 베트남에서 살고 있는 경우도 있다.[128]

탈북자를 불법이주자로 간주하고 있는 중국은 얼마 전부터 우호국인 북한과의 국경지대에 대한 감시를 보다 강화했다. 2000년 중엽 홍콩 언론에 의하면 중국은 북한과의 국경지대에 15만 명의 병력을 배치하고 정규군대에게 국경수비를 맡겼다.[129] 이 소식은 즉시 전 세계로 퍼졌고 많은 국가의 신문에 보도되었다.[130]

중국 외교부는 국경수비가 공안(경찰)이 아닌 정규군이 맡을 것이라고 확인했다. 그러나 외교소식통에 의하면 아직까지 국경지대로 파견된 군대의 규모가 어느 정도인지 밝혀지지 않고 있다고 했다. 공식 견해에 의하면 대규모 배치원인은 북한 탈북자의 국경 침범 때문이라고 했다. 정부는 이러한 일은 '평

---

127) Новые известия. 29 июля, 2004.

128) http://news.iof.ru/lenta.ru/2004/07/30/30

129) Hong Kong's Sing Tao Daily, September 14, 2003; Ta Kung Pao, September 15, 2003.

130) China Deploys Troops on N. Korea Border. By Philip P. Pan. Washington Post, September 16, 2003; Page A13; The New York Times. China Sends Troops to Monitor North Korean Border. September 16, 2003.

상시의 일'이라고 밝혔다.

비공식 견해에 의하면 중국은 북한 당국에게 미묘하게 중국이 핵문제 회담에서 북한 입장을 지지하지 않을 것이라는 것을 암시하고 있다는 것이다. 전문분석가들은 군대배치는 중국과 북한과의 관계에 있어서 적은 부분이지만 매우 의미 있는 변화라고 평한다. 중국과 북한은 한국전쟁 때와 같이 협력하여 미국과 싸웠고 상호방위조약을 체결하고 있지만 중국의 이러한 새로운 움직임은 양국관계를 써늘하게 할 수 있다. 중국은 북한에 대해 실질적인 압박 수단을 가지고 있는데 왜냐하면 산악지대가 많은 북한은 중국으로부터 식량의 많은 부분을 수입하고 있기 때문이다.

분석가들에 의하면 중국 정부는 북한에 핵무기가 존재하거나 김정일 정권이 붕괴하는 것에 관심이 없다. 군사전문가들은 군대배치가 군사작전의 진단계로는 간주하지 않는다. 중국의 한 군사전문가는 "나의 생각으로는 중국이 현재 탈북자를 포함한 한국문제를 염려하고 있다. 중국은 군사적 침공을 하지 않을 것이다. 배치된 부대에는 탱크나 야포 등이 없다."고 언급했다.[131]

탈북자문제는 비정부기구(NGO) 활동가, 인권문제 분석가 및 국제기구의 관심집중과 일련의 연구를 이끌게 했고 자체 해결방안이 제시되기도 했다. 가령 'Good Friends' 협회는 다음과 같은 방법이 모색되어야 한다고 주장했다. 첫째, 중국 당국이 탈북자들을 북한으로 강제 송환하는 일을 중지할 것, 둘째, 북한은 기아 피해를 받고 있는 자국으로 되돌아온 사람들에 대한 조사를 중단할 것, 셋째, UN 북한탈북자문제위원회는 실제 상황을 조사하고 적절하고 효율적인 방안을 제시하고 송환된 탈북자가 정부 조사로부터 인권이 보호될 수 있도록 노력해야만 할 것, 넷째, 국제적 비정부기구는 동 문제에 대해 주의를 기울여야 할 것, 다섯째, 한국 정부와 기타 국제기구는 대량탈북의 근본원인이 되는 기아를 해결할 수 있도록 식량을 원조하는 방법으로 북한을 지원해야 할 것이다.[132] 중국 정부와 국제 비정부기구에 대해 상세한 제안을 한

---

131) Аргументы и Факты. Лента новостей. Китай перебросил к границе с Северной Кореей 150 000 солдат. http://news.aif.ru/news.php?id=12515

132) Jeongnim Kim, Research Director, Good Friends, Korea Forceful Repatriation of North Korean Refugees And Their Punishment.

사람은 한동대학교 국제법대학원 봉제준 교수였다.[133] 그리고 하젤 스미트도 탈북자에 관한 문제에 대단한 관심을 가지고 다양한 해결방안을 모색하고 있다.[134]

그러므로 재중한인들은 백 년 이상의 역사를 가지고 안정된 전통생활 방식을 가지고 최근 10여 년 동안 괄목할 만한 변화를 꾀하고 있다. 이러한 변화는 국가적으로 진행되는 급진적인 사회경제적 개혁에서뿐만 아니라 한국과의 급속한 관계증진에서 기인되고 있다.

전후 중국 조선족 수는 인구의 자연증가율로 인해 두 배 증가되었는데 이는 우선 높은 출산율과 낮은 사망률 그리고 수명의 연장에서 비롯되었다. 그러나 최근 20여 년 동안 조선족 증가율 속도가 줄어들고 있는데 그 이유는 출산율이 계속해서 안정된 하향세를 보였기 때문이다.

중국에 민족 자치주를 가지고 동북삼성 지역에 비교적 밀집해 살고 있는 조선족은 주로 농업에 종사했으나 최근 20여 년 동안 중국 개혁정책에서 비롯된 지속적인 이촌향도 현상이 일어나고 또 다른 지역으로의 이동이 발생했다. 탈북자들은 사회주의 국가 내에서 대외세계와 단절되어 있고 이주가능성은 모든 국민들과 같이 제외되어 있다.

철의 장막의 제거, 한·중 간의 관계 정상화 및 이어지는 무역과 경제관계의 증진 등으로 인해 조선족과 한국이 밀접한 관계를 가지게 되었다. 수십만 명의 조선족들이 한국에 머물 수 있는 가능성이 나타나게 되었고 한국에 가는 것이 그들의 꿈이 되었다. 현재 한국에는 최근 몇 년 동안 만여 명의 조선족이 항구 거주하게 되었지만 그들 중 대다수는 불법체류자 상태에 있다. 조선족 중 일부는 한국에 머물고 싶어 하고 국적을 바꾸고 싶어 한다. 그러나 대다수는 벌어들인 돈을 가지고 중국으로 되돌아가서 새로운 삶을 시작해야 하는 것 외에 다른 방법이 없다고 생각한다.

---

　　　http://www.nkhumanrights.or.kr/bbs/board2/files/89_fr4.doc

133) Won Jae-Chun. Strategies for North Korean Refugees in China.
　　　http://www.nkhumanrights.or.kr/NKHR_new/new_pages/fifth/documents/Jae%20Chun%20Won(4).doc

134) Smith Hazel. North Koreans in China: Defining the Problems and Offering some Solutions.
　　　pp.121-124. http://www.kasm.org/PDFs/NorthKoreansinChina_HS.pdf

* 중국어 간서체로는 延邊朝鮮族自治州, 라틴문자로는 Yanbian Chaoxianzu Zizhizhou, 한글로는 옌벤 조선족 자치주, 한글 라틴문자 표기법(맥컨-라이샤워 방식)으로는 Yenbyen Chos nchok Chach'ichu, 한국 교육부의 개정 외국어 표기법 표시로는 Yenbyen Joseonjok Jachiju 로 함. 연변이라는 명칭은 1920년대에 만들어 졌고, '길게 늘어진', '경계선'의 의미를 지녔는데 이유는 이 지역이 세 국가의 교차점에 있기 때문이다. 만주국 시기에 연변은 간도(間島)로 불려졌는데 즉 間-다른 국가 '사이'에 위치한, 島-'섬, 지방' 이라는 뜻이다.

** 1995년 3월부터 한국정부는 한국에 거주하고 있는 3만 2천여명의 동포를 포함한 외국인들에게 의료보험을 제공하였다. 1997년 9월 정부는 이주제한법을 개정하여 합법적인 외국인 노동자들에게 자신들의 권익을 지킬 수 있게 하였다. 이러한 개정법 하에서는 외국인 노동자들이 노조에 가입할 수 있고, 2년간의 체류를 보장받으며 한국의 노동법을 준수하도록 되어 있다.

*** 기아에 직면하여 어쩔 수 없이 조국을 등지고 중국으로 피난갈 수밖에 없었던 북한사람들에 대한 법적 지위에 관한 다양한 견해가 여러 학문적 문헌에서 발견된다. 학문분야 및 언론매체에서는 영어로 'North Korean food refugees'라고 널이 쓰이고 있는데 이는 '기아로부터 도움을 받으려는 북한피난민'을 뜻한다. 필자는 현재 연구범위를 벗어나는 논쟁을 지양하면서 앞선 언급한 용어를 편의적으로 사용하고자 한다. 국가 및 국제적인 공식문서에 '난민'이라는 용어를 사용하는 것은 원칙적으로 중요한 의미를 가지는데 그 이유는 이 용어가 국가 및 국제기구의 협력과 원조에 의존해야 살 수 있는 사람들이기 때문이다. 1951년에 체결된 UN의 난민에 관한 협약에 의하면 난민은 '인종차별이나 종교 및 민족차별에 의하여 가혹한 박해를 받고 특정한 사회집단이나 정치적 강령에 속박당하는...' 사람들로 규정되어 있다. UN 고등판무관실은 다음과 같은 정의를 내리고 있다. 즉 경제적 이주민은 자발적으로 보다 나은 생활을 위하여 조국을 떠나서 자유롭게 다시 조국으로 되돌아 올 수 있는 사람들이고, 난민들은 박해의 위협으로부터 도주하여 다시는 조국으로 되돌아 갈 수 없는 사람들이라는 것이다. UN 고등판무관실은 누가 경제적 이주민이고 누가 난민인지를 판단하지는 않는다. 이것은 제네바 협정과 관계된 개별 국가의 권한이다. 따라서 미국당국은 북한 주민들을 난민으로 취급하지만 중국당국은 경제적 이주민으로 간주하고 있는 것이다.

# 제5장
# 일본 이주한인

# 1. 귀환 재일동포

## 1) 일본과 미군정청의 한인 송환정책

소련은 미국과 영국 등과 맺은 연합군의 약속이행과 극동 국경의 안전보장을 목적으로 대조국전쟁(제2차 세계대전 ─ 역주)의 연장선상에서 1945년 8월 9일 對일본 군사작전을 단행하였다. 일본 관동군은 자바이칼, 제1극동 및 제2극동전선의 소련군과 태평양 함대 및 아무르 함대, 몽골 인민혁명군의 합동 공격을 받아 8월 14일경에는 괴멸되었다. 소련군은 600~800km 내부로 진격하면서 중국 동북부 지방, 북한, 남사할린 및 쿠릴 열도를 해방시켰다. 파괴적인 소련군의 등장으로 인하여 일본 정부는 결정적인 패배를 당하게 되었다. 1945년 9월 2일 '일본항복에 관한 문서'의 서명으로 제2차 세계대전은 종식되었다.

1945년 8월 28일 미군은 일본으로 진주하여 점령정부를 수립하였다. 이 정부는 공식적으로는 연합군 최고사령부(Supreme Command for Allied Powers: SCAP)의 관할하에 있었지만 실제로는 맥아더 장군을 정점으로 하는 미군 당국의 영향하에 있었다. 구정권은 일본군의 완전한 해체로 종식되었고 전시조직의 해산과 일본 제국 군사정권이 폐기되었다. 신정부의 구성은 연합군 최고사령부의 동의하에 이루어졌다.

신일본 헌법은 미군정에 의해 손질되었고 1947년에 공포되었으며 자유민주주의적 의회를 가진 군주제가 확립되었다. 국가에 대한 일본 국왕의 역할은 현저하게 변화하였다. 헌법에 의하면 일본 국왕은 '군림하지만 통치하지 않는다'라고 하는 영국식 입헌군주제와 같게 되었다. 이는 역사적 국가발전을 구현하며 근간을 확고하게 하는 것이었다. 권력은 내각과 법원에 책임을 지는 의회로 이동되었다. 지방자치 기관은 광범위한 권한을 부여받았다. 1947년에 확정된 일본의 국가권력 구조는 일부 수정을 거쳐 오늘날까지 지속되고 있다.

제2차 세계대전 말 일본에는 약 200만 명의 재일동포가 살고 있었으나 정확한 수치는 아니다. 일부 자료에는 그보다 낮은 수치가 제시되나 다른 자료에 의하면 1945년 8월 당시 일본에 약 230만 명의 한인이 등록되어 있었다고 한다.[1] 김홍낙은 1945년 8월 15일 일본의 항복과 한국의 해방이 이루어진 직후 한국으로 귀환한 한인의 정확한 수치를 알 수 없다고 한다. 한국 정부의 공식자료에 의하면 140여만 명의 한인들이 1949년 5월에 귀국했지만 여전히 약 65만 명이 일본에 남은 것으로 되어 있다.[2]

1945년 8월 15일부터 1948년 8월 15일까지 약 140만 명의 한인들이 한국으로 돌아갔다. 일본항복 이후 공식적인 송환계획이 시작되기 전에 수십만 명의 한인들은 스스로 귀국하였다. 사실 일본 전시경제의 위기 증가로 인해 수많은 한인 노동자들은 고향으로 돌아갈 수 있음을 알게 되었다. 미군 폭격기의 일본에 대한 공습이 증가하자 일부 한인들과 일본인들이 한국으로 가게 되었고 1945년 8월 15일경에는 30만~40만 명 정도의 한인들이 이미 일본을 떠난 상태였다.[3]

대다수 한인들은 해방 직후 첫해에 한국으로 돌아갔으며 약 60만 명의 한인들이 일본에 잔류하게 되었는데, 보다 정확히 말한다면 그들은 나중 시기로 귀환을 늦추었던 것이다. 1946년 2월에 실시된 일본 후생성 조사에 의하면

---


1) Kaoru Iriyama. Staatsbuergerschaft der ethnischen Minderheiten in Japan: das Beispil der Koreaner. Humboldt Universitate zu Berlin. Demographie aktuell. Nr.18, Berlin 2001, S.16.

2) Kim Hong Nak. Korean Minority in Japan. -Korea and World Affairs, Vol. XIV, N.1. 1990, p.113.

3) Wagner Edward W. The Korean Minority in Japan, 1904~1950. New York: Institute of Pacific relations, 1951, p.43.

일본에 잔류한 646,943명의 한인 중 514,035명은 한국으로 귀국하기를 희망하였다.[4]

　재일한인 귀환은 악화된 일본 정부 상황에서 발생한 '당연한' 결과였다. 일제 식민통치기에 수십만 명의 한인들이 임시 일자리를 얻고 돈을 벌기 위해 일본으로 건너갔다. 그리고 수천 명의 한인들은 전시에 일본으로 강제로 끌려가 방위산업체에서 강제노동을 강요당했다. 한인 노무자들은 강제노역으로 희생되었으나 종전 후 그들에게 해방된 고국으로 돌아갈 가능성이 나타났다. 전후 혼란스러운 사정 속에서 처음에는 연합군 최고사령부와 일본 정부가 한인들의 송환문제를 제외한 한인에 관한 어떠한 입장도 취하지 않았다. 한인들의 일본 잔류문제는 중요한 고려대상이 아니었던 것이다.[5] 연합군 최고사령부의 어떤 부서도 일본의 한인문제를 특별히 담당하지 않았다. 오히려 각 부서는 사안에 따라 부서장이 따로따로 문제를 해결하는 방식을 취했다.

　미국의 에드워드 와그너(Edward W. Wagner)에 의하면 재일한인의 최초 귀환시기는 '대규모 자발적 출국의 시기'로 불렸다. 1945년 8월 15일부터 11월 30일까지 3개월 반 동안 약 80만 명의 한인들이 한국으로 귀국했으며 그중 525,000명은 출입국 통제도 받지 않았다.[6]

　1945년 9월 1일 일본 정부는 강제징용 한인들을 송환하기로 결정하였다. 이러한 배경에는 일본 정부가 한인들을 '해방'시켜 주고 싶어서가 아니라 오히려 불필요한 외국인 노동자들이 초래하게 되는 사회문제 발생을 막기 위함이었다. 10월에 일본 정부는 한인들의 약 40%, 즉 90만 명에 달하는 사람들을 송환할 수 있다고 계산하였다.

　10월에 연합군 최고사령부 경제조사부는 일본에 있는 재정자원을 완전히 보존하기 위하여 일본 정부에게 한인을 비롯한 출국자 개인의 현금재산, 귀

---

4) In Soo Son. Ethnic Identity and Self-Esteem among Korean High School Students in Japan.. M.A. Thesis. University of Hawaii. 1983. C.9; Kim Hong Nak. Korean Minority in Japan. -Korea and World Affairs, Vol.XIV, N.1. 1990, pp.111-136, 141.

5) CM.: Lee, Changsoo and George De Vos. Koreans in Japan: Ethnic Conflict and Accomodation. Berkerley Cafornia: University of California Press, 1981, pp.58-61.

6) Wagner Edward W. The Korean Minority in Japan, 1904~1950. New York: Institute of Pacific relations, 1951, p.43, 96.

금속의 반출을 제한하도록 명령하였다. 일본 출국자들은 현금 1,000엔을 가지고 가는 것 말고는 아무것도 허락되지 않았다. 일본을 떠나려는 한인들에게 이러한 액수는 이미 인플레이션이 진행되어 물가가 오른 한국에서 생활하기에 아주 부족한 금액이었다. 예를 들면 당시 1,000엔은 한국에서 담배 몇 갑 정도 사는 액수에 불과했던 것이다.[7]

귀국제한을 받았던 소수의 한인들은 여러 가지 형태의 가혹한 규칙으로 예속되어 있었으나, 상당수의 한인들은 제한을 받지 않는 개인적인 방법으로 귀국문제를 해결하기에 이르렀다. 한인들은 독자적인 방법으로 북큐슈가 아닌 남서부 혼슈 항구도시에서 이동하기로 했으며 고국으로 향하는 길을 제각각 찾기 시작했던 것이다. 많은 사람들은 여객선이 아닌 어선을 사거나 빌려서 항해하기도 하였는데, 때때로 구해진 배들이 망망대해를 항해하기에 작거나 적절하지 못한 경우도 있었다. 귀환자들의 비용정산과 입출국 수속은 보통 한국과 일본 사이를 주로 다니던 큰 배에서 행해졌다.

그러나 모두가 한국 연안에 성공적으로 도착한 것은 아니었다. 1945년 8월에 큰 비극이 발생하였는데 일본 수송선 '우키시마마루'호가 한국 연안에서 침몰한 것이었다. 정확한 승선인원은 확인되지 않았으나 배는 선적초과였으며, 항구에는 4,000~5,000명의 사람들이 있었던 것으로 알려졌다. 따라서 귀국하려다 사망한 사람들의 수는 '타이타닉'호 희생자 수보다 서너 배는 더 많았을 것이다.[8]

일본 정부는 한인들의 귀국 움직임에 제재를 가하지 않았고 특히 미군정청에 적절한 어떠한 통제수단을 취할 것도 요구하지 않았다. 한인들에게 이러한 것은 당연한 일이었으며 가능한 한 빨리 조국으로 돌아가는 것이 필수적이었다.

외국인 송환문제에 관한 연합군 최고사령부 제1호 명령이 11월 1일에 공포되었는데, 여기서 일본 후생성은 일본 정부의 부담으로 류큐 소재 한인과 중국인을 각자의 국가로 송환시킨다는 규정이 정해졌다. 명령서에는 특히 한인

---

7) Lee, Changsoo and George De Vos. Koreans in Japan: Ethnic Conflict and Accomodation. Berkerley California: University of California Press, 1981, p.59.

8) http://times.hankooki.com/lpage/special/200404/kt2004042919511127130.htm

송환을 겨냥한 지침이 4개 포함되었다. 첫째, 후생성은 모지, 시모네세키, 하카다, 오사카, 고베 지역과 기타 지역의 한인들 모두에게 이러한 사실을 알린다. 둘째, 강제징집병, 강제노역 노무자 및 기타 범주의 한인들이 우선적인 고려 대상이다. 셋째, 한인들이 귀국을 위한 임시장소로 이동하지 않을 때까지 한인 거주지에 대한 통제가 이루어진다. 넷째, 하루에 한인과 중국인 광부 1,000명씩 철수하여 각자 고국으로 송환하는 것은 늦어도 11월 14일까지 완료한다. 일본 정부는 송환장소의 이동을 공지하고 이 문제와 관련하여 매스미디어를 통하여 이러한 움직임과 관련한 정보를 모든 관련 기관에 알려 준다. 공표된 명령서에는 송환자들의 재정수단과 재산현황에 관한 과거의 규정도 포함하고 있었다.[9]

명령서에서 재차 강화된 가장 중요한 규정은 각 귀국자는 1,000엔 이상을 소지할 수 없으며 모든 채무, 재정 혹은 재산적 책임이 없음을 증명해야 했다. 출국제한 방법은 다양했다. 중요한 것은 이러한 규정들이 점령지에서 일본으로 귀국하려는 일본인과 비교해 볼 때 상당한 정도로 달랐다는 것이다.[10]

11월 8일 연합군 최고사령부는 일본배 몇 척이 한인들을 시모노세키 항으로부터 불법적으로 이동시키고 있다는 것을 알았고 일본 정부에 대해 그러한 불법 송환을 금지할 것을 요구하였다. 이런 식으로 초창기에 많았던 한인들의 불법 송환이 1945년 12월 말경에는 잠잠해졌다.

다음 시기는 좀 더 길었으며 1945년 12월 1일부터 1946년 말까지 지속되었다. 이때는 한인들의 송환에 대한 공식 프로그램이 마련되었다. 약 525,000명의 송환자들이 한국으로 가기 위한 집결지로 나갔다. 그 결과 날마다 엄격해지고 있던 출입국 관리체제에도 불구하고 약 5만 명의 한인들이 고국으로 갈 수 있었다. 이 시기의 특징은 여러 가지 재정적, 재산적 제한조치가 완화되고 송환자들의 수가 급격하게 감소하게 되었다는 점이다. 잔류 재일동포들을 고국으로 귀국시키기 위해 재정적 제한이 송환프로그램 종료 때까지 2배나 완

---

9) SCAPIN 224, Repatriation of Non-Japanese from Japan, November 1, 1945.

10) Wagner Edward W. The Korean Minority in Japan, 1904~1950. New York: Institute of Pacific relations, 1951, p.45.

화되었다. 1945년 말부터 재일동포와 재일 중국인들은 우편저축과 예금통장을 소지하고 일본을 떠날 수 있게 되었다. 1946년 3월에는 송환자들이 일본의 재정지불이 보증된 일본의 재정기관에서 발행한 수표, 예금증서 등을 가지고 나가게 되었다. 그러나 이러한 완화조치가 본질적인 도움이 되지 못했는데 그 이유는 한일 간의 재정관계가 1946년부터 무기한 중단되었기 때문이다. 송환자들은 가방과 개인재산을 일본에서 출국할 때 한 번만 가지고 나갈 수 있었고 그것도 100kg을 초과해서는 안 되었다.[11] 이동은 여객선과 군함 등으로 이루어졌고, 일본으로부터는 한인들이, 또 한국으로부터는 일본인들이 타고 나갔다.

송환자들이 줄어든 것으로 잔류 한인들이 조국으로 급히 돌아가는 데 관심이 없다는 것이 화실해지자 연합군 최고사령부는 한국 귀국희망자들에게 특혜를 베푸는 정책을 취했다. 일본 정부는 귀국 희망자를 파악하기 위하여 류큐 소재의 전 한인, 일본인, 중국인 거주민을 등록하게 했다. 잠재적 귀국희망자들이 등록을 포기할 경우 대개 거주권이 상실되었다. 등록거부는 귀국의사가 없는 것으로 간주되었기 때문에 505,806명의 한인들이 한국으로, 9,701명은 북한으로 가는 것으로 등록했다. 그리고 약 137,000명은 일본에 잔류하기로 하였다. 따라서 연합군 최고사령부는 6,000석 좌석의 선편을 준비하고 해당 한인들은 늦어도 1946년 8월 30일까지 일본을 떠날 것을 명령하였다. 또한 일본 정부는 집결지로 이동하지 않는 사람들의 리스트를 작성해야만 하였다.[12]

한인 귀환을 제한했던 두 가지 요인이 있었다. 하나는 국외반출 현금 허용 액수가 지극히 한정되었다는 점이고 다른 하나는 한국으로부터 귀환하던 일본인들이 퍼뜨린 다양한 소문 때문이었다. 즉 학살, 파업, 전염병, 홍수 및 기타 한국을 둘러싼 자연재해에 관한 말들이 퍼져 나갔던 것이다.

한인들은 미군정이 과거 일본통치 시기보다 자신들을 더 나은 지위로 대우하는 '해방된 민족'으로 간주할 것이라고 기대하였다. 그러나 연합군 최고사

---

11) Lee, Changsoo and George De Vos. Koreans in Japan: Ethnic Conflict and Accomodation. Berkerley California: University of California Press, 1981, p.59.

12) Wagner Edward W. The Korean Minority in Japan, 1904~1950. New York: Institute of Pacific relations, 1951, p.46.

령부는 한인들에 대해 어떠한 특혜도 부여하지 않았다. 1946년 11월 20일 연합군 최고사령부는 귀환 거부 한인들에 대해 일본의 신민으로 간주하겠다고 선포하였다. 귀환 희망 한인은 '해방된 민족'의 일원으로, 일본 잔류 한인은 일본인으로 남았으며 당시만 하더라도 이 문제는 한국 정부의 간섭을 받지도 않았다. 이러한 결정은 여러 가지 원인에 의해 강요되었다. 리차드 미첼(R. H. Mitchell)의 지적처럼 만약 한인들이 외국인으로 간주되었다면 추가 식량배급분을 받아야 하였다. 일본 국민으로서 한인들의 정치활동은 가벼운 정도의 제한을 받았다. 연합군 최고사령부는 국적문제에 대한 결정문제를 일본 정부에 위임했는데 일본 정부는 한인들에 대하여 일본 국적을 부여하는 일을 꺼려하였다. 한편으로는 미군정이나 일본 정부나 모두 일본 거주 한인들을 모두 한국 국민이라고 하는 남한 정부의 요구를 마땅하게 생각하지도 않았다. 그런데 일본이나 남한 모두 재일한인들의 국적 선택문제에 대해 어떠한 결정도 하지 못하였다. 다른 한편으로는 미국, 일본, 남한은 공히 북한의 요구를 수용하지 않았는데 북한은 일본 거주 한인들에 대해 모두 북한인으로 주장하였던 것이다. 결국 일본 거주 한인들은 '무국적자'로 처리되었다.[13]

본국 귀환의 세 번째 시기는 1947년 1월 1일부터 이듬 해 말까지였다. 주한 미군 사령관 하지 중장은 귀환거부권을 행사하지 않고 자발적으로 귀환을 결정했던 사람들의 귀환제한 조치를 연합군 최고사령부에 요구하였다. 이에 대해 연합군 최고사령부는 세 부류의 한인들로 귀환을 제한하였다. 첫째, 일본에 불법 체류하여 당국에 억류된 자, 둘째, 연합군 재판소의 결정에 따라 강제 추방되는 자, 셋째, 귀환권리를 상실하지 않은 채 고국귀환 신청을 한 사람들 전원 등 비록 한인들의 귀환에 대한 최종 결정권이 공식적으로 연합군 최고사령부에 있었지만 세 번째 부류에 있었던 사람들의 귀환은 한국에서 인정한 허가서류가 일본에 도착한 이후에나 가능하였다.

귀환을 위한 개인적인 서류수속 절차는 관료주의적 성격 때문에 매우 힘들었고 별안간 중단되기도 하였다. 그러다가 공식적 제재조치가 없는 가운데

---

13) Mitchell H. R. Japan's Korean Minority. Paper delivered to ASKO Conference, Seoul National University, 1992, p.5

다시 이동이 재개되었고 수송은 일본배로 실행되었다. 1947년 1월 1일부터 10월 30일까지 7,551명이 귀환하였고, 1947년 11월 1일부터 1948년 8월 31일까지 5,006명이 추가로 귀환하였다. 이런 형태로 세 번째 시기에는 약 15,000명의 한인들이 준합법적인 방법으로 되돌아갈 수 있었는데 이들은 기존의 출항지에서 등록된 귀환자들의 입장과 같은 상태에 있었다.[14]

귀환 한인 문제는 세 가지 특별한 의미를 가지고 있었다. 첫째, 여러 가지이유로 일본으로 되돌아가는 한인들이 있었다. 둘째, 일본으로 강제징용된 한인광부들의 귀환문제가 별도로 심의되었다. 셋째, 가장 중요한 것으로서 북한으로 귀환하는 경우도 있었다.

한국으로 귀환한 한인들은 기존에 살고 있던 한인들보다 더 어려운 환경에처하게 되었는데, 그 이유는 오랫동안 일본에 거주했던 결과 고국에 친척이나 지인이 없었다는 점이다. 어려운 환경에 처한 귀환자들의 일부는 보다 나은 삶이 오지 않을 것이라고 확신하였다. 많은 사람들이 고국에 온 것을 후회하고 다시 일본으로 가고 싶어 한다는 소문이 일본에 잔류하던 한인들 속에서 퍼져 나갔다. 연합군 최고사령부는 재이주 한인들의 유입을 방지하기 위하여 귀환 한인들을 더 이상 신청받지 않겠다는 방침을 일본 정부에게 종용하였다.[15] 이러한 미국과 일본 당국의 금지 조치에도 불구하고 수많은 한인들의 불법 귀환은 점점 더 심각한 문제로 되었다. 에드워드 와그너(E. Wagner)는 1946년 7~8월에 걸쳐 일본으로 불법 귀환을 시도하다가 체포된 한인들이 17,650명이나 된다고 연합군 최고사령부에 보고하였다.[16] 또 다른 보고서를 제출한 이장수 씨에 의하면 1946년 8월 13,000명의 불법 한인들이 억류되었다고 하였다.[17] 일본으로 스며들어간 사람들의 수는 밝혀지지 않았지만 일본 정부의 엄격함을 고려해 볼 때 크지 않았을 것이다. 억류된 사람들은 한국으

---

14) Wagner Edward W. The Korean Minority in Japan, 1904~1950. New York: Institute of Pacific relations, 1951, pp.46-47.

15) SCAPIN 882. Annex 1, March 16, 1946.

16) SCAP, Summation of Non-Military Activities in Japan, No.24, September 1947, p.33.

17) Cм.: SCAP, Summation of Non-Military Activities in Japan, No.11, August 1946, p.226; Lee, Changsoo and George De Vos. Koreans in Japan: Ethnic Conflict and Accomodation. Berkerley California: University of California Press, 1981, p.60.

로 강제출국되었고 일본 국경폐쇄는 더 강화되었는데 그 결과 재이주 한인들의 수는 급격히 줄어들었다. 일본으로 귀국하기를 희망하는 사람들은 또 다른 합법적인 수단을 강구하게 되었는데 유학 등이 대표적인 사례였다.

한인 광부들의 송환문제가 가장 심각한 문제였다. 종전 직전인 1945년 4월 일본의 광산에서 일하고 있던 한인들의 규모는 대략 135,000명 수준이었다. 종전 후 탄광에 종사하던 한인들과 중국인들은 모두 본국으로 송환해 줄 것과 근로조건 개선을 요구하였다. 전시정부와 일본 정부는 석탄산업이 필요한 일본경제와 이전 수준으로 지속적으로 채굴할 필요성을 감안해 볼 때 일본인 노동자가 대체 투입될 때까지 한인 광부들을 활용하기로 결정하였다. 이 문제와 관련하여 연합군 최고사령부의 경제과학국은 일본 정부에게 지침서를 내려 한인 광부들의 현금저축과 유가증권을 즉각적으로 모아서 일본은행에 특별계좌로 예치한 다음 나중에 한국 송환에 사용하도록 하였다.[18]

한인 및 중국인 광부들은 공동으로 근로조건의 개선과 임금인상, 식량배급 증대, 일본고용주와 노동자와의 관계개선 등을 요구하였다. 광부들의 파업은 혼슈 북부지방과 홋카이도에서 발생하였으며 이는 정권 불안의 원인이 되었다.

수천 명의 한인광부들은 노동을 중단하였을 뿐만 아니라 일본노동자들로 대체될 때까지 광산을 방치하였다. 사실 1945년 8월 15일 이전까지 홋카이도 거주 한인들의 규모는 27만 명이었지만 군대가 도착하기 전까지 약 12만 명의 한인들이 본국이나 일본의 다른 지역으로 떠나갔다. 1945년 11월 중순경에는 10만 명 이상의 한인들이 홋카이도에서 본국으로 향했으며 그 결과 잔류자들은 광부들의 소유물을 일본광부들이 활용할 수 있도록 조치하였다. 1945년 말까지 대부분의 한인 광부들이 귀환하였고 1945년 연합군 최고사령부의 문서에 의하면 1945년 11월부터 1946년 1월까지 13만 명의 한인 및 중국인 광부들이 본국으로 귀환하였고 그 결과 이 문제는 과거사로 남게 되었다.[19]

에드워드 와그너가 본 마지막 네 번째 시기는 1948년 1월에 시작하여 1949

---

18) SCAPIN 207. Payment of Savings and Allotments in Korea of Korean Laborers in Japanese Coal Mines. October 29, 1945.

19) SCAP, Summation of Non-Military Activities in Japan, No.2, 1945, p.100; SCAP, Summation …… No.4, January 1946, p.96.

년 말까지였다. 이 기간에는 단지 6,590명의 한인들만이 본국으로 귀국하였을 뿐이었다.[20] 1946년 이후에는 결국 본국 귀환자들의 규모가 급감하게 되었고 1950년에 한국에서 전쟁이 발발하면서 귀환문제는 종지부를 찍게 되었다.

1964년 일본 정부의 공식통계에 의하면 전체 재일한인 중 97%에 해당하는 578,572명이 남한 출신이었고 북한 출신은 겨우 2%에 불과하였다(나머지 1%는 출신지 불명).[21] 그럼에도 불구하고 남한으로 가려는 귀환자 수는 1956년부터 1966년까지 유아들을 포함하여 총 4,139명 수준으로 떨어졌는데, 이들은 귀국비자 없이 일본에서 남한으로 출국하였다.[22] 하지만 일본에서 북한으로 가는 경우도 있었는데 이러한 현상은 지리적인 이유라기보다는 정치적인 이유에서 비롯되었다. 즉 북한의 정책과 친북적인 경향을 가진 조총련 지도부의 적극적인 활동으로 인한 것이었다.

일본항복 이후 다양한 재일한인 단체들이 자신들의 입장을 옹호하는 조직을 만들고 빠른 시일 내에 귀국하는 문제를 다루기 시작하였다. 이러한 소규모 협회, 위원회, 상조회 등은 공통의 목표가 정해져 있었으며 한인들이 사는 거의 모든 곳에서 조직되었다. 그리고 1945년 9월 10일 이러한 모든 단체들이 모여 '재일한인협회'라는 단일 조직을 만들었다. 그러나 재일한인 모든 계층의 이익을 대변하는 단일 새 조직을 만드는 데에는 수많은 준비작업이 필요하였다. 결국 1945년 10월 15일 약 5,000명의 대표자들이 모여 '재일조선인연맹', 즉 '조련'을 창설하였다. 처음에 조직 지도부는 한국의 해방 전에 일본 정부에 협력했던 친일파들을 포함하였으나 공산주의자들은 즉각 배제되었다. 이러한 일본사회에서 나타난 한인들의 차별은 공산주의 이념 확산의 원인이 되었고 조직의 일부 자리는 일본 공산당 당원에게 주어졌다. 애초에 연맹의 업무는 전쟁 때 일본에 강제징집된 한인노동자들의 본국 송환과 보상 문제를

---

20) Wagner Edward W. The Korean Minority in Japan, 1904~1950. New York: Institute of Pacific relations, 1951, p.96

21) Cheong, Sung Hwa. "A Study of the Origin of the Legal Status of Korean Residents in Japan: 1945－1951" Korea Journal 32(1), Spring 1992, pp.43－60.

22) Hahn, Bae Ho, Hong, Bung－chik. The Korean Minority in Japan: Their Problems and Prospects. Korea Observer, Vol.15: pp.4－21, 1975.

다루는 것이었다. 연맹은 일본 정부와 미군정청과 긴밀한 협조를 하여 일본
과 한인들 간에 미미한 수준의 업적을 기록하였고 송환방식도 조직적인 성격
을 갖게 하였다. 시간이 흐르면서 '조련'은 단지 본국 송환을 도와주는 협회
차원에만 머무르지 않았고, 이러저러한 정치문제에 관여하면서 지속적인 문
제를 야기했다. 1945년 12월 28일 '조련'의 주관으로 일본에 요구하는 수천 명
의 한인시위가 처음 발생하였는데 요구사항은 다음과 같았다.

①  재일한인의 재산권과 개인안전을 보장하는 일
②  모든 수당과 보험료 등이 포함된 임금을 즉시 지급하는 일
③  1923년 관동대지진 후 한인 대량학살의 주범을 처벌하고 사망자 유가족
    에 대하여 보상하는 일
④  식량배급표 등 기타 물자를 확대시키는 일


한인들이 정치에 종사할 수 없었음에도 불구하고 '조련' 지도부는 다양한
이데올로기를 가지고 있었으며 정당에 참여하고 정치활동을 하였다. 본질적
인 문제에 대한 지도부 간의 의견충돌로 인하여 결국 조직은 분열되었다.
1949년 9월 8일 공식적으로 조직은 갈라지게 되었다.

한반도의 두 개 정부가 정치적으로 서로 대립한 것과 같이 일본의 한인조
직들도 두 개의 적대적인 진영으로 만들어졌다. 현재 재일한인의 두 단체 간에
는 어느 정도 관계가 정상화되었다. 조총련과 민단의 지도부는 적대상태와
분열이 곧 자신들의 민족적 권리획득 투쟁에 도움이 되지 않는다는 사실을
알게 되었다. 국적 혹은 조총련이나 민단 소속에 관계없이 재일한인들은 1988
년 서울올림픽의 준비와 실행에 8,000만 달러의 모금을 기여한 바 있다.[23]

1955년 5월 25일 '재일조선인 총연맹', 즉 '조총련'이 창설되었다. 이 조직
의 목표는 재일한인의 민주 및 민족적 권리를 보호하고 한반도의 평화통일을
지향하는 일이었다. 조총련의 활동은 북한정권의 지지를 받았다. 1950~1960
년에 조총련은 도쿄에 중앙본부를 두고 46개의 참모단과 360개의 지부를 두

---

23) Ким Г. Н. Корейцы за рубежом: прошлое, настоящее и будущее. Алматы: Гылым, 1995, c.114
    −115.

었다. 조총련은 다음과 같은 한인단체를 규합하였다. 즉 한인무역가 및 기업가 연맹, 재일한인 중앙협회 및 기타 단체 등이다. 조총련은 26개의 신문, 잡지, 소식지를 한글, 일본어 및 영어로 발간하였다. 조총련의 후원으로 한인예술가 단체 및 수많은 자발적인 예술, 체육단체들이 만들어졌다. 조총련은 500개가 넘는 한인교육단체를 만들었는데 여기에는 6개의 초등학교, 3년제 중학교 및 1956년 도쿄에서 건립된 4년제 조선인대학교도 포함되었다.[24]

## 2) 재일한인의 북한 송환

일본학자 모리타 요시오(Morita Yoshio)는 재일한인의 귀환문제를 다룬 일본문서에 입각해서 남한으로 돌아간 사람들이 총 981,506명이었고 이 밖에도 1947년 3월에서 6월까지 사세보 항에서 북한 흥남으로 출발한 사람들이 351명이었던 것으로 밝혔다.[25]

재일한인의 북송은 남북한 양국 간의 적대행위가 종결된 1953년 휴전회담 직후에 시작되었다. 1954년 북한 외무성 당국자는 일본과의 관계정상화 의향을 밝히는 성명서를 발표하였다. 이 성명서는 1955년 2월 양국의 공동선언문으로 재확인되었다. 재일한인 북송사업은 전쟁기간에 사회주의 건설을 위한 북한을 지원하러 왔던 소련의 남일이 외무성 부장으로 있을 때 만들었던 것이다.[26] 비록 이러한 북한의 움직임이 양국의 외교관계에 본질적인 영향을 주지는 못했지만 재일한인의 송환을 위한 일본과 북한 양국의 실질적인 접촉이었다는 점에서 의의가 있었다.

사업의 주도권은 일본 측에 있었다고 볼 수 있다. 1954년 일본 적십자사는

---

24) The Lurid 50-year History of(Chochongnyon)
http://www.nknet.org/en/keys/lastkeys/2001/4/04.php; Facts about Chongryun.
http://210.145.168.243/pk/003rd_issue/chongryun/contents.htm

25) Morita, Yoshio. Senzen ni okeru zainiti chosenjin pozinko tokey(Demographic Statistic of Koreans in Japan before 1945). Chosen gakuho, 1968, №.48, pp.36-37; Morita, Yoshio. 1996. Suji ga kataru zainichi kankoku chosenjin no rekishi(The history of zainichi Koreans portrayed with statistics). Tokyo: Akashi shoten.

26) http://www.nknet.org/en/keys/lastkeys/2001/4/04.php

북한 당국에 북한에 체류 중인 일본인의 송환을 요구하였다. 일본 적십자사는 이를 위한 교환조건으로 재일한인들의 북송 가능성을 제시하였다. 그 결과 재일한인들의 북송에 대해 논의가 진행되었다. 이러한 사업은 느리게 진행되었는데 1956년 36명의 일본인들이 북한에서 귀환하였으나 재일한인들의 북송은 이루어지지 않았다.[27]

1958년 9월 8일 북한 수상 김일성은 재일한인이 북한으로 귀환하는 것을 환영한다고 하였다. 김일성은 1959년 1월에도 이에 대해 재차 언급하였고 귀환은 '재일한인들이 진정한 조국으로 돌아가는 신성한 권리'라고 거론하였다. 1958년 일본 수도 근처의 가와사키에 거주하던 재일한인들은 북한 당국에 북송에 대한 제안을 행하였다.[28] 일본공산주의자들과 이에 동조하는 사람들의 지원으로 일본에서 북한으로 송환하는 문제를 교섭하는 광범위한 움직임이 진행되었다. 북송 재일한인들의 영접준비를 마쳤다고 하는 북한 당국의 고지 이후 일본의회는 1959년 2월에 북한송환을 희망하는 재일한인들의 북송허용에 관한 결정을 단행하였다.[29]

북한 및 일본 적십자사는 국제적십자사의 중재로 자발적인 의사에 근거한 재일한인의 북송에 동의하였다. 1959년 소련에서 건조된 배가 일본의 니가타 항에 입항하였을 때 배에는 "우리는 재일한인의 귀환을 환영합니다."라는 대형 현수막이 걸려 있었다.[30]

1959년 12월 14일 니가타 항에는 북송 한인과 이들을 전송하기 위한 친지들 천여 명이 모여 들었다. 승선자들은 여러 계층이었고 노인, 청년, 아이들까지 포함되었다. 과거 식민지정권에 강제동원된 노동자, 북한에서 이상적인 사회를 실현시키려고 생각하던 공산주의자, 모국어로 대학공부를 하겠다는 학생, 가지고 있던 전 재산으로 가난 없는 사회를 만들고자 한 사업가들 이들

---

27) Sato, Akira and Yamada Terumi. Zainichi Chosenjin: Rekishi to Genjo(Korean residents in Japan: History and Contemporary) Tokyo: Akashi Scoten, 1986.

28) Ryang, Sonia. North Koreans in Japan: Language, Ideology, and Identity. Boulder, CO: Westview, 1997, p.34.

29) http://www.nknet.org/en/keys/lastkeys/2001/4/04.php

30) Ryang, Sonia. North Koreans in Japan: Language, Ideology, and Identity. Boulder, CO: Westview, 1997, p.35.

모두가 참여하였다. 그중에는 한국인과 결혼한 일본여자들도 있었으며 이들은 남편을 뒤따라갔다.[31] 2척의 소련배가 975명의 재일한인들을 태우고 북한으로 떠났다.[32]

한인들이 일본을 떠났던 근본 원인은 경제적 어려움과 민족차별에 있었다. 재일한인과 일본 적십자사, 이주청 당국 등이 파악한 북송 원인에 대한 조사에서 단 한 가지 사실이 밝혀졌다. 일본이 1950년대 후반에 경제적인 붐이 일어나고 있었을 때 대부분의 한인들은 어떠한 혜택도 받지 못했다는 것이다. 결국 어떤 면에서는 경제적 성격이 강한 '미는 힘'이 압도적으로 작용했던 것이다.[33]

동시에 본질적인 귀환 요소에는 북송자들의 '끄는' 힘도 있었다. 같은 시기에 북한은 소련의 지원을 받아 전후복구에 상당한 성공을 거두고 있었다. 북한에서는 새로운 사회생활과 개혁정책이 추진되어 공업, 농업 등 전 분야에서 안정적으로 발전하고 있었다. 1957년에 북한은 재일조선인 학교를 지원하였는데 이는 강력한 북한경제의 성장을 나타내었다.

그러나 북한경제의 성장은 단일요소가 아니라 이에 못지않게 식민통치 이후 수용된 일종의 재일한인들의 애국심도 중요했던 것임을 소냐 량(Sonia Ryang)이 지적하였다.[34] 바로 이 시기의 북한사람들은 희망적인 미래에 대한 생각으로 열심히 일하였다. 많은 재일한인들은 제2차 세계대전 말부터 1950년대까지 남한보다 북한이 더 독립성이 있던 국가로 보았다. 김일성의 항일유격대 활동은 이승만이 미국에서 교육받고 미국의 후원으로 국가지도자가 된 것보다 훨씬 더 우월한 것으로 보였다. 1955년 초 일본의 정책결과 약 90%의 재일한인들이 북한을 지지하였다.[35]

---

31) http://www.nknet.org/en/keys/lastkeys/2001/4/04.php

32) Point of no Return. One-way ticket. The Asahi Shimbun. March 10, 2004. http://www.asahi.com/english/world/TKY200403100157.html

33) Kim, Hong Nack. The Korean Minority in Japan.- Korea and World Affairs, 1990, Vol.14, N.1, p.115.

34) Ryang, Sonia. North Koreans in Japan: Language, Ideology, and Identity. Boulder, CO: Westview, 1997, p.35.

35) Hiroyama Shibayaki. Minsen no Kaisan to Chosen Soren no Keisei ni tsuite(Dissolution of Minjon

전후 시기에 일본 잔류 한인들 중 다수는 장기적인 생활 전망을 갖고 있지 않았으며, 이주 1세대를 비롯한 대다수는 한반도가 통일될 것이며 이 과정에서 재일한인은 새로운 독립국가의 형성에 기여할 것이라고 보았다. 그래서 북송한인들은 북한에 간다고 하더라도 통일이 되면 나중에 고향인 남쪽 지방으로 갈 수 있을 것이라고 생각하였다. 젊은이들은 북한에서 새로운 가능성을 보았는데 그 이유는 일본에서 교육받는 일과 취업하는 일이 민족차별로 인하여 불이익을 당할 수 있다고 생각했던 것이다. 이러한 조건하에서 북한의 대학교육은 무상으로 그리고 모국어로 이루어지고 모든 주변 환경이 평등하다는 것으로 생각되었다.

첫 송환의 시기인 1959년 12월 2,942명의 재일한인이 북한으로 돌아갔고 이어서 1960년에 48,956명, 1961년에는 22,201명이 돌아갔다. 1967년까지 북송한인의 전체 규모는 88,611명으로 계산되었다. 북송의 피크는 1960년 4월 19일 사건 이후 1960~1961년 사이였는데, 그 사태 이후 남한의 이승만 정권은 붕괴되었다. 재일한인들은 남한이 정치적으로 위기에 빠져 곧 붕괴될 것이며 결국 통일이 될 것이라고 생각하였다. 그러나 미국의 지원하에 위기는 극복되었고 남한은 다시 경제성장을 거듭하게 되었다.

송환은 4년간 중단된 후 1971년 초에 재개되었으나 규모는 대폭 줄어들었다. 1976년 무렵까지 92,749명이 송환되었다. 북한 송환자 중에는 일본인이 6,600명 있었는데 주로 한국인과 결혼한 여자들이었고, 일본인으로 등록된 아이들과 7명의 중국인도 포함되었다. 1984년 일본 당국의 통계에 의하면 북송한인들의 총인원은 93,339명, 즉 12년 동안 약 600명이 송환되었다.[36] 공식적으로 송환은 지속되었으나 북한에 거주하기를 희망하는 사람은 거의 없었다. 이와 같이 1950년대 말에 시작된 한인들의 송환은 1960년대에 접어들면서 급감하였고(연 1,000~2,000명 수준), 1970년대에는 수백 명 수준으로 그리고 1980년대에는 수십 명 수준으로 감소하였다(<표 1> 참조).

북송사업은 재일조선인연맹, 즉 조총련에는 성공적이었는데 '자본주의에서

and Emergence of Chongryon). Koan Joho. 1955, No.22, p.10.

36) Kyoto shinbun, May 29, 1994.

사회주의로 민족대이동', '우리의 영광스러운 조국이 애국자들을 부릅니다',
'우리 조국의 어머니 가슴은 지상의 천국입니다'와 같은 슬로건들이 사용되
었다. 북송결정 한인들은 처음에는 기쁜 마음으로 향후 여정을 기다렸다. 소
냐 량은 도쿄의 조총련계 학교에서 배우고 있던 학생들의 열광적인 편지를
받아 보았다. 이 편지에는 학생들이 생각하는 북한의 급속한 발전을 크게 기
대하는 희망과 북한에서의 생활 및 북한국민으로서 받았던 열렬한 환영에 관
한 것이 있었다.[37]

<표 1> 재일한인 및 북송 한인의 규모: 1947~1982

| 연도 | 재일한인의 수 | 송환자 수 | 연도 | 재일한인의 수 | 송환자 수 |
|---|---|---|---|---|---|
| 1947 | 598,507 | – | 1965 | 583,537 | 2,255 |
| 1948 | 601,772 | – | 1966 | 585,278 | 1,860 |
| 1949 | 597,561 | – | 1967 | 591,345 | 1,831 |
| 1950 | 544,903 | – | 1968 | 598,076 | – |
| 1951 | 560,700 | – | 1969 | 607,314 | – |
| 1952 | 535,065 | – | 1970 | 614,202 | – |
| 1954 | 556,239 | – | 1971 | 622,690 | 1,358 |
| 1955 | 577,682 | – | 1972 | 629,809 | 1,003 |
| 1956 | 575,287 | – | 1973 | 636,346 | 704 |
| 1957 | 601,769 | – | 1974 | 643,096 | 479 |
| 1958 | 611,085 | – | 1975 | 647,156 | 379 |
| 1959 | 619,096 | 2,942 | 1976 | 651,348 | 256 |
| 1960 | 581,257 | 49,036 | 1977 | 656,233 | 180 |
| 1961 | 567,452 | 22,801 | 1978 | 659,025 | 150 |
| 1962 | 569,360 | 3,497 | 1979 | 662,561 | 126 |
| 1963 | 573,284 | 2,567 | 1980 | 664,536 | 40 |
| 1964 | 578,545 | 1,822 | 1981 | 667,325 | 34 |
| | | | 1982 | 669,854 | 24 |

출처 : Homusho Nyukoku Kanrikyoku. Shitsunyukoku-kanri no Keiko to Tenbo. 1979. - P.129, P.168, C
1980 до 1982: Kato Haruko. Tokei kara mita Zainichi Kankoku Chosenjin no Jittai to sono Suii (1)//
Chosen Kekyu. 1983, 231, P.10.

---

37) Ryang, Sonia. North Koreans in Japan: Language, Ideology, and Identity. Boulder, CO: Westview,
1997, p.38.

그러나 북한 당국이 조총련에 행한 약속은 곧 사실상 잔인한 현실로 바뀌었다. 수많은 송환자들이 일본 제국주의의 첩자로 기소되는 정치탄압의 희생물이 되었던 것이다. 얼마나 많은 북송 한인들이 북한의 수용소에 억류되었는지 알려지지는 않았다. 그들은 북한 당국이 행했던 푸대접이 어떠했는지에 대해서도 말하지 않았고 편지들은 모두 압수되어 검열을 받았다. 배달된 편지들은 의문투성이였는데 그 이유는 편지내용이 돈을 보내 달라거나 아니면 식료품, 옷 등을 보내 달라는 내용뿐이었기 때문이다. 일본에 잔류하던 친척과 지인들은 조총련을 찾아가서 현지의 정확한 상황을 문의하고 송환자들과 접촉할 수 있도록 협조를 요청하였다.[38]

재일한인들의 대다수는 남한 출신자들이었기 때문에 북송 한인들은 고국으로 귀환했다고 볼 수 없다. 왜냐하면 전에는 하나의 국가였지만 이제는 두 개의 국가로 되어 있었기 때문이었다. 이러한 측면에서 본다면 귀환(귀국)의 의미는 정치적인 것이라 할 수 있다. 흥미롭게도 일본 적십자사는 '히키아게'라는 용어를 사용하는데 이는 '귀환', '철수', '다른 곳으로 이주하는 것'이라는 뜻이다. 조총련과 반대되는 단체인 민단은 '북송'이라는 용어를 사용하는데 이는 '북한으로 보낸다'는 뜻이다. 만약 '히키아게'가 이전에 살던 곳으로 사람들을 되돌려 보낸다는 뜻이라면 북송 한인의 경우 사실과 부합되지 않으며 그리고 '북송'이라고 한다면 자신들의 의사와 관계없는 강제이주의 성격을 어느 정도 띠게 된다. 조총련은 귀국이라는 용어를 사용했는데 엄밀한 의미에서 이는 사실상 태어난 곳으로 되돌아간다는 뜻은 아니다. 그러나 조총련이 북한을 모국으로 간주했다고 한다면 일본에서 북한으로 간 한인들은 법적으로 볼 때 귀환자로서 간주될 수 있다.[39]

전후 20년 동안 남한과 북한은 재일한인에 대한 문제가 곧 일본정부의 책임에 귀속된다고 보았다. 가령 일본정부가 징용한인들을 수용하지 않아 억류된 한인들이 일본 남서부의 이주자 거류지에 계속해서 남아 있게 되었다. 상

---

38) The Lurid 50-year History of [Chochongyon]
http://www.nknet.org/en/keys/lastkeys/2001/4/04.php

39) Ryang, Sonia. North Koreans in Japan: Language, Ideology, and Identity. Boulder, CO: Westview, 1997, p.38.

호 동일한 남한이나 일본의 국적법에 의하면 국적은 원칙적으로 부계의 출생에 근거하지 출생지나 모계에 따르는 것은 아니었다.[40] 이런 점에서 본다면 아버지가 남한과 관계가 있던 한인들은 모두 잠재적으로 남한국적을 가지게 되는 사람들이다. 그러나 실제로는 남한정부가 일본잔류 한인들에 대해 관심을 두지 않았다. 그 결과 이들은 공식적인 귀환절차에 입각하여 남쪽으로 돌아가지 못하고 각자 선택을 했던 것이다. 이와는 반대로 북한정부는 재일한인이 북한의 국민이며 북한으로 귀국할 것을 끊임없이 주장하였다.

1960년대 중반의 북송한인 감소원인은 남북한과 일본의 정세변화와 관련이 있다. 남한의 대통령 박정희는 1965년에 한일국교 정상화 협정에 서명하였다. 여기서 재일한인 문제는 남한과 일본정부의 심의대상이었다.

1965년 한일협정에 따라 영주권 획득과 교육의 권리, 사회수당을 받을 권리가 생겼다. 이것은 제2차 세계대전 전에 일본에 거주하면서 남한국적을 기다렸던 한인들에게 해당되었다.[41]

일본에 무국적자로 체류하던 한인들의 국적취득 가능성도 열렸다. 많은 사람들이 이를 활용하였고 조총련과의 연관성을 끊어 버렸다. 냉전이 한창일 때 남한을 선택한다는 것은 조총련과 북한 모두와의 단절을 의미하였다. 공식적인 남한국적자나 일본영주권 보유 한인들은 국가왕래를 보장받았다. 북한으로 가는 것은 되돌아오지 않는 길을 가는 것임을 뜻하는 반면 남한국적을 가지고 있으면 재일한인들의 본국 친지방문이 가능하였다. 1967년 14,310명의 남한사람들이 일본재입국을 허가받은 반면 북송 한인들은 그러한 기회를 제공받지 못하였다.[42]

1979년 일본은 국제인권협약에 가입하였으며 1982년에는 UN 난민조약에 가입하였는데 이는 조총련과 관련되고 일본영주권이 없는 한인들이 외국으

---

40) Onuma, Yasuaki. Tan−itsu Minzoku Shakai no Shinwa o Koete(Beyond the Myth of Single Nation Society), Toshindo, 1986, p.225.

41) Положение корейцев в Японии. По материалам статьи Я. Окано "Кто в Японии японец?" http://www.orient.pu.ru/conferences/april1999/022.html

42) Fukuoka, Yasunori 1996, Koreans in Japan: Past and Present. In Saitama University Review, Vol.31, No.1, auch in: http://www.han.org/a/fukuoka96a.html; Hahn, Bae Ho, Hong, Bung−chik. The Korean Minority in Japan: Their Problems and Prospects. Korea Observer, Vol.15: pp.4−21, 1975.

로 나갈 수 있는 권한을 부여하고 있다. 1981년 일본 법무성은 남한국적이 없는 한인들의 일본 재입국을 허용하였다. 1969년에는 남한국적이 없던 재일한인 6명만이 일본을 벗어났고 1971년에는 27명이 일본을 재입국하였으며 이들 중 대다수는 조총련 북한 대표단들이었다. 1979년 일본이 국제협약에 가입하자 남한국적이 없던 2,579명의 한인들은 일본의 재입국과 재출국을 허가받았다. 2,579명 중 니가타 항에서 떠난 사람은 2,033명이었고 이들은 모두 북한 선적을 이용하였다. 1980년대부터 조총련 회원 및 기타 남한국적이 없던 한인들의 외국행은 더 잦아졌다. 1980년에는 그 수가 4,273명이었고 1986년에는 9,070명으로 증가하였다. 1989년 및 1990년대 초에는 그 외국으로 출국한 재일한인의 수가 연간 15,000명 수준이었다.[43]

북송선이 보통 북한을 방문하는 조총련 단원을 태우고 니가타 항을 드나든 것은 사실이지만 재일한인 모두가 다 일본을 떠나 북한으로 간 것은 아니었다. 1980년 남한국적이 없던 3,765명의 재일한인들은 니가타를 통해서 일본을 떠났다. 이러한 수치는 1985년 이전까지 3,300~3,500명 수준이었고 1986년에는 3,851명으로 증가하였다가 1987년에는 4,532명, 1988년에는 3,953명으로 그리고 1989년에는 최대치 5,246명으로 늘어났다. 특히 1989년에는 평양에서 제13회 국제청년축제가 개최되었다. 북한방문자 수는 1990년대 초에 증가하였는데 1990년에 4,392명, 1991년에 4,686명 다시 1992년(김일성 80세 생일)에는 최대치 5,067명 그리고 1993년에는 3,344명, 1994년(김일성 사망)에는 4,249명 등이었다. 1979년부터 1994년까지 약 4,000명의 재일한인, 그중 대부분이 조총련 회원들이던 이들이 북한을 매년 방문했던 것이다.[44]

북한으로 떠났던 재일한인들은 세 가지로 분류된다. 첫째, 조총련 소속 대학생들. 1980년부터 조총련계 재일한인 대학들이 북한의 대학에 유학생을 파견하기 시작하였다. 대개 이 프로그램에 의하면 6개월에서 12개월까지 북한

---

43) Kim, Hong Nack. The Korean Minority in Japan. - Korea and World Affairs, Vol.14, N.1, pp.111-137, 1990; Fukuoka Yasunori. 1993. Zainichi Kankoku Chosenjin(Korean in Japan). Tokyo: Chuo Koronsha.

44) Ryang, Sonia. North Koreans in Japan: Language, Ideology, and Identity. Boulder, CO: Westview, 1997, p.38. Рассчитано по Shutsunyukoku kanri tokeinenpo.

에 체류하게 되었다. 둘째, 조총련 간부, 행동단원 및 교육기관 교원 등 지위가 높았던 사람들 부류인데 이들은 북한 당국의 비호하에 일시적인 체류를 할 수 있었다. 셋째, 일찍이 친지방문을 위하여 북한을 다녀간 사람들이다. 2주 정도의 기간이 보통이었다. 비용은 1980년대 초의 경우 숙식, 관광, 친지방문 등에 6만 엔 정도면 충분하였다. 조총련의 공식통계를 보면 1979~1997년 사이에 북한친지 방문 그룹은 모두 300개였다. 북송 한인을 실어 날랐던 소련선박은 1970년대에 북한선박 '만경봉'호로 바뀌었고 니가타에서 동해에 연해 있는 북한의 큰 항구 원산까지의 항해에 50시간이 소요되었다. 1970년대 말에는 보다 더 큰 배가 이용되었는데 이 배는 두 항구를 36시간에 주파하는 '삼지연'호였다. 조총련 및 조총련을 후원하는 재일한인 기업인들은 보다 더 큰 배의 건조에 재정지원을 하였고 결국 니가타와 원산을 28시간에 항해하는 '만경봉-92'호가 등장하게 되었다.[45]

냉전의 종식과 함께 북한은 빗장을 풀기 시작하였다. 북한과 일본은 북경을 경유하는 항공노선을 개설하였고 일부 전세직항로를 만들었다. 재일한인뿐만 아니라 일부 일본인들도 북한을 다녀갔다. 이러한 방문은 일본 및 외신 기자들로 하여금 조총련의 중재로 북한을 방문할 수 있게 하였다.

친지방문 초기에는 북한관리들이 재일한인들을 예의주시하고 감시하였다. 최고급 호텔에 최고수준의 음식이 제공되었고 대우도 매우 친절하였다. 일본에서 온 친지들을 맞이하는 데 선발된 북송 한인가족들은 일반 북한사람들이 가질 수 없는 새 가구와 생활시설, 식료품을 받았다.

1990년대에는 상황이 나쁜 쪽으로 바뀌었다. 그것은 무엇보다도 이산가족 상봉의 비용이 가파르게 증가되었기 때문이었다. 소니 량에 의하면 일본에 2주가량 방문하는 북송 한인들의 비용이 거의 200만 엔에 달하였다. 한 달 체류 시에는 800만 엔이 소요되었고 소수의 인원들만이 이러한 비용조달이 가능하였다. 누구에게 돈이 전달되고 어떤 명목으로 사용되는지 아무도 몰랐는데 그 이유는 비용접수가 조총련을 통하여 이루어졌기 때문이었다.[46]

---

45) Choson sinbo, October 17, 1997.

46) Ryang, Sonia. North Koreans in Japan: Language, Ideology, and Identity. Boulder, CO: Westview,

2002년 겨우 4,000명 정도의 재일한인들이 '만경봉-92'호를 타고 니가타에서 원산으로 가서 북에 있는 친척들을 만났다. 일부는 다른 경로로 북한으로 들어갔다. 북에서 일본으로 방문한 인원은 적었으며 같은 해에 단지 192명의 북한사람들이 일본을 다녀갔는데 그중 26명은 짧은 기간 동안 일본에 체류하였다. 이러한 이산가족들의 재회에서 나타난 가장 근본적인 문제는 정치적인 것뿐만 아니라 경제적인 면에도 있었다. 아사히신문에 의하면 북송 한인들이 일본을 방문하려면 조선노동당에 2,000만 엔을 전달해야만 했는데 이는 북한 사람의 경우 천문학적인 액수였다.[47]

재일한인과 북송 한인들의 상봉 이면에는 항상 문제가 발생하였다. 북송 한인 '일본인 처'(언론인들이 쉽게 칭한)들의 방문 미허락이 문제였는데 이들은 북한을 떠날 수가 없었다.[48] 가족들과 북한으로 떠났던 일본인 여성배우자들은 1,831명에 달하였다. 일본언론에 의하면 1997년 9월 6일부터 9일까지 북경에서 열렸던 양국 적십자사의 회동에서 문제가 거론되기 시작하였다. 여기서 10~15명 규모의 일본인 여성배우자 1진이 1주일 여정으로 일본을 방문하게 되었다. 이 문제에 관한 사전 준비회담이 1997년 8월 21~22일까지 양국 관계 정상화를 위한 북한과 일본의 외교차관 사이에 진행된 바 있었다.[49][50] 이 회담에 의하면 1997년 11월 8일 55~85세에 이르는 일본인 여성배우자 1진이 항공기편으로 북경을 거쳐 일본 동경의 나리타공항에 가게 되었다.[51]

언론에서는 일본 공무원들이 언급한 내용들이 자주 거론되었는데, 즉 일본 항에 정박 중인 북한 선박들이 마약을 운반하고 일본에서 활동 중인 북한첩자들의 창구로 활동되고 있을 뿐만 아니라, 북한에 살고 있는 친지들을 만나

---

1997, p.50.

47) The Asahi Shimbun. March 10, 2004.

48) Mainichi Shimbun, August 23, 1997.

49) The Lurid 50-year History of [Chochongyon];
http://www.nknet.org/en/keys/lastkeys/2001/4/04.php

50) Visit Home for Japanese Married to North Koreans. September 30, 1997.
http://www.fpcj.jp/e/shiryo/jb/j9734.html

51) Fifteen Korean Women Visit Japan on Humanitarian Program.
210.145.168.243/pk/017th_issue/97111204.htm

고 싶어 하는 재일한인들 중에서 새로 첩자들을 뽑는 수단으로 이용된다는 것이었다.[52] 일본은 민족적 비극을 겪고 있던 북한을 충분히 원조하는 것과 관련하여 북한정부에 세 가지 조건을 제시하였다. 1997년 5월 29일 남한의 대중매체 대표자들과의 만남에서 일본 수상 류타로 하시모토 총리가 이 조건에 대해 발표하였다. 첫째, 북한은 일본인 여성배우자들의 일본방문을 허가해야 한다. 둘째, 일본인 납치 이유에 대한 보다 확실한 설명을 해 줄 것. 셋째, 일본 항구를 통한 북한선박의 마약 수송에 관련한 북한 당국의 견해를 밝힐 것 등이었다.[53]

북한 당국은 북송 한인들을 이데올로기 투쟁에 유리하게 이용하였고 국가 우수성의 증표로 그리고 정책도구로 사용하였다.[54] 1999년 12월 16일 평양과 도쿄에서는 '자본주의에서 사회주의로 전환한' 50주년 기념회의가 개최되었다. 노동당 기관지 '노동신문'은 "한인귀환은 20세기의 역사적 사건이었으며 이는 수령 김일성의 불멸의 이념인 '주체사상'의 위대한 승리"로 치부하였다.[55]

1994년에 김일성의 사망과 이에 이은 김정일의 권력승계 이후 조총련 소속 한인들은 향후 일본에서의 지위와 전망에 대해 비관적으로 바라보게 되었다. 한편으로는 젊은 계층의 한인들이 자신들의 아버지들이 가슴에 품었던 조국인 북한에서의 비교적 안락한 생활에 대한 환상을 상실하였고 또한 조사결과에도 북송 희망 신청건이 거의 없었다. 또 다른 측면으로는 조총련을 탈퇴하고 남한국적을 취득하는 것이 가난에서 벗어나게 하는 만병통치약이 아니며 조총련 교육 및 해외기업체 네트워크와 관계되는 문제를 해결하는 것도 아니었다. 일부 재일한인 청년들은 남한국적을 취득하는 일에 관심을 두었으나 또 다른 일부는 귀화신청을 하여 일본국적을 취득하기도 하였다.

---

52) Yomiuri Shimbun, May 30, 1997; N. Korea slams Japan for delaying ship's departure. http://home.kyodo.co.jp/all/display.jsp?an=20030919192&cate; Mika Mervio. The Korean Community within Ethnic Minorities in Japan. pp.34-35. gsti.miis.edu/CEAS-PUB/2003_Mervio.pdf

53) Yomiuri Shimbun, May 30, 1997.

54) Sankei Shimbun. September 11, 1997.

55) Repatriation of Koreans in Japan marked. Pyongyang, December 16(KCNA); Korean residents in Japan meet. Pyongyang, December 16(KCNA). ttp://www.kcna.co.jp/item/1999/9912/news12/16.htm

일본정부의 구상에는 차세대 한인들이 자연스럽게 동화되도록 되어 있었
는데 이것으로 보아 일본사회에 동화되느냐 아니면 민족정체성을 유지하느
냐 하는 문제는 한인들 개개인에게 맡겨졌다. 또한 일본정부는 한인과 일본
인 간의 권리를 동일시하는 것을 원하지 않아 지금까지 한인들에 대한 법적
차별문제가 잔존하고 있다. 1991년에 마침내 일본정부는 1952년 4월 28일에
체결된 샌프란시스코 강화조약 이전에 이미 거주하고 있던 모든 한인 및 그
자녀들에게 영주권을 부여하였다. 1992년에는 한인들의 거주등록 시에 행하
던 지문날인이 모두 폐기되었다. 현재 재일한인의 대다수는 2세대, 3세대 혹
은 4세대에 해당하지만 이들 모두는 여전히 외국인으로 남아 있다.


## 2. 재일한인의 인구학적 변동


### 1) 귀화 및 재일한인 규모의 변화

일본이 항상 지속적으로 강조하고 있는 것은 단일민족 국가라는 것이고 이
러한 사항은 헌법에 명시되어 있으며 모든 공무원들이 반드시 알아야 한다는
것이다. 사실 전후의 일본역사를 보면 상당수의 한인들이 일본에 거주하고
있었는데 이들은 남한 국적자들과 외국영주권지위를 가진 자들이었다. 일본
정부는 통계수치상 이 두 집단을 하나의 한인그룹으로 계산하였다.

일본의 이주 당국에 의하면 1970년 말의 외국인은 모두 708,458명이었고 그
중에서 614,202명, 즉 전체의 86.6%가 한인들이었다. 1980년에 한인들은 일본
전체 인구의 0.5%를 차지하였고 이는 일본 거주 전체 외국인의 85%에 해당하
였다. 한인들 중 약 80%는 한국태생이었는데 이들은 대개 1~4세대를 구성하
였다.[56] 1985년 말 무렵에는 687,000명 이상의 한인들이 일본에 거주하고 있
었으며 일본 이주 당국에 등록된 외국인의 85.1%를 차지하였다. 거주등록 된

---

56) In Soo Son. Ethnic Identity and Self-Esteem among Korean High School Students in Japan.
  M.A. Thesis. University of Hawaii. 1983. p.10.

한인들 중 642,729명(93.5%)은 영주권자들이었다. 재일한인의 88% 이상이 일본태생이었다. 1993년에 이주 당국에 등록된 전체 외국인 중 한인들의 비율은 51.7%였으나 2001년 말에는 35.6%로 급감하였다. 이러한 하락의 원인은 첫째, 연령별 구조에서 한인들의 출생과 귀화율에 있었다. 1992년부터 2001년까지 한인들의 규모는 688,144명에서 632,405명으로 감소하였다. 1997년에는 11,786명이나 줄게 되었고 2001년에는 1,279명이 줄었다. 둘째, 한인비율의 감소는 새로운 외국인들의 유입 때문이기도 했는데 주로 중국인들이 많았으며 동 기간에 그 비율은 15.2%에서 21.4%로 증가하였다. 같은 기간에 '니케이진(일본인 2세대)'이라고 하는 브라질 거주 일본인들의 대량 유입이 있었는데 그 비율은 11.5%에서 15.0%까지 올라갔다. 필리핀인들이 세 번째로 많은 외국인 집단에 소속되었는데 2001년의 비율이 8.8%였다. 총 외국인의 규모는 1,281,644명에서 1,778,462명으로 늘어났다.[57] 가보에 관한 자료에 의하면 대다수의 한인들, 즉 89%의 한인들이 경상남북도, 전라남도 및 제주도 출신자들이었다. 1989년 무렵에는 재일한인 40만 명 이상이 남한 국적을 받았다. 이것으로 보면 일본과 한국 간의 협정에 따라 일본 영주권자들의 지위가 우선적으로 남한국민임을 인정하고 있다는 것을 보여 준다.[58]

재일한인의 법적 지위는 복잡하게 차별적으로 규정되어 있는데 이에 따르면 같은 가족 구성원이라고 할지라도 각각 여러 지위를 가질 수 있게 된다. 재일한인의 법적 지위와 관련해서는 다음과 같은 네 범주로 구분된다.[59]

첫째, 1952년 4월 28일 샌프란시스코 강화조약 효력 발생 전에 일본에 거주

---


57) Tani Tomio, "Zainichi Kankoku－chôsenjin Shakai no Genzai", in Tanaka Hiroshi, ed., Teijûka suru Gaikokujin, Tôkyô: Asahi shoten, 1995, p.137; and the Ministry of Justice Statistics in the 1990s, <http//www.moj.go.jp>; Mika Mervio. The Korean Community in Japan and Shimane. 85, 113. gsti.miis.edu/CEAS－PUB/200206Mervio.pdf

58) Kim Hong Nak. Korean Minority in Japan. － Korea and World Affairs, Vol. XIV, N.1. 1990, p.114.

59) Iwasawa, Yuji. Legal Treatment of Koreans in Japan: The Impact of International Human Rights Law on Japanese Law.－ Human Rights Quarterly, Vol.8, 1986; Kashiwazaki, Chikako. 2000. "Politics of Legal Status: the equation of nationality with ethnonational identity." pp.13－31 in Sonia Ryang ed., Koreans in Japan: Critical Voices from the Margin. London: Rutledge; Kim, Charn－Kui. Some Minority Problems in International Law. In Korean Residents in Japan and Korea－Japan Relations. ICSK Forum Series, N.7, Seoul, 1985, pp.35－41, Onuma Yasuaki. 1979a. "Zainichi Chosenjin no Hoteki Chii ni kansuru Ichi Kosatsu"(An Examination of the Legal Status of Koreans in Japan), part 1. Hogaku Kyokai Zasshi, 96－97, Parts 1－6, etc.

하던 한인들과 그 자녀들 중 1945년 9월 3일부터 1952년 4월 28일 이전에 일본에서 출생한 자. 협정실행 전에 재일한인 전원은 일본 국적자로 간주되었으나 동 협정으로 인하여 이러한 규정은 자동적으로 폐기되었다. 이때부터 모든 재일한인들은 외국인으로 간주되었으며 새로운 이주법의 적용을 받게 되었다. 역설적으로 재일한인들은 일본입국의 상황이나 거주요건에도 불구하고 일본거주를 허용하고 있던 이주법에 명시된 16개의 외국인 범주에 해당되지 않았다. 우선 외국인의 법적 요건은 외국인임을 증명하는 입국비자 및 관련서류가 있어야 하는데 영주권을 지닌 재일한인 중 아무도 이를 소지하지 않았고 게다가 개인적인 잘못도 아니었다. 이러한 특수한 상황에서 이와 같은 범주의 한인들에게 '거주자격', '거주기간', '체재 시의 활동' 요건을 면제시켜 주는 법령 '제126호 2-6'이 반포되었다. 그렇다고 일본에서 강제추방될 가능성이 사라진 것이 아니었다. 일본의 이주 당국에 의하면 1969년 4월 1일 당시 이러한 범주의 재일한인은 324,968명 규모였다.[60]

둘째, 첫 번째 범주에 해당하는 한인들의 자녀들, 즉 1953년 4월 28일 이후 출생하여 부모들에 의해 일본국적이 상실된 사람들이다. 이러한 한인들의 법적 지위는 일본국적자가 아닌 사람들에 대한 '거주자격'과 '거주기간' 등을 명시한 1952년 5월 12일자 특별명령서에 명시되었다. 이 부류는 대개 재일한인 2세대가 해당하였다. 이들은 3년마다 이주기관에 신고하도록 되었고 특별한 심사를 거쳐 거주가 허용되었다. 1969년 4월 1일자 공식통계에 의하면 이들 부류는 모두 156,237명이었다.

셋째, 1965년 2월 16일 '재일한인의 법적 지위에 관한 특별협정'에 근거하여 일본에 영주권을 가지고 있는 한인들이다. 이 부류는 동 협정을 바탕으로 하여 1971년 1월 16일부터 영주권을 취득한 사람들과 양분된다. 1971년 1월 16일 이후 출생한 이들의 자녀들도 영주권을 취득하게 되었다. 1969년 4월 1일자로 세 번째 부류에 속하는 사람들은 모두 100,297명이었다. 1971년 6월 21일자 일본신문에 나타난 일본 법무성의 발표에 따르면 전체 재일한인 약 61

---

60) Юриков Х. К. Корейцы в Японии, - Расы и народы, М., Наука, 1974, №.4, с. 216.

만 명 중에서 351,955명이 한일협정에 근거한 일본영주권을 희망한 것으로 나타났다. 영주권을 희망하지 않은 한인들 중에서 약 16만 명은 첫 번째 부류의 한인들이고 약 12만 명은 두 번째 부류의 사람들이었다. 나머지는 일본영주권을 원하지 않았고 네 번째 부류의 한인들로 남았다.

네 번째 부류의 한인들은 이주법을 위반하여 강제출국을 해야 할 사람들이나 법무성의 특별허가로 일본에 임시 체류하고 있는 사람들이다. 공식자료에 의하면 이들은 1969년 4월 1일부로 20,375명이나 1970년 6월 말에는 그 규모가 7,500명으로 증가되었으며 마침내는 약 28,000여 명으로 되었다. 이 중에서 약 17,500명은 일본 당국에 의하여 네 번째 부류의 한인들로 규정되었는데, 즉 이주법을 '위반한 자'들이었다.

미완의 법적 지위문제는 재일한인 문제의 핵심이며 일본, 남한, 북한 등 삼국관계의 걸림돌이다. 문제의 심각성은 일본과 북한 간의 외교관계가 여전히 정상화되지 못하고 양국관계가 '냉전' 상태에 이를 만큼 증대되었다. 근본과제의 미결, 재일한인의 장기거주, 일본태생 한인들로의 세대교체 등의 결과 귀화희망자의 수가 최근 들어 매년 증가하고 있다. 일본으로 귀화한다는 의미는 단지 국적취득만을 뜻하는 것이 아니라 오랫동안 억제되어 왔던 한국 고유의 성(姓)과 민족정체성의 포기를 뜻하는 것이다. 왜냐하면 귀화는 국적을 취득하는 것과 함께 동시에 자신의 선조와 민족을 거부하고 일본인으로 되겠다는 것을 의미하기 때문이다.[61]

전문가들이 지적하고 있는 국적과 민족정체성을 바꾸는 또 다른 이유로서는 '민족기업'[재일한인의 민족기업에는 조총련과 민단에 관련되는 기업체로서 식당, 금융기관, 보험회사, 파친코, 가라오케, 무역회사, 상점 등이 있다. 여기에서 일하는 사람들은 주로 해당 지역 한인들이 많았는데 이들은 주로 동포들을 상대로 하여 영업을 했기 때문이었다.]의 한계를 뛰어넘는 취업에 대한 희망, 압도적으로 높은 일본인들과의 결혼, 미래의 자녀들에 대한 걱정 그

---

61) Yasunori Fukuoka and Yukiko Tsujiyama. Mintohren: Young Koreans Against Ethnic Discrimination in Japan The Bulletin of Chiba College of Health Science, Vol.10, No.2. http://www.isop.ucla.edu/eas/newsfile/koryouth/youthdiscrim.htm

리고 젊은 층에서 나타나고 있는 민족의식의 약화 등이 있었다.

　도시유키 타무라(Toshiyuki Tamira)는 한인들의 귀화신청건수와 이에 대한 서류심사건수에 관한 통계가 없음을 확인하였다. 가족법 연구자들은 1952년부터 1999년까지 한국인 성을 일본인 성으로 바꾼 신청건수를 조사할 수 있었는데 이를 통하여 귀화의 정도를 밝혀 볼 수 있었다.[62] 이러한 분석에 의하면 1952년의 귀화한인은 모두 232명이었고 시간이 흐를수록 일본국적을 받은 한인들이 꾸준히 늘어났는데 이는 <표 2>에 나타난 바와 같다. 일본보건성 문서에는 1986년의 출입국사무소와 관련된 것이 있는데 여기에는 1952년부터 1986년까지 귀화한인의 수가 나타나 있다.

<표 2> 1952~1986년 귀화한 재일한인의 수

| 귀화연도 | 인원수 | 귀화연도 | 인원수 |
|---|---|---|---|
| 1952 | 232 | 1970 | 4,646 |
| 1953 | 1,326 | 1971 | 2,574 |
| 1954 | 2,435 | 1972 | 4,983 |
| 1955 | 2,434 | 1973 | 5,767 |
| 1956 | 2,290 | 1974 | 3,973 |
| 1957 | 2,312 | 1975 | 6,323 |
| 1958 | 2,246 | 1976 | 3,951 |
| 1959 | 2,737 | 1977 | 4,261 |
| 1960 | 3,763 | 1978 | 5,362 |
| 1961 | 2,710 | 1979 | 4,701 |
| 1962 | 3,222 | 1980 | 5,987 |
| 1963 | 3,558 | 1981 | 6,829 |
| 1964 | 4,632 | 1982 | 6,521 |
| 1965 | 3,438 | 1983 | 5,532 |
| 1966 | 3,816 | 1984 | 4,608 |
| 1967 | 3,391 | 1985 | 5,040 |
| 1968 | 3,194 | 1986 | 5,110 |
| 1969 | 1,889 | 총계 | 136,095 |

Park Byung Yoon. Korean Residents in Japan: Present and Future. Osaka, 1990, p.16. Первоисточник: Statistics on Population Demographics, Ministry of Public Well－Being(Memoranda on Immigration Control).

---

62) Toshiyuki Tamura. The Status and Role of Ethnic Koreans in the Japanese Economy. The Korean Diaspora in the World Economy. Edited by C. Fred Bergsten and Inbom Choi. Institute of International Economics. Special Report 15, January 2003, p.84.

1950~1960년 사이에 일본국적을 취득한 사람은 연간 평균 2,000~3,000명 정도였다. 1970년부터 한인들의 귀화가 늘어났고 70년대 후반에는 매년 4,000~5,000에서 6,000명까지 증가하였다. 그리고 1990년대 후반에는 1만 명까지 늘어났다. 1952년부터 1999년까지 전 기간 동안 귀화한 한인들은 233,920명이었으며 이들은 귀화신청자의 73.65%에 해당하였고 이는 여러 이유로 신청건수의 25%가 기각되었음을 의미한다.[63] 사실 기각건수는 더 많았는데 특히 1950~1960년대의 초기에 많았다. 최초 귀화에 대한 논의 직후에는 25~50%의 한인들이 귀화신청을 하지 않았다. 1954~1964년의 신청건 중에서 최소 귀화율은 1961년의 39%였고 최대 귀화율은 1964년의 62%였다.[64]

젊은 층의 한인들이 계속해서 귀화하고는 있지만 현재 학생세대들은 주로 민족 간 혼합가정에서 자라고 있어서 귀화문제는 점차 사라질 것으로 보인다. 왜냐하면 귀화할 필요가 없어지기 때문이다.

재일한인 인구변화에 관한 연구에 도움을 주는 기본자료는 두 가지가 있는데 우선 매 5년마다 실시되는 전국인구조사이며 다른 하나는 외국인 거주현황을 지속적으로 파악하고 있는 이민청과 경찰청의 연감이다. 그런데 상당수가 인구조사나 현재 인구집계에 잡혀 있지는 않지만 주거등록이 되어 있는 한인들도 있다. 전체 재일한인 중 귀화한인을 연구하고 있는 일부 전문가들은 이러한 사실들이 법적으로는 정확하지는 않지만 인구학적 분석에서는 고려되어야 한다고 보고 있다.[65]

다른 국가와는 달리 한인 수의 변화가 구조적 문제, 즉 제3국으로의 이주, 귀환 혹은 출생과 사망에 의한 자연증감에 의해서만 나타난 것은 아니었다. 재일한인의 특징은 귀화문제에 있는데 이것은 바로 통계에 포함되었다 빠졌다 하기 때문이다. 특정 시기에 따라서 이러한 세 가지 근본적인 상호관계가 다양하게 나타나고 있다.

---

63) Research Group of Zhainichi's Family Laws. 2001. The Family Law of Zainichi(in Japanese). Tokyo, Nippon Hyoron-sha.

64) Park Byung Yoon. Korean Residents in Japan: Present and Future. Osaka, 1990, p.17.

65) Kim Hong Nak. Korean Minority in Japan. - Korea and World Affairs, Vol. XIV, N.1. 1990, p.111.

<표 3> 1947~2000년 재일한인의 수

| 연도 | 인원수 | 연도 | 인원수 |
| --- | --- | --- | --- |
| 1947 | 598,507 | 1975 | 647,156 |
| 1948 | 601,772 | 1976 | 651,348 |
| 1949 | 579,561 | 1977 | 656,233 |
| 1950 | 544,903 | 1978 | 659,025 |
| 1951 | 560,700 | 1979 | 662,561 |
| 1952 | 535,065 | 1980 | 664,536 |
| 1953 | 556,084 | 1981 | 667,325 |
| 1954 | 556,239 | 1982 | 669,854 |
| 1955 | 577,682 | 1983 | 674,501 |
| 1956 | 576,287 | 1984 | 687,135 |
| 1957 | 601,769 | 1985 | 683,313 |
| 1958 | 611,085 | 1986 | 677,959 |
| 1959 | 581,257 | 1987 | 676,717 |
| 1961 | 567,542 | 1988 | 677,180 |
| 1962 | 568,360 | 1989 | 671,635 |
| 1963 | 573,284 | 1990 | 687,942 |
| 1964 | 578,545 | 1991 | 693,050 |
| 1965 | 583,537 | 1992 | 688,144 |
| 1966 | 586,273 | 1993 | 불명 |
| 1967 | 601,345 | 1994 | 676,793 |
| 1968 | 598,076 | 1995 | 666,376 |
| 1969 | 607,316 | 1996 | 657,159 |
| 1970 | 614,202 | 1997 | 645,343 |
| 1971 | 622,690 | 1998 | 638,828 |
| 1972 | 629,809 | 1999 | 636,548 |
| 1973 | 636,346 | 2000 | 635,269 |
| 1974 | 643,096 | 2001 | 불명 |

출처 : Park Byung Yoon. Korean Residents in Japan: Present and Future. Osaka, 1990, p.17. Justice Ministry of Japan; Hiroshi Tanaka. Permanent Korean Residents and New Comers in Japan. Paper delivered in the ASCO Conference, Seoul National University, 1991, p.9. Justice Ministry of Japan; Katherine Tegtmeyer Pak. Towards Local Citizenship: Japanese Cities Respond to International Migration. Center for Comparative Immigration Studies. Working Paper No.30, p.27. Justice Ministry of Japan.

전후 한인들의 대량 귀환으로 인해 재일한인의 규모는 1/3로 감소했으며 1947년의 경우 598,507명이었다. 1947년부터 1986년까지 40여 년 동안 재일한인의 수는 총 8만 명 증가하였는데 이것은 앞서 설명한 세 가지 원인에서 비롯되었다. 자세한 내용은 아래와 같다.

1947년에서 1957년까지 재일한인의 수는 최저치인 1952년의 535,065명에서 최고치인 1948년과 1957년의 601,800명이었다. 다음 10년간에는 수치가 낮아졌는데 이는 1960년대 초의 북송 한인 때문이었으며 1967년경에 한인들의 수가 601,000명으로 회복되었다. 1960년대 후반부터 느리지만 안정적인 인구증가가 이루어지면서 1977년경이 되면 656,233명, 1987년 676,717명 그리고 1991년 693,050명이 되었다. 이 기간의 수치 변화에 영향을 준 것은 귀환한인이 아니라 재일한인 자체의 인구변화였다. 우선 전후 첫 10년간의 한인들의 출생률 저하가 있었고 그 결과 1970년대 초에 가임연령의 여성의 수가 줄어들게 되었다. 도시화된 생활, 늦어지는 혼인연령, 국제결혼의 증가 및 기타 요인들에 의해 한인들의 낮은 출생률이 나타났다. 1974년에 일본인 1,000명당 출생인원이 18.6명이었고 한인들은 18.4명이었다. 10년 후 1984년에는 일본인 1,000명당 12.5명, 한인은 13.7명이었다. 1996년 일본인과 한인들은 1,000명당 9.7명에 불과하였는데 이는 전 세계에서 가장 낮은 비율이었다.[66]

1990년대에 시작된 지속적인 재일한인의 감소는 출생률의 저하뿐만 아니라 귀화한인의 증가에서도 비롯되었다. 그리고 이러한 변화에 영향을 준 결정적인 요소는 차세대 한인들의 민족의식이 점차 국제결혼으로 인하여 변화되고 있다는 점이다.

1955년에 재일한인의 국제결혼 비율은 전체 결혼(1,102건) 중에서 30.5%였으나 1965년에는 34.6%, 1972년에 46.9%로 증가되었다. 70년대 초에 시작된 한인과 일본인의 혼인은 한인들 간에 이루어진 혼인건수보다 더 많았다. 한인－일본인 혼인 1세대 중에서는 족외혼이 선호되지 않기도 하였는데 이들 자녀들은 동족 간 혼인을 더 선호했기 때문이었다. 무엇보다 중요한 점은 자녀들이 혼인대상자를 선택하는 문제에 관하여 부모들의 영향력은 더 줄어들었다는 것이다.[67]

---

66) 송기찬. 민족교육과 재일동포 젊은 세대의 아이덴티티: 일본 오사카의 공립초등학교 민족학급의 사례를 중심으로. 한양대학교 대학원 사학과 석사학위논문. 1999. 68－69.

67) Kim Hong Nak. Korean Minority in Japan.－ Korea and World Affairs, Vol. XIV, N.1. 1990, p.118.

국제결혼 증가추세가 확고해졌는데 이러한 사실은 한인과 일본인 간의 전통적 적대감정이 전후세대 사람들 사이에서 줄어들고 있다는 것을 반증해 주고 있다. 국제결혼 증가에는 몇 가지 요인이 있다. 첫째, 한인 2, 3세대들은 타민족이나 혼혈문제에 관하여 예민하지 않다는 것이다. 둘째, 다수의 한인 학생층들은 일본학교를 다녔으며 그 결과 한인들보다 일본인 동갑내기들과의 긴밀한 관계가 형성되었다. 셋째, 대도시에 편중된 거주분포의 결과 적절한 결혼상대를 찾지 못해서 동족 간 긴밀한 교제가 부족하게 되었다.

1985년 일본의 신국적법으로 인해 국제결혼으로 출생한 자녀들의 일본국적 취득절차가 완화되고 훨씬 용이해졌다. 이전의 법령에 의하면 새로 출생한 아이들은 아버지의 혈통에 따라 자동적으로 국적이 부여되었다. 새로운 법령에 의하면 국적취득이 아버지 혹은 어머니 중 어느 쪽을 선택해도 가능하게 되었다. 그 결과 국제결혼이 꾸준히 증가하였는데 1985년에 71.6%, 1991년에 82.5%, 1995년에 82.4%, 1997년에 84.0% 그리고 1999년에는 82.5%로 나타났다.[68]

1960년대까지 국제결혼 가정의 대다수는 한국인 남자와 일본인 여자로 되어 있었으나 1970년대 전반기부터는 한국인 여자와 일본인 남자의 경우가 나타나기 시작하였고 그 반대의 경우보다 비율이 조금 높았다. 1991년 인구조사에 의하면 10,894명의 공식 결혼 중에서 겨우 1,019건(9.4%)이 한국인들 사이에서 이루어졌고 8,665건(79.5%)은 한국인과 일본인 사이에서 이루어졌으며 그중 6,188건은 한국인 여자와 일본인 남자의 결혼이었다. 치카코 카시와자키(Ch. Kashiwazaki)는 변화가 1980년대 말부터 1990년대 초에 걸쳐 발생한 것은 남한에서 일본으로 입국하는 절차를 간소화한 것과 관계가 있다고 보았다. '새로운' 일본 입국 한인들은 서비스 및 미용업에 종사하던 한인여성들이었는데 이들은 직장에서 일본인 남자와 결혼하는 경우가 많았다.[69] 그렇지만

---

68) 윤인진. 코리안 디아스포라. 재외한인 이주, 적응, 정체성. The Korean Diaspora. 고려대학교출판부. 2004. p.166.

69) Kashiwazaki, Ch. To be without Korean Nationality: Claim to Korean Identity by Japanese Nationality Holders. Koreans in Japan: New Dimensions of Hybrid and Diverse Communities. Korean and Korean American Studies Bulletin, 11(No.1), 2000, pp.48 – 70; Moon, O. "Migratory Process of Korean Women to Japan", International Peace Research Institute, International Female

결혼은 시간의 시련을 견뎌 내지 못하고 1990년대 한인들 중 이혼비율이 일본인들보다 4~5배 더 높았다.[70]

알려지지 않은 재일한인의 인구학적 변화는 마이클 와이너(Michael Weiner)에 의해 밝혀졌는데, 즉 히로시마와 나가사키에 대한 미국의 원폭공격 이후의 결과에 관한 내용이다. 일부 평가에 의하면 정확한 수치는 아니지만 1945년 8월 당시 히로시마에는 약 52,000~53,000명가량의 한인들이 지역 도처에서 소공동체를 이루고 있었다. 참사 당시 나가사키 한인들의 규모는 다소 논쟁이 있긴 하지만 해당 지역 한인들의 절반가량(61,773명)이 도시 주변에 살고 있었다. 히로시마와 나가사키 거주 한인들의 공동체는 허름한 지역에 위치하였고 지역적으로도 시 외곽지대에 분포되어 있었다. 히로시마에서는 가장 큰 한인공동체인 '조선인 부락'이 도시 중심에서 4~5km 떨어진 곳에 있었고 약 3,000명의 한인들이 폭탄이 투하된 지점에서 3km 떨어진 미쓰비시 공장에서 일하고 있었다.[71] 많은 한인들이 도심에서 건설노동이나 가옥철거 작업에 종사하고 있었고 여성한인들을 포함한 다른 사람들은 원폭의 직접적 피해를 받을 수 있는 공장에서 일하고 있었다. 히로시마 원폭 당시 얼마나 많은 한인들이 도시에 있었고 정확히 어떤 지점에서 있었으며 희생이 어떠한지에 관한 더 많은 연구가 필요하다.[72]

당시 이들 도시에 분포된 한인들을 재구성하는 일은 매우 어려운데 그 이유 중 첫째는 화재로 인하여 관련 서류들이 소실되었기 때문이다. 둘째는 한인들의 일터가 일정하지 않아 주거지 변경이 자주 있었기 때문에 정확한 통계를 내기가 어렵다. 셋째는 살아남아 연로한 연령에 도달한 한인들이 1945년 8월 당시 정확한 거주지를 밝히지 못하기 때문이다.[73]

---

Migration and Japan: Networking, Settlement and Human Rights, Tokyo: Meiji Gakuin University. 1995.

70) 윤인진. 코리안 디아스포라. 재외한인 이주, 적응, 정체성. The Korean Diaspora. 고려대학교출판부. 2004. p.167, Fukuoka Yasunori. Koreans in Japan: Past and Present. Saitama University Review, Vol.31, No.1. http://www.han.org/a/fukuoka96a.html

71) Michael Weiner. The Representation of Absence and Absence of Representation. Korean Victims of the Atomic Bomb Japan's Minorities. The Illusion of Homogeneity. Edited by Michael Weiner. London and New York, 1997, p.88.

72) Kobe Sinbun, July 7, 1990; Kobe Sinbun, July 8, 1990.

원폭으로 인하여 사망한 총 희생자 수는 정확하지 않으며 대략 히로시마의 경우 78,000명에서 24만 명 정도로 추정하고 있다. 히로시마 거주 5만여 명의 한인 중 약 3만 명이 현장에서 사망하거나 얼마 후에 죽었고 남은 2만여 명도 전체 히로시마의 '히바쿠샤'[히로시마와 나가사키 원폭 결과 살아남은 사람들과 그 자녀들]의 15~20%를 차지하였다. 나가사키에는 1만여 명의 한인이 사망하고 2만여 명은 원폭의 피해자 상태로 살아남았다.

최근 일본 후생성 자료에 의하면 1945~1988년의 폭격으로 인하여 직·간접적으로 사망한 사람들의 총수는 295,956명으로 밝혀졌다.[74] 수천 명의 사람들이 방사능 피폭 후유증으로 인한 암으로 죽어 가고 있다. 히바쿠샤 중에서 위암으로 죽는 사람들이 총인구 중의 평균비율보다 17% 더 많았고, 백혈병의 경우는 4배나 더 많았다.[75] 히바쿠샤에서 출생한 아이들도 부모에게서 물려받은 유전적인 요인으로 인하여 질병에 시달리고 있다. 건강문제 외에도 히바쿠샤들은 차별과 사회적 고립에 고통을 받고 있다.[76]

한인 히바쿠샤들은 일본기업과 정부로부터 보상 및 사망가족 위로금과 희생 당시 상황에 대한 조사 그리고 한국에 희생자 추모비 건립 등을 요구하고 있지만 지금까지 관철되지 않고 있다.

일부 평가에 의하면 재일한인 중 히바쿠샤를 제외하고 원폭에서 살아남은 약 15,000명의 한인들이 남한에서 살고 있고 약 2,000명이 북한에서 살고 있다. 한인 히바쿠샤들에 대한 보상금, 위로금, 치료비 지급문제는 한일 간, 정부 간의 문제로 남아 있다. 현재 일본과 한국에서 한인 히바쿠샤들의 갱생 프로그램이 국가 간, 도시 간에 진행 중에 있다. 입증 서류가 제시된 일부 한인들은 보상을 받았다.[77]

---

73) Michael Weiner. The Representation of Absence and Absence of Representation. Korean Victims of the Atomic Bomb Japan's Minorities. The Illusion of Homogeneity. Edited by Michael Weiner. London and New York, 1997, p.88.

74) Mainichi Sinbun. August 5, 1990.

75) Mainichi Sinbun. August 6, 1988.

76) Michael Weiner. The Representation of Absence and Absence of Representation. Korean Victims of the Atomic Bomb Japan's Minorities. The Illusion of Homogeneity. Edited by Michael Weiner. London and New York, 1997, p.91.

## 2) 재일한인의 지리적 분포

재일한인의 지리적 분포는 일본 식민지통치 기간에 대량이주와 강제이주의 시작과 함께 이루어졌다. 1920~1930년대 지리적 분포의 근간은 전후에도 그대로 지속되었다. 무엇보다도 재일한인들은 도시에 거주하였는데 특히 육체적 노동이 필요했던 대도시 중심부에 위치되었다. 그리고 중공업 지대에 거주하기도 하였는데 여기서 한인들은 위험하고 더럽고 힘든 일을 맡았다.

1969년 4월 1일자로 재일한인은 603,712명이었다. 이들의 지리적 분포는 우선 국가의 도서지방이나 변두리에 있었다는 점이 특징적이었다.[*] 그러나 한인 집중 거주지역은 모두 10개 지역으로 나눌 수 있다. 즉 오사카(165,556명), 도쿄(71,532명), 효고(61,784명), 아이치(48,921명), 교토(40,959명), 가나가와(26,680명), 후쿠오카(25,671명), 야마구치(15,623명), 히로시마(14,904명) 및 기후(10,786명) 등이다. 재일한인들의 전국분포는 대도시에 집중된 것임을 알 수 있다. 대도시 가정에 61% 이상의 한인들이 집중적으로 분포되어 있는데, 즉 오사카 112,358명, 도쿄 및 도쿄도에 61,252명, 교토 34,033명, 나고야 25,124명, 고베 24,108명, 요코하마 10,787명, 키타규슈 9,040명 등이다. 이들 도시에 모두 276,702명의 한인들이 거주하였다.[78]

한인들의 최고 밀집도시는 오사카인데 이곳의 한인들은 동부지구, 즉 이쿠노 구에 가장 많이 거주하고 있다. 1965년 이쿠노 구 한 곳에서만 공식적으로 주민등록이 된 38,000명의 한인뿐만 아니라 주민등록이 안 된 상당수의 한인들도 있어서 사실상 오사카 시의 이쿠노 구에는 4만~5만 명의 한인들이 거주하고 있었던 셈이었다. 이러한 계산이 맞다면 이쿠노 구 주민 중 5~6명당 1명은 재일한인이라고 추산된다. 이쿠노 구의 아키아노 동은 '한인촌'으로 유

---

77) Asahi Sinbun, 18 May 1988; Asahi Sinbun, 9 August 1990, Yomiuri Sinbun 9 August 1990, Asahi Sinbun, 6, 13 August 1992; и т.д.

78) Fukuoka Yasunori. 1993. Zainichi Kankoku Chosenjin(Korean in Japan). Tokyo: Chuo Koronsha; Onuma, Yasuaki. Korean Resident in Japan: Past, Present and Future. In Korean Residents in Japan and Korea—Japan Relations. International Cultural Society of Korea, ICSK Forum Series No.7, Seoul, 1985, pp.11—35.

명한데 이곳에는 한인들의 시장이 있었다. 1960년대 중반에 이쿠노 거주민 수는 약 15,000명 정도였고 게다가 이 중에서 2/3는 이 동네 출신자들이었다.[79]

1920~1966년 시기에 5개 대단위 지역**의 재일한인 일본유입 인구의 변화는 일본에서 진행된 도시화 현상과 밀접한 관계가 있다. 이 기간 동안에 키타큐슈-산 지역에는 1920년에 전체 재일한인의 40.7%가 살고 있었는데 1966년에는 12.8%로 줄어들었던 것이다. 홋카이도에서는 한인들의 비율이 8%에서 1.5%로 감소하였고 반면에 같은 시기 한신 지역에서는 27.3%에서 44.1%로, 도쿄 지방에서는 8.3%에서 18.2%로, 주크 지방에서는 2.9%에서 11.1%로 변화하였던 것이다. 도쿄, 한신, 주크 3개 지역에서만 1966년에 재일한인의 73.4%가 밀집되었다. 1961년 4월 1일 기준으로 본다면 이 시기의 이러한 경향은 잘 보존되어 있다. 이와 같이 재일한인의 2/3 이상이 태평양 연안, 즉 '메가폴리스 일대'에 거주하였던 것이다. 이러한 현상은 재일한인의 거주 편의성과 환경과도 밀접한 관계를 가지고 있다.

전문연구자들의 평가에 의하면 재일한인의 초기이주시대에는 같은 지역 출신 여부에 따라 이주지가 분포되었다. 오사카로는 제주도 출신들이 절대다수였고, 히로시마에는 경상남도 출신자들이 거의 전부를 차지했던 것이다. 도시 내에서도 이와 같은 원칙이 그대로 적용되었다.[80]

1980년대 중반 무렵까지 재일한인의 지리적 분포상에 어떠한 근본적인 변화가 발생하지 않았다. 이전과 같이 한인들은 일부 대도시에 한정하여 거주하였다. 1984년 말 687,135명의 한인들 중에서 19만 명이 오사카 주민, 81,037명이 도쿄 주민, 72,078명이 고베 및 인근지역 주민, 57,533명이 나고야 및 아이치 주민, 48,305명이 교토, 31,192명이 요코하마 및 가나가와 주민, 27,885명이 후쿠오카 주민들이었다. 모두 합하면 전체 재일한인의 85% 이상을 차지하는 수치였다.[81]

---

79) Miyata Hiroto. 65 Mannin-Zainichi Chosenjin(650 thousand Korean Residents in Japan) Tokyo: Suzusawa Shoten, 1979; Lee, Kwang-kyu. Overseas Koreans. Seoul: Jimoondang Publishing Company. 2000., pp.196-205, 윤인진. 코리안 디아스포라. 재외한인 이주, 적응, 정체성. The Korean Diaspora. 고려대학교출판부. 2004, pp.149-198.

80) 이문웅. 세계의한민족 - 일본. 서울: 통일원. 1997. pp.131-132.

1996년 재일한인의 분포는 <표 4>에 나타나 있는데 여기서 보면 일본 내에서 진행된 전체 지리적 분포의 변화가 일부 보인다. 과거 10년 전의 동향은 인구밀집지에서 새로운 거주지역으로 유입되고 있다는 것인데 이는 노동활동, 유학 및 타 도시 주민과의 결혼에서 비롯되었다.

<표 4> 1996년 12월 일본의 도시 및 현 지역 거주 한인들의 분포

|  | 행정구역 | 재일한인의 수 |
|---|---|---|
| 1 | 오사카 | 170,516 |
| 2 | 도쿄 | 93,437 |
| 3 | 효고 | 68,430 |
| 4 | 아이치 | 51,369 |
| 5 | 교토 | 44,451 |
| 6 | 가나가와 | 32,470 |
| 7 | 후쿠오카 | 23,910 |
| 8 | 사이다마 | 16,104 |
| 9 | 지바 | 15,847 |
| 10 | 히로시마 | 14,912 |
| 11 | 야마구치 | 12,120 |
| 12 | 기후 | 8,483 |
| 13 | 오카야마 | 8,345 |
| 14 | 미에 | 7,822 |
| 15 | 시가 | 7,723 |
| 16 | 시추오카 | 7,486 |
| 17 | 나라 | 6,531 |
| 18 | 홋카이도 | 6,284 |
| 19 | 이바라키 | 5,516 |
| 20 | 기타 28개 현 | 55,403 |
| | 총계 | 657,159 |

출처 : The Alien Registration, 1997/6 Vol.446.

일본 최대의 섬인 홋카이도에서는 현재 상당한 수의 한인들이 거주하고 있는데 큐슈, 홋카이도, 시코쿠 및 오키나와 순으로 사람들이 많다. 2001년의 일본인구조사에 의하면 한인들은 다음과 같은 형태로 분포되었다(괄호 안은 전

---

81) Kim Hong Nak. Korean Minority in Japan/ Korea and World Affairs, Vol. XIV, N.1. 1990, p.134.

체 외국인 대비 비율임). 즉 오사카 155,702명(74.3%), 도쿄 100,870명(31.5%), 효고 63,844명(63.3%), 아이치 47,206명(31,6%), 교토 40,048명(71,9%), 가나가와 34,430명(26,3%), 후쿠오카 21,764명(53,8%), 사이다마 18,011명(20,2%), 지바 17,711명(21,5%), 히로시마 13,112명(42,3%) 및 야마구치 10,496명(68.9%) 등.

5,000명 이하의 한인들이 살고 있는 행정구역은 다음과 같다. 도쿠시마 444명, 오키나와 520명, 가고시마 548명, 고치 794명, 미야자키 795명, 아키다 876명, 사가 1,037명, 이와테 1,114명, 시마네 1,142명, 가가와 1,176명, 구마모토 1,255명, 아오모리 1,367명, 나가사키 1,396명, 도토리 1,566명, 에히메 1,690명, 도야마 1,713명, 야마와타 1,932명, 후쿠시마 2,142명, 야마나시 2,400명, 이시가와 2,551명, 니이가타 2,564명, 오이타 2,706명, 도치키 3,173명 및 굼마 3,183명 등.[82]

시마네 대학교(하마다 시) 미카 메르비오 교수는 다년간 시마네 현 거주 한인에 대해 연구하면서 몇 가지 한인들의 특성을 밝혀내었다.[83] 즉 현 거주 한인들의 수는 외국인 규모로 볼 때 중국인(1,741명) 다음으로 두 번째로 많은 1,102명이었다. 시마네 현의 주 직종은 농업이며 한인들의 경우 밀집도 정도는 낮은 상태에 있었다. 2000년 당시 현 거주 총인구는 761,503명이었다. 시마네 현의 구체적인 한인 분포도는 <표 5>에 나타나 있다.

한인들의 근간은 규모는 표에서 나타난 것처럼 네 개의 지역에 거주하고 있는 720명이지만 사실상 작은 마을을 포함한 전 지역에 걸쳐 거주하고 있었다. 마수다와 야스기의 한인들은 다른 외국인들(필리핀인, 중국인, 브라질 출신 '니케이인' 등)에 비하여 매우 중요한 소수민족에 해당한다. 전후 시기에 시마네 현의 한인들의 수는 지속적으로 감소했는데 1947년 6,138명이었던 반면에 1950년에 5,823명, 1960년에 4,007명, 1970년 1,555명, 1980년 1,270명, 1990년 1,326명 등이었다. 가장 급격한 감소는 1960년대에 있었고 1970년대와 그 이후의 시기에는 비교적 안정적으로 되었다.[84]

---

82) Japan Ministry of Justice, http://www.moj.go.jp.

83) Mika Mervio. The Korean Community in Japan and Shimane. gsti.miis.edu/CEAS−PUB/200206Mervio.pdf

84) Mika Merviö. The Korean Community within Ethnic Minorities in Japan. P.37. www.unu.edu/hq/rector_office/events2003/pg-prog-6oct03.doc

<표 5> 시마네 현의 한인분포(2001년)

| 거주지 | 한인 수(2001) | 총 거주민 수(2000) |
|---|---|---|
| 마스예 | 276 | 153,616 |
| 이츠모 | 200 | 87,330 |
| 하마다 | 134 | 47,187 |
| 마수다 | 110 | 50,128 |
| 야스기 | 64 | 30,520 |
| 고츠 | 56 | 25,773 |
| 오다 | 47 | 33,609 |
| 미도 | 25 | 2,691 |
| 요시다 | 20 | 2,434 |

출처 : Mika Merviö. The Korean Community within Ethnic Minorities in Japan. P.36.
www.unu.edu/hq/rector_office/events2003/pg – prog – 6oct03.doc. Первоисточник: Shimane Prefecture.

주로 젊은 세대들이 주축인 시마네 현의 한인들은 인근의 간사이 지방으로 다수 이주하였는데 거기에는 교육과 취업의 전망이 밝았다. 전통적으로 이 지역은 농업이 주산업이었으므로 실업의 고통을 받은 젊은이들은 대도시로 가서 동포들이 운영하는 가게, 즉 식당, 파친코, 건설현장 등에서 일하였다.

출신지역에 관한 연구에 의하면 1996년 말 당시 경상남도 출신이 586명(45.7%), 경상북도 출신이 402명(31.4%), 전라남도 출신이 93명(7.2%), 부산시 출신 46명(3.6.%), 기타 한국의 다른 지역 출신이 155명(12.1%)으로 나타났다. 경상남도와 북도 출신자들이 시네마 현 전체 한인들의 2/3를 차지하였고 이 또한 동향출신들끼리 모이는 원칙이 발견되었다.[85]

## 3) 한인의 성별 및 사회계층별 구조

재일한인의 연령별, 성별, 사회계층별 변화는 연구기간 동안에 상당한 정도로 나타났다. 우선 연령별 구조에 관해서는 일본태생 한인들의 꾸준한 증가가 이어졌는데, 즉 유입이주민의 비율이 감소했다는 것이다. 시간이 흐르면서

---

85) Mika Merviö. The Korean Community within Ethnic Minorities in Japan. P.37.
   www.unu.edu/hq/rector_office/events2003/pg-prog-6oct03.doc

재일한인공동체의 세대별 구성이 크게 변화하기 시작하였다. 가령 1974년에 거주등록 된 재일한인의 75% 이상이 이주 2세대 혹은 3세대들이었다. 1세대 이주민 수는 현격하게 줄어들어서 1974년에 불과 24%에 불과하였다. 1979년경에는 이주 1세대 비율이 14.9%, 1984년에는 11.2%로 감소하였다.[86]

현재 1세대 이주민은 전체 재일한인의 7%까지 감소하였으며 이러한 경향은 불가피한 현상으로서 이렇게 되면 점차 일본 식민지배에 관한 부정적인 기억을 가지고 있는 구세대들이 사라지는 것을 뜻한다. 일본에서 출생해서 교육을 받은 2, 3세대들은 압도적인 규모(85%)를 가지며 일본어밖에 구사하지 못한다. 그런데 이들이 일본에서 출생하고 교육받았음에도 불구하고 일본국적을 취득하지 못한 경우가 허다한데 그 이유는 일본이 '속지주의'가 아니라 '속인주의' 국적법을 따르고 있기 때문이다. 만약 일본의 이 같은 국적법이 변경되지 않는다면 한인들은 그리고 일본태생 4세대, 5세대들은 계속해서 외국인으로 남아 있을 것이다.

한인들은 다른 외국인 소수민족과 판이하게 다른데 그 이유는 한인들 대다수가 일본에서 출생하였고 나머지는 비교적 최근에 이주해 온 사람들이기 때문이다. 한인과 일본인을 비교한다면 첫째, 0~10세 연령대의 한인 유소년들의 비율이 낮은데 이는 낮은 출생률에 기인하였다. 둘째, 반대로 한인들 중에는 65~75세 연령대 비율이 높은데 특히 여성들 비율이 높다. 셋째, 25~49세 연령대는 다소 많은 편에 속하는데 이는 남한에서 유학생 등 이주들의 유입이 있었기 때문이다. 타민족과 다른 한인들의 특징 중 하나는 노인연령대의 외국인들이 낮은 비율을 차지하고 있다는 점이다. 75세 이상의 연령대 한인들은 전체 재일외국인 중 81%를 차지하는데 이에 반해 0~4세는 전체의 25,9%에 불과한 실정이다.[87] 1985~2000년 시기의 일본인구조사에 나타난 재일한인의 변화는 <표 6>에 정리되어 있다.

---

86) Kim Hong Nak. Korean Minority in Japan/Korea and World Affairs, Vol. XIV, N.1. 1990, p.115.

87) Mika Merviö. The Korean Community within Ethnic Minorities in Japan. p.1.
www.unu.edu/hq/rector_office/events2003/pg-prog-6oct03.doc

<표 6> 재일한인의 연령별 구조(1985~2000)

| 연령대 | 1985 | 1990 | 1995 | 2000 |
|---|---|---|---|---|
| 85 이상 | 1,271 | 2,025 | 2,978 | 4,528 |
| 80~84 | 3,047 | 4,335 | 5,899 | 7,300 |
| 75~79 | 6,957 | 8,918 | 10,564 | 14,145 |
| 70~74 | 12,131 | 13,841 | 17,549 | 15,646 |
| 65~69 | 16,873 | 20,569 | 18,328 | 20,654 |
| 65~85 이상 | 40,279 (7,1%) | 49,688 (8,8%) | 55,318 (9,9%) | 62,273 (11,8%) |
| 60~64 | 23,683 | 20,328 | 22,795 | 28,484 |
| 55~59 | 22,470 | 24,423 | 30,606 | 34,770 |
| 50~54 | 26,001 | 32,057 | 37,347 | 41,896 |
| 45~49 | 33,742 | 39,216 | 45,550 | 43,328 |
| 40~44 | 40,629 | 47,503 | 46,666 | 42,962 |
| 35~39 | 48,892 | 48,818 | 46,267 | 44,755 |
| 30~34 | 49,358 | 48,117 | 48,830 | 46,356 |
| 25~29 | 46,683 | 50,476 | 50,461 | 49,958 |
| 20~24 | 46,888 | 47,450 | 50,106 | 39,128 |
| 15~19 | 49,286 | 49,605 | 40,534 | 33,038 |
| 15~64 | 387,632 (67,9%) | 407,993 (71,9%) | 419,162 (74,8%) | 404,675 (76,5%) |
| 10~14 | 54,106 | 42,920 | 36,012 | 24,964 |
| 5~9 | 46,969 | 38,107 | 27,626 | 20,387 |
| 0~4 | 42,248 | 28,890 | 22,296 | 16,645 |
| 0~14 | 143,323 (25,1%) | 109,917 (19,4%) | 85,934 (15,3%) | 61,956 (11,7%) |
| 총계 | 571,234 | 567,598 | 560,414 | 528,904 |

출처 : Toshiyuki Tamura. The Status and Role of Ethnic Koreans in the Japanese Economy. The Korean Diaspora in the World Economy. Edited by C. Fred Bergsten and Inbom Choi. Institute of International Economics. Special Report 15, January 2003, p.90, 윤인진, 코리안 디아스포라, 재외한인 이주, 적응, 정체성, The Korean Diaspora, 고려대학교 출판부, 2004, p.167. Первоисточник: Japanese Census.

1985~2000년 동안 재일한인의 연령별 구조는 외형상 아래위 끝이 홀쭉하고 가운데가 퉁퉁한 중국식 초롱과 유사하다. 15~64세 연령대가 대다수이며 이 중에서 25~45세 연령대가 가장 많다. 인구조사 사이 기간에는 전체 연령대별 인구가 조금 상승하였는데 그 비율은 8.6%였다. 가장 많은 증가는 20~30%를 보인 45~49세, 50~54세 연령대였는데 이는 재일한인의 점진적인 노

령화를 뜻한다.

　인구조사 전문가에 의하면 노년층의 인구가 절대수치나 상대수치 모든 면에서 꾸준한 증가가 이루어졌다. 이러한 사실은 한편으로는 평균수명이 길어졌다는 것과 또 다른 한편으로는 젊은 층이 줄어들었다는 것을 말해 준다. 게다가 85세 이상의 연령층은 거의 3배나 증가되었고 75~84세 연령대는 두 배 정도 증가되었다. 노년층 인구비중의 증가는 재일한인의 '고령화'를 초래할 것이며 노동인구 구조에서도 상층부의 비중이 커짐을 의미한다.

　이미 언급했듯이 재일한인의 특징은 저출산율을 기록하고 있다는 점이다. 1985~2000년 15년 동안 14세 미만의 한인아동들은 143,323명에서 61,956명으로 감소하였고 비율은 25.1%에서 11.7%로 줄었는데, 즉 2배 이상 감소하였고 반면에 전체 한인들의 수는 이 기간에 8% 줄어들었다.

　성별 구조에 관해서는 아래와 같다. 이주 초기에는 남자비율이 여자비율보다 더 높았는데 그 이유는 젊은 층의 한인들이 노동목적으로 이주하면서 가족들을 고국에 남기고 갔기 때문이었다. 강제동원 대상은 주로 남자에 해당하였던 것이다. 최근 이주 2세대 층의 등장과 함께 남녀성비 차이는 줄어들었고 1959년의 경우 남자 대 여자의 비율은 55.2 : 44.8이었다.

　1992년에 상황은 바뀌었으며 여자들이 더 많아졌는데 그 비율은 52.7%, 남자의 비율은 47.3%였다. 이러한 변화에는 외부의 요소가 작용하였는데, 즉 남한 출신 여자들이 일본으로 이주했었기 때문이었고 이들은 여가산업 혹은 미용산업에서 일하였다. 전문가들에 의하면 대체적으로 재일한인들에게는 남녀성비 불균형이 특징적인 것이 아니었다.

　재일한인의 사회계층별 구조를 보면 과거 식민지 지배를 받았다는 점과 민족에 따른 차별을 받은 것으로 언급된다. 일본의 공식통계에 의하면 1940년의 경우 공장노동자와 수공업자들이 전체 한인노동자의 51.9%를 차지했고 광부들이 13.1%였다. 이와 같이 공장노동자, 광부들이 전체 한인 노동자들의 65%를 차지하였다.[88]

---

88) Morita, Yoshio. Senzen ni okeru zainiti chosenjin pozinko tokey(Demographic Statistic of Koreans in Japan before 1945). Chosen gakuho, 1968, №.48, pp.57－58.

일본패망 이후 재일한인들은 실직당하고 개인기업체로부터 해고되었고 일본에 남은 사람들이 직업을 갖기란 매우 어려웠다. 종전직후 재일한인의 규모가 약 60만 명이었을 때 겨우 14만~15만 명 정도만이 직업을 가질 수 있었는데, 즉 전체 인구수 대비 1/4에 해당하였다. 이는 일본인에 대한 비율과 비교한다면 낮은 수치였다. 이러한 사실은 1969년 4월 1일까지도 변함없었으며 당시는 전체 603,712명 중 150,122명, 즉 24.9%만이 정규직장을 가지고 있었을 뿐이었다. 일본의 공식통계에 의하면 상당수의 한인들이 일정한 직업을 갖지 못한 사람들이었다. 재일한인의 10명 중 3~4명이 완전한 실직자였던 것이다.[89]

1965년 4월 오사카 현에는 156,730명의 한인들이 거주했는데 그중 약 6,000명, 즉 4%에 해당하는 사람들은 물질적 지원이 필요하였는데 당시 일본인들의 경우 이 수치는 1%에 불과하였다. 사실상 극빈자에 해당하는 한인들의 수는 점점 커졌으나 사회보장 제도에서 부여하는 수당수혜자는 줄어들었다. 가령 1955년에 수당수혜자는 138,972명, 1957년에 81,000명 그리고 1961년에 64,000명 등이었다. 취업자의 증가와 이에 따른 수당수혜자의 감소는 당연한 일이었다. 1960년대의 재일한인들은 연간 250~300억 엔의 재정수입을 국가에 가져다주었고 반면 일본정부의 수당지원은 겨우 5억 엔에 불과하였다.[90]

1960년대 재일한인들의 대다수는 육체노동자들이었다. 일용직 건설노동자, 잡역부, 벌목공 등이 1969년에 45.5%(1969년 4월 1일부 전체 한인노동자 68,265명 중)를 차지하였다. 한인들 중에는 비교적 많은 운전기사(11,805명)가 있었으나 공장노동자는 매우 적었는데 그 이유는 당시 일본기업체의 사정이 좋지 않았기 때문이었다. 상당수의 한인들(전체 31,446명의 노동자 중 20.9%)은 무역에 종사하고 있었다. 이들 중 대다수는 가게를 가지고 있었고 작은 식당 및 식료품 상점을 가지고 있었다. 약 1/4은(7,802명) 원료가공품 수집 및 판매상들이었다. 도표상 기업가로 표시된 사람들은 일본기업체의 주문예약제에

---

89) Morita, Yoshio. 1996. Suji ga kataru zainichi kankoku chosenjin no rekishi(The history of zainichi Koreans portrayed with statistics). Tokyo: Akashi shoten.

90) Юриков Х. К. Корейцы в Японии－Расы и народы, М., Наука, 1974, №.4, с. 222.

제품을 공급하는 소규모 영세업자들이었다. 한인들이 소유한 비교적 큰 기업체 중의 몇몇은 주로 소규모 가내기업체였다. 도쿄도의 재일한인 기업가 중에서 제일 많이 차지했던 업종은 소규모 식당업, 식품점이었고 다음은 고물수집, 그 다음은 도소매업, 네 번째는 오락업 및 수도, 가전제품 수선업 등이었다.[91]

1970년대에 대기업가로 성공할 수 있었던 재일한인 기업인들은 그 수가 적었는데 이유는 이들이 일본인 동종업체와 경쟁하였을 뿐만 아니라 정부 및 은행이 부과하였던 규제를 감내해야만 하였기 때문이었다. 이 시기에 오사카에서는 한인소유의 2개의 대기업이 있었는데, 즉 섬유공장 '사카모토 보세키'는 자본금 1억 엔과 종업원 54,000명을 가지고 있었고 또 하나의 기업 '롯데'는 자본금 2억 1,700만 엔으로 연매출 20억 엔을 기록하고 있었다. 재일한인에게는 소위 '직업제한법(*berufsverbot*)'이 적용되었는데, 즉 일종의 '금지된 직장'으로서 공무원, 교사, 국영기업체 직원, 군인, 정치인, 언론인, 법조계, 지방자치단체, 국영운송업체 등 업종에서 일할 자격이 없었던 것이다. 일본인 고용주는 '민족적인' 이유로 한인들을 고용하지 않았다. 1971년 8월에 도쿄도에서 전문가들이 행한 연구조사 결과에 의하면 간토지방의 약 100개의 대기업들이 한인들을 고용하지 않았다.[92]

1987년의 일본통계에 의하면 직장을 가지고 있던 재일한인들은 남자의 경우 342,907명 중 145,000명, 여자의 경우 335,052명 중 26,000명으로 파악되었다. 대다수 한인노동자들은 개인사업가거나 '블루칼라'들이었다. 사무원 종사자는 모두 40,179명, 공장노동자들은 40,722명, 소매업자가 36,356명, 매니저 등 기타 10,399명, 의료업계 2,648명, 교육계 1,611명, 종교계 375명 등이었다. 그 밖에 농업종사자가 1,588명, 어업종사자는 211명이었다. 예술계 인사들은 902명, 작가 및 언론인이 273명이었다.[93]

---

91) Abe, Kazuhiro. Japanese Capitalism and the Korean Minority in Japan: Class, Race, and Racism. Ph.D. Dissertation. University of California, Los Angeles, 1989; Japans Subtle Apartheid: The Korean Minority now. Published by RAIK(Research Action Institute for Koreans in Japan). pp.1－55, 1990.

92) Там же; Hahn, Bae Ho, Hong, Bung－chik. The Korean Minority in Japan: Their Problems and Prospects. Korea Observer, 19756 Vol.15: pp.4－21

일본에서 태어나고 일본어가 모국어로 된 한인 2, 3세대들의 취업은 1985~
2000년 기간에 뚜렷한 변화가 없었다. 1985년 인구조사에 의하면 한인노동인
구는 61.5%인데 남자의 78.5%, 여자의 44.3%에 해당하였다. 총 실업률은 7.6%
로서 남자는 8.4%, 여자는 6.3%였다. 1990년과 1995년에 이러한 수치는 각각
60.8%, 77.2%, 45.1% 그리고 60.8%, 77.8%, 46.3%였다. 실업률은 각각 6.1%,
6.3%, 5.9% 및 8.5%, 8.6%, 8.4%였다. 2000년의 경우 취업률이 각각 59.7%,
74.6%, 46.8%였고 실업률은 8.2%, 8.5%, 7.8%였다. 2000년 취업률은 사실상 전
국적인 수준과 유사했으나 실업률의 경우는 한인들이 좀 더 높은데 전국적인
비율이 4.7%, 남자의 경우 5.1%, 여자의 경우 4.2%였기 때문이었다.[94]

여성한인 취업자와 취업희망자가 증가한 것은 뚜렷한 사실이었는데 왜냐
하면 여성 실업자 수가 높아졌기 때문이었다. 남자들의 취업수준은 큰 변동
이 없었으며 이는 일본 경제상황과 연관이 있었다.

2000년 인구조사 결과 재일한인의 직업 및 활동 분야별 분포에 관해서는
다음과 같이 정리될 수 있다. 첫째, 농촌취업비율은 낮았고 1970년대와 비교
해서 농업인구도 줄었다. 둘째, 대부분의 한인들은 도소매업, 사무직, 기타 생
산 및 건설직에 종사하였다. 셋째, 이전 시기와 비교해서 고용된 사람들이 늘
었고 소기업 종사자 비율은 줄었다. 넷째, 이전에 취업이 금지되었던 기관과
기업체에 고용되기 시작하였다. 한인공무원 수는 365명에 이르렀다. 다섯째,
이전처럼 한인들 중에는 공장노동자들이 적은 부분이나마 남아 있었다. 이러
한 모든 변화는 전후 일본의 사회경제적 상황에 기인하며 동시에 재일한인들
의 세대교체를 반영하는데, 압도적 다수의 신세대 한인들은 현대 일본에서
출생하고 사회화 과정을 거쳤다.

---

93) Kim Hong Nak. Korean Minority in Japan/ Korea and World Affairs, Vol.ⅩⅣ, N.1. 1990, p
p.114-115; Japans Subtle Apartheid: The Korean Minority now. Published by RAIK(Research
Action Institute for Koreans in Japan). pp.1-55, 1990.

94) Toshiyuki Tamura. The Status and Role of Ethnic Koreans in the Japanese Economy. The Korean
Diaspora in the World Economy. Edited by C. Fred Bergsten and Inbom Choi. Institute of
International Economics. Special Report 15, January 2003, p.91. Первоисточник: Japanese Census,
1985, 1990, 1995, 2000.

# 3. 신이주 재일한인

한국해방과 일본항복으로 인하여 재일한인들의 남한 귀국가능성이 높아지게 되었다. 그러나 많은 귀환자들이 고국에 정착하지 못하고 또 다른 사람들은 정부의 탄압을 피해 일본에서 직장을 구하게 되면서 1946년부터는 남한에서 일본으로의 재이주가 끊어지지 않았다. 이렇게 일본으로 입국한 남한의 신이주민들은 이민법을 어긴 불법이주자로 체포되었다. 1946년 4월부터 1966년까지 일본 당국이 체포한 불법이주한인들은 모두 71,179명이었다.[95]

1965년 12월 18일에 체결된 한일협정으로 인하여 남한 사람들의 일본재이주가 가능하게 되었지만 일본 당국은 1966년에 769명의 한인이주민들을 체포하였다. 1959년부터 1966년까지 이러한 불법이주자들 중 1,503명은 개인적인 사정으로 인하여 북한송환자 부류에 속하였다. 1957년부터 1966년까지 8,239명의 불법이주자들은 일본법무성으로부터 일본 임시거주 허가를 받았지만 대다수 한인들은 남한으로 강제출국을 당하였다. 상당수의 남한출신 이주민들은 일본에 잔류할 수 있었으며 그 수는 4만~5만 명 내지 10만 명 정도에 이른다.[96]

80년대 중반부터 일본에서는 외국인 노동자들의 유입이 높아졌는데 그중 4/5는 불법체류자로 분류되어 일본이민당국에 억류되었다.[97] 유리코 와알(Yuriko Wahl)의 조사에 의하면 일본 당국이 파악한 1980년대의 불법입국 한인들은(현존 문서는 부재함) 지속적으로 늘어났는데, 즉 1981년에 37명, 1983년에 144명, 1985년에 76명, 1988년에 1,033명, 1990년에 5,334명 등이었다.[98] 정상적으로 입국하여 일본 당국이 이주외국인으로 파악한 남한사람들의 수는 1986년에 132,604명, 1987년에 158,625명, 1988년에 343,525명, 1989년에

---


95) Morita, Yoshio. Senzen ni okeru zainiti chosenjin pozinko tokey(Demographic Statistic of Koreans in Japan before 1945). Chosen gakuho, 1968, №.48, p.42.

96) Юриков Х. К. Корейцы в Японии. Расы и народы. М., Расы и народы. 1974, №.5, c.215.

97) Economist, April 29, 1991, p.148.

98) Yuriko Wahl. Menschenrechte in Japan. Bonner Japanforschung. Band 13. HOLOS Verlag, Bonn 1994, S. 51.

524,072명, 1990년에 675,956명 등이었다. 이러한 수치를 보면 1980년대 말에 불법입국자 수가 현격하게 증대한 것을 알 수 있다.[99]

이 시기에는 외국인의 일본유입 문제에 대해서 정치, 경제, 및 학문적 영역에서 활기찬 토론이 진행되었다. 모든 정부 당국자 그리고 정파에 관계없이 일본은 외국이주민의 국가가 되어서는 안 된다는 것이 중론이었다. 결론은 일본이 '폐쇄국가(사코쿠)'가 될 것인가 아니면 제한적인 범위에서 한정된 외국인 노동력을 수용하는 '개방국가(카이고쿠)'가 될 것인가 하는 문제였다.[100]

'카이고쿠' 지지자들은 외국인 노동자를 수용하는 입장인데 우선 외국인들이 경제적으로 이익이 되고 다음으로 인도주의적 원칙에서도 이로우며, 마지막으로 국제사회에서 일본의 긍정적 이미지에 도움이 된다고 판단하면서 그 사례를 독일과 프랑스를 들었다.[101]

일본사회 내에서는 이러한 문제에 관한 토론이 전개되었다. 일본의 유력신문 중의 하나인 '마이니치'는 1988년 12월과 1990년 1월 등 두 차례에 걸쳐 이러한 문제를 다루었다. 첫 번째 기사에서는 찬성 45%, 반대 48%로 나타났고 두 번째 기사에서는 찬성 51%, 반대 44%로 나타났다. 찬성의 비율이 증가한 것은 더럽고 위험한 일을 기피하는 일본인들이 증가한 것과 관계가 있다.

최근까지 일본은 엄격한 이주민 통제정책을 통하여 단일민족적 정체성을 고집하였다. 영주권을 받은 외국인들의 수는 매우 적었고 1990년 6월에 신법이 제정되면서 더 제도가 엄격하게 되었다. 신법으로 인하여 불법체류 노동자 문제가 발생하였으며 그 수는 단기간에 25,000명을 상회하게 되었다. 단일민족성을 유지하기 위하여 일본정부는 1990년대 초에 중국과 남미에 거주하던 일본인들[일본인들의 남미이주는 19세기 말에 시작되어 현재는 약 150만 명의 일본인들이 살고 있는데 그 대부분은 브라질에 거주하고 있다]을 불러

---

99) Mainichi shinbun. January 25, 1992.

100) Helmut Loiskandl. Illegal Migrant Workers in Japan. The Cambridge Survey of World Migration. Edited by Robin Cohen. Cambridge University Press. 1995, pp.371−375.

101) Kono Shigemi, 1994. "International Migration in Japan: A Demographic Sketch", in Gooneratne, Martin and Sazanami(eds.) 1994; Komai, H. Migrant Workers in Japan. London: Kegan Paul International. 1995.

들여 부족한 노동공급을 충당하였다. 1990년대 후반에서야 약 3만∼5만 명의 2, 3세대 일본인들이 남미에서 일본으로 노동하러 입국하였다.[102] 1990년대 초 일본에는 불법체류 외국인 노동자들이 10만∼30만 명 정도 있었는데 일본 매스컴에서는 수치를 더 높게 잡기도 하였다. 연구조사에 의하면 불법체류 노동자들의 대다수는 합법적으로 입국하였으나 이후에 불법체류자 상태로 되었던 것이다.[103]

입국이민 심사는 매우 엄격한 반면 불법체류 문제를 관리하는 것은 느슨한 편이었다. 여행객으로 입국한 외국인이 비교적 쉽게 일을 할 수 있었고 노동을 할 수 없는 외국학생들까지도 실제로는 노동일에 종사하였던 것이다. 단지 소수의 불법노동자들만이 불법적으로 일본으로 잠입하였다.[104]

1990년에는 다양한 형태의 합법적 체류자들이 파악되었다. 첫 번째 부류는 외교관, 공무원, 교수, 예술인 및 종교활동 종사자, 언론인 등이었다. 임무수행 기간 동안 국가에 거주할 수 있는 권리를 가진 외교관을 제외한다면 상주 거주 연한은 3년이었다. 두 번째 부류는 투자자, 사업가 및 법률 및 경제영역 종사자, 의료인, 엔지니어, 국제관계 연구원, 통역가 및 사무직원 등으로서 이들은 1년에서 3년까지 허용되었고 거주기간도 연장되었다. 수많은 젊은 여성들이 '유흥업계 종사자'로 합법적으로 일본에 입국하였는데 가령 1988년에 이들의 수는 약 71,000명에 달하였다.[105] 세 번째 부류는 임시방문자 혹은 여행객으로서 이들은 잠재적으로 불법체류자가 될 가능성이 컸다. 이들은 최대 90일까지 국가에 체류할 수 있었다. 네 번째 부류는 법무성의 허가에 의해 6개월에서 3년까지 체류할 수 있었던 사람들로서 앞의 부류에 해당되지 않는 사람들이었다. 이러한 엄격한 입국심사와 명확하게 차별적인 입국이주민 정책에도 불구하고 최근 20여 년 동안 남한을 포함한 외국으로부터의 입국자

---


102) Tsuda, Takeyuki. Strangers in the Ethnic Homeland; Japanese Brazilian Return Migration in Transnational Perspective. Columbia University Press. 2003.

103) Mori, H. Immigration Policy and Foreign Workers in Japan. London: Macmillan. 1997.

104) Kondo, A. Immigration Law and Foreign Workers in Japan. Fukuoka: Faculty of Economic Kyushu Sangyo University. 2000.

105) Skeldon R. Trafficking: A Perspective from Asia. International Migration. Vol.38, No.3, 2000, pp.7−30.

수는 매우 크게 증가하였다.

1990년의 12개월 동안 이민청에서는 13,934명의 외국인들을 불법입국 시도 자로 분류하여 본국으로 송환시켰다. 이들 중 최대 규모가 남한사람들이었고 그 다음으로는 말레이시아인, 태국인, 이란인 및 대만인들이었다. 같은 기간 에 입국한 외국인은 32,264명이었고 이들은 나중에 불법적으로 체류하게 되 고 활동목적에 맞지 않는 일을 하였다. 그중 29,883명은 불법노동을 하게 되 어 추방되었다.106)

외국인 노동자들은 일본에서 소위 3K(키쓰이, 키타나이, 키켄) 계층, 즉 영 어로 3D 업종에 종사하여 국가에 기여하였다. 외국인 노동자 상황은 1960~ 1970년대의 유럽 및 현재의 한국과 유사한 상황에 있었다.107)

영어로 '뉴커머'에 해당하는 일본에 새로 입국하는 이주민들은 글자 그대 로 새로운 이방인들로서 1980년대 후반부터 크게 늘어났다. 한국사람들은 대 개 '뉴커머(New Comer)'로서 일본에 거주하게 되었고 이들은 일반적인 외국인 노동자와는 판이하게 달랐다. 첫째, 한국에서 온 '뉴커머'들은 높은 학력과 경 제력을 지닌 한국의 도시중산층 출신들이었다. 둘째, '니케이친'을 제외한 타 국의 외국인 노동자와는 달리 이들은 일본에 상당수의 친척이나 가까운 사람 들이 있어서 그들의 도움을 받거나 적어도 입국 초기에는 도움을 받았던 사 람들이었다. 셋째, '뉴커머'들은 직업, 성별, 연령별 입국목적 등이 다양하였 다. 넷째, 한국 출신 '뉴커머'들의 수는 1990년대, 즉 타국에서 온 외국인들보 다 늦은 시기에 증가하게 되었다. 다섯째, 한국 '뉴커머'들의 상당수는 대학생 들이었다.

1970년대에 이미 일본에는 한국에서 온 간호사들이 일하고 있었는데 이들 은 싱가포르와 필리핀 출신 동료들과 함께 계약에 의해서 입국하였고, 신이 주 한국인들은 1980년대 말부터 1990년대 초에 주로 입국한 사람들이다.108)

---

106) CHIBA, T., 1993. "International Labor Migration from Asia and South America to Japan", The Bulletin of the Institute of the Department of General Education, Meiji Gakuin University, No.17, pp.1－19.

107) Herbert, Wolfgang. Japan nach Sonnenuntergang. Unter Gangstern, Illegalen und Tagelöhnern. Dietrich Reimer Verlag, Berlin 2003.

그러나 재입국한 사람들 중 대다수는 시간이 흐르면서 불법체류 상태로 변화하게 되었다. 아이치 대학교 교수인 히로시 다나카(Hiroshi Tanaka)는 적법한 서류 없이 일본에 입국한 한국사람들의 규모에 대해 파악된 일본 법무성의 자료를 분석하면서 이들의 수가 1989년에 3,129명이었던 것이 1990년에는 9,782명이라는 점을 알았다.[109] 나시고쿠샤 대학교 교수 도시유키 도무라 (Toshiyuki Tamura)는 통계자료 없이 불법 재일한인들의 규모를 산출하는 것은 어렵다고 하였다. 이민청 근무자의 말에 의하면 1990년대에서 2000년대 초까지 매년 약 1만 명의 한국인들이 입국항구에서 억류되어 강제출국을 당하였다고 하였다. 이러한 추정치는 불법체류 및 불법취업으로 인하여 일본에서 체포된 사람 수와 비슷하였다.[110]

일본정부는 2002년 1월부터 한국인들에 대한 비자제한 조치를 해제하고 발급기회를 확대하기로 결정하였다. 2000년에 120만 명의 한국인들이 일본인들을 방문한 바 있는데 이는 전체 외국인 방문객의 24%에 해당하였다.[111]

2001년에 모두 4,229,705명으로 등록된 외국인 입국자 중에서 한국인들이 1,005,451명이었다. 이와 같이 한국은 일본입국 외국인을 가장 많이 배출하는 국가이며 그 다음으로는 대만(777,673명)과 미국(628,731명) 등이었다. 한인 여행자 수는 566,567명이었는데 이는 지리적 근접성을 고려해 볼 때 비교적 작은 규모였는데 그 이유는 대만에서 온 여행객이 689,002명이었던 것이다. 이같은 사실은 한국인들이 여행 외에 다른 목적을 가지고 일본에 입국한다는 것을 의미한다. 단기 상용비자를 소유하고 일본에 입국한 한국인들은 327,393명이었던 반면에 미국인은 231,024명, 중국인은 66,805명, 홍콩인 8,044명, 대만인 65,946명 그리고 영국인이 65,531명이었다. 한국은 '문화 및 학술' 목적

---

108) Wolfgang Herbert. Foreign workers and law enforcement in Japan. London—New York: Kegan Paul International, 1996.

109) Hiroshi Tanaka. Permanent Korean Residents and New Comers in Japan. Paper delivered in the ASCO Conference, Seoul National University, 1991, p.11. Первоисточник: Justice Ministry of Japan.

110) Toshiyuki Tamura. The Status and Role of Ethnic Koreans in the Japanese Economy. The Korean Diaspora in the World Economy. Edited by C. Fred Bergsten and Inbom Choi. Institute of International Economics. Special Report 15, January 2003, p.88.

111) http://migration.ucdavis.edu/mn/more.php?id=2517_0_3_0

의 단기비자를 취득한 제일 큰 외국이었다. 친지방문 목적의 단기비자를 소
지한 한국인들은 미국인(54,315명) 다음으로 많은 42,875명이었다.[112]

이와 같이 한국인들은 상용비자 발급범주에 두드러졌고 일본인 사업상 파
트너와의 협력에 관심이 많았다. 자주 언급되는 부문은 수출－수입관계, 관광
산업, 한국사람들을 위한 편의제공 및 소위 재일동포의 '동포 비즈니스'에 관
한 것이었다. 많은 한국인들은 '교육', '엔지니어' 영역 및 '유흥업'과 '국제결
혼' 영역의 비자를 획득하였다.

한국인들의 일부 신이주 형태는 불법입국, 불법체류, 불법취업 등과 관련한
문제들로 인하여 일본의 '개방화' 반대자들의 비난을 초래하였다. 가장 예민
하고 동시에 민감한 문제는 한국인 젊은 여성들이 '유흥업'과 향락산업에 종
사하는 것과 관련된 것이었다.

한국인 여성들의 성착취에는 역사가 있다. 제2차 세계대전 동안 일본군 당
국은 대략 10만에서 20만 명으로 추정되는 한국인 여성들을 징발하여 일본군
위안부로 이용한 바 있었다. 이러한 부류의 여성들은 '정부' 혹은 '위안부'로
알려졌으며 거의 대다수(80~90%)는 한국에서 강제로 징집되었다.[113] 1970년
대에 한국은 '기생관광'으로 알려진 일본인 남자들의 유입을 목격하였는데
이는 사실상 '섹스관광'이었다. 이러한 관광은 한국의 여성기독교 신자와 여
성해방론자들의 극렬한 항의를 받았지만 결국 당국의 압력으로 국가의 외화
수입 차원에서 유야무야되었다.[114] 1980년대에는 '예술인 비자(코교 비자)'라

---

112) Mika Mervio. The Korean Comminty in Japan and Shimane. p.92 gsti.miis.edu/CEAS－
PUB/200206Mervio.pdf

113) 한국인 위안부 문제는 최근 10년 동안 많은 학자들에 의하여 연구되었다. 이에 대한 논문은 다음
과 같다. Shin Young－sook and Cho Hye－ran. On the Characteristics and Special Nature of
the Korean "Military Comfort Women" under Japanese Rule, － Korea Journal, 1996, Vol.36,
No.1. Hicks, George. The Comfort Women: Japans Brutal Regime of Enforced Prostitution in
the Second World War. New York and London, Norton, 1995. Howard, Keith(ed.). True
Stories of the Korean Comfort Women. London, Cassel Publishing Co., 1995; Japan apologizes
on Korea sex issue. The New York Times. January 18, 1992. Chavez Linda. Korean women
drafted for military sexual service by Japan. International Activities against Military Sexual
Slavery, vol.1, no.2, July 1993; Oh John Kie－chiang. Comfort Women. Korea Times. 2001.
10. 04.

114) См.: Yoon Bang－Soon. Military Sexual Slavery: Political Agenda for Feminist Scholarship and
Activism. Paper of the 4th UN Conference on Women(September 4－15, 1995), Beijing, China.

는 특수비자가 발행되어 동남아 및 한국의 가수와 무용수들의 관심을 끌었는데 일본 체류기간이 6개월이었다. 사실 여자들은 술집이나 나이트클럽의 종업원으로 일하였는데 이러한 사항은 비자에는 없었다. 비자 기간은 여자들이 불법으로 체류하게 되는 기간으로 연장되기도 하였는데 이는 상황에 따라서 결정되었다.

볼프강 헤르베르트(Wolfgang Herbert)는 '예술활동' 자격인 '4-1-9' 상태로 일본으로 입국한 외국인들의 규모를 다음과 같이 파악하였다. 즉 필리핀인 1982년에 9,103명, 1988년에 41,357명, 한국인 1982년 2,691명, 1984년 7,091명, 1986년 375명, 1988년 994명, 중국인 1982년 1,554명, 1988년 3,056명, 전체 1982년 23,844명, 1988년 71,026명 등.[115]

일본인과의 국제결혼은 합법적 입국과 일본 거주에 관한 많은 규제사항을 무력화시키기 때문에 '위장결혼(기소 케콘)'이 행해지는 경우가 많았다. 위장결혼은 중매쟁이를 통하는 경우가 많은데 여자들에게 요구되는 거래비용은 200만~300만 엔 정도였다. 조직적인 위장결혼은 일본의 범죄집단이 행하는 사업인데 그 이유는 이러한 부류의 여자들은 매춘과 관련되는 향락산업 및 기타 불법사업을 행하는 사람들이기 때문이다. 언론매체에서는 정기적으로 위장결혼 투기사업에 이민업무를 담당하는 공무원이 섞여 있음을 보도하기도 한다. 불법상태로 자유롭게 입국하는 데 대한 평균 공정가는 약 200만 엔이다.[116]

일본 입국 여자들은 일본인 배우자와의 혼인신고 후 합법적 지위를 얻고 일도 할 수 있으나 우선적으로 중개인과의 거래와 비용지불 의무감으로 인하여 현금으로 지불되는 비교적 고소득의 일을 하지 않을 수 없었다. 사실 여자들은 구비서류와 통과과정에 필요한 선불금을 지참해야 했고 나중에 매달 소득의 일정 부분을 중개인이나 고용인에게 지불해야만 하였다.[117]

---

115) Wolfgang Herbert. Die Asiatische Gefahr. Auslaenderkiriminalitaet in Japan als Argument in der Diskussion um auslandische "illegale" Arbeitsmograntinnen. Wien, 1993. Institut fuer Japonologie. Iniversitaet Wien. Beitraege zur Japonologie. Band 30. S. 23.

116) Satoko Watenabe. Women's Struggles And Female Migration Into Japan In The 1980s-1990s. Dissertation Proposal. http://www.eco.utexas.edu/faculty/

(4-1-16-1) 유형의 비자를 받고 일본으로 입국하는 한국사람들은 622명이었고 이들 중 거의 대부분은 여자들이었으며 남자는 극히 일부분 일본여자와 결혼하는 사람들이었다. 1984년에 이른바 '결혼이민자들'은 728명까지 증가하였고 1986년에는 502명으로까지 줄어들었는데 1988년에도 동일한 502명 수준이었다. 이들 대다수의 한국사람들은 위장 결혼자들이었다.

합법적으로 일본에 단기간 입국할 수 있는 또 하나의 범주는 이른바 견습생(켄수세이) 제도인데 한국에서는 '제3세계' 국가 출신 산업연수생 제도가 있다.[118] 사실상 비숙련 노동자의 연수생들인 이들은 임금을 받지 않았으며 단지 용돈 정도를 받는 정도였다. 1988년에 일본에서는 8,727명의 견습생이 있었는데 아시아 국가 출신이 86%를 차지하였고 그중에서 중국 출신 33%, 태국 출신 17%, 필리핀 출신 11% 및 한국 출신 9.2%였다.

1988년에 일본으로 23,432명의 새로운 견습생들이 입국하였고 이는 1982년의 9,973명과 1986년의 14,388명보다 많았다. 이전과 같이 새로운 견습생들은 아시아 국가 출신자들이었고 전체의 80%에 해당하였다. 한국 출신 견습생들은 1988년에 14.3%였고 반면에 태국인은 20.1%, 중국인은 18.5%였다.[119]

한국에서 새로 입국한 이주민들의 많은 부분은 1980년대 후반에 크게 늘어난 유학생들이었다. 미국대학에서 배울 수 없었던 한국대학생들은 일본에서 더 좋은 교육을 기대하였다. 일부 한국학생들은 일본어 어학연수 프로그램으로 일본으로 입국하였다.

1990년대 후반에 일본정부는 외국유학생들을 수용하는 정책을 폈는데 1998년의 경우 외국유학생은 59,648명이었고 그중에서 한국학생들은 12,381명이었다. 2001년 말에 학생 수는 93,614명이었고 이 중에서 한국학생이 16,671명이었다. 전체 학생 중 한국학생의 비율은 17.8%였고 63.1%를 차지한 중국학

---

117) Suvendrini Kakuchi. Sex trade exploitation: Destination
    Japan.http://www.atimes.com/atimes/Japan/EA25Dh01.html

118) Nagayama Tjshikazu. Foreign Workers Recruiting Policies in Japan// Asian and Pacific
    Migration Journal 3(4), 1996. pp.619-637.

119) Wolfgang Herbert. Die Asiatische Gefahr. Auslaenderkiriminalitaet in Japan als Argument in der
    Diskussion um auslandische "illegale" Arbeitsmograntinnen. Wien, 1993. Institut fuer Japonologie.
    Iniversitaet Wien. Beitraege zur Japonologie. Band 30. S. 89.

생 다음으로 많았다.[120]

1980년대에는 일부 젊은 한인들이 학생비자를 받고 일본으로 가서 학업은 하지 않고 불법취업 하는 경우가 있었다. 1990~2000년에 이주관청에 등록된 한국학생들의 수는 대학과 언어연수기관에 실제등록 된 수와 일치하였다. 학생비자로 체류하는 일은 학업 외에 일주일에 20시간 이내이지만 일도 할 수 있음을 뜻했기 때문에 한국학생들이 이를 많이 활용하였던 것이다. 일본에서 유학한 학생들은 일본과 일본 사람에 대한 견해를 다시 할 것이며 향후 양국 간의 발전에 큰 영향을 끼칠 것이다.[121]

이와 같이 한국인의 일본이주에 관해서는 다음과 같은 결론을 내릴 수 있다. 첫째, 일본 내부에 걸친 이주과정, 본국송환, 일본한인들의 거주 및 한국인들의 신이주 등은 각각의 특징을 지니고 있다. 일본의 단일민족적 정체성으로 인하여 민족 간 극도의 불평등이 존재했으며 일본정부는 민족성에 기초한 한국인들의 법적 권리를 인정하지 않았다. 동화와 귀화문제에 있어서 '채찍과 당근'이 사용되었음에도 불구하고 대다수 한국인들은 자신들의 국적을 바꾸지 않았는데 그 이유는 이러한 변동이 역사적 조국과의 단절을 뜻할 뿐만 아니라 개인적인 정체성과도 배치되기 때문이었다. 더욱이 귀화하는 일이 곧 일본인들이 가지는 권리와 자유를 똑같이 가진다는 보장도 없었다. 본질적으로 이러한 차별이 한국인들로 하여금 동화와 귀화로 상실할지도 모르는 민족적 자아의식을 보존하게 하였다.

둘째, 재일한인의 사회적 인구이동의 결과를 보면 우선적으로 세대가 교체된 것을 알 수 있다. 1920~1940년대에 걸쳐 자발적 이주나 강제동원으로 인한 조선인 이주민들에게 보이던 역사적 조국에 대한 강제적, 심리적 강박관념이 사라지고 있다는 점이다. 이주 2, 3세대들은 이전세대와는 달리 귀화라든지 일본인과의 혼인에 대해 관심이 더 많다.

---

120) Mika Mervio. The Korean Comminty in Japan and Shimane. p.92 gsti.miis.edu/CEAS－PUB/200206Mervio.pdf

121) Stephen Murphy－Shigematsu. Psychological Struggles of Korean International Students in Japan. International Education Journal Vol.3, No.5, 2002. WCCES Commission 6: Special 2001 Congress Issue, Japanese Education in Transition.
http://www.flinders.edu.au/education/iej 75.

셋째, 젊은 세대의 한인들은 분단된 한반도의 정치적 상황보다는 자신의 권리와 자유에 관한 문제에 더 예민하다. 이들은 이주 1세대와는 달리 합법적으로 자신의 권리와 자유를 위하여 투쟁하는데 여기에는 차별과 불평등에 대항해서 싸우는 법적, 정치적 행동 등이 포함된다.

넷째, 재일한인의 법적 지위는 난민의 지위에 관한 국제법 및 인권에 관한 국제협정을 일본정부가 수용함으로써 더욱더 나아졌다. 이러한 협정이 실행된 결과 한인들은 사회보장에 관한 일부 혜택을 받을 수 있게 되었다.

다섯째, 한인 디아스포라의 수호와 보존을 위하여 3세대 이주민 및 이후의 후손들에게 영주권을 법적으로 보장해 주는 일이 필수적이다. 이러한 법적 보장 없이는 미래의 재일한인들의 민족성이 유지될지 의문시된다.

재일한인의 성장은 매우 느린 속도로 진행되었는데 그 이유는 다음과 같다. 첫째, 남한 그리고 나중에는 북한으로의 귀환이 있었다. 또 다른 이유는 귀화한 한인들이 증가함으로써 자연적으로 민족적 소속이 상실되었다.

재일한인의 국내이동은 두 방향으로 전개되었는데 하나는 농촌과 소도시에서 대도시로, 다른 하나는 멀리 떨어진 북쪽 행정구역에서 중앙 인구밀집으로 이동한 것이었는데 그 결과 한인들은 높은 도시화를 기록하게 되었다.

재일한인의 출생률은 세계 최하위이며 평균수명은 전후시기와 비교해서 높아졌다. 한인들 중에는 일본인과 국제결혼을 한 사람들이 많으며 거의 단일 민족 간 혼인보다 네 배나 높았다. 1980년대 초부터 남한 사람들의 신이주가 급증하였는데 이들의 규모는 매년 늘어났다. '신이주민'은 한국의 중산층 출신자들이며 기업가, 매니저, 학자, 문화계 인사 및 산업연수생과 대학생들이었다. 또 하나의 부류는 일본남자와 결혼한 한국인 여성들이었다. 한국의 경제발전은 한인 디아스포라의 미래에 적지 않은 역할을 할 것이다. 왜냐하면 일본과 한국 간의 대등한 협정으로 인하여 차세대 재일한인들이 일본인들과 동일하게 정치적, 경제적, 사회적 권리를 보장받을 수 있게 문제가 진전될 것이기 때문이다.

* 현재 일본의 행정구역은 4개 범주의 47개의 지자체로 되어 있다. 즉 '도(都)'는 수도권인 도쿄 지역이며 '도(道)'는 홋카이도, '부(府)'는 교토와 오사카 특별구역, 그리고 '현(縣)'은 나머지 43개 구역을 말한다.
** 일본은 5개 대단위 지역으로 나누어 질 수 있는데 도쿄 (4개 행정단위: 도쿄, 가나카와, 사이타마, 지바), 한신(3개 행정단위: 오사카, 효고, 교토), 주크(3개 행정단위: 아이치, 기후, 미에), 키타큐슈-산(8개 행정단위: 후쿠오카, 사가, 나가사키, 쿠마모토, 오이카, 히로시마, 야츠마구티, 오카야마), 그리고 홋카이도 섬 등. 동시에 기타 전통적인 지역구분법도 있다.

# 제6장

# 유럽 이주한인

지난 100여 년간 유럽은 미국, 캐나다, 호주 및 기타 국가로 이주민을 보냈던 주요 이주공급국이었고 그 결과 이들 이주민들은 해당 국가에서 뿌리를 내리고 살고 있다. 제2차 세계대전 이후 특히 1960년대부터 유럽대륙에서는 심각한 노동력 이동현상이 진행되기 시작하였다. 개발도상국 출신인 외국인 노동자는 선진국에서 단지 부족한 노동력을 보충하는 것 외에도 급여와 사회보장의 격차로 인한 추가적 이득을 제공해 주는 의미가 있다. 유럽국가들은 여러 형태로 다양한 이주민의 유입과 결부되어 있지만 이 모든 사람들을 결집시키는 것은 제 국가의 구체적인 경제 및 인구학적 업적달성을 위한 적극적인 이주정책에서 비롯되었다.

최근 십여 년간 유럽국가들은 모두 이주정책 문제에 관한 종합적인 대책을 강구하고 있는데 정책근간은 단지 이주민의 수용과 관리뿐만 아니라 적응과 변용 및 통합과정의 보장에 두고 있다. 공동체 내에서 민족 간 관용적 관계가 유지되고 있다는 점은 큰 의미가 있는 일이며 또한 불법이주민에 대한 엄격한 제한조치가 취해지는 것도 중요한 점이다.[1]

국가 간 노동이주는 선진국 경제의 필수적인 요소가 되었으며 현대 서구국가의 정책도 경제적인 활동인구 범주에 속한 시장요구적 인구에 대한 선택적 수용을 채택함으로써 활동이주민 구조의 불균형을 완화시키기도 하고 또한 국제노동시장의 자리를 보충해 주기도 한다. 특히 순환론적 원칙에 입각하여 외국인 노동자 수용을 전개한다. 이러한 사실은 불법이주의 증가와 동시에

---

1) Денисенко М. Изменения в иммиграционной политике развитых стран// Отечественные записк
и. №.4(19)б 2004.

법적으로 영구거주를 목적으로 한 외지인의 확대에 관련한 토착민들의 불만이 싹트고 있다는 사실을 설명해 준다. 선진국 인구증가에서 차지하는 순수 이주민 비율은 거의 절반을 차지할 정도이며 특히 서유럽 국가에서는 80%에 이른다. 주요 이주국가인 독일, 벨기에, 스위스, 프랑스는 외국인 비율이 전체 인구 중 5~20%를 차지하고 노동자원 중 10~25%를 차지한다.[2]

이주민들은 이주수용국의 경제발전에 큰 업적을 남겼는데 가령 1972년 서독의 경우 노동이주, 즉 '가스타르바이테르(외국인 노동자)' 정점의 시기에 국민총생산의 30%가 상승했던 것이다. 값싸고 평범한 외국인 노동력의 광범위한 이용은 수많은 전통적 산업 부문에서 이루어졌는데, 즉 벨기에에서는 전체 광부의 절반이 외국인들이었고, 스위스에서는 건설노동자의 40%가 외국인들이었다. 이주수용국의 혁혁한 경제업적은 또한 이른바 동포형 비즈니스에서 나타났는데 같은 민족 출신의 기업가와 노동자들의 협력이 눈부셨던 것이다. 이러한 기업형태는 서비스와 무역 부문에서 가장 두드러졌다.

동양국가 출신을 비롯한 외국인 노동자는 많은 일손이 필요한 부문에서 활용되었는데 이러한 일은 별로 권위도 없었고 급여 수준 또한 낮았다. 가령 프랑스에서는 이주민의 절반이 제조업과 무역에 종사하였고 독일에서는 외국인 노동자의 3/5이 제조업 부문에 종사하였던 것이다. 이러한 사실을 보면 어떤 부문이 외국인 노동력에 좌우되는지를 알 수 있다.

1990년대 말 유럽국가들은 딜레마에 빠지게 되었는데 그 이유는 인구학적 구조변동으로 인하여 이주정책의 수정이 불가피하게 되었기 때문이었다. 일부 분석가에 의하면 근래 반세기 내에 유럽은 실업자(연금생활자)와 근로자 간의 비율이 현재의 출생률과 사망률의 조건하에서 현 수준을 유지하려면 상당수(약 연간 100~140만 명 정도)의 이주민을 필요로 하게 될 것이라는 것이다. 이미 오늘날 일부 국가는 이주완화적 측면에서 이주정책을 재고하기 시작하였다. 그리고 전문가들은 이러한 입장변화가 다수의 유럽 선진국에 해당될 것이라고 생각하고 있다.

---

2) Stalker P. Workers without Frontiers. Boulder, 2000, p.42.

　　유럽 거주 한인들의 규모는 미국과 중국, 일본, 러시아, 캐나다, 호주 및 기타 국가에 비해서 작다. 유럽 각국에서 한인들의 이주과정은 한국과 현지국 간의 상호관계와 생활수준, 교육전망, 적응가능성 등에서 설정되는 소위 '밀고 당기는' 요인에 의하여 각각의 특징을 가지고 있다. 유럽으로 간 한인들은 미국이나 캐나다와는 달리 처음에는 스스로의 이주목적이 불분명하였으나 대다수는 유학을 목적으로 그리고 국가기관이나 무역업체의 구성원으로 그리고 광부나 간호원 고용계약으로 남게 되었다는 사실은 주목할 만한 일이다. 동시에 거주나 귀화의 형태를 가지게 되는 한인들의 수는 크지 않았고 또한 유럽국가에서 임시거주 한인들의 수가 영주권을 가진 한인들의 수보다 많았다는 점이 특징이다. 예외국가는 바로 서독이었는데 여기서는 60~70년대에 광부와 간호원 고용계약으로 입국한 한인들이 계약종료 후에도 잔류하게 되어 그 결과 독일에서는 영주권을 가진 한인들이 많게 되었던 것이다.[3]

　　한국의 외교부와 재외동포재단에 의하면 유럽 거주 한인들은 1995년의 경우 다음 표와 같다.

<표 1> 1995년 유럽거주 한인들의 수

| 국가 | 한인 수 | 국가 | 한인 수 |
| --- | --- | --- | --- |
| 아이슬란드 | 5 | 스웨덴 | 914 |
| 아일랜드 | 90 | 에스토니아 | 7 |
| 영국 | 9,091 | 덴마크 | 201 |
| 네덜란드 | 785 | 폴란드 | 192 |
| 벨기에 | 572 | 독일 | 29,202 |
| 룩셈부르크 | 127 | 체코 | 84 |
| 스위스 | 921 | 오스트리아 | 1,423 |
| 프랑스 | 9,584 | 헝가리 | 302 |
| 포르투갈 | 127 | 루마니아 | 137 |
| 스페인 | 6,784 | 유고슬라비아 | 19 |
| 이탈리아 | 4,549 | 불가리아 | 85 |
| 노르웨이 | 243 | 그리스 | 303 |
| 핀란드 | 90 | 터키 | 287 |

출처 : Lee Kwang-kyu. Overseas Koreans. Seoul: Jimoondang Publishing Company, 2000, p.100.

---

3) Stephen Castles. Contract Labour Migration. The Cambridge Survey of World Migration Edited by Robin Cohen. Cambridge University Press. 1995, pp.510-514 - 511.

서유럽에서 가장 큰 한인공동체 국가는 독일, 프랑스 및 영국이며 북유럽에서는 스위스 그리고 남유럽에서는 스페인과 이탈리아이다. 한국과 동유럽 국가와의 외교관계 확립으로 인하여 외교관, 대기업체 및 무역회사 직원, 언론인, 학생, 태권도 사범 등의 한인들이 나타나기 시작하였다. 유럽 한인공동체의 근간은 광부, 간호사, 학생 그리고 유럽사람들과 혼인한 사람들로 이루어져 있다.[4]

# 1. 독일 이주

20세기 초까지 독일은 이주민이 많이 나갔던 국가였는데 1800년부터 1930년대 사이에만 약 700만 명의 독일인이 정치 및 경제적인 이유로 자국을 떠났던 것이다. 제2차 세계대전이 끝난 후 상황이 바뀌어 1949년까지 독일을 떠났던 약 1,200만 명의 독일인들이 연합군이 점령한 서독의 네 지역으로 되돌아왔으며 20세기 후반에는 그 수가 유럽에서 제일 높았다. 1950~1997년 사이에는 약 2,900만 명의 사람들이 노동이주민 그리고 그 가족들, 전쟁난민과 외국에 살던 독일국민들의 신분으로 본국에 입국하게 되었다. 같은 시기에 2,000만 명의 독일인과 외국인들이 다양한 형태의 이유로 독일을 떠나기도 하였다.[5]

## 1) 한인의 독일이주 초기 단계

오늘날 독일거주 외국인 740만 명과 귀국독일인 약 320만 명 등은 최근 40

---


4) Lee Kwang-kyu. Overseas Koreans. Seoul: Jimoondang Publishing Company, 2000, p.100.

5) Bade Klaus J.: Von Auswanderungsland zum Einwanderungland? Deutschland 1880-1980. Berlin: 1983, S. 59-124; Bauer, Thomas / Zimmermann, Klaus F.: Gastarbeiter und Wirtschaftsentwicklung im Nachkriegsdeutschland. In: Jahrbuch für Wirtschaftsgeschichte. München: 1996/2, S. 73-108.

년 동안의 독일인구 증가에 크게 기여하였다. 적어도 미국과는 달리 독일은
이주민 수입국으로는 자처하지 않는다. 초청외국인 노동자(하스타르바이터),
전쟁난민, 본국 귀환자 및 기타 입국자 등은 이주민으로 간주되지는 않는다.

　독일정부의 노동력 유인책은 1950년대에 이미 수용되었으나 베를린 장벽
이 설치된 직후 동독탈출민들의 유입이 중단되자 초청외국인 노동자의 모집
이 증대되었다. 1964년에 이미 백여만 명의 초청외국인 노동자들이 유입되고
9년이 경과하자 그 수는 260만 명에 이르렀다. 1973년에 외국인 노동자 교용
계약제가 확립되어 출국이주민의 행렬이 주춤해지자 대규모의 초청외국인
노동자 가족들이 들어오게 되었다. 독일에서 임시체재 중인 노동자 중에서
이들은 사실상 이주민으로 바뀌게 되었다. 비록 연방정부가 이후 이들 인구
의 유입을 차단하고 외국인들을 본국으로 귀환시키려는 노력을 하지만 독일
의 초청외국인 노동자 수는 줄어들지 않고 증가하였다.

　1990년대 말에 통일독일의 외국인 노동자들은 이미 740만 명에 달하였고
그중에서 상당수는 독일에서 출생한 외국인 자녀들이었다. 이러한 140만 명
의 '제2세대' 외국인들은 현행법에 따라 유럽연합 국가의 국민이 아닌 이상
독일국적이나 장기간의 독일체류 권한을 갖지 못하였다. 기본적으로 독일에
서 합법적인 장단기 체류 가능성이 있으려면

- 정치탄압을 받은 사람과 그들의 친척에 부여되는 숙소제공 권리, 근본
  적인 난민
- 수용 규칙, 군복무를 마친 사람들과 강제이주자들에게 주는 권리가 있
  는 경우
- 독일거주 타 국적 보유 및 미성년자(16세 이전) 배우자 입국권
- 독립국가연합으로부터 늦게 이주해 나간 이주자들의 수용
- 타국거주 독일국민을 위한 입국권(아울러 출국시기도 무제한)
- 유럽연합과 유럽경제공동체 국가의 국민들을 위한 자유로운 거주이전
  의 권리
- 중동부 유럽 국민들의 합법적인 노동 가능성(계약노동, 계절노동, 신초

빙노동이주민, 기타 노동이주민)

- 외국인 학생 및 특정직업을 가진 전문가들을 위한 특별규칙(기타에는 외국인 매니저, 예술가, 운동선수, 기자, 군인, 군대, 군행정요원, 군관리관으로 파견된 자, 국제기구에 고용되어 독립국가연합 지역에 파견된 자 등)

오늘날 독일에는 가장 큰 한인공동체가 있으며 그 숫자는 3만 명이다. 대개 한인의 경우 광부와 간호사들이었는데 대부분 60~70년대의 고용계약서에 입각해서 귀국한 사람들이었다. 나중에는 이들의 부류에 학생, 사업가, 성직자, 기자 및 자신들의 가족들이 포함되었다.[6]

## 2) 독일의 한인 광부

한인 광부들의 모집은 1963년에 한국과 독일 간에 체결된 협정에 근거하여 시작되었다. 이 협정은 한인 광부들에게 자신의 전문적인 기술수준을 높이는 데 분명히 도움이 되었다. 한국 대통령 박정희는 경제성장을 위하여 노동자들의 해외송출에 힘을 기울였는데 그 결과 추가적인 경화(달러화) 수입을 올릴 수 있었다. 노동자 수출강화 정책으로 인하여 농촌에서 도시로 인구이주가 일어나 심각한 실업문제가 발생하였다.

다른 측면으로는 1960년대에 서독에서는 광업이 발전하여 노동자들이 부족하게 되었는데 산업수요는 증가하였으나 젊은 독일인들이 위험하고 힘든 육체노동을 기피하였던 것이다. 즉 이러한 이유로 인하여 독일산업체들은 주로 정부 간 협정을 체결하였고 한인 광부들을 초청하였던 것이다.

역설적으로 한국에서는 뇌물과 매수로 광산 일에 경험이 전무한 사람들도 모여들기 시작하였다. 결국 건강검진과 소양시험을 마친 35세 이하의 젊은이

---

6) Yoo, Jung－Sook: Koreanische Immigranten in Deutschland: Interessenvertretung und Selbstorganisation. Hamburg, 1996, S.23－50.

들이 파견되었다. 처음에는 주로 건강이 양호한 것이 전제조건이었으나 나중에 지원자가 증가하면서(1970년에 1 : 30의 비율까지 올라감) 신체검사가 생략되고 단지 기초적인 독일어 시험만 요구되었다.

1963년에 독일 광산으로 247명이 파견되었고 1977년 모집종료 결과 통산 8,395명의 한국 남자들이 계약노동자로 일하게 된 것으로 파악되었다. 이들 노동자들은 독일 입국 후 한 달 동안 광산에서 일하는 동안 주로 사용하게 될 독일어 수업을 받고, 3개월의 견습기간 후 정식으로 광산에 투입되었다. 급여는 생산활동의 결과에 따라 결정되었기 때문에 다수의 초보 한인광부들은 최소한의 봉급만 받았다. 당시 월급은 약 800~1,000마르크 정도였다. 숙식비 250마르크 외에 나머지 모든 돈은 한국으로 송금되었다.

초보 한인들의 노동여건은 양호한 것이 아니었는데 가령 이들은 터키인들보다 가장 위험한 갱도로 보내어졌고 그 때문에 누구보다도 자주 산업재해와 사고가 발생하였으며 건강을 잃게 되었다.[7] 보험회사들은 한인광부들과 계약체결을 하지 않았고 고용주들은 연금에도 들지 않았다. 노동시간은 주 40시간이었으며 추가 노동시간에 대한 추가수당이 지급되었다. 노동임금은 특별기금으로 처리되어 노동자들이 집으로 돌아갈 때 자신의 돈을 가지고 갈 수 있었다. 기금 중에는 모집비용과 교통비가 정산되었기 때문에 노동자들은 추가 지급분을 가질 수는 없었다. 한인 노동자들은 임금 일부를 받을 수 없었고 1987년에 기금에는 290만 마르크가 체납되었다.[8]

한인 광부들은 힘들고 문제도 많았지만 3년 계약기간이 종료된 이후에도 독일에 머물며 계약연장을 하였는데 그 이유는 이들이 외화를 받기 원했고 동시에 고국에 귀국한 후 뚜렷한 대안이 없었기 때문이었다. 고용주들 또한 노동자들이 3년 후에 떠나는 것을 원치 않았는데 왜냐하면 이들이 떠날 경우 또다시 새로운 인력을 교육시켜야 하는 부담이 있었기 때문이었다. 그래서 한인들의 절반 이상이 독일에 남게 되었고 다른 사람들은 한인 간호사들과 결혼하는 방법을 선택하였다.[9]

---

7) Koreanischer Arbeiterverband(Hrsg.), 1979, Nr.2, S. 28.

8) Chosun Ilbo, 26. August 1987.

1979년에 독일에서 일하고 있던 한인 광부들은 16년 체류 후 처음으로 독일 정부에 대해서 다음과 같은 사안으로 시위를 하게 되었다.

① 3년 이상의 노동계약 조건연장
② 다른 임노동자와 동일한 노동환경 제공
③ 균등한 사회보장
④ 전문교육을 받을 균등한 기회 제공

나중에 이러한 행동은 대규모 운동으로 전환되었는데 그 이유는 당시 한인 간호사들도 본국 강제귀국 요구에 대한 반대움직임을 보였기 때문이었다. '광부들을 위한 한인인권위원회'는 서명운동을 시작하여 독일 거주 한인 광부들 800명 중에서 400명의 참여를 불러일으켰다. 민주화 운동에 참여한 학생들에 대해서 한국의 군사정부가 1980년에 광주에서 자행한 유혈 사태도 독일정부가 상기 요구조건을 수용하는 데 영향을 주었다. 이후 한인 광부들은 외국인 노동자와 동등한 권리를 보장받게 되었다. 독일에서 5년 이상 거주한 사람들은 무기한 체류를 보장받았고 8년 이상 거주한 사람들은 영주권을 부여받았다.[10]

여러 차례 시위가 이루어진 후 400명의 독일거주 한인 광부들의 체류권한이 보장된 것이었다. 이와 같이 광부들은 한인이민공동체 남자들의 근간이 되었다.

광부 165명은 연방정부의 경제적 협력을 받아 교육부의 후원하에 고등교육을 이수할 수 있었다. 한인 120명은 독일 기술전문학교를 수료하였고 남한에서 전문경력을 쌓았다. 한국으로 귀국한 일부 광부들은 정착하지 못하여 다시 고국을 떠나 미국이나 사우디아라비아 및 기타 국가로 떠나갔다. 연구자

---

9) Choe, Jae−Hyeon / Daheim, Hansjürgen: Rückkehr−und Bleibeperspektiven koreanischer Arbeitsmigranten in der Bundesrepublik Deutschland. Frankfurt/M., Bern, New York: 1987, S. 67 −116(Beiträge zur Gesellschaftsforschung, Bd. 5).

10) Nesler−Tremel C. Und U. Tremel. Im Schatten des Lebens. Suedkoreaner im Steimbergbau von Nordrhein−Westfalen−Eine Untersuchung zur Rotationspolitik mit der auslaendischen Arbeitsnehmern. Heidelberg, 1985.

들에 의하면 독일에서 되돌아간 광부 중 아무도 남한의 광산에서 일하지 않았다.

## 3) 독일의 한인 간호사

독일에 최초로 한인 간호사들이 등장한 것은 1959년이었다. 간호사들은 가톨릭교회의 협력으로 사적으로 초대되었다. 1960년 초에 이들의 수는 계속 증가하였고 한인 간호사들에 대하여 '극동에서 온 친절하고 사랑스러운 사람들'로 불렸다. 한인 숙녀들을 모아 개인적 초청이나 독일 개인병원으로 파송하는 일은 출국수속을 담당하는 개인중개인이나 여행사들의 수지맞는 사업이 되었다. 1960년대 중반 서독에서는 간호사들이 크게 부족하게 되어 1965년에만 3만 명이 더 필요하게 되었다.[11] 서독과 남한정부 사이에는 이미 광부파견의 경우에서처럼 협정을 체결하게 되었다. '코리아 프로그램'이라는 명칭의 협정에서 한국의 건설적인 지원으로 동 프로그램이 진행된다고 명시되었다. 한인 간호사들은 의료 부문에서 자신의 지식과 기술을 더 높여야 했고 나중에 그것들을 고국에서 활용할 것이었다.[12] 이 프로그램에 의하면 자격증을 가진 한인 간호사 2,200명과 보조원 9,800명이 서면으로 명시되었다. 실제로 간호사 자격증 소지자는 더 늘어나 한국으로 볼 때는 치명적인 결과가 되었는데 1972년에 시골의 경우 간호사들의 80%가 부족하게 되었고 도시에서는 26%나 실직상태로 남게 되었다.[13]

출국 간호사 연령은 18~30세였으나 주로 21~25세 사이가 많았다. 한국의 숙녀들이 독일로 일하러 가려고 한 원인은 다양하였다. 간호사들 대부분이

---

11) Hwang, Hae-In: Anpassungsprobleme koreanischer Arbeitskräfte in Deutschland. In: Rheinisch-westfälische Zeitschrift für Volkskunde, Band ⅩⅩ. Heidelberg: 1973, Diss., S. 3. In: Kim(1986), S.20.

12) Stolle, Christa: Hier ist ewig Ausland: Lebensbedingungen und Perspektiven koreanischer Frauen in der Bundesrepublik Deutschland. Terre des Femmes e. V.(Hrsg.). Berlin: 1990, S. 41-54, 66-129. S. 50.

13) Kim, Hung-Hyon: Deutsche und Koreaner: Gemeinsamkeiten und Gegensätze. Von Seoul nach Berlin. Seoul, Rep. Korea: 1998, S. 21.

중산층 출신이라는 점을 감안한다면 경제적 동기가 출국의 주원인은 아니었다. 유영숙은 간호사와의 인터뷰 결과를 분석한 결과 많은 사람들이 독일로 떠난 이유를 말하기가 힘들었다고 하였다. 독일선택의 주된 동기 중의 하나는 문화가 풍부하고 견고한 학문적 전통과 경제적 발전을 이룩한 국가 이미지였다.[14) 그러나 재정적 이유를 배제할 수도 없었는데 그 이유는 양국의 생활수준이 차이가 컸고 1965년 독일 간호사 월급은 남한의 경우보다 네 배나 많았던 것이다. 한국에서 독일로 가는 경비는 초청자 측에서 부담하였다.

왜 간호사들이 독일행을 택했는지에 대한 답변으로서는 유럽에 대한 전반적인 관심과 자신의 생활을 변화시키고자 하는 희망 그리고 더 좋은 교육수혜 가능성, 남한의 낮은 여성 지위 및 유럽 각국 등지로 여행 다닐 수 있다는 꿈 등이 있었다.[15)

간호사들의 절반 정도는 계약기간 3년이 되면서 자신들의 독일 체류에 높은 만족감을 나타내었다. 간호사들의 노동조건과 생활환경은 광부들보다 더 나았다. 1971년에 총 한국송금액은 1,100만 마르크였다. 대다수 간호사들은 계약을 연장하기를 희망하였고 간호사들이 독일에 더 오래 있으면 있을수록 한국 귀환 희망은 더 줄어들었다.

1974년 독일경제의 위기로 인하여 간호사 직업이 독일 여성들에게 선망의 대상이 되고 그 결과 노동시장은 독일인이나 유럽인들에게 기회를 주었다. 일부 지역에서는 한인 간호사와의 계약이 종료된 이후에는 더 이상 연장되지 않았다. 절반가량의 간호사들이 고국으로 돌아갔지만 직업문제와 사회적 적응문제 그리고 늦은 결혼 등으로 인한 문제가 발생하였다.[16)

독일 잔류자들 대부분은 독일인이나 한인 광부들과 결혼했으며 일부는 자

---

14) Yung-Sook Yoo. Koreanische Immigranten in Deutschland. Interessenvertretung und Selbstorganization. Hamburg, 1996, S.28.

15) Shim Y. C. Aspekte der socio-kulturellen Einrdnung koreanschen Krankenpflegekraefte in Deutschland. Frankfurt/am M., 1974, S. 15.

16) You J. S. Koreanerinnen in Deutschland. Eine Analyse zum Akkulturationsverhalten am Beispiel der Kleidung, Muenster, 1981, S.156; Shim Y. C. Aspekte der socio-kulturellen Einrdnung koreanschen Krankenpflegekraefte in Deutschland. Frankfurt/am M., 1974, S. 15; Choe, Jae-Hyeon / Daheim, Hansjürgen: Rückkehr-und Bleibeperspektiven koreanischer Arbeitsmigranten in der Bundesrepublik Deutschland. Frankfurt/M., Bern, New York: 1987, S. 67-116.

신의 교육수준을 높여 직업을 바꾸고 더 높은 사회적 지위를 얻는 데 성공하였다. 한인여성 간호사들은 자신들에게 주어진 일과 주거문제를 잘 극복하고 독일에서 재빨리 그리고 쉽게 적응할 수 있었다.[17]

1963년에 광부의 수는 247명이었고 1965년 초에는 1,180명이었다. 이후 규모는 점차 줄어들기 시작하여 1970년에는 다시 1,000명 규모로 이듬해에는 795명으로 되었다. 15년 동안 독일에서 광부영주권자는 계약상 8,395명이었다. 최초의 한인여성 간호사 그룹이 1965년에 독일 땅에 등장하였는데 그 규모는 18명이었으나 1966년에는 1,227명이었는데 이때는 최고 시기로서 광부들의 경우와 마찬가지였다. 이후 다시 1970년에 1,717명의 간호사들이 도착하였고 1976년에는 62명, 1977년에는 795명 등으로 감소하였다. 13년 동안 전체 간호사는 10,371명이었다. 간호사와 광부의 형태로 독일로 파견된 한인노동계약자는 18,766명이었다.[18]

1911년에 최초의 한국학생이 베를린 대학교에 입학한 후 1950년 말까지 유학생 규모는 100명 남짓하였는데 이는 일제식민통치와 전쟁 때문이었다. 1960년대부터는 독일의 한인유학생은 꾸준히 증가하여 1975년 여름학기에는 579명에 달하였고 겨울에는 4,686명에 달하였다.[19] 1960년대부터 한국과 서독 간의 경제관계가 역동적으로 발전하기 시작하면서 한인 비즈니스맨들의 규모가 지속적으로 늘어나게 되었다. 그리고 한국의 대기업체인 삼성, 대우, 금성, 현대 등과 은행들이 서독의 경제금융 중심지인 프랑크푸르트에 지사 및 지점을 개설하기에 이르렀다. 양국의 교역 품목도 증가하여 1964년부터 1993년까지 총 700종류나 되었다. 한국의 수출규모는 1993년에 세계 13위였으며 일부 품목은 세계 10위권 내에 들었다.[20]

---

17) Von Kok-Nam Cho Ruwwe. Migrantinnen aus Korea in Deutschland. -Korea Forum. Jahrgang VI, Nummer 2, 1996, Osnabruek: Korea Kommunikations und Forschungszentrum. S.29.

18) Yoon, Woon-Sup, Kim, Hae-Dong. Die koreanischen Bergarbeiter in Deutschland. Gestern und Heute. Korea Forum(Osnabrueck), 1999, Jg. 6, Nr. 2, S. 23-25; Yung-Sook Yoo. Koreanische Immigranten in Deutschland. Interessenvertretung und Selbstorganization. Hamburg, 1996, S.29-30.

19) Yung-Sook Yoo. Koreanische Immigranten in Deutschland. Interessenvertretung und Selbstorganization. Hamburg, 1996, S.32.

20) Hankyoreh-Shinmun, 1.2.1993.

1994년 말 독일에는 20,930명의 한인들이 거주하고 있었다. 이 중에서 남자는 9,769명, 여자는 11,161명이었다. 여자가 남자보다 조금 더 많은 이유는 간호사들이 광부보다 더 오래 체재했기 때문이었다. 통계수치에는 계약노동자, 대학생, 사업가 및 일시체류자 등이 포함되어 있고 약 절반가량이 영주권자들이었다.

통계수치에 포함되지 않은 것은 입양아들이었는데 왜냐하면 이들은 모두 법적으로 독일인으로 취급되었기 때문이었다. 한인아동들의 서독입양은 미국보다 늦은 1971년에 시작되었는데 1979년까지 1,800여 명의 아동들이 독일부모들에게 인계되었던 것이다.[21]


## 4) 성별 및 사회신분별 구성

독일한인에 대한 세부적인 연령별 통계자료가 부재하기 때문에 1990년대 중반에 이루어진 조사결과를 근거로 구체적인 수치를 이용할 수밖에 없다. 연령별 구성에 대해서는 예상대로 대다수가 30~40대이라는 점을 미리 밝혀둔다. 곧 1~9세가 11%, 10~19세는 11.7%, 20~29세는 21.02%, 30~39세는 29.6%, 40~49세는 13.0%, 50~59세는 7%, 60~69세는 0.7% 등으로 파악되었다. 이와 같이 재독한인들은 주로 아이들, 젊은이 및 중년들로 구성되어 있다. 노년층은 짧은 이주역사의 관계로 별로 많지 않다.

재독한인들의 국제결혼은 주로 1970년대 중반에서 1980년대에 이루어졌는데 그 이유는 대체로 두 가지이다. 첫째, 한인 광부와 간호사들이 혼인 연령대에 접어들었다는 것이다. 둘째, 한인남성들은 계약대로 일을 마쳤지만 여성 간호사들은 계약연장을 했는데, 그 결과 남자들이 독일에 합법적으로 잔류하기 위해서는 결혼을 하는 수밖에 없었다. 또한 심리적인 요소도 간과할 수 없는데 왜냐하면 한인 남녀들은 외국 땅에서 외로움과 제한적인 단조로운 생활에 시달리고 있었기 때문이다.

---

21) Zeitschrift der Koreanischen Frauengruppe, Nr. 10, 1989, S. 43.

1970년부터 1981년까지 독일남자와 한인여성 그리고 독일여성과 한인남자 간의 국제결혼이 1,622건이 있었다고 연구결과 밝혀졌다. 이러한 국제결혼의 90%는 한국여성들에게 해당하였으며 한인남자의 경우는 10%에 불과하였다. 한인남자와 타민족 여자와의 혼인비율은 지중해 지역 출신 이주노동자의 경우와 거의 비슷하였다. 한인여성의 높은 국제결혼은 일상적인 직업생활과 연관이 있으며 교제 시 비교적 낮은 언어장벽에도 기인된다. 독일사회에서 간호사들의 사회적 지위는 광부노동자들보다 훨씬 높다. 한인광부들의 직업활동과 노동조건, 생활여건은 사실상 여성들과의 안정적인 교제로 완성되며, 이들의 낮은 독일어 구사력과 또한 혼인과 가정에 관한 전통적인 가치관도 한인여성 배우자들을 전제로 하였다.[22]

한국에서 태어나 취학 전에 부모들과 해외로 이주해 간 아이들을 한국어로 '1.5세'라고 하는데 이 아이들은 독일에서도 있었다. 1983년에 1.5세 한인들의 규모는 2,250명, 즉 전체 재독한인의 14%를 차지하였다. 한국에서 태어나 독일에서 사회화 과정을 밟았던 이들 세대들은 자신들의 민족정체성 문제와 관련한 수많은 과제들과 충돌하였다. 이들은 한편으로는 자신들의 부모들과 또 다른 한편으로는 자신들의 동년배들과의 교류에 많은 애로사항을 가지고 있었다.[23]

1980년대 초 독일에서는 한인부모들 그리고 국제결혼을 한 한인들 사이에서 이주 2세대가 등장하였다. 1983년에 한인가정에서 출생한 아이들은 모두 2,900명에 이르렀다. 1970년부터 1981년까지 국제결혼을 한 가정에서 출생한 아이들은 1,427명이었으며 이들은 모두 독일문화권에서 사회화 과정을 거쳤다. 1960년대부터 지난 40여 년 동안 재독 한인사회에는 사회적 구성과 직업 부분에서 많은 변화가 일어났다. 이러한 변화과정은 최근에 올수록 심화되었는데 그 이유는 대다수의 노동은 계약에 입각하여 진행되었기 때문이었다. 독일연방의 통계청 자료에 의하면 1984~1990년에 독일의 공장과 회사에서

---

22) Korea Kulturmagazin, Heft 1, S. 176; Simon, Michael: Deutsch-koreanische Familien: ein Beitrag zum Studium kultureller Mischehen. Münster 1985, S. 1-27, 100-156(Ethnologische Studien, Bd. 2).

23) PAIK, 1987: in Gruppenzeitschrift der Koreanischen Jugendlichen in Hamburg, S. 17.

일하는 한국 국적을 지닌 사람이 남자 557명, 여자 1,347명으로 파악되었다. 이러한 직업활동의 변화를 설명해 주는 요인으로는 우선 당시에 한인 계약노동자들이 독일에서 영주권을 취득하게 되었고 독일문화를 수용하면서 언어적 문제를 해결하였기 때문이었다. 연구에 의하면 한인여성들의 사회적 신분이동은 남자들보다 더 높았는데 이유는 주로 결혼을 함으로써 가정주부의 역할에 더 충실하게 되었기 때문이었다.[24]

다른 한인 디아스포라와 비교하여 재독 한인들의 사회적 구성과 직업적 분포의 특징으로는 무역과 일상생활 영역의 소규모 기업종사자들의 비율이 낮았다는 것이다. 재독 한인남자들의 대다수는 전문가 혹은 단순노무직이었으며 시간이 지나면서 전문가층이 두터워졌다. 재독 한인들 중에는 학생층의 비중이 높았다.


## 5) 재독한인의 지리적 분포

재독한인의 수는 약 3만 명이며 지리적 분포에서는 이전의 많은 재외한인 디아스포라와는 다른 특징을 가지고 있다. 대다수의 한인들은 베를린, 뮌헨, 함부르크, 프랑크푸르트, 뒤셀도르프, 슈투트가르트 등 대도시에 집중되어 있다. 대도시에서는 외교, 금융, 경제, 문화대표부가 있어서 다양한 취업가능성과 교육 혜택이 열려 있었고 또한 한국여행객을 상대로 식당을 비롯한 개인사업도 할 수 있었다. 현재 재독한인들의 거주지 분포에 관한 통계는 없지만 지방에 있는 한인협회가 알려 온 자료에 입각한다면 주요 대도시에 다수가 분포되어 있음을 알 수 있다.[25]

독일 연방* 중에서 최고의 한인밀집지는 노르트라인베스트팔렌 주인데 1990년대 중반에 여기에는 한인 7,629명이 거주하였고, 다음에 서베를린 주로서 2,424명, 바덴 – 뷔르템베르크 주에 1,699명, 바바리아 주 1,272명, 함부르크 주

---

24) Yung – Sook Yoo. Koreanische Immigranten in Deutschland. Interessenvertretung und Selbstorganization. Hamburg, 1996, S.35.

25) 이광규. 세계의 한민족. 유럽. 세계한민족총서. 7. 통일원. 1996, S.78 – 79.

1,461명, 헤센 주 629명 등으로 나타났다. 이러한 분포는 한인 계약노동자들의 직장이 있는 곳과 일치하며 나중에 도착한 한인유학생들과 사업가들은 독일의 경제중심지에 거주하게 되었다.

최초 정착지는 독일에 도착한 한인들에게 중요한 역할을 하였다. 루르는 결정적인 도시였는데 이유는 루르에서 간호사뿐만 아니라 광부들이 일을 했고 나중에 보쿰대학교는 한인학생들의 중심지가 되었다 그래서 노르트라인 베스트팔렌 주는 가장 많은 한인공동체가 있던 곳이었다. 나중에 독일 내에서 행해진 이주는 이주노동자, 외국인 등에 관련된 독일의 정책과 연관되었는데 가령 바바리아와 바덴 - 뷔르템베르크에서는 비자연장 문제가 나타났다. 그리고 독일인들과의 결혼 등은 한인들의 규모를 변화시킨 주요인이었다.[26]

<표 2> 1990년대 중반 독일 서부 도시의 한인분포

| 도시 | 한인 수 |
| --- | --- |
| 베를린 | 2,800 |
| 보쿰 | 380 |
| 베셀링 | 504 |
| 도르트문트 | 400 |
| 뒤스부르크 | 380 |
| 뒤셀도르프 | 1,300 |
| 에센 | 550 |
| 베르기쉬 - 글라드바흐 | 590 |
| 뮌스터 | 440 |
| 함부르크 | 2,000 |
| 브레멘 | 250 |
| 하노버 | 520 |
| 에를란겐 | 250 |
| 하이델베르크 | 300 |
| 뮌헨 | 320 |
| 오데르올름 | 300 |
| 프랑크푸르트 | 4,000 |
| 슈투트가르트 | 500 |
| 칼스루에 | 262 |

출처 : 박민옥, 『재독한인 근로자들의 사반세기 회고』, 〈사회와 신학〉, 뉴욕, 1991. N.1, pp.61 - 70.

---

26) 박민옥. 재독한인 근로자들의 사반세기 회고. 사회와 신학. 뉴욕, 1991, No.1, pp.61 - 70.

독일에 도착한 한인들은 이주민 비자를 소지하지 않았기 때문에 고용계약이나 학업이 종료되면 독일을 떠나야 하지만 거주연장 허가를 얻거나 아니면 독일인과 결혼하는 등으로 지속해서 독일에 남는 경우도 있었다. 독일 통계청에 의하면 1974년부터 1990년까지 한인 5,101명이 독일국적을 받았으며 그 중 2,123명은 독일인과 결혼한 여자들이었다. 독일국적 취득은 한국국적을 버리는 일이었다. 독일에서 영주권을 가지고 있는 한인들은 점차적으로 귀화 가능성이 있는 사람들이었다.


## 2. 프랑스 이주


프랑스 이주 사반세기는 이미 첨예한 정치문제로 남아 있으며 또한 좌우 대립의 대상으로 되어 버렸다. 프랑스에서 외국인을 수용하지 않는 일은 국내정치적 측면에서 극우정당인 민족전선의 강령으로 나타났는데 이 정당은 90년대 초에 전국 선거에서 15%의 지지를 받은 바 있다. 현재 프랑스에서는 이주에 관한 4개의 견해가 존재하는데 2개는 극단적이며 2개는 온건한 성격을 띠고 있다. 극우진영의 견해는 이주수용이라는 것이 민족에 해악을 끼치는 일이며 프랑스 국적이 없는 대규모적인 인구유입을 제한해야 한다는 것이다. 극좌진영의 견해는 이주에 관한 어떠한 제한조치도 없어야 하며 어느 누구나 프랑스에 오고 싶은 사람은 언제나 입국해서 거주해도 좋다는 것이다. 온건우파적 견해는 출입국 통제를 통하여 어느 정도 입국 제한을 해야 하며 불법체류자를 근절하자는 것이다. 온건좌파는 우선적으로 외국인들과 프랑스에서 합법적으로 거주하고 있는 사람들과의 통합을 시도하고자 한다.

오늘날 프랑스 인구는 약 6,000만 명 정도인데 이 가운데에는 360만 명의 합법적 거주 외국인이 있고 이들 대다수는 과거 프랑스의 식민지였던 알제리와 모로코 출신자들이다. 연간 프랑스 입국허가를 받는 제3세계 외국인은 약 10만 명 정도이다. 이들 대부분은 가족 간의 재회를 이유로 입국허가를 받은 경우가 많다. 그리고 매년 약 10만 명 정도가 프랑스 국적을 부여받는다. 노동이주는 극히 제한된다. 두 가지의 거주형태가 있는데 매년 비자를 갱신하는 경우와 체류 기간을 10년까지 연장하면서 체재하는 경우이다.

대개 프랑스의 불법체류자들은 약 30만 명 정도이며 이들 대부분은 중국, 알제리, 모로코 및 구 유고슬라비아 출신자들이다. 프랑스 이주청은 매년 불법체류자들을 억류하기도 하지만 정기적으로 사면을 시켜 불법체류 신분을 해제시켜 주기도 한다. 최초의 사면은 1982년 미테랑 사회주의 정부가 수립되면서 이루어졌다. 두 번째 대규모 사면은 1997년 사회주의 정당과 공산당 연합세력이 승리를 거둔 직후 실행되었다.

1949년 2월 15일 프랑스는 대한민국을 공식 승인하였으며 4월에 양국 간의 교류가 시작되어 프랑스 대표부가 서울에 설치되었다. 한국에서도 연이어 프랑스에 대표부를 설치하게 되었다.

처음에 1945년부터 1950년까지 프랑스로 입국한 사람들은 주로 학위를 받으러 온 학생들이었다. 이들 중에는 유명한 민석식 박사도 있었는데 그는 프랑스뿐만 아니라 한국에서도 뛰어난 과학과 사회활동으로 인하여 양국의 관계를 발전시켰다. 한국전쟁 종전 이후 한국인 30명 정도가 학생신분으로 프랑스로 입국하였는데 이들은 UN군으로 파견되었던 프랑스 군대에서 봉사했던 사람들이었다. 1950년대 말경 프랑스 거주 한인들의 수는 160명으로 증가하였다. 1961년에는 170명으로 늘어났고 그중 120명은 학생이었다.[27] 이듬해 한인 학생들의 수는 꾸준히 증가하였고 일부 학생들은 학업을 마친 후에 프랑스에 잔류하였다. 프랑스에 잔류한 사람들은 프랑스인과 결혼한 한국학생들이 많았다. 초기 프랑스 한인 유학생들 중에는 미술 부문에서 뛰어난 실력을 가진 사람들도 있었다.

과거 프랑스 식민지 외의 외국인 유입을 엄격히 제한하고 있는 프랑스의 이주정책으로 인하여 한인들의 수는 완만하게 증가하였고 입국의 형태도 다양하였다. 한인들이 프랑스로 입국하는 주된 이유는 유학(개인), 취업(집단 및

---

27) 유럽한인사. 프랑스와 독일 중심으로. 재외동포재단 연구보고서. 2000-1. 서울. 2003. p.33.

개인), 해외지사(집단 및 개인), 입양 및 국제결혼 등이었다.[28]

유학은 초기 한인들의 프랑스 이주에서 근간을 차지하였고 현재까지 한인 공동체에서 높은 비율을 차지하고 있다. 두 번째 높은 비율은 개인적으로 미국에서 프랑스로 이주한 경우인데 프랑스에 거주하고 있던 친지들과 합류하기 위하여 이루어졌다. 집단적 이주는 주로 독일의 광부와 간호사들이 행하였다. 이러한 두 번째 그룹의 다수는 프랑스에서 소규모 카페를 운영하는 경우가 많았다. 세 번째 이주 형태는 프랑스에 주재하는 한국의 파견공무원이나 재벌기업과 은행의 해외상사원 등으로 볼 수 있는데 이들은 주로 1970~1990년대에 많이 입국하였다. 대부분 이들 파견직원들은 근무가 종료되면 본국으로 귀국하였지만 일부는 그대로 프랑스에 체류하였던 것이다. 입양아동에 관해서는 사실상 이들 아동들은 이주자가 아니며 한인공동체 소속원도 아닌데 그 이유는 이들이 모두 프랑스 가정의 구성원이었기 때문이었다.

프랑스 거주 한인들의 변화는 다음과 같다. 즉 1958년에 160명, 1961년 170명, 1971년 396명, 1978년 1,044명, 1981년 1,911명, 1989년 4,290명, 1990년 7,432명, 1999년 10,432명 등이다. 한국의 재외동포재단과 외교통상부에 의하면 1999년부터 2000년까지 프랑스 거주 한인들은 모두 10,265명이며 그중 여자는 6,758명, 남자는 3,507명이었다. 현재 프랑스 한인사회에는 국제결혼을 한 사람이 약 200여 명 있는데 부부 중 한쪽은 한인들이다. 사실 1970년대 초부터 아이들이 없던 프랑스 가정에서는 주로 한인 아동들을 입양하기 시작하였는데 이들의 수는 1990년대 말에 이르면 13,000명에 달한다. 이와 같이 프랑스에 거주하던 한인들의 전체 규모는 23,625명이 되는 셈이다. 이들에 관한 정확한 통계자료가 없는 관계로 프랑스 한인 디아스포라의 인구학적, 사회적 지표에 관한 연구는 불가능한 실정이다. 일부 지리적 분포나 사회계층에 관한 분석은 재외동포재단이 실행했던 설문조사를 통하여 일정 부분 가능하게 되었다.[29]

---

28) Там же, с. 41.

29) 유럽한인사. 프랑스와 독일 중심으로. 재외동포재단 연구보고서. 2000-1. 서울. 2003. pp.46-47.

## 1) 지역적 분포

프랑스 한인 디아스포라는 사실상 완전히 도시거주인들이다. 국제결혼자들을 포함한 전체 한인들 중 절반 정도가 파리와 인근 교외도시에 거주하는데 그 규모는 각각 7,191명과 3,074명이다. 나머지 절반의 한인들도 도시에 살고 있었으며 2000년 초의 경우 리옹에 700명, 툴루즈 250명, 프로방스 300명, 낭트 100명, 스트라스부르 200명, 보르도 150명, 그르노블 60명, 몽펠리에 60명 정도로 파악되었다.

한인사회의 다수를 차지하는 유학생들은 프랑스의 대학도시인 투르, 낭스, 르망, 앙주, 라로셸, 니므 등에 거주하였다. 파리 및 파리 교외도시에도 한인 유학생들이 살고 있었는데 그 이유는 세계적인 문화, 예술 및 교육중심지로서의 파리가 자연스럽게 외국인 학생들을 끌어들이고 있기 때문이다.[30]

주지하다시피 프랑스에는 한인들의 규모가 작기 때문에 LA나 오사카처럼 코리아타운이 형성되어 있지 않지만 파리 내의 일정한 구역, 즉 남부 구나 제15 및 16 주거단지에 한인들이 밀집되어 살고 있다. 이 지역에 한인들이 집중되어 있는 이유는 바로 상당수의 일본인이 거주하고 있기 때문인데 그 결과 해당 지역에서는 일본 식당과 한인 식당이 즐비하다. 그 밖에 이 주거단지는 사실상 조건이 좋은 상태이다. 이 지역은 위치가 좋으며 대중교통 수단을 이용하기에도 좋다는 점이 중요한 요소로 꼽히고 있다. 해당 지역의 전화번호부를 보면 김씨 성을 가진 사람이 74명, 이씨 성이 36명, 박씨 및 기타 한국인 성씨가 300명 정도인데 이를 보면 파리의 어떤 다른 지역보다 한인들이 이 지역을 선호하고 있음을 알 수 있다.[31]

주프랑스 한국대사관에 따르면 한인들의 합법적인 지위여하에 따라 다음과 같이 분류되었다. 즉 프랑스 국적자는 60명이며 그중 남자가 18명, 여자는 42명이었고, 영주권자는 1,028명 그중 남자는 324명, 여자는 704명 그리고 불법체류자는 앞의 두 집단보다 좀 더 높은 4,695명인데 남자는 1,605명, 여자는

---

30) Там же, c.48.

31) Там же, c.49.

3,090명으로 파악되었다. 마지막 집단은 소위 '기타' 항목으로 분류되어 공식적인 집계에는 포함되지 않았는데 불법신분이었기 때문이었다. 이러한 집단은 남자 1,605명, 여자 3,090명이나 되었던 것이다. 프랑스 거주 한인여성은 (6,758명) 3,507명의 남자보다 거의 두 배 더 많았다.

앞서 언급한 13,000여 명의 한인 입양아는 모두 프랑스 국적을 부여받았다. 설문조사에 의하면 프랑스인과 결혼한 한인의 약 23%는 프랑스 국적을 소지하였다. 약 20%는 영주권을 받았으며 앞서 언급한 60명에 포함되었다. 나머지는 이러한 지위를 얻기 위한 대기자였다. 프랑스 국적을 소지한 한인들 중에는 여자가 월등히 많았으며 이는 독일에서의 상황과 유사하였다.

프랑스 거주 한인들의 직업별 구성을 보면 다음과 같다. 많은 한인들은 서비스업에 종사하였고 여행사 관광가이드와 통역인, 숙박업에 종사하였다. 두 번째 집단은 장사하는 사람들이었는데 여기에는 여자들이 많았다. 반면 사회적으로 높은 직종에 종사하는 사람들은 거의 없었다. 고교생이나 대학생 신분의 유학생은 여학생이 월등히 많았으나 가사에는 남자와 여자의 비율이 1 : 4 정도였다. 프랑스의 한국대사관이나 해외지사에서 근무하던 학생 206명 중 여자는 모두 3명이었다.32)

국제결혼을 한 한인들 중에 얼마나 많은 사람들이 직장에 종사하였는지에 대한 통계는 알려진 바 없는데 그 이유는 이들의 수치가 매우 미미했기 때문이었다. 일부 자료는 설문조사로 이루어지기도 하였다. 프랑스에서 국제결혼을 한 한인들 중 90%가 한인여성들이었는데 선택된 30명 중 여자가 28명, 남자가 2명에 불과했기 때문이었다.

설문조사는 다음과 같이 진행되었다. 즉 프랑스 남자와 결혼한 한인여성들의 1/3 이상이 전업주부였다. 나머지 사람들 중 8명은 통번역직, 4명은 사무직, 2명은 대학생, 1명은 대학강사, 1명은 화가였다. 남자 2명은 개인 서비스 업종에 종사하였다.33)

---

32) Там же, с.50.

33) Там же, с.51−52.

<표 3> 1990년대 말~2000년 초 프랑스 한인의 직업별 분류

| 직종 | 남자 | 여자 | 합계 |
|---|---|---|---|
| 해외상사 파견직원 | 103 | 1 | 104 |
| 공무원 | 103 | 2 | 105 |
| 상업 | 70 | 37 | 107 |
| 점원 | 136 | 112 | 248 |
| 사무원 | 19 | 25 | 44 |
| 생산직 | 58 | – | 58 |
| 기타 | 6 | 2 | 8 |
| 대학생 및 대학원생 | 637 | 988 | 1,626 |
| 초중고생 | 1,763 | 2,735 | 4,498 |
| 가사종사자 | 612 | 2,856 | 3,468 |
| 합계 | 3,507 | 6,758 | 10,265 |

출처 : 유럽한인사: 프랑스와 독일 중심으로. 재외동포재단 연구보고서. 2000. 1, 서울. 2003. 51~52쪽.

설문조사에 의하면 28명 중 16명은 대학생이었고 나머지 12명은 사기업체 직원들이었다. 이들 12명 중에서 9명은 10년 이상의 장기거주자였기 때문에 이후 분석은 크게 두 가지 형태로 이루어졌다. 설문응답자의 거주공간의 크기는 자신의 거주지 외에 파리 근교 시외의 몇 개 군을 포함한다. 즉 보르도(5명), 툴루즈(2명), 그르노블(1명), 나머지 22명은 파리에 거주하였다. 연령과 거주기간에 관한 것은 다음과 같다. 가장 규모가 큰 연령대(17명)는 20, 30대 사이이며 체류기간 중 가장 긴 경우는 5년 이상 거주자들이었다. 프랑스 거주 한인들의 체류지위의 발전적 변화는 40~50대 한인 남자들에서 관찰된다.

프랑스 거주 한인들의 변화는 주로 한국대학생들에 의하여 결정된다. 학업을 종료한 학생들이 귀국하는 문제는 대개 동족 간 결혼이나 국제결혼 여부 그리고 거주 장소에 좌우된다. 한인 대학생들의 대부분은 자신들보다 재산이 많은 부모가 사는 국가에 거주한다. 일부 학생들만이 장학금을 받거나 부정기적으로 아르바이트를 한다. 약 15%의 학생들이 프랑스에 잔류하며 아마 동일한 비율의 학생들만이 이러한 문제를 인식하고 있다.[34]

남편과 아내 중 한 명이 한인인 30명의 젊은이들을 대상으로 했던 조사에

---

34) 이광규. 세계의 한민족. 유럽. 세계한민족총서. 7. 통일원. 1996. pp.115-125.

서 결과는 다음과 같다. 첫째, 한인 남편과 아내의 상대방으로는 프랑스인이
거나 프랑스 국적을 가진 외국인들이 많았다. 과거 프랑스 식민지 지역 출신
자들의 혼인 지위는 한인들의 시각에서 볼 때 사회적으로 매우 낮은 상태에
있었고 또한 가정의 소득도 낮았다. 응답자 30명 대부분의 가족생활수준은 평
균 이상이었고 결혼상대자들은 전망이 좋은 프랑스인들이었다.

응답자 가구 중에서 13가구는 부부연령대가 20~30세 사이였고 12가구가
40~50세 사이였다. 부부연령대에는 종종 현격한 차이가 발견된다. 국제결혼
을 한 한인들은 사실 교육수준이 높은데 왜냐하면 이들 중 대다수가 프랑스
에서 대학을 졸업한 경우가 많았기 때문이다.[35]

위의 조사에 의하면 한인들의 대다수(20/30)는 프랑스 국민과 결혼하고 한
국 국민으로 남았다. 프랑스에서는 프랑스 국민과 결혼한 지 2년이 지나면 국
적을 취득하게 된다. 한인들이 국적을 바꾸지 않는 이유는 우선 국적변경의
필요성을 절감하지 않았기 때문이었다. 둘째, 일부 한인들은 자신들에게 일정
한 특권을 안겨 줄 프랑스와 한국 간 이중국적제도가 체결되기를 갈망하고
있었기 때문이었다. 그리고 한인들이 귀화함으로써 발생하는 민족정체성의
상실을 원하지 않고 있다는 점도 배제할 수 없다. 프랑스 귀화 한인들 중에는
국적을 편의상 변경한 경우도 있다. 프랑스에서 동등한 국민의 자격을 누리
고 살아가는 염원에 대한 고찰도 필요하다.


## 3. 영국의 한인


최근 200여 년 동안 수백만 명의 영국인들이 미국이나 캐나다, 호주 등 외
국으로 직장을 구하기 위하여 고국을 떠났다. 제2차 세계대전 이후 대량 취업
과 산업발전과 관련된 수많은 유럽 노동자들이 영국으로 입국하였다. 현재
영국에는 약 100만 명의 이주민들이 다양한 유럽국가(아일랜드 제외)에 이주

---

35) 유럽한인사. 프랑스와 독일 중심으로. 재외동포재단 연구보고서. 2000-1. 서울. 2003. pp.76-77.

해 있다. 과거 영국 식민지 출신의 이주민들의 규모는 영국 땅에서 인종적인 문제를 야기했다. 영국정부는 특별법을 통하여 과거 식민지 지역에서 이주해 오는 것을 막았다. 인종차별의 증가는 인종갈등을 야기하였는데 1962년부터 1971년까지 인종문제에 관한 특별법이 발효되었던 것이다.

영국 자체 내에서 시행된 입국 이주민 규제가 있었던 1970년대에는 출국이 주민이 입국이주민보다 더 많았다. 현재 뉴질랜드에는 약 20만 명의 영국인이 거주하고 있으며 호주에서는 가장 양질의 노동인력을 제공하는 국가가 바로 영국이다. 일부는 북미(미국과 캐나다)로 이주해 갔으며 또 다른 일부는 서유 럽으로 나갔다. 대개 전문인력들이 이주해 나감으로써 이른바 두뇌유출이 발 생했던 것이다.36)

출국이주와 입국이주는 모두 예나 지금이나 경제발전의 중요한 요소였고 매년 외국인 유학생들이 영국에서 약 30억 파운드를 지출하고 있다. 영국의 재정부에 의하면 만약 이주가 중단된다면 국가의 경제성장률이 차기 2년 동 안 0.5% 감소할 것이라고 보고 있다. 국가수입의 감소는 사회보장에 필요한 자원의 감소를 초래하여 개인적 혹은 가족적인 혜택의 축소를 야기할 것이다.

현재 영국의 입국이주민들은 전체 생산가능인구의 10% 수준이다. 연구자 들의 분석에 의하면 입국이주민들은 영국 노동시장의 교란을 불러일으키지 않는다고 보고 있다. '이방인들'의 노동유입은 토착인들의 실업률 증가를 초 래하지 않았고 일부의 경우에는 오히려 임금의 상승을 가져오기도 하였다. 오늘날에도 영국에 귀화한 외국인들은 전체 인구대비 프랑스와 미국 혹은 독 일의 추정치에 비하여 훨씬 낮은 편이다.37)

20~21세기에 영국은 매년 유럽연합이 아닌 지역 출신 이주민 약 16만 명 을 수용하였다. 영국은 스스로 다민족 국가임을 인정하고 자국에서 성공적인 활동을 하고 있는 외국인 노동자와 기업의 역할을 중시하고 있는데 그 이유 는 이들이 영국문화의 다양성을 제공해 주고 있을 뿐만 아니라 국가의 출생

---

36) Hansen, Randall. Citizenship and Immigration in Post-War Britain: The Institutional Origins of a Multicultural Nation Citizenship and Immigration in Post-war Britain. Oxford University Press, 2000, p.320.

37) http://emigration.russie.ru/news/7/1352_1.html

률 하락을 막고 있다고 생각하기 때문이다. 사실 영국에서는 의료보장제도의 완성과 함께 인구의 노령화가 진행되고 있고 그 결과 부부 모두 직장생활을 하고 있는 젊은이들은 모든 경제적 문제에 직면하여 출생률이 떨어지고 인구수가 감소하고 있는 것이다.

토니 블레어 수상이 이끌었던 영국정부는 이주정책을 일부 수정하기도 하였는데, 즉 국익에 도움이 되면 이주를 장려하고 도움이 되지 않으면 규제하였던 것이다.[38]

영국은 국가경제에 대해 재정적 투자능력이 있는 외국이주자들을 지속적으로 수용할 것이며 이들의 지적이고 전문적인 능력을 영국 경제발전에 활용할 것이다. 다른 한편으로는 경제와 사회적인 측면뿐만 아니라 국가안보 측면에서 우호적이지 않은 인물에 대해서는 입국제재 장치도 마련할 것이다. 출입국 통제가 강화되어 입국자들의 신분증(ID카드) 도입도 강구되고 있다. 이 밖에 이전에 불법적으로 활용되던 영국으로의 입국경로를 일부 차단하였다. 외국유학생들은 공신력 있는 교육기관의 초청장이 있을 때에만 입국허가를 받을 것이다. 위장결혼을 예방하기 위하여 제3세계 거주국 사람들에 대한 새로운 신청서가 요구될 것인데, 즉 이들이 특수한 기관에 추가등록을 해야 한다는 것이다.[39]

영국의 국내정책과 관련한 법령 또한 수정되었다. 이주민들은 공식적으로 영국 체류 및 노동허가를 받기 전까지는 주거건설 프로그램의 혜택을 받지 못할 것이다.

영국 및 잉글랜드 지역의 인구조사 결과는 한인에 대한 통계수치가 나타나 있지 않아서 여러 가지 자료를 활용할 수밖에 없는데 여기에는 이주과정과 관련된 구체적인 인구분석을 제공해 주지는 못하지만 현재 잉글랜드의 한인에 관한 기본적인 지식을 가능하게 해 주는 것도 있다. 주영 한국대사관에 의하면 2003년 5월 한인들의 수는 31,000명 정도인데 이는 러시아를 제외한 유럽에서 가장 많은 규모에 해당한다.

---

38) http://www.uk.ru/imm/imm1.html

39) http://www.uk.ru/imm/imm2.html

전후 잉글랜드에 정착한 초기 한인들 중에는 1958년 3월에 개설된 주영 한국대사관의 직원 6명이 있었다. 나중에 대학교 유학생 200명 정도가 한인사회에 합류되었다. 이와 같이 초기 잉글랜드에 도착한 한인들은 정착의사도 없었고 이주민이라는 생각도 없었던 사람들이었다. 유학생들이 압도적으로 많은 결과 '재영한인유학생협회'가 결성되었다. 잉글랜드의 대학교에서 적어도 3개월 이상 재학하였거나 아니면 연구기관에서 연구활동을 하고 있는 학생들이 협회 회원 자격을 받았다.

협회 회원이 증가함에 따라 1964년 11월에 협회의 명칭은 '재영한인협회'로 개칭되었고 여기에는 학생들 외에 잉글랜드에서 3년 이상 거주한 모든 한인동포들이 가입되었다. 1965년 11월 협회는 조직의 변화를 기하고 1989년에는 '재영한인공동체'로 재개칭하였다.

1960년대 말까지 잉글랜드 거주 한인들의 수는 지극히 미미한 약 200명 수준이었는데 이들은 거의 학생들이었다. 1970년대 초부터 영국과 한국과의 경제관계가 활성화함에 따라 런던에 한인기업의 지사, 은행 등이 생겨났다. 이에 따라 1970년부터 1979년까지 한인들의 수는 1,000명에서 2,000명 수준으로 증가하였다.[40]

이와 같이 이 시기에 이주에 관해서 말을 한다는 것은 적합지 않았는데 그 이유는 잉글랜드 이주한인들은 이주비자도 없었고 귀화할 의사도 없었기 때문이었다.

1990년대 중반에 잉글랜드 거주 한인들의 수는 모두 15,000명 정도까지 증가하였고 그중에서 약 12,000명은 런던 지역에 거주하였다. 런던과 그 인근도시에는 한인들이 1960년대 말부터 정착하기 시작하였고 여기서 이들은 중소기업에 종사하였다. 이러한 한인 비즈니스의 편중은 상대적으로 한인밀집촌이 형성되는 배경이 되었고 런던에서 남서쪽 킹스톤, 뉴말덴 및 서비톤 등의 지역이 이에 해당하였다. 런던 서쪽의 리크만스워드와 너트포셔 등지에는 대우자동차 공장이 있었는데 여기에는 앞서 말한 지역보다 적은 수의 한인들이

---

40) 김인호. 재영 한인회 어제와 오늘. 재영 한인회. 1992. p.8.

거주하였다.

웜블던에서 2마일 떨어진 런던의 교외 뉴말덴의 한인공동체 형성 역사는 30년 이상이나 되었는데 여기에는 현재 주영 한국대사관 대사관저가 있다. 잉글랜드에 도착한 한인이주자들은 대사의 권고에 따라 뉴말덴 지역에 정착하였고 나중에 이 지역은 '리틀 서울' 혹은 '작은 서울'로 불렸다. 편리한 교통, 쾌적한 환경, 비교적 싼 주거비 및 기타 좋은 학교들로 인하여 1990년대 말에는 재영 한인 25,000명 중 8,000여 명이 이곳에 살았다. 한인들은 뉴말덴을 주거지로 선택했을 뿐만 아니라 자신들의 사업중심지로 만들었는데 이러한 비율은 전체 한인기업체의 21%에 이르렀다.

일부 한인기업체는 런던에 사무실과 대리점을 열고 공장은 잉글랜드의 다른 지방에 두었는데 가령 '삼성'은 국가의 동부지역에 위치하였다. 사기업체에 관해서는 1990년대 말부터 2000년 초에 다음과 같았다. 즉 경비업체 19개, 국내무역 21, 은행 17, 보험 13, 여행사 10, 건설 8, 종합회사 7, 전기 및 환경 3, 투자 및 생산 1개 등이었다.[41]

<표 4> 1980~1991년의 잉글랜드 한인의 수와 지위

| 연도 | 총 한인 수 | 영국국적보유자 | 영주권자 | 학생 | 기타 |
|---|---|---|---|---|---|
| 91 | 4,564 | 841 | 583 | 1,075 | 2,065 |
| 90 | 3,786 | 734 | 367 | 718 | 1,967 |
| 89 | 3,157 | 616 | 303 | 690 | 1,548 |
| 88 | 3,019 | 561 | 325 | 760 | 1,373 |
| 87 | 2,625 | 539 | 261 | 681 | 1,144 |
| 86 | 2,581 | 471 | 330 | 592 | 1,188 |
| 85 | 2,366 | 422 | 387 | 493 | 1,064 |
| 84 | 2,137 | 399 | 372 | 394 | 972 |
| 83 | 2,114 | 361 | 365 | 213 | 1,175 |
| 82 | 2,110 | 270 | 460 | 190 | 1,190 |
| 81 | 1,854 | 273 | 450 | 197 | 934 |
| 80 | 1,720 | 247 | 512 | 146 | 815 |

주영 한국대사관 자료. **김인호. 재영 한인회 어제와 오늘. 재영 한인회. 1992. p.8.**

---

41) The Guardian, June 25.

# 4. 기타 유럽국가의 한인

## 1) 스웨덴

스웨덴(공식 국명은 스웨덴 왕국)은 유럽에서 비교적 중요한 위치를 차지하고 있는 최선진국이지만 인구수에서는 900여만 명이라는 비교적 소수에 불과한 국가이다. 스웨덴은 최고의 사회보장제도가 있는 국가이며 정부의 목표는 국민들의 건강과 복지를 보장하는 일이다. 모든 사회 계층, 즉 병자, 장애인, 범죄자 등이 모두 광범위하게 보호를 받고 있으며 그 결과 스웨덴에서는 감옥이 호텔과 비슷하다고 하며 구속된 사람들도 매년 한 달간 휴가를 얻는다. 이와 같이 다른 국가와 판이하게 다른 스웨덴은 여러 국가에서 피난해 온 사람들이 많이 있다.

전문가들의 판단에 의하면 스웨덴이 안고 있는 여러 문제의 원천은(가령 이주민의 수용을 넓히는 일인데 그 결과 실업자와 범죄가 늘어날 우려가 있다) 이에 관련된 법규와 제재장치가 너무나 많다는 것이다. 스웨덴 국민 중 약 150만 명 정도의 출생지는 스웨덴 국경 밖의 지역이다. 비록 독일과 프랑스에서처럼 이주규제가 스웨덴의 특징은 아니지만 외국인과 스웨덴 전통사회의 통합문제는 계속해서 사회의 관심사가 되고 있다.

인류학 교수 카이사 에콜롬 프리드만은 '다겐스 뉴헤테르'라는 한 신문 기사에서 문화적 다원주의가 항상 문제를 안고 있다고 하였다. 카이사 교수는 "민족의 다양성은 언제나 오랜 옛날부터 시작하여 지금까지 복잡하게 진행되고 있다. 민족의 다양성은 사회적 결속을 파괴하고 정상적인 사회적 기능을 저해한다."라고 지적한 바 있다. 이러한 성명으로 인해 여러 차례 사회적 반발이 발생하였고 스웨덴 적십자사는 카이사 교수에게 해명해 줄 것을 요청하였다. 동시에 학생들은 민족 간 적대감정을 선동한 혐의로 경찰에 고발하기까지 하였다. 다른 인류학자 교수들은 신문지상을 통하여 지속적으로 토론하였다. 이들은 신문기사에서 특정한 민족집단을 지지하는 교수들은 없으며 카

이사 교수를 선동혐의로 비난하였다.[42]

현재 스웨덴의 이주정책은 우선 이주민들이 사회에서 잘 통합되도록 하는 것이다. 적응을 위한 프로그램은 최대한 분명하게 실행되며 이주민들에게 소수민족으로서 스웨덴에 적절히 거주할 수 있도록 한다.

스웨덴의 첫 번째 이주물결은 제2차 세계대전의 종료 후에 발생하였는데 이때는 국내 노동력 수요가 높을 때였다. 스웨덴은 전쟁 기간에 중립을 유지하였고 직접 전쟁에 개입하지는 않았다. 그래서 산업발전이 1958년부터 1960년까지 급속하게 이루어졌다. 1970년대 중반까지 스웨덴 경제는 비약적인 템포로 상승하였고 이는 일본과도 유사하게 진행되었다. 1954년에 스칸디나비아의 여러 국가들이 공동시장 결성에 합의함에 따라 스웨덴에서 직장을 구하려는 타국의 사람들이 별도의 허가 절차를 밟지 않아도 되었다. 다수의 스웨덴 대기업들이 유럽국가의 노동자들을 고용하였고 그 결과 1967년까지 외국인들의 입국러시가 발생하였는데 국내에서는 이주민들에 대한 별도의 관청조차 없었다.[43]

그러나 인구의 낮은 자연성장률, 경제의 급속한 발전, 생산량의 확대 등으로 인하여 노동자원의 변화가 발생하게 되었다. 1975년의 외국인 노동자의 수는 20만 명에 이르렀고 제조업 부문에서 차지하는 외국인 비율이 1990년경에는 10% 이상 되었는데 1993년에는 외국인 비율이 전체 노동자에서 5% 이상을 차지하였다.

또 하나 스웨덴의 외국인 범주 중에서 수적으로 중요한 것은 바로 난민들이다. 1951년에 스웨덴은 난민지위에 관한 제네바 협정에 서명하였다. 60~80년대에 걸쳐 스웨덴은 매년 2,000명의 난민들을 찾았으나 상황은 동구권과 소련의 몰락으로 바뀌게 되었다. 80년대 중반부터 아시아와 동유럽의 분쟁지역 사람들이 스웨덴으로 몰려들었는데 발칸 지역에서만 14만 명 이상의 난민들이 들어왔다. 이들은 주로 구유고 연방 국민들이었고 1993년에만 난민 규모가 3만 7,000여 명에 이르렀다. 난민들은 주거와 사회적 원조를 보장받았고 노동

---

42) http://www.aha.ru/~sweden/WWW-29.html

43) http://www.immi.se/migration/control.htm

권리도 부여받았는데 이주 당국으로부터의 대기 기간은 4개월 정도 소요되었다.

스웨덴 정부는 정치 및 경제적으로 향후 추가 노동자원의 수입이 필요하다는 것을 인정하고 있다. 정부특별위원회는 저조한 출산율을 회복하고 국가경제 발전의 지속성을 유지하기 위해서는 매년 3만여 명의 이주민들을 수용해야 한다고 본다. 이것은 2030년까지 90만 명의 이주민들에게 국경을 개방한다는 것을 뜻하며 이 규모는 현재 스웨덴 인구의 약 1/10에 해당한다.

정부는 소수민족 문제와 이주민 공동체에 대하여 관심을 두고 있으며 이들의 사회적 적응과 통합에도 주의를 기울이고 있다. 이주민 조직에 대한 특별원조 프로그램이 국가에 의해 시행되고 있다. 현재 약 50개 정도의 조직이 있으며 1,000개 넘는 지방 수준의 협회도 구성되어 있다. 그 밖에 중앙정부가 수용하고 있는 모든 결정으로 인하여 전국적으로 125개에 달하는 사무실이 제공되었다. 우선적으로 적응 프로그램에는 18개월이 소요되며 그중 10~11개월(700시간)은 언어교육이 이루어지고 나머지 시간은 스웨덴의 사회에 대한 정보와 직업문제에 관한 것으로 되어 있다.[44]

거주와 노동목적을 향한 스웨덴 이주의 기본 원칙은(스칸디나비아 반도의 국민을 제외하고) 이주허가가 반드시 필요하다는 것인데 이는 입국 시에 출입국사무소에서 부여받는다. 그러나 이러한 원칙에는 예외도 많이 있다.[45]

한인과 스웨덴인 토비아스 후비네테의 최초의 만남은 1720년 북경에서 이루어졌는데 이때는 제정러시아의 관청에서 일하던 로렌츠 랑게가 북경에서 조선 외교관들을 만나 조선에 관한 이야기를 들었던 것이다. 19세기 말에 스웨덴 여행가와 선교사들이 최초로 조선 땅을 밟았으며 그중에는 아만다 하르델린, 헤르만 트로트치히, 빌리 아 흐레브스트, 스벤 헤딩, 스벤 베르그만, 에르란드 리히테흐, 베르나 올손 등이 있었다. 1926년에 스웨덴의 왕자 구스타프 4세 아돌프(나중에 왕이 됨)가 경주 고분발굴에 참여한 바 있는데 거기에서는 나중에 '스웨덴의 불사조'라고 칭해진 금관이 발견되기도 하였다. 1년

---

44) http://www.ovsem.com/user/naips/

45) http://www.immi.se/migration/control.htm

후에는 조선의 왕세자가 스웨덴을 방문하였다.

한국전쟁의 발발과 함께 스웨덴 정부는 야전부대를 파견하였다. 1951년에 최초의 파견부대가 스웨덴으로 귀국하여 일부 열성적인 사람들 사이에서 스웨덴-한국 우호단체를 조직하였다. 전쟁이 끝난 후 1954년에는 야전병원이 부산에서 스웨덴 병원으로 되었고 1957년까지 존속하였다. 1951년부터 1957년까지 약 1,000명에 가까운 스웨덴 의사와 간호사들이 내한하여 활동했던 것이다. 휴전협정 체결 이후에는 판문점에 중립국 4개 감시위원단이 구성되었는데 여기에 스웨덴이 포함되었다. 위원단은 현재에도 활동 중이며 1953년부터 총 1,000여 명의 스웨덴 장교들이 한국에서 근무하고 있다. 1961년에 위원단에서 근무하던 장교단은 '재스웨덴 한인협회'를 구성하고 오늘날에도 양국의 우호관계에 큰 역할을 담당하고 있다. 1958년에 서울에서는 국립스칸디나비아 의료센터가 설립되어 한국에서 가장 큰 선도적 병원이 되었고 수백 명의 스웨덴 의사와 간호사들이 일을 한 바 있는데 1968년에 한국정부로 이관되었다.

스웨덴과 한국과의 공식적 외교관계는 1959년에 수립되었는데 양국의 대사관 상호 설치가 주 과제였다. 이때 경제협력도 추진되었고 양국은 스톡홀름과 서울에 무역대표부를 설치하였다. 1950년대에 최초의 한인들이 스웨덴에 도착하여 스웨덴 병원과 스칸디나비아 의료센터의 의사, 간호사로서 일을 하였다. 한인이주민의 수는 차츰 증가하였고 1963년에 스웨덴 한인협회가 조직되었다. 일부 한인대학생들이 스웨덴에서 유학하였으며 1960년대 말부터 1970년대 초에 독일에서 계약을 마친 한인 광부와 간호사들이 이주하였다.

스웨덴으로 이주한 또 다른 한인부류는 바로 스웨덴 가정으로 입양한 입양아들이었다. 최초의 스웨덴 한인입양아들은 1957년에 입국하였고 대략 그 규모는 9,000명 정도에 이르렀는데 이러한 규모는 스웨덴에서 절대적으로 많은 것이었다. 그러나 다른 국가에서도 똑같이 한인입양아들은 한인공동체와 직접적인 관계를 가지지 않게 되었는데 그 이유는 이들이 이주민들이 아니라 스웨덴 가정에서 교육되고 자신의 정체성을 스웨덴으로 규정짓고 있기 때문이다.

한인과 스웨덴 군인들 간의 국제결혼은 드문 경우였다. 그러나 1987년에 스웨덴의 유명한 전화회사인 '에릭슨'이 한국에 120명의 기술자를 파견했을 때 그중 약 1/3은 한인여성과 결혼하여 귀국하였다. 스웨덴 기술자들과 결혼한 한인여성들은 주로 고등교육을 받고 한인공동체의 중산층 이상 출신자들이 었다.[46]

오늘날 스웨덴 한인들의 총인원수는 약 3,000명 정도이며 대부분이 수도인 스톡홀름에 살고 있다. 한인공동체는 동포들을 주 대상으로 하는 상점, 식당, 교회를 중심으로 한 사회적 인프라를 형성하고 있다.[47]

스웨덴의 한인에 관해서는 수적으로 미미하다는 측면에서 볼 때 사실상 공식적인 통계나 연구자료가 없으며 이런 면에서 독일이나 프랑스의 경우와 다르다. 따라서 인구학적 특징을 분석하는 일은 지극히 단편적이고 불충분한 면을 가진다.

스웨덴 거주 한인들의 연령구성은 영주권자든 일시체류자이든 주로 생산가능 연령대인 20~50대 사이가 주류를 형성한다. 한인공동체에서 사실 남녀구성비의 차이는 다양한 연령대에서 있긴 하지만 본질적으로는 무시할 정도이다.

직업구조를 보면 우선적으로 교육수준이 높다고 할 수 있으며 그 결과 사회적 지위도 높은 경우가 많다. 대략 1,000여 명의 한인공동체 중에는 교수 2명, 의사 20명, 침술사 5명, 비즈니스맨 50명 등이 있었다. 주스웨덴 한국대사관에는 직원이 7명 있었고 KOTRA 직원이 2명, 삼성전자 직원이 4명, 대우 직원이 2명, 기타 무역에 종사하는 직원이 있었고 이들은 대학졸업 혹은 그 이상의 고학력자들이었다.

서유럽 국가와는 달리 스웨덴에서는 한국 유학생이 적었다. 1990년대 말 한국 유학생은 총 15명이었다. 이들 외에 단기 연수 학생들이 수백여 명 다녀갔으며 이들은 모두 한국 국적 소지자들이었는데 이 중 일부는 한국학을 전공하기도 하였다. 대개 스웨덴에서는 영어를 대학 교육언어로 사용하고 있는데 외국학생들은 영어로 수업을 받았으며 이 때문에 한인학생들의 수가 시간이 갈수록 증가하였다.

---

46) 이광규. 세계의 한민족. 유럽. 세계한민족총서. 7. 통일원. 1996. S. 58.

47) http://www.phy.duke.edu/~myhan/kaf0306.html

1980년대에는 독일, 프랑스, 영국에서 수학하던 한인 대학생들과 비즈니스맨, 학자, 문화계 인사들이 역사유적지와 명승고적 그리고 관광 인프라가 잘 구축된 많은 기타 유럽 국가를 다녀가기도 하였다. 사실 직접적인 국가접촉은 종종 이주를 하거나 아니면 잔류할 것인가 하는 문제를 결정하는 데 중요한 역할을 한다. 스웨덴을 비롯한 스칸디나비아 국가들은 90년대 초가 되어서야 한인여행객들을 수용하게 되었다. 1994년에 스웨덴 방문 한인 여행객들은 5,000명 정도였고 1995년에는 약 4배 정도 더 증가한 2만 여 명에 달했다. 이러한 사실로 보아 스웨덴 한인공동체는 시간이 흐르면서 자연적인 인구증가 외에 재방문자들로 인하여 그 수가 증가하였던 것이다.

## 2) 덴마크, 노르웨이, 핀란드

스칸디나비아 국가 중에서 가장 작은 덴마크에는 약 250명의 한인들이 거주하고 있다. 덴마크는 폭넓은 대외관계와 수준 높은 인구 540만 명(2003년)을 지닌 선진국이다. 1980년대에 인구수는 안정적인 모습으로 되었으며 1990년대에는 인구증가율이 낮아졌고 특히 외부인구 유입이 저조하였다(연 11,000명 정도). 덴마크는 종종 스웨덴이나 노르웨이로 이주해 가는 사람들의 중간 정착지였다. 수도 코펜하겐에는 약 625,800명(1995년), 오르후스 275,500명, 오덴세 182,600명, 올보르 159,000명, 에스베르그 82,600명, 라네르스 64,400명, 콜링 59,600명, 헤르닝 57,700명, 헬싱교르 56,900명, 호르센스 55,300명 및 바일레 52,300명 등이 거주하고 있다.

코펜하겐 및 주변 도시에는 전체 인구의 약 26%가 거주하고 있고, 수도가 있는 젤란디아(쉘란) 섬에는 42%의 인구가 거주하고 있다. 도시인구 비율은 85%이고 15,000명 이하의 도시들이 압도적으로 많다. 퓬, 롤란, 팔스테르 섬 거주 인구수는 57만 명, 보르홀름에는 5만 명 남짓, 유틀란트에는 240만 명, 그린란드에는 59,000명(이 중에서 약 5,000명이 유럽인들이며 나머지는 이누아족(에스키모족들임) 등이 거주하였다. 파레르 섬 인구수는 1997년에 5만 명 정도였다.

주덴마크 한국대사관에 따르면 한인들의 수는 238명이었고 그중 대부분이 코펜하겐에 거주하며 나머지는 유틀란트 지방에 거주하였다.[48] 한국에서 덴마크로 이주한 최초의 한국인은 1948년에 덴마크인과 결혼한 한인여성이었다. 한국전쟁 시기에 한국에서 덴마크인 의무부대원들이 약 250명 활동하였다. 일부 덴마크인들이 한국여자와 결혼하여 귀국하였는데 그 수는 정확하게 나와 있지 않다. 사실 전후에 약 7,000명의 한인 아동들이 덴마크 가정에 입양되었다.[49]

덴마크와의 정부 간 협정이 체결된 1960년대에 한인들이 영농기술을 배우러 입국하였다. 1970년대 초부터는 덴마크 남자들과 결혼하여 덴마크로 입국한 한인여성들의 수가 증가하였다. 따라서 오늘날 한인공동체에는 남녀 성비의 차이가 큰데 여자 157명에 남자가 81명에 불과한 것이다. 특별한 문제가 없던 한인여성들은 덴마크 국적을 부여받았는데 그 결과 한인들의 높은 귀화율이 이주한인의 특징이 되었다. 덴마크 한인 238명 중에서 덴마크 국적을 받은 사람은 모두 131명이었는데 여자 91명, 남자 40명 등이었다. 그 밖에 45명의 한인들이 영주권을 가지고 있는데 여기에는 여자가 37명, 남자는 겨우 8명에 불과하였다. 주덴마크 한국대사관에 따르면 덴마크에 불법 체류자 상태로 있는 한인들은 남자 31명, 여자 28명 등 모두 59명이다.[50]

덴마크에는 대사관과 KOTRA 외에 10여 개의 한국기업체가 활동하고 있다. 한인공동체 규모는 작지만 1986년 코펜하겐에는 한인학교가 세워졌고 1995년에 총 15명의 학생들이 재학하고 있었다. 덴마크에서는 1973년부터 덴마크 한인협회가 활동하기 시작하였고 아아르후스에는 지부가 설립되었다. 코펜하겐에는 1991년에 설립된 1개의 한인 개신교 교회가 있었다. 한인들의 규모가 작은 다른 유럽 국가와 같이 덴마크에는 태권도가 한국의 이미지 전달에 중요한 역할을 하고 있는데 코펜하겐과 아우루스에는 동양의 격투기 부문을 다루

---

48) http://www.korean.net/xelpa/users/korean/okf_eng/directory/country/country.jsp?sCode=
   1&cCode=010604&info=8

49) 이광규. 세계의 한민족. 유럽. 세계한민족총서. 7. 통일원. 1996. S. 67.

50) http://www.korean.net/xelpa/users/korean/okf_eng/directory

는 지부가 형성되어 있다. 덴마크에서 유학하고 있는 한인대학생들은 거의 없으며 1명의 남학생과 2명의 여학생을 감안하더라도 가까운 미래에 학생들의 증가는 있을 것 같지 않다.

유감스럽게도 현재 덴마크 한인의 직업별 통계는 나와 있지 않는데 다만 주덴마크 한국대사관의 추정치에 의하면 개인사업가 약 3%, 회사원 11.76%, 전문직 0.84%, 대학생 1.26% 및 기타 83.2%로 되어 있다.[51]

현재 노르웨이에는 약 240명의 한인들이 거주하고 있는데 이 중에는 귀화인이 190명, 영주권자 및 일시체류자가 50명 있다. 한국에서 노르웨이로 이주하기 시작한 것은 한국전쟁 기간이었으며 치료차 초기에 노르웨이로 입국한 한인은 이철호 씨였는데 그는 한국으로 되돌아가지 않았던 것이다. 그 후 노르웨이 남자와 결혼한 한인여성 수십 명이 입국하였다. 노르웨이와의 외교관계가 발전하면서 대사관 직원, 비즈니스맨, 금융업자 및 그들의 가족들이 입국하였다.

인근의 핀란드에는 한인공동체가 있는데 스칸디나비아 국가에서 가장 작은 규모를 이루고 있다. 그 이유는 정치적인 문제와 관련이 있다. 현재 핀란드에는 영주권자 한인 20명과 일시체류자 70명 정도가 있다.

이와 같이 연구기간의 북유럽 국가에서는 짧은 역사를 반영하는 한인이주공동체는 규모가 작은 편이다. 스웨덴, 덴마크, 노르웨이 및 핀란드 한인이주는 보편적이고 특수한 면을 가지고 있다. 우선 이들 국가로 한인들이 이주한 시기는 한국전쟁 이후이며 대부분 여성들임을 알 수 있다. 그리고 대학생들과 외교관 및 비즈니스맨들이 있으며 이들의 가족들도 이주민을 이루고 있고 마지막으로 입양아들도 이주민에 포함된다. 북유럽의 한인들은 미국과 남미, 일본의 한인들과는 다른데 이들 중 개인기업과 공장, 농업 등에 활동하는 사람들의 비율이 지극히 낮다. 한인공동체는 이와 같은 작은 규모에도 불구하고 협회를 조직하였고 민족문화의 인프라를 유지하고 언어를 보존하면서 젊은이들의 민족의식을 유지시키고 있다.

---

51) http://www.korean.net/xelpa/users/korean/okf_eng/directory/country/country.jsp?sCode=
1&cCode=010604&info=8

## 3) 스위스

한국과 스위스 간의 외교관계는 1962년 12월에 이루어졌으며 이듬해에 베른에 무역대표부가 설치되었고 1964년 7월부터는 주스위스 한국대사관이 개설되었다. 스위스 최초의 한인은 1921년 취리히 대학에서 박사학위를 받은 이광영 씨였다.

초기 스위스 이주민으로는 1960년대 중반에 유학생활을 했던 대학생들도 포함되었는데 이들은 졸업 후에 스위스에 잔류하였고 1966년에는 한인협회가 구성되었다. 회장 김영주 씨는 16년간이나 초기 소규모 한인공동체를 이끌었다. 1968년 11월에는 한국에서 계약노동자 간호사들이 13명 입국하였고 1972년에는 베른 '잉겔' 병원에서 54명의 한국 간호사들이 일하였다. 이러한 한인여성들은 한인공동체 발전에 큰 역할을 하였고 '스위스 한인협회'에도 적극적으로 참여하였다.

'스위스 한인협회'에 의하면 20세기 말에서 21세기 초의 기간에 스위스에는 약 1,500~2,000명의 한인들이 거주하고 있었는데 이들 중 절반이 스위스 국적 소지자였고 나머지 절반 정도는 영주권자들이었다. 스위스 사람들과의 결혼이 점차 증가하였다. 스위스에는 약 2,000명의 입양아들이 있으며 이들은 독일어를 사용하는 '동가리' 칸톤에서 자신들의 부모와 함께 살고 있다. 그리고 프랑스어를 사용하는 칸톤에는 '김치' 협회가 구성되어 있다.[52]

한국을 강타한 외환위기 이전에 스위스에는 다양한 한국무역업체와 은행들이 있었다. 나중에는 한국 항공사와 자동차 회사 '현대'와 '대우' 지사 그리고 KOTRA, LG화학 등이 잔류하였다.

스위스 거주 한인들의 연령별 구성을 보면 대개 생산가능 인구에 해당하는 20~45세 범위가 주류를 이루었다. 남녀 구성비는 알려진 바 없지만 간접자료에 의하면 격심한 차이는 없는 것으로 파악된다.

직업별 구성에 관한 자료를 보면 다음과 같다. 즉 대부분의 스위스 거주 한

---

[52] 스위스 생활. 스위스 한인연합회, Gotzky Drucke GmbH, 2002, S. 1.

인들은 무역과 사무직에 종사하였으며 가장 높은 비율을 차지한 직종은 간호사, 의사, 식당, 카페, 상점운영, 여행사, 통역가, 관광안내인, 교사 및 대학생, 선교사 등이었다.

한인거주지 분포에 관한 자료는 없지만 한인교회 8곳 중 5곳이 있는 취리히에 가장 많은 한인들이 거주하는 것으로 짐작된다. 나머지 도시로는 베른, 제네바, 무텐체 및 루체른 등이 있다.[53]


## 5. 입양아


일제 식민지 통치가 종식된 1945년경에 한국에는 모두 38개의 입양기관에서 약 3,000명의 입양아동들이 대기하고 있었는데 한국전쟁 개전과 월남자들의 증가로 인하여 입양기관이 215개로 그리고 입양대기 아동들은 24,945명으로 늘어났다. 그리고 정전협정과 남북분단의 결과 입양기관이 482개 아동들은 48,594명으로까지 증가하게 되었다.[54] UN 한국재건단의 통계에 의하면 1951년에 이미 한국의 고아들의 수는 약 10만 명에 이르렀고 전쟁 말기에는 293,000명의 한국여성의 손에 13세 이하의 아동 516,000명이 맡겨졌다.[55]

1954년에 서구의 인도주의 기관들이 한국에 도착하자 18세 이상 한국인 약 200만 명이 호적을 상실한 상태였다.

한국전쟁(1950~1953)은 물론 전체 한국인들의 비극의 한 요소였으며 많은 문제를 야기한 주범이었다. 이 문제 중의 하나가 바로 고아문제이며 동시에 아버지가 미군인 아동들 문제였다. 이른바 아메라시안 아동들 대부분이 한인여성들에 의하여 고아로 남겨졌는데 그 이유는 국제결혼에 대해 부정적, 전

---

53) Там же.

54) Miller, Helen 1971. "Korea's international children", Lutheran Social Welfare 13(Summer): 12－23.

55) Republic of Korea National Red Cross, 1977: 71; Ressler, Everett M., Neil Boothby and Daniel J. Steinbock. 1988. Unaccompanied children. Care and protection in wars, natural disasters, and refugee movements. Oxford: Oxford University Press, pp.37－43.

통적인 한국인 의식으로 인하여 피가 섞인 아이들과의 생활이 한국여성들에게는 버티기 힘든 상황이었기 때문이다.

한국고아 아동들의 운명은 여러 단체들을 통하여 전개되었다. 1954년부터 2000년까지의 공식통계에 의하면 약 20만 명의 한인아동들이 입양되었고 70%에 해당하는 144,000명은 미국 가정에 입양되었다. 사실 대부분의 결손아동들이(99.5%) 외국인 부모들에 의하여 입양되었다.[56]

1986년에 설립된 미국의 국립입양홍보청 클리링하우스에 따르면 1999년도에 미국인 가정에 입양된 외국인 아동의 수는 16,396명이었고 한국아동의 입양아는 모두 2,008명이었는데 이는 러시아와 중국 다음의 규모였다.[57]

1980년대 말 한국이 경제적 발전을 이룩하였을 때 국내적으로는 유교적 가치관이 강하게 남아 있었는데 그 결과 한국인 아동들의 유출에 대한 강력한 정치적 저항도 뒤따랐다. 이러한 행위는 한국정부에 대한 치욕으로도 간주되었다. 1988년 서울에서 개최된 하계올림픽 때 한국은 국제적 비난에 직면하기도 하였다. 바로 이 점 때문에 한국인 아동의 해외입양에 대한 규제장치가 마련되기 시작하였으며 동시에 한국인 가정에 입양될 수 있는 방안을 찾게 되었다. 1989년부터 한국정부는 비록 안 되는 한이 있더라도 혼혈아동이거나 장애아동에 국한하여 해외입양을 허용하였다.[58]

1996년에 한국정부는 '국내입양 장려'에 관한 특별법을 제정하여 해외입양에 제동을 걸었다. 그 결과 한국가정에 입양된 아동들의 수는 증가하여 1990년에 1,025명에 달하였는데 같은 해에 해외입양은 2,180명이었다. 1999년의 국내입양 비율은 41.7% 1,726명이었고 전체 입양은 4,135명이었다. 한국 국내입양의 역사는 해외입양에 비하여 비교적 짧지만 전문가들의 판단에 의하면 향후 점차적으로 증가추세에 있을 것으로 보고 있다. 그 근거로는 사회적 인

---

56) Ланьков А. 140 тысяч приемных детей. http://lankov.oriental.ru/d49.shtml.

57) National Adoption Information Clearinghouse. Intercountry Adoption.
http://www.calib.com/naic/adptsear...on/research/stats/intercounty.html.

58) Sarri, R. C., Baik, Y., & Bombyk, M.(1998). Goal Displacement and Dependency in South Korean－United States Intercountry Adoption. Children and Youth Services Review,20(1/2), 87－114.

식의 변화에서 비롯된다는 것이다. 사실 입양을 수용하는 양부모들은 자녀가 없거나 아니면 한 명 정도 있는 경우가 대부분이며 대개 2/3는 딸을 선호하는데 그 이유는 사실 별다른 문제가 발생하지 않기 때문이다. 그리고 친아들이 생길 경우에도 혈연적 문제나 상속문제에 영향을 주지 않기 때문이다.[59]

1950~1953년에 130만 명이 넘는 미국인들이 한국에서 군복무를 하였고 6만 명의 미 8군이 미국의 아시아-태평양 지역의 이익수호를 위하여 현지에 주둔하고 있다.[60] 전쟁의 역사에서 늘 그렇듯이 여자들은 전쟁의 희생물이 되고 강압적인 성적 착취대상이 되었다. 외국인 군인과 관계를 가진 한국여성들은 만신창이가 되고 사회적인 배척을 받았으며 가장 최악의 상태는 그들과의 관계에서 나타난 자녀들이었다.[61] 바로 이 점 때문에 종전 직후에 미군과 결혼한 한인여성들은 미국으로 출국하였는데 그 규모는 대략 10만 명 정도였다.[62]

한인여성과 미군과의 불평등하고 일시적인 관계로 나타난 결과는 현재 '아메라시안, 유라시안 혹은 GI 베이비' 등으로 불리며 부모들로부터 버림받은 아이들이었는데 그 규모는 1만 명 정도 되었다.[63] 이러한 외국인들과 한인여성들 간에 출생한 아이들의 정확한 규모는 파악된 바 없지만 허원무(1972년)가 여러 간접 자료를 가지고 추정한 바에 의하면 1950년부터 1965년까지 미군과 한인여성 사이에서 12,280명의 아이들이 출생하였고 이들 중 절반이 미국인 가정으로 입양되었고 나머지는 유럽 가정으로 입양되었다.

최초의 입양은 제7안식일 교회의 도움으로 1953년에 이루어졌다. 한국의

---

59) Hong Soon-il, Korea Times, 15 May, 2000.

60) Halliday, Jon and Bruce Cumings. 1988. Korea: The unknown war. An illustrated history. London: Viking.

61) National Human Rights Commission of Korea, 2003; Okazawa-Rey, Margo. 1997. "Amerasian children in GI town: A legacy of U.S. militarism in South Korea", Asian Journal of Women's Studies 3(1): 71-102.

62) Hong, Sawon. Another Look at the Marriages between Korean women and American Servicemen. Korea Journal, Vol.22, No.5, pp.21-30, 1982; Kim, Bok-Lim. Casework with Japanese and Korean wives of Americans. Social Casework, 53(5): 273-279, 1972.

63) Ressler, Everett M., Neil Boothby and Daniel J. Steinbock. 1988. Unaccompanied children. Care and protection in wars, natural disasters, and refugee movements. Oxford: Oxford University Press., pp.37-43.

공식적인 해외입양은 1954년에 '아동문제 담당기관 설립'에 관한 대통령 명령이 이루어진 1954년에 실행되었다. 1953~1959년 사이에 해외입양아는 2,899명이었고 절반은 홀트 아동복지회를 통하여 이루어졌다.[64]

연간 100명 정도의 많지 않는 아동들이 서울에 위치한 미국 병원이나 스칸디나비아 병원의 도움을 받았다. 이미 언급했듯이 압도적 다수의 입양아들은 다양한 민족으로 이루어진 부모들을 가지고 있다. 그러나 생부모가 모두 한인의 경우도 있어서 이들은 우선적으로 해리 홀트 가정에서 맡았다.

외국으로 입양된 아이들 중에는 여자 아이들이 많았는데 그 이유는 무엇보다도 양부모의 거부가 없었기 때문이었다. 입양아 주요 수용국은 미국이었고 적은 규모로 노르웨이(1955년부터), 스웨덴(1957년부터) 그리고 영국(1958년부터)도 있었다.

보건사회부의 공식 통계에 의하면 1953~2002년 사이에 151,697명의 한인 아동들의 국제적 수용이 이루어졌는데 그중 100,206명은 미국으로 보내어졌고 이는 미국의 외국인 입양아의 1/3을 차지하고 미주 한인의 거의 1/10에 해당하는 규모였다. 입양아(54%), 미군과의 국제결혼으로 태어난 아이들(36%)은 1950~1959년의 한인 미국이주민의 거의 대부분을 차지하였다. 현재 한국 출신 이주민들은 점차 줄어들고는 있지만 해외입양 아동들의 비율은 한국을 떠난 이주민의 절반을 차지하고 있는 실정이다.

한인입양아 45,855명은 프랑스, 독일, 스위스, 영국, 이탈리아, 벨기에, 네덜란드, 룩셈부르크, 스웨덴, 노르웨이 및 덴마크 등 유럽 국가에서 수용되었고 이들은 전체 외국인 입양아의 1/3을 차지하고 있다. 한인입양아가 가장 높은 비율을 차지하고 있는 국가는 프랑스로서 총 10,923명이며 다음으로는 베네

---

64) 해리 홀트와 베르타 홀트는 한인아동들을 미국으로 입양시킨 선각자들이다. 1955년에 이들은 자신의 가정으로 8명의 한인아동들을 데려 갔는데 이후 미국 의회는 외국인 입양아에 관한 관련법을 제정하였다. 1956년에 해리 홀트는 한인아동들의 적응사업을 주관하였고 1970년에는 한인아동들의 미국가정이나 타국가정 적응사업을 시행하는 자발적인 단체들이 생겨났다. '홀트 아동복지회'는 현재 11개의 지부가 있으며 2개의 하위 조직과 2개의 센터를 가지고 있다. 해리 홀트는 도움을 필요로 하는 사람들의 교육, 보건, 사회보장 영역의 자선활동 단체로 한국에서 유명하다. Holt, M. The Orphan Trains: Placing Out in America. 1992, Lincoln, NE: University of Nebraska Press; ; Holt Children's Services. (1999). Status of Adoption (1955-1998). Seoul, South Korea: Holt International ; Holt Children's Services. (1999). Status of Adoption (1955-1998). Seoul, South Korea: Holt International. Holt Korea (1999, August 11).

룩스 삼국(벨기에, 네덜란드, 룩셈부르크) 8,171명, 스칸디나비아 삼국(스웨텐, 덴마크, 노르웨이)은 22,845명(전체 유럽 한인입양의 절반) 등이다. 앞에서 언급하였듯이 이러한 입양아들은 이들 국가의 한인들 중에서 가장 많이 차지하고 있다. 스웨텐에는 130개 국가 45,000명의 입양아들이 있는데 국가 인구대비 가장 높은 비율을 차지하고 있다. 물론 절대적인 수치에서는 미국에 세계에서 가장 많은 입양아들이 있다.[65] 캐나다, 호주, 뉴질랜드에는 4,939명의 한인 입양아들이 있는데 이들 국가 외국인 입양아들 중에서 대부분을 차지한다.

약 100명의 아동 입양아들은 현재 아일랜드, 핀란드 및 그린란드, 아이슬란드 및 파레르 군도에 있는데 이들은 덴마크의 입양단체에 의하여 소개되었다. 한인입양아들은 현재 인도, 중국, 에티오피아, 파라과이, 폴란드, 튀니스, 터키 외에 홍콩, 괌 등에 보내어졌으며 주로 유럽인 부모들과 함께 이주해 나갔던 것이다. 한국과 일본의 적대감정을 고려해 본다면 1964~1984년 시기에 320명의 한인입양아가 오키나와 등 일본으로 보내어졌다. 이들 입양아들의 양부모가 일본인인지 미국인인지 아니면 외국상사 주재원인지 불명확한 상태다.[66]

<표 5> 한인아동 외국입양아의 수(1953~2002)

| 연도 | 인원수 | 연도 | 인원수 | 연도 | 인원수 | 연도 | 인원수 | 연도 | 인원수 | 연도 | 인원수 |
|---|---|---|---|---|---|---|---|---|---|---|---|
| | | 1960 | 638 | 1970 | 1,932 | 1980 | 4,144 | 1990 | 2,962 | 2000 | 2,360 |
| | | 1961 | 660 | 1971 | 2,725 | 1981 | 4,628 | 1991 | 2,197 | 2001 | 2,436 |
| | | 1962 | 254 | 1972 | 3,490 | 1982 | 6,434 | 1992 | 2,045 | 2002 | 2,365 |
| 1953 | 4 | 1963 | 442 | 1973 | 4,688 | 1983 | 7,263 | 1993 | 2,290 | | |
| 1954 | 8 | 1964 | 462 | 1974 | 5,302 | 1984 | 7,924 | 1994 | 2,262 | | |
| 1955 | 59 | 1965 | 451 | 1975 | 5,077 | 1985 | 8,837 | 1995 | 2,180 | | |
| 1956 | 671 | 1966 | 494 | 1976 | 6,597 | 1986 | 8,680 | 1996 | 2,080 | | |
| 1957 | 486 | 1967 | 626 | 1977 | 6,159 | 1987 | 7,947 | 1997 | 2,057 | | |
| 1958 | 930 | 1968 | 949 | 1978 | 5,917 | 1988 | 6,463 | 1998 | 2,443 | | |
| 1959 | 741 | 1969 | 1,190 | 1979 | 4,148 | 1989 | 4,191 | 1999 | 2,409 | | |
| Total | 2,899 | | 6,166 | | 46,035 | | 66,511 | | 22,925 | | 151,697 |

출처 : South Korean Ministry of Health and Welfare(1999). Overseas Adoption Status According to Receiving Nations. Seoul, South Korea: South Korean Ministry of Health and Welfare.

---

65) http://tobiashubinette.se/adoption_history.pdf

66) http://library.adoption.com

친부모와 양부모에 관한 정보를 상호 교환하자는 서구 개념인 '공개 입양'은 한국에서는 전통적 사회통념으로 인하여 부정되고 있다. 사실 아이들이 입양되는 경우는 미혼여성이거나 과부인 경우가 많으며 이때 친모는 입양을 시킨 후에 아이들에 대한 어떤 권한도 없게 된다. 그리고 외국인 부모에게 입양한 것이 정식으로 공고되면 재차 한국 부모에게 양도될 수 없다. 바로 이 점 때문에 향후 친부모와 양부모 간의 공개된 교류에 관한 예측이 불가능한 것이다.

<표 6> 한인입양아의 국가별 분포(1953~2002)

| 주요 국가 1953~2002 | 인원수 | 기타 국가 1960~1984 | 인원수 |
|---|---|---|---|
| 미국 1953~2002 | 100,858 | 뉴질랜드 1964~1984 | 559 |
| 프랑스 1968~2002 | 10,989 | 일본 1962~1982 | 226 |
| 스웨덴 1957~2002 | 8,720 | 오키나와 1970~1972 | 94 |
| 덴마크 1965~2002 | 8,462 | 불란드 1970 | 47 |
| 노르웨이 1955~2002 | 5,912 | 아일랜드 1968~1975 | 12 |
| 네덜란드 1969~2002 | 4,091 | 폴란드 1970 | 7 |
| 벨기에 1969~1995 | 3,697 | 스페인 1968 | 5 |
| 호주 1969~2002 | 2,931 | 중국 1967~1968 | 4 |
| 독일 1965~1996 | 2,352 | 괌 1971~1972 | 3 |
| 캐나다 1967~2002 | 1,641 | 인도 1960~1964 | 3 |
| 스위스 1968~1997 | 1,111 | 파라과이 1969 | 2 |
| 룩셈부르크 1984~2002 | 443 | 에티오피아 1961 | 1 |
| 이탈리아 1965~1981 | 382 | 핀란드 1984 | 1 |
| 영국 1958~1981 | 72 | 홍콩 1973 | 1 |
|  |  | 튀니스 1969 | 1 |
| 기타 국가 1956~95 | 66 | 터키 1969 | 1 |
| 총계 | 151,727 |  | 967 |

출처 : South Korean Ministry of Health and Welfare(1999). Overseas Adoption Status According to Receiving Nations. Seoul, South Korea: South Korean Ministry of Health and Welfare.

* 연방을 구성하는 16개의 주에서 10개는 구역변경이 되지 않은 '이전부터 있었던 것'이었는데 즉 노르드라인-베스트팔렌, 라인란트-팔츠, 자아를란드(자아르), 헤센, 바덴-뷰르템베르그, 바바리아, 니데르작센, 작센, 쉘리스비히-홀쉬타인, 함부르크 및 브레멘 주 등. 독일 동부에는 5개의 주가 추가되었는데 즉 메클렌부르크(전 포메라니야), 브란덴부르크, 작센-안할트(마그데부르크), 작센(드레스덴) 및 튜링겐(에르푸르트) 등임.

# 제7장
# 한인 이주의 신방향 :
# 호주와 뉴질랜드

# 1. 한인의 호주 이주

## 1) 호주의 이주민 정책

현대 호주는 미국과 캐나다처럼 이주민들의 국가이며 따라서 이주는 1788년 처음으로 영국인들이 이주한 이래 인구형성의 중요한 요소가 되었다. 호주의 이주는 모두 3단계로 나누어진다. 그중 1940년대 말까지 지속된 이주 첫단계는 주로 영국 출신자들의 주 무대였는데 그 이유는 강제노역 된 노동자들이 영국에서 호주로 많이 파송되었기 때문이었다. 그리고 종종 수많은 자발적 이주자들이 호주로 모여들었다. 19세기 말부터 소위 '백호주의'의 원칙이 확립되어 아시아인들의 유입을 제한하고 있었지만 1850년대의 골드러시 시기에 다수의 중국인들이 유입된 바 있었다. 경제대공황과 제2차 세계대전으로 인하여 이주민 유입이 감소하고 전후 경제재건이 시작되기 전인 1940년대 중반에 호주의 인구구성은 비교적 단일 인종적이었다. 1947년의 인구조사에 의하면 10% 미만의 사람들이 외국 출생자들이었는데 이들은 19~20세기의 이주사에서 가장 낮은 비율을 보인 적이 있다. 90% 이상의 사람들이 영국 태생자들이었고 나머지는 영어를 사용하는 유럽국가 출신자들이었다.[1]

두 번째 이주단계는 1940년대 말이었는데 이때는 호주 당국이 광범위한 이

---

1) Ланьков А. Н. Австралия −страна кенгуру и иммигрантов. Русский журнал, 16 ноября 2002; Foster Lois E. Australian multiculturalism. Bristol, 1988. Chapter 2. Immigration: Nature and consequences for Australian society. pp.7−21.

주정책을 펼친 때였다. 여기에는 두 가지 목표가 있었는데 우선 국가안보를 위해 인구증가가 필요하였고 나머지는 산업발전을 위해 자질에 관계없이 노동력이 필요했던 것이다. 1947~1972년의 호주 이주정책 시기는 호주로 많은 인구유입이 있었다는 것이다. 1948년에 국적법이 발효되어 이주민에 대하여 호주국적이 부여되었다. 이주민의 규모와 구성 문제를 정부에 건의하기 위하여 이주 관련 협의회들이 조직되었다. 그래서 일련의 유럽국가들과 이주 지원에 관한 협정이 체결되기도 하였다.

그 다음 25년간은 호주의 이주민 유입이 급증하였다. 이 시기에 이주민의 다수는 동유럽 출신자들(1940년대 말의 난민)이었고 북유럽 출신자 그리고 1950년대 말부터는 이탈리아와 그리스를 비롯한 남유럽 출신이주민들이 유입하였다. 전후 대량이주에 대한 계획은 산업계, 노동조합, 주요 정당 및 사회단체 모두에 필요하였다. 대량이주는 경제발전을 위한 것이었고 말하자면 '좋은' 시기이던 1949~1950, 1955~1956, 1969~1970년에는 이주민 유입이 높았는데 평균 연간 15만 명 정도였다. 계속해서 많은 국가에서 이주민들이 호주로 입국하였다. 1949년부터 1968년까지 100만 명이 넘는 사람들이 영국에 이주하였고 약 80만 명이 나머지 유럽국가에서 입국하였다. 많은 사람들이 호주 당국의 재정지원을 받았다. '백호주의' 정책은 사실상 1966년에(공식적으로는 1973년) 종식되었는데 아시아계 이주민들이 유입되기 시작하였던 것이다. 1969~1970년에 185,000명이라는 기록적인 수의 아시아 이주민 유입이 발생하였다.

1966년에는 유럽에서 노동계약을 종료한 후 호주로 입국한 이주민 지원을 위한 특별정책이 시행되었는데 이들은 스칸디나비아, 스위스, 프랑스 및 미국 당국으로부터 이주지원을 받은 경우였다. 호주입국을 희망하는 비유럽계 숙련노동자들에 대한 심사도 이루어졌다. 1970년에 이주민들의 영어연수 프로그램으로 호주 당국은 1,600만 달러를 책정하였다. 1971년에 노동당 정권이 들어서면서 이주민 수용규모는 줄어들게 되었다.

1973~1975년에는 이주민 규모가 감소하였고 정책중점은 이주민의 언어와 문화적 적응 그리고 취업, 다민족, 다문화 관계의 이해 쪽으로 전환되었다.[2]

호주협회는 이주정책부 장관인 A. 그레즈비에게 '민족의 가족'이라는 글을 제출하였다. 그레즈비 퇴임 후 이러한 경향은 낮은 정도였지만 지속되었으며 '백색이주'의 독점은 사실상 중단되었다. 이주정책으로 인구증가를 꾀하려던 정책은 수정되기 시작하여 자원보호, 이주민 유입의 최소화, 삶의 질 개선 쪽으로 전환되었다. 강력했던 이주정책부의 영향력이 감소하여 다른 부서의 권한이 확대되었는데 일부 기능은 노동부와 교육부 및 사회복지부 등으로 이전되었다.

프레이저를 수반으로 하는 신호주정부는 호주의 다민족적 요소를 인정하였는데 그 이유는 이 시기에 약 30%의 인구가 이주 1, 2세대들이었고 이들 대부분이 비영국계 출신자들이었다. 당국의 실행 프로그램은 다음과 같다.

- 이주는 국가경제 발전의 필수 조건이며 따라서 1976~1978년 사이에 매년 9만 명의 인구유입이 필요하다는 사회적 인식의 확대
- 이주 및 민족문제부에서 '민족'이라는 용어 사용이 광범위하게 정착되고 정부의 많은 부서에서 일하는 직원들이 민족적으로 의미를 갖게 되고
- 교육과 보건 등의 영역에서 외국인 노동자 정책이 지속되었다.
- 다문화주의와 다문화 가치관 및 다문화 교육에 관한 관심이 호주의 연구기관들을 통하여 촉구되었다.
- 이주자 선발을 위한 점수제 도입(단 가족재회, 난민, 뉴질랜드인의 경우는 미적용). 경제적인 면, 개인적인 신상 등 고려하여 30점 이상이 요구되었다.
- 동남아시아 및 기타 분쟁지역의 난민들에 대한 엄격한 심사
- 불법이주자, 국제난민에 대한 투쟁, 이들에게 이주민 자격 혹은 호주 국적을 부여함.

세 번째 단계는 1970년대 말에 이주민 할당규모에 대한 재검토에서 시작되

---

2) Foster Lois E. Australian multiculturalism. Bristol, 1988.

었는데 현재까지 지속되고 있다. 이 시기에 저임금 노동력에 대한 수요는 이주를 조금 넓혔다. 호주 당국은 이주민을 선발할 때 민족과 인종 등의 범주를 폐기하였다. 1970년대 말에 호주는 베트남을 비롯한 일부 인도차이나 반도의 국가 난민들을 수용하고 이때부터 아시아계 이주민의 수는 증가하게 되었다.

호주에는 50만 명이 넘는 실업자가 있지만 매년 12만~14만 명의 이주민들이 취업을 하기 위하여 입국한다. 최근 40년 동안 120개국이 넘는 국가에서 450만 명 정도의 이주민들이 호주로 입국하였고 이들 국가는 주로 영국, 아일랜드, 이탈리아, 그리스, 유고슬라비아, 뉴질랜드였고 그리고 아시아 국가는 연간 이주 할당비율의 1/3을 차지하고 있다.

1997년 7월부터 1998년 6월까지 공식적으로 80,800명의 이주민이 입국하였는데 그중에는 아시아 난민이 32%, 뉴질랜드 출신이 19%, 영국과 아일랜드에서 13%, 기타 유럽국가에서 12%, 아프리카 출신자 8%, 중동 및 아프리카 출신이 7%를 차지하였다. 이러한 놀라운 수치를 보면 어느 정도 호주의 이주정책이 변화하였음을 알 수 있다. 현재 호주 인구의 21%는 호주 출생자가 아니며 이주 2세대의 후손들인데 이들은 부모 중 한 명이 호주출생자가 아니다.

입국자 부류는 다음과 같이 나뉜다.
- 가족과 친지와의 재결합. 입국자의 거의 대다수는 호주에 후원자 역할을 하는 친지들이 있다.
- 숙련된 노동자의 경우 이러한 범주는 경제적 수요에서 비롯되었다.
- 인도적 차원에서 입국이 허용된 경우도 있다. 인도적 사업에서 입국한 난민이나 개인들이다.
- 제3의 이주장소로 이동하기 위한 천 명 정도의 예비이주민

전문가 이주를 실행하기 위한 정부 당국의 가장 중요한 계획은 이들 이주민들이 호주 경제에 기여할 것인가 하는 여부를 판단하는 일이다. 이런 부류의 이주민들은 특별한 전문성을 가지고 있고 비즈니스에 뛰어난 자질을 갖추고 있고 호주의 경제성장에 공헌하는 사람들이다.

‘독자적’ 이주는 호주에 친척이나 후원자가 없는 경우의 이주민들을 뜻한다. 입국은 대개 젊고 교육받은 사람들에게 허용되고 있다.

입국심사를 담당하는 수백 개의 지점에서 수요 조사가 이루어졌다. 특별한 점수제가 시도되었다. 가령 전문성이 입국에 유리하게 적용된다면 ‘독자적’ 이주자는 즉시 입국통과에 필요한 점수인 95점에서 75점을 취득하게 된다. 고졸학위는 20점, 초등학교 학위는 점수가 없다. 연령은 18~20세는 30점, 30~34세는 20점, 35~39세는 10점, 40~49세는 5점 등이다. 영어구사력이 뛰어나면 15점, 어느 정도 구사하면 10점, 심화교육이 필요할 정도면 0점이다.

전문가 이주민이 되려면 자신의 전공에 대한 자격증이나 증명서가 있어서 호주에서 인정받아야 하며 엄격한 신체검사와 건강한 정신상태가 입증되어야 한다. 이러한 전문가 그룹에게는 1년간 주택이 제공되며 충분한 급여가 제공되는 일자리를 받는다. 이 기간에 이주자는 호주의 직업활동가 범주로 포함되어 후에 주거문제와 직업변경의 일을 스스로 해야 한다. 전문가 이주민은 완벽한 영어구사력이 요구된다. 사실 이러한 일에 필요한 비용은 호주 당국이 결국 받게 되는 양질의 전문가 활동으로 보상받게 되며, 호주에 입국한 지 2년이 경과한 이주민은 신청에 의하여 호주 국적을 취득할 수 있는데 물론 여러 가지 사안에 의하여 결정된다.

합법적 이주민 외에 소위 ‘보트 피플’이라고 하는 불법 이주민도 있는데 이들은 소형 배를 타고 바다를 통해 호주로 입국한 사람들이다. 중국인과 베트남인들은 호주에서 다른 사람들에 섞여 동족들이 운영하는 직장에서 일거리를 찾으며 살려고 하고 이와는 반대로 무슬림 국가에서 온 사람들은 당국에 난민의 지위를 받으려고 호소하는 경향이 많다. 호주의 특수성은 불법이주민에 대한 엄격한 정책을 가지고 있는 점인데 사실 ‘난민’의 지위를 인정받지 못한다면 사실상 합법적 거주가 불가능하다.[3]

---

3) Ланьков А. Австралия потеряла интерес к вопросам чистоты расы. Русский журнал, 16 ноября 2002.

## 2) 초기의 한인이주

호주한인사는 한인이주사에서 늦은 시기에 해당한다. 한국과 호주의 관계는 1885년 조선에서 활동하던 호주인의 교육, 계몽활동에서 시작한다. 호주인들의 선교활동으로 인하여 일부 한인들이 1927년부터 1941년 사이에 호주로 건너가서 유학생활을 하거나 교회 일을 할 수 있게 되었다.

호주를 향한 최초의 한인이주 물결은 여러 가지 제약이 있었으나 1970년대 초에 일어났는데 사실은 이주의 동기와 구조 면에서 구체적인 역사성이 있었다. 한국 전투병과 기술요원 및 의료요원들이 참전했던 베트남 전쟁이 끝나자 이들 중 다수는 경제적으로 어려움을 겪고 있는 고국으로 되돌아가지 않고 새로운 국가에서 삶의 가능성을 타진하기 시작하였다. 남자들이 거의 다수인 한인들은 호주로 향했는데 이들은 영구거주가 아니라 고국에 남아 있는 가족들을 부양하기 위한 취업을 목적으로 하였다. 호주로 이주한 한인들의 규모에 대한 통계는 없지만 1974년, 1976년, 1980년에 걸쳐 호주 당국이 시행했던 베트남 출신 한인들에 대한 행정자료 조사에서 어느 정도 정보를 얻을 수 있다. 이에 의하면 수천 명의 한인들이 베트남에서 호주로 향했지만 호주에는 약 500명 정도만이 남아 있었던 것으로 파악되었다.[4]

1970년에 한국에서 호주로 입국한 한인이주민들은 낮은 사회계층을 형성하였고 육체노동자군에 속하였다. 1974년에 약 500명의 한인들이 송유관 부설노동자로 위틀렘에 도착하였으나 이들 대다수는 1976년 사면조치를 이용하여 고국으로 되돌아가지 않았다. 호주의 노동당 정권에서 이들은 영구거주를 허용받았고 자신들의 가족을 초청할 수 있게 되었다. 바로 이러한 1970년대 중반에 한인들의 호주이주 기반이 만들어졌던 것이다.[5]

초기 호주이주의 좋은 여건으로 인하여 1970년대 후반에는 한국에서뿐만 아니라 다른 국가(남미와 중동 등)에 있던 한인들의 이주관심이 증대하였다.

---

4) Paek Shi－hyon. Hoju kyop'o iminsa kaegwal(An Overview of the History of Korean Migration to Australia).－ Sosu Minjok, 1986, No.4, pp.23－26.

5) 한경구. 세계의 한민족. 아시아・태평양. 세계한민족총서. 8. 통일원. 1996.,.p.221.

좋은 자격을 갖추었던 이주노동자의 수는 적은 반면 대다수의 한인들은 관광 비자를 가지고 입국하여 공식적인 허가 없이 체류하여 노동에 종사하였다. 한인들은 타국의 이주민들처럼 호주의 노동시장에서 노동력 결손을 보충하는 역할을 하였다. 호주의 경제발전 역점이 채취, 가공산업으로 전환됨에 따라서 호주인들이 거부하던 힘들고 급여수준이 낮은 일에 대하여 다수의 노동력이 필요하게 되었다.[6]

1970년대 후반 호주로 입국한 두 번째 한인집단들은 대략 80가구 정도였는데 이들은 남북을 가르는 DMZ에서 가까운 동두천 출신자들이었다. 이들은 주로 미군을 상대로 하는 일을 하다가 미국이나 다른 국가로 이주하기로 결정했던 사람들이었다. 여행사들의 활동이 궁극적인 역할을 한 것은 아니었으며 상당수의 동두천 사람들이 자발적으로 미국과 호주행을 선택했던 것이다.

1970년대 후반에는 약간의 예외는 있었지만 한국에서 호주 비자를 받는 일이 단기비자라 하더라도 어려웠다. 한인들이 호주에 도착하여 비자기간이 끝났을 경우에는 갱신하면서 잔류하였다. 불법이주자와 불법체류자에 민감한 호주 당국은 서울 주재 호주 대사관에 연락하여 비자발행을 엄격하게 하라고 지시하였다. 이에 대하여 주 수입원이 비자발급 대행인 여행사들은 편법적으로 호주이주 희망자들을 모집하기 시작하였다. 호주침투 방법 중의 하나는 소위 경유비자를 이용하는 것이었다. 가령 1970년대 후반에 니카라구아는 한국과 외교관계가 없었지만 서울의 대리인을 통하여 한국인들에게 비자를 발급하였다. 그런데 양국 간의 공식관계가 없었기 때문에 타국을 거쳐 입국하도록 되어 있었다. 국제사면을 받은 이만수의 회고에 따르면 자신을 포함한 한국인 남자 10명은 니카라구아 농장에서 일할 수 있는 노동비자를 가지고 있었다. 이들은 니카라구아를 가기 위하여 홍콩, 싱가포르, 시드니 및 미국을 경유하였다. 경유비자가 있으면 공항에서 벗어나 시내에서 3일간 체류할 수 있었기 때문에 시드니 경유는 소기의 목적을 달성할 수 있는 좋은 곳이었다. 이러한 방식으로 여행사는 11명을 더 모집하였고 이들은 시드니에서 한 달여

---

6) Castles and Kalantzis et.al., Mistaken Identity: Multiculturalism and the Demise of Nationalism in Australia, Sidney, Pluto Press, 1988, pp.89－92.

체류한 뒤 모두 억류되어 본국으로 소환되었던 것이다.[7]

한인들의 호주입국은 제3국을 통하는 방식도 있었다. 이미 언급했듯이 같은 시기에 중남미 국가, 즉 한국과의 공식관계가 있던 브라질, 아르헨티나, 파라과이 등지로 한인이주가 활발하게 전개되었다. 중남미 국가로 입국한 한인 이주자들의 대부분은 사회경제적 난관 속에서 생활해야 했고 미국이나 캐나다 등지로 재이주할 가능성을 모색하고 있었다.[8]

한국인들에게는 미지의 세계로 그리고 대륙에서 멀리 떨어진 국가인 호주는 이미 새로운 국가에서 삶을 개척하고 있던 동포 한인들에게는 운명적인 곳으로 받아들여졌다. 호주가 중남미 국가에 비해서 이주 우선순위가 높게 된 이유는 바로 영어 때문이었는데 한인 부모들이 볼 때 스페인어는 영어에 비해 장래에 도움이 안 되거나 전망이 없어 보였던 것이다. 특정국가의 비자를 받게 하고 이주결정을 내리는 데 중요한 역할을 한 것은 바로 여행사와 대행사뿐만 아니라 중간소개업자들이었다. 소개업자인 서우정 씨는 중남미 국가로부터 호주로 한인들을 재이주시키는 일을 하고 있었다. 결과적으로 약 300가구의 한인가족들이 제3국에서 호주로 입국하였다.[9]

사면받은 이주민들은 호주 입국 전에 이미 타국의 환경에서 생활한 경험들이 있었기 때문에 새로운 국가인 호주에서 생활하는 데 필요한 사항들을 충분히 알고 이주하였다. 그러나 사실 이들이 호주 사회에서 다시 적응해야 하였고 모든 영역에서 힘들게 생활하였는데 노동여건의 차별, 특히 영어 구사 수준에 따른 직업선택은 그중의 하나였다. 사면받은 이주민들은 호주 땅에 정착하였고 뿌리를 내리면서 되돌아갈 생각은 하지 않았다. 바로 이 점 때문에 이들 이주민들은 자신들의 자녀들이 새로운 땅에서 성공할 수 있도록 뒷받침하기 위하여 위험하고 힘들며 험난한 일을 정신적으로 마다하지 않았다.

1976년과 1980년 사이에 호주로 입국한 한인들은 준합법적 상태에 있었는

---


7) O Yul Kwon. Australia－Korea Relations: Issues and Prospects. －Korea Observer, Winter 1997, pp.537－557.

8) 김종심. 호주 한국인 뿌리내기 20년. 신동아 6월호. pp.428－437.

9) Han Gil－Soo. Australian Immigration Policy and Settlement of Koreans in Australia. －Korean Social Science Journal. Vol. ⅩⅩⅦ, 2000, No.2, pp.205－206.

데 이들 규모는 약 3,200명 수준이었다. 불법체류자 수는 1980년대 후반에 급증하였고 이는 호주의 심각한 경제위기 상황과 관련이 있었다. 이때는 실직자가 증가하고 아시아 지역 출신 이주민에 대한 사회적 적대감이 생성되었던 것이다. 1980년대 중반(연간 약 95,000명)과 1987~1988년(12만 명)의 호주 이주민의 증가는 '전문가 계층' 그리고 '개별적' 이주로 특징되는 노동이주에서 비롯되었다.[10]

이러한 이주민 할당량의 증가는 호주의 경제발전위원회가 판단한 근거와 관계가 있는데 위원회는 국가경제성장을 촉진하기 위해서 수준 높고 사업성이 있는 이주민들을 대폭 수용하자는 것이었다. 수준 높은 노동자와 전문가 계층에 대한 높은 수요는 국내 노동시장만으로는 충족될 수 없었기 때문에 1980년대에 호주로 이주한 대다수 한인들은 전문가 계층 및 개별적 수준의 이주민 공급역할을 하였다.[11]

1980년대의 한인이주민들은 대개 중산층들이었으며 거의 빈손으로 호주로 들어갔던 이주 1세대와는 달리 재산이 있는 사람들이었다. 신이주민들은 또한 '컨테이너 이주민'으로 불렸는데 그 이유는 이들이 호주로 떠나기 전에 이동경로를 짜고 첫 정착지에 대한 정확한 장소를 숙지한 후 미리 이삿짐을 컨테이너로 발송했기 때문이었다. '사면받은 이주민'들이 호주로 이주하게 된 주원인이 어려웠던 경제적 상황에 있었다면 '전문가 이주민'의 경우에는 한국을 떠나는 데 물론 경제적 원인이 중요한 역할을 하기는 했지만 부차적인 것이었다. 한인들이 고국을 떠나는 이유는 모든 이주민에게 동일한데, 즉 성공을 위한 염원, 자신 및 자녀들에 대한 보다 나은 교육, 영어구사력 확보 그리고 '부패, 권위주의, 경제적 불이익'에서 벗어나고자 하는 것 등이었다.

전문가 이주민의 대다수는 관광객으로서 짧은 외국여행과 혹은 1년 또는 수개월의 외국 파견생활 등의 경험을 가지고 있었지만 사면된 이주민과 비교해 본다면 현지 이주생활의 경험이 부족한 것은 사실이었다. 1985년부터 1990

---

10) Collins J. Asian Migration to Australia. In: The Cambridge Survey of World Migration. Edited by R. Cohen. Cambridge University Press, 1995, pp.376-379.

11) Castles S., Miller M. J. The Age of Migration: International Population Movements in the Modern World. Basingstoke, England: Macmillan, 1993, p.90.

년까지 상당수의 한인들이 호주로 이주하였고 그 수치는 1995년경에 약 130명에 달하였다. 이들의 미국과 캐나다 이주는 사실상 1980년대에 끝났다. 이들은 전문적인 활동을 위하여 그리고 물질적 혜택을 받고 자녀들의 교육을 위하여 호주에 머물렀다.

이주입안자와 전문가들의 조사에 의하면 이들은 한국사회에서 주로 비판적인 사람들이었다. 전문인으로서 이들은 안정적인 직장이 없었고 교육수준과 맞지 않는 직업에 종사하고 있었음에도 불구하고 호주는 한국과 같은 국가에서 생활한 점에 대해 높은 평가를 하고 있었다. 종종 힘들고 단조로운 노동여건과 도덕적 성취감을 달성할 수 없는 일 등이 개인과 가족생활에 부정적인 영향을 끼치기도 하였다.[12]

호주 도착과 함께 온갖 힘든 일을 겪었던 '사면된 이주민'과는 달리 전문가 이주민은 우선 자신의 주변 상황을 최대한 활용하였다. 이들은 공항에 입국하자마자 아는 사람이나 친척 혹은 여행사의 도움을 받았고 주거지 선택과 자녀들을 위한 학교 그리고 무료 의료지원을 받았던 것이다. 첫 6개월에서 12개월 동안 전문가 이주민은 특별한 어려움이 없었으며 성인다문화교육센터(Adult Multicultural Education Services, AMES)*에서 진행하는 6개월 코스의 영어교육을 받고, 명승고적지를 방문하며 또한 가족과 친구들과 시간을 보내었다. 이들의 문제는 나중에 발생하게 되었는데 자신들이 가지고 있던 경제적 수단이 동이 나자 직장생활을 할 필요성이 생겨났던 것이다.[13]

전문가 이주민들의 2, 3년차 생활은 위기 국면이었는데 '기회의 땅' 호주에 대한 인식이 과연 현실적인 것인가 하는 문제에 봉착했기 때문이었다. 이 기간에 나타났던 심각한 문제는 언어 및 사회적 적응에 관한 것이었고 또한 고국으로 귀국하는 생각 등이었다. 3년이 지나가면서 이주민의 본질을 이해하는 인식이 생겨나고 새로운 땅에서 적응하는 방법이 강구되었다. 사실 젊은 세대들은 자신들의 부모들보다 매우 빠르고 쉽게 새로운 가치체계와 다양한

---

12) Han Gil-Soo. Australian Immigration Policy and Settlement of Koreans in Australia. -Korean Social Science Journal. Vol. XXVII, 2000, No.2, p.210.

13) http://www.ames.net.au/articleZone.asp?articleZoneID=50

여건 등에 적응하였다.

호주 정부는 이미 1970년대에 비즈니스맨이나 투자가들에게 유리한 여건을 조성해 주면서 그들이 자신들의 재원을 호주에서 사용해 주기를 희망하였지만 결과는 생각대로 되지 않았다. 1985~1996년 시기에는 기업활동 경험과 경화를 가진 이주민의 유인책이 실행되었다. 바로 이 점 때문에 1988~1989년의 호주입국 한인이주민의 40% 이상이 '사업이주민'이었다. 이들 대다수는 출장이나 여행차 외국에 머물다가 절반 정도는 완전 이주를 위하여 호주를 방문하였다. 그러나 이러한 한인 집단은 이주경험이나 타국에서 독립적으로 사업을 한 경험이 없었다.

사업이주민자들은 한국에서 물질적으로 넉넉한 계층이었기 때문에 이주결정은 경제적 동기뿐만 아니라 다른 다양한 요인으로 결정되었다. 1980년대 말에 한국정부는 외국에 대한 개인투자 확대정책을 폈으며 그 결과 외국에서 상당수의 기업활동이 이루어지게 되었다. 중소기업은 대기업으로부터 많은 압력을 받기도 하였다. 원료를 수입하는 국내시장의 인건비 상승과 완제품 수출, 경제 부문의 부패와 로비 등으로 인하여 다수의 중소기업들이 도산하게 되었다.

그러나 한국의 '사업이주민자들'은 많은 비경제적인 원인으로 인하여 국가를 떠났는데 많은 조사응답자들에 의하면 국내에서 기업활동을 하기가 부적합하다고 하면서 이주결정은 끝없는 경쟁과 스트레스로부터 '단순히 휴식을 취하고 싶은 곳과', '기후와 환경이 쾌적한 곳으로' 그리고 '자식들에게 영어교육을 시켜 줄 수 있는 곳'으로 가고 싶어서 내린 것이었다고 하였다.

한인 '사업이주민들'의 호주로의 유입은 1980년대 후반에 시작되었고 이 기간의 최저 투자금액은 35만 호주달러(현재는 최소 65만 호주달러로 상승)였다. 그 밖에 기타 외화나 부동산 및 개인사업 경험 등을 제시하도록 요구되었다. 난민들이나 교육이주민들과는 달리 기업가 계층으로 밝힌 절반 정도의 조사응답자들은 이주신고 전까지는 관광목적으로 입국하였고 이후 비즈니스 가능성을 모색했던 것이다. 한인 '사업이주민들'은 호주 사람들이 자신들을 무한경쟁으로 몰고 갈 것 같지 않아 성공할 수 있을 것이라고 생각하였다.[14]

전임 시드니 한인회장 이배근 씨의 말에 의하면 1995년까지 한국에서 호주로 입국한 사업이주민들은 약 400명 정도였다. 이들 중 아무도 중소기업의 범위에서 벗어날 수 없었는데 그 이유는 영어실력이 미약했고 호주의 관행을 몰랐으며 또한 충분한 비즈니스 경험이 없었기 때문이었다. 결국 과거의 한국 비즈니스인들의 일부는 사회적으로 낮은 계층으로 주저앉게 되고 일용직 업무나 실직상태 혹은 조그마한 가게를 운영하는 수준으로 전락하였다.[15]

처자식들은 호주에서 첫 2~3년간 어려운 적응기를 보낸 후 이미 새로운 환경에 익숙하게 되자 한국으로 되돌아갈 생각이 없었다. 호주에서 직장을 상실한 남편은 귀국하여 조국에서 다시 사업을 하고 싶어 하였다. 이러한 가족 구성원 간의 다양한 입장 때문에 새로운 유형의 한인이주민들이 등장하게 되었다. 바로 '우주인', 즉 '아스트로나프트' 이 뜻은 가족은 호주에 있고 자신은 한국으로 귀국하여 새로운 사업을 하는, 곧 가족과 직장을 오가는 '기러기'라는 의미이다.[16]

새로운 호주 한인이주민의 유형은 바로 호주 유학생들인데 이들은 최근 10여 년 동안 급증하고 있다. 그러나 호주 대학교에서 한인 대학생들이 처음으로 다닌 때는 1950년이며 이는 '콜롬보 계획'[**]과 관련되어 있다. 국제원조 덕분에 일부 한국의 공무원과 학생들이 호주의 대학에서 전문가 및 언어과정을 받게 되었다.

1950년 5월에 시드니에서 개최된 '콜롬보 계획'의 집행위원회 회의에서 호주 외무부 장관 스펜더는 남아시아 및 동남아시아 국가의 학생들 150명에게 장학금을 지급하기로 하였다.[17]

---

14) Han Gil Soo. Korean Business Migrants in Australia. —Asian Migrants. Volume IX, No.3, July—September 1996, pp.80—86.

15) Coughlan, James E. 1995. "Korean immigrants in Australia: The characteristics of recent Korea—born immigrants to Australia and a socio—demographic and economic profile of the Korean—born community from the 1991 census", Korea Observer 26(3): 379—417.

16) Ho E., Bedford R. and Goodwin J. Astronauts families: A contemporary migration phenomenon. East Asian New Zealand Research on New Migrants, Aotearoa New Zealand Migration Research Network, Paper 3, 1997, Department of Sociology, Massey University, Albany; Astronauts Families and Cosmonauts couples. Immigration Research Service. New Zealand Immigration Service. May 2000. http://www.immigration.govt.nz

17) Sydney Morning Herald, 1950, December 21.

장학금 지급의 목적은 국가들 간의 우호와 협력증진을 위하는 일이었다. 초창기 수혜국은 인도, 파키스탄, 인도네시아, 실론, 태국, 버마, 인도차이나, 라오스, 캄보디아, 싱가포르, 브루나이 등이었다. 매년 장학금 수혜국들이 증가하였고 1957년에는 '콜롬보 계획'에 따라 호주로 입국한 유학생 수는 829명에 이르렀는데 그중 443명은 대학생이었다. 1960년대에는 923명으로 증가하였고 1966년에는 1,482명까지 확대되었다. 지난 몇 년 동안에 장학금 수혜자 수가 변동하였을 뿐만 아니라 지역별 및 국가별 분포도 달라졌다.[18]

호주 당국은 장학생 제도를 통한 것 외에 학비를 내고 대학에 다니는 외국학생들을 수용하는 방식으로 대학교육의 발전을 위한 투자를 시행하였다. 규모의 증대를 위하여 교육인프라와 프로그램의 중심이 기술, 응용 및 자연과학 전공으로 전환되었다.*** 호주의 대학교에서 수학하던 대학생 922명을 대상으로 한 조사에서 가장 인기 있는 전공은 30%의 학생들이 지지한 '공학'으로 나타났으며, 다음으로는 '자연과학'(15%), '의학'과 '교육'이 10% 등이었다. 1965년 6월 30일 호주 전체에는 아시아 17개국 5,920명의 학생들이 재학 중이었고 학비는 206,800호주달러에 이르렀다. 장학금을 받는 한국대학생은 타국 출신 대학생들보다 적었는데 가령 싱가포르는 1,647명, 인도네시아는 966명, 인도는 695명, 파키스탄은 466명, 태국은 446명 등이었다.[19]

개인적으로 호주로 입국한 학생들은 '콜롬보 계획'이나 기타 장학금을 받고 들어왔던 학생들보다 더 많아졌는데 1968년에 장학생 1명당 학비부담 학생 8명꼴로 파악되었다. 1950년에 아시아 대학생 147명은 멜버른 대학교에 입학하였고 1955~1965년에 이 수치는 두 배 이상으로 증가하였다.

한국학생들에게 호주는 미국과 일본 다음 세 번째로 중요한 유학국가가 되었다. 최근 한인 호주유학생 수는 급증하고 있는데 1986년부터 호주 당국은 외국지원(국제장학생제도)을 받는 유학생의 입국을 제한하고 개인적으로 학

---

18) Cм.: J. S. Western. Asiatische Studenten in Australien. －Australien and Asien. Einige Aspekte australischer Asienpolitik. Herauasgeben von Venturino G.Venturini. Otto Harassowitz－Wiesbaden. 1970, S. 259－286－265.

19) Cм.: Western J.S. Asiatische Studenten in Australien. －Australien and Asien. Einige Aspekte australoscher Asienpolitik. Herauasgeben von Venturino G.Venturini. Otto Harassowitz－Wiesbaden. 1970, S. 265, 270.

비를 내는 학생들을 수용하는 정책을 시행하였다. 외국학생들이 자비부담으로 호주의 다양한 대학에서 수학하는 것이 허용되었다. 바로 이 점 때문에 한인대학생들의 수는 1987년에 454명에서 1989년에는 2,262명으로 증가하게 되었다. 4개년(1989~1992) 동안 학생유입은 꾸준히 증가하였다. 이어서 학생들의 수는 1992년에 2,120명에서 1995년 3월에는 5,981명까지 늘어났다.[20]

5,981명의 학생들 중에 약 40%는 외국학생들을 위한 영어심화교육 프로그램을 들었다. 호주에서는 대학이나 교육기관 부설 언어전문학원이 있으며 여기서 영어를 가르치기도 한다. 이들 교육기관은 '잉글리시 오스트레일리아'(나중에 ELICOS – English Language Intensive Course for Foreign Students로 개칭) 협회를 구성하며 표준영어를 사용한다. 여기에는 대개 11, 12학년 과정의 한인학생들이 많이 수학하고 있는데 과정수료 이후 수료증을 받으면 호주의 어떤 대학에도 진학할 수 있다. 한인 초등학생과 중학생들도 상당수(903명) 나타나고 있다.[21] 호주에서 학교를 다니고 있는 젊은 한인학생들은 대학전공이 없는 경우 비자를 받기 위하여 영어심화과정에 들어간다. 호주의 대학생비자는 영어시험 성적이 필수인데 가령 IELTS(International English Language Testing System)나 토플(TOEFL) 등이 대표적이다.[22] 1997년 호주 한인 18,000여 명 중 대학생은 총 1,447명이었다.[23]

1990년대 말에 호주에 재학 중인 유학생 규모에서 한국은 1위였고 다음으로는 인도네시아, 말레이시아, 홍콩, 싱가포르 순이었다. 총 외국인 유학생 수는 1983년에 16,000명 수준에서 2000년에는 16만 명 수준으로 10배가량 증가하였다. 영어수업, 수준에 맞는 다양한 언어프로그램, 통일된 자격요건, 연방수준에서 행하는 입학시험 그리고 미국이나 캐나다, 영국에 비하여 비싸지 않은 학비, 숙식비, 좋은 기후조건 등으로 인하여 호주는 아시아 지역 학생들


20) Choi M. Korean Students in Australian Universities. −Higher Education Research and Development, 1997, Vol.16, No.3, pp.263−282.

21) O Yul Kwon. Australia−Korea Relations: Issues and Prospects. −Korea Observer, Winter 1997, p.549.

22) http://www.allianceau.com/edu7.shtml

23) http://www.idp.com17aiecpapersprogramfridaycurriculum2moon_pp.pdf

이 선호하던 유학국이었다.[24] 호주에 유학 중인 한인대학생들의 수는 꾸준히 증가했는데 1997년에 1,447명, 1998년에 1,598명, 1999년에 1,763명이었다. 1997년에는 한인대학생들이 호주의 대학교에 수업료로 총 3억 5,000만 호주 달러를 지출하였다.[25]

멜버른에서 영어과정을 듣고 있던 한인대학생을 대상으로 한 1997년의 조사에서 호주유학을 결정하게 된 것은 신문과 저널을 통한 것(82.5%)으로 밝혀졌다. 응답자 중 약 절반은 호주에 유학 중인 친구나 체류 중인 친척이 있었다. 유학생들의 성별 구성은 남학생 51%, 여학생 49% 정도로 비슷하였다.[26]

호주는 미국, 캐나다, 영국 등 다른 영어권 국가와 비교하여 지리, 경제 및 사회적으로 명백한 우월성을 지니고 있다. 그러나 호주 자체 내의 교육제도뿐만 아니라 기타 계획에도 국제시장에서 경쟁력을 떨어트리는 약점이 있다. 첫째, 호주에는 하버드, MIT, 케임브리지, 옥스퍼드 대학과 같은 세계적인 권위를 가진 대학이 없으며 대학 학위도 미국이나 유럽에 비하면 훨씬 수준이 낮은 편이다. 둘째, 미국이나 일본에서 입국한 다수의 한인 학생들이 생각하는 것처럼 호주의 노하우인 높은 기술을 요구하는 학문 분야가 없다. 사실 호주에서 사용되는 표준영어는 발음과 단어의 특수성을 가지고 있다. 결국 상당수의 한인, 외국 유학생들은 학사와 석사를 마치고 박사과정에 입학한다. 호주의 석·박사학위는 한국의 것보다 더 낮다. 학위의 상당 부분은 미국제도나 한국에서 실행되는 것과 다르다.[27] 무엇보다도 이것은 수학기관과 관계가 있는데 호주의 대학에서는 학사학위 과정이 3년(한국과 미국은 4년)이고 석사과정은 1년(한국은 2년, 미국은 1년 혹은 2년)이기 때문이다. 이와 같이 박사학위 과정은 4년간의 대학과정을 이수한 뒤 가능한데 반면에 북미와 한국에서는 박사과정에 들어가려면 석사학위를 받은 뒤에 가능하다.

---

24) Moon Sung-Hun. Managing International Education: Korean Students and Students SuPort Staff Perspectives at UNSW(University of New South Wales).

25) http://www.idp.com17aiecselectedpapersMoon.

26) Lee-Anne Armitage. Factors affecting the adjustment of Koreans studying in Australia. M.A. Thesis, 1999. http://www.dfat.gov.au/akf/laa_images/laa_contents.html

27) Cho Young-A. Study Strategies of Korean Students in Australian Higher Education. http://www.arts.monash.edu.au/korean/ksaa

## 3) 한인 이주의 규모, 분포 및 구조

양적 규모: 한인들은 호주에서 가장 빠르게 증대하고 있는 아시아계 민족
집단이다. 2001년에 한인공동체의 수는 1, 2세대 및 호주 일시체류자를 모두
포함하여 47,227명이었다. 1971년에 호주 한인들은 총 486명이었고, 1976년에
는 1,460명, 1981년에는 4,514명, 1986년에는 9,285명, 1992년에는 39,572명 그
리고 1995년에는 36,973명이었다.[28]

1970년대 초에 천 명 정도의 한인들이 호주에 단기 입국했는데 이들은 주
로 영어과정에 입학한 대학생들이었고 추가로 영구거주를 목적으로 한 100여
명의 한인들이 입국하였다. 호주 당국이 1976, 1978, 1979년에 불법체류자에
대한 사면을 단행한 후 약 500명의 한인들이 영주권을 얻게 되었다. 호주의
한인 영주권자 수는 1982~1983년 사이에 연평균 1,185명 정도로 급증하였는
데 1987~1988년 기간에 최고도에 달했다.[29] 영주권을 받은 한인이주민들은
한국에 있는 친척들을 초청하여 지원할 수 있었기 때문에 1976~1985년까지
한인이주민 수는 평균 500명씩 늘어났다. 호주의 한인이주민 수는 1976~
1986년 사이에 1,460명에서 9,285명으로 6배 증가하였다. 1980년대 전반에 한
인이주민 수는 연간 수백 명씩 증가하였고 1986년 이후 1991년까지는 연평균
1,400명 정도가 호주로 입국하였다. 그 밖에 1~2년 정도의 유학을 목적으로
한인대학생들이 호주로 갔다. 1991년 인구조사에 의하면 한국태생 이주민의
수는 20,580명까지 늘었는데 5년 전에 비해 5배 증가한 수치다.[30]

1985~1990년 사이에 한인이주민 중 사업이주민의 비중이 꾸준히 늘었고
가족과 합류하기 위하여 입국한 사람의 수는 이와 대조적으로 줄어들었다.

---

28) Australian Immigration. Consolidated Statistics. Number 16, 1989－1990. Australian Government
Publishing Service. Canberra 1991, pp.1－43;
http://|www/hanminjok/net|research|stat|residence/htm

29) Coughlan, James Eric 'Korean Immigrants in Australia: A Demographic and Socio－Economic
Profile of the Korean－Born Community in Australia from the 1986 Census', pp.123－154 in
James E. Coughlan(Editor), The Diverse Asians: A Profile of Six Asian Communities In
Australia, Australia－Asia Papers, Centre for the Study of Australia－Asia Relations, Griffith
University, Nathan, 1992.

30) 한경구. 세계의 한민족. 아시아 · 태평양. 세계한민족총서. 8. 통일원. 1996. pp.221－224.

1989~1991년의 한인 투자가들은 전체 재이주자의 70.3%였으나 1992~1993년에는 나빠진 경제상황 때문에 비율이 57.2%로 낮아졌다.[31]

1992년 이후 이주민 수는 눈에 띄게 감소했는데 1992년에 1,093명, 1993년에 538명, 1994년에 542명, 1995년에 417명 등이었다. 한국의 출국이주민과 호주의 입국이주민 통계에 입각한 한인의 호주이주민 규모는 35,000명 정도로 추정되며 그중 약 6,000명은 호주에서 출생한 이주 2세대들이다.[32]

### 호주의 한인 분포도

베트남에서 호주로 이주한 한인 1세대들은 시드니 근교의 레드펀에 정착하였다. 이러한 지역선택의 배경에는 몇 가지 사실이 있었는데 첫째, 시드니의 주거비가 매우 비쌌고 둘째, 레드펀 48번지에 바로 초기 한인이주민이며 이후 한인들에게 많은 도움을 주던 서우정 씨의 집이 있었으며, 셋째, 한인이주민들은 자신들에게 적합한 거주지를 찾아 나서기 전에 레드펀에 잠시 거주했기 때문이다.[33]

1991년과 1996년의 인구조사는 호주에 거주하던 한인이주민들의 지역별 분포를 알 수 있게 해 주었다. 한인의 약 2/3가 뉴사우스웨일즈 주에 집중되었고 그 다음 큰 규모는 킹스랜드 - 9.3%, 빅토리아 - 8.4% 순이었다. 기타 나머지 행정주에는 소수의 한인들이 거주하고 있는데 서호주 - 4.15%, 남호주 - 2.6%, 태즈매니아 - 0.7%, 북부 지역 - 0.2%, 수도권 주 - 1.85% 등이다. 박시현이 1986년에 입수한 자료에 의하면 10여 년 동안 호주의 행정주별 한인 분포는 거의 변화하지 않았다. 1986년에 빅토리아 주의 한인이 조금 상승하였고(7.9%), 킹스랜드에는 3.4%, 서호주는 0.9% 정도 증가하였다. 반면에 남호주는 6.0%, 수도권 주는 2.0% 감소하였다.[34] 이와 같이 뉴사우스웨일즈, 킹스랜드, 빅토리

---

31) Там же.

32) James E. Coughlan. Korean Immigrants in Australia: A Socio-Demographic and Economic Profile of the Korea-born Community From the 1996 Census.
http://www.faess.jcu.edu.au/saas/downloads/JimCoughlan/94-99kor.htm

33) Han Gil-Soo. Australian Immigration Policy and Settlement of Koreans in Australia.-Korean Social Science Journal. Vol. X X VII, 2000, No.2, pp.208-209.

34) 백시현. 호주 교포 이민사 개괄. 소수민족. 1986. No.4. pp.23-26.

아 주에 90%가 넘는 한인들이 거주하고 있다. 뉴사우스웨일즈에 위치하고 있는 시드니는 새로운 이주물결의 시작과 함께 한인거주지의 중심이 되었는데 1970년대 초에 이미 이주한인의 85~90%가 살고 있었던 것이다.[35]

경험에 의하면 한인이주민들은 이주국에서 특정한 형태의 주거지를 형성한다. 개척자들은 사실 국가수도 혹은 주요 대도시에 정착하며 또한 비싼 주거비로 인하여 교외 지역에 거주하기도 한다. 그런 다음 이들은 교회공동체, 다양한 협회, 한인학교, 식당, 서비스업을 하는 회사, 신문, 잡지 등 자체 문화적 인프라를 구축한다. 한국의 다양한 매체에는 새로운 이주지에 관한 정보가 퍼져 있어서 나중에 사람들이 연쇄적으로 모여드는 것이다. 또 하나 주목할 만한 사실은 1970~1980년 기간에 대다수의 한인이주민들이 가족들과의 재회를 목적으로 이주했었기 때문에 시드니가 궁극적인 행선지였다는 것이다.

인구조사 자료에 의하면 뉴사우스웨일즈와 시드니의 한인거주지 분포는 균등하지 못하다. 최고의 한인밀집지는 1991년의 경우 캔터베리였는데 여기에 2,602명(전체 한인이주자의 12.6%로서 최대주거지였음)의 한인들이 집중적으로 거주하고 있었다. 그러나 지방행정단위의 전체 주민들 126,754명을 고려한다면 겨우 2.1%에 불과하다.[****] 1991년도의 또 다른 한인밀집지는 다음과 같다.[36]

① 라이드(시드니: 뉴사우스웨일즈) – 997명(4.8%)[괄호안 숫자는 호주 거주 전체 한인 중의 비율임]

② 혼스비(시드니 외곽) – 951명(4.6)

③ 파라마타 시티(시드니) – 939명(4.5)

④ 볼캄 힐 샤이르(시드니 외곽) – 809명(4.5)

⑤ 블랙타운 시티(시드니) – 787명(3.8)

⑥ 아쉬필드(시드니) – 724명(3.5)

⑦ 쿠 – 링 – 가이(시드니) – 724명(3.5)

⑧ 뱅크스타운(시드니) – 612명(3.0)

---

35) Australian Bureau of Statistics(1996 Census – customised matrix table).

36) Source: Australian Bureau of Statistics(1991 Census – Customised Matrix Table USC6013).

⑨ 베르부드(시드니) – 489명(2.4)

⑩ 바링가 샤이르(시드니 외곽) – 489명(2.4)

⑪ 랜드윅(시드니) – 427명(2.1)

⑫ 스트라트필드(시드니) – 417명(2.0)

⑬ 빌로그비(시드니) – 395명(1.9)

⑭ 아우뵤른(시드니) – 381명(1.8)

⑮ 마리크빌(시드니) – 357명(1.7)


호주에서 한인이주민 집중도가 가장 높은 곳은 수도권 지역의 스트로믈로인데 여기에는 총 주민의 2.7%를 차지하는 한인들이 거주하며, 브리스벤 교외인 스트레톤에는 28명의 한인들이 거주하며 전체 주민의 2.3%를 차지한다. 거주민 구조에서 한인이주민의 비중은 완전히 작은데 이는 호주에는 미국의 차이나타운과 같은 곳이 없음을 말해 준다. 그러나 1976년의 경우를 보면 특정 행정구역에 한인들이 집중되기도 했는데 가령 캔터베리의 한인들의 수가 5.6배가 증가했고 아쉬필드에는 거의 두 배나 많아졌던 것이다.


### 연령별 – 성별 구조

1980년대 중반 호주 한인이주민의 성별구조는 두 연령대에서 남녀별 차이가 두드러졌는데 이는 이후 차상위 연령대에 편입되면서 15년간이나 지속되었다. 첫째, 가장 연령대가 낮은 10세 이전까지의 그룹에서는 여아가 남아보다 두 배 더 많았는데 이는 한국에서 보내어진 입양아와 관련이 있다. 1991년경에는 13세까지의 연령대에서 남녀 불균형이 있었고 여아가 60.5%를 차지하였다. 1996년의 인구조사에서는 5 ~ 15세 연령대에서 여자가 52.6%를 차지하였다. 둘째, 1980년대 중반에 40 ~ 59세 연령대의 한인 남자들은 여자보다 41%나 더 많았는데 그 이유는 무엇보다도 남자 혼자 한국에서 먼저 출국하여 적응한 뒤에 가족을 초청한 경우가 많았기 때문이다. 일부 한인 남자들은 고국에 남겨진 가족들을 위해 혼자 지내면서 송금도 해야 하였다. 1990년대 중반에 가장 높은 연령대인 65세 사람들의 경우에도 성 불균형이 있었는데 남자보다도 여자가 40.3% 더 많았던 것이다. 그 이유는 두 가지인데 ① 여자의 평균수명이 남자보다도 더 길었고 ② 한국의 친척 초대를 책임지는 한인이주민들이 남자나 여자 측의 모친들을 더 많이 초청했기 때문이었다.

1991년과 1996년 인구조사에서 나타난 호주의 한인이주민 평균연령은 29세였고 20대 이전이 전체의 1/4, 노동연령대인 20~55세까지는 63%를 넘었다. 55세 이상은 1991년의 경우 10%에도 못 미쳤고 5년 후가 되면 10.6%에 이르렀다. 중노년층의 비율은 향후 젊은이들이 적게 이주해 옴에 따라 다소 높아질 것으로 전망된다.[37]

1991년 인구조사에 의하면 61.2%의 한인이주민들이 가족들과 관계가 있었고 15세 이상 한인들의 1/3 정도가 독신이었다. 이혼한 경우는 3.1% 수준이었는데 이는 호주 평균보다도 훨씬 낮은 수치였고 이러한 비율은 다음 인구조사 때까지도 유지되었다. 5년 후 1996년에 남녀 기혼자 비율은 47.5%였고 독신남자 비율은 46.4%, 독신여자 비율은 39.1%였다. 1991년 인구조사에 의하면 호주의 한인가족 69.1%가 부부와 미성년 아이들로 구성된 핵가족이었으며, 22.3%가 부부만으로 구성된 가족이었다. 1996년에 이러한 수치는 다음과 같이 바뀌는데, 즉 미성년 아이를 가진 부부가족이 59%, 부부만의 가족이 6.7%였다. 호주 한인의 평균 가족구성원은 1986년의 경우 4.6명이었고 1996년에는 4.0명이었다. 호주의 기혼 한인여성 1명당 1.3명의 자녀가 출산되었는데 이는 호주의 평균치 이하 수준이었다.[38]

호주 한인의 특징은 교육수준이 높고 19세 이상에서는 1991년의 경우 고교졸업학력자가 75%였는데 이는 호주의 다른 민족보다 높은 비율이었다. 고교졸업자의 40%(1996년의 경우는 32.2%)가 진학했으며 그중 11.5%(14.3%)는 대

---

37) James E. Coughlan. Korean Immigrants in Australia: The Characteristics of Recent Korea-dorn Immigrants to Australia and A Socio-Demographic and Economic Profile of the Korea-born Community From the 1991 Census.
http://www.faess.jcu.edu.au/saas/downloads/JimCoughlan/58-95kte.htm James E. Coughlan. Korean Immigrants in Australia: A Socio-Demographic and Economic Profile of the Korea-born Community From the 1996 Census.
http://www.faess.jcu.edu.au/saas/downloads/JimCoughlan/94-99kor.htm

38) Australian Bureau of Statistics(1991 Census-Customised Matrix Table CSC6180 and CSC6200); Australian Bureau of Statistics(1996 Census-customised matrix table).

학교에 들어갔다. 고등교육(대학) 이수자 비율이 높았음에도 27%(18%)만이 학사졸업장을 받았고 10.8%(5.1%)는 학위수료 그리고 7.3%(5.1%)는 대학원 과정으로 입학하였다. 비교적 낮은 대학 학력 지표는 영어과정에 등록한 고교생과 대학생의 증가와 관련이 있다. 비록 고등교육의 지표가 낮았지만 한인공동체에서 대학을 이수하려는 학생들은 많았고 이는 호주의 다른 아시아계 학생들보다 높은 수치를 나타내었다. 한인 대학생들 사이에서 가장 인기 있는 전공은 '사회와 문화'(12.3%), '공학'(9.8%), '언어와 지역학'(6.5%), 교육학(5.8%), 자연과학 5.2% 등이었다.[39]

이주민의 통합성을 알아보는 가장 중요한 지표 중의 하나는 바로 현지 취업 부문이다. 1980년대 중반에 약 70%(1996년에는 81.9%)의 한인들이 다양한 직종에 종사하였고, 19%(10.3%)는 자신을 책임질 수 있었으며, 8%(4%)는 개인사업 그리고 3%(3.9%)는 주로 여성들이었지만 봉사활동에 종사하였다. 연간 단위로 비교해 보면 급여를 받고 일하는 사람들은 증가했고 개업사업자들은 감소하였다. 1991년 초에 15세 이상 한인근로자 비율은 55.4%였고 1996년에는 44.8%, 실업자 비율은 1991년에 16.1% 그리고 1996년에 12.7%였다. 한인들의 첫 번째 지표는 국가평균보다 더 낮았고 두 번째 지표는 이와 반대로 더 높았는데 물론 첫째와 둘째 지표 간의 차이는 거의 없었다.[40]

1980년대 중반에 호주로 입국한 한인 사업이주민들은 사회적으로 비중이 낮은 경제활동에 종사하였다.[41] 우선 이들은 생산 분야 활동에 종사했으며(22.8%), 도소매업(21.2%), 동산/부동산 업자 및 재정거래(19.2%) 등을 담당하였다. 이러한 분포비율은 생산업종 종사자들이 두 배 정도 감소하여 12.9%로 된 것 외에 1996년까지는 거의 변하지 않았다. 같은 시기에 산업종사 여부에 체크하지 않은 사람들의 비율이 12%에서 18.9%로 증가하였다.[42]

---

39) Australian Bureau of Statistics(1991 Census–Customised Matrix Table CSC6180 and CSC6182); Australian Bureau of Statistics(1996 Censu–customised matrix table).

40) Australian Bureau of Statistics(1991 Census–Customised Matrix Table CSC6035); Australian Bureau of Statistics(1996 Census–customised matrix table).

41) Han Gil Soo. Korean Business Migrants in Australia. –Asian Migrants. Volume Ⅸ, No.3, July–September 1996, pp.80–86; Collins J. Ethnic Small Business and Employment Creation in Australia in 1990s. http://www.business.uts.edu.aufinanceresearchwpaperswp71.pdfth/

최근 20세기 3/4분기에 한인이주사에 새로운 장면이 등장했는데 호주의 현대 한인공동체의 특징이 역동적 변화와 젊어짐 그리고 높은 교육수준, 활발한 직업활동 등으로 나타나게 된 것이다. 한인들은 이주 초기의 어려운 난관을 극복하고 호주 경제발전에 이바지하며 양국 간의 관계발전에 크게 공헌하였다. 한인들은 현재 호주 대륙의 다양한 민족 모자이크를 구성하고 있다.

## 2. 한인의 뉴질랜드 이주

### 1) 뉴질랜드와 한국 관계

한국과 뉴질랜드의 직접관계는 뉴질랜드가 한국전에 군대를 파병하면서 시작되었다. 대사급 외교관계는 1960년대 말에 확립되었다. 1960~1970년대에는 한국과 뉴질랜드의 대외경제 관계가 확립되었다. 1970년 뉴질랜드의 한국에 대한 수출규모는 160만 뉴질랜드달러였고 한국으로부터의 수입규모는 50만 뉴질랜드달러였다. 한국과 뉴질랜드의 경제적 성공으로 인하여 양국의 교역규모는 확대되었다. 10년 후인 1980년의 뉴질랜드의 수출규모는 6,400만 뉴질랜드달러로, 1990년에는 5억 180만 뉴질랜드달러로 1996년에는 10억 2,800만 달러로 증가하였다. 1990년대 중반 뉴질랜드의 수출대상국으로서 한국은 제5위를 차지하였다.[43]

뉴질랜드는 오랜 역사를 통하여 영국과 정치, 경제 및 문화적 관련성을 밀접하게 맺고 있다. 19세기 말부터 제2차 세계대전 종전까지 뉴질랜드 수출품의 90%가 영국으로 나갔을 정도로 뉴질랜드는 또 하나의 '영국 조합'이라고 불리기도 하였다. 최근에 특히 60~70년대에 뉴질랜드의 외교대상국이 다변

---

42) Australian Bureau of Statistics(1991 Census-Customised Matrix Table CSC6183); Australian Bureau of Statistics(1996 Census-customised matrix table).

43) New Zealand Yearbook, Auckland, 1998, p.523, 526.

화하였는데 인근 아시아 국가와의 교류를 중시하기 시작했던 것이다. 아시아의 주요 파트너로는 경제 선진국인 일본이었다.[44]

그러나 1970년대부터 한국경제가 급속히 성장하였고 1990년대에는 아시아에서 한국이 뉴질랜드 교역의 규모와 중요도 면에서 2위로 부상하였다. 1948년에 양국 간에는 경제 부문에 관한 협정이 2개에 불과하였으나 1998년에는 98개의 대외경제 및 무역 관련 협정이 체결되었다. 뉴질랜드와 한국의 교역관계는 수출입품이 근간이었고 뉴질랜드에서는 1차 원료 및 반제품이 한국에서는 다양한 품목의 완제품이 상대국에 수출되었다. 수출입 상품교역은 양국 경제의 근간이 되었다. 뉴질랜드는 한국으로 금속제품, 목재, 합판, 화학제품, 알루미늄 제품, 고무, 가족, 육류 등을 수출하였고 한국으로부터 자동차, 배를 포함한 수송수단, 반도체, 석유화학제품, 통신제품, 생활가전제품, 섬유, 기성복 등을 수입하였다. 양국은 서로 다른 지구의 반구에 위치해 있고 계절도 서로 달라서 농업생산품 역시 중요한 비중을 차지한다. 그러나 뉴질랜드에서는 항상 재고가 남았는데 그 이유는 뉴질랜드 농산품이 한국시장에서 제대로 적응하지 못했기 때문이다. 이전에 한국은 뉴질랜드에 대하여 주요 교역대상국이 아니었으며 뉴질랜드 상품 수입국의 12번째 그리고 아시아 국가로는 6번째에 해당하였다. 이와 같이 뉴질랜드는 20여 년 동안 한국에 대한 무역 흑자국이었다. 2000년에 한국상품은 뉴질랜드 수입상품의 2.3%만을 차지하였고 반면 일본상품의 비율은 12.4%, 중국제품은 6.3%였다. 이러한 무역불규형의 이유는 첫째, 인구가 적었던 뉴질랜드가 한국업체에서 볼 때 작은 시장을 가진 국가로 인식되었고, 둘째, 뉴질랜드 사람들이 한국과 한국제품에 대하여 많이 알지 못하고 있었기 때문이었다.[45]

한국은 1968년에 외국투자를 하기 시작하였는데 이때는 인도네시아 임업개발에 관심을 표명했던 시기였다. 한국의 외국투자액은 1986년 이후 정치적

---

44) Tim Beal. Korea and New Zealand. Broadening the Bridge. ─Korea Observer, Vol.ⅩⅩⅧ, No.4, Winter, 1997, pp.591─592.

45) New Zealand and the Republic of Korea Envisaging a closer economic partnership. Report to the Ministry of Foreign Affairs and Trade. April 2001.
www.nzier.co.nz/SITE_Default/SITE_Publications/x─files/554.pdf.

자유화와 1998년의 외환자유화 이후 48억 달러로 증가하였다. 그러나 뉴질랜드는 한국자본이 덜 투자된 곳이었고 1999년의 경우 전체 외국투자의 0.003%에 불과하였다. 뉴질랜드 또한 한국투자가 적었으며 1999년 당시 전체 외국투자액 10억 달러 중 한국에는 겨우 0.044%만 차지했던 것이다. 이와 같이 이러한 수치는 양국의 서로 낮은 투자 정도를 나타내는데 그 이유는 무역불균형에서도 나타나 있듯이 한국기업인들에 뉴질랜드가 시장이 작고 농업국가로 간주되었기 때문이다. 관광과 교육 등 다른 방면에 대한 양국의 관계는 매우 활발하게 진행되었다.

현재 국제적인 관광사업은 뉴질랜드가 최근 20여 년 동안 외국관광객을 위한 시설을 확충하고 있었던 점을 감안한다면 상당히 높은 소득을 올리는 분야임에 틀림없다. 이 기간에 연간 뉴질랜드를 방문한 관광객들은 연평균 8%씩 증가하였다. 1973년 뉴질랜드를 찾았던 관광객은 254,600명이었던 반면 20년 후인 1993년에는 1,086,000명, 즉 4배 정도 증가했던 것이다. 외국관광객의 수는 계속해서 증가하여 1996년에는 1,441,838명에 달했다. 이 기간에 외국관광객의 구성(국적 기준)에 상당한 변화가 생겼다. 1973년에 제일 많았던 관광객은 호주, 미국, 영국인들이었는데 이들은 전체 관광객의 75%를 차지하였는데 1995년경에는 이 비율이 51.5%까지 낮아졌다. 호주는 가장 많은 관광객 배출국가였으나 이 비율도 1973년의 49%에서 1993년에는 33% 그리고 1995년에는 29%로 낮아졌다. 일본인 관광객은 1973~1993년 시기에 5,400명에서 131,000명으로 증가하고 1996년에는 157,970명으로 증가하였는데 수적인 면에서 미국인을 앞질렀다.[46]

한국인들은 뒤늦게 관심을 나타냈는데 그 이유는 뉴질랜드가 한국인들에게 잘 알려져 있지 않았고, 거리도 멀었으며 입국비자도 필요했기 때문이었다. 1981년에 670명의 한인들이 단기 입국하였는데 이 규모는 홍콩, 태국, 일본 관광객에 비하여 적은 수치였다. 그러나 한인 관광객은 꾸준히 증가하여 1987년에는 2,000명 정도로 늘어났고 1990년에는 4,000명까지 증가하였다. 그

---

46) Tim Beal. Korea and New Zealand. Broadening the Bridge. ―Korea Observer, Vol. ⅩⅩⅧ, No.4, Winter, 1997, pp.601―602.

러나 일본관광객 수(113,540명)에 비하여 매우 적은 규모였다. 6년 후 상황은 근본적으로 바뀌게 되었는데 1993년부터 한국 국민들에게 관광비자가 면제되었던 것이다.[47)

1990년대 전반기에 뉴질랜드에서는 한국인 관광객과 단기 방문자들이 눈에 띄게 늘어났다. 1991년에 뉴질랜드에는 단기 방문객이 4,790명, 1993년에는 19,070명, 1995년에 80,440명, 1997년에는 145,230명 등 이러한 증가 규모는 전체적으로 28배에 해당되는 것이며 국가 전체로는 54%에 해당하였다.

관광객 규모 면에서 한국인은 대만, 홍콩, 중국을 능가하였고 일본(171,320명)에 근접하는 수치였다.[48) 1997년 한국의 외환외기로 인하여 한국관광객은 감소하였으나 1999년부터는 조금씩 회복되고 있다. 한국인 관광객의 절대적인 수치가 증가함에도 불구하고 1998년에 외국을 방문한 전체 한국인 관광객에 비하면 겨우 2.7%(1991년에는 0.2%)에 불과하였다. 이와 관련한 상대방 관광객의 경우는 매우 미약한데 1981년에 전체 160명의 뉴질랜드인이 한국을 방문하였고 1997년에는 10,297명이었다.[49)

뉴질랜드 한인관광객들은 주로 단체로 움직였고(74%) 개인적으로 방문한 경우는 1/4 정도에 불과하였다. 뉴질랜드는 한국인 관광객들에 두 가지 면에서 매력이 있었는데 하나는 쇼핑(응답자의 69%), 다른 하나는 온천이었다. 사실 뉴질랜드 한인관광객들은 다른 나라 관광객에 비하여 돈을 많이 소비하는 편이었는데 1일 평균 345뉴질랜드달러를 사용하였다. 이에 비해 미국인은 214달러, 일본인 210달러, 독일인 157달러, 영국인 90달러(각각 뉴질랜드달러)를 소비하였다. 평균 한인관광객들은 일본인보다 2/3 더 지출했는데 1인당 GDP는 한인들이 일본인의 25%에 불과했던 것이다. 그러나 한인관광객의 지

---

47) Bedford R. D. and Lingard J. M. Visa-waiver and Transformation of Migration flows between New Zealand and countries in the Asia-Pacific region, 1980-1996. in Lee Boon-Thong and Tengku Shamsul Bahrin(eds). Vanishing Borders: The New International Order of the 21st Century, Ashgate, 1997, pp.13-14.

48) Yoon Hong-key and R. Bedford. Korean Visitors to New Zealand: a Case of Unsustainable Tourism? -New Zealand Journal of Geography. October 1999, No.7, pp.7-8.

49) New Zealand and the Republic of Korea Envisaging a closer economic partnership. Report to the Ministry of Foreign Affairs and Trade. April 2001.
www.nzier.co.nz/SITE_Default/SITE_Publications/x-files/554.pdf.

출은 유리한 거래라고 간주되는데 그 이유는 관광객들이 구매한 사슴가죽 제품은 한국에서는 세 배나 비쌌기 때문이다. 한인관광객들은 또한 한국과 가격차가 별로 나지 않았던 비싸지 않은 상품을 구매했는데 가령 자연산 꿀, 밀랍, 양모의류 등이었다. 결국 많은 한인관광객들은 뉴질랜드로 떠나는 결정을 수용하는데 그 이유는 일찍이 이주를 한 친척이나 친구를 만나서 자신들의 이주가능성을 알아보기 위함이었다. 뉴질랜드의 한인관광객 수와 사업이주자 수 간의 직접적인 상관관계가 있다는 것은 주목할 만한 일이다. 관광객이 증가함에 따라 더 많은 여행사, 호텔, 상점, 카페, 식당 등이 동포들을 위하여 만들어졌던 것이다. 다시 말하면 동포를 위한 인프라가 더 좋게 구축되면 될수록 고국으로부터의 관광객을 더 많이 끌어올 수 있는 것이다.[50]

최근 20년 동안 뉴질랜드는 호주와 마찬가지로 아시아계 학생을 비롯한 외국유학생을 많이 유치하였다. 뉴질랜드의 고등교육제도는 미국보다는 영국식을 따른다. 현재 뉴질랜드에는 8개의 국립대학교가 각자 독자적인 권한을 행사하고 있다. 의학은 오타고 대학, 공학과 응용예술은 캔터베리 대학, 농학과 무역학은 링컨 대학, 건축과 경영학은 오클랜드 대학에서 담당한다. 학비는 미국이나 영국에 비하여 그렇게 높지 않다. 대학과 프로그램에 따라 다르지만 연간 학비는 대략 10,000~26,000뉴질랜드달러 정도이다. 뉴질랜드의 대학 수학기간은 3년(종일반) 혹은 4~5년(파트타임반)이다. 수학기간은 전공에 따라 다른데 가령 법학은 4년, 의학은 6년이다.

아시아계 유학생은 일본학생들이 제일 많은데 2000년에 11,000명에 달했다. 다음으로는 중국학생인데 1998년에 1,320명에서 2000년에는 6,368명으로 222%나 급증하였다. 세 번째는 한국학생이며 2000년에 약 4,000명이 대학에 다녔으며 이는 전체 외국학생의 12%에 해당하였다. 약 45%의 한국학생들은 호주에서처럼 다양한 영어연수 프로그램을 받았는데 30% 이상이 중학교를 다녔고 약 20%는 다양한 전공을 하고 있던 대학생들이었다. 최근 영어청강생은 감소하고 있으며 이와 반대로 대학생이나 중고등학교 학생 수는 늘고 있다.[51]

---

50) Yoon Hong-key and R. Bedford. Korean Visitors to New Zealand: a Case of Unsustainable Tourism? -New Zealand Journal of Geography. October 1999, No.7, pp.9-10.

1998년에 영어수강 학생들의 비율은 대학생의 30%에 해당하며 중고등학교
생의 40%였다. 수준과 프로그램에 따른 한인대학생은 다음과 같이 분류된다.

<표 1> 뉴질랜드 한인유학생(대학생, 중고교생) 1998~2000

| 연도 | 영어연수생 | 중고교생 | 대학생 | 합계 |
|---|---|---|---|---|
| 1998 | 1,602 | 1,265 | 481 | 3,348 |
| 1999 | 1,186 | 939 | 597 | 2,722 |
| 2000 | 1,884 | 1,437 | 827 | 4,148 |

경제관계 증진과 함께 교육, 문화, 과학 방면의 협력도 발전하였다. 1994년
에 뉴질랜드 정부는 '아시아-2000'이라는 혁신적인 프로그램을 추진하였는
데 이를 위한 국가예산이 배정되었다. 같은 해에 한국어 교육과정이 실험적
으로 시행되었다. 1996년에는 오클랜드 대학에 한국학센터가 설립되었다. 호
주한국학협회는 뉴질랜드를 포함시키고 호주-아시아한국학협회로 개칭하
였다. 두 개의 뉴질랜드 대학교에 한국어 전공학과가 있었으며 여기서 한국
어, 한국문화, 한국사 강의가 이루어졌다. 양국 대학 간에는 학술교류협정이
체결되었고 학생과 교수의 교환이 이루어졌다.52)

뉴질랜드와 한국과의 관계는 외교관계 수립과 함께 안정적으로 발전하였
는데 특히 대외무역에서 두드러졌다. 또한 과거 20여 년 동안 양국은 관광과
교육사업을 발전시켰다. 이러한 양국 간 접촉은 한국으로부터 뉴질랜드로 이
주를 촉진시킨 배경이 되었다.

뉴질랜드의 이민법은 많은 점에서 호주의 경우와 유사하다. 영주권을 얻으
려면 모든 신청자들은 일정한 점수를 획득해야 하는데 통과여부에 매우 중요
한 과정이었다. 그러나 호주와는 달리 뉴질랜드에서는 오세아니아 출신 이주민
들에게 특별한 프로그램이 제공되었다. 결과적으로 폴리네시아인들과 멜라네시

---

51) Bennett, N. 1998: Asian Students in New Zealand: Policy, Problems and Performance, Institute
   of Policy Studies. Asia 2000 Foundation. Wellington.

52) New Zealand and the Republic of Korea Envisaging a closer economic partnership. Report to
   the Ministry of Foreign Affairs and Trade. April 2001.
   www.nzier.co.nz/SITE_Default/SITE_Publications/x-files/554.pdf.

야인들이 뉴질랜드인들의 5%를 차지하고 있는 것이다. 1998년 10월 뉴질랜드로 이주하려는 사람들에게 보다 유리한 새로운 이민법이 발효되었는데 무엇보다도 국가경제의 발전과 사업투자 부문의 사람들이 혜택을 보게 되었다.[53]

1977년 결정된 뉴질랜드 국적법과 관련하여 뉴질랜드 국적은 세 가지 형태로 취득되었는데, 즉 출생, 상속, 정부인정 등이었다. 뉴질랜드 국적결정권은 내무부 소관이며 국적취득은 1977년 법에 입각한 개별 신청에 의해 이루어진다. 신청요건은 뉴질랜드 3년 이상 거주, 영어구사력, 분명한 이력의 소유 등으로 되어 있으나 사실은 연령이나 건강상태 등도 포함되었다.[54]

1996년 인구조사에 의하면 뉴질랜드 인구는 3,681,000명 규모이며 이는 1991년에 비하여 7.2배나 되었다. 인구증가는 주로 이주민에 기인되었다. 인구의 14.5%는 마오리족이며 5.6%는 태평양 군도에서 이주한 사람들이며 나머지 대다수는 영국에서 건너온 사람들이다. 1970년대에 아시아와 태평양 군도의 이주민 유입이 급증했으며 1980~1990년대에는 한국을 포함한 이주민들이 많이 들어왔다.


## 2) 뉴질랜드의 한인 이주민

오클랜드 대학 지리학부 교수 윤홍기는 뉴질랜드에서 25년을 거주했는데 그는 초기 한인이주민 중의 한 명이며 윤 교수 입국 이전에는 겨우 한인 두 가정이 있었을 뿐이었다. 1980년대 말 이전까지 한인들은 약 100명 정도 있었다.[55] 한인이주민의 대다수는 뉴질랜드의 이주정책의 변화가 있었던 1989년 이후에 들어왔다. 1986년의 인구조사에서는 한인이 모두 426명이었으나 1991

---


53) Lidgard J. and Hong－key Yoon. The Employment Experience of Recent Korean Immigrants in New ealand. －Labour, Employment and Work in New Zealand, 1998, pp.263－264.

54) Bedford, Richard; Goodwin, Joanne; Ho, Elsie; Lidgard, Jaqueline; Macpherson, Cluny and Spoonley, Paul. 1998. "Regulating International Migration: A New Zealand Perspective." in Aotearoa New Zealand Migration Research Network Research Papers: Regulating International Migration. Auckland: Asia－Pacific Migration Research Network.

55) Yoon Hong－key. Recent East Asian Immigrants and Their Contribution to Multi－Culturalism in Auckland, New Zealand. －2003, pp.95－96.

년에는 거의 두 배인 908명이 되었다. 그러나 이후 이주민들은 절대수치에서나 뉴질랜드 국민에서 차지하는 상대적 비율에서 미미한 수준에 머물렀는데 1986년에 0.01%, 1991년에 0.03%였던 것이다. 5년 후의 인구조사에서는 이주민 수가 급증하여 12,657명으로 파악되었는데, 즉 이는 1986년에 비하여 무려 30배나 증가한 수치였다.[56]

그러나 리드가드와 윤홍기 교수의 평가에 의하면 뉴질랜드 이주한인들의 수치는 절대적으로 정확한 것은 아니며 단지 이주과정에 관한 사실만을 말해 준다는 것이다. 이러한 평가는 두 가지 사정을 설명해 주고 있다. 첫째, 대학생과 관광객은 입국 등록을 하지 않았으며(인구조사에서도 제외됨) 시간이 흐르면서 개인 사정에 따라 영주권자로 신분이 바뀌었다. 둘째, PLT(영구 및 장기거주) 자격을 획득한 한인들은 뉴질랜드 입국 시에 거주지를 배정받았음에도 계산에서 제외되었다. 이들은 뉴질랜드(가족들이 영구적으로 살고 있는)와 한국(일을 하는 곳) 사이를 기러기처럼 오갔던 사람들이다.[57] 일부는 2~3년 후에 한국으로 귀국하기도 했는데 이런 경우에도 PLT 신분의 변화는 없다. 뉴질랜드에서 출국한 귀화 한인들은 더 이상 한국인으로 분류되지 않는다.

1992~1999년 사이에 입국하여 체류연장을 신청한 한인들의 수는 1992/1993년에 2,991명, 1993/1994년에 3,289명, 1994/1995년에 4,554명, 1995/1996년에 2,665명, 1996/1997년에 579명, 1997/1998년에 604명, 1998/1999년에 607명, 1999/2000년에 643명 등 총 13,854명이다.[58]

뉴질랜드 한인이주민은 주로 두 가지 이유, 즉 1) 자녀들에게 수준 높은 영어교육을 시키려고 2) 보다 쾌적한 주거환경과 인구가 적은 곳에서 살려고 이주하였다. 자연스럽게 뉴질랜드 당국의 이주정책은 직접적으로 외국인들의

---

56) New Zealand Department of Statistics, 1996, New Zealand Census of Population and Dwellings, "Ethnic Groups", p.22; J. Lidgard and Hong-key Yoon. The Employment Experience of Recent Korean Immigrants in New Zealand. -Labour, Employment and Work in New Zealand, 1998, p.263.

57) Astronauts Families and Cosmonauts couples. Immigration Research Service. New Zealand Immigration Service. May 2000.

58) New Zealand Immigration Service(RIMS to 30.06. 1997, thereafter MIS)(Updated on 13 January 2001).

영구거주 혹은 장기거주에 적합하게 되었다. 1999년에 뉴질랜드 거주 한인들의 87%는 1991~1996년의 인구조사 사이에 입국하였고 4%는 5년 전에 입국한 사람들이며 나머지는 10년 이후에 입국하였고 4%는 뉴질랜드에서 출생한 사람들이었다. 한인들의 뉴질랜드 평균 거주기간은 1년 반 정도였다.[59]

1997년 한국의 외환위기 이후 한인들의 뉴질랜드 이주는 줄어들고 출국자는 증가하였지만 이후 1990년대 말이 되면 뉴질랜드 이주한인들이 늘어났는데 한국의 재외동포재단 2001년 뉴질랜드 한인거주자 통계를 보면 18,388명이었다.[60]

한인들의 연령별 구조는 다음과 같다. 즉 0~5세는 10%, 5~14세는 21%, 15~24세는 21%, 25~39세는 29%, 40~64세는 20%, 65세 이상은 1%였다. 이와 같이 한인공동체는 주로 15~40세 사이의 젊은이들로 되어 있으며 이는 전체 한인의 절반을 차지한다. 남자 평균연령은 23.5세, 여자의 경우는 26.3세인데 이는 사실 65세 이상은 한국에서 온 여자노인들이 많으며 이들은 자녀들과 함께 살고 있다. 1996년 인구조사에 의하면 한인들 중 남녀 수는 6,339명과 6,411명으로서 거의 비슷하다. 여성들의 평균수명이 좀 더 길었기 때문에 노년층 인구에서 여자들의 비율이 남자보다 더 높았다. 한인 남자는 30~39세 사이에서 여자보다 더 많았는데 그 이유는 이들 중에는 한국에 가족을 두고 온 사람들이 있었기 때문이다.[61]

뉴질랜드 한인가정은 주로 부부세대로 이루어지며 자녀들을 가진 가족의 비율은 1999년 말의 경우 전체의 9%였으며 3세대 가정은 5%였다. 그러나 앞으로 이러한 수치는 증가할 것으로 보이는데 왜냐하면 15~30세 사이의 연령대 사람들이 결혼하여 가족을 이루고 노년층들은 이들 가족과 함께 살 것이기 때문이다.

---


59) Thomson B. Ethnic Diversity in New Zealand: A Statistical Profile. Wellington: Department of Internal Affairs. Ethnic Affairs Service Information Series No.3, p.55., 1999.
www.ethnicaffairs.govt.nz/oeawebsite.nsf/

60) http://www.hanminjok.net/research/stat/

61) Thomson B. Ethnic Diversity in New Zealand: A Statistical Profile. Wellington: Department of Internal Affairs. Ethnic Affairs Service Information Series No.3, p.31, 45. 1999.
www.ethnicaffairs.govt.nz/oeawebsite.nsf/

뉴질랜드 한인이주민의 교육수준은 아시아계 중에서 매우 높은 편에 속하며 규모는 스리랑카인들과 비슷하다. 한인 남자 중의 29%(여자의 경우는 20%)가 대학졸업자이며, 5%(5%)는 전문학교 학력, 24%(29%)는 고등학교, 16%(18%)는 무학력자 그리고 26%(28%)는 무응답자였다. 한인여성들은 대학교 학력에서만 남자들보다 조금 낮다. 교육을 받지 않은 한인들의 비율은 다른 민족의 경우보다 더 높으며 국가 전체(17%)에 비하여도 높은 편이다. 대학 학력자들은 국가 전체(9%)보다도 더 높았다.[62]

뉴질랜드 한인들의 경제활동은 1990년대 말에 다음과 같은 특징을 가졌다. 한인 남자 중 1/4은 임노동자였고 오클랜드 한인 임노동자 비율은 30% 정도 되었다. 여성들의 경우에는 이러한 수치는 조금 더 낮은 23%였다. 한인 남자 중 21%(여자의 경우는 23%)는 직장이 없었다. 이러한 높은 비율은 학생들과 미성년자에 기인된다.

한인들 중에는 자신이 경영자이면서 노동자, 즉 자영업자들이 많다. 이러한 자영업 한인들의 비율은 오클랜드의 경우 남자 중에서는 38%, 여자 중에서는 29%를 차지한다. 주목할 점은 오클랜드 자영업자는 40~50세 연령대에서 가장 많았다는 점이며 그중 20%는 30년간이나 일을 했었다는 것이다. 연구자들의 판단으로는 이것은 중년기에 이르러 자신의 개인사업을 시작하기 위한 수단을 축적하고 있었다는 상황과 관련이 있다.[63]

뉴질랜드의 영토 면적은 268,680km$^2$,***** 즉 한국 영토보다 두 배 반이나 크지만 인구는 한국이 뉴질랜드보다 11배나 많다. 뉴질랜드에서는 1㎢당 14.7명의 인구가 살고 있으나 한국은 세계에서 인구밀도가 높은 국가 중 하나이다. 뉴질랜드 경제에서 농업이 높은 비중을 차지함에도 불구하고 인구의 86%는 대도시******를 비롯한 도시에서 살고 있다. 뉴질랜드 영토의 대부분은 2개의 큰 섬으로 이루어져 있는데, 즉 북부와 남부섬이다. 인구의 대부분은 북부 지

---

62) Thomson B. Ethnic Diversity in New Zealand: A Statistical Profile. Wellington: Department of Internal Affairs. Ethnic Affairs Service Information Series No.3, p.121, 1999. www.ethnicaffairs.govt.nz/oeawebsite.nsf/

63) Cм.: 윤홍기·임석희. 뉴질랜드 오클랜드 지역 한국의 생업 분석. 대한지리학회지. 제32권 4호. 1997(491－510); J. Lidgard and Hong－key Yoon. The Employment Experiemce of Recent Korean Immigrants in New Zealand. －Labour, Employment and Work in New Zealand, 1998, p.268.

역에 거주하고 있다.[64]

뉴질랜드 이주 초기부터 한인들은 오클랜드 지역에 거주했으며 이러한 경향은 최근까지도 유지되고 있다. 1996년 인구조사에 의하면 12,564명의 한인 중 거의 2/3(69.91%)가 오클랜드에 거주했고 15.41%는 캔터베리, 4.16%는 바이카토, 2.99%는 웰링턴, 2.21%는 오타고에, 2.23%는 베이 오브 플렌티에, 1.11%는 마나와투 왕가누이에 그리고 나머지는 기타 지역에 거주하였다. 가장 적은 한인들이 거주했던 곳은 기스번과 웨스트 코스트 지역인데 0.02%를 차지하였다. 한인들의 절대 대다수(97%)는 인구의 도시화와 관계가 있었다.[65] 한인들의 도시별 분포는 오클랜드 69%, 웰링턴 3%, 기타 대도시에 25%, 소도시에 2%가 거주하였다.[66] 뉴질랜드 한인 인구분포의 특징은 기타 국가의 한인들 분포와 유사한 점이 있었다.

이와 같이 뉴질랜드 한인이주는 세계화 시대의 새로운 한인이주사의 한 부분이 되었다. 양국의 경제 및 타 분야 관계, 뉴질랜드의 이주정책 등으로 인하여 90년대 이후 한인들의 인구유입이 두드러졌다. 한인이주민들은 환경적, 경제적, 사회적 적응단계를 지나고 완전한 디아스포라 생활을 위한 기초를 닦을 수 있었다.

---

64) Statistics New Zealand. 1997. New Zealand Now: People & Places. Wellington: Statistics New Zealand

65) Statistics New Zealand. 1997. 1996 Census of Population and Dwellings: Ethnic Groups. Wellington: Statistics New Zealand.

66) Thomson B. Ethnic Diversity in New Zealand: A Statistical Profile. Wellington: Department of Internal Affairs. Ethnic Affairs Service Information Series No.3, p.188, 1999.
www.ethnicaffairs.govt.nz/oeawebsite.nsf/

* AMES 프로그램은 1951년에 시작되어 현재는 호주의 다문화-다민족 정책에 선도적인 역할을 하고 있다. 동 프로그램은 영어를 가르치고 국가를 이해시키며 어려운 문제를 해결하는데 도움을 준다. 그리고 다양한 형태의 정보를 제공해 주고 있다. 2003년 AMES 직원은 693명이었고 자원봉사자가 1,700명이었는데 연수생은 39,876명이었다. 연 총수입은 59,430,721 호주 달러였다.

** '콜롬보 계획'은 아시아 지역을 원조하기 위한 최초의 국제적인 사업이다. 이 사업의 아이디어는 1950년 1월 말레이지아의 콜롬보에서 개최된 영연방 외무부장관 회의에서 나왔다. 최초 자문위원회의 구성국은 캐나다, 호주, 뉴질랜드, 실론, 인도, 파키스탄, 영국, 말레이지아 및 보르네오였다. 나중에 버마, 캄보디아, 베트남, 인도네시아, 태국 등이 가입하였다. 활동목표는 아시아 국가에 기술 및 재정적 원조였다. 다큐멘터리 필름 '콜롬보 플랜'이 다음 사이트에 있다.
http://www.adam-matthew-publications.co.uk/collect/p506.htm

*** 과거 15년간 호주의 고등교육제도는 많은 변화를 겪었다. 호주에는 35개의 국립대학교와 3개의 사립대학교가 있다. 국립대학교는 3개의 범주로 나누어진다. 첫째 오랜 학문적 전통이 있는 학교로서 시드니대학을 비롯하여 멜버른, 아델라이, 타즈메니아, 킹스렌드 및 서호주대학교 등이 여기에 해당한다. 두 번째는 제2차 세계대전 이후의 설립학교로서 강력한 학문적 기초는 제쳐두고 교원양성에 주력하는 곳이다. 여기에는 호주국립대학교, 뉴사우스웨일스대학, 뉴잉글랜드대학, 맥쿼리대학, 모나쉬대학, 라트롭대학, 프린데르스대학, 제임스 쿡대학 등이 있다. 세 번째 부류는 가장 최근에 설립된 대학으로서 이들 중 일부는 교육대학이나 전문대학으로 전환되었다. 여기에는 시드니공과대학, 서시드니대학, 사우스크레스트대학, 찰스 스튜워트대학 등이 있다. 1984년부터 1988년까지 호주대학교 학생들의 학비는 무료였다. 1989년부터는 학비를 받는 대학이 늘어나기 시작하였다. 학비는 입학 직후에 납부하거나 아니면 졸업 후 직장을 다니면서 분할 납부하는 방식이었다. 1996년에 호주대학에는 63만명의 학생들이 있었고 그중 72%(458,000명)는 학사학위 취득이 목표였다. 재학기간은 일반 학문과 예술계의 경우는 4년, 의학계는 6년이었다. 1996년 5월 당시 호주 인구의 42%는 15세에서 64세까지 연령대(약 500만명)였으며 이들은 중등학교 이상의 학력소지자였고 그 중 150만 명은 학사학위 혹은 그 이상의 학력소지자였다.

**** 호주는 오랫동안 세계에서 가장 도시화된 국가 중의 하나이다. 현재 970만여명의 인구 중에서 60%의 국민이 5개 수도권 도시(시드니, 멜버른, 브리스벤, 아델라이드, 페르테)에 살고 있다. 그 중에서 최대도시는 뉴사우스웨일즈의 시드니이며 1996년도에 3,879,400여 명의 사람들이 거주하였다. 국가 수도인 캔버라는 1950년대 중반에는 큰 도시가 아니었다. 캔버라 인구의 증가는 1956년 국가수도 발전계획 위원회 구성이후에 나타났다. 캔버라는 뉴사우스웨일즈의 킹베얀 도시와 함께 1996년에 344,800여명으로 증가하게 되었다.

***** 현대 뉴질랜드는 13개의 주로 이루어져 있는데 즉 오클랜드, 베이 오브 플렌티, 캔터베리, 기스번, 호크스 베이, 마나와투-왕가누이, 넬슨-말보루, 노스란드, 오타고, 사우스랜드, 타라나키, 와이카토, 웰링턴, 웨스트 코스트 등이다.

****** 1991년에 주요 대도시는 오클랜드 – 997,940명, 웰링턴 – 335,468명, 크라이스트처치 – 331,443명, 해밀턴 – 159,234명, 네이피르-헤이스팅스 – 113,719명, 다니딘 – 112,279명, 타우랑가 – 82,832명, 팔머스턴 – 73,862명 등이다. 오클랜드는 최대 항구도시이며 무역, 공업 중심지이다. 웰링턴은 수도이다.

# 제8장
# 중남미 이주한인

# 1. 한국과 중남미 국가와의 관계 및 이주의 시작

한국과 중남미* 국가 간의 첫 교류가 일어난 때는 약 100년 전으로 거슬러 올라간 1905년 봄, 첫 한인이주민과 이주민가족(1,000명 이상)이 농장 일을 하기 위해 멕시코 유카탄 반도 에네켕 농장으로 이주하면서이다. 60년대 초 멕시코에서 태어난 한인은 1,000명 이상으로 집계되었다.[1] 혹독한 생활환경과 멕시코 농장주의 가혹한 착취로 한인은 기회가 되는대로 멕시코를 버리고 미국이나 쿠바의 마칸자스 주 농장으로 가게 되었다. LA 한인협회 자료에 따르면 1959년 쿠바에 거주하고 있던 한인은 550명으로, 그중 110명은 이주 1세대였으며, 약 450여 명은 쿠바 섬에서 태어났다.[2] 이후 반세기 동안 중남미와 한국은 비록 한반도와 중남미 대륙 간의 관계가 존재한다는 확실한 사실을 절대 부인할 수 없었음에도 불구하고 사실상 서로 알려지지 않는 상태가 되었다. 쿠바는 새로 수립된 대한민국을 1949년에 정식 승인하는 중남미지역의 첫 번째 국가가 되었다. 한국전쟁 당시에 콜롬비아군은 남한 측의 유엔군 자격으로 참전하였다.

---

1) Kim, Y. Warren. Koreans in America. Po Chin Chai Printing Co. Ltd., Seoul, 1971; Paik P.H. The Koreans in Mexico: 1905－1911, The University of Texas at Austin, M.A. Thesis, 1968.

2) The New Korea(Los－Angeles), 1959, No.917, См.: Rim Cheon T'haek. Cyuba iminsa(The History of Immigration to Cuba). Taep'hyoyang Jubosa, 1954; Ким Г.Н. История иммиграции корейце в. Книга первая. Вторая половина XIX в. －1945, Алматы: Дайк－пресс, 1999, с. 298－306.

## 1) 한국과 중남미 국가들과의 관계 수립 및 발전

한국과 중남미 국가들 간의 공식적인 국교수립이 시작된 때는 1950년대 말로 한국과 브라질은 1959년에 외교관계를 수립하였다. 1960년대 중반까지 한국은 대부분의 중남미 국가들과 공식적인 국교를 맺었다. 특히 1962년은 멕시코, 아르헨티나, 칠레, 코스타리카, 파나마, 엘살바도르 등 15개의 중남미지역 국가들과 외교관계를 수립한 가장 성공적인 해로 꼽을 수 있다.[3] 저명한 전문가 김원호 박사에 따르면 중남미 국가에 대한 한국의 1960~1980년대 대외정책은 반공주의, 한인의 지역이주보장 및 제한된 대외무역관계 등 '3개의 축'을 기반으로 하고 있다.[4]

첫째, '냉전'과 박정희, 전두환의 군사독재 정권시기에 한국은 반공사상을 대외정책의 근간으로 하고 동시에 국제적인 인정을 받으려고 부단히 노력하였다. 북한의 위협을 두려워 한 이들은 극우정권 국가들과의 관계수립에 노력하였다. 이 시기에 수많은 중남미 국가들의 독트린이 반공주의를 기반으로 하고 있었기 때문에 한국은 역내에서 인정받게 되었던 것이다.

둘째, 20세기 초 시작되었던 한인의 멕시코 이주 및 그 이후 쿠바로의 이주는 일회적인 성격을 띠고 있다. 한국전쟁 이후 중립국에 남겨져야 했던 북한 포로들의 일부가 중남미 국가에 있다는 것이 확인되었다. 그러나 1962년 '해외이주법' 제1030호의 채택으로 한인의 직접적인 남미이주에 새로운 장이 열리게 되었다.

제1030호 법은 '인구정책 최적화, 경제 안정화 달성 및 국가 위상 제고'를 목적으로 한인들이 중남미로 이주했음을 규정하고 있다. 한국과 달리 광대한 영토와 풍부한 광물자원을 보유하고 있는 중남미 국가는 농업뿐만 아니라 공업을 발전시킬 새로운 노동인력들에게 매력적인 지역으로 여겨졌다. 1962년 12월 한인이주민 1세대는 정부가 장려하고 조직한 대로 브라질로 떠났다. 이

---

3) http://fealac.mofat.go.kr/eng

4) Kim Won-Ho. Korean-Latin American Relations: Trends and Prospects.
   http://plaza.snu.ac.kr/~kjlas/PDF/KIMWH.PDF

때부터 수천 명의 한인들은 브라질, 파라과이, 아르헨티나, 페루, 칠레 및 기타 남미 국가들로 이주하게 되었다.[5]

셋째, 외국으로 상품수출을 지향하는 한국경제의 강한 수출지향성과 중남미 국가의 수입대체 발전전략은 양국 간의 경제협력을 제한하였다. 비록 이 시기 전반에 걸쳐 이루어진 한국의 수출은 안정적으로 증가했으나, 중남미 국가들의 소비시장에서는 매우 작은 부분을 차지하였다. 중남미 국가들은 값싼 노동력으로 세계 시장에서 경쟁할 수 있도록 방직 및 봉제산업과 같은 경공업 분야를 발전시키고자 노력하였다. 따라서 한국기업과 상품들이 이런 분야들에 접근하기엔 제약이 있었고, 한국은 상당한 자본투자 또는 새로운 산업기술을 요했던 사업들을 가지고 자리를 잡을 수가 없었다. 그 결과 1960년대 교역은 제한적인 성격을 띠게 되었으며 또한 한국은 브라질, 칠레로부터 광물을 수입하였고, 중남미 국가들에 소비재를 수출하였다. 이 기간 대외무역에서 상당한 흑자가 남미 국가 전반과 일부 중미 국가로 돌아갔다.[6]

1970년대 한국경제는 눈에 띄게 발전했고, 다른 국가로 수출하는 제품의 다변화를 가져왔다. 한국산 제품의 중남미 수출은 지속적으로 증가했고, 곧이어 무역수지 흑자는 한국 측으로 넘어갔다. 특히 이 시기에 한국은 당시 우선적으로 중점을 두었던 중공업 및 석유화학 산업 발전을 위해 점차적으로 천연자원에 관심을 기울이게 되었다. 이리하여 한국과 중남미국가 간 관계의 첫 단계가 형성되었고, 경쟁적인 성격이 아닌 상호 보완적인 성격을 띠게 된 것이다. 하지만 지리적으로 원거리임을 고려해서인지 1980년대 말까지 한국정부 및 재계는 중남미 시장에 눈에 띄는 관심을 보이진 않았다.[7]

---

5) Martínez Montiel, Luz María. Asiatic Migrations in Latin America. México D.F.: El Colegio de México, 1981; CEPAL/CELADE(2000). "Migración Internacional en América Latina: IMILA", Boletín Demográfico No.65, Serie LC/G. 2065 P, CELADE, Santiago de Chile; CEPAL/CELADE(2000)(1999). Migración internacional en América Latina y el Caribe: Algunos antecedentes empíricos, LC/DEM/R. 296, CELADE, Santiago de Chile; 전경수. 세계의 한민족. 중남미. 세계한민족총서. 6. 통일원. 1996.

6) Kim Won-Ho. Korean-Latin American Relations: Trends and Prospects. Korean Journal of Latin American Studies, Vol.1(1998), pp.25-48.

7) Woo, Je-Ryang. The Investment Strategy of the Korean Firms in Latin America(Paper presented at a Seminar for the Korean Companies in August 1996, Seoul)
http://plaza.snu.ac.kr/~kjlas/PDF/KIMWH.PDF

1990년대 초가 되어서야 한국과 중남미 양측은 중남미 국가들의 장점을 활용하기 시작하였다. 남미 국가들과의 관계는 새로운 국면으로 접어들었으며, 순 경제무역거래의 차원을 벗어나 문화, 인문 분야 협력에서도 이루어졌다. 지역적인 거리는 그렇게 문제되지 않았다. 1991년에는 한국의 노태우 대통령이 최초로 멕시코를 방문하였으며, 5년 후인 1996년 9월에는 김영삼 대통령이 과테말라, 칠레, 아르헨티나, 브라질, 페루 등 중남미 5개국을 순방하였고, 그리고 1997년 6월에는 멕시코를 방문하였던 것이다. 같은 해 양국 관계를 발전 및 강화시키고자 한국의 외교통상부에 중남미 및 카리브 해 연안국 특별과가 신설되었다. 1970년대 초부터 25명의 중남미 국가 대통령들이 한국을 방문하였다는 사실은 한국이 국제적인 파트너로서 얼마나 중요한 의미를 가지고 있는지를 보여 주는 것이다.[8]

양측 관계 및 협력이 급진적으로 확대되면서 한국은 남미 국가들과의 다양한 양자 및 다자 협의회 및 회담에 참여하게 되었다. 한국은 멕시코, 칠레, 브라질, 아르헨티나, 베네수엘라, 페루, 파라과이, 에콰도르, 볼리비아, 자메이카, 우루과이 등의 국가들과 다양한 차원에서의 협의회를 정례적으로 개최하였다. 또한 멕시코, 칠레, 브라질, 아르헨티나 및 베네수엘라 등 역내 주요 국가들과는 상설 공동협력 위원회를 설치하였고 한국은 중남미 국가 지역연합에 옵저버 국가로 참여하고 있다.[9]

교역량은 1980년대에 본격적으로 증가했으며, 1995년 처음으로 1,000억을 돌파하였고 또한 지난 15년간 한국의 수출 증가량 부문에서 중남미와 카리브 해 연안국들이 다른 모든 대륙의 국가들을 추월하였다. 한국은 교역량 부문에서 미국, 일본, 독일, 프랑스, 중국에 이어 6위를 차지하고 있다. 세기가 바뀌면서 한국은 평균 900억 달러 규모(전 수출의 5~6%)의 수출을 하였으며, 수입량은 약 350억 달러(전 수입의 2%)에 이르렀다. 그리하여 연간 교역량에서 한국은 평균 500~600억 달러의 흑자를 기록하게 되었다. 한국상품의 주

---

8) http://fealac.mofat.go.kr/eng/

9) Kim, Won-Ho. The Importance of Korean Advancement in Latin America and the Role of Government, in Regional Economy(June 1996).

요 수입국은 파나마, 멕시코, 브라질이었으며, 주요 수출국은 브라질, 칠레, 멕시코이다. 한국의 주요 수출 품목은 선박, 자동차, 직물, 합성섬유 제품, 휴대폰, 오디오, 라디오 및 생활가전제품 등이 차지하고 있으며, 한국은 철강, 원유, 철광석 등을 중남미 국가로부터 수입하고 있다.[10]

중남미 국가에 대한 한국의 직접투자는 우선적으로 미국이나 유럽과 같은 선진국이나 중국, 동남아와 같은 전망 있는 새로운 시장에 투자했던 금융자산과 비교할 때 그렇게 크지 않다. 그렇지만 지난 20세기의 마지막 10여 년간 안정적인 성장을 보이는 긍정적인 지표들이 보였다. 한국의 중남미 국가에 대한 투자가 절정을 이룬 때는 1997년으로서 한국과 중남미 양국관계 역사상 가장 많은 양인 6억 2,700달러로서, 한국의 전 해외금융투자액의 11%를 차지하였다.[11]

2001년 9월 한국의 중남미 총 투자액은 지금까지 모두 합쳐 343억 달러를 달성, 한국의 전체 해외투자의 7.9%를 차지하였다. 한국의 최대 금융공급 수혜국들은 멕시코(28억 달러), 브라질(27억 달러), 버진제도(16억 달러), 아르헨티나(14억 달러)이다. 처음에는 주로 가공 및 채굴 분야, 생산기획 및 IT 분야에 투자를 하였다. 최근에는 관심을 돌려 한국의 중소규모의 금융자산이 전자, 자동차 제조업 및 기타 혁신산업 발전을 위한 목적으로 쓰이고 있다.[12]

1997년 한국을 강타한 금융위기와 심각한 경기 침체는 한-중남미 관계 발전에 부정적인 영향을 미쳤다. 전망 있는 수많은 한국 투자사업 프로젝트가 실패로 돌아가고, 규모가 줄거나 무기한 연기되었다. 1998년 한국의 중남미 총 투자액은 지난 과거 대비 1/2로 줄었다. 그러나 한국은 국제통화기금(IMF)의 지원을 받고 부단히 노력한 끝에 매우 빠르게 경제금융위기를 벗어나 대

---

10) Kim, Young Kon(1993) "The Economic Relationship between Korea and Latin America: Past, Present and Future Prospects", in Soo-Keun Kim, et al(eds.), Comparison of Development Experiences: Latin America and Korea. Ajou University Press. pp.239-240.

11) Jyoung Taik-Hwan, Korean Investments in Latin America, paper presented to the conference on Regional Integration in the Americas and the Pacific Rim, University of California, San Diego, February 28, 1997. http://orpheus.ucsd.edu/las/prrptk.htm

12) Kim Won-Ho. Korea and Latin America: End of a Honeymoon?
http://lanic.utexas.edu/~sela/AA2K/EN/cap/N56/rcapin56-7.htm

외국가들과의 관계를 회복하게 되었다.

20세기 말 냉전 시대가 종식되었고, 반공주의 대신 세계화가 진행됨에 따라 국제협력이라는 좀 더 구체적이고 본질적인 문제들이 두각을 나타내게 되었다. 한국은 쿠바를 제외한 중남미와 카리브 해 연안 32개국과 외교관계를 수립하였다. 남미 15개국에 한국 대사관이 개설되었고, 16개국은 서울에 외교 대표부를 가지고 있다.


## 2) 북한의 전쟁포로

한인이주의 역사는 여러 가지 사건으로 매우 다양하며, 적지 않은 독특한 사건들이 있음을 알 수 있다. 전쟁 후의 한인이주 기록 중에는 소위 북한의 전쟁포로가 가끔씩 등장한다. 비록 그 숫자가 매우 적고, 역사적으로도 일부분에 그칠 뿐이지만, 이들 또한 전체적인 해외 한인이주의 한 부분이라는 점이다. 북한의 전쟁포로 이야기를 특별하게 보는 것은 세상에 철의 장막을 쳤던 북한에서 성공적으로 빠져나온 이들이 많지 않았기 때문이다. 게다가 전후 역사에서 남한에서 온 이주자들은 다양한 국가 및 대륙을 개척하였는데 중남미 국가의 경우에는 북한 국민들이 뜻하지 않게 이주하게 되었던 곳이기도 하다.

남한과 북한이 휴전협정을 맺은 후 판문점에는 오래도록 기다려 온 평화가 찾아왔으나, 한반도에는 남과 북 분단된 두 국가가 남게 되었다. 남북한 양 정부 간 협정에 따라 포로 교환을 위해 특히 조선족으로 이루어진 북한 인민군과 일부 중국 인민해방군 포로들을 위한 중립국을 정하였다. 1954년 2월 8일 76명의 북한군 포로와 12명의 중국 인민해방군이 인도군들과 함께 배를 타고 인도로 보내졌으며, 홍콩과 싱가포르를 경유해 16일이 지나서야 그곳에 도착하게 되었다.[13] 델리의 전쟁포로 수용소에 체류하며, 이들은 이민을 희망하는 국가들을 선택하였고, 허가가 떨어지기를 기다렸다. 주로 이들이 희망한 국가

---

13) 전경수. 세계의 한민족. 중남미. 세계한민족총서. 6. 통일원. 1996. pp.49－50.

는 미국과 스웨덴이었다. 한국전쟁에 참가했던 나라인 미국은 제외되었고, 스웨덴 정부는 포로 중 어느 누구도 수용을 거부하였다. 일반적으로 가장 적합한 중립국은 브라질, 아르헨티나, 멕시코였다. 한인들이 멕시코로는 갈 수 없었던 상황이었기에 대다수의 한인들은 브라질로 떠나기로 결정했다. 1956년 2월 4일 젊은 한인 55명은 특별노선으로 인도 뉴델리 공항을 떠나 카이로, 런던, 다카르를 경유하여 2월 6일 리오데자네이로에 도착했다. 55명 중 50명은 북한 인민군이었고, 5명은 중국 인민해방군(조선족 – 역주)이었다. 첫 그룹은 두 단계로 아르헨티나로 들어왔다. 1956년 10월 21일 부에노스아이레스 공항에 9명의 전쟁포로가 도착했고, 그중 7명은 북한군인, 2명은 중공군인이었다. 이후 인도에 남아 있던 5명의 북한군인은 6개월 동안 아르헨티나로 가기 위해 노력했으며, 마침내 5월 11일 이들 역시 부에노스아이레스로 가게 되었다. 처음 이들은 멕시코로 가길 원했으나, 멕시코 정부로부터 허가를 받을 수 있을지 없을지 불명확했기 때문에 계획들을 취소하고, 첫 번째 그룹에 의해 아르헨티나로 보내졌다. 브라질에 체류했던 50명의 젊은 북한인과 아르헨티나에 체류했던 12명은 서로 흩어져 점차 각자의 방식대로 새로운 생활을 세워나가게 되었다.[14]

젊은 북한군인들은 군 포로수용소에 머무르며 그들이 살아나가야 될 국가들에 대한 최소한의 정보들을 얻었고, 몇몇은 체류 시 곧바로 적당한 일을 찾길 바라며 스페인어를 공부하기도 하였다. 실제 전쟁포로들은 농장 노동자, 공장의 철공 및 선반공, 작은 가게 및 상점 상인, 자동차 운전기사, 인쇄소, 약국, 사진관, 운송회사의 직원 등 정말 다양한 일에 종사하게 되었다. 머지않아 이들은 언어를 습득하고, 경험을 쌓아 자신의 직업을 바꾸고 좀 더 높은 지위를 획득했다. 비록 다양한 장소에 이주민들이 정착했지만, 1960년대 후반에는 '동포협회'가 만들어져 활발한 활동을 함으로써 한국의 관심을 끌었다. 하지만 저명한 인류학자 전경수 교수(서울대학교 교수, 해외 한국동포에 관한 여러 연구저서의 저자)가 말하는 바와 같이 북한의 전쟁포로들과 이주민들은

---

14) Там же, c.51.

스스로를 '반공청년들'이라 불렀지만, 나중에 생긴 남한 이주민들의 공동체에 편입되지는 못했다. 이렇게 남한에서 이주민들은 처음에 중남미 국가들로 건너올 수밖에 없었던 최초 이민자들을 '반공포로'라고 부르며, 자신들의 이주 이유와는 다르다고 설명하면서, 그들과 차이점이 있음을 강조했다. 그러나 이렇게 그들을 소외시키는 이유는 그들이 적대적인 북한 출신이었기 때문이기도 하였고, 따라서 한인공동체는 그들과의 교류 관계는 맺었을지언정 그들을 자신들이 속한 공동체로 받아들일 수 없었던 것이다.[15]

## 3) 조직적인 브라질 이주

한인의 중남미 이주사를 정리하면서 현대 연구자들과 특히 한국의 학자들 사이에서는 중남미 대륙으로 한인이주가 시작된 시점을 어떻게 결정할지 그리고 사실상 남한 이주민의 주된 이주지가 어디에서부터 시작되는 것인지에 대한 의문이 제기되고 있다. 실제로 멕시코, 쿠바의 이주민들과 북한의 전쟁포로들은 대한민국 국민이 아니었기 때문에 지난 시기의 이런 사건들은 현대 남한 이주의 주요 궤도 틀에 포함시키지 말고 그 이전의 역사로 봐야 한다. 따라서 전경수 교수는 새로운 대륙에 정착하기 위하여 중남미로 들어간 한인들에게 한국정부가 여권을 발행한 시점이 중남미 한인이주의 원년으로 보아야 한다고 하였다.

한국전쟁 이후 북한국민들은 외부세계로부터 고립되었을 뿐만 아니라 남한국민들도 1960년대 초까지 조국을 떠나 이주를 해 왔던 것으로 알려져 있다. 1950년대 후반부터 남미이주에 관한 정보들이 때때로 언론매체에서 보도되었으나, 한국정부는 그 당시에도 아직 자국민의 계획적, 조직적 해외이주 실현 결정을 내릴 준비가 되어 있지 않았었다. 과잉 노동인력자원의 공급국 역할을 해 왔던 한국은 한국의 노동이주민들을 받아들일 의지를 가지고 있다고 언급한 남미의 이해당사국들과 회담을 열고 협정을 체결하였다. 한국정부

---

15) Там же, с.52.

는 미리 양질의 이주민 구성, 시간, 이주장소 등을 분명히 설명했기 때문에 이러한 이주는 계획적, 조직적인 성격을 지닌 것이다. 또 하나 개인적인 이주와 다른 점은 한국정부가 다수의 이주민 그룹을 내보냈기 때문에 이주가 대규모적인 특징을 가지고 있다는 점이다. 계획된 이주는 한국정부의 이주정책 실현과정에 있어 매우 중요한 의미를 주었다.

국내 정치상황, 1960년대 초 한국의 경제상황, 북한의 계속되는 침략 위협 조짐 그리고 브라질로 이주한 일본인들이 큰 성공을 거두었다고 퍼지고 있는 소문들은 특히, 과거 북한 국민들 사이에서 중남미 이주를 희망하는 현상을 가져왔다. 이런 희망은 이주정착과 관련된 문제들을 중요시 여기며 활동했던 정치 파트너들과 기관들과 연계한 사회단체들의 출현을 가져왔다. 한국정부는 초기에는 이 단체들을 도왔으나, 그 후 해체되었다가 1961년 10월 단일 이주민 위원회를 구축하였다. 이 위원회의 위원장은 김동성, 부위원장은 채영덕과 윤치환이었다. 그러나 이 위원회가 설립되기 훨씬 이전에 이주문제들을 준비했던 단체들이 자체적으로 '한백'위원회를 설립하였다. 1960년 12월 '한백' 위원회는 브라질에 살면서 위원회와 긴밀한 협력을 했던 김수조 씨가 브라질에서 이민사업을 준비할 수 있도록 연락을 취했다.[16]

남한 한인이주 프로젝트는 한인의 신해외이주법 도입을 준비하였던 국가재건위원회가 구성된 제3공화국(1963-1972) 때 실현되었다. 정일권 주미 한국대사는 브라질을 방문하여 한인이주 가능성에 대한 회의를 하도록 지시를 내렸다. 이전에 이주를 금지시켰던 한국의 군사독재 정권은 이제 한인이주를 국가정책 수준까지 끌어올렸고, 다른 국가들, 특히 중남미 국가들로 한인을 이주시키기 위한 은밀한 교섭을 하게 되었다. 연구자들의 견해에 따르면 한인이주 조직에 있어 중요한 역할을 했던 사람이 전인규 예비역 대령이었다. 그는 양국 정부의 공식협정 체결을 기다리지 못하고, 소위 '한국문화 사절단'을 조직하였고, 브라질로 갈 생각을 하게 되었다. 이 명칭을 쓰게 된 것은 숨기기 위함이었으며, 실제 방문 목적은 한인이주의 기반과 정주지를 마련하기

---

16) Choi, Keum Joa. 1991. Alem do Arco-Iris: A imigração Coreana do Brasil. Masters thesis. Faculdade de Filosofia, Letras, e Ciencias Humanas da Universidade de São Paulo.

위함이었다. 이 '사절단'의 대표들은 '한백' 위원회와 함께 뜻을 모았다.[17]

1962년 한국에서는 '외국이주법' 제1030호가 제정되면서 정부는 공식적으로 이주를 목적으로 한 국외출국을 공식적으로 인정하였다. 이와 함께 홍보회사들이 만들어지고 브라질 이주민 모집이 시작되었다. '문화사절단'을 구성했던 전인규 씨는 한인 16세대를 브라질로 파견하고 1962년 초에 한국으로 되돌아왔다. 전인규 씨는 이주법에 입각해서 이주희망자들을 합법적으로 보낼 수 있었는데 이와 동시에 김수조 씨와 협력하여 '한백' 위원회를 활동적인 회사로 만들었다.

'한백'사는 한인이주민의 선발, 심사 및 파견에 대한 권한을 보유하였다. '한백'사는 33세대의 이주신청을 받아 주일 브라질 대사관에 비자신청을 한 후 17세대 92명에 대한 비자를 받을 수 있었다. 이주민을 태운 배가 출발한 날짜는 1962년 12월 18일이었다. 출항 시에는 정부의 관심이 표명되었는데 이주민 파송 행사에 보건부 장관이 참석했던 것이다.[18]

한인이주민을 태운 '치차렝가'호는 실로 긴 항해를 하였는데 남지나해—인도양—남대서양에 이르는 항로로서 오키나와, 홍콩, 싱가포르, 케이프타운, 리오데자네이로를 거쳐 마침내 1963년 1월 12일 브라질 항구도시 산토스에 도착했던 것이다. 항해는 별 탈 없이 55일이나 지속되었고 이주민들은 거의 두 달 동안 배 안에서 서로서로 친목을 도모하고 브라질의 언어도 배웠다. 이들이 도착하자 김수조와 위원회 사람들은 이들을 안내하고 환영모임을 가졌다.

최초의 계획적이고 조직적인 이주사업은 농업에 치중되었다. 이주민들을 위한 농지구입이 계획되었다. 비록 이들 중에 농사 경험을 가진 사람이 없었지만 땅을 이용하여 여러 작물들을 재배하며 생활하는 것이 가능하다고 생각되었다. 한인이주민을 수용한 브라질 당국은 국가의 농업발전에 한인들이 기여해 줄 것으로 기대하였다. 이주민을 위한 농지에 대해 김수조는 상파울루에서 113km 떨어진 교외에 토지를 구매했는데, 이곳에는 '미라카두' 농장이 있었다.[19]

---

17) 전경수. 세계의 한민족. 중남미. 세계한민족총서. 6. 통일원. 1996. p.52.

18) Там же, p.53.

19) 전경수. 브라질의 한국이민. 서울대학교출판부. 1991. p.42. 48.

그러나 사실 이주민들이 현장에 갔을 때에는 농장에 사람들이 거주할 만한 곳이 없었고 또한 토지에 대한 재산권 인정도 되어있지 않았다. 한국의 관리들은 농장취득에 대한 김수조 씨의 서류만 믿었던 것이다. 첫 이주민 출발 시에 한국정부는 브라질에 있는 대사관과 연락을 취했고 대사관 직원들이 한인 이주민들이 사용한 토지를 확인하러 갔을 때에는 이미 배가 떠난 뒤였다. 주 브라질 한국 대사 박동진은 서울에 전송문을 보내어 '미라카두' 농장은 거주 환경이 되어 있지 않고 토지소유권도 불확실하다고 했지만 이미 때는 늦었던 것이다.

이주민들이 다시 임시숙소로 되돌아가자 김수조는 박동진 대사 및 상파울로 고급관리와 함께 '미라카두' 농장 소유의 땅을 이용할 수 있도록 문서를 작성하였다. '미라카두' 농장의 권한을 김수조 씨는 갖지 못했으며 다른 땅을 사기 위해 돈을 사용하기로 결정하였다. 2월 21일 가족 대표들은 인근의 농장을 찾는 노력을 하고 마침내 3월 8일에 17세대의 가정이 상파울로에서 50㎞ 떨어진 곳에 토지를 매입할 수 있었다. 토지 면적은 38에이커(약 273,600평)에 달했다. 처음에 계획되었던 두 세대는 일자리를 구했고 대사관 직원용 숙소로 거처를 옮겼다. 나머지 10세대는 문제발생을 지속적으로 심의하였고 이후 재산을 가지고 있던 3세대가 상파울로로 가기로 결정하였다. 그리고 7세대는 일본인 농장 '서울'에 임차농으로 들어갔는데 그 이유는 많은 지출이 있었기 때문이었다.[20]

최초의 성공적인 체험 이후 또 다른 브라질 이주한인들의 준비가 진행되었는데 브라질 당국은 한인이주민들이 서면동의가 있을 때에만 입국허가를 내어 주었던 것이다. 그러나 사실은 먼저 브라질로 들어갔던 이주민들이 자신들의 가족이나 친지를 초대하는 경우가 많았고 이들은 나중에 브라질 입국비자를 받을 수 있었다. 그 결과 개인적인 준비로 브라질에 들어간 사람들이 점차 증가하기 시작하였다. 1963년 11월에 두 번째 이주민 그룹 16세대(64명)가 브라질로 입국하게 되었는데 같은 해 말 기준으로 브라질 거주 한인은 모두

---

20) Там же, с. 48, 70.

150명이 넘었다.

외국인 농업이주민에 관한 규정에 따른 첫 번째 한인이주민의 물결이 있은 후에도 집단적인 브라질 이주는 몇 차례 더 있었다. 두 번째 이주물결은 이른바 '빅토리아 케이스'라고도 불렸는데 1964년 초에 64세대 300명이 브라질로 떠났던 것이다. 이들은 '폰테 – 림바' 농장으로 파견되어 먼저 도착한 이주민들의 영접을 받았다. 이주민 대표들은 농장을 둘러보고 농장이 농업에 부적합하다고 결정하였다. 그래서 이주민들은 그곳에 정착하지 않고 리오데자네이로로 갔다. 과거 북한의 전쟁포로인 박영훈 씨의 도움으로 많은 한인이주민들이 상파울로로 이주하게 되었다. 두 번째 이주민들은 모두 계획된 농사 활동을 거부하고 브라질 이민법을 위반하면서 대도시에서 살려고 노력하였다.[21)

세 번째 브라질 한인이주 물결은 '카우사 케이스'라고도 하는데 46명의 한인들이 두 단계로 출발한 1965년 후반에 있었다. '빅토리아 케이스'와 '카우사 케이스' 이주민들과 함께 이동한 이철희(문화사절단 중의 한 사람)는 이쿠아페시에서 240에이커의 땅을 사서 계획된 농사 활동을 확대, 발전시켜 나갔다. 그러나 그는 종국적으로는 성공을 거두지 못했는데 그 이유는 토지권 문제가 발생하여 그가 희망하는 이주민들을 조직화할 수 없었던 것이다. 그때 '볼리비아 케이스'라고 불렸던 네 번째 물결이 일어나 다른 수단이 강구되었다. 그런데 이주기획자들은 어려운 서류신청과 집단이주의 실행을 거부하고 손쉬운 방법을 선택하였다. 결론적으로 이주희망자들은 개별적으로 볼리비아 한국영사관의 초청장을 받아 브라질로 재이주하여 영주권을 취득했던 것이다. 이런 방식으로 입국한 네 번째 이주물결은 비록 초기 농업이주의 힘든 시기가 있었지만 결국 사실상 실행 가능한 방법이 되었다.

마지막 다섯 번째 조직화된 브라질 이주 물결은 한인 가톨릭 신자들로 구성되었는데 이들은 가톨릭 국가인 브라질에서 신앙에 따른 형제로서 대우받기를 기대하면서 독자적인 공동체를 형성하였다. 한인이주민 중에서 최고 연

---

21) 전경수. 세계의 한민족. 중남미. 세계한민족총서. 6. 통일원. 1996. p.57.

장자로 칭해진 파터는 '파라나주' 농장에서 '가톨릭 케이스'라고 불린 다섯 번째 이주민들을 이끌었다. 이런 방식으로 브라질로 이주한 사람들은 모두 150세대에 이르렀다. 최초 53세대 313명의 한인이 1966년 4월에 브라질에 입국하여 '산타마리아 파라나주' 건설 농장에 들어갔는데 이 농장은 완전히 한국식으로 변화되어 갔다. 두 번째는 1966년 6월에 도착하여 폰타크로스 지역에 정착했는데 이들은 모두 104명이었다.[22]

이와 같이 초기 한인들의 브라질 이주는 세 범주로 나뉜다. 첫째, 한국정부가 직접 이주를 주선하고 이주민을 보내었다. 둘째, 이주 업자들이 대행을 하면서 공식적인 초청장을 받아 내고 집단 혹은 개인적으로 파견되었다. 셋째, 초기 이주민들이 자신들의 가족이나 친척을 초청하는 형태로 이주가 진행되었다. 1960년대에 전체 브라질 이주민은 700명이 넘었는데 이들은 처음에 주로 농업에 종사하였으나 시간이 흐르면서 대다수는 도시로 이동하면서 다양한 형태의 경제활동을 하게 되었다.


## 2. 현대의 중남미 국가이주


### 1) 이주 대상국의 확대


1960년대 초 브라질 농업이주로 시작된 한인들의 중남미 이주는 이후에도 수년간 지속되었으며 주로 아르헨티나, 파라과이, 칠레 등으로 확대되어 나갔다. 역사와 인구학적 연구를 위해 가장 중요한 것은 통계자료인데 유감스럽게도 존재하지 않는다. 그래서 숫자 통계가 제시된 다른 자료로부터 필요한 부분을 추출해야 하는데 이러한 과정은 신뢰도에 문제가 있으며 또한 자료들 간의 수치에도 모순점이 있다. 바로 이 점 때문에 중남미 한인이주사에 관한 객관적인 연구가 어렵다. 그리고 광대한 국가에 많은 지방이 있다는 점도 체

---

22) 전경수. 브라질의 한국이민. 서울대학교 출판부, 1991, pp.83-86.

계적인 한인이주에 관한 인구학적 연구를 어렵게 한다. 이주과정에 관한 계량적 연구가 많이 어렵다는 것은 중남미 한인이주가 지역 내에서 상호 연관되어 있고 이주민들이 국가와 국가를 넘나들며 잠시 체류하거나 아니면 정착하거나 하는 점이 쉽게 포착되지 않기 때문에 그렇기도 하다.

한국정부의 계획이주 정책은 비단 브라질에만 국한되지 않았다. 1965년 중반에 아르헨티나에는 169명의 한인이 있었고, 볼리비아에는 282명(1964년에는 302명) 그리고 파라과이에는 1,223명이 있었다.[23] 사실 아르헨티나 이주 초기 단계에서는 아르헨티나 정부가 유럽인들을 선호하는 이주정책을 폈기 때문에 매우 어려운 상황이 있었다. 1960년대의 아르헨티나는 중남미 국가 중 가장 발전한 국가 중 하나였으며 그래서 아르헨티나 이주 희망자 수가 국가가 필요한 인적 수요를 상회하고 있었다. 그 결과 한국의 관리와 아르헨티나 정부 관리와의 조직적인 이주허용 정책에 관한 협상이 실패하고 말았던 것이다.

아르헨티나 이주는 브라질 계획처럼 되지 않았기 때문에 박홍민과 홍준철 씨와 같은 이주관심자들이 교회를 통한 방법을 모색하게 되어 아르헨티나 신자들이 이주 로비대상이 되었다. 이주 당국과의 마찰에도 불구하고 아르헨티나 신자들은 결국 1965년 10월 14일에 역사상 처음으로 한인이주민 13세대 78명을 부에노스아이레스 항구까지 데려오기로 정부의 인가를 받았다. 첫 이주민들이 한국으로부터 부에노스아이레스에 도착했을 때 그곳에는 이미 약 100세대의 한인들이 거주하고 있었는데 이들 대부분은 파라과이와 볼리비아 입국허가를 받은 후 불법적으로 아르헨티나 국경을 넘어 정착한 사람들이었다. 배를 타고 아순시온에 가기 위해서는 부에노스아이레스를 관통하는 라플라타 강을 거슬러 올라가야 했다. 한인이주민을 태운 배는 1965년 4월에 출발하여 거의 한 달 만에 부에노스아이레스 항구에 도착하였다. 도중에 볼리비아와 파라과이에 갈 사람은 배에서 내렸고 일부는 나중에 아르헨티나 국경을 불법적으로 넘었다. 이와 같이 많은 한인이주민들이 파라과이에서 모여든 레티로 마을에는 한국에서 아르헨티나로 바로 이주한 사람들보다 더 많았다.

---

23) 전경수. 세계의 한민족. 중남미. 세계한민족총서. 6. 통일원. 1996. p.60.

이주가 정점이었던 1968~1969년에는 파라과이에서 불법적으로 경유한 한인들이 한국에서 들어간 이주민보다도 더 많았다.[24]

한인들의 아르헨티나 단체이주는 브라질과 마찬가지로 국제농업 이주였다. 처음에 한인이주민들이 농업에 종사하기 위해서 선발대가 리오네그로 주의 '라마르크' 농장에 정착하였다. 아르헨티나 한인이주민은 브라질 한인이주민과는 달리 출발 전에 서울에서 농업 분야에서 활동할 수 있는 허가를 받았는데, 이러한 분야는, 즉 돗자리 짜기, 목재나 조개껍데기, 꽃으로 만든 가공품 등이어서 겨울에 일을 할 수 있는 것이었다.[25]

그러나 부에노스아이레스에서 남쪽으로 1,000㎞ 이상 떨어진 '라마르크' 농장은 이주민을 수용할 준비가 되어 있지 않았고, 이를 위해서는 주택건설, 토지개간, 농기구 등 준비되어야 할 점이 많았다. 이주민들은 지역의 기후 및 토양의 특징에 대한 기초지식도 가지고 있지 않았다. 그러나 한인이주민들은 400ha에 이르는 광대한 땅을 개간해야 하겠다는 일념으로 많은 노력과 지역민들의 도움으로 결국 채소, 감자 및 기타 작물을 재배하는 데 성공하였다. 그러나 상품 생산성에 대한 기대가 없었기 때문에 이주민들은 세대별로 농장을 떠나 1996년 10월에는 13세대 중 남은 세대는 4세대에 불과하였다.

한인이주민의 농장 '라마르크'는 새로운 한인이주민이 오지 않는다면 폐쇄될 지경이었다. 그렇지만 농장은 그간의 경험을 활용하고 토지 주변에 방풍림을 설치하면서 담장을 만드는 등 향후 생활의 기반을 지속해서 확보해 나갔다.

첫 번째 아르헨티나 이주가 단행된 지 두 달 후 '라마르크' 농장에서 일하기로 한 5세대의 한인들이 도착하였지만 이들은 개별적으로 일할 곳을 찾았다. 2세대는 부에노스아이레스에 남았다가 나중에 '레티로' 마을로 이주했는데 이곳은 물가가 쌌고 무엇보다도 동포들이 살고 있었다. 부에노스아이레스 교외와 인근 마을에는 가난한 사람들이 많기로 유명한데 한인이주자들은 거기서 자신들의 거처를 찾아야 했다. 아르헨티나 이주한인들 대부분은 수도로 이주하여 거기서 소규모 업체와 봉제업체, 생활편의시설 공사업자로 일을 하

---

24) 이교범. "아르헨티나 한인이민사". 부산: 선영사. 1990.

25) 전경수. 세계의 한민족. 중남미. 세계한민족총서. 6. 통일원. 1996. p.62.

였다. 1980년대 초에 이미 아르헨티나 이주한인들의 80%까지 부에노스아이 레스의 빈민구역에 살고 있었다.[26]

첫 번째 아르헨티나 농업이주 시도는 실패로 끝났으며 후속 시도는 1970년 대에 가서야 이루어졌다. 새로운 한인단체들이 '류찬', '상로렌서', '상하베르', '야타미우카' 및 '아스카우카' 농장에 도착하였다. '류찬' 농장은 목재가공을 위하여 칠레로 떠나기로 한 이주민들을 확보하였다. 그러나 좌파정권이 집권 한 칠레정국을 보고 한국정부는 토지취득에 대한 협정을 폐기하고 이주희망 자들에게는 아르헨티나 '류찬' 농장에서 11ha의 농지를 급히 구매할 것을 당 부하였다. 사실 있기로 한 10세대 대신 단지 3세대만이 농장에 도착하였는데 그나마 곧 1세대만이 남아 가금류를 사육하기 시작하였다. 얼마 후 농장에는 7세대의 한인들이 더 왔지만 이미 농장의 규모는 매우 작은 규모로 축소되었 고 상품생산을 위한 충분한 재정도 없었기 때문에 1981년까지 채소만 재배하 였다.[27]

위에서 언급한 한인이주 농장의 운명도 모두 비슷하였다. 결국 농장은 폐 쇄되어 어떤 곳도 집단농업기업으로서 면모를 갖추지 못했던 것이다. 이러한 실패의 대체적인 원인은 다음과 같다.

첫째, 한국정부 혹은 기타 관련 업체가 조직화한 이주는 신중한 준비 없이, 성급하게, 신중한 통제 없이 진행되었다. 그 결과 토지소유에 관한 문서작성 이 불가능했고 이주민이 도착했을 때 그들을 위한 주거지도 없었으며 농사에 필요한 도구도 준비되지 않았던 것이다.

둘째, 한인이주민의 대다수는 농민이나 축산인이 아니었으며 농사경험도 없었고 누구 하나 농사에 필요한 지식을 가지지 못하고 있었다.

셋째, 농장을 수익성 있는 농업기업으로 구축하려면 상당한 규모의 농지와 재정지원이 있어야 한다. 한인이주민에게는 농지도 자금도 없었다.

넷째, 단체이주를 조직한 사람들 중에는 사기꾼들도 있어서 동포의 이주를

---

26) 재아 한인 사회. '97. 재아 한인 이민문화 연구회.

27) 이교범. "아르헨티나 한인이민사". 부산: 선영사. 1990; 전경수. 세계의 한민족. 중남미. 세계한민족 총서. 6. 통일원. 1996. p.64.

하나의 사업과 자본형성의 계기로 삼았다. 한 농장에서 단체 구성원 간의 갈등이 비일비재하였다.

다섯째, 이주민들은 중남미 국가의 자연환경, 기후, 역사, 문화에 대한 지식이 없었고 스페인어도 할 줄 몰랐으며 그 결과 적응력이 매우 낮았다.

마지막으로 필자가 보기에 중남미 농업이주는 현지국가에서 유효한 이주법을 지키지 않은 우회로서만 이용되었으며, 대양을 넘어 항해한 한인이주민들은 자신들의 경제활동 계획을 야채재배나 가축사육보다도 다른 것으로 변경시켰다. 농장은 이들에게 보다 나은 도시생활을 위한 임시 거처이거나 도약대였다.

한국정부는 중남미 이주를 계획하면서 한인이주민 수용가능성이 있는 국가를 다양하게 검토하였다. 우선적으로 브라질이 선택되었지만 다른 국가에 대한 검토도 이루어졌다. 1963년 7월에 한국정부 관리들은 UN에서 파라과이 대표들과 만나 한인들의 파라과이 이주가능성을 타진하였다. 이 만남이 있기 전 6월에 정부는 파라과이에서 양국 이주문제위원회 당사자들이 만나 의견을 개진해 줄 것을 당부한 바 있었다.

이러한 사전준비의 결과 1965년 4월 22일에 파라과이 아순시온에 첫 한인이주민 95명이 당도했고 이후에도 지속적인 이주가 보장되었다. 중남미 한인이주사 연구에는 최초 한인들의 파라과이 도착일자에 대해 여러 견해가 있다. '파라과이 한인이주사 35년'이라는 기념서적에 의하면 파라과이 땅을 처음으로 밟은 사람은 최재윤(1918년생) 씨라고 되어 있다. 정확한 도착 날짜는 1963년 11월 20일인데 이는 파라과이 한인이주 공식연도보다 2년 빠르다.[28]

파라과이 한인이주에는 이주를 주선했던 사람들의 행동이 큰 영향을 주었다. 지금 상태에서는 누가 옳았고 누가 틀렸는지 결정할 수는 없지만 개인적인 야망과 관심으로 첫 이주가 이루어졌다. 이들 중에는 1965년 6월에 이주한 김윤영 그리고 이광복, 김윤문, 최일복, 황세균 씨 등이 있었다. 이광복 씨는 파라과이 이주민을 선발할 수 있는 파라과이 주재 초대 명예영사가 되었다.

---

28) 파라과이 한인 이민 35년사. 재파라과이 한인회. 1999. pp.23−25.

그러나 이광복 씨가 없을 때 김윤문 씨가 자신의 이름으로 업무를 대행했는데 이 과정에서 한인이주 계획에 차질이 발생하면서 2년 동안 이주가 이루어지지 않았다.

처음에 브라질, 아르헨티나, 파라과이 등으로 한인이주가 시작되었지만 사실 초기의 한인농업이주는 많지 않았다. 주로 이주한인들은 소규모업체, 점원, 소매상 등으로 일했으며 농사활동 경험은 전무했다. 그러나 이러한 다양한 구성에도 불구하고 이들은 고국에서보다 훨씬 더 나은 삶을 위하여 노력했고 시간이 흐르면서 성공적인 결과를 얻게 되었다.[29]

1965년 2월 2일 부산에서 95명의 한인을 태운 여객선으로 개조한 배가 출항하여 4월 21일에 아순시온에 도착하였다. 승객명단은 보존되었는데 이것은 첫 번째 이주 이후 맺어진 계약에 의해서였다. 최고 연장자는 67세였으며 최연소자는 4개월짜리 아이였다. 대부분이 30~40대 사람들이었지만 아이들과 노년, 즉 가족을 이루는 사람들도 있었는데 이것으로 보면 이주생활이 지속되기를 바랐던 것이다. 이후 7명의 한인들이 개별적으로 입국하였다.[30]

두 번째로 1965년 4월 17일 부산에서 168명의 승객을 태운 배가 출항하여 6월 14일에 부에노스아이레스 항구에 도착하였다. 세 번째는 50명의 이주민들이 4월 17일 부산에서 출항하여 부에노스아이레스에는 7월 17일에 도착하였다. 이 단체에는 파라과이 친척의 초청을 받아 비자를 받은 14명이 포함되어 있었다. 네 번째는 85명이 6월 17일에 출발하여 부에노스아이레스에는 8월 21일에 도착하였다. 다섯 번째는 39명이 부산에서 8월 17일에 출발하여 10월 16일에 도착하였다. 마지막 여섯 번째는 69명이었는데 1965년 8월 19일 한국을 떠나 11월 15일에 목적지에 도착하였다. 이와 같이 한국에서 중남미 대륙의 항구로 가는 항해는 두 달 정도 소요되었다.[31]

한인의 파라과이 이주는 처음에는 농업이주였는데 대부분은 도착 직후 계획된 농업활동을 하지 않았고 일부는 농업에 종사하여 성공을 거두기도 하였

---

29) Там же, с. 29, 35.

30) Там же, с. 372－373.

31) Там же, с. 378－380.

다. 파라과이 한인들은 가금류를 사육하기도 했는데 이 분야에서 성공한 사람은 구왕선 씨로서 그는 최초 이주민이었다. 구왕선 씨는 많은 실패에도 불구하고 1970년대 중반에 가금류 농장인 '타구아로스'사를 소유하게 되었다. '타구아로스' 농장에는 닭이 사육되었으며 깃털, 달걀 등이 닭고기와 함께 상품생산성을 가지게 되었다.[32]

1970년대 파라과이의 인구는 350만 명 정도에 불과했으며 그 결과 시장의 수요가 적었기 때문에 공급과잉의 위험성과 이에 따르는 가격하락의 위험성이 있었다. 그래서 1980년대 초에 불변가격제 제도를 지지하기 위하여 한인이주민들은 사육농장인과 판매상의 이익집단을 만들었다.

가금류 사육 외에 한국정부는 파라과이 농업이주를 위한 다른 농장구입을 서둘렀다. 그중 하나가 바로 한인농장 '성 베드로'였는데 아순시온에서 130㎞ 떨어진 곳에 있었다. 이 농장에는 초기 한인이주민들이 일하게 되었는데 이들은 인근 다른 국가의 초기 한인들처럼 많은 실패를 겪은 사람들이었다. 1981년 가을과 1982년 겨울에 농장으로 9세대가 더 도착했지만 그중 7세대는 수도로 이주해 가고 나머지 2세대는 남아서 식물과 동물을 기르는 일에 종사하였다. 농장면적은 1,500ha였는데 1985년에 한인가족 3세대는 10년 분할상환 조건으로 농장을 개인소유로 받았다.[33]

1982년 파라과이 인구조사에 의하면 약 2,300명의 한인이 파라과이에 거주하고 있었다. 1980년대 중반에는 중남미 이주 전체 한인의 수가 5만여 명에 이르렀고 브라질, 아르헨티나, 칠레, 파라과이 및 기타 중남미 국가에서 두드러진 소수민족이 되었다.[34] 한인이주민들은 마침내 1980년대 말에 중남미 한인이주사에서 가장 힘들었던 초기의 어려움을 극복하고 새로운 대륙에서 오늘날 공동체 형성의 기반을 구축하게 되었다.

---

32) 전경수. 세계의 한민족. 중남미. 세계한민족총서. 6. 통일원. 1996. p.65.

33) Там же, с. 66.

34) Calvin Sims, "South Korean emigrants fulfilling dreams of prosperity in Argentina", Dallas Morning News, December 3, 1995.

## 2) 1980~2000년대 한인 이주민 수와 구성의 변화

1980년대 농업이주를 바꾸는 새로운 형태의 중남미 국가 이주가 나타났다. 1985년 4월 29일 한국정부는 아르헨티나 정부와 이주민 계약을 체결하였는데, 이 계약에 따라 아르헨티나의 중앙은행에 미화 30,000달러를 예치하는 모든 한인 세대는 아무런 제약 없이 이주 허가를 받을 수 있게 되었다. 이러한 소위 투자이주는 이미 다른 국가들에서도 많이 이루어졌으며, 수용 국가들의 은행계좌에 다양한 금액의 외화를 예치했던 투자이주민들은 입국 및 장기거주에 관한 권리를 취득하였다. 투자이주자로서 아르헨티나에 들어온 한인들은 일을 하는 데 제약이 따르지 않았으며, 2년이 지나면 은행에 예치했던 외화자금을 뺄 수 있었다. 아르헨티나는 자국의 이주민 제한정책을 고수하며, 투자를 받아 경화를 얻을 수 있었다.

이러한 투자이주 조약은 1984년 초 한국의 '사나' 회사 직원 가족 25세대가 자전거 제조를 목적으로 아르헨티나 입국 허가를 받기 전에도 이미 비공식적으로 이루어지기 시작하였다. 이주자들은 이론 및 실전과정 교육을 거쳤고, 각각 4억 원씩 투자를 했으며, 그중 절반은 은행에 담보로 남겨 놓고 나머지 반은 산업발전에 사용하였다. 공장이 들어설 장소로는 산타페가 선정되었으며, 곧이어 한인가족 9세대가 육류부산물을 자르고 분쇄하는 소규모 부산물 육가공업 공장을 차리기 위해 이곳으로 들어왔다. 1986년에는 플라스틱 제품 생산 공장을 가동하려는 한인가족 5세대가 들어왔다.[35] 전망 있고 경쟁력을 갖춘 기업 건설에는 몇십만 달러 이상의 상당한 투자가 필요했기 때문에 이러한 공동투자 프로젝트의 경우가 잘 알려져 있다.

공동투자 이주민들의 수보다는 이런 투자 이민 프로젝트로 개인 일을 마련하기 위하여 개인적(가족동반)으로 들어온 숫자가 더 많았다. 1985~1986년 아르헨티나 농업발전 투자 프로젝트 일환으로 한인 약 400세대가 들어왔지만, 주로 광산에서 일을 하게 되었다. 한국의 투자 프로젝트들 중에는 때때로 대규모 투자를 요하는 특징을 보이기도 했는데, 예를 들어 1979년 11월 '한성'

---

35) Lee Kwang-kyu. Overseas Koreans. Seoul, Jimoondang Publishing Company, 2000, p.96.

기업은 한국에서 수산회사를 매입한 후 해외로 진출해 수산사업을 발전시킬 계획을 세웠다. 1985년 7월 아르헨티나에서 '한성' 기업은 주식회사 '한성 AR'로 정식 등록되었다. 투자계획을 보면 한인가정 122세대는 2,000톤이 넘는 2대의 트롤리 어선과 수산물 가공공장에서 일하기 위하여 아르헨티나로 출발하였다. 총 투자금액은 미화 120만 달러였다.

국제적인 이주협정이 체결된 이후에는 한인이주민 수가 급증하였고 1985년에만 아르헨티나로 723세대, 1986년에는 1,159세대, 1987년에는 1,500세대가 넘는 한인들이 이주허가를 받았다. 다른 측면에서는 아르헨티나 내무부가 밝혔듯이 1985년 4월에 불법체류자에 대한 사면이 실시되면서 파라과이와 볼리비아에서 넘어온 한인이주민들의 수가 증가하였다.[36]

아르헨티나 이주한인의 수는 1980년대 중반에 급증하였는데 약 4만 명에 육박하였던 것이다. 그런데 80년대 말에 있었던 아르헨티나 경제사정의 악화와 함께 투자이주민의 수는 감소하였는데 그 이유는 투자조건이 별로 좋지 않게 되었기 때문이었다. 더욱이 1980년대 말부터 한인이주민들이 미국과 캐나다 그리고 경제가 좋아진 한국으로 빠져나갔다.[37]

1970~1971년에 서울 동대문 시장에서 의복생산으로 유명한 한인 2,000명 정도가 브라질로 입국하였다. 도착 직후 이들은 우선 주변 환경에 적응하려고 노력하였고 브라질어에 숙달되도록 노력하였다. 1975년 중반에는 한인 774세대가 참여하는 대규모 사업이 펼쳐졌는데 이 중에는 298명의 상인(옷을 집에까지 배달해 주는 상인)과 259명의 의복제작자가 포함되었다. 10년 후 한인 봉제업자들은 상파울로, 브라스, 오리엔트 등지에서 유태인 항구지대를 장악하였다. 1980년대 중반에 상파울로에서만 14,000명이 종사하였고 그중 80%는 한인이주민이었다.[38]

---

36) Panaia, Marta. "Inserción laboral coreana en el mercado de trabajo argentino(Korean workers in the Argentine labor market)." Estudios Migratorios Latinoamericanos, v.31(December 1995): pp.613－632.

37) 재아 한인 사회. '97. 재아 한인 이민문화 연구회. Centro de Investicacionde la Colectividad Coreana en Argentina. 1998, pp.78－94, Calvin Sims, "South Korean emigrants fulfilling dreams of prosperity in Argentina", Dallas Morning News, December 3, 1995. "Asian smuggling ring busted in Argentina", Agency France Press, October 13, 1995.

1970년대 말～1980년대 초에 한인이주민들이 칠레로 들어갔다. 1980년 양국 간에는 한인이주의 확대와 이주자에 대한 비자면제에 관한 협정이 체결되었다. 이 협정은 불과 몇 년간만 유효했지만 이주과정에는 큰 영향을 주었다. 1980년대에 도착한 한인이주민의 상당수는 제3국으로 이주해 갔거나 한국으로 되돌아갔다.[39] 오늘날 칠레의 한인공동체는 1990년대에 형성된 것이며, 1997년에 한인, 페루인, 독일인의 이주연구라는 '폰데시트' 프로젝트 연구결과에 의하면 5년 이상 칠레거주 한인들의 수는 대사관 직원을 포함하여 약 1,500명 350세대로 밝혀졌다. 프로젝트 책임자 아스트리드 스토예렐 교수에 의하면 이렇게 한인이주자가 적은 원인은 사회경제적 특징을 가진 것으로서 고급스러운 생활, 생활관습적 차별, 정치적 불안정 및 내전가능성을 꼽았다. 한인이주민들은 주로 소기업에 근무하였고 봉제산업에 종사하였다. 소규모 한인사업가들은 한국에서 봉제산업에 관련한 설비를 구매해서 칠레로 손쉽게 들여왔다. 한국제품은 타국제품에 비하여 질 좋고 값이 싸서 현지에서 성공할 수 있었으며 일부 한국수입상품도 팔렸다.[40]

중남미에서 한인의 수와 이주민 수의 변화는 한국의 1985년과 1995년의 외교부 자료를 근거로 다음 표와 같이 정리된다. 같은 국가별 인구분포를 비교하는 일은 동 연구기간에 일정한 국가로 유입된 한인인구의 규모와 변화 정도를 알 수 있게 한다. 1975～1985년 기간에 한인이주민 수의 증가는 다음과 같은 국가에서 두드러졌는데, 즉 아르헨티나와 파라과이에서는 3배, 볼리비아 4배, 에콰도르와 페루는 8배, 칠레는 9배, 브라질은 10%, 우루과이는 20% 등이었다. 중남미 이주한인의 대다수는 브라질, 아르헨티나, 파라과이, 볼리비아, 에콰도르 등 5개국에 집중되었는데 1995년에는 칠레가 다섯 번째 국가로 되었다.

---

38) Buechler Simone. Koreans and Bolivians in the Brazilian Garment Industry: The Interconnection Between the Global and Local. Paper prepared for delivery at the 2003 meeting of the Latin American Studies Association, Dallas, Texas. March 27－29, 2003; A Brazilian Koreans: a Force in Fashion; Bringing expertise and resources from two worlds, they are energizing L.A.'s apparel district. 'My whole family's in garment', says the son of one merchant. 'What else do I know?' Los Angeles Times; Los Angeles, Calif.; Apr 30, 1998.

39) El－Mercurio, 15 мая 1986.

40) Fourteenth periodic report of States parties due in 1998: Chile. 28/10/98. CERD/C/337/Add.2(State Party Report).

<표 1> 1965~1995년의 중남미 한인과 한인이주민의 변화

| | | 브라질 | 아르헨티나 | 파라과이 | 볼리비아 | 우루과이 | 콜롬비아 | 에콰도르 | 페루 | 칠레 |
|---|---|---|---|---|---|---|---|---|---|---|
| 한인 이주민 수 | 1965 | 1,958 | 172 | 1,223 | 597 | – | – | – | – | – |
| | 1975 | 9,874 | 2,559 | 5,190 | 1,129 | 60 | 43 | 134 | 1 | 40 |
| | 1985 | 10,959 | 7,295 | 17,566 | 4,255 | 78 | 106 | 1,063 | 8 | 359 |
| | 1995 | 56,382 | | | | | | | | |
| 전체 한인 수 | 1985 | 21,948 | 15,749 | 8,386 | 582 | 16 | 142 | 1,083 | 27 | 611 |
| | 1995 | 37,952 | 32,000 | 9,125 | 800 | 48 | 274 | 855 | 1,077 | 1,346 |

출처 : 한국 외교통상부, 1985년 12월 및 1995년 1월 31일 자료에서 정리. 전경수, 세계의 한민족, 중남미, 세계한민족총서, 6, 통일원, 1996, p.72.

1985년 파라과이와 볼리비아 거주 이주한인의 수는 17,566명과 4,255명이었지만 10년 후인 1995년에는 파라과이 한인 중에서는 절반만이 남았고 볼리비아의 경우는 1/6만이 남았다. 브라질과 아르헨티나에서는 반대 현상이 나타났는데, 즉 1985년에 입국한 이주민 수와 1995년에 거주한 이주민 수 차이는 두 배 증가로 나타났던 것이다.

이미 언급했듯이 중남미 국가의 한인이주민에 관한 계량적 인구학적 분석은 매우 어렵다. 중남미 3국, 즉 브라질, 아르헨티나, 파라과이 간에는 무비자 제도가 시행되고 있어서 사실상 지역적 국제교류가 활발하다. 이들 국가에서 비자를 받은 한인들은 자유롭게 국경을 드나들 수 있으며 경제적 사정에 따라 거주지를 바꿀 수 있다. 이러한 제도는 현재 다른 중남미 국가에서도 확산되고 있다. 바로 이 점 때문에 해외디아스포라를 연구하고 있는 인류학자들은 정확한 이주민 통계를 갖지 못하고 있는데 특히 지역별 분포, 연령별 분포 및 사회적 변화 등에 관한 자료를 얻기 힘든 것이다.[41] 그러나 역사 – 인구학적 연구는 바로 검증된 자료 위에서만 구축되는데 현재는 바로 이러한 면에서 단점을 가지고 있다.

한국 외교부의 1995년 1월 1일자 자료에 의하면 중남미에 약 9만 명의 한인들이 거주하고 있다는 것이다. 이주민 수는 84,963명이며 일시체류자는 5,071명이었다. 말할 필요도 없이 브라질에 가장 많은 한인이 거주하고 있는데, 즉

---

41) 전경수. 세계의 한민족. 중남미. 세계한민족총서. 6. 통일원. 1996. p.73.

38,131명이다. 그 다음으로 아르헨티나 32,387명 그리고 세 번째는 파라과이로서 9,231명 등이다. 중남미 전체에서 브라질 한인의 비율은 42%, 아르헨티나 경우는 36%, 파라과이는 11%이다. 종합적으로 본다면 중남미 한인들의 거의 90%가 32개 지역으로 구성된 이들 3국에 거주하고 있다. 천 명 이상의 한인들을 수용한 국가로는 칠레 1,346명, 페루 1,077명 등이다. 멕시코, 에콰도르, 볼리비아에는 600여 명의 한인들이 거주하며 과테말라에는 50명 그리고 일시체류자가 1,840명이다. 기타 중남미 국가에 거주하고 있는 한인들의 수는 지극히 미미한 수준이다(<표 2> 참조).

<표 2> 1992년과 1995년의 중남미 한인의 수

| 국가별 | 한인이주민 수 | | 일시체류자 | | 합계 | |
|---|---|---|---|---|---|---|
| | 1992 | 1995 | 1992 | 1995 | 1992 | 1995 |
| 합계 | 88,327 | 84,963 | 4,537 | 5,071 | 92,864 | 90,034 |
| 브라질 전체 | 43,593 | 37,952 | 176 | 179 | 43,769 | 38,131 |
| (브라질리아) | (446) | (427) | (33) | (5) | (479) | (432) |
| (상파울로) | (43,147) | (37,525) | (143) | (174) | (43,200) | (37,699) |
| 아르헨티나 | 30,100 | 32,000 | 375 | 387 | 30,475 | 32,387 |
| 파라과이 | 9,580 | 9,125 | 119 | 106 | 9,699 | 9,231 |
| 과테말라 | 180 | 50 | 970 | 1,840 | 1,150 | 1,890 |
| 칠레 | 1,167 | 1,346 | 125 | 113 | 1,292 | 1,459 |
| 페루 | 295 | 1,077 | 34 | 72 | 329 | 1,149 |
| 멕시코 | 449 | 641 | 343 | 303 | 792 | 944 |
| 에콰도르 | 881 | 855 | 100 | 50 | 981 | 905 |
| 볼리비아 | 1,009 | 800 | 195 | 74 | 1,204 | 874 |
| 온두라스 | 85 | 91 | 200 | 513 | 285 | 604 |
| 도미니카 | 111 | 213 | 592 | 362 | 703 | 575 |
| 컬럼비아 | 264 | 274 | 157 | 139 | 421 | 413 |
| 파나마 | 70 | 79 | 307 | 304 | 377 | 383 |
| 부에노스아이레스 | 237 | 210 | 86 | 104 | 323 | 314 |
| 코스타리카 | 167 | 165 | 184 | 143 | 351 | 308 |
| 엘살바도르 | 4 | 7 | 66 | 181 | 70 | 188 |
| 지메이카 | 5 | 4 | 155 | 128 | 160 | 132 |
| 우루과이 | 53 | 48 | 13 | 6 | 66 | 54 |
| 가이아나 | 18 | 17 | 27 | 27 | 45 | 44 |
| 니카라과 | – | – | – | 29 | – | 29 |
| 세인트루시아 | – | – | 10 | 9 | 10 | 9 |
| 트리니다드토바고 | 6 | 6 | 9 | 2 | 15 | 8 |
| 아이티 | 3 | 3 | – | – | 3 | 3 |

출처 : 한국외교통상부 1995년 1월 31일자 정리: Kim Won-Ho. Korean-Latin American Relations: Trends and Prospects. http://plaza.snu.ac.kr/~kjlas/PDF/KIMWH.PDF

## 브라질

한국대사관과 상파울로 총영사관의 자료에 따르면 현재 브라질에 거주하고 있는 한인의 수는 총 50,200명이고, 그중 수도 및 수도 외곽지역에 거주하는 한인이 49,600명이다. 1995년 한인은 38,131명, 1992년에는 43,769명이었다. 나머지 650명은 빅토리아(120명), 브라질리아(120명), 마나우스(120명), 리오그란데(139명)에 분포되어 있다. 남녀비율은 거의 같으며, 수도에 거주한 남자는 25,700명에 여자는 23,900명이었으며, 특히 학생의 비율에서는 남학생이 여학생보다 166 : 16으로 10배 이상 높았다. 브라질에 거주하고 있는 한인 중 65%는 자영업에 종사하고 있으며, 회사원과 전문가는 1%, 중고등학생 및 대학생이 12%, 나머지 21%는 실업자이거나 미응답자이다. 귀화한인 이주민, 다시 말해 브라질 국적을 취득한 한민은 전 이주민의 1/10에 해당하며, 나머지는 거주증과 이민비자를 소지한 자이고 불법체류자의 수는 많지 않다.[42)43)]

## 아르헨티나

2004년 아르헨티나에 거주하는 한인의 수는 15,500명이었으며, 그중 13,300명이 부에노스아이레스에서, 840명은 수도 외곽 지역에서, 나머지는 주로 아르헨티나 남부에 위치한 여러 다른 지방에 거주하고 있다. 1992년 한인은 30,475명이었으며, 1995년에는 32,387명이었다. 한인남성은 8,300명인 반면, 한인여성은 7,200명 이하였다. 특히, 이 수치는 수도에서(7,120명 : 6,180명) 주로 불균형을 이루었으나, 수도권 외곽 지역과 기타 지방에서 한인은 가족들이 같이 이주하여 거의 동등한 성 비율 수치를 나타냈다. 주아르헨티나 한국대사관 자료에 따르면, 한인 중 아르헨티나 국적 취득자는 없으며, 영주권자는 3,000명으로, 그중 남성이 1,600명, 여성이 1,400명이다. 아르헨티나에는 브라질과 달리 한인들이 불법 체류하는 비율이 12,500명으로 상당히 높았으나, 사실상 특별히 정해진 지위가 없는 자들이다. 아르헨티나가 브라질과 또 다

---

42) 전경수. 브라질의한국 이민. 서울대학교출판부. 1991.

43) http://www.korean.net/xelpa/users/korean/okf_eng/directory/country/country.jsp?sCode=01&cCode=010309&info=8

른 점은 아르헨티나에는 한국 대학생들이 없다는 것이다.[44]

## 멕시코

사실 멕시코는 한인이주 100년사를 가진 많지 않은 중남미국가 중 하나이다. 하지만 20세기 초 한인 개척자들의 멕시코 이주는 일회적인 성격을 띠고 있으며, 그 이후 반세기 이상 이주가 이루어지지 않았다.[45]

1990년대 말에 이르기까지 멕시코에 거주하고 있던 한인의 수는 브라질, 아르헨티나, 파라과이와 비교하여 많지 않았으며, 한국 외교통상부 자료에 따르면 1992년 멕시코에 있던 한인의 수는 792명, 1995년은 944명이었다. 한인이 멕시코로 이주하기 시작한 것은 에스네스토 세디요 정부(1994~2000)와 한국이 체결한 한-멕시코 경제 협력 및 무역에 관한 일련의 조약을 체결한 이후이다. 2000년대 초 대멕시코 연 수입액은 36억 달러에 이르렀으며, 1989년 당시만 해도 연 수입량은 약 3억 달러였다. 한-멕시코 양국 간의 교역관계가 급속도로 발전하게 된 원인은 한국에서 중남미 국가로 한인이주가 확산되었기 때문이었다.

멕시코 이민당국의 자료에 따르면 현재 멕시코에는 대략 15,000명 정도의 한인이 있으며, 그중 반 이상인 8,000명이 수도, 그 중에서 상업 중심가인 테피토에 집중되어 있다. 이곳은 백화점, 상점 및 재래시장들로 넘쳐나지만 동시에 우범지대로 여겨지므로 '사나운 이웃'이라는 별칭을 가지고 있다. 매주 약 130만 명의 사람들이 테피토로 들어와서 400만 달러어치의 상품을 사는데, 그중 30%가 한인 상인들이다. 멕시코시티에 한인이 밀집되어 있는 또 다른 지역은 소나로사(Zona Rosa)로 불리는 곳으로 수많은 상점, 레스토랑, 카페 및

---

44) См.: 이교범. "아르헨티나 한인이민사". 부산: 선영사. 1990; Mera, Carolina. La inmigración coreana en Buenos Aires: multiculturalismo en el espacio urbano. Carolina Mera. 1.a ed. [Buenos Aires]: EUDEBA, 1998;
http://www.korean.net/xelpa/users/korean/okf_eng/directory/country/country.jsp?sCode=01&cCode=010310&info=8

45) Estrada Francisco A. Romero. Factores que provacaron las migraciones de chinos, japoneses y coreanos hacia Mexico: siglos XIX y XX.
http://www.gkn-la.net/history_resources/factores_queprovocaron_las_migraciones_FRomero.htm

호텔들이 있는 도심의 유흥지구이다.

테피토 시장 및 기타 지역들에서 한인들은 한국에서 수입해 온 다양한 물건들(명품, 가전제품, TV 및 라디오 제품, 의류 등)을 판매할 뿐만 아니라, 봉재산업, 전자제품 조립을 하고 있다. 1990년대 말 멕시코로 이주해 온 한인들은 상당한 자본을 들고 왔는데, 한국 상공회의소 김훈영 이사의 말에 따르면 이 금액은 10만 달러에서 100만 달러에 이르렀으며, 한인들이 그 자본으로 사업을 할 수 있었다는 것이다.

멕시코로 한인이 이주해 간 것에는 여러 가지 이유가 있겠지만, 무엇보다도 자유무역지대에서 비과세로 상품을 생산할 수 있다는 이점과 특혜가격으로 미국과 캐나다로 상품을 수출할 수 있다는 이점 때문이었다. 많은 이들이 자본을 늘릴 수 있는 국가 및 북미로 이주(가끔씩은 불법적인 방법을 통해)하기 위한 발판으로서 멕시코를 선택하였다.[46]

### 칠레

한국 대사관 자료에 따르면 2004년 초 칠레에 거주하고 있는 한인의 수는 1,870명으로, 사실상 108명을 제외한 모든 이들이 칠레의 수도 산티아고에 정착하였다. 1992년 한인은 모두 1,492명, 1995년에는 1,459명이었다. 한인남성은 990명이고 한인여성은 880명이었으나, 그들 중 칠레 국적을 취득한 여성은 88명, 칠레로 귀화한 한인남성은 74명으로 이는 십중팔구 결혼과 연관이 있었다. 칠레의 대다수 한인 1,611명은 영주권을 소지하고 있으며, 매우 적은 수에 해당하는 102명은 지위를 가지고 있지 않거나 불법체류자들이다. 한인 대학생들의 수는 한 자릿수로 정확히 말하면 6명이다. 대다수의 한인이주민들은 소규모 사업을 하고 있고 그 비율은 81%이며, 학생이 8%, 다양한 업무 종사 근로자가 6%, 기타가 5%이다.[47]

---

46) Cevallos Diego. Mexico: South Koreans a growing Presence in Retail District.
   http://www.globalinfo.org/eng/reader.asp?ArticleId=23581

47) http://www.korean.net/xelpa/users/korean/okf_eng/directory/country/country.jsp?sCode=
   01&cCode=010314&info=8

## 볼리비아

현재 볼리비아에 거주하고 있는 한인은 758명이며(1992년 1,204명, 1995년 874명), 다른 중남미 국가들과 달리 대부분의 한인이주민들은 헌법상의 수도 수크레도 아니고 모든 정부기관이 위치하고 있는 사실상의 수도인 라파스도 아닌 산타쿠르스의 주요 중심가에 거주하고 있다. 라파스에 있는 한인은 238명, 산타쿠르스에는 354명, 코차밤바 주 수도 코차밤바 시에 131명 그리고 기타 도시에 35명이다. 따라서 한인이주민들은 볼리비아에서도 확실히 자신들의 이주를 더 선호하며 남았으며, 거의 대부분이 대도시에 거주하였다. 볼리비아 주권을 취득한 한인남성 414명에 한인여성은 344명, 국적을 소지한 이들은 551명, 지위가 없거나 불법체류자는 62명, 한인 대학생은 24명이다. 자영업 종사자는 41%, 근로자는 2%, 학생 및 대학생은 30% 그리고 기타 25%이다.[48]

## 에콰도르

에콰도르 공화국 한인의 수는 728명이고, 그중 절반(366명)이 해발 3,000m에 위치하여 지구의 남과 북을 나누는 적도가 지나는 곳에 있는 수도 키토에 거주하고 있다. 총 한인의 1/3 이하가 에콰도르 최대의 항구도시이자 경제관계에 있어 가장 중요한 과야킬의 주민이다. 나머지 85명의 한인들은 에콰도르의 기타 대도시인 쿠엔카, 암바토 및 리오밤바에 거주하고 있다. 따라서 거의 모든 한인이주민 공동체가 도시민이라 할 수 있다. 한인남성은 393명, 한인여성은 335명, 에콰도르로 귀화한 한인은 89명(남 51명, 여 38명), 영주권을 소지한 한인은 639명(남 342명, 여 297명)으로, 한인이주민 중 불법체류자나 직업이 없는 자는 없다. 거의 대부분에 해당하는 90%의 한인이 개인 사업을 하고 있으며, 학생은 7%(한인 학생에 관한 자료 부재), 3%는 기타 범주에 속한다.[49]

---

48) http://www.korean.net/xelpa/users/korean/okf_eng/directory/country/country.jsp?sCode=01&cCode=010308&info=8

49) http://www.korean.net/xelpa/users/korean/okf_eng/directory/country/country.jsp?sCode=01&cCode=010311&info=8

### 코스타리카

코스타리카의 첫 한인은 결혼한 학생부부였다. 1992년에 한인은 351명이었
다가 1995년에 308명까지 감소하였고, 2004년에는 476명까지 증가하였다.[50]
코스타리카의 거의 모든 한인공동체는 수도 산호세에 모여 있고, 그 수는 429
명이었다. 나머지 소수만이 에르디아, 푼타레나스, 카르타고 등의 도시 및 지
방에 정착하였다. 코스타리카의 한인남성은 257명, 한인여성은 219명, 주권을
취득한 이는 70명(37 : 33), 영주권 소지자는 288명, 직업이 없거나 불법체류자
는 95명이다. 상당수의 한인들이 임금 노동자들이며, 개인사업은 주로 봉재사
업이다.[51]

### 콜롬비아

콜롬비아에는 433명의 한인이 거주하고 있으며, 그중 349명이 수도 보고타,
나머지는 수도 외곽에 정착하였다. 1990년대 수치와 비교하면 눈에 띄는 변화
는 없었다. 1992년에는 421명, 1995년에는 413명이다. 한인남성은 251명, 한인
여성은 182명이며, 콜롬비아 주권을 취득한 자는 없는 것으로 나타났으며, 영
주권을 소지한 한인은 95명에 불과하므로, 대다수는 일정한 지위가 없는 한인
들이 체류하고 있었다. 콜롬비아에서 한인의 79%가 주로 개인사업을 하고 있
으며, 임금노동자 및 근로자가 1%, 학생 및 대학생(6명)이 14%를 이루고 있
다.[52]

### 도미니카 공화국

1992년에 도미니카 공화국에 거주하고 있는 한인은 703명으로 계산되었으
며, 1995년에 575명, 2004년에는 477명으로 계속해서 감소하고 있다. 약 절반
이상(236명)의 한인이주민들이 수도인 산토도밍고에 거주하고 있으며, 나머지

---

50) 전경수. 세계의 한민족. 중남미. 세계한민족총서. 6. 통일원. 1996. p.178.

51) http://www.korean.net/xelpa/users/korean/okf_eng/directory/country/country.jsp?sCode=
   01&cCode=010315&info=8

52) http://www.korean.net/xelpa/users/korean/okf_eng/directory/country/country.jsp?sCode=
   01&cCode=010316&info=8

반은 산티아고, 라베가, 샌프란시스코 데 마코리스, 산 페드로 데 마코리스 등
여러 대도시에 정착하였다. 한인이주민들은 대부분이 도시민에 속한다. 한인
남성은 278명, 한인여성은 199명, 귀화 한인은 없으나 218명의 한인이 영주권
을 소지하고 있다. 도미니카 공화국에 거주하는 다수의 한인(45%)들은 회사
및 기관의 근로자, 직원들이며, 겨우 5%만이 자영업에 종사하고 있고, 학생
및 대학생(2004년 초에는 한 사람)은 10%, 나머지 25%는 고용되어 있지 않은
사람들이다.[53]

기타 중남미 국가들에 있는 한인의 수는 몇백 명 단위에 불과하다. 그러나
이들에 관한 어떠한 자료도 없기 때문에 간단한 인구학적 특성을 말하는 것
조차 불가능한 상태에 있다.

지금까지 설명한 한인의 중남미 이주사에 관한 자료들을 정리하면 다음과
같은 몇몇 주요 국면들로 나누면서 명확한 결론을 내릴 수 있다.

첫째, 멕시코와 쿠바를 시작으로 한 중남미 한인이주는 중남미의 다른 국
가로 경로를 바꾸었다. 둘째, 새로운 이주 단계는 짧은 역사적 시기에도 불구
하고 한국정부에 의해 조직되고 계획된 이주에서부터 투자 프로젝트 사업에
따른 이주에 이르기까지 다양한 형태로 나타나는 특징을 보였다. 셋째, 중남
미 국가 이주는 특이한 면을 가지고 있는데, 바로 이주민들이 주로 국가에서
자기 일을 시작해 사업을 할 수 있었던 사람들이기 때문이다. 다른 선진국들
과 달리 한인이주민들은 지역민들에게 일을 주는 고용주들이 되었다. 중남미
국가 이주는 매우 가족적인 성격이 두드러지게 나타나기 때문에 지나친 성비
불균형은 나타나지 않았다. 한인이주민들은 매번 여러 국가들에 체류하는 이
점을 이용하며, 브라질, 아르헨티나, 파라과이 등 3개국에 주로 집중되어 있었
다. 넷째, 중남미 국가들에 있는 한인들에게는 높은 수준의 도시집중화뿐만
아니라 지나친 수도권 밀집화 현상이 나타났는데, 이는 통상적으로 수도들이
가장 많은 국민이 모여 사는 최대 경제 중심지이기 때문이었다. 다섯째, 중남
미 국가들은 한인이주 계획에 있어서의 최종 종착지가 아니었으며, 이 국가

---

53) http://www.korean.net/xelpa/users/korean/okf_eng/directory/country/country.jsp?sCode=
01&cCode=010305&info=8

들은 단지 향후 미국과 캐나다 및 호주로의 이주를 위한 준비 기반국으로서 이용되었다.

* 중남미(라틴 아메리카)는 서인도제도를 포함한 북미의 남부지역과 남미를 포괄하는 지역을 말한다. 중남미 지역에는 32개 국가가 있는데 즉 안티구아 및 바르부다, 아르헨티나, 바하마 제도, 바르바도스, 벨리즈, 볼리비아, 브라질, 베네주엘라, 하이티, 가이아나, 과테말라, 혼두라스, 그레나다, 도미니카, 도미니카 공화국, 콜럼비아, 코스타리카, 멕시코, 니카라구아, 파나마, 파라과이, 페루, 살바도르, 센트빈센트 및 그레나디나, 센트루시아, 수리남, 트리니나드토바고, 우루과이, 칠레, 에콰도르, 자마이카 그리고 영국, 프랑스, 네덜란드, 미국의 식민지령이다. 라틴아메리카 명칭은 라틴어 계열에서 비롯되었는데 이들 주민 대부분이 이 계통의 언어를 구사하고 있다.

# 제9장
# 동남아시아 이주한인

# 1. 한국과 아세안(ASEAN) 국가들과의 관계 현황과 전망

동남아시아는 아시아뿐만 아니라 전 세계적으로도 전략적인 위치를 차지하고 있다. 수 세기 동안 동남아시아는 많은 국가들의 관심을 받아 왔다. 게다가 최근 몇십 년간은 동남아시아가 아시아 자체뿐만 아니라 전 세계에 큰 영향을 미치고 있는 동남아시아의 첨예한 정치적인 노선과 급속한 경제발전이 진행됨에 따라 그 관심이 지속적으로 높아지고 있다. 동남아시아에는 미얀마, 캄보디아, 라오스, 베트남, 태국, 말레이시아, 싱가포르, 인도네시아, 브루나이 그리고 필리핀이 속해 있다.

최근 국제적인 통합은 합법적인 형식으로서 국제생산, 국제노동분배, 글로벌화 속에서의 세계경제발전이 가속화되는 새로운 형태의 협력으로 볼 수 있다. 세계화 과정은 전 세계적으로 국제지역 협력구축 및 발전이 예상되고 있다. 따라서 여러 국가들은 세계 시장에서 몇몇 국가들 간의 경제통합을 기반으로 새롭고 더욱 강력하며 경쟁력 있는 경제연합, 즉 통합블록을 구축하는 방법으로서 지역 경제연합을 이용하고 있다.

개발 도상 지역에서 가장 큰 발전을 보이고 있는 지역 기구 중에 하나는 바로 동남아시아국가연합(아세안)이다. 이 기구에는 10개의 회원국이 가입되어 있다(싱가포르, 말레이시아, 인도네시아, 필리핀, 태국, 브루나이, 베트남, 미얀마, 라오스, 캄보디아). 아세안 회원국의 전체 인구수는 5억 2,200만 명 이상이고 총 GDP는 5,850억 달러이며, 대외무역 규모는 7,200억 달러이다. 최근 2

가지 지표에서 아세안은 세계 경제블럭 가운데 유럽연합과 북미자유무역협정(NAFTA)에 이어 3위를 차지했다.

동남아시아 국가 간 협력에 대한 첫 시도는 냉전시기에 있었다. 그 당시 동남아시아 내에서의 협력은 분명히 정치 – 군사적인 성격을 띠고 있었다. 동남아시아는 1960년대 말 미국, 소련 그리고 중국의 이해관계가 충돌한 지역이었다.[1] 태국, 필리핀, 싱가포르, 말레이시아, 인도네시아 등 5개국은 공산주의의 확대와 중국의 군사력이 확장되자 1967년 동남아국가연합을 설립하였다. 이렇게 채택된 아세안 헌장에는 다음과 같은 목표들이 담겨 있다. 즉 역내 평화와 안보강화, 경제, 무역, 문화 및 기타 분야에서의 역내 협력 등이었다. 이 헌장은 아세안의 주요 실무조직으로서 연례 외교장관 회의를 두고 있다. 또한 합법적으로 헌장 조항 실현을 하기 위한 결의안이 채택되었고, 아세안 기구 활동과 관련된 근본적인 문제를 공동으로 논의하고 또한 신규회원국 접수 관련 문제들도 함께 해결한다는 것이었다. 브루나이는 1984년에 추가가입 되었고, 베트남은 1995년에 아세안 2차 확대회의의 초석이 되었으며, 이후 미얀마와 라오스가 1997년에 가입하였다. 그리고 캄보디아는 국내 정치적 상황을 안정시킨 뒤 1999년에 가입하였다.[2]

대표적인 지역파트너 국가 대표들과 '10+1' 형태로서 매년 정기적인 만남을 가지고 있는데(미국, 캐나다, 일본, 한국, 중국, 러시아, 호주, 뉴질랜드, 인도, 유럽연합) 다시 말해, '아세안 10개국+파트너국가들 중 1국'이라는 형태로 만남이 이루어지고 있다. 1996년 싱가포르의 발의에 따라 아시아 – 유럽국가 간 대화 차원에서 지역 간 협력형태로서 정기적인 대화(아시아유럽정상회의, ASEM)를 시작하게 되었다. 아세안은 아셈에 매우 중요한 의미를 가지고 있으며, 아세안에서 협력하고 있는 아시아 및 유럽 25개국은 아셈으로 연결이 되어있다. 이 국가들은 1995년 기준으로 전 세계 GDP의 54%, 국제무역의 57%를 차지하고 있다.

1997년부터 한 – 중 – 일 정상들과 함께 아세안 10개국 정상들이 정기적인

---


1) Сулицкая Т. И. Страны АСЕАН и международные отношения в ЮВА. М., Наука, 1985.

2) Юго – Восточная Азия в 2000 г. Актуальные проблемы, М., 2001.

만남을 갖기 시작했다. 이는 아태지역에서 일종의 무역 - 경제블록 설립에 앞장섰던 말레이시아가 발의한 것이었다. 말레이시아의 의도에 따라 아태지역에 무역 - 경제블록을 창설하는 것은 유럽연합과 북미자유무역협정과 같은 지역 기구들과 회담을 갖고 있었던 동아시아의 입장과 비슷했을 것이다.

아세안에서 가장 중요한 통합경향으로 볼 수 있는 것은 아세안과 동북아 3개국(한 - 중 - 일)과의 경제협력이다. 아세안＋3 정상회담에서 이 국가들 간의 협의는 기존의 협력 분야에서 금융 분야로까지 이어졌고, 동아시아 자유무역 특구개발과 관련한 전문가들의 업무활동이 계속되고 있다.

아세안 경제통합이라는 협상의 중점사항은 1976년 이후에 형성되었고 이는 '개발도상국의 공동 자급자족'(인도네시아 정부의 전문용어로는 '지역고착'이라 함)이라는 취지하에 만들어진 것이었다. 경제협력 프로그램은 아세안 국가들의 경제발전과 협력문제에 대한 연구결과(1972년도 UN의 전문가그룹이 시행)를 기반으로 두고 있다. '공동수입대체' 정책을 기반으로 하여 대규모 산업발전 사업의 실현과 추가적인 방법만으로 자유무역을 비롯한 기타 분야에서의 협력이 예상되고 있다.[3]

대외무역은 동남아시아국가들의 대외관계의 중요한 요소이다. 대외무역은 오래전부터 다양한 규모로서 모든 지역국가들을 연결하고 있다. 동남아시아 국가들 간의 대외경제관계에서 가장 발전된 형태인 대외무역은 지역 모든 국가들에 있어 가장 자연스럽고 단순하며 필수적인 지역내부 경제관계의 수단으로 작용된다.[4]

1992년 싱가포르에서 열린 제4차 아세안 정상회담에서 자유경제지대(아세안 Free Trade Area, AFTA) 설립에 대한 결의안이 채택되었다. 아프타(AFTA) 설립에 대한 주요 발의국은 역내 무역 분야에서 가장 발전된 국가인 싱가포르와 말레이시아였다. 2003년도까지 단일 상품 시장구축을 계획하였고, 이 시장

---

3) Степанов Д. В. Современное состояние и перспективы экономической интеграции стран АСЕА
   Н. Автореферат диссертации на соискание ученой степени кандидата экономических наук. Москва 2002.

4) Бойцов В. Особенности внутрирегиональной торговли стран Юго - Восточной Азии.
   http://www.iaas.msu.ru/res/lomo03/boitsov.html.

내에서는 산업생산 제품에 대한 관세율이 5% 미만이거나 2006년까지 완전 무관세였다. 1993년 1월부터 이 협정이 발효되고 그 이후 5년간 지역 내 무역 규모가 1996년에 800억 달러에서 1,550억 달러까지 상승하였다.

개발도상국들의 경제에서 특히 중요한 역할을 한 것은 외국인의 직접투자 였다. 아세안 국가들은 외국인 직접투자를 유치하기 위한 주요 수단으로서 아세안 투자지역 설립을 검토하였다. 이 계획을 통해 2010년까지 아세안 지역 내 장벽을 허물게 될 것이고, 역외 다른 국가들은 2020년까지 투자혜택을 받 게 된다. 주요 목표는 바로 아세안을 대표하는 단일 자본시장을 구축하는 것 이다. 초기 단계에서부터 점차적으로 기존의 제재들을 허물고 투자관련법들 을 완화시킬 것이다. 모든 투자자들은 아세안 국가들의 국내기업들과 같은 대우를 받게 된다. 우선적으로 제조업 분야가 개방될 것이다.

아세안 국가들의 경제는 1997년 중반에 막대한 외환위기로 인한 직격탄을 맞게 되었다. 동남아 6개국에서 외환위기가 발생했던 것이다. 아세안 역내 무 역규모는 1996년에 1,543억을 기록하였으나 1997년도에는 1,310억 달러까지 감소되었다. 1997년에 외국인 직접투자는 40% 감소하였다. 금융자본의 이탈, 생산량과 내수를 감소시킨 금융위기는 아세안 지역을 다국적 기업들에 있어 가장 매력 없는 지역으로 만들어 버렸다. 몇몇 아세안 국가들(특히 인도네시 아)의 정치적 불안감 확대 징후는 심각하고 피할 수 없는 압박을 가져왔다.

아세안 역내 경제협력의 초기부터 경제 산업화와 수입대체 상품개발의 필 요성을 고려하여 산업협력은 매우 중요한 의미를 가졌다. 그러나 아세안지역 각 국가에 대형 산업 시설들을 건설하고 상호 보완 기업들을 설립하는 데 중 점을 두었던 산업협력의 첫 번째 구조는 역내 협력보다는 국익우선, 참가국 들 간의 숨겨진 혹은 드러난 대립 그리고 구조 자체의 비효율성 때문에 사실 상 차단되었다. 아세안 국가들의 산업협력은 국가주도에서 점차 민간주도와 협력조정에 대한 시장 메커니즘으로 이동되었다. 오늘날 AICO(아이코, Asian Industrial Cooperation)의 현재 구조는 아세안 역내 민간기업들 간의 산업협력 촉진과 관세율 특혜를 0~5%로 제공하여 외국인 투자자를 유치하는 것 그리 고 연료 및 가공품의 자동 분류에 중점을 두고 있다. 2000년 아이코 신청이

89건까지 확대되었고, 이 중 52건이 승인되었다. 아세안 전문가들의 계산에 따르면 승인된 사업의 자금 이동량은 매년 5억 3,400만 달러가 될 것이다. 그러나 아세안 자유경제지대 설립 이후 아이코 구조의 기본 골대는 관세율 특혜를 제공하는 것이며 이는 새로운 협력의 촉진제를 찾는 것보다는 실효성이 적다.[5]

아세안 경제통합의 주요 특징은 세계적인 관세율의 축소가 진행되고 있는 상황에 맞추어 아세안 역내 회원국에서 자유경제지대의 특혜가 감소되고 있다는 것과 산업협력이 민간주도 분야로 더 많이 이동되는 데 있다. 아세안의 국제경쟁력을 제고시키기 위한 목적으로 경제협력의 새로운 최우선 과제로 떠오르고 있는 분야로는 바로 서비스 무역 자유화, 교통 및 통신인프라 개발, 관세협력, 투자환경개선, 도량형 통일, 관광사업 개발 등이 있다.

현재 아세안은 통신인프라를 개발하고, 정보통신(IT) 상품을 역내국가들의 사회 및 경제 관계에서의 모든 분야로 도입시키는 것에 중점을 두고 있다. 아세안국가들은 IT 분야가 세계화의 요구사항에 부합하는 경제협력의 새로운 질적 향상을 가져올 수 있는 전환점이 될 것이라고 기대하고 있다. 이와 관련하여 '디지털 격차', 즉 IT 이용의 회원국별 수준 격차를 극복하는 것이 아세안의 주요 과제 중 하나이다.

금융 분야의 협력은 1997년 외환위기 이후 특히 중요해졌다. 아세안 감시체제(아세안 Surveillance Process, ASP)는 부분적으로 금융 − 은행 시스템의 개혁, 회사경영 강화, 회원국들 간의 재정 − 통화정책 협력을 자체적으로 결합시켰다. 2001년에 아세안 각국 재정부들은 모두 아세안 역내 주식시장을 구축하기 위해 주식시장과 어음시스템 관련법 단일화에 착수했다.

서비스 무역에 관한 아세안의 기본 협정은 1995년 방콕에서 열린 아세안 정상회담에서 채택되었다. 이 협정에 따라 아세안 국가들은 통신, 관광, 금융 및 업무서비스, 건설, 해상 및 항공 운송과 같은 서비스 분야의 자유화를 진행해야 한다. 자유화의 첫 번째 단계는 1999~2001년 시행을 목표로 두고 있고,

---

5) 아세안−Republic of Korea Dialogue. http://www.아세안.or.id/7672.htm

서비스 무역 장벽은 2020년까지 해제되어야 한다.

운송시스템발전은 아세안 통합과정에 있어 매우 중요하다. 아세안 역내에서 실현되고 있는 주요 운송 사업 중에 하나는 아세안 운송망을 구축하는 것이다. 1987년도에 개발이 시작된 이 사업은 오늘날 50% 이상 진행되었다(23개의 자동차도로, 전체 길이: 38,400㎞). 아세안에서 싱가포르 – 쿤밍(중국)간 철도건설의 가치를 평가하기엔 아직 힘들다.[6]

아세안의 관세협력은 통관절차를 간소화하고 세관체류 시간을 줄이며 서비스의 질적 수준 향상을 목표로 하고 있다. 아세안 역내 관세는 유럽연합이나 일본과 유사한데 이들 국가의 관세는 90~95% 품목이 무관세 통과지대인 '그린 존'으로 통하며 통관시간도 1~2시간이면 충분하다. 통관절차를 신속하게 하기 위하여 상품에 대한 세금부과는 세관 도착 전까지 정하며 통관 이후 화물 리스크 평가와 검사를 이행하는 절차를 구현할 것이다. 이와 관련해서 아세안은 관세 품목을 8등급으로 하고 WTO의 기준에 따라 화물 관세평가제를 도입해야 할 것이다.

선진국과 신규 회원국(캄보디아, 라오스, 미얀마, 베트남)들 간의 경제적 걸림돌을 신속히 극복해야 하는 과제는 '아세안 – 메콩 강 협력개발'이라는 프로그램에서 발견된다.

아세안은 이들 국가들의 시장경제 전환과, 무역 및 투자정책의 개발 및 자동차, 전자제품, 관광, 금융시스템, 운송, 통신, 섬유 및 경공업 등의 분야를 지원하고 있다.

아세안 정회원 국가들은 관세동맹과 단일화폐 도입 가능성을 부정하지 않았지만 이 문제들은 아직 정부 간 차원에서도 논의되지 않고 있다. 사실 아세안 국가들 간의 관세동맹 구축은 개발수준과 관세구조가 매우 다양하기 때문에 향후 빠른 시일 내에는 불가능하며 합리적이지 못하다. 현재 평균 대외관세율은 싱가포르 0.1%에서 태국 43.2%까지 다양하다. 단일 대외관세율 도입

---

6) Степанов Д. В. Современное состояние и перспективы экономической интеграции стран АСЕАН. Автореферат диссертации на соискание ученой степени кандидата экономических наук. Москва 2002.

은 관세율이 높은 국가뿐만 아니라 낮은 국가들에도 손실을 가져올 것이다. 역내 무역 관세율과 더불어 대외관세율의 개별적 감소는 아세안 국가들에 긍정적이다. 아세안 지역의 단일 화폐도입은 가시적인 미래에도 아세안에서 선진국들과 신규 회원국들 간에 경제적으로 큰 차이가 나기 때문에 불가능하다.

아세안＋3(한－중－일)과의 경제협력을 견고히 하는 것은 동남아시아 경제통합 발전의 가장 두드러진 경향으로 나타난다. 아세안＋3 형식의 협력은 1997년 외환위기 이후부터 시작되었고, 당시 이 국가들은 지역경제 안정성 강화의 필요성 그리고 IMF와 미국으로부터 독립해야 한다는 결론을 내렸다. 2000년 한－중－일 삼국과 아세안은 6개월 대출조건으로 국내화폐 교환 시 달러로 금융원조 지원을 가능하게 하는 통화스왑 협정을 체결하였다. 이런 목적을 달성하기 위해 특별 펀드로 1,000억 달러를 모으기로 했다. 많은 옵저버 국가들은 위와 같은 행동이 아시아통화기금(AMF) 창설을 위한 첫걸음이라고 평가하였다. 그해 제2차 아세안＋3 정상회담에서 아세안 국가들은 동아시아 자유무역지대 설립을 제안했다.

이 제안은 현재 국가 간 전문위원회 차원에서 검토되고 있다. 이 위원회가 구축되었다는 것은 인구 20억, 전 세계 GDP 중 18%를 차지하는 가장 거대한 통합블록이 형성된다는 의미이다. 물론 아세안＋3 체제에서 전문위원회의 결정사항은 중국의 안정적인 발전과 한－중－일 관계의 정상화 등 많은 요소들에 의하여 좌우되겠지만 현재로서는 장담할 수는 없다. 아세안＋3 체제가 구축된 것은 의심할 여지 없이 아세안 국가들에 유익한 일이 될 것이며, 비록 초기 단계에서 아세안 국가들의 경제가 경쟁력이 있는지 진지한 검토가 있겠지만 무엇보다도 거래시장을 크게 확대하게 될 것이라는 데 큰 의미가 있다.

아세안은 전 세계 전자제품 및 가전수출 시장의 1인자이다. 이 외에도 아세안은 기계, 장비, 섬유 및 농업상품 분야 수출도 맡고 있다. 수출이 만약 발전의 결정적 요소가 아니라 할지라도 아세안에 있어 수출은 매우 큰 비중을 차지한다. 동남아시아 경제가 위기에서 강력하게 대처할 수 있었던 점은 바로 수출의 확대였지만, 동시에 수출의존성이 너무 높아짐으로써 동남아시아 경제는 선진국 시장동향에 큰 영향을 받게 되었다.

아세안 국가경제에 타격을 주었던 1997년의 금융위기는 아세안 역내 경제통합의 속도를 늦추게 하였다. 반면 이 위기는 금융 분야에서 아세안 국가들의 협력이 강화되는데에 도움을 주었고, 그 결과 한 - 중 - 일 외환협력의 장이 열리게 되었 향후 가까운 시간 내에 아세안의 경제통합은 후기산업 경제발전, 투자유치, 정보 - 운송 - 에너지 통합망 개발과 아세안 회원국들의 경제발전 수준의 균형을 맞추는 것에 목표를 둘 것이다. 아세안과 한 - 중 - 일 협력의 시작으로 시장의 통합 잠재성이 높아지게 되었으며 특히 아시아통화기금과 동아시아 자유무역지대의 설립이 가능하게 되었다.

한국은 1989년 11월에 아세안의 제23차 상임위원회[*] 의장인 인도네시아 외교부 장관 알리 알라타스와 한국의 최호중 외교부 장관을 통하여 최초로 아세안과 공식적인 접촉을 가졌다. 결국 '아세안 - 한국'의 부문별 협력구도가 설정되었다. 정부 간 자문위원국 형태로 처음에 만들어진 이 구도는 무역, 투자, 관광 방면에서의 상호협력이 모색되었다. 회의개최는 1990년에는 자카르타에서 1991년에는 서울에서 있었는데 세 가지 방면에서 협력관계가 심의되었다. 1990년에는 '아세안 - 한국' 특별협력기금이 만들어지고 이 기금을 관리할 상호협력위원회가 구성되었다.[7]

한국은 1991년 7월 말레이시아 쿠알라룸푸르에서 개최된 아세안 외교장관 제24차 회의에서 정식 협력대상국이 되었다. 아세안 사무총장과 한국 외교부 차관 수준의 회담이 정례적으로 개최되었다. 정식 협력대상국이 된 순간부터 5개의 회담이 개최되었다. 첫 네 번의 만남은 경제 및 무역관계에 대한 의견교환이었으며 다섯 번째는 2001년 5월에 개최되었는데 동남아시아 국가안보와 관련된 정치적인 의제가 심의되었다.

한국은 지속적으로 다양한 형태의 아시안 국가와 교류, 지역포럼(ARF), 아세안 + 1 회담, 아세안 - 한국 양자회담 등에 참여하고 있다. 이러한 회담은 한국외교부에 아시아 - 태평양 국가안보문제뿐만 아니라, 동남아 국가의 외교장관 회담에 적극적으로 참여할 수 있는 가능성을 부여하고 있다.

---

7) ASEAN - Republic of Korea Dialogue. http://www.asean.or.id/7672.htm

한국의 전문가들 사이에서 아세안에 대한 부정적인 여론이 있었던 90년대 전반기와는 달리 21세기 초에는 역내 통합과정에 대한 한국의 관심이 두드러지고 있다. 우선 중국과 일본과의 양자관계에 대해 주목하고 있다. 1998년 하노이에서 개최된 아세안 정상회담에서 한국의 김대중 대통령은 동아시아의 협력을 주도하는 '동아시아 비전그룹(EAVG: The East Asia Vision Group)'에 가입하였다. 1999년부터 이들 국가와의 정상회담이 연례행사로 개최되었는데 여기서 환경문제 등이 거론되었고 2002년부터는 정기적으로 심의되었다.

2000년 서울에서 개최된 아셈(ASEM)** 회의에서 김대중 대통령이 제의한 동아시아와 유럽을 묶는 고속 정보망, 즉 '사이버 실크로드' 설립에 대한 안건이 결의되었다. 그리고 한국의 항구도시 부산에서 출발하여 두 개의 한국을 지나 중국, 시베리아를 관통하여 유럽국가에 이르는 철도망 건설도 제안되었다.

동시에 한국은 다자간 통합협력 부문의 주도국이 되었다. 2001년 11월에 브루나이에서 개최된 동아시아 국가 연례회담에서 한국의 김대중 대통령은 '아시안＋3'의 명칭을 '동아시아 정상회담'으로 개칭할 것을 제의하였다. 그 결과 새로운 용어만 등장한 것이 아니라 동아시아 3국이 동남아 국가와의 협력 파트너로서 더 긴밀한 관계증진을 할 것이 요구되었다. 한국의 지도자 구상은 동아시아 자유무역지대의 설정이었는데 이 지대는 20억 명을 대상으로 하는 역내 공동시장을 형성하는 것이었다. 통합실행 가능성은 폭넓은 문제를 안고 있다. 한반도 상황의 조정문제가 현안 중의 하나에 속한다.

한국은 아세안에서 핵무기 없는 평화, 자유, 중립 지대가 창설되는 것을 지지한다. 한국은 또한 세계적인 군비감축과 이에 대한 지속적인 회의에 관해서 아세안 국가와 협력하는 데 관심이 있다. 아세안은 북한과의 관계개선을 표방하는 김대중 대통령의 '햇볕정책'을 지지한다. 아세안과 한국은 2000년 7월 27일에 방콕에서 개최된 제7차 아세안 지역포럼에서 북한의 참가를 종용했다. 현재 아세안 10국 중 미얀마를 제외한 9개국이 북한과 수교를 하고 있다.8)

---

8) NHK WORLD Daily News, 25 марта 2003.

한국과 아세안의 경제 및 무역관계는 지속적으로 확대 성장된 것이 특징이
었다. 1988년부터 1998년, 즉 외환위기가 시작된 해까지 양측의 대외무역 규
모는 매년 22%씩 성장하였다. 1993년부터 2002년까지 아세안에서 한국으로
향하는 수출액은 두 배 이상 증가하였는데, 즉 1993년에 61억 2,500만 달러에
서 1997년에는 106억 6,700만 달러로, 1998년에는 78억 1,300만 달러, 2002년
에는 157억 200만 달러로 증가했던 것이다. 같은 기간에 아세안이 한국으로부
터 수입한 규모는 역시 두 배 이상 늘었는데, 즉 1993년에 71억 4,800만 달러,
1997년에 148억 5,700만 달러, 1998년에 92억 6,700만 달러, 2002년에 148억
3,000만 달러였다.9) 1996년에 한국의 아세안에 대한 수출액은 앞선 시기와 비
교하여 21.7% 늘었고 이것은 중미 및 북미 17.4%, 중국 11.4%보다도 더 높은
비율이었다.10) 1990~1993년 시기에 한국 상품을 수입한 10대 국가 중에 아
세안 국가는 홍콩 3위, 싱가포르 5위, 대만 6위, 인도네시아 7위, 태국 9위 등
이었다. 자국상품을 한국에 수출한 10대 국가는 인도네시아 6위, 말레이시아
7위, 싱가포르가 9위였다.11)

처음에는 경제위기로 인하여 힘들었으나 현재는 동남아시아 국가와 한국
과의 경제지표가 상승국면에 있다. 즉 아세안 내 교역량 증가는 1999년에 611
억 달러에 달했고 2000년에는 776억 달러였는데 이는 전년 대비 27% 증가한
것이다. 수출액은 이보다 조금 낮은 26.3%인데 1999년에 775억 달러에서 2000
년에는 978억 달러로 바뀌었다.

아세안 국가들은 상호 경제발전 정도가 다르다. 싱가포르(2000년에 1인당
GDP가 25,864달러)는 가장 경제적으로 발전한 국가이며 세계 금융중심지 그
리고 최대 해양수송 단지이다. 다음으로 주 수입원이 원유수출인 브루나이
(14,094달러) 그리고 말레이시아(4,016달러), 태국(1,986달러), 필리핀(990달러),
인도네시아(723달러) 등이 있다. 1990년대에 아세안 회원국이 된 베트남(396
달러), 라오스(315달러), 캄보디아(289달러) 및 미얀마(155달러) 등은 농업국가

---

9) http://202.154.12.3/trade/viewbycountry.asp?cty=11

10) Korea International Trade Association; The Korea Economic Weekly, December 16, 1996.

11) EIU, 1994, EIU Country Profile; South Korea and North Korea. 1994-95, p.44.

이며 최근 시장경제 제도를 받아들인 국가들이다. 이와 같은 동남아 국가들의 경제적 발전 정도가 다양함에 따라 한국과의 양국 관계 또한 다양하다. 아세안 국가들 중에 한국에 가장 중요한 교역대상국은 인도네시아, 싱가포르, 말레이시아다. 기타 아세안 다른 국가들과 한국과의 수출입 규모를 보면 1990년대의 경우 겨우 몇 % 정도에 불과하며 90년대 말에는 10~15% 정도였다.

아세안 국가에 공급된 한국수출품은 대략 100여 개 되는데 그중에는 전기설비, 전자, 컴퓨터, 철강압연품, 플라스틱 제품 등이 다수를 차지하였다. 아세안에서 한국으로 수출된 제품은 주로 광물자원, 목재, 기계, 전자장비, 화학제품, 식료제품 등이었다.[12)

아세안 국가에 대한 투자구조는 외환위기 이후에 일부 변화하였다. 1995~1997년에 주요 5개 투자국이 아세안 전체 투자액 1,120억 달러 중에서 86%를 차지하였다. 1995~1999년에는 아세안 전체 순 투자의 71%가 한국을 포함한 10개국에서 나왔고 5개 주요 투자국의 비율은 전체 아세안에 유입된 외국인 투자액의 76%를 차지하였다. 나머지는 유럽연합, 일본, 북미 및 아세안 국가를 포함한 신흥국가에 의하여 충당되었다.

한국은 1980년대 말부터 1990년대 초까지 동남아시아에 대한 주요 투자국이었다. 인건비와 원료수송에 대한 비용부담 등으로 인하여 한인 기업체들은 인건비가 저렴하고 인근에 원료가 있는 곳으로 투자처를 찾기 시작하였다. 아세안 국가는 비교적 인건비가 낮고 투자가능성이 높았으며 또한 지역통합 과정과 지리적 인접성, 문화적 유사성 등으로 인해 한국업체들이 아세안으로 진출하게 되었다.[13)

1990년대 중반에 동남아시아는 한국의 주요 투자대상 지역이 되었는데 1995년에 투자업체는 모두 5,050개였고 자본투자 총액은 67억 8,700만 달러 수준이었다. 이는 유럽투자보다 3배나 컸고 서아시아-아프리카 지역보다 8배, 중남미보다 11배나 큰 규모였다.[14) 외환위기 이후 아세안 생산 프로젝트

---

12) http://202.154.12.3/Trade/Files/AN_ROK_PC.xls

13) ASEAN-Republic of Korea Dialoque. http://www.asean.or.id/7672.htm

14) The Korea Economic Weekly, December 11, 1995.

에 입각한 한국투자액은 1997년 23억 달러에서 1998년에는 2억 4,800만 달러로 급감하게 되었다. 그러나 한국은 단기간에 위기를 극복하고 1995~1999년에 동남아 주요 투자국 10위를 유지했는데 전체 투자액이 33억 달러였고 이는 이 지역 유입 외환의 3%에 해당하였다.

처음에 무역, 투자, 관광 부문에 집중되었던 아세안-한국 간의 부문별 항목은 한국이 아세안과의 정식 교역대상국이 되면서 더 확대되었는데 과학, 기술 및 인적자원개발 문제가 상호협력 의제에 포함되었던 것이다. 1997년 12월 아세안-한국 정상회담에서 상호협력을 강조한 양측 지도자들은 환경과 문화 문제에 관해 서로 협력하기로 하였다.

아세안-한국 간 관계발전을 위하여 특별협력기금이 조성되어 이를 관리할 공동관리위원회가 설치되었다. 1998년에 동 위원회는 활동을 중단하고 대신 아세안-한국 공동기획 및 관리위원회가 창설되었다.

아세안과 한국은 다양한 방면의 대화에서 일련의 프로젝트를 추진하고 있다. 이 프로젝트는 2개의 기금, 즉 특별협력기금과 아세안-한국 상호협력 프로그램 기금의 후원을 받고 있다. 2001년 11월 한국은 아세안-한국 특별협력기금 1,680만 달러와 아세안-한국 상호협력 프로그램 기금 500만 달러를 가져왔다. 아세안-한국 특별협력기금은 이미 2001년에 82개의 프로젝트 사업을 후원한 바 있다. 아세안-한국 특별정상회담에서 한국은 기타 프로젝트 사업을 추진하기 위한 추가 기금 확보를 강조하였다.[15]

한국과 동남아 국가, 즉 아세안과의 관계는 비교적 짧지만 충실한 역사를 가지고 있다. 경제영역의 협력 특히 무역과 투자 프로그램은 외환위기로 각국이 영향을 받았던 1998~1999년 하락기를 제외하면 모두 상승기조를 가졌다. 경제관계와 기타 영역의 상호협력으로 인하여 수만 명의 한인 일시체류자 및 영주권자들이 국가기관, 대기업, 은행 및 개인사업 등에서 종사하고 있다.

---

15) ASEAN-Republic of Korea Dialogue. http://www.asean.or.id/7672.htm

## 2. 동남아시아 및 기타 아시아 국가의 한인

### 1) 대만

대만은 일제강점기 시절 최초의 한인이주가 이루어진 지역이다. 한국과 대만의 무역경제 관계수립 후인 1970년대 초 항공기술자, 학생, 건설업자, 교사, 태권도 사범, 목사 등이 주축을 이룬 새로운 한인 계층이 대만으로 건너갔다. 학자들은 이 같은 현상을 시기별로 나누어 이주 1세대와 2세대로 구분하고 있다. 2세대 한인 중 대부분은 사업 계약 만료나 학업 종료 후에도 대만에 남아 주로 한인을 대상으로 한 소규모 여행업에 종사하였다.[16]

1980년대에는 중국 이주자나 외국인 학생과 국제결혼을 한 한인들이 대만으로 건너갔다. 1985년 대만에 사는 한인 수는 993명, 단기 체류자는 1,451명으로 총 2,444명이 대만에 거주했던 것으로 나타났다. 1992년 이주자는 1,086명, 단기 체류자가 1,654명까지 증가하여 총 2,740명으로 집계되었다. 1990년대 중반 이 수치는 다소 감소하였고 그중 학생이 700여 명, 직장인이 700명이었다. 당시 대만주재 한인협회에 등록된 한인 수는 1,150명이었다. 이처럼 대만 내 한인이주자 수가 적었던 원인 중 하나는 외국인 거주자 수를 규제하는 대만 정부의 엄격한 이주정책 때문이었다. 1990년대 중반 지역에 따른 한인이민자 수와 그 성비 분포는 다음과 같다.

<표 1> 대만 거주 한인들의 수(1993년)

| 도시 | 남자 | 여자 | 합계 | 비율 | 세대수 |
|---|---|---|---|---|---|
| 타이베이 | 391 | 352 | 743 | 68,4% | 185 |
| 가오슝 | 93 | 85 | 178 | 16,4% | 44 |
| 타이중 | 35 | 39 | 74 | 6,8% | 18 |
| 기타 | 35 | 56 | 91 | 8,4% | 22 |
| 합계 | 554 | 532 | 1,086 | 100% | 269 |

---

16) 한경구. 세계의 한민족. 아시아·태평양. 세계한민족총서. 8. 통일원. 1996. p.34.

## 2) 홍콩

제2차 세계대전까지 홍콩에 거주했던 유일한 한인은 관세청에 근무했던 이낙삼이라는 한인이었다. 장개석(1887~1975, 중화민국 총통) 패퇴 후 150명이 넘는 한인이 피난처 물색과 상업활동 등을 위해 홍콩으로 갔으나 국내정세 악화로 인해 대다수가 한국으로 되돌아왔다. 이로써 이주민 1세대 중 7가구만이 남게 되었다.

한국과 홍콩의 관계발전에 중요한 전제가 된 사건이 1949년 초에 있었던 한국 총영사관 개설이었다. 이후 홍콩한인협회가 설립되었는데 이것은 총영사관의 인정을 받은 공식기관으로 등록되기에 이르렀다. 공식기관 승격과 함께 한인협회의 법적 지위를 보장해 주는 법적 기반이 조성되었고, 1949년 3월 10일에는 홍콩 주재 한인(성인) 모두가 임시 한국 여권을 받을 수 있었다. 한국 총영사관은 홍콩에 영구 거주하는 137명의 명단을 만들었고, 1949년 7월 1일 남한정부는 그들에게 한국인 자격으로 홍콩에 거주할 수 있도록 공식 허가를 내렸다.[17]

한국전쟁 종료 후 제2의 이주 열풍이 한인들 사이에서 불었고 그 수는 1960년대 초반에 400명을 넘어섰다. 그들 중 대부분은 중국을 경유해서 들어온 상인이거나 홍콩에서 무역을 하고자 했던 사람들이었다. 그러나 어려운 국내 사정으로 인해 많은 이주민들이 미국으로 건너가야 했고 남겨진 소수의 한인들은 한인사회를 구성할 수조차 없는 열악한 상황에서 살아야 했다.

제3차 홍콩 이민 열풍이 일기 시작한 시기는 홍콩이 경제 호황을 누렸던 1970년대 중반이다. 당시 한인이주의 주목적은 홍콩 상품의 재수출 기회를 이용한 초과이윤 달성과 같은 물질적 경제적 성격을 띠고 있었다. 한인이민자를 증가시킨 그 밖의 원인은 영국의 식민지인 홍콩에서 저렴하면서도 수준 높은 영어 교육을 받을 수 있다는 기대감에 있었다. 이처럼 대부분의 이민자들에게 있어 홍콩은 이익창출과 교육혜택을 누리기 위한 일시적 거주 장소로

---

17) 한경구. 세계의 한민족. 아시아 · 태평양. 세계한민족총서. 8. 통일원. 1996. **pp.64-66.**

서의 의미가 있었다.[18]

한인사회 구성원 수는 꾸준히 증가하여 1990년대 중반에 이르러서는 6,000~7,000명에 달했고 그중 4,000명은 한인협회 회원들이었다. 1995년 초 자료에 따르면 한인이주민 수는 1,085명, 단기 체류자 수는 4,927명으로 산정되었고 당시 홍콩에 머문 총 한인 수는 6,012명으로 밝혀졌다. 이 수치는 1992년의 919명, 3,653명, 4,567명과 비교하여 큰 성장을 보인 것이다. 현재 한국인은 다양한 경로를 통해 홍콩으로 들어오고 있다. 은행 계좌 정보와 회사설립 및 활동을 증명하는 문서를 제시하면 투자비자를 받을 수 있다. 사업비자 발급을 위해서는 홍콩 내에서 꾸준한 성장을 보이는 사업체의 초청장이 반드시 필요하다. 대학생과 어학 연수생 대상으로 발급하는 학생비자의 경우는 대부분의 외국과 마찬가지로 학생비자로 사업 활동을 할 수 없다. 고정 소득이 있고 세금을 납부하고 있는 경우 영주권 발급 대기 기간은 9년에서 7년, 다시 5년으로 단축되었다.

한인협회의 1995년 1월 1일자 자료에 의하면 홍콩 거주 한인 수는 5,889명, 마카오는 123명으로 총 6,012명의 한인이 홍콩에 거주하는 것으로 나타났으며 이는 홍콩 총인구의 0.1%에 해당하는 숫자다. 홍콩에는 한인들만 모여 사는 '코리아타운'은 없지만 그와 유사한 장소로 이주한인들이 소유한 상점, 회사가 모인 중심지는 있다.


## 3) 태국

동남아 국가 한인이주사에서 태국을 빼놓을 수 없는 이유는 제2차 세계대전 당시 일본군 일부와 함께 노역 의무를 지고 떠난 한국인들이 정착한 곳이기 때문이다. 이 사람들이 실제로 태국 이주민 1세대라고 할 수 있다. 그들 중 대부분은 전쟁 후 태국여성이나 일본여성과 결혼했다. 다문화 가정에서 태어난 이주민 1세대의 자녀들은 한국어를 하지 못했고 후에 새롭게 이민 온 한인

---

18) 한경구. 세계의 한민족. 아시아·태평양. 세계한민족총서. 8. 통일원. 1996. pp.64-66.

들과 교류할 수 없었다. 그 때문에 한인사회에 편입되기 어려웠고 자신을 한국인으로 인식할 수 없었다.

노동자, 기술공, 엔지니어로 구성된 한인이주민 2세대는 베트남 전쟁으로 인해 1960년대에 태국으로 건너갔다. 당시 한국인들은 미 공군 및 해군 기지에서 근무하기도 했다. 그들 중 일부는 전사했고 많은 수의 한인들은 근무기간 만료 혹은 종전 후 호주, 미국, 남미 등지로 이민을 갔다. 그로 인해 한인공동체는 그 수가 줄어 1970년대 중반에는 200여 명을 기록했다.[19]

세 번째 한인이주 열풍은 동남아 국가들의 급격한 경제성장과 함께 일었다. 태국의 한인 역사상 새로운 전기를 열었던 주요 사건은 민간자본으로 구성된 한인이주자의 주택 설립이었다. 중동 지역 건설 붐이 시작되기 전 짧은 기간 동안 한인들은 값싼 현지 인력(월급여 150달러)을 활용하기 위해 태국으로 진출했다. 또 다른 남한 사업가 그룹은 무역업에 종사했으며 쌀, 가구, 그 밖의 물품을 수출하기도 했다. 일부 한인들은 호텔, 여행사, 그 밖의 서비스 산업을 창출할 수 있는 사업장을 운영하며 동포들과 관계를 이어 갔다. 1980년대 초 가공업, 신발, 전자제품, 화학 산업, 장난감 산업 등의 분야에서 한인들의 사업 활동이 활발했고 당시 태국 주재 한인 수는 700명에서 800명 수준을 기록했다.

한국을 거쳐 제3국으로 망명하고자 하는 탈북자들의 태국행은 한인이주의 새로운 현상이었다. 2003년 8월 2명의 미성년자를 포함한 10명의 북한인들이 일본 대사관에 들어가 보호 요청을 했던 사례도 있다. 당시 유엔난민 고등판무관 지역 사무소가 이들의 난민 지위 조정과 남한으로의 이주를 위해 방콕 주재 한국 대사관과 연락을 취하기도 했다.[20]

---

19) 한경구. 세계의 한민족. 아시아. 태평양. 세계한민족총서. 8. 통일원. 1996. pp.87−90.

20) http://www.findarticles.com/cf_0/m0WDQ/mag.jhtml

## 4) 싱가포르

싱가포르 최초의 한인은 제2차 세계대전 때 전쟁포로 감시자로 싱가포르에 건너간 김용택이라는 인물로 전해지고 있다. 1962년, 한－싱가포르 외교관계 수립과 주싱가포르 한국 대사관 개관과 함께 새로운 이주민들이 유입되기 시작했다. 1960년대 한인 수는 20여 명이었고 그들 중 대부분은 외항선 선장, 기계공 그리고 조선 분야의 전문가들이었다. 당시 싱가포르는 해상 무역 발전에 중요한 의미를 부여하고 있었다.

싱가포르 1세대 한인들은 영구 거주가 아닌 사업을 위한 제반 준비를 위해 이주했다. 그래서 그들은 독신이거나 혹은 가족을 한국에 두고 온 사람들이 대부분이었다. 그러나 그 이후엔 이민정책 완화와 한인들의 자발적 의지로 15가구가 싱가포르로 최초의 가족 이민을 떠나게 되었다. 한인 1세대가 종사했던 산업 분야는 조선, 금속 가공업이었다. 열악한 노동 시장과 생활 여건으로 이민 1세대 대부분은 다시 한국으로 돌아오게 되었다. 이민자들이 다시 한국에 오게 된 주요 원인은 물자보급과 재화획득의 어려움 때문이었다.[21]

1970년대에서 1980년대 사이 한인이주의 역사가 새로운 전기를 맞게 된 때는 싱가포르가 단기간 성공적인 사업을 하기에 적절한 장소가 아니라는 사실이 밝혀진 시기와 일치한다. 새로운 이주민들이 1980년대 말에서 1990년대 초 한국을 떠났으나 그들 역시 싱가포르의 이민 장벽에 부딪혔다. 당시 싱가포르에서는 시민권뿐 아니라 영주권을 받기도 어려웠다. 처음에는 비자발급 대기 기간이 5년을 넘지 않았으나 이후 6년에서 8년 그리고 10년까지 연장되었다. 이처럼 싱가포르 이주 외국인을 제한하는 엄격한 정책의 배경은 국내 인구과잉과 그로 인한 정부의 국가정책이었다.

외국인에 대한 거주권 발급의 형태는 다음과 같이 분류된다. ① 세계 유수 선진기술 기업의 최고 경영자, 수석 전문가를 위한 거주권으로 한국기업 중에는 삼성, LG, 현대, 대우가 포함된다. ② 싱가포르 국내에 대규모 투자를 실

---

21) 한경구. 세계의 한민족. 아시아・태평양. 세계한민족총서. 8. 통일원. 1996. pp.114－119.

행하는 투자 이민자를 위한 거주권으로 투자 규모는 매년 물가 변동에 대비
하여 바뀌지만 1990년대 중반 기준 싱가포르달러로 100만 달러가량이 되어야
한다. 그러나 유명 글로벌 기업의 엘리트라 해도 모두가 싱가포르에 영구 거
주할 수 있는 권한을 갖는 것은 아니다. 거주권 수령인의 조건은 50세가 넘지
않아야 하며 21세 미만의 자녀 3명 이상을 동반할 수 없고 현지에서 5년 이상
근무 경력이 있는 남성이어야 한다. 만약 신청인이 여성일 경우 그 남편은 별
도로 영주권 신청을 해야 한다. 이처럼 까다로운 제한정책은 투자이민자와
그 가족에게도 적용되었다. 그 밖에도 투자자가 싱가포르 정부에 사업계획서
를 제시하지 않을 경우 100만 달러에 해당하는 투자금에 대한 이자를 5년 동
안 지불해야만 한다. 싱가포르 시민과 결혼한 여성이나 외국인 남성이 거주
권을 받는 절차는 더욱 까다로웠다. 이처럼 엄격한 제한 정책은 상용비자 발
급 희망자에게도 적용되었다. 대한민국 외교부 자료에 따르면 현재 싱가포르
에도 한인이 거주하고 있는데 그중에는 외교관, 사업가, 학생 등이 있다.


## 5) 인도네시아


인도네시아 주재 한국 대사관의 자료에 따르면 현재 인도네시아에 거주하
는 한인 수는 동남아 국가 중 최고인 28,485명으로 기록되고 있다. 한인남성
의 수는 14,325명으로 여성 9,160명보다 1/3가량 많다. 그중 20,432명이 수도
자카르타에 몰려 있고 나머지 3,053명은 각 도시에 분포해 있다.

인도네시아 한인 국적자는 총 60명으로 그중 39명이 남성, 21명이 여성인 것
으로 나타났다. 영주권자는 150명이며 앞서 언급한 나머지 한인들은 일시 체류 외
국인으로 분류되고 있다. 학생비자를 받은 총 54명의 한인 중 48명이 자카르타 소
재 대학교에서 공부하고 있다. 직업과 고용 상태에 따라 인도네시아의 한인들은 다
음과 같이 분류된다. 민간 기업 종사자 - 16.5% 기업 직원 - 18.4% 전문가 - 0.9%
학생 - 9.9% 그리고 나머지 54.3%는 기타 그룹에 속해 있다. 즉 노동생산을 하
지 않거나 특정 직업을 갖지 않은 사람들이 이 그룹에 포함된다.[22]

## 6) 말레이시아

한국과 말레이시아의 관계는 1960년 2월 외교관계 수립을 기점으로 시작되었으며 그때부터 양국 관계는 견고한 우호선린 관계의 성격을 띠게 되었다. 양국은 지리적으로 가깝고 활발한 경제성장을 보이는 동아시아 국가라는 점에 공통점이 있다. 대한무역진흥공사(KOTRA)의 자료에 따르면 양국 교역 규모는 1971년 6,300만 달러에서 2003년 80억 달러로 증가했다.

2003년 11월 한국이 말레이시아로부터 수입한 금액은 37억 달러에 달했으며 이것은 전년 동기 대비 2.8% 증가한 액수이다. 한국의 대말레이시아 수출 또한 16.8% 증가하여 34억 달러를 기록했다. 말레이시아는 한국의 9번째 수출국이며 한국은 말레이시아의 19번째 수출국이다. 또한 한국은 말레이시아의 8번째 무역 파트너이기도 하다. 한국의 대말레이시아 수출 품목으로는 기계제작 생산품, 전자제품 등이며 수입 품목은 천연가스, 석유제품, 야자유 등이 포함되는 원료이다. 현재 한국은 세계 7위의 말레이시아 투자국이며 투자 규모는 아세안 국가들 간의 지역 관계 강화 추세에 힘입어 향후 더욱 커질 것으로 예상된다.[23]

말레이시아 한국 대사의 말에 따르면 현재 말레이시아에서 활동하고 있는 일반 기업과 건설업체의 수는 50개가 넘고 한인 수는 5,000명 정도로 추산할 수 있다.[24] 한인의 절대다수가 말레이시아 수도인 쿠알라룸푸르에 거주하고 있으며 이곳은 1964년 한국 대사관 개관 이후인 60년대 중반 이후부터 한인들이 삶의 터전을 마련한 곳이기 때문에 특별한 의미가 있다.

최근 몇 년 동안 말레이시아 내의 한국 관광객 수는 급격히 증가하여 평균 7~8만 명의 한국인이 이곳을 방문한 것으로 집계되고 있다. 특히 현지인들이 풀라우 패낭이라 부르는 패낭 섬은 한인들의 특별한 사랑을 받는 장소이

---

22) http://www.korean.net/xelpa/users/korean/okf_eng/directory/country/country.jsp?sCode=01&cCode=010118&info=8

23) The Chosun Ilbo, April, 14, 2004.

24) http://www.mofat.go.kr/mission/emb/embassy_en.mof?si_dcode

지만 한인들은 대부분의 시간을 쿠알라룸푸르에서 보낸다. 그곳에선 다양한 한인 동포들이 제공하는 편리한 서비스를 받기에 용이하기 때문이다.[25]


## 7) 필리핀

1949년 3월 3일 대한민국과 필리핀의 외교관계가 수립되고, 1년 후 한국전쟁이 시작됐을 때, 필리핀 정부는 한국에 지원군을 보냈다. 필리핀군 5개 부대는 UN 16개국 측에서 북한군과 중국 동맹군과 싸우는 전투에 참가했다. 7,000명의 필리핀인들은 1950년부터 1955년까지 한국에 남아 향후 양국 관계의 초석을 마련하였다.

전쟁이 끝난 후 한국(1954년 1월)과 필리핀(1954년 5월)은 서로 대사를 보냈고, 그로부터 4년 후 서울과 마닐라에 대사관이 문을 열었다. 지금까지 양국 협력관계는 정치, 경제, 무역 분야에서 강화되었고, 필리핀인과 한국인의 인도적 관계가 수립되었다. 한국과 필리핀은 지역 평화 유지와 양국의 국방력과 안보 강화를 위해 협력했다.

한국은 필리핀의 5번째 대외경제 파트너 국가가 되었고, 2000년 무역량은 52억 달러에 이르렀다. 필리핀 경제로의 투자액을 따지면 투자 후원국가 중 한국은 8위이며, 2000년 초에 한국의 투자 총액은 7억 5,000만 달러였다. 현재 한국 중소기업중앙회 자료에 따르면 2만 3,000여 명의 필리핀인들이 한국의 여러 기업, 공장에서 일하고 있다고 한다.[26]

1990년 초에 필리핀에 있는 한인공동체는 소수였으나, 최근 10년간 몇 배가 늘었다. 처음 마닐라에 온 한국인들 중에는 의료, 특별히 구강의학을 배우러 온 학생들이 있었다. 현재 필리핀 한인들은 다양한 분야에 종사하고 있고, 이들이야말로 대기업과 은행, 비즈니스맨, 학생을 대표하는 외교관이다. 특히

---

25) The Korea Times, July, 22, 2004.

26) Press Release No.182-01, October 18, 2001.
   http://www.dfa.gov.ph/news/pr/pr2001/oct/pr182.htm

서비스 분야에서 한국인들이 뛰어나며, 마닐라에는 한국 관광회사, 레스토랑, 노래방, 상점 등이 많다. 영어를 배우기 원하는 한국인들이 많아서 현재의 비즈니스 붐이 영어 학교와 영어 교실에서 급격하게 일어났다.

최초의 한인들은 마닐라 주민들에게 매우 잘 알려진 한인식당가인('한인궁정 레스토랑' '한인빌리지 레스토랑' '한인정원식당' 말라트와 마카타 중심 지역에 정착했다. 현재 한국 가게, 카페, 생활용품 작업장이 중심 지역, 특히 퀘존 시티, 파라나퀘, 라스피나스와 마카타, 마닐라에 집중되어 있다.[27]

외국인 학생 수가 많은 마닐라의 대학교에 한국학생 수가 증가하고 있다. 예를 들면, 실리만 대학교에는 154명의 외국인 학생 중 64명이 한국학생이며, 그 다음으로 미국학생이 33명, 이란 학생이 10명이다.[28]

필리핀의 한국 관광객이 최근 몇 년 동안 급격히 증가하여 2003년에 37만 명에 이르렀다. 많은 한국인들이 골프를 치러 오며 많은 한국인 신혼부부가 신혼여행지로 필리핀을 선택한다.[29] 필리핀의 수도인 마닐라에 살고 있는 한국인은 3만여 명 정도이고, 그 외의 인구 자료는 안타깝게도 없다.

탈북자들은 모든 길을 찾아 해외 대사관을 통해 제3국으로 가려고 한다. 로일로 골레즈 국가 안보 자문인은 인도적인 이유 때문에 필리핀 정부가 2002년에 탈북자들이 한국으로 송환될 때까지 국내에 머무를 수 있도록 했다.[30]

## 8) 베트남

미군 다음으로 가장 많은 수인 32만 명에 이르는 한국 군인이 베트남전쟁(1964~1973)에 참전했다. 전쟁이 한창일 때 베트남에 온 한국인 수는 48,872명에 다다랐다. 전쟁 기간 동안 5,077명의 한국군이 사망했고, 10,962명이 다

---

27) Manila Times, Thursday, June 5, 2003.

28) http://www.su.edu.ph/netnews/v10n26.html

29) Manila Times Tuesday, December 02, 2003, Seoul Times, Saturday, August 14, 2004.

30) Philippines Allows North Koreans to Stay. Newsherald.com. Saturday, March 16, 2002; Asian Political News, December 16, 2002.

쳤다.

최초로 한국군이 베트남에 왔을 때는 1965년 10월이었고, 그 후 미국 자본으로 한국인과 기술 교류가 1년간 지속되었다. 베트남의 한국군이 감소하기 시작한 때는 1971년으로 한국군은 1973년에 철수했다. 많은 한국 군인들과 일반인들이 한국으로 돌아가지 않고 다른 나라로 이민을 떠나려고 했다.[31]

1976년 남베트남과 북베트남이 연합하여 베트남 사회주의 공화국이라는 새로운 국가를 형성했다. 대한민국은 베트남 사회주의 공화국과 1992년에 외교관계를 수립하였다.[32] 양국 정부 간 외교관계 수립 이후 무역, 투자, 관세 등의 분야에서 수천 개의 조약이 체결되었고, 협력발전을 위한 공동위원회 및 사무국이 마련되었다.

짧은 시간 안에 한국은 베트남에서 6위의 무역파트너, 4위의 투자국이 되었다. 전문가들은 경제, 천연자원, 첨단기술, 노동력에 있어 상호 필요한 잠재력을 가지고 있는 양국 관계에 향후 전망이 있다고 본다. 15,000여 명에 이르는 베트남인이 한국기업과 공장에서 견습생으로 일하며 살고 있다.[33]

한국 영사관이 개설된 이후 1993년 11월 호치민에 한인공동체가 형성되어 현재 그 수가 8,000여 명에 이른다. 한국 투자액의 절반이 베트남 산업제품의 70%를 생산하는 호치민과 주변도시에 투자되고 있다.[34] 호치민에 있는 한국인 중에는 위세를 떨치고 있는 중소기업인도 있으며, 수도와 주변도시에 700개 이상의 한국기업이 종사하고 있다.[35]

많은 한국 비즈니스맨들이 정치적 안정감과 비즈니스에 좋은 기회를 얻기 위해 한국이 아닌 인도네시아와 인도, 파키스탄에서 베트남으로 왔다. 2003년 4달 동안 만에 호치민에 생긴 한국기업이 100여 개에 이른다. 베트남에서 147개의 한국 대기업 지사와 200여 개의 투자회사, 250여 개의 무역회사가 비즈니스 활동을 하고 있다.[36] 또한 한국 투자자본과 기계장비, 경영 능력에 베트

---

31) Franklin Fisher, Stars and Stripes. Stripes Sunday magazine, Sunday, January 6, 2002.

32) http://www.mofat.go.kr/mission/emb/embassy_en.mof?si_dcode=VN-HO

33) http://english.vietnamnet.vn/interviews/2003/12/219766/

34) http://www.vvg-vietnam.com/vignettes_55.htm#Korean

35) http://www.mofat.go.kr/mission/emb/embassy_en.mof?si_dcode=VN-HO

남 노동력을 합한 제조업 기업도 활동하고 있다. 한국기업에서 일하는 베트남인은 7만 5,000명이 넘는다.[37]

한국 공장 대다수가 섬유, 신발, 가죽 제품을 생산한다. 베트남에 있는 8,000명의 한국인 중 7,000여 명이 국내에 거주하며 비즈니스에 종사하고, 3,000여 명은 단기간 베트남을 방문하는 사람들이다.[38] 또한 베트남 수도 관광공사 자료에 따르면, 한국 관광객이 2002년 84,824명으로 전년도에 비해 46%나 더 늘어났으며, 2003년에는 89,457명으로 증가하였다.[39] 2004년 7월 1일부터 15일 이하 베트남 방문 한국인들은 무비자가 가능하기 때문에 한국인의 베트남 단기 방문이 현저히 증가할 것이라 예상된다.[40]

베트남은 정치제도와 북한과 중국과의 관계 때문에 탈북자들의 중요한 통과 국가가 되었다. 많은 탈북자들이 중국으로부터 와서 한국으로 들어가길 희망한다. 로이터 통신사에 따르면 300여 명의 탈북자들이 이미 그 소원을 이루었다고 한다.[41]


## 9) 방글라데시

대한민국정부는 1972년 5월 12일 방글라데시 인민공화국의 독립을 인정했고 양국 외교관계는 1973년 12월 18일에 수립되었다. 이와 함께 경제, 무역, 투자 분야의 정기적인 상호협력 협정과 조약 체결이 이루어졌다. 한국과 방글라데시의 수출입 규모가 지난 세월 몇 배로 증가했다. 최근 10년간 대방글라데시 한국 투자액이 현저히 증가하였고, 현재 다카에 약 3억 달러를 투자한 60개 이상의 한국기업이 활동하고 있다. 한국기업으로 인해 새로 마련된 일자

---

36) http://www.vvg−vietnam.com/vignettes_55.htm#Korean

37) http://www.vvg−vietnam.com/vignettes_55.htm#Korean

38) http://www.vvg−vietnam.com/vignettes_55.htm#Korean

39) Nhan Dan, 15 July, 2004.

40) The Chosun Ilbo, July 1, 2004.

41) World − Reuters, Monday, July 26, 2004.

리에서 4만 7,000명의 방글라데시인이 일하고 있다. 특히 섬유 및 봉재산업에서 한국기업이 두드러진다.[42]

한국 건설회사는 방글라데시의 대규모 사업 시장에서 활발히 활동하고 있으며 수주도 받았다. 예를 들어 현대와 삼환 건설은 중요한 의미가 있는 '반가반두 자무나' 교량과 제반 시설을 건설했다. 2000년 6월 현대, 삼환, 성지건설을 포함한 6개 한국 건설회사가 총 9억 7,000만 달러에 이르는 건설시공을 맡았다. 1995~1997년 동안 한국 건설회사가 도로, 발전소, 공항 통로 등의 건설을 완료했다.[43]

한국 대사관 자료에 따르면 2004년 초 방글라데시에 있는 한국인은 1,080명이며, 이 중 남자가 703명, 여자가 377명이다. 현저한 성 비율 차이는 이민 초기에 주로 젊은 독신 남성이 베트남으로 왔고, 결혼한 사람은 가족을 고향에 두고 왔기 때문이다.

881명의 한국인이 수도인 나가에서 살았으며, 나머지 199명은 치타공 같은 대도시에서 살았다. 한인공동체 중에 국적을 바꾸거나 평생 방글라데시에서 사는 사람은 없고, 예외 없이 모두가 임시로 방글라데시에서 지내는 외국인으로서 지냈다. 한국인 한 명은 학생비자를 가지고 있었다. 한국인들은 민간기업에서 12%, 기업의 고용 노동에서 46%, 전문직에서 10%, 학업에서 14%를 차지했다. 그 외 18%는 기타 직업군에 해당했다.[44]


## 10) 브루나이

대한민국과 브루나이 왕국은 양국 간 무역경제 협력이 너무 일렀음에도 불구하고 1984년에 공식 외교관계를 수립했다. 1986년 한국과 브루나이는 서울과 다루살람에 대사를 파견했다.[45] 한국인은 80명으로 소수이며, 이 중 남성

---


42) The Independent(Dhaka, Bangladesh). Saturday, February 28, 2004.

43) http://www.newsworld.co.kr/cont/0303/73.html

44) http://www.korean.net/xelpa/users/korean/okf_eng/directory/country/country.jsp?sCode=
   1&cCode=010110&info=8

이 43명, 여성이 37명이다. 이러한 균형적인 성 비율은 소수인 한인공동체가 아이가 있는 가족 단위이기 때문이라 여겨진다. 가족과 함께 브루나이에 온 한국인들은 한국 대기업과 은행의 대표, 외교관이라 볼 수 있다.

브루나이 왕국 수도에 59명의 한국인이 살았고, 그 외는 세리에 살았다. 브루나이 국적을 가진 한국인은 3명으로, 1명은 남성, 2명은 여성이고, 이 외 2명의 한인여성은 평생 거주자격을 가지고 있다. 한국인 1명은 학생비자로 왔다. 한국인 직업 구조를 보면, 민간기업이 35%, 회사원이 35%, 전문직이 7.5%, 학업이 20%, 기타 27.5%이다.[46]


## 11) 캄보디아

대한민국과 캄보디아 왕국은 서울과 프놈펜의 외교대사 교환 및 공동 MOU를 체결한 1996년 5월부터 외교관계를 지속해 왔다.[47] 한국 대사관 자료에 따르면 현재 캄보디아에서 살고 있는 한국인은 524명이며, 이 중 366명이 남성, 158명이 여성이라고 한다.

한인공동체(408명)는 주로 수도에 살고 있으며, 나머지는 다른 지역에 살고 있다. 캄보디아 국적을 가진 한국인이나 외국인 거주자인 한국인 수는 알기 어렵다. 한국인 종사 직업은 민간기업이 25%, 기업고용 노동이 12%, 학업이 15%, 기타 48%이다.[48]

---


45) http://www.mfa.gov.bn/foreign_policy/bilateral_relations/bil_korea.htm

46) http://www.korean.net/xelpa/users/korean/okf_eng/directory/country/country.jsp?sCode=1&cCode=010112&info=8

47) ITAR-TASS. 05-17-1996

48) http://www.korean.net/xelpa/users/korean/okf_eng/directory/country/country.jsp?sCode=01&cCode=010121&info=8

## 12) 기타 아시아 국가의 한인

### 동티모르의 한인들

대한민국과 동티모르의 외교관계는 신생독립국인 티모르 – 레스테(동티모르)민주공화국에 한국 대사관이 개설된 2002년 초기에 시작되었다.[49] 동티모르에는 유엔 평화유지군 소속 한국군 440명이 있다.[50]

### 인도의 한인들

한국과 인도의 국제관계는 서울(1968년)과 뉴델리(1964년)에 영사 파견으로 시작되었다. 1973년 12월에 대사가 파견되었고, 뒤이어 양국 간 규칙적인 협력을 위한 일련의 조약이 체결되었다. 전면적인 외교관계 수립 이후 지난 30년 동안 한국과 인도는 정치, 경제, 문화 협력을 강화시켜 나갔다. 대통령, 장관, 의회 내표단이 서로 방문했다.[51]

1991년 인도에서 발발한 경제개혁이 양국 경제협력의 새로운 장을 열었다. 2002년 연간 상호무역량이 26억 달러에 이르렀고, 한국은 흑자를 냈다. 한국과 인도의 수출입 품목은 특별한 차이 없이 완제품이 수출되고 원자재가 수입된다. 1995년부터 인도에 대한 한국 투자액 250만 달러가 계속 늘어나 2002년에는 100배에 달하는 26억 달러에 이르기까지 증가했다. 한국은 인도 투자 5위를 차지하게 되었다. 한국기업은 도로 건설, 열 발전소 건설, 화학 및 석유 가공 공장 건설, 전철 설비 건설, 조선 분야 등의 사업에 참여하고 있다. 한국 대기업인 현대중공업, 대우조선, 삼성중공업은 연안무역 발전에 기여하였고, 인도에 유조선과 컨테이너를 제공하였다.[52]

한국과 인도는 1974년에 관광객, 학생, 예술인 교류를 포함하는 문화발전 조약을 체결하였다. 빠른 관광객 교류 증가는 최근 몇 년간 눈에 띄며, 2001년

---

49) Korea Times, March 20, 2001, Tuesday.

50) http://www.korean.net/xelpa/users/korean/okf_eng/directory/country/country.jsp?sCode =
   01&cCode =010104&info =8

51) http://www.embkoreain.org/en/speeches/I – Kn%20business%20interaction.htm

52) http://www.ficci.com/ficci/international/countries/korea/koreacommercialrelation.htm

에 24,135명의 한국인들이 인도를 방문하고 24,201명의 인도 관광객이 한국을 방문하였다.[53]

주인도 한국 대사관 자료에 따르면 현재 인도에 있는 한국인이 1,753명이며 920명이 남성, 916명이 여성이라고 한다. 12명의 한국인 여성과 한 명의 한국인 남성이 인도 국적을 가졌고, 이 외에는 임시적으로 외국인으로서 거주하고 있다. 인도의 한국인 공동체에는 332명의 학생이 있어 학생 비율이 매우 높다. 한국인 종사 직종은 민간기업이 3.2%, 기업고용 노동이 18%, 전문직이 0.3%, 학업이 43.7%, 기타 34.8%이다.

722명의 많은 한국인들이 델리에 살고 있으며, 서 벵갈리에 106명이 살고 있고, 소수의 한국인이 우타르－프라데쉬, 비하르, 히마찰－프라데쉬, 펀잡에 살고 있다. 다른 나라에서처럼 인도에 사는 한국인들도 대도시를 선호하여 인도의 수도인 뭄바이에 93명의 한국인이, 벵갈로페에 126명, 푸네에 120명, 쉐네에 414명의 한국인이 있다.[54]


**터키**

한국과 터키는 1957년에 외교관계를 수립하였고, 지금까지 양국 외교관계를 통해 경제, 무역, 문화 분야에서 발전을 이루어 왔다. 공식적인 관계수립 전까지 터키는 국제연합군과 함께 북한의 침공을 격퇴하기 위해 한국으로 자국의 군 병력을 파견하였다. 한국전쟁 시기 약 15,000명의 터키군 및 장교가 한국전쟁에 참전하였고, 그중 721명이 전사하고 2,147명이 부상을 입었다.

한국과 터키 간의 경제통상 협력관계는 점차 굳건해졌으며, 특히 1980～1990년에 비약적인 발전을 이루었다. 양국 교역량은 1997년 10억 달러를 달성하였다. 한국은 투자 부문에서 세계 12위를 차지하고 있으며, 주로 자동차 생산, 전자제품 및 기타 공산품 부문에 주로 투자가 이루어졌다.

1999년 말 터키에는 379명의 한인이 거주하였고, 그중 194명은 영주권자(장

---

53) www.mofa.gov.vn/vn_jp/index_en.htm

54) http://www.korean.net/xelpa/users/korean/okf_eng/directory/country/country.jsp?sCode＝01&cCode＝010117&info＝8

기거주자)였고, 나머지는 터키 내 일시적으로 머물고 있는 한국회사 및 은행 지점, 기타 기관 직원들과 그 가족들이었다. 대부분의 한인들은 터키의 대도 시인 이스탄불에 집중되어 있다. 사업가, 직원들 외에도 한국학생들이 터키 대학에서 공부를 하고 있다.[55]

한국과 터키는 1972년에 양국 간 문화 및 관광 교류에 관한 조약을 체결하 였으며, 1990년대 후반까지 터키를 방문한 한인들은 그리 많지 않았다. 1977 년 처음으로 한국 관광객 수가 10,000명을 넘어섰으나, 이 수치는 같은 해 터 키 방문 관광객이 500만 명 이상임을 감안해 본다면 극히 적은 것이다. '온누 리 트래블' 여행사 강문철 대표의 말에 따르면, 점점 많은 한국인들이 터키 휴양지에 관심을 보이고 있으며, 2002년 한국의 관광객 수는 전년도 대비 2배 가 증가하였다.[56]

### 몽골

한국과 몽골은 1990년 3월 16일에 외교관계를 수립하였다. 한국은 1990년 6월 18일에 울란바토르에 한국 대사관을 개설하였고, 몽골은 1991년 2월 1일 에 개설하였다.[57] 최용철 주몽골 한국 대사는 '몽생 뉴스(Montsame News)' 신 문사와의 인터뷰에서 몽골과 한국의 우호적인 관계는 최근 10년간 더욱 집약 적으로 발전하였다고 언급한 바 있다. 나차긴 바가반디 몽골 대통령과 이한 동 당시 한국 국회의장은 공식회담을 가졌고, 이는 양국 협력 확대 및 강화에 기여하였다. 현재 약 300개의 한국 투자회사가 몽골에서 활동하고 있으며, 대 몽골 한국의 투자 총액은 5,300만 달러에 이르렀고, 몽골 투자국가 목록에서 10위를 한국이 차지하고 있다.[58]

전문가들은 양국의 경제관계는 발전 전망을 가지고 있다고 본다. 예를 들 어, 윤석현 교수는 큰 중국 시장을 겨냥해 수출상품을 내놓기 위해서는 몽골

---

55) http://www.mofat.go.kr/mission/emb/ww_data_view_en.mof

56) Anadolu Agency: News in English. http://www.hri.org/news/turkey/anadolu/

57) http://www.mongolembassy.com

58) http://www.mol.mn/modules.php?name=News&file=print&sid=7281

의 원료, 노동력과 한국의 기술 및 경영을 결합해야 한다고 제안하고 있다. 그의 말에 따르면 현재 몽골에는 100% 한국의 자본으로 운영되고 있는 회사가 (600만 달러에 달함) 125개라고 한다. 초기 한국 투자자들은 관광, 무역, 교육, 문화, 보건, 광물채굴산업 분야에 자본을 투자하였다. 현재 한국 사업가들의 투자 관심은 농업, 특히 농작물 재배 및 최첨단 집약 산업 농업단지 조성으로 옮겨 가고 있다.[59]

약 13,000∼15,000명의 몽골 국민들은 한국에서 '자본주의'를 배우며, 크고 작은 공장에서 비전문, 육체적, 저임금 노동을 하고 있다. 많은 몽골인들이 비자 기한이 끝나 불법체류자 상태로 머물고 있지만, 혹독한 삶과 노동 환경에도 불구하고 몽골로 돌아가는 것을 원치 않을뿐더러, 아직까지 고국에서 나은 삶을 영위할 수 있는 충분한 자금을 벌지 못하고 있다.[60] 다시 말해 한국에 거주하고 있는 몽골 국민은 상당수가 불법체류자이며, 그 수는 25,000명에 이른다.[61]

양국 간의 외교, 경제통상 및 문화 관계가 발전할 수 있었던 이유는 몽골 내에 소수의 한인공동체가 형성되었기 때문이었다. 몽골의 연례통계자료에 따르면, 몽골에 체류하고 있는 한인의 수는 계속적으로 증가하고 있다. 1998년 몽골로 들어온 한인은 3,888명, 1999년에는 5,171명, 2000년에는 8,039명, 2001년에는 10,098명, 2002년에는 14,536명이었다. 지난 5년간 거의 5배가 증가한 것이었다. 이 기간 동안 빠져나간 수치는 다음과 같다. 1998년 2,876명, 1999년 5,438명, 2000년 8,239명, 2001년 10,214명, 2002년 14,392명. 지난 5년간 몽골로 이주해 들어온 한인은 총 47,732명이었고, 빠져나간 한인은 47,159명이었다. 따라서 들어오고 나간 한인의 차이는 732명이었다. 자연히 이 사람들은 이 기간 동안 여러 차례 국경을 넘었다.[62]

---

59) http://www.bizmongolia.mn/modules.php?name＝News&file＝article&sid＝307

60) Tsedendamba Batbayar. Foreign Migration Issues in Mongolia. p.149. httpgsti.miis.eduCEAS－PUB2003_Batbaya.pdf

61) Mongol Tower, October 14, 2003.

62) Mongolian Statistical Yearbook 2000. Ulaanbaatar: National Statistical Office of Mongolia, 2001, p.195, Mongolian Statistical Yearbook 2002. Ulaanbaatar: National Statistical Office of Mongolia, 2003, p.225.

현재에는 전체 남한 인구의 1/1,000에 해당하는 한인들이 몽골에 거주하고 있으며, 이들 중 대부분이 울란바토르 시에 집중되어 있다. 한인공동체는 사업가들이 주를 이루고 있으며, 그 다음으로 공무원, 회사 지사 직원들이 차지하였고, 남한의 선교사들도 매우 눈에 띈다. 이들의 활동은 몽골 사회에서 지속적인 반응을 일으키고 있다.[63]

1990년대 말 몇백 명의 북한 난민들이 일시적으로 몽골에 머물렀으며, 이들은 중국을 경유하여 몽골로 들어왔다. 남한의 교회와 선교사들은 통행로 형성에서 중요한 역할을 하였고, 몽골 내 한국 사업가들 역시 스폰서 지원을 하였다. 한국의 기독교 단체 '두레공동체운동'은 북한 난민들을 위한 캠퍼스를 조성하기 위한 땅을 구매하였고, 이는 북한과의 관계가 악화되는 것을 원치 않았던 중국정부의 반발을 샀다. 미국 행정부는 국제 난민법을 인용하고, 북한 국민을 받아들일 의지가 있음을 강조하며 북한에 압력을 가하는 시도를 하거나 인도주의적 원조를 제공하기 위하여 사금을 부자하고자 하였다.[64]

44,000개의 교회가 연합하고 있는 한국의 기독교연합회는 '북한 국민 구하기' 및 러시아와 몽골로의 난민 특별 이주 마련 운동을 발표하였다.[65] 그러나 북한 난민 스스로 고국과 직접적으로 근접하며, 연변 및 3개의 북동지방에 있는 한인 동포들이 있는 익숙한 민족적인 환경인 중국에 머무르기를 희망한다는 점을 고려해 봤을 때 이러한 계획을 실현하기란 사실상 매우 어려웠다.[66]

동남아 및 기타 아시아 지역 한인이주에 관하여 다음과 같이 결론지어 볼 수 있겠다. 아시아 이주는 다양한 자료에 의해 축적되어 온 역사의 새로운 장이다. 왜냐하면 수용국가들은 사회 정치제도, 경제발전 수준, 지배적인 민족 문화 면에서 차이가 있었기 때문이다. 절대적인 지표들을 봐도 이주민들의 수는 많지 않으며, 새로운 이민 물결이 일고 있는 다른 국가들(캐나다, 호주, 뉴질랜드 등)보다 몇 배나 더 적었으나, 비교적 증가했다는 점은 확연히 드러

---

63) Tsedendamba Batbayar. Foreign Presence in Mongolia: Current Status and Problems. P., 146. httpgsti.miis.eduCEAS-PUB200109Batbayar.pdf.

64) The New York Times, September, 30, 2003.

65) Asia Pulse, March 25, 2004.

66) The New York Times, September, 30, 2003.

난다. 동남아 국가와 기타 조사 국가들로의 이주는 투자 및 사업상의 성격이 매우 뚜렷하게 나타나고 있기 때문에 사업상의 이주라고 볼 수 있다. 이주민의 상당 부분이 한국사회에서 중산층에 속하는 자들로, 이들은 높은 수준의 교육을 받고, 현금 재산을 가지고 있었기에 가족들과 함께 수용국가들에 거주가 가능한 것이다.

* 아세안 활동의 일상적인 지휘는 외교장관 대표들로 구성된 상임위원회에서 맡으며 의장은 순서대로 호선된다. 자카르타에는 아세안 사무총장이 지휘하는 사무국이 있다. 아세안 최고기구는 회원국 영수회담이다. 이 기관은 매년 외교장관 회의로 운영된다.
** 아셈(ASEM: The Asia-Europe Meeting)은 유럽과 아시아 국가 간의 협력을 증진하기 위한 기구인데 회원국은 26개국이다.

# 제10장
# 서아시아 및 아프리카 이주한인

# 1. 서아시아 국가의 원유 붐과 외국노동자들의 이주

수백만 근로자의 서아시아 시장* 유입은 1970년대 초에 일어난 원유 붐의 예상치 못한 결과였다. OPEC 국가들의 유가 상향조정 결정 후 아시아 노동력이 대거 서아시아 국가로 밀려들었고 전 세계의 막대한 자본이 원유시장으로 유입되었다. 이 자본을 바탕으로 서아시아 국가들은 석유화학, 도시건설, 운송산업 분야에서의 대규모 사업을 시행할 수 있었다. 당시 산유국의 아랍 원주민 수는 그다지 많지 않았고 노동 인구도 제한적이었다. 또한 전문인력의 부족과 낮은 교육수준이 서아시아의 발전을 가로막는 원인이 되기도 했다. 1975년 걸프협력회의**(GCC - Gulf Cooperation Council) 가입국의 총인구수는 750만 명에 불과했으나 20년 후엔 1,670만 명으로 늘었고 그중 80%가 사우디아라비아에 살고 있었다.[1]

1970년대 전까지 전통생활 양식을 고수했던 아랍 원주민들은 현대식 생산활동의 경험이 없었고 선진기술과 경영의 효율성 방안을 갖고 있지 못했다. 이 같은 시대의 변화와 함께 산유국 지도자들은 수십 명의 전문인력 유치만큼이나 북미와 서유럽 출신의 분야별 전문가, 생산 관리자 및 산업 경영인의 필요성을 절감했다.

이미 70년대 중반 외국인 노동력은 서아시아지역 국가들의 경제 전반에 걸

---

1) Girgis Maurice. The GCC Factor in future Arab Labor Migration. Prepared by LTC TECHNO-ECONOMICS INC. Raleigh, NC 27615 USA. Submitted to Fourth Mediterranean Development Forum Amman, Jordan October 2002, p.4.

쳐 지대한 역할을 하고 있었다. 서아시아에서 유입된 노동력을 시초로 남아시아와 동남아시아 인력이 주요 이주민층으로 자리 잡았다.[2]

1975년, 서아시아 국가의 총 외국인 근로자 140만 명 중 110만 명이 아랍인이었고 약 37만 명의 남아시아인들은 오만, 아랍에미레이트연합, 카타르, 바레인 등지에 산발적으로 분포하며 주요 '외국인 근로자' 계층을 형성했다. 반면 쿠웨이트 지역의 아시아인 수는 그렇게 많지 않았다. 아시아 출신 근로자는 지역 내의 주요 노동인력을 형성했고 그들에 대한 수요는 1980년대 전반에 최고 수준을 기록하여 그 수가 350만 명에 달했다. 이 수치는 서아시아의 여타 지역과 마그레브(북아프리카) 출신 노동자 수를 훌쩍 뛰어넘는 수준이었다.[3]

1980년에 서아시아지역의 외국인 수는 220만 명까지 증가하였고 5년 뒤에는 510만 명에 달했다. 이 기간 동안 아시아인들의 이주 증가율이 30%에서 63%로 높이졌다. 1985년, 전체 아시아 근로자 중 약 100만 명이 극동지역, 그 중에서도 한국 출신들이었다. 그들 중 대부분이 주변국의 경제성장을 이끌었던 사우디아라비아에 체류했다.[4]

1970년 초에 접어들어 아시아 국가들은 사회적 긴장 해소, 환율 안정, 외국의 선진 경험 습득을 목표로 자국의 잉여 노동력 수출을 준비하고 있었다. 1970년대 초 한국과 필리핀은 적극적으로 자국의 인력을 외국으로 수출하기도 했다. 아시아 정부들은 또한 국가 간 경제 및 근로 협정을 체결하고 비교적 수익성 있고 장기적 성격을 띤 대규모 건설 계약을 외국에서 체결하는 등의 노력을 보였다.[5]

---

2) Abella I. M. Asian Migrant and Contract Workers in the Middle East. The Cambridge Survey of World Migration. Edited by Robin Cohen. Cambridge University Press. 1995, pp.418－423.

3) Birks, J. S., and C. A. Sinclair International Migration and Development in the Arab Region. 1980, Geneva: International Labour Office; Birks, J. S., I. J.

4) Seccombe and C. A. Sinclair. Migrant workers in the Arab Gulf: the impact of declining oil revenues. International Migration Review(Staten Island, New York), 1986, vol.ⅩⅩ, No.4, pp.799－814.

5) Hyun, Oh－Seok. The impact of overseas migration on national development: the case of the Republic of Korea. In To the Gulf and Back: Studies on the Economic Impact of Asian Labour Migration, Rashid Amjad, ed. United Nations Development Programme and International Labour Organization Asian Employment Programme(ARTEP)(RAS/85/009), 1989, pp.143－164.

경제적 관점에서 볼 때 아랍 근로자보다 아시아 근로자의 고용시장 경쟁력이 훨씬 높았다는 것은 자명한 사실이었다. 그 이유는 아시아의 건설 인력들은 경험과 기술 노하우가 풍부했고 고임금과 사회적 혜택을 요구하지 않았을 뿐 아니라 계약 완료 후에는 조용히 본국으로 귀국했기 때문이다. 반면 아랍인들은 까다로운 요구 사항을 제시했고 가족들과 함께 장기간 체류하기를 희망했다. 그러나 학자와 전문가들은 이러한 현상의 배경을 경제적 이유가 아닌 정치적 관점에서 해석했다. 첫째, 서아시아지역 국가들은 문화, 전통, 언어 체계와 같은 고유의 유산이 아랍 이민자들로 인해 위협받는 것을 원치 않았다. 이 같은 우려는 아랍인들의 무차별적 유입이 기존 정치구조에 심각한 위협을 가하게 되는 것은 시간문제라는 인식으로까지 옮겨 갔다.

이집트와 예멘은 자국의 군주제를 철폐했고 팔레스타인은 이스라엘이 점유한 영토(산유지대)를 자신들의 역사적 뿌리와 결부시켜 반환해 줄 것을 요구하여 이에 대한 전쟁을 지속했다. 아랍 세계에서 통칭하는 범아랍주의(Pan-Arabism)는 가난한 형제들의 고통은 아랑곳하지 않은 채 군주의 힘을 유지하고 물질적 부를 추구하는 데에만 급급한 페르시아 만 국가들의 군주제와는 공존할 수 없었다. 그 결과 페르시아 만 국가 당국은 아랍인들의 이민을 제한하고 그들이 자국에서 수행하는 사회 경제적 역할을 축소하는 방향으로 정책 기조를 선회했다. 이러한 정책으로 인해 가장 먼저 피해를 입은 사람들은 외교를 포함한 국가 중대 사안 결정에 영향력을 행사하는 쿠웨이트 주재 팔레스타인인들이었다. 쿠웨이트와 그 밖의 페르시아 만 군주제 국가들은 팔레스타인 민족 연합의 활동에서 반정부 활동을 야기하는 위협 요소들을 예의 주시했다. 그와 유사한 태도가 이집트 이민자들에게도 보였다. 그러나 마르크스주의를 국가 이념으로 채택한 예멘 민주주의 인민공화국 출신 이민자들은 이에 크게 반발했다.[6]

그래서 1980년대부터 서아시아 군주제 국가들은 이집트인, 예멘인, 이란인, 이라크인들의 수를 줄이는 정책을 급속히 시행했다. 그 내용은 첫째, 비자발

---

6) Russell S. S. International migration and political turmoil in the Middle East. Population and Development Review(New York), 1992, vol.18, No.4(December), pp.719-727.

급 제한과 입국금지 정책, 둘째, 국외추방 정책이었다. 강경한 정책을 시행한 결과 아랍 국가의 이민자 수는 급격히 줄어 노동력 부족 현상이 생겼고 그 자리를 다른 지역의 근로 인력으로 대체할 수밖에 없었다.

최초의 아시아 이민자들은 인도인, 파키스탄인이었는데 그 비중은 건설 붐 이후 방글라데시, 스리랑카, 필리핀, 한국, 태국 출신 이민자들의 증가로 상대적 감소세를 보였다. 한국 건설 기업들이 서아시아 지역으로 진출하자 전문가들은 그들의 '계약 체결과 실행 능력'을 높이 평가하기도 했다.[7]

아시아 국가의 건설회사들은 미국이나 서유럽 경쟁사들에 비해 가격 경쟁력이 있었고 서아시아 국가들은 새로운 해외 파트너 모색과 그들과의 견고한 관계 구축에 관심이 있었다. 아시아 건설회사 중에서도 한국은 자국의 근로자 수만 명을 건설 특구에 파견했으며 그들에게 주택 및 체류비, 사회적응 환경 등을 제공했다. 또한 의료 서비스 제공은 물론 프로젝트 완료 후 연금 지원도 보장했다. 아랍, 인도, 파키스탄 이민자들과는 달리 동남아 출신 이민자들은 현지 사회와 소통할 수 있는 끈이 없었고 대부분은 산유국 당국이 계획적으로 세운 집단체류지역 회사 내에 거주했다.

서아시아로 행한 아시아 노동력 이주는 1985년 유가가 하락될 때까지 계속 증가하였다. 오일달러 유입이 줄어들면서 역내 투자정책에 영향을 끼쳤으며, 계획된 많은 건설 프로젝트들이 실행되지 못하였다. 약 1/3에 해당하는 아시아 이민자들이 다양한 시설 건설 공사에 고용되었기 때문에 프로젝트 시행 취소 및 기한 연기는 역내 아시아 노동인력들의 유입이 급격하게 감소되는 결과를 초래하였다. 외국 건설자들의 수요가 절정을 이루었던 1983년과 1986년 사이 아시아에서 이주해 온 연간 노동이주 계약자들의 수는 986,800명에서 683,500명으로 거의 1/3이 줄어들었다. 아시아 이주자 수의 급격한 감소는 스리랑카, 방글라데시, 인도네시아 및 필리핀 출신 여성들이 주로 일하던 서비스 부문(호텔, 레스토랑 등) 고용 증가가 없었다면 훨씬 더 컸을 것이다.[8]

---

7) Kim, Sooyong Labor migration from Korea to the Middle East: its trends and impact on the Korean economy. In Asian labor Migration: Pipeline to the Middle East, F. Arnold and N. M. Shah, eds. Boulder, Colorado, and London: Westview Press, 1986, pp.163－174.

8) Александров И. А. Монархии Персидского залива: этапы модернизации. М.: Дело и сервиз,

아랍 및 이란 출신 이주자들의 수용을 거부했던 페르시아 만 국가 당국은 인도 350만 명, 파키스탄 200만 명 등 약 550만 명에 달하는 남아시아 무슬림 노동자들의 파견을 선호하였다. 1990년대에는 필리핀, 태국, 스리랑카, 인도네시아 등의 동남아시아와 중국 등지로부터 이주민들의 유입이 있었다. 50만 명이 넘는 필리핀인들은 페르시아 만 국가의 아시아계 사람으로서 인도와 파키스탄인 다음으로 많았다. 서아시아 지방으로는 필리핀 이주민의 약 90%가 몰렸다. 서아시아 지방의 건설경기에 중요한 역할을 한 사람들은 한국사람들이었는데 그 숫자는 1990년대에 접어들면서 급증하였다. 한국 건설노동자들은 스리랑카와 태국 출신 노동자들보다 높은 급여를 받은 아시아계 사람들이었다. 인도와 필리핀 출신 노동자들 급여 수준은 더 낮았고 가장 낮은 보수를 받은 사람들은 파키스탄 사람과 방글라데시 사람들이었다.9)

서아시아 지역 노동이주자들의 규모에 관한 충분한 자료는 없다. 이것은 한편으로는 이주민들이 전반적으로 통제하에 놓여 있지 않았고 엄격한 관리 하에 있지 않았음을 의미한다. 다른 한편으로는 당국이 특정 국가의 이주민에 관해 관심이 없었음을 말하기도 하는데 그 이유는 이 점들이 국내외적 안보와 직결되었기 때문이었다. 발표된 자료는 분명히 외국인의 존재를 낮게 잡은 것이고 일종의 흐름을 보여 주는 것이었다. 국제적인 프로그램에 입각해서 인구규모와 노동자원의 이동을 연구하는 독자적인 전문가들과 인구학자, 경제학자들은 이러한 문제에 관한 일련의 연구를 진행시켰다. 이 결과에 의하면 외국노동력은 1980년 당시 쿠웨이트, 아랍에미레이트연합, 카타르, 바레인에 58명 있었다. 1975년 페르시아 만 국가에 있던 외국인은 모두 300만 명, 1985년에 700만 명이 넘었으며 2000년에는 1,000만 명을 넘어섰다. 이러한 전체 인원 중에서 1/3 정도가 사우디아라비아에 집중되었고 아랍에미레이트연합에는 200만 명 정도, 쿠웨이트에는 150만 명 정도가 있었다. 오만에는 50만 명 정도, 카타르와 바레인에는 20만 명 정도가 있었다. 걸프협력위원회 국가에 거

---

2000, 544 c.

9) Awad, Ibrahim. Trends and prospects of labour migration to Kuwait, Saudi Arabia and the U.A.E. In International Labour Migration Statistics and Information Networking in Asia. New Delhi: International Labour Organization, 1993, pp.162-227.

주하던 아랍인들은 해당국 내에서 소수민족이며 외국노동자 비율은 50~90%를 차지했는데 이에 관한 것은 다음 표와 같다.

페르시아 만 아랍군주국 내 외국인 노동자 수(단위: 천 명)와 비율(%)

| 국가 | 1975년 | | 1980년 | | 80년대 중반 | | 1990년 | | 2000년 | | 거주국 국민이 아닌 사람 비율 2000년, % |
|---|---|---|---|---|---|---|---|---|---|---|---|
| | 천 명 | % | 천 명 | % | 천 명 | % | 천 명 | % | 천 명 | % | |
| 사우디아라비아 | 1,565 | 43 | 1,250 | 47 | 4,560 | 72 | … | 60 | 5,361 | 55 | 27 |
| 아랍에미레이트연합 | 456 | 85 | 502 | 91 | 930 | 90 | … | 89 | … | 90 | 82,(75)* |
| 쿠웨이트 | 502 | 69 | 342 | 76 | 1,020 | 81 | 1316 | 86 | 1,160 | 81 | 64,(65) |
| 카타르 | 97 | 82 | 116 | 89 | 190 | 82 | … | 92 | … | 90 | 80 |
| 오만 | 132 | 19 | 113 | 37 | 210 | 42 | 약 200 | 70 | 527 | 55 (64) | 26 |
| 바레인 | 56 | 34 | 65 | 55 | 130 | 58 | … | 51 | 228 | 64 (60) | 40 |

출처 : Мазеин Н. В. Иностранная рабочая сила в зоне Персидского залива: страны которые перестали быть a рабскими. http://geo.1eptcmbcr.ru/article.php?ID＝200301102

    사우디아라비아와 기타 페르시아 만 국가의 외국인 노동자에 대한 규제 권한은 '하필스'라고 하는 제도하에 지방정부에 있었는데 이 제도에 의하면 국가입국은 구체적인 고용주의 입회하에 가능했고 체류는 계약기간으로 통제되었으며 연장은 대략 1~2년 정도 되었다. 외국인 노동자는 자신의 고용주를 바꿀 수 없었다. 영주권 비자발급은 안정된 노동계약을 한 사람들에게 행해졌다. 국내 거주이전은 제한되었다. 외국인 노동자들은 입국 후에 서류를 제출했는데 이것은 출국에 관한 규정으로서 이를 위반하면 다음 기회에 재입국이 금지되거나 아니면 구속되었다. 외국인 노동력의 활용은 추가 소득을 발생시켰고 사기업 업주들은 이주민들과 함께 일하는 것을 선호하기도 했는데 이는 자국민을 고용함으로써 생기는 불만족한 성과를 상쇄시켜 주었기 때문이었다.[10]

    대개 산유국의 불법이주자 강제출국 조치는 정기적인 국제적 사면조치로 별 효용이 없었는데 그 결과 수년 동안에 사우디아라비아 1개국에서만 100만

---

10) Abella I. M. Asian Migrant and Contract Workers in the Middle East. The Cambridge Survey of World Migration. Edited by Robin Cohen. Cambridge University Press. 1995, pp.419－420.

명이 넘는 사람이 출국조치 되었다. 그러나 커지는 문제는 사면 하나로만 해결되지는 않았기 때문에 쿠웨이트와 사우디아라비아를 비롯한 서아시아 국가들은 대대적인 중견노동자의 민족화 프로그램을 실행하였다.[11] 이러한 프로그램은 쿠웨이트 당국의 지지를 받았는데, 쿠웨이트에서는 전체 노동인구 중 토착주민의 비율이 20%에 머물고 있었던 것이다. 쿠웨이트 당국은 토착인과 외국인 전문가 간의 급여 차이를 줄이고 고용주들에게 임노동자들의 의료 보험료를 지불하도록 하였다. 아랍에미레이트연합과 사우디아라비아에서는 은행 직종에서 근무하는 외국인들의 수가 감소하였고 오만에서는 사적인 영역에 종사하는 토착노동자 인원의 비율이 20%까지 증가하였다.[12]

1990년대부터 사우디아라비아 정부는 '사우디화' 정책을 강력히 추진했는데, 즉 외국인들을 토착민 중견노동자들로 교체했던 것이다. 제5차 6개년 계획(1995~2000) 기간 중에 연평균 '사우디화' 증가율은 4%에 이르렀고 같은 기간에 외국인 노동자 비율은 연평균 1.5%씩 감소하였다. 국영 및 민영 부문에서 65만 명의 사우디인들에게 일자리가 주어졌다. 90% 이상을 노동자가 차지하는 민영 부문에서는 강제적인 규제정책으로 1997년부터 매년 5%씩 사우디인들로 충원되도록 하였다.[13] 정부의 계획에 의하면 2030년까지 현재의 700만 명의 외국인 노동자를 100만 명으로 감축할 것이라고 한다. 사우디 전문가들의 계산에 의하면 매년 약 25만 명의 외국인 노동자들을 본래의 국가로 보내어야 한다는 것이다.[14]

아랍에미레이트연합 또한 '중견간부의 퇴출화'가 발표되어 자국인을 공무원의 경우 90%까지, 경제 부문에서는 80%, 사법 부문에서는 60%까지 높이도록 계획되었다. 아랍에미레이트연합 정부가 밝힌 것은 외국인 노동자들이 글자 그대로 아랍에미레이트연합뿐만 아니라 아라비아 반도의 전체 국가에서

---


11) Осипов А. Саудовская Аравия: страна экономических чудес. Пути и препоны саудизации. http://www.rau.su/observer/N07_99/7_12.HTM

12) Мазеин Н. В. Иностранная рабочая сила в зоне Персидского залива: страны которые перестали быть арабскими. http://geo.1september.ru/article.php?ID=200301102

13) Осипов А. Саудовская Аравия: страна экономических чудес. Пути и препоны саудизации. http://www.rau.su/observer/N07_99/7_12.HTM

14) http://www.iimes.ru/rus/stat/2003/21-02-03.htm

경제적으로 퇴출된다면 중견노동자의 '민족화' 과정은 앞으로 진통이 없지 않을 것이라고 한 점이었다. 현재 아랍에미레이트연합의 인구는 약 350만 명인데 그중에서 2/3가 남아시아 출신 외국인 노동자들이다. 인도인들 집단만 해도 120만 명에 이른다.[15]

이와 유사한 경제 부문의 외국인 유입 상황은 페르시아 만의 다른 국가에서도 관찰되었다. 인구가 200만 명 정도인 오만에서는 이란, 아프가니스탄, 파키스탄, 인도 사람들로 구성된 외국인이 약 50만 명 일하고 있다. 당국의 경제적 민족화 정책인 '오만화' 과정에서 외국인 노동자들은 크게 감소하고 있다. 2003년에는 전체 공무원들이 오만사람들로 구성되었다. 아시아 국가 출신 외국인 노동자의 오만 이주가 엄격히 규제되었고 오만에 거주하는 대다수 합법적 이주민과 불법 이주민 모두 불법체류자로 되었다.[16]

이와 같이 서아시아 산유국의 강력한 경제도약은 여러 국가의 수백만 명의 외국인 노동자들 덕분에 이루어졌다. 세계 원유 시장의 가격하락과 정치적 불안정, 전쟁 및 갈등은 서아시아 국가들의 경제발전에 반영되었다. 이러한 상황에서 외국인 노동자의 유입은 바람직하지 못했고 또한 서아시아 국가의 정부는 주로 비토착 아랍인 인구를 줄이는 공개정책을 폈는데 그 이유는 무엇보다도 이들이 국내외 정치안정에 위협적인 것으로 생각되었기 때문이었다. 오늘날 경제 및 인구학적 견해로 본다면 위와 같은 상황이 페르시아 만 국가의 정부에 의하여 상당 기간 지속되어 외국인 노동자가 감소하고 대신 토착민 노동자가 활용될 것이다.[17]

---

15) Мамед-заде П. Аравийские монархи избавляются от гастарбайтеров. Независимая газета, 9 июля, 2003.

16) http://www.iimes.ru/rus/stat/2003/21-02-03.htm

17) Levels and Trends of International Migration to Selected Countries in Asia. United Nations. New York, 2003. United Nations Population Division.
www.un.org/esa/population/publications/Asianmigration/Asianmigration.pdf

## 2. 한국과 서아시아 – 아프리카 국가와의 관계 및 한인노동자 이주

### 1) 한국과 서아시아 아랍국가 간의 관계사

1970년대에 시작한 페르시아 만 석유왕국들의 건설경기 붐으로 인하여 과거와는 달리 대다수 한인들이 미지의 아랍 무슬림 세계로 이주하게 되는 계기가 되었다. 그러나 한국과 무슬림 세계와의 첫 교류의 역사는 매우 오래전으로 거슬러 올라가 1,000년 이상 된 것으로 계산된다. 최근 10여 년간의 연구들은 가시적 성과를 수반하였는데, 아랍인들의 한반도 체류에 관한 첫 번째 기록은 이븐 후르다지바스(820~912)의 <도로와 제국의 서>에서 살펴볼 수 있다.[18] 아랍의 지질학자들과 역사학자들은 자신들의 문헌에서 중세기의 신라를 '알 쉴라' 또는 '알 실라'라고 언급하고 있다. 저자의 말을 빌려 본다면, 이미 중세 신라 초기에 몇몇 아랍인들은 더 나은 삶에 대한 동경을 가지고 이 부유한 국가인 중세 신라에 남게 되었다. 한국과 아랍세계와의 정기적인 교류는 1392년 고려왕조가 멸망하기 전까지 계속 이어졌다. 예를 들어, 고려 역사 문헌 '고려사'에서 아랍상인들의 활발한 활동을 확인할 수 있다. 이 고려사에는 현종 15년(1024년) 9월에 아랍상인 100명이 고려에 들어왔다는 기록이 있다. 그 이후에도 한국의 사회면에서도 서아시아의 상인들이 한국을 몇 번 방문했다는 단편의 기사들이 실렸다.[19]

조선시대 때 고립주의 정치와 관련하여 한국과 아랍 서아시아국가 사이의 교류는 거의 500년간 단절되었다. 양측의 만남은 UN의 기치하에 터키군이 한국전쟁에 파견되어 한국의 동맹군이 됨으로써 재개되었다. 그 결과 1955년 9월 15일에 서울 농과대학교에서 '한국이슬람협회'가 결성되었으며, 최초의 한

---

18) Hong Seong Min. Commercial Relations between Korea and the Middle East in the Medieval Ages. http://hopia.net/hong/file/english

19) Ли Ги Бэк. История Кореи: новая трактовка. Москва: Первое марта. 2000; Sun Yoon－kyung. Islam in Korea. Hartford, 1971; Lee Hee－soo. Han－Islam Kyoryusa(История корейско－исламских культурных связей), Seoul, 1971.

국인 이맘(*imam*: 이슬람 종교지도자 - 역주)으로 윤용두가 선출되었다. 1957년 7월 이 협회 회원 수는 208명으로 증가하였다.[20]

1950~1960년대 한국의 이슬람 신도들은 아랍권 국가 및 기타 서아시아 이슬람 국가의 이슬람 신자들과 활발한 관계를 유지하였다. 우마르 김진규와 사브리 서중길은 1958년 11월에 사우디아라비아와 파키스탄과 같은 이슬람 국가들로 파견되었고, 그곳에서 한국의 개발협력 문제를 논의하였다.

한국이슬람협회 설립 10주년이던 1965년 4월에는 한국 이슬람 신자들이 '한국이슬람중앙 연합회'를 출범시켰는데 이 협회는 한국 이슬람 사회를 계승하는 단체로서 소규모 이슬람 단체들을 통합할 수 있었다. 그 당시 여러 나라에서 수많은 이슬람 교인들이 한국을 방문하여 한국의 이슬람 발전에 기여하였다. 한국이슬람중앙연합회는 마스지드(사원) 건설을 주목표로 세웠고 따라서 재정지원을 받기 위해 협회 지도자 사브리 서와 이슬람 국가 대외관계부장 오스만 김을 파송하였다. 7개월간의 여정 끝에 이들은 쿠웨이트의 이슬람재단 '아바크파'로부터 14,000달러를 지원받는 등 어느 정도 자금을 모을 수 있었다. 한국의 이슬람중앙연합회는 전 세계 이슬람 국가들에 이슬람 대학들에서 공부하는 한국학생들을 위한 정부 장학금을 지원해 주기를 요청하였다. 1967년 10명의 한국 이슬람교도 학생들이 파키스탄, 아랍에미레이트연합, 요르단 및 이라크(1967년 12월 15일)에서 공부하였다. 그다음 해 10월 한국이슬람중앙연합회는 20명 이상의 이슬람 신자 학생들을 상기 언급한 국가 및 리비아, 인도네시아로 보냈다.[21]

1960년대 말에는 적어도 10명의 한국학생들이 다양한 이슬람 국가들로 유학을 떠났다. 당시 연세대학교에서 정치외교학을 공부하면서 큰 꿈을 품었던 오스만 김순영의 하지(성지순례) 역사는 이슬람교육 문제에 있어 매우 중요한 의미를 가지고 있음을 보여 준다. 1967년 1월 28일 성지순례를 하기 위해 그는 멕시코로 갔고, 그 후 카이로 대학에서 아랍에미레이트 전문가로 있으면서 공부

---

20) Ким Г. Н. Ислам в Корее. — Шелковый путь и Казахстан. Материалы научно — практическо й конференции. Алматы, 2-3 сентября 1998. Алматы: Жибек жолы, 1999, с. 55-63.

21) Korea Islam Herald, 1968, October 25.

하였다. 3년 동안 그는 이슬람 역사를 공부하였고, 카이로에서 돌아와서는 한국 외국어대학교에서 아랍어와 아랍국가들의 역사를 가르쳤다. 그리고 그 이후 카이로 대학에서 박사학위를 받았다. 한국으로 돌아와 하지 오스만 김은 한국 이슬람 사회에서 중요한 역할을 하며 한국이슬람중앙회 회장직을 맡았다.[22]

한국 이슬람의 역사는 반세기 이상 되었으며, 한국이슬람중앙회는 이슬람의 교리를 전파하는 다양하고 대대적인 활동을 펼쳤으며, 세계 이슬람 국가들과의 관계를 강화시켰다. 20세기 말 한국 이슬람 신도는 약 35,000~40,000명이었으며 그리고 현재 70,000명의 이슬람권 국가 신자들이 한국에 거주하고 있다.[23]


## 2) 서아시아국가에 대한 한국의 투자 개시

1970년대 초 한국은 서아시아와 아프리카 지역에 직접투자를 시작하였는데 건설회사 '삼환'이 1973년에 사우디아라비아의 고속도로를 건설하기 시작했던 것이다. 1980년대 말 건설 부문은 한국과 아랍 서아시아 국가 특히 석유로 많은 돈을 번 페르시아 만 석유부국들과의 경제협력에 있어 중요한 부분을 차지하게 되었다. 비록 국제유가 하락과 한국경제발전으로 투자량이 감소하는 결과를 가져왔지만, 서아시아는 1990년대 전반에도 여전히 한국 건설사업의 중요한 시장으로 남아 있었다. 한국의 총 대외투자에서 서아시아는 1990년대 중반 동남아(67억 8,700만 달러, 프로젝트 5,050개), 북미(42억 6,900만 달러, 프로젝트 1,096개), 유럽(21억 5,400만 달러, 프로젝트 441개)에 이어 4위(7억 9,090만 달러, 프로젝트 84개)를 차지하였다.[24] <표 2>에서도 잘 나타나듯이, 1990년부터 1995년까지 한국기업들이 받은 해외수주는 3,286건이었는데, 그중 서아시아가 2,040건으로 80% 이상을 차지하고 있다. 1990년대 초 이라크

---

22) Korea Islam Herald, 1967, August 25.

23) Religious Culture in Korea. Seoul: Hollim, 1996, p.101.

24) The Korea Economic Weekly, December 11, 1995.

- 쿠웨이트 전쟁이 발발하고, 그 후 급격한 투자량 감소와 건설경기 침체가
일어났고, 그 후 1990년대 중반 일시적인 경기 회복 후 아랍국가에서 활발했
던 한국 사업이 한풀 꺾이면서 급격히 하락하였다.[25]

<표 2> 한국의 서아시아 건설 수주현황(1990~1995)(단위: 천 달러)

| 1995 | 계약금액 |
| --- | --- |
| 전체계약건수 | 112,502,903 (3,286) |
| 서아시아 | 88,412,523 (2,040) |
| 사우디아라비아 | 50,398,228 (1,308) |
| 리비아 | 20,174,767 (201) |
| 이란 | 3,281,256 (58) |
| 기타 | 14,558,272 (480) |

| 연도 | 1990 | 1991 | 1992 | 1993 | 1994 | 1991 |
| --- | --- | --- | --- | --- | --- | --- |
| 전체 | 6,769,892 | 3,038,011 | 2,783,484 | 5,116,625 | 7,440,945 | 8,507,570 |
| 서아시아 | 5,812,443 | 868,414 | 567,875 | 1,810,153 | 2,304,081 | 817,687 |

출처 : Haeoaegunsul, 1995~1996, The International Contractors Association of Korea.

건설업은 1960년대 초가 되면서 수출지향 한국경제의 중요한 부문이 되었
고, 현재까지도 외화수입의 주 원천이 되고 있다. 1981년 서아시아가 주를 이
루었던 해외 건축 도급계약은 한국의 건설회사들이 시행했던 전체 작업량의
약 60%를 차지하였다. 이 시기에 체결했던 총 계약금액은 약 137억 달러에
이르렀으나, 1988년 해외 건축도급 계약은 16억 달러까지 떨어졌으며 그중 서
아시아지역이 12억 달러였는데 전년도와 비교해 본다면 겨우 1% 해당하는
것이다. 이 시기에 한국 국내에서 다양한 시설 건설에 대한 수주금액은 138억
달러에 이르렀으며, 1987년 대비 증가하여 8.8%를 차지하였다. 그리하여 한국
건설회사들은 1980년대 말 국내 건설사업에 집중하였다. '동아건설'과 리비아가

---

25) Moon, Chung In. Korean Contractors in Saudi Arabia: Their Rise and Fall, Middle East Journal,
40, No.4, Autumn 1986, pp.614－633, Seok, Hyunho. Korean migrant workers to the Middle East.
In Migration to the Arab World: Experience of Return Migrants. Tokyo: United Nations
University, 1991, pp.56－102; Hong Seong Min. Commercial Relations between Korea and the
Middle East in the Medieval Ages. http://hopia.net/hong/file/english.

53억 달러에 달하는 '리비아의 대수로 공사' 2단계 계약을 체결했던 1980~ 1990년대가 되면서 일시적으로 해외 건설시장이 활발한 추세를 보였다. 전체 5 단계에 걸친 이 대규모 건설 프로젝트 총 금액은 270억 달러였다. 1989년 한 해 에만 한국기업들이 총 70억 달러의 해외건설 계약을 체결했다.[26]

페르시아 만 석유부국 중 한국의 가장 중요한 경제 파트너 국가였던 사우 디아라비아와 한국은 1962년 10월 16일에 외교관계를 수립하였고, 1973년 3 월에는 서울에 사우디 영사관을 개설하였으며, 1975년 4월에는 리야드에도 한국 영사관을 개설하였다. 한국의 대사우디아라비아 투자 프로젝트에 대한 자료는 다음의 표를 통해 알 수 있다.

<표 3> 한국의 대사우디아라비아 투자(1997~2002)

| 산업 부문 | 회사 수 | 총 투자금액(천 달러) |
|---|---|---|
| 건설 | 14 | 12,677 |
| 제조 | 7 | 17,763 |
| 서비스 | 3 | 864 |
| 합계 | 24 | 31,208 |

하지만 사우디아라비아 정부 및 민영기업이나 개인적으로 행해진 계약에 서 한국의 투자가 차지하는 양은 한국기업들이 종사했던 한국 건설사업 규모 중 극히 작은 부분에 불과했다. 따라서 건설시행 금액과 한국회사들의 투자 액은 상당한 차이를 보였으며, 2003년 3월 자료에 따르면 사우디아라비아 건 설시장에서 한국의 활동은 다음과 같은 수치를 보이고 있다. 즉 총 계약금액 521억 3,800만 달러 중 1995년까지의 계약금은 504억 7,200만 달러였으며, 1996년에는 2억 5,300만 달러, 1997년에는 1억 5,700만 달러, 1998년에는 3억 8,600만 달러, 1999년에는 3억 2,900만 달러, 2000년에는 1억 400만 달러였 다.[27]

대우건설, 동아건설, 쌍용, LG건설, 신성기업, 풍림산업, 두산중공업, 현대

---

26) http://www.exploitz.com/South-Korea-Construction-cg.php

27) http://www.korea-saudi-business.org/main_rel.html#g

건설, 삼성물산, 한스, 태창전자, 코리아 탑스, 대방, 동우기술, 한준기술, 성림엔지니어링, 경진정보, 서광전기 등 유수 한국회사들이 사우디아라비아와 기타 아랍 서아시아 국가들의 건설시장에서 활동하였다.

사우디아라비아는 1990년대 초 일본, 미국, 독일에 이어 한국의 3번째 수입국이 되었으며, 1991년에 사들인 원유, 가스 및 석유화학 제품들의 가격은 40억 달러, 1992년에는 46억 달러, 1993년에는 45억 달러였다.[28]

1997～2002년 한국과 사우디아라비아 간의 대외 교역량은 <표 4>를 통해 알 수 있듯이, 에너지자원 총 수입액이 섬유, 전자제품, IT, 자동차, 산업기기, 생필품 등의 대사우디아라비아 수출액을 상당히 넘어섰기 때문에 한국은 몇 배에 달하는 무역수지 적자를 보이고 있다. 서아시아 중에서도 사우디아라비아에서 무역업에 종사하는 한국의 대기업으로는 삼성물산, 삼성전자, SK 글로벌, 대우전자, 세아철강, 대우물산, 진도상사, 카불, 동국물산, 쌍용물산, 한국타이어, LG전자, 유성투엑, LG칼텍스, SK가스 등이 있다.[29]

<표 4> 한국제품 수출액과 사우디아라비아 제품 수입액(1997～2002, 단위: 100만 달러)

|  | 1997 | 1998 | 1999 | 2000 | 2001 | 2002 |
|---|---|---|---|---|---|---|
| 수출 | 1,039 | 1,324 | 1,329 | 1,262 | 1,274 | 1,259 |
| 수입 | 7,153 | 4,384 | 5,664 | 9,641 | 8,058 | 7,551 |
| 수지 | -6,114 | -3,060 | -4,335 | -8,379 | -6,784 | -6,292 |

본 연구의 주목표가 한인이주의 역사인구학적 분석인 만큼 한국과 기타 국가들과의 관계 문제는 흥미로운 이주과정이 일어났던 역사, 정치, 경제, 사회적인 맥락을 읽을 수 있는 범위 내에서만 조명되고 있다. 서아시아 및 아프리카 국가들에서의 한국기업들의 활동은 노동인력 수출 측면에서도 최소한의 학술적인 관심을 받지 못했고, 여기서 통계자료가 매우 부족하다는 것을 느낄 수 있다.

---

28) Economic Cooperation of Korea to the Middle East: Retrospect and Prospect. Editor: Seong Min Hong Publisher: Korea Institute of the Mideast Economies(KIME). KIME Mideast Studies. http://hopia.net/hong/file/english/coop.htm

29) http://www.korea－saudi－business.org/main_rel.html#g

이 책에서 경제적 분석을 해 보고자 하는 것은 아니지만, 단지 간략하게나마 서아시아국가에서 한국의 노동인력을 활용하여 활동하고 있는 한국 건설 회사들의 특징을 살펴보고자 한다.

한국의 대기업 건설사인 '현대건설'은 1975년 프로젝트 기획 및 기술인증으로 사우디아라비아에서 활동을 하기 시작했으며, 1977년 알코바에 화력발전소와 담수플랜트 건설을 하는 첫 번째 대규모 프로젝트를 턴키방식으로 이행하였다. 1982년에는 리비아의 미스라타에 그리고 마카아 타리프(사우디아라비아, 1985년), 알무사이브(이라크, 1985년)에 다른 화력발전소들이 세워졌고, 남부 파르스 개발 2단계, 3단계(이란, 1999년) 프로젝트도 이행하였다.[30]

아랍국가들의 프로젝트 수행 지불금 채무와 관련된 첨예한 문제들이 발생했음에도 불구하고, 현대건설은 이 지역에서 계속 사업을 진행하였다. 1999년 현대건설은 리비아와 사우디아라비아로부터 총 2억 9,700만 달러에 달하는 계약을 입찰에서 따냈다[31]. 1991년 페르시아 만의 이라크 전쟁 발발로 인해 이라크는 현대에 2,938만 달러의 빚을 지게 되었으나, 그중 일부는 상환되었으며, 사우디아라비아로부터는 5,000만 달러를 되돌려 받았다. 아랍국가 정부는 현대건설에 진 채무를 갚겠다는 의지를 표명했던 것이다.[32]

'쌍용' 그룹은 1978년부터 1985년까지 12개의 건설 수주를 받아 이행하였으며, 총예산은 4억 달러 규모였다. 1985년 '쌍용'은 이란의 국영석유회사와 협력하였으며, 이란 및 이라크 지역에서 성공적으로 발전해 나가게 되었다. '쌍용'은 1983년부터 예멘 북부에 석유시추선 건조에 참여했으며, 이집트, 사우디아라비아, 쿠웨이트, 예멘, 이란 및 기타 국가들에 지사를 열었다.

담수플랜트 건설을 전문으로 하는 유명 한국기업 두산중공업은 현재 세계 담수플랜트 시장의 25%를 점유하고 있다. 두산중공업은 국내 설비를 사용해 하루에 약 1억 갤런의 담수를 생산해 내는 알쇼아이바 담수플랜트를 건설, 정비하고 가동하였다. 두산중공업은 단연 플랜트 건설 부문 세계 1위 기업이 될

---

30) http://www.hec.co.kr/homepage/eng/company/history.htm

31) Regional－Saudi Arabia－South Korea, Business, 9/8/1999.

32) BBC News, 29 января 2001, 14:31 по Гринвичу.

수 있었고, 아시르(사우디아라비아), 제벨 알리 E, 알타벨라 A2, 움 알나르 B (아랍에미레이트), 아즈주르 및 푸드자이라(쿠웨이트)에 담수화 플랜트 기획부터 가동 및 사용에 이르는 전 과정을 진행했다.[33]

또한 이 시기에 쿠웨이트, 리비아, UAE, 오만, 바레인 및 기타 국가들의 대규모 건설공사 계약도 한국기업들이 따내게 되었지만, 역내 분쟁으로 인해 업무활동을 축소해야만 하였다.[34]

1980년대 중반까지 한국은 가장 대규모의 해외 노동인력을 공급할 수 있는 국가에 속하였다. 1963년부터 1989년까지 약 200만 명의 한국인이 파견계약을 맺고 해외에 체류하게 되었으며, 그중 61%는 서아시아 지역에서 근무하였다. 1980년대 중반부터 국내경제 발전이 침체되면서 한국에서부터 들어오는 인력 자원들이 급격히 줄어들었다. 1990년에 약 56,000명의 한국 노동자들이 해외로 파견되었는데, 이는 한인들의 해외 노동이주의 절정기였던 1982년 계약노동자 수 대비 72% 정도 적은 것이다. 한국 건설 노동인력 파견이 감소하는 추세는 1990년대에도 계속되었다. 1980년대 말부터 1990년대 초 한국에서 임금수준과 생활수준이 향상되면서 한국 건설자들 스스로도 아랍국가 생활과 중노동에 대한 흥미도가 떨어졌다. 1991년에 해외 한국 출신 노동이주민 중 건설노동자들의 비중은 20%까지 감소하였다.[35]

서아시아국가에서 건설 부문에 종사하는 한국노동자들은 역내 한인사회를 형성하고 발전시키는 데 많은 역할을 하였으며, 바로 이들이 한인사회의 주축이었다. 1970년에서 1980년대 초 건설노동자들 외에도 아랍 서아시아 국가들에는 사업가 및 무역업자, 의료진, 운전수, 한국회사 지사 및 은행, 에이전시 지점 직원, 태권도 사범 등 기타 다양한 직업과 전공을 가진 이들이 있었다. 1975년부터 1979년까지 서아시아로 건너간 한국인은 약 80,000명이었다.[36]

---

33) http://www.doosanheavy.com/eng/2/sub2_02_1.htm

34) http://www.arabamericanbusiness.comissue8_juneintbus_skorea.htm

35) Asia Pacific Migration Research Network(APMRN). Paper from the Republic of Korea. http://www.unesco.org/most/apmrnw12.htm

36) 전경수. 세계의 한민족. 서아시아. 아프리카. 세계한민족총서. 9. 통일원. 1996, pp.29－31.

한국에서 파견 나온 계약 근로자들은 통상적으로 자신의 계약기간 동안 일을 하거나, 기간이 연장되거나 또는 미리 돌아가게 되었기에 각 나라와 지역 내 이들의 수치 변동이 잦았으며, 한 집단이 나가고, 교체되어 다른 집단이 들어왔다. 유감스럽게도 한국에서의 노동자 파견 및 인원파악에 관한 통계자료는 저자뿐만 아니라 국제노동기구(ILO)의 비호 아래 진행되는 사업을 위해서도 제대로 접할 수 없다. 세계 인구 문제를 담당하는 UN 전문가의 의견에 따르면, 1975~1996년 아라비아 반도로 이주해 온 한인이주 노동자의 수 동향을 개략적으로 살펴보면 다음과 같이 나타난다. 1976년 20,000명, 1977년 30,000명, 1978년 50,000명, 1979년 75,000명, 1980년 100,000명, 1981년 110,000명, 1982년 115,000명, 1983년 125,000명, 1984년 120,000명, 1985년 75,000명, 1986년 수치 없음, 1987년 10,000~15,000명이었다.[37]

같은 전문자료에 따르면, 1975~1979년 한국에서 사우디아라비아로 매년 17,000명 이상이 들어왔으며, 연간 한국으로 돌아가는 수치는 13,900명이었으며, 1985~1989년에는 17,700명까지 증가하였다. 1990~1994년 많은 한국 노동자들이 한국을 떠났고, 한국으로 다시 돌아가는 경우는 연평균 1,500명까지 감소하였다.[38]

한국 노동자들은 프로젝트 계약이 끝난 후 몇몇 이유 때문에 한국으로 돌아가게 되었다. 첫째, 사우디아라비아에서 이들은 합법적으로 장기 거주가 불가능하였다. 둘째, 그룹을 이루고 조직적이며 재정을 지원하는 한국회사들만이 입출국 대상이 되었다. 셋째, 고립된 근무단지에 거주함으로써 현지주민들과의 교류 기회를 가질 수 없었다. 그렇기 때문에 많은 한국인들은 민족문화, 언어, 환경이 다른 곳에서 머무르질 않았다. 넷째, 노동이주자들은 가족들을 부를 수 없었기 때문에 몇 년이고 가족들과 떨어져 혼자 지내야 했다. 다섯째, 아랍국가들에서 젊은 미혼의 한국남성들은 한국여성들(사실상 전무) 사이에

---

37) Levels and Trends of International Migration to Selected Countries in Asia. United Nations Organization. New York, 2003. United Nations Population Division. p.33.
www.un.org/esa/population/publications/Asianmigration/Asianmigration.pdf

38) Levels and Trends of International Migration to Selected Countries in Asia. United Nations Organization. New York, 2003. United Nations Population Division. p.25.
www.un.org/esa/population/publications/Asianmigration/Asianmigration.pdf

서도 현지 여성들 사이에서도 결혼 상대자를 만날 기회가 없었다. 그리하여 아랍국가들에서 외교관 직원들, 한국회사 지사 및 은행 지점 직원들, 기자 및 교수들과 그 가족들과 같은 다른 범주들로 한인이주공동체가 구성되어 있었고, 규모도 매우 작았다.

현재 한국의 건설교통부 자료를 인용한 KBS 방송국이 보도하는 바에 따르면 페르시아 만 국가들에는 '현대'와 '대우전기건설' 등의 유명한 한국회사를 포함한 총 38개의 회사에 약 2,000명 정도의 한국 건설 노동자들이 상주하고 있다.[39]

1970~1990년대 서아시아국가의 한국노동 이주민 수치 동향에 관한 통계 자료가 없다. 다만 재외동포재단의 홈페이지에 소개되어 있고 한국 대사관들이 작성한 몇몇 아랍 및 아프리카 국가 내 형성되어 있는 오늘날 한인공동체에 관한 자료들을 이용하면 다음과 같다.

### 사우디아라비아

1990년 사우디아라비아에 한인들은 2,200명이 있었으며, 주로 수도 리야드에 거주하였다. 현재 사우디아라비아의 한인은 총 1,276명에 이르며, 그중 리야드에 662명, 서부지방(지다 포함)에 382명, 동부지방(다맘)에 232명이 살고 있다. 사우디아라비아 법에 의거하면, 한인들은 사우디아라비아 국적자도 될 수 없고, 영주권자도 될 수 없기 때문에, 이들은 모두 단기 체류 외국인 신분이다. 사우디아라비아에서 16개의 한국회사들이 건설사업을 계속하고 있으나, 한국 건설 전문가는 143명에 불과하고, 1,366명이 현지주민이다. 한국 무역회사는 19개이며, 그중 한국 근로자는 29명만 근무하고 있고, 대다수가 고용 노동자들이다. 사우디아라비아에는 또한 100명의 한국 대학생들이 공부하고 있으며, 주로 아랍학을 전공하고 있다. 외교관, 기업 대표 및 경영자들은 가족과 같이 들어올 수 있는 기회가 주어지기 때문에 나머지는 아내와 자녀 등 가족들이다.[40]

---

39) http://english.kbs.co.kr/news/newsview_sub.php?menu=4&key=2004062117

40) http://www.korea-saudi-business.org/main_rel.html#g

## 아랍에미레이트연합

아랍에미레이트연합에서 한국 건설회사들이 활동하기 시작한 때는 1970년
대 초이며, 그 이후 산업은 혁신적인 성공을 거두며 발전해 갔다. 1975년부터
두바이에서도 한국 무역회사, 한국기업 지사 및 은행 지점들이 개설되었다.
1980년대 초 한국 건설기업 수는 10개까지 증가하였고, 아랍에미레이트 내 대
외무역회사는 1990년 50개까지 증가하였다. 1980년대 중반 두바이, 아부다비
및 알라이네에서 3개의 야간학교가 개교했으며, 이곳에서 120명 이상의 한인
아이들이 공부하였다.[41]

주아랍에미레이트 한국 대사관의 자료에 따르면, 현재 아랍에미레이트에 거주
하고 있는 한인은 983명으로, 그중 남성이 570명, 여성이 413명이다. 가장 많은
한인이 거주등록이 된 곳은 두바이로 640명(남성 346명, 여성 304명)이고, 아부
다비에 124명, 기타 지역에 175명이다. 한인 중 귀화한 사람은 없지만, 장기거주
외국인체류자 신분을 가진 사람은 340명(남성 190명, 여성 159명)이고, 나머지
633명은 단기 체류 외국인에 해당된다. 아랍에미레이트의 한국인 고용 부문을 보
면 다음과 같은 분포가 나타난다. 41%가 회사 근로자, 13%는 사업가, 2%는 전
문가, 14%는 학생(대학생 1명 포함)이며, 비고용자가 30%를 차지하는데 이들은
가정 가사를 담당하는 한국인 주부들도 포함되어 있다.[42]


## 쿠웨이트

1970년대 쿠웨이트에서 한국 건설업체들이 다수의 대규모 프로젝트를 수행하
여 1982년 한국으로 귀국한 한국인 근로자 및 전문가 수가 1만 2,000명에 육박
했다. 쿠웨이트 주재 한국 대사관의 자료에 따르면 2004년 초 기준으로 아랍국가
인 쿠웨이트에 거주하는 한국인은 모두 553명으로 예외 없이 수도에 집중되어
있다. 쿠웨이트에 거주하는 한국인의 남녀 성비는 남자가 410명, 여자가 3배가량
적은 143명으로 매우 불균형적인 특징을 띠고 있다. 이와 같이 압도적인 남성 비

---

41) 전경수. 세계의 한민족. 서아시아. 아프리카. 세계한민족총서. 9. 통일원. 1996. p.38.

42) http://www.korean.net/xelpa/users/korean/okf_eng/directory/country/country.jsp?sCode＝
01&cCode＝010705&info＝8

율은 외부적 위협요인으로 국내정세가 불안한 것에 대하여 남자보다는 여자들이 더 우려하기에 나타난 것으로 보인다. 쿠웨이트에 거주하는 거의 모든 한국인들이 단기 체류하는 외국인들이며, 아랍인과 결혼한 2명의 여성만이 쿠웨이트 국적을 받았다. 절반 이상(52%)의 노동 가능 한국인들은 다양한 기업, 공립 및 사립 기관에서 고용직으로 일하고 있으며, 자영업자 7%, 전문가 3%, 무직 21%, 학생 17%(그중 대학생이 3%)와 같은 비율을 보였다.[43]

2003년 12월 12일 <연합뉴스>에 따르면 쿠웨이트와 북한이 외교관계 설립에 대한 공통 코뮤니케 발표의지를 표명했다고 한국 외교부 책임자가 밝혔다. 또한 "북한이 쿠웨이트에 대사관 기능을 수행할 무역대표부 수립을 추진 중이며, 쿠웨이트는 북한 주재 외교대표부 전권을 베이징 주재 쿠웨이트 대사관에 이양할 것이다."고 덧붙였다. 보도에서 특히 흥미로운 사실은 현재 쿠웨이트에서 약 2,000명의 북한 근로자들이 주로 건설 분야에 종사하고 있는 것이다.[44]

### 이란

이란에서 한국인들이 모여 살기 시작한 것은 1970년대 중반, 사업가들을 비롯한 다양한 직업의 사람들이 한국에서 이란으로 이주하기 시작하던 때이다. 2001년경 이란의 한국인은 430명이었으나, 2004년에는 456명으로 쿠웨이트나 다른 서아시아국가에서와 같은 이유로 한국인 남성 수가 한국인 여성의 수보다 2배가량 더 많았다.[45]

이란에 사는 한국인 중 아무도 국적을 바꾸거나, 영주권을 받지 않았으며 모두 한시적인 체류 외국인이었다. 한국인 중 77%는 회사에서 일을 하고, 단 3%만이 자영업을 하고 있어 중소기업 활동의 어려움을 보여 주고 있다. 학생은 2%, 직업군이 불분명한 자는 17%를 차지한다.[46]

---

43) http://www.korean.net/xelpa/users/korean/okf_eng/directory/country/country.jsp?sCode = 01&cCode = 010713&info = 8

44) Yonhap, 2003/12/17 09:52 KST

45) 전경수. 세계의 한민족. 서아시아. 아프리카. 세계한민족총서. 9. 통일원. 1996. p.37.

46) http://www.korean.net/xelpa/users/korean/okf_eng/directory/country/country.jsp?sCode = 01&cCode = 010710&info = 8

### 요르단

한국 건설업체는 1970년대 후반 요르단에서 활동을 시작하여 현재 요르단에는 183명(남자 83, 여자 100명)의 크지 않은 규모의 한국인들이 거주하고 있다. 요르단 법에 따르면 5년 이상 거주한 외국인은 영주권을 획득할 수 있음에도 불구하고 한국인 중 국적 혹은 영주권을 받은 사례가 없다. 2명이 학생 비자를 가지고 있고, 나머지는 단기 체류 외국인이다. 요르단의 모든 한국인들은 수도 아마나에 거주한다. 한국인이 속한 직업군은 다음과 같다. 회사원 42%, 선교사 31%, 국가공무원 15%, 사업가 4%, 전문직 4%, 학생 4%. 요르단의 한국인들 중 대부분은 기독교 선교사들과 소규모 사업가들인 것이 특징이다.[47]

요르단에는 다른 서아시아 국가들에서와 같이 한국정부가 한국의 전통무술을 알릴 목적으로 파견한 태권도 사범이 매우 인기가 있다. 요르단 왕족이 태권도 유단자 한국인 경호전문가 5명(남자 3명, 여자 2명)을 경호원으로 고용했다는 점도 주목할 만하다.[48]


### 오만

오만에 있는 한국인 수가 처음에는 다른 석유보유국들에 비해 비교적 적은 수치였다. 한국 건설업체들이 가연성연료 공장 건설 계약을 수행하였다. 뿐만 아니라 오만의 단일 경제 분야인 어업에서 1978년부터 트롤 어선 9척을 사용하여 사업에 성공하였다.[49] 현재 오만에는 54명(남자 34명, 여자 20명)의 한국인이 거주하고 있다. 이들은 대부분 수도 무스카트에 살고 있으며 2명은 소하르에 상주한다. 국적을 바꾸거나 영주권을 받은 한국인은 없다. 한국인 자영업자는 12.9%(7명), 외교 및 기타 국가업무 수행 공무원은 38.8%(21명), 학생은 27.8%(15명)이다. 직업군이 불분명한 자나 무직자는 20.4%(11명)이다.[50]

---

47) http://www.korean.net/xelpa/users/korean/okf_eng/directory/country/country.jsp?sCode=01&cCode=010708&info=8

48) Yonhap, 2003/12/18 11:38 KST. S. Koreans to Bodyguard Jordan's Royal Family.

49) 전경수. 세계의 한민족. 서아시아. 아프리카. 세계한민족총서. 9. 통일원. 1996. p.38.

50) http://www.korean.net/xelpa/users/korean/okf_eng/directory/country/country.jsp?sCode=

현재 바레인, 레바논, 팔레스타인 자치구, 이라크에 거주하는 총 한국인 수는 몇십 명에 불과하다. 대부분 이들 국가에 일시적으로 상주하는 대사관, 기업 대표부, 은행직원, 태권도 사범이기 때문에 한국인 이주민이라고 하기에 어려움이 있다. 현재 한국군 3,000명이 이라크에 파병되어 임무를 수행하고 있다.

### 이집트

한국 대사관 자료에 따르면 아프리카 대륙 북동부에 위치한 이집트 내 한국인 수는 643명으로 남자가 373명, 여자가 270명이다. 558명 대다수가 카이로에 거주하고 있으며, 나머지 85명은 포트사이트 및 기타 도시에 거주하고 있다. 모든 한국인들은 이집트 단기 체류 외국인 신분이다. 카이로 대학들에선 22명의 한국학생들이 공부를 하고 있다. 한국인 23%는 여러 지사에서 근무하는 직원들이며, 9%는 국가공무원, 16%는 무역회사에 고용되어 있으며, 사업가 6%, 전문가 2%, 회사 경영자 9%, 학생 17%, 가정주부 20%를 이루고 있으며, 나머지 22%는 '기타' 범주에 속한다. 이집트는 한국을 포함한 전 세계 관광객들의 마음을 사로잡은 국가로, 현재 이곳에 한국식당은 약 20개 정도 문을 열었으며, 그중 절반이 카이로에 위치하고 있다. 또한 한국 관광객들에게 서비스를 제공하는 여행사가 활동을 하고 있다. 몇몇 한인가족들은 한국식당과 한인공동체에 필요한 채소를 재배하고 있다.[51]

### 알제리

알제리의 한국인은 많지 않은 수로 36명이 거주하고 있으며, 그중 남자가 20명, 여자가 16명이다. 한 사람을 제외한 모든 한국인들은 인구 300만 명의 알제리 수도 알제이 주민이다. 국적을 바꾸거나 영주권을 가진 사람은 없으며, 작은 규모의 한인 단체 구성원들은 모두 알제리 단기 체류자들이다. 따라서 직업군으로 나누어 보면 국가공무원과 사업체 직원들이 30%로 주를 이루며, 자영업 종사자가 14%,

---

01&cCode=010707&info=8

51) http://www.korean.net/xelpa/users/korean/okf_eng/directory/country/country.jsp?sCode=
01&cCode=010417&info=8

전문가 6%, 학생 17%, 무직자(여성 - 가정주부)가 33%이다.[52]

## 앙골라

앙골라는 남아프리카의 신생 독립국으로 포르투갈의 식민제도와 끝없이 투쟁한 끝에 1975년 11월에 독립하였다. 앙골라의 한국인은 총 34명으로 적은 수에 불과하며, 그중 남자가 27명, 여자가 7명이다. 한국인 모두가 수도 르완다에 거주하고 있으며, 6명은 영주권(장기 체류 신분)을 받았으며, 나머지는 일시적으로 체류하고 있다. 한국인 중 54%는 국가기관 및 사기업 직원들이고, 28%는 자영업자, 10%는 전문가이며, 나머지는 비고용자들이다.[53]

## 리비아

북아프리카 리비아에는 오늘날 서아시아지역에 대규모 한인공동체가 이루어져 있듯이 한인들이 거주하고 있다. 주트리폴리 한국대사관 자료에 따르면 2004년 이곳 한국인은 1,012명으로 남자가 973명, 여자가 39명이다. 이러한 성비 불균형은 한국인(남성) 94.5%가 리비아에서 일하는 회사 고용 직원이라는 다른 특징에 주목한다 할지라도 합당하게 설명할 수 없다. 젊고 독신의 전문가들을 특히 선호했다고 생각해 볼 수 있다. 반 이상의 한국인(596명)은 수도 트리폴리에, 나머지 416명은 벵가지에 거주하고 있으며, 이는 한국인 100%가 도시민임을 의미한다. 한국인 중에서 국적을 바꾸거나 외국인 거주민 신분을 획득한 자는 없다. 비록 무아마르 카다피 집권체제로 경제자유화 개혁이 일어났으나, 일부 경제 분야는 아직 발전되지 않았기 때문에 한국인 사업자는 겨우 0.4%에 불과하였다. 비고용자(가정주부 여성 제외)의 비율 또한 3.3%로 매우 낮았으며, 학생은 1.9%로, 이를 통해 대부분의 한국인들은 독신의 남성임을 알 수 있다.[54]

---

52) http://www.korean.net/xelpa/users/korean/okf_eng/directory/country/country.jsp?sCode =
01&cCode =010413&info =8

53) http://www.korean.net/xelpa/users/korean/okf_eng/directory/country/country.jsp?sCode =
01&cCode =010414&info =8

54) http://www.korean.net/xelpa/users/korean/okf_eng/directory/country/country.jsp?sCode =

## 보츠와나

보츠와나는 아프리카 남부에 위치한 신생 공화국으로 1966년에 영국으로부터 독립을 얻었다. 주남아프리카공화국 한국 대사관이 보츠와나를 관리한다. 보츠와나에는 현재 67명의 남자와 62명의 여자, 총 129명의 한국인이 살고 있다. 이 중 대부분인 104명이 수도인 가보로네에 있고, 기타 25명은 각기 다른 도시에 거주한다. 보츠와나의 한국인 중 상당수인 124명이 영주권을 보유하고 있으며, 1명은 국적을 얻었고, 4명은 영주권이 없다. 보츠와나의 한국인들 중 개인 사업가 비중이 24%로 상대적으로 높지만, 반면 공무원이나 사기업의 직원의 비중은 0.7%로 낮다. 전문직 종사자가 1.5%, 기타 직업군이 73.8%이다.[55]

## 카메룬

카메룬은 중앙아프리카 서부에 위치하고, 2004년 초 카메룬 내 한국인은 남자 79명, 여자 61명으로 총 140명이었다. 절반에 약간 못 미치는 64명이 카메룬 수도인 야운데에 거주하고, 63명은 카메룬에서 가장 오래되고 큰 중심지인 다우데에, 기타 한국인들은 다른 도시에 거주한다. 현재 카메룬에 거주하는 모든 한국인은 외국인 신분이다. 개인 사업가 34.3%, 국가공무원과 회사 직원 34.2%, 학생은 2명의 대학생을 포함해 총 31.5%의 비중을 차지한다.[56]

## 코트디부아르

코트디부아르 공화국은 아프리카 서부에 위치해 있으며 주코트디부아르 한국 대사관의 자료에 따르면 이곳의 한국인은 남성 113명, 여성 84명으로 총 197명이다. 대부분의 한국인(179명)이 대통령 관저와 각국 대사관이 위치한 코트디부아르 최대 도시 아비장에 거주한다(공식 수도는 야무수크로이다). 코트디부아르로 국적을 바꾸거나 영주권을 얻은 한국인은 없다고 기록된다. 한

---

01&cCode=010714&info=8

55) http://www.korean.net/xelpa/users/korean/okf_eng/directory/country/country.jsp?sCode= 01&cCode=010430&info=8

56) http://www.korean.net/xelpa/users/korean/okf_eng/directory/country/country.jsp?sCode= 01&cCode=010429&info=8

국인 직업 분포는 개인 사업가 45%, 회사 직원 15%, 전문가 10%, 학생 25%, 기타 5%이다.[57]

콩고, 차드, 중앙아프리카공화국 등 아프리카 국가에 거주하는 한국인의 수, 거주지역, 성비, 직업, 지위 등에 관해 한국 대사관이 제공한 정보가 있다. 이들 국가에 거주하는 한국인 수는 모두 몇십 명 수준에 불과하다. 재외동포 재단의 최근 자료에 따르면 아프리카에 거주하는 한국인은 총 5,095명이고, 서아시아에 거주하는 한국인은 6,559명이다.[58]

결론적으로, 한국은 1970년대 초에 서아시아에 활발하게 진출했다고 강조할 수 있다. 한국경제는 처음부터 수출주도형 경제로 발전했기 때문에 비단 석유뿐만 아니라, 한국상품의 잠재적 소비국인 이들 국가와의 국제관계 확대 가능성에 한국의 경제계 및 정계는 매력을 느꼈다. 국제 석유가격 급등을 초래했던 원유 붐으로 페르시아 만 국가들은 막대한 수익을 챙겼고, 이 수익으로 10~15년 만에 한때 황량한 지역이었던 이곳을 바꿀 수 있었다. 이와 관련해 대규모 건설 계약과 자본 및 풍부한 노동자원으로 인한 수익성 있는 투자기회에 한국이 관심을 보였다.

한국의 건설사업은 급격히 성장했고, 5년 동안 수만 명의 한국 젊은이들이 여러 아랍 서아시아 국가와 아프리카를 방문했지만, 계약이 끝나자마자 이들은 한국으로 돌아왔다. 그러나 한국 건설노동자들이 바로 동부 아랍과 아프리카의 개척자였다. 이들과 함께 또는 이들을 뒤따라 다른 사업에 종사하는 한국인들과 또한 가족들이 이곳에 왔다.

건설사업은 한국과 서아시아 국가들을 잇는 최초의 고리였다. 한국은 현재 세계 5대 원유 소비국으로, 원유는 한국의 많은 산업 부문에 에너지원과 원료로서 사용되고 있다. 서아시아와 아프리카의 다른 지역에서 한국인들은 비록 수가 적지만 한국의 국제관계 강화와 경제, 문화, 과학, 스포츠 및 기타 모든 분야의 협력발전에 중요한 역할을 하고 있다.

---

57) http://www.korean.net/xelpa/users/korean/okf_eng/directory/country/country.jsp?sCode=01&cCode=010424&info=8

58) Overseas Koreans Foundation, Seoul, 2004, pp.6－7.

* 이 지역에 있는 국가는 이집트, 수단, 바레인, 이스라엘, 요르단, 이라크, 예멘, 키프러스, 카타르, 쿠웨이트, 레바논, 아랍에미레이트, 오만, 사우디아라비아, 시리아, 팔레스타인, 터키 등이다. 터키는 아시아와 유럽에 걸쳐있으며 이집트는 아프리카와 아시아에 걸쳐 있다. 아시아와 아프리카는 수에즈 운하로 분리된다.

** 걸프협력회의는 회원국인 바레인, 카타르, 쿠웨이트, 아랍에미레이트, 오만 및 사우디아라비아 국가들의 상호간 협력을 위하여 1981년에 설립되었다. Anthony, John Duke. The Gulf Cooperation Council, Journal of South Asian and Middle Eastern Studies, 5, No. 4, Summer 1982, pp.3-18.

# 결론

전후 현대 한인이주의 역사는 이전 시기와는 근본적으로 다르다. 한인들의 대량 이주는 한국과 한인들의 주권이 상실된 일제강점기 시대에 발생하였다. 한인들은 한반도 인접국인 중국, 러시아, 일본 등지로 주로 이주해 나갔다. 현대 한인이주민들은 고국인 한국을 떠났는데 반면에 북한은 폐쇄국가로 남았다. 20세기 말에 전후의 북한에서 대규모적이고 지속적인 기아가 발생하게 된 경제위기와 식량난으로 인하여 수십만 명의 북한사람들이 구원처인 중국으로 넘어 갔다.

연구대상 기간 동안에 이주의 규모와 지역에 변화가 발생하여 현재 한인들은 사실상 전 세계에 거주하고 있다. 주요 한인공동체 지역은 중국, 미국, 일본, 소련 등 규모가 큰 국가를 제외한다면 캐나다, 호주와 뉴질랜드, 중남미 국가 등이다. 현대 한인공동체는 서유럽, 동남아시아 일부 국가에서도 두드러진다. 한인들은 서아시아와 아프리카 지역에도 살고 있는데 여기는 지리적으로 한반도와 많이 떨어져 있다. 현대 한인들을 수용하는 국가들은 경제수준과 정치체제, 민족문화, 신앙 및 언어가 서로서로 다르다.

한인들의 연령별, 성별, 사회적 구조는 본질적으로 변화하였다. 초창기에 자발적이거나 강제적으로 한반도를 등진 사람들은 가난하고 학력이 낮은 사람들이었으나 나중에는 교육수준이 높고 한국사회에서 주로 중산층에 해당하는 사람들이 국가를 떠나갔다. 초기 이주민 중에는 결혼하지 않은 생산가능층 남자들이 수적으로 압도적이었는데 그 이유는 이들이 새로운 땅에서 모든 부담을 짊어져야 했기 때문이었다. 한국에서 여러 국가로 새롭게 이주해 나간 사람들, 특히 비즈니스맨들은 자신의 가족들과 함께 준비된 지역, 즉 이미 미리 도착했던 한인이주민들이 개척한 곳으로 갔다. 이전에 보였던 연령별, 성별 구조의 불균형은 시간이 흐름에 따라 해소되어 갔다. 한국에서 나간 새로운 이주민은 대도시 출신자들이었으며 도시화와 산업화, 기술, 과학 문화 발전에 익숙한 1, 2세대 사람들이었다.

한국으로부터의 이주원인과 이주대상국도 변화되었는데 국제적인 이주원리(밀고 당기는 요소)가 작동되었던 것이다. 주요 원인은 무엇보다도 경제적인 것에 있었는데 이유는 1960년대까지 한국이 생활수준이 낮은 후진 농업국이었고, 불안한 정치저 상황과 대규모 시위가 벌어졌던 곳이었기 때문이었다. 1980년대 말 한국의 급속한 경제성장과 사회적인 안정으로 인하여 경제적 이유는 두 번째 문제로 밀려나게 되었다. 타국으로 이주하려는 초경제적인 이유는 다양했지만 여러 국가의 조사응답자의 답변에 의한 주요 이유로는 자녀들에게 수준 높은 영어교육을 시키고 다른 세상을 접하게 하며, 한국에서는 정치적 혹은 사회경제적으로 불편했던 선교활동을 하며, 외국인과의 결혼을 위해서 등 다양하게 나타났다.

한인들은 국제적인 이주의 역사가 짧았음에도 다양한 이주의 형태, 유형, 형식 및 방향에서 많은 경험을 가지고 있다. 이주자들은 대량이주가 발생했던 시기에도 개인적인 방식으로 모국을 떠났다. 한인들은 이번 경우에도 예외는 아니었으나 많은 경우에 일국에서 다른 국가로 단체로 이주해 나갔던 것이다. 무엇보다도 이러한 현상은 일본과 중국으로부터 오는 귀환자와 관련이 있는데 이때는 본국 귀환과 관련한 문제가 해당 국가나 국제사회의 현안으로 되어 있을 시기였다.

사실 귀환문제는 짧은 시기에 발생하였고 압도적 다수의 한인이주민들은 제2차 세계대전이 끝나자마자 바로 본국으로 되돌아왔다. 그러나 귀환과정은 전체 연구기간에 몇 번 중단을 맞이하면서 지속되었는데 그 이유는 1960년대 말부터 1970년대 초에 대단히 많은 수의 한인들이 일본에서 북한으로 가게 되었던 것이다. 1992년에 러시아, 한국, 일본의 관리들이 한인 1세대들의 귀환에 대해 의견을 나누었다. 한인들의 사할린 강제이주에 책임이 있던 일본은 한국 귀국을 희망하는 한인들에 대한 경제적 지원을 하였다. 90년대 중반부터 한국으로 첫 사할린 이주민들이 도착하게 되었고 지금은 한국의 많은 도시에서 약 1,300명의 사할린 한인이 거주하고 있는데 그중 약 천 명 정도는 안산시에 살고 있다.

1960년대 초에 젊은 한인들이 서독으로 광부와 간호사로 파견되고, 중남미 국가에 농업이주민으로 떠나며 1970~1980년대에 페르시아 만 국가로 건설 노동자로 파견된 것은 한국정부와 이주민 수용국 그리고 해당 사업업체 간의 사업 실행결과 이루어졌다. 한국정부의 국제이주정책은 거시적 수준에서 볼 때 엄격한 금지에서부터 확대 및 직접 참여의 형태로 진행되었다.

미시적 수준에서는 오래전에 도착했던 이주민들이 새로 도착한 이주민들에게 입국과 거주, 직장 그리고 필수 서류의 작성 등에서 많은 도움이 되었다. 그리고 다양한 디아스포라 네트워크가 구축되었는데 그중에는 폭넓은 동포 간 교류를 행한 한국의 개신교 교회가 일정한 역할을 하였다.

국제이주는 개인 및 단체 형태의 복합적 성격을 가졌는데 가령 포스트 소비에트 시기의 신생 독립국들의 민족주의적 경향으로 인하여 중앙아시아의 한인이주가 대표적이었다. 중앙아시아로부터 러시아의 연해주, 볼가 지역, 북카프카즈 등으로 떠나는 한인이주는 한국의 NGO와 교회 그리고 정부재단의 재정적 및 정신적 원조로 진행되었던 것이다.

이주 형태는 영구이주, 기러기이주, 계절이주, 일회성이주, 연장이주, 연쇄이주, 경유이주 등으로 구분된다. 주로 다양한 국가로 떠난 다수의 한인들은 새로운 환경에 적응해야 했고 이후 되돌아가지 않았다.

계절이주 형태는 소비에트 고려인의 계절농 형식인 고본질과 관계가 있는데 이 구도하에서는 가족이 중심이 된 일정한 조직이 야채와 채소류를 재배하기 위하기 일정한 지역을 계절적으로 이주하는 것을 말한다. 계절이주는 농작물의 생장과 재배로 결정되는데, 즉 봄에는 파종, 여름에는 관리, 가을에는 수확의 주기로 움직인다. 수천 명의 한인들이 카자흐스탄과 우즈베키스탄에서 이른 봄에 소련의 각 지역으로 떠나서 늦은 가을에 다시 되돌아왔던 것이다.

기러기이주는 중소기업을 운영하는 한인들과 관계가 있는데 자신들의 가족이 한국이나 이주국에 남아 있고 자신은 기러기처럼 양국을 오가는 형태의 이주를 말한다. 이러한 이주는 호주, 뉴질랜드, 캐나다, 동남아시아, 포스트소비에트의 여러 국가 등으로 이주한 한인들이 해당된다.

한인이주의 역사에는 몇 가지 에피소드가 있는데 곧 특정국가의 이주가 한 번으로 끝나는 특징이 있다는 것이다. 이러한 사례는 20세기의 하와이와 멕시코 이주에서 발견된다. 즉 일회성이주는 중동지방에 파견되었던 한인들이 고용계약 종료 직후 바로 본국으로 되돌아갔다는 점이 특징이었다. 대체적으로 페르시아만 국가에서 있었던 한국 건설의 붐은 매우 짧았고 이 기간에 수만 명의 한국 젊은이들이 노동력의 국제이동을 단기적으로 행했던 셈이었다. 결과적으로 이주의 형태가 단계별로 주기적으로 파동의 형태로 지속되었던 것이다.

분명한 것은 한인이주는 일부 국가에서 '연쇄반응'을 보였는데, 즉 선착 이주민들의 성공적인 적응으로 인하여 새로운 이주민들이 연쇄적으로 들어오는 경우를 말한다. 대개 이주민이 처음 입국하면 나중에는 친척과 친지들이 모여들고 그리고 다시 새로운 사람들이 이주해 오는 것이다. 연쇄이주는 한인을 수용한 많은 국가에서 찾아볼 수 있으며 가까운 미래에도 지속될 것으로 보인다.

그다음 이주의 형태로 경유이주는 한인들이 목적지로 바로 이주해 가지 않고 제3국을 경유하여 입국하는 것을 말한다. 이러한 경로선택의 원인은 다양하다. 가령 베트남, 중동, 서독 등지에서 머물던 한인들의 일부는 의무근무 기간이 종료된 이후 타국으로 다시 이주해 갔던 것이다. 다른 구도로는 미국 입국 이주한인들의 경우가 있는데 이들은 캐나다, 호주, 유럽, 중남미를 경유하여 미국으로 이주해 갔다. 중남미 국가는 많은 경우에 한인이주민들의 궁극적인 종착지가 아니었으며 단지 미국, 캐나다 혹은 호주로 재이주하기 위한 준비단계 국가로 간주되었다. 가끔 이러한 경유이주는 국가 간 국경지대에서 많이 발생하는데 어떤 때는 입국이 쉽기도 하고 또 어떤 때는 어렵기도 하였다. 파라과이나 볼리비아로 이주한 한인들은 재차 아르헨티나와 브라질로 이주해 갔던 것이다.

이주의 성격상 자발적인 이주와 강제적인 이주로 나누어 볼 수 있다. 한인들의 이주는 주로 대규모의 자발적인 이주였지만 한인이주사에서 소비에트 고려인들처럼 스탈린의 강제이주와 일본의 강제징용 정책으로 인한 한인들의 피해 그리고 제2차 세계대전 시기에 미국한인들의 억류 등과 관련한 어두운 장면도 있었다.

전후 한인이주는 세계적으로 다양한 형태의 이주양상을 보여 주었다. 연구기간에 한인들은 고국으로 귀환하고 가스타르바이테르의 자격으로 계약노동자로, 사업투자가로, 국제결혼 당사자로, 입양아로, 전쟁포로로, 기아와 전쟁으로부터의 난민으로, 가족과의 재회를 위한 이주자로, 선교사로, 외국 유학생으로 이주해 나갔던 것이다. 소비에트 고려인들은 독특한 '국제이주'의 경험을 하였는데 그것은 소련이 붕괴하자 구성공화국들이 각각 독립하면서 각자 다른 국가의 국민이 된 결과가 나타났기 때문이었다.

한인이주의 수는 연구기간 동안에 비약적으로 커지면서 역동적으로 변화하였다. 전후의 귀환결과 외국거주 한인들의 규모가 거의 절반 수준으로 내려갔고 1960년대 중반까지 해외한인의 수는 주로 자연증가에 의존하게 되었다. 이후 일부 국가에서는 새로운 이주민의 유입이 이주자 수 변화의 주요 원인이 되었으며 이러한 변화요인은 인구학적 변수로 작용하였다.

전후의 한인이주는 한국의 경제성장과 관련하여 전개되었는데 당시 한국은 외국과의 관계를 증진하고 기술, 운송, 통신 등의 부문에서 세계적인 업적을 내고 있었다. 현재 이주민들은 항공, 인터넷, 핸드폰 등을 이용하여 무제한적으로 관심 있는 국가에 대한 오디오 및 비디오 정보를 받는다. 특히 대다수 여행사, 변호사업 등 이주 준비에 관련 있는 업체들이 이러한 수단에 관련을 가진다. 이주민들은 이주하려는 국가에 대해 미리 여행을 하여 정보를 가지거나 기타 다양한 방법으로 관련 사항을 취득하고 이주해 나간다. 한국에서 외국으로 떠나는 여행시간은 최소한으로 짧아졌는데 그 결과 국제이주의 과정이 순조롭게 되고 있다.

　현재 세계에는 한인이주민들이 크게 두 가지로 분류되는데, 즉 19세기 말부터 20세기 초까지 이주한 사람들 및 그 후손들과 그리고 1960년대 후반부터 시작된 새로운 이주민들 등이다. 이러한 이주는 지리적인 구도와 연령, 성별, 사회구성별 구조가 서로서로 다르다.

　해외한인들은 이주수용국의 특징과 거주기간과는 상관없이 동질적인 인구학적 변수를 보여 주고 있다. 무엇보다도 한인들은 낮은 출생률, 높은 평균수명, 높은 국제결혼율, 대도시선호도 등을 나타낸다. 한인이주 가정은 전통적인 대가족적 특성을 상실하고 단순하게 하나 혹은 두 세대의 구성원으로만 되어 있다. 그러나 이러한 핵가족에서는 부모와 자녀 간의 언어적 불일치가 발생하며 가치관의 차이, 생활방식과 정신적 구조의 차이가 나타났다. 일본이나 러시아에서 주로 나타난 압도적으로 높은 국제결혼은 현지의 주류 민족 사이에서 해외한인들의 점진적인 동화과정을 만들어 낼 것이다.

　현재 세계에는 동질적인 혈연성을 바탕으로 한 해외한인들이 모두 600만 명 이상 살고 있다. 해외한인들의 특성은 이들이 선조들의 고향인 역사적인 조국뿐만 아니라 실제로 남북한이라는 두 개의 국가와 긴밀한 관계를 가지고 있다는 것이다. 민주적인 방식에 입각한 한반도의 평화적 통일은 해외한인을 포함한 전 세계 한인들의 염원이다. 한반도의 통일은 전 세계 한인들을 통합시키게 될 것이며, 그때는 모든 한인들이 현재의 '한국사람', '조선사람', '재미교포', '조선족', '고려인', '고려사람' 등으로 불리고 있는 용어를 하나로 통일시켜 부르게 될 것이다. 이러한 희망과 함께 본 작업을 마치고자 한다.

참고문헌

## 현대 세계인구 및 국제이주 동향

### 영어 자료

Alexandratos, N.(Ed.) World Agriculture: Towards 2010. An FAO Study. Chichester et al.(FAO and John Wiley & Sons). 1995.

Altonji, J., and D. Card. The Effects of Immigration on the Labor Market Outcomes of Less—skilled Natives. In Immigration, Trade and the Labor Market, ed. J. Abowd and R. Freeman, 201—234. Chicago: Chicago University Press. 1991.

Baker, J., & Aina, T. The Migration Experience in Africa. Uppsala: Nordiska Africainstitutet. 1995.

Baldwin—Edwards, M. Immigration after 1992. Policy and Politics. 1991, 19(3):199—211.

Borjas, G. J. Immigration in the US Labor Market: 1940—80. American Economic Review. 1991. 81:287—91.

Bilsborrow R. E., Graeme Hugo, A. S. Oberai and Hania Zlotnik. International Migration Statistics. Guidelines for Improving Data Collection Systems. International Labor Office. Geneva, 1997.

Borjas, G. J. The Economics of Immigration. Journal of Economic Literature. 1994, 32(December):1667—1717.

Borjas, G. J., R. B. Freeman, and L. F. Katz. On the Labor Market Effects of Immigration and Trade. NBER Working Paper 3761, Cambridge. 1991.

Brecher, R. B., and E. U. Choudhri. International Migration verses Foreign Investment in the Presence of Unemployment. Journal of International Economics. 1987. 23:329—42.

Butcher, K., and D. Card. 1991. Immigration and Wages: Evidence from the 1980s. American Economic Review 81(2, May):292—96.

Carr—Saun—ders A.M., World population. Past growth and present trends, Oxf., 1996.

Chiswick, B. 1994. The Performance of Immigrants in the United States Labour Market. In Economic Aspects of International Migration. 1st ed., ed. H. Giersch, 95—114. Berlin: Springer—Verlag.

Clifford, James. 1994. "Diasporas", Cultural Anthropology 9(3): 302—338.Cohen, Robin. 1997. Global Diasporas: An introduction. London: University College London.

Cohen, J.E. How many people can the earth support? New York, 1995.

Colin, G. Pooley and Ian D. Whyte.(Ed). Migrants, Emigrants and Immigrants. A social History of migration. London & New York: Routledge, 1991.

Collinson, S. 1993. Europe and International Migration. 1st ed. London: Pinter.

Concise report on the World population situation in 1991: with a special emphasis on age structure, N.Y., 1999.

Dearden, S. J. H. 1995. Minimum Wages and Wage Flexibility in the European Union. Journal of European Social Policy 5(1):29−42.

DeNew, J. P., and K. F. Zimmermann. 1994. Native Wage Impacts of Foreign Labor: A Random Effects Panel Analysis. Journal of Population Economics 7:177−92.

Ekburg, J. 1977. Long Term Effects of Immigration. Economy and Society 20(1):3−22.

Eng, David L. 2003. Transnational Adoption and Queer Diasporas. Social Text 21(3): 1−37.

Felderer, B. 1994. Can Immigration Policy Help to Stabilize Social Security Systems? In Economic Aspects of International Migration. 1st ed., ed. H. Giersch, 197−248. Berlin.

Fischer, P. A., R. Martin, and T. Straubhaar. 1997. Development and Migration or Migration and Development? Book Chapter.

Friedberg, R. M., and J. Hunt. 1995. The Impact of Immigrants on Host Country Wages, Employment and Growth. Journal of Economic Perspectives 9(2):23−44.

Gang, I., and F. Rivera−Batiz. 1994. Labor Market Effects of Immigration in the United States and Europe: Substitution vs. Complementarity. Journal of Population Economics 7:157−75.

Garson, J. P. 1992. International Migration: Facts, Figures, Policies. OECD Observer(176, June):18−24.

Garson, J. P., and A. Puymoyen. 1995. New Patterns of Migration. OECD Observer(192, February):8−12.

Geddes, A. 1995. Immigrant and Ethnic Minorities and the EU's Democratic Deficit. Journal of Common Market Studies 33(2, June):197−217.

Greenwood, M. J., and J. M. McDowell. 1994. The National Labour Market Consequences of US Immigration. In Economic Aspects of International Migration. 1st ed., ed. H. Giersch, 155−94. Berlin: Springer−Verlag.

Grossman, J. 1982. The Substitutability of Natives and Immigrants in Production. Review of Economics and Statistics 64:596−603.

Hansen, B. 1993. Immigration Policies in Fortress Europe. In Labor and an Integrated Europe. 1st ed., ed. L. Ulman, 224−49. Washington: The Brookings Institute.

Harris, Nigel. The New Untouchables: Immigration and the New World Order. Penguin 1995.

Ichino, A. 1993. The Economic Impact of Immigration on the Host Country. In Migration Policies in Europe and the United States, ed. G. Luciani, 145−162. Kluwer Academic.

Krauss, M. B., and W. J. Baumol. 1979. Guest Workers and Income Transfer Programmes financed by Host Governments. Kylos 32:36−46.

Lalonde, R. J., and R. H. Topel. 1991. Labour Market Adjustments to Increased Immigration. In Immigration, Trade and the Labour Market, ed. R. Freeman and J. Abowd, 167−

200. Chicago: University of Chicago.

Layard, R., ed. 1992. East－West Migration: The Alternatives. Cambridge: MIT Press.

Luciani, G., ed. 1993. Migration Policies in Europe and the United States. London: Kluwer.

Markusen, J. 1983. Factor Movements and Commodity Trade as Complements. Journal of International Economics 14:341－56.

McEvedy C., Jones R., Atlas of world population history, L., 1998.

Paul Boyle, Keith Halfacree and Vaughan Robinson.(Ed). Exploring Contemporary Migration. Prentice Hall Copyright: 1998.

Robin Cohen.(Ed). Theories of Migration. The International Library of Studies on Migration. An Elgar Reference Collection, Cheltenham, UK－Northampton, MA, USA, 1996.

Robin Cohen.(Ed). The Sociology of Migration. The International Library of Studies on Migration. An Elgar Reference Collection, Cheltenham, UK－Northampton, MA, USA, 1996.

Russell King(Ed) Mass Immigration in Europe. London: Belhaven Press. 1993.

Simon, Julian. Population Matters: People, Resources, Environments, and Immigration. Transaction Pubs. 1990.

Simon, J. L. 1989. The Economic Consequences of Immigration. Oxford: Basil Blackwell.

Stalker, Peter. The Work of Strangers: A Survey of International Labor Migration. Geneva: International Labor Office. 1994.

Stark, O. Migration of Labor. Oxford: Blackwell. 1993.

Straubhaar, T. On the Economics of International Migration. Bern. 1988.

Todaro, Michael P. Internal Migration in Developing Countries. Geneva: International Labor Office. 1976.

Tomas Hammar, Grete Brochmann, Kristof Tamas and Thomas Faist.(Ed) International Migration, Immobility and Development. Multidisciplinary Perspectives. Oxford & New York: Berg, 1997

UN－United Nations Population Studies(1998), "World Population Projections to 2150", Population Studies, n 173, Geneva.

UN－United Nations Population Studies(1999), "World Population Prospects. The 1998 Revision", Vol. I : Comprehensive Tables, Population Studies, n 177, Geneva.

UN－United Nations Population Studies(1999), "World Population Prospects. The 1998 Revision", Vol. II: Sex and Age, Population Studies, n 180, Geneva.

UN－United Nations(1992), "Handbook of Population and Housing Censuses, Part. II. Demographic and Social Characteristics", Department of International Economic and Social Affairs, Statistical Office, Studies in Methods, Series F, n.54, New York.

UN－United Nations(1994), "Human Rights and Social Work", Center for Human Rights, Professional Training Series, n.1. New York.

UN－United Nations(1995), World Population Prospects, 1950－2050. The 1994 Revision. UN Population Division, New York.

UN-United Nations(1996), "Social Policy and Social Progress", Social Policy and Social Progress Series, n.1. New York.

UN-United Nations(1997), "Report on the World Social Situation 1997", New York.

UN-United Nations University Press(1997), "Women and Kinship", Comparative Perspective on Gender in South and South-East Asia, New York.

UN-United Nations(1997), "Environment, Energy and Economy-Strategies for Sustainability" United Nations University Press. Geneva.

UN-United Nations(1998), "Knowledge Societies. Information Technology for Sustainable Development", New York.

UN-United Nations(1998), "Family-building and Family Planning Evaluation", New York.

UN-United Nations Economic Commission for Africa(1998), "Economic and Social Survey of Africa, 1995/96", New York.

UN-United Nations Economic Commission for Europe(1998), "Ageing Research in Europe. Demographic, Social and Behavioral Aspects", New York.

UN-United Nations Economic Commission for Europe(1998), "Directory of Population Ageing Research in Europe", New York.

UN-United Nations Economic Commission for Europe(1998), "Living Arrangement of Older Persons in Canada", New York.

UN-United Nations Economic and Social Commission for Asia and the Pacific(1998), "Source Book on Ageing: Information Materials for the International Year of Older Persons", New York.

UN-United Nations Population Division(1998), "Government Views on the Relationships between Population and Environment", New York.

UN-United Nations Statistics Division(1998), "Handbook for Producing National Statistical Reports on Women and Men", New York.

UN-United National Population Division(1999), "Population Growth and Demographic Structure", Population Studies n.132. New York.

UN-United Nations Population Division(1999), "National Population Policies", Population Studies n.171. New York.

UN-United Nations Economic and Social Commission for Western Asia(1999), "Survey of Economic and Social developments in the ESCWA Region 1998-1999", New York.

UN-United Nations Economic and Social Commission for Asia and the Pacific(1999), "Asia-Pacific Population Policies and Programmes: Future Directions", Asian Population Studies Series n.153. New York.

UN-United Nations Economic and Social Commission for Asia and the Pacific(1999), "Economic and Social Survey of Asia and the Pacific, 1999", New York.

UN-United Nations(1999), "World Population Chart, 1998", Population Studies n.176. New York.

UN-United Nations(1999), "World Survey on the Role of Women in Development, 1999.

Globalization, Gender and Work", New York.

UN－United Nations Statistics Division(2000), "The World's Women 2000. Social Statistics and Indicators", New York.

UN－United Nations Economic Commission for Europe(2000), "Women and Men in Europe and North America", New York.

UN－United Nations(2000), "Women: A Selective Bibliography 1998－1999", New York.

UN－United Nations(2000), "World Economic and Social Survey 2000. Trends and Policies in the World Economy", New York.

UNICEF(2000), "State of the World's Children 2000", New York.

UNDP－United Nations Development Programme(1998), "Poverty in Transition", Geneva.

UNDP－United Nations Development Programme(2000), "UNDP Poverty Report: Overcoming Human Poverty", Geneva.

UNFPA－United Nations Fund for Population Activities(2000), "The State of the World Population 1999", Geneva.

Vaughan Robinson(Ed). Geography and Migration. The International Library of Studies on Migration. An Elgar Reference Collection, Cheltenham, UK－Northampton, MA, USA, 1996.

Vertovec Steven and Robin Cohen(Ed). Migration, Diasporas and Transnationalism. The International Library of Studies on Migration. An Elgar Reference Collection, Cheltenham, UK－Northampton, MA, USA.

Winkelmann, R., and K. F. Zimmermann. 1993. Aging, Migration and Labour Mobility. In Labour Markets in an Ageing Europe, ed. P. Johnson and K. F. Zimmermann, 255－83. Cambridge: Cambridge University Press.

World Bank(1985) "World population projections 1985", The World Bank, Washington.

Zimmermann, K. F. European Migration: Push and Pull. Supplement to World Economic Review and World Bank Research Observer. 1994.


## 러시아어 자료

Аваков Р., Гаврилюк В. Похищение умов. М., 1970.

Акимов А. В., Мировое насе─ление: взгляд в будущее, М., 1998.

Антонов А. И. Социология рождаемости. М., 1975.

Арутюнян Ю. В. Этносоциология. М., 1999.

Бедный М. С. Медико－демографическое изучение народонаселения. М., 1979.

Белова В. А. Число детей в семье. М., 1975.

Белова В. А., Дарский Л.Е. Статистика мнений в изучении рождаемости. М., 1972.

Бойко В. В. Молодая семья: социально－психологическое исследование. М., 1988.

Бондарская Г. А. Рождаемость в СССР. Этнографический аспект. М., 1977.

Борисов В. А. Демография: Учебник. М., 2001

Борисов В. А. Демография. М., 1999. 242с.

Боярский А. Н. Население и методы его изучения. М., 1975.

Боярский А. Я., Валентей Д. И., Кваша А. Я. Основы демографии. М., 1980.

Бромлей Ю., Подольный Р., Человечество—это народы, М., 1990.

Брук С. И., Население мира. Этно—демографический справочник, 2 изд., М., 1996.

Валентей Д. И., Кваша А. Я. Основы демографии. М., 1989.

Венецкий И. Г. Статистические методы в демографии. М., 1977.

Вернадский В. И. Биосфера и ноосфера. М., 1989.

Вишневский А. Г. Воспроизводство населения и общество. М., 1984.

Вишневский А. Г. Мировой демографический взрыв и его проблемы. М., 1978.

Гаврилов Л. А., Гаврилова Н. С. Биология продолжительности жизни. М., 1991.

Гозулов А. И. Переписи населения земного шара(Хронологическая таблица). М., 1970.

Гольдин Г. Г. Современная иммиграционная политика западных государств. М.:
        Интердиалекг, 1998.

Городская и сельская семья. М., 1987.

Григорьянц М. Г. Переписи населения в капиталистических странах(Организационные
        и программно—методологические вопросы современных переписей). М., 1976.

Гузеватый Я. Н., Демографо—экономические проблемы Азии, М., 1980.

Гумилев Л. Н. Этногенез и биосфера Земли. Л., 1990.

Гумилев Л. Н. История людей и история природы. М., 1993.

Дарский Л. Е. Формирование семьи. М., 1972.

Демографическая политика в современном мире. / Под ред. А. Г. Вишневского. М.,
        1989.

Демографический справочник. М., 1989.

Демографический энциклопедический словарь. М., 1985.

Дитеричи К. Ф., Народонаселение земного ша—ра по его количеству, племенным
        различиям и веро—исповеданиям, СПб., 1996.

Естественное движение населения совре—менного мира, М., 1998.

Иванов М. М. США: Правовое урегулирование иммиграционного процесса(условия
        и процедуры приобретения статуса постоянного жителя США). Москва. — Ме
        ждународные отношения. 1998.

Ионцев В. А. Мировые миграции. М., 1992.

Ионцев В. А. Международная миграция. М., 2001.

Казьмина О. Е., ПучковП. И. Основы этнодемографии. М. 1994.

Козлов В. И., Динамика численности народов, М., 1996.

Козлов В. И. Этническая демография. М., 1977.

Костин Р. А. Миграция: Этносоциальные и этнополитические проблемы: Автореф.

дисс. ······ д－ра. социол. наук. － СПб., 1997. －38с.

Лебедева Н М. Социальная психология этнических миграций. －М., 1993. －195с.

Литература о народонаселении. Библиографический указатель(1994－2000 гг.).
Под редакцией к.э.н. В. В. Елизарова, к.э.н. И. В. Дзарасовой, к.э.н. Р. С.
Ротовой, к.э.н. И. А. Троицкой. Москва, 2002.

Мигас В., Нечай А. Закономерности современной международной миграции и
особенности ее регулирования. http://beljournal.by.ru/1999/1/15.shtm

Народонаселение. Современное состояние научного знания. М., 1991.

Народонаселение: прошлое, настоящее, будущее. М., 1987.

Народонаселение. Энциклопедический словарь. Гл. ред. Меликьян Г.Г. М.: Большая
Российская энциклопедия, 1994.

Насе¬ление мира. Демографический справочник, М., 1996.

Никитенко В. В. Демографический анализ поколений. М., 1979.

Платонов О. Качество трудовой жизни в развитых странах. －Экономист. 1994.
－N 2. －С.80－85.

Проблемы народонаселения. Сб. переводных статей, М., 1977－82.

Рыбаковский Л. Л. Миграция населения: Прогнозы, факторы, политика. М., 1987.

Соколова А. В., Деев В. М. Беженцы: Краткий словарь－справочник. － М., 1993.

Старченков Г. И. Трудовые миграции между Востоком и Западом. Вторая половина
XX столетия. М., 1997.

Урланис Б. Ц., Рост на¬селения в Европе, М., 1998.

Урланис Б. У. Эволюция продолжительности жизни. М., 1978.

Урланис Б. Ц. Статистика населения. М., 1971.

Федотов А. Глобальный кризис мировой системы // Международная жизнь. － 1994. －
N 4. －С.61－67.

Чайников Ю. В. Современные этнические и миграционные процессы // Соц. и гумани
т. науки. Зарубеж. лит. Сер. 5, История. －М., 1993. －N 1. －С.52－56.

Шелестов Д. К. Демография: История и современность. М., 1983.

Штемпель Д. Население мира в 2000 году. Численность, рождаемость, продолжительно
сть жизни. М., 1988.

한반도의 인구학적 동향 및 이주의 전제

영어 자료

Amsden, Alice H. Asia's Next Giant: South Korea and Late Industrialization. New York: Oxford University Press, 1989.

Baik, Yeonoak and Jin Young Chung. 1996. "Family policy in Korea", Journal of Family and Economic Issues 17(1): 93－112.

Cho, Lee－Jay. "Demographic Aspects of Urbanization in Korea." Journal of East and West Studies 3:1(April 1974): 123－138.

Cho, Pill－jay. "Growth of Korean Population." Korea Journal 4:8(August 1964): 4－9.

Choi, Inbom. 2003. "Korean Diaspora in the making: Its current status and impact on the Korean economy", In The Korean Diaspora in the world economy, edited by C. Fred Bergsten and Inbom Choi, 9－27. Washington D.C.: Institute for International Economics.

Cumings, Bruce. 1997. Korea's place in the sun. A modern history. New York: W.W. Norton.

Cumings, Bruce. The Origins of the Korean War: The Roaring of the Cataract, 1947－1950, 2. Princeton: Princeton University Press, 1990.

Donaldson, Peter J. 1981. "Evolution of the Korean family－planning system", In Economic development, population policy, and demographic transition in the Republic of Korea, 222－258. Studies in the modernization of the Republic of Korea: 1945－1975. Harvard East Asian monographs 93. Cambridge: Harvard University Press.

Eberstadt, Nicholas, and Judith Banister. The Population of North Korea(Korea Research Monograph No.17). Berkeley: Center for Korean Studies, Institute of East Asian Studies, University of California, 1992.

Eberstadt Nicholas and Judith Banister, "Military Buildup in the DPRK: Some New Indications from North Korean Data", Asian Survey, 31, No.11, November 1991, 1101.

Foley, James A 2002. Korea's divided families. Fifty years of separation. London: Routledge Curzon.

Freundlich, Madelyn and Joy Kim Lieberthal. 2000. The Gathering of the first generation of adult Korean adoptees: Adoptees' perceptions of international adoption. New York: Evan B. Donaldson Adoption Institute.

Goldscheider, Calvin(ed.). Rural Migration in Developing Nations: Comparative Studies of Korea, Sri Lanka, and Mali. Boulder, Colorado: Westview Press, 1984.

Grinker, Roy Richard. 1998. Korea and its futures. Unification and the unfinished war. New York: St Martin's Press.

Goodkind Daniel. North Korean Famine and Its Demographic Impact. Population and Development Review, Vol.27, No.2, June 2001.

Ha, Young-Sun. 1999. "The Historical Development of Korean Globalization: Kukchewha and Segyewha", In Democratization and Globalization in Korea: Assessments and prospects, edited by Chung-in Moon and Jongryn Mo, 159-178. Seoul: Yonsei University Press.

Hong, Sa-won. 1981. "Policies and Programs for Urban Migrant Women in Korea", Korea Journal 21(11): 4-21.

Hurh, Won Moo. 1972. "Marginal Children of War: An exploratory study of American-Korean children", International Journal of Sociology of the Family 2(3): 10-20. - 1998. The Korean Americans. The new Americans 5. Westport: Greenwood Press.

Hübinette, Tobias. 2002/2003. North Korea and adoption. Korean Quarterly(winter): 24-25.

Hyun, Oh Seok. 1989. "The Impact of Overseas Migration on National Development: The case of the Republic of Korea", in Amjad(ed.), 1989.

Jacobs, Norman. The Korean Road to Modernization and Development. Urbana: University of Illinois Press, 1985.

Kihl, Young Whan. Politics and Policies in Divided Korea: Regimes in Contest. Boulder, Colorado: Westview Press, 1984.

Kim, Chin and Timothy G. Carroll. 1975. "Intercounty Adoption of South Korean Orphans: A lawyer's guide", Journal of Family Law 14(2): 223-253.

Kim, Choong Soon. 1988. Faithful Endurance. Ethnography of Korean family dispersal. Tucson: University of Arizona Press.

Kim, Doo-Sub. Fluctuations in Sex and Age Composition of the North Korean Population: An Evaluation of the 1994 North Korean Census Data, The Journal of Social Science Studies, Hanyang University, Vol.21, 2002, pp.247-277.

Kim, Doo-Sub. Recent Uprising of the Sex Ratio at Birth in Korea Asia Journal, Vol.2-1, The Center for Area Studies, Seoul National University, 1995(June), pp.69-85.

Kim, Doo-Sub. The Demographic Transition in the Korean Peninsula, 1910-1990: South and North Korea Compared. Korea Journal of Population and Development, Vol.23-2, 1994, pp.131-155.

Kim, Doo-Sub. Working Experience of Married Woman and Fertility in Korea. Bulletin of the Population and Development Studies Center, Seoul National University, Vol.15, 1986, pp.19-30.

Kim, Doo-Sub On the Relationships among Economic Dependence, Urbanization and Development: A Cross-National Study, The Journal of Social Science Studies, Hanyang University, Vol.4, 1985, pp.159-186.

Kim, Doo-Sub Effects of Income Distribution on Fertility in Korea and the United States, Bulletin of the Population and Development Studies Center, Seoul National University, Vol.13, 1984, pp.1-18.

Kim, Doo-Sub and Kim Cheong-Seok(Eds). The Population of Korea. Korea National Statistical Office. Daejeon, 2004.

Kim, Doo-Sub. "The Demographic Transition in the Korean Peninsula, 1910-1990: South and North Korea Compared." Korea Journal of Population and Development 23:2(December 1994): 131-155.

Kim, Tai-Hun. "The Determinants of Infant and Child Mortality in Korea: 1955-1973." Hanguk ingu hakhoeji 9:2(1986:12): 93-107.

Kim, Tai-Hun. "Changing Determinants of Infant and Child Mortality: On the Basis of the Korean Experience." Journal of Biosocial Science 20:3(July 1988): 345-355.

Kim Yong-Woong. Industrialization and Urbanization in Korea. Korea Journal, Vol.39, No.3, 1999, pp.35-63.

Kim, Yun. "Population Growth and Changes in North and South Korea, 1925-2025." In Yun Kim and Eui Hang Shin, eds. Toward A Unified Korea: Social, Economic, Political, and Cultural Impacts of the Reunification of North and South Korea. Columbia, SC: Center for Asian Studies of the University of South Carolina, 1995.

Koo, Hagen. 2001. Korean Workers. The Culture and Politics of Class Formation. Ithaca: Cornell University Press.

Kuznets, Paul W. Economic Growth and Structure in the Republic of Korea. New Haven: Yale University Press for Economic Growth Center, Yale University, 1977.

Kwon, Tai-Hwan. "Constructing Life Tables in Korea, 1925-70." Bulletin of the Population and Development Studies Center 4(November 1975): 1-39

Kwon, Tai-Hwan. "The Historical Background to Korea's Demographic Transition." In Robert E. Repetto, et al, eds. Economic Development, Population Policy, and Demographic Transition in the Republic of Korea. Cambridge, MA: Harvard University Press, 1981.

Kwon, Tai-Hwan, Kwang-Hee Jun and Sung-Nam Cho. The Population of Korea. Population and Development Studies Center, Seoul National University, 1975.

Lee, Chong-Sik, and Se-Hee Yoo(eds.). North Korea in Transition(Korea Research Monograph No.16). Berkeley: Center for Korean Studies, Institute of East Asian Studies, University of California, 1991.

Lee, Chung-myun. "Population Movement of Korea: International Movement." Korean Affairs 2:1(1963): 20-37.

Lee, Chung-myun. "Demographic Transition in Korea." Bulletin of the Population and Development Studies Center 8-9(1980): 5-18.

Lee, Hae Young. "Demographic Transition in Korea Prior to 1969." In Lee-Jay Cho and Kazumasa Kobayashi, eds. Fertility Transition of the East Asian Populations. Honolulu: University Press of Hawaii, 1979.

Lee, Jeanyoung. 2003. "Korea's Policy for Ethnic Koreans Overseas", Korea Focus 11(4): 108-132.

Lee, Ki-baik. A New History of Korea(Trans., Edward W. Wagner, with Edward J. Shultz). Cambridge: Harvard University Press, 1984.

Lee, Kwang-kyu. 1975. Kinship System in Korea. New Haven: Human Relations Area Files.

Lee, Kwang－kyu 1993. "Overseas Koreans in the Global Context", Studies of Koreans Abroad 3:7－64.

Lee, Kwang－kyu. 2000. Overseas Koreans. Seoul: Jimoondang Publishing Company.

Lee, Sea Baik. 1989. Population Policy Evolution and its Demographic Consequences in Korea. Korean Journal of Public Health 42(6): 25－37.

Mackie, Elizabeth. 1999. I am Korean but: Race and identity formation among adult Korean adoptees. Senior honor thesis. Brown University: Department of American Civilization. Miller, Helen 1971. "Korea's International Children", Lutheran Social Welfare 13(Summer): 12－23.

Mason, Edward S., et al. The Economic and Social Modernization of the Republic of Korea(Studies in the Modernization of the Republic of Korea, 1945－1975, Harvard East Asian Monographs, No.92). Cambridge: Harvard University Press, 1980.

Mills, Edwin S., and Song Byung－nak. Urbanization and Urban Problems(Studies in the Modernization of the Republic of Korea, 1945－1975, Harvard East Asian Monographs, No.88).

Moen, Sv. J. 1974. The Amerasians: A study and research on interracial children in Korea. Seoul: Taewon Publishing Company.

Moore, Mick. Mobilization and Disillusion in Rural Korea: The Republic of Korea. National Bureau of Statistics. Economic Planning Board. Korea Statistical Handbook, 1987. Seoul: 1987.

Moon, Katharine H. S. 1997. Sex among Allies. Military Prostitution in US－Korea relations. New York: Columbia University Press.

Nahm, Andrew C. North Korea: Her Past, Reality, and Impression. Kalamazoo: Center for Korean Studies, Western Michigan University, 1978.

Noland, Marcus. Famine and Reform in North Korea. Institute for International Economics. VP 03－5. July 2003.

Noland, Marcus, Sherman Robinson, and Tao Wang. Famine in North Korea: Causes and Cures. Economic Development and Cultural Change 49, no.4, 2001.

North, Korea. Population Structure and Projections. Population and Development Review. July 12, 2001.

North, Korea: State－Induced Starvation. Center for the Prevention of Genocide. Spring 2002. http://www.genocideprevention.org/Korea_Starvation.doc

Natsios, Andrew S. The Great North Korean Famine. Washington DC: United States Institute of Peace, 2001.

Okonogi, Masao. North Korea at the Crossroads. Tokyo: Japan Institute of International Affairs, 1988.

Overseas, Koreans Foundation. 1999. Historical sketch of Korean exodus. Seoul: Overseas Korean Foundation.

Rele, J. R. "70 Years of Fertility Change in Korea: New Estimates from 1916 to 1985." Asia

－Pacific Population Journal 3:2(June 1988): 29－54.

Safran, William. 1991. "Diasporas in Modern Societies: Myths of homeland and return", Diaspora 1(1): 83－99.

Scalapino, Robert A., and Chong－Sik Lee. Communism in Korea. Berkeley: University of California Press, 1972.

Shin, Eui Hang. 2001. "Effects of the Korean War on Social Structures of the Republic of Korea", International Journal of Korean Studies 5(1): 133－158.

Song, Byung－Nak. 1992. The Rise of the Korean Economy. Oxford: Oxford University Press.

Steinberg, David I. The Republic of Korea: Economic Transformation and Social Change. Boulder, Colorado: Westview Press, 1989.

Taeuber, Irene. "The Population Potential of Postwar Korea." The Far Eastern Quarterly 5:3(May 1946): 289－307.

Yang, Sung Chul. Korea and Two Regimes. Cambridge, Massachusetts: Schenkman, 1981.

Yang, Hyunah. 2003. Gender Equality vs. 'Tradition' in Korean Family Law: Toward a postcolonial feminist jurisprudence. Review of Korean Studies 6(2): 85－118.

Yi, Jeong Duk. 2002. Globalization and the Recent Changes to Daily Life in the Republic of Korea. In Korea and globalization. Politics, economics and culture, edited by James Lewis and Amadu Sesay, 10－35. New York: Routledge Curzon.

Yoon, Hyungsook. 1990. "Gender and Personhood and the Domestic Cycle in Korean Society (Ⅱ)", Korea Journal 30(4): 39－47.

Yoon, In－Jin. 2001, 2002. "A Comparison of South and North Korean Policy of Overseas Koreans", Paper presented at the International conference on the Korean diaspora and strategies of global Korean network, Korea University, Seoul, Korea, October 11, 2002.


## 러시아어 자료


Бучкин А. А. Социальная революция современной Южной Кореи: капиталистическая модернизация и средние городские слои(АН СССР. Ин－т востоковедение－М. Наука. 1987).

Иргебаев А. Т., Тимонин А.А. КНДР－справочник. М., 1988.

Капустин Д. Т. Тайвань и Южная Корея в китайско－корейских отношениях(1969－ 1979). － М.: Наука. Главная редакция вост. лит., 1980.

Ким Г. Н. История иммиграции корейцев. Книга первая. Вторая половина ⅩⅨ в. － 1945. Алматы: Дайк－пресс, 1999.

Корейская Народно－Демократическая Республика: Справочник. Иргебаев А. Т., Тимонин А. А. －М.: Политиздат, 1988.

Корейская Народно－Демократическая Республика. отв. ред. М. Е. Тригубенко / －М.:

Наука, 1985.

Корейская Народно-Демократическая Республика. Под ред. МИД КНДР. -Пхеньян: Изд-во литературы на иностранных языках, 1961.

Корейская Народно-Демократическая Республика / Коновалов Е.А., Тригубенко М. Е., Шмераль Я.Б. / -М.: Наука, 1975.

Корейская Народно-Демократическая Республика. -М.: Изд-во АН СССР, 1954. Корея: справочник. Корейская служба информации для зарубежных стран. Сеул 1993.

Корея. Краткие сведения. -Пхеньян: изд. Лит. На ин. Яз., 1959.

Ланьков А. Н. Корея: будни и праздники. -М.: Международные отношения, 2000.

Ланьков А. Н. Население Кореи: вчера и сегодня. http://www.archive.travel.ru/

Ланьков Андрей. География размещения населения в Корее. http://world.lib.ru/k/kim

Мазуров В. М. Южная Корея. Драматическое перепутье. -М.: Изд-во Вост. лит., 1963.

Современная Корея. Справочное издание. -М.: Наука, 1971.

Волков С. В., Симбирцева Т. Республика Корея. М.: Муравей-Гайд, 2000.

Толорая Г. Д., Дийков С. А., Войтоловский Г. К. Республика Корея. М., 1991.

Шипаев В. И. Южная Корея в системе мирового капиталистического хозяйства. -М.: Наука. Главная редакция вост. лит., 1986. -284 с.

Шипаев В. И. Япония и Южная Корея:(Помощь развитию и ее последствия). -М.: Наука, 1981.

Южная Корея. Экономическое и политическое положение(1945-1948). -М.: Изд-во вост. лит., 1959.

## 한글 자료

김두섭·박상태·은기수 편. 한국의 인구. Vol.1-2, Korea National Statistical Office. Daejeon, 2002.

고승재. 한국 이민사연구. 서울: 장문각. 1973.

국제문화연구소 편. 해외동포의 현실과 정책과제. 서울. 1990.

이광규. 한민족의 세계사적 소명. 서울: 서울대출판부. 1993.

한국국제문화협회. 재외한인의 사회와 문화. 서울: 한국국제문화협회. 1984.

한국사회사학회. 중앙아시아 한인의 의식과 생활. 서울: 문학과 지성사. 1996.

한국정신문화연구원. 세계속의 한국문화. 제1회 세계 한민족학술회의. 성남. 1991.

한국정신문화연구원. 세계속의 한민족. 성남. 1993.

한국정신문화연구원. 한국독립운동사자료-홍범도 편. 성남. 1995.
해외교포문제연구소. 세계의 한민족-편람. 서울: 통일원. 1996.
해외한민족연구소. 한민족공영체. 서울. 1995.
현규환. 한국의 유이민사 上. 서울: 어문각. 1967.
현규환. 한국의 유이민사 下. 서울: 삼화인쇄. 1976.
전국사업체기초통계조사. www.nso.go.kr
한국통계정보시스템(KOSIS). http://kosis.nso.go.kr/

# 소련 및 소련 붕괴 이후 고려인들의 이주과정

## 러시아어 자료

Ассоциации корейцсв Казахстана-10 лет. Алматы: Дайк-Пресс, 2000.

Беженцы. Отв. ред. А. Г. Здравомыслов. -М.: Российский независимый институт социальных и национальных проблем, 1993.

Бок Зи Коу. Сахалинские корейцы: проблемы и перспективы. Южно-Сахалинск, 1989.

Борзунова Т. И., Макарова Л. В., Морозова Г. Ф. Республики России: этническая миграция и ее последствия. -М., 1997.

Бугай Н. Ф. Российские корейцы и политика "солнечного тепла", М.: Готика, 2002.

Бугай Н. Ф. Российские корейцы: новый поворот истории. 90-е годы. М., 2000.

Бугай Н. Ф., Сим Хон Ёнг. Общественные объединения корейцев России. Конститутивность, эволюция, признание. Москва-Сеул, 2004.

Виноградова Е. В. Международный рынок труда и перспективы российской трудовой эмиграции. -Труд за рубежом. -М., 1996. -N 4. -С.3-18.

Галецкая Р. Социально-экономические аспекты миграции в современной России // Пробл. прогнозирования. -М., 1997. -Вып.5. -С.168-171.

Джарылгасинова Р. Основные тенденции этнических процессов у корейцев Средней Азии и Казахстана. -Этнические процессы у национальных групп Средней Азии и Казахстана. М., 1980, с.43-73.

Ем Н. Б. К проблеме национально-смешанных браков(по результатам актовых записей горархива ЗАГС г. Алматы). -Известия корееведения Казахстана. -№2, 1997, с. 40-51.

Зайончковская Ж. А. Развитие внешних миграционных связей России // Социол. журн. -М., 1995. -N 1. -С.29-44.

Захарова О. Д., Миндогулов В. В., Рыбаковский Л. Л. Нелегальная иммиграция в пригра
ничных районах Дальнего Востока.— СоцИс: Соц. исслед. — М., 1994. — N 12.
— С.11—21.

Интеллектуальная миграция в России / Валюков В. В., Воронков В. М., Гохберг Л. М.;
Под общ. ред. С. А. Кугеля. — СПб.: Политехника, 1993.

Ионцев В. А. Международная миграция населения: Россия и современный мир.— СоцИ
с: Соц. исслед. — М., 1998. — N 6. — С.38—48.

История, культура и быт корейцев Казахстана, Кыргызстана и Узбекистана. Материалы
Международной научной конференции, Бишкек, 2003.

Казимирчик А. Н., Огай Э. Х. и др. Без гнева и печали(о корейцах Приаралья). Тараз:
Сеним, 2003.

Кан Г. В. История корейцев Казахстана. Алматы, 1995.

Кан Ден Сик. Корейцы на Украине. — Материалы международной конференции 'Содей
ствие развитию корееведения в странах СНГ: проблемы и решения', Ташкент,
2006, с.466—468.

Ким В. М. Вопросы национальной самоидентификации малочисленных корейских диасп
ор(на примере Таджикистана). Материалы международной конференции 'Содейс
твие развитию корееведения в странах СНГ: проблемы и решения', Ташкент,
2006, с.426—432.

Ким Г. Н. Корейцы за рубежом: прошлое, настоящее и будущее. Алматы: Гылым, 1995.

Ким Г. Н. История иммиграции корейцев. Книга первая. Вторая половина XIX в. —
1945. Алматы: Дайк—пресс, 1999.

Ким Г. Н., Хан В.С. Актуальные проблемы и перспективы корейской диаспоры Центра
льной Азии.— Известия корееведения Казахстана. — №6, 1999, с. 27—40.

Ким Г. Н., Хан В.С. Десять лет спустя(Размышления о пройденном пути в корейском д
вижении) // Ассоциация корейцев Казахстана. Алматы: АКК, 2000, с. 185—210.

Ким Е. У. Корейцы России: проблемы и перспективы. Материалы международной конф
еренции 'Содействие развитию корееведения в странах СНГ: проблемы и реше
ния', Ташкент, 2006, с.415—426.

Ким П. Г. Корейцы Республики Узбекистан. Ташкент, 1993.

Ковжасарова Ж. У. Корейцы в Прикаспии. Алматы. 1997.

Красинец Е. С., Тюрюканова Е. В. Интеллектуальная миграция.— Экономист. — 1999.
— N 3. — С.69—75.

Красинец Е. С., Баринова Н. М. Гастарбайтеры в России.— СоцИс: Соц. исслед. — М.,
1996. — N 3. — С.65—71.

Красинец Е., Баринова Н. Трудовая миграция в Россию из стран ближнего зарубежья.—
Вопросы экономики. — М., 1996. — N 1. — С.85—94.

Красинец В. С. Международная миграция населения в России в условиях перехода к р
ынку. — М.: Наука, 1997. —192.

Красинец Е. С., Тюрюканова Е.В. Нелегальная миграция в России.— Народонаселение.
— М., 1998. — N 1. — С.38—50.

Кубишин Е. С. Нелегальная миграция в Россию: Проблему нужно изучать.— ЭКО. —
1999. — N 12. — С.110—115.

Кузьмин С. А. Рыночная экономика и труд. РАН. Ин—т соц.—экон. пробл.

Кузин А. Т. Дальневосточные корейцы: жизнь и трагедия судьбы. Южно—Сахалинск:
Лик, 1993, 367 с.

Куреньков И. П. Из плена лет и лживых наветов(Исторический очерк). Астана, 1999.

Ли Герон. Гобонди. Записки наблюдателя о любви корейцев к земле. Бишкек, 2000.

Международная организация по миграции. Информация о деятельности в России.— Ми
грация. — 1997. — N 1. — С.31—32.

Миграционная ситуация в России: социально—политические аспекты. Вып.IV. Науч. ре
д. Ж. А. Зайончковская. — М., 1994.

Миграционные процессы после распада СССР. Вып.V. Науч. ред. Зайончковская Ж. А.
— М., 1994.

Миграция специалистов России: причины, последствия, оценки. Вып.VI. Науч.ред. Зайон
чковская Ж. А. — М., 1994.

Морозова Г. Ф. Влияние миграции на формирование рынка труда. — СоцИс: Соц. иссл
ед. — М., 1993. — N 5. — С.92—96.

Население России в 1920—1950—е гг.: Численность, потери, миграции. Сб.научных тру
дов. — М. 1994.

Нелегальная миграция в СНГ и странах Балтии: Док. семинара МОМ в Киеве 27—29 я
нв. 1997 г. — Киев: Феникс, 1997.

Новейшие изменения во внутренней и внешней миграции населения в России и их эко
номическое значение. / Московский государственный университет им.М.В.Ломо
носова. // Под ред. Б.С.Хорева. — М., СПб., Ассоциация "Гуманитарное знани
е", — 1994. — 90 с.

Новак Ю. Межэтнические отношения в Узбекистане. // Социологические исследования.
— 1994. — N 4. — с.41—52.

Ока Нацуко. Корейцы в современном Казахстане: стратегия выживания в роли этническ
ого меньшинства —Диаспора, Москва, 2001, No.2—3, с. 194—221.

Пак А. Д. Демографическая характеристика корейцев Казахстана. Алматы, 2002.

Пак Б. Д., Бугай Н. Ф. 140 лет в России. Очерк истории российских корейцев. М.,
2004.

Предположительная численность населения Российской Федерации. Статистический бю
ллетень. — Госкомстат России. Вариант 1. М., 1994.

Современная миграция России: Сб. статей / РАН. Ин—т соц.—политических исследова
ния, Центр демографии. — М., 1993.

Стрепетова М. П. Утечка умов — проблемы миграции России // Пробл. прогнозировани я. – М., 1993. – Вып.3. – С.138–146.

Степанов Ю. Утечка мозгов.– Деловые люди. – 2000. – N 108. – С.12–14.

Тарасова Н. В., Гришанова А. Г. Социально–демографические проблемы миграции насе ления России в 90–е годы. – М., 1997. – 72 с.

Тен С. И. Корейцы Беларуси. Истоки, традиции, современность. Минск, 1997.

Ушкалов И. Г., Малаха И. А. Межгосударственные миграции России–Геополитические и геоэкономические проблемы России. – СПб., 1995. – С.99–105.

Хан В. С. Корейцы в Центральной Азии: национальное возрождение и проблема самосо знания. – International Journal of Central Asian Studies. 1998, Vol.3, pp.66–77.

Хан Г. Б. Прошлое и настоящее корейцев Казахстана. Алматы, 1997.

Численность и миграция населения Российской Федерации в 1993 г(Статистический бю ллетень). // М., 1994. – 100 с.

Численность населения Российской Федерации по полу и возрастным группам. Госкомс тат России. М.: 1993г.

Энциклопедия корейцев России. Под редакцией Цой Брони. М., 2003.


## 영어 자료


Back, Tae Hyeon. 2001. The social reality faced by ethnic Koreans in Central Asia. –The Koryo Saram: Koreans in the Former USSR. Korean and Korean American Studies Bulletin. Vol.2&3, 2001, pp.45–89.

Chey, Youn–Cha Shin. Soviet Koreans and their Culture in the USSR. Suh Dae–sook(ed.), Koreans in the Soviet Union, Honolulu, 1987, pp.60–84.

Choung, Il Chee. Repatriation of Stateless Koreans from Sakhalin Island. –Korea and World Affairs. 1987, Vol. X I, No.4, pp.708–743.

Ginsburgs, George. The Citizenship Status of Koreans in the USSR: Post–World War II Developments. –Journal of Korean Affairs, 1976, Vol.6, No.1, pp.1–16.

Ginsburgs, George and Herta Ginsburgs. A Statistical Profile of the Korean Community in the Soviet Union. –Asian Survey, 1977, Vol. X VII, No.1, pp.952–967.

Ginsburgs, George. Labor Policy and Foreign Workers: the case of North Korean Gastarbeiter in the Soviet Union. –Soviet Administrative Law, by Kluver Academic Publishers 1989, pp.399–424.

Haarmann, Harald. Aspekte der koreanisch–russischen Zweisprachigkeit, Studien zur Gruppenmehrsprachigkeit der Koreaner in der Sovjetunion, Hamburg, 1981.

Hur, Seung–Chul. Language Shift and Bilihgualism among Soviet Nationality Groups. Ph.D. Dissertation, Brown University, 1988.

Kho, Songmoo. Koreans in Soviet Central Asia. Studia Orientalia. Vol.61, Helsinki, 1987, p.262.

Kim, German. Migrations of Koreans in the Post Soviet Space, —The 140—year History of Koreans in Russia: Reflection and New Approach. Proceeding of International Conference in HUFS, Seoul, 27—28 August, 2004, pp.127—139.

Kim, German. Koryo Saram in Kazakhstan, Uzbekistan and Russia. —World Diasporas Encyclopedia. Kluwer, 2004, pp.985—993.

Kim, German N. Koryo Saram or Koreans of the Former Soviet Union in the Past and Present. —Amerasia Journal. 2003—2004, Vol.29, Number 03, pp.14—19.

Kim, German. Population and People of Kazakhstan Today. —International Journal of Central Asian Studies. Seoul, 2003, Volume 8, pp.230—240.

Kim, German. Korean Diaspora in Kazakhstan: Question of Topical Problems for Minorities in Post—Soviet Space. — Newsletter of the Japanese Institute of Area Studies. Osaka, 2003, No.89, c. 63—74.

Kim, German and Ross King(Eds.) The Koryo Saram: Koreans in the Former USSR. Korean and Korean American Studies Bulletin. Vol.2&3, 2001.

Kimira, Hidesuke. Korean Minorities in Soviet Central Asia and Kazakhstan —Suh Dae—Sook(ed.) Koreans in the Soviet Union. Honolulu, 1987, pp.85—100.

King, J.R.P. An Introduction to Soviet Korean. —Language Research, Vol.23, No.2, Seoul 1987, pp.233—277.

Lee, Chaimon. Gastarbeiter Dynamics: The North Korean Labor Forces in the Russian Far East. Manuscript of Paper of International Conference on "The 140th Year Anniversary of Korean Migration to Russia: Its historical Meanings and Contemporary Revaluation", Vladivostok, Russia. July 14—15, 2004, p.22.

Oka, Nazuko. "The 'Triadic Nexus' in Kazakhstan: A Comparative Study of Russians, Uighurs, and Koreans", in Ieda, Osamu et al. eds., Beyond Sovereignty: From Status Law to Transnational Citizenship? Sapporo, Japan: Slavic Research Center, Hokkaido University, 2006, pp.359—380.

Stephan, John J. The Korean Minority in the Soviet Union // Central Asia Review(Mizan), 1971, Vol.19, No.3, pp.138—150.

Stephan, John J. Sakhalin: A History. Oxford: Clarendon Press, 1971.

Wada, Haruki. Koreans in the Soviet Union. Honolulu, 1987, pp.24—59.


## 한글 자료

고송무. 소련의 한인들—고려사람. 서울: 이론과 실천. 1990.
고재남. 독립국가 연합내 고려인 사회에 대한 연구. 서울: 외교안보연구원. 1993.
권희영. 세계의 한민족—독립국가연합. 서울: 통일원. 1996.

김복동. 재소한인정책과 소련 한족의 민족문화권. 서울: 국제문제연구소. 1990.

김승화·정태수 편역. 소련한족사. 서울: 대한교과서주식회사. 1989.

김 피오트르·방상현 공저. 재소한인이민사. 서울: 탐구당. 1993.

배재식. 사할린재류한인의 법적 문제. 서울: 박영사. 1986.

서대숙. 소련의 한국인. 서울: 한국 국제문화협회. 1984.

신연자. 소련의 고려사람들. 서울: 동아일보사. 1988.

이광규·전경수. 재소한인－인류학적 접근. 서울: 집문당. 1993.

김경득. 사할린잔류한인 귀환소송의 추이와 법적 논점. ≪교포정책자료≫ 제32집. 서울: 해외교포문제연구소. 1990.

김 게르만. 카자흐스탄 한인의 사회와 문화의 발전. 비교 문화 연구. 서울대학교 비교문화 연구소. 제2호. 1995. 201－251.

김 게르만. 알마아타시 한민족의 민족 간 결혼에 관한 고찰. ≪해외 한민족과 차세대≫ 제 3권. 계명대학교 한국학연구원. 1997.

김 게르만. 카자흐스탄 한인사회의 당면과제 및 전망. ≪1998년도 국제학술회의≫ 논문집 (1). 전남대학교 사회과학연구소. 1998.

권희영·한 발레리 공저. 중앙아시아 초원의 유랑농업. 우즈베키스탄 고려사람의 고본지 연구. 한국 정신문화연구원. 2004.

노영돈. 북한출신 재소한인교포정책자료. 제43집, 서울: 해외교포문제연구소. 1992.

신연자. 소련내의 한인과 그들의 문화. ≪소비에트 한인 백년사≫. 서울: 태암. 1989.

이광규. 재소한인들의 정착과정. ≪교포정책자료≫ 제36집. 서울: 해외교포문제연구소. 1991.

이종훈. 중앙아시아 한인의 연해주 재이주현황과 정책과제. ≪한민족공영체≫ 제4호. 서 울: 해외한민족연구소. 1995.

윤인진. 코리안 디아스포라. 재외한인 이주, 적응, 정체성(The Korean Diaspora). 고려대학 교 출판부. 2004.

장건웅. 소련의 소수민족분규에 관한 연구. 고려대 대학원 석사학위논문. 1989.

장원창. 구소련 한인의 사회와 문화. 금호문화. 제1권 12호. 서울: 금호문화재단. 1993.

전경수 편. 까자흐스딴의 고려인. 서울대학교 출판부. 2002.

홍석조. 사할린 잔류한인 귀환에 관련된 제문제점과 대책. ≪교포정책자료≫ 제32집. 서울: 해외교포문제연구소. 1990.

## 일본어 자료

Fujino, Masayuki. Samarukando de atta Choosenjin(Koreans in Samarkand)－Kikan Sanzenri, 1980, 21 February.

Fuvan, Emu(Hwang Mankum) Chousenjin Koruhozu no Hanseki(A Half Century of a Korean Kolhoz).－ Gekkan Sanzenry. 1986, No.48, pp.128－137.

Kimura, Hidesuke. Soren Chuuou Azia−Kazahusutan no Chousenjin(Koreans in Soviet Central Asia and Kazakhstan). −The Humanities(Journal of the Yokohama National University). 1983, Sec.1, No.28, pp.2−14.

Maruyama, Masaru. Ryoodo naki Choosenjin Shitaka ni choowa(Koreans without Territory).− Repo Sobieto Now. Tokyo: Yomiuri Press, 1983.

Nito, Yoshiki. Tashikento de atta Choosenjin(Koreans in Tashkent). Kikan Sanzenri, 1980, 24 November.

Ozaki, Hikosako. Chuuoo Azia no Choosenjin(Koreans in Central Asia). −Gekkan Sanzenri, 1976, No.6, pp.122−131.

Shinobu, Marumo. Chuuoo Azia no Choosenjin(Koreans in Central Asia). −Azia Keizai(Asia Economy), 1985, No.Ⅵ, June.

Ssolyen, ey Kecwu hanun Cosen Immintul uy Saynghwal Hyengphyen ey tayhan Poko(Report on the living Conditions of the Korean Citizens Residing in the Soviet Union). Chengcin: Cosen Kongsantang, Chengcinsi Wiwenhoy, 1946.

Yi, Aeria. Tyuo azia syosoo minzokoo syakai no henbo: Kazafusutan no chosen dzin o chosini. Kioto: Syowado, 2002.

Suh, Yong−Dal(Ed.) 21 seyilki kan chosenzin no kyosei bidzon: chyua adzia, rosia, nihon no kan chosendzin mondai. Tokyo: Nihon hyoron sya, 2003.

# 북미 이주한인: 미국과 캐나다

## 영어 자료

Abelmann, Nancy and John Lie. 1995. Blue Dreams: Korean Americans and the Los Angeles Riots. Cambridge: Harvard University Press.

Barringer, Herbert and Sung−Nam Cho. 1993. Koreans in the United States: A Fact Book. Honolulu: The Center for Korean Studies, University of Hawaii.

Barringer, R. Herbert and Sung Nam Cho. Koreans in the United States. A Fact Book, 1989.

Bonacich, Edna. Korean Immigrant Small Business in Los Angeles. In Bruce−Lapote(ed), Sourcebook on the new Immigration: Implications for the United States and international Community. New Brunswick, New Jersey: Transaction Books, pp.167− 184, 1980.

Bonacich, Edna, Mokerrom Hossain and Jae−hong Park. Korean Immigrant Working Woman in the Early 1980s. In Eui−Young Yu and Earl H. Philips(eds.), Korean woman in transition: at home and abroad. Los Angeles: Center for Korean−American and Korean Studies, California State University, pp.219−247, 1987.

Building, Community: A Framework for Services for Korean Community in the Lower Mainland Region of British Columbia. Prepared for the City Vancouver, Canadian Heritage and MOSAIC by Martin Spigelman Research Associates, July 2000, p.3, 5.

Canada, The Daily statistics. February 17, 1998. 1996 Census: Ethnic origin, visible Minorities.

Cha, Marn. Ethnic Political Orientations a Function of Assimilation: with reference to Koreans in Los Angeles. Journal of Korean Affairs. 5:14−25, 1975.

Chang, Edward Taehan. Korean Kaleidoscope: An Overview of Korean Immigration to the U.S. −The Korean Diaspora in the USA: Challenges and Evolution. Korean and Korean American Studies Bulletin, Vol.11, No.2, 2000, p.11.

Chang, Edward and Janet Chunghee Kim. 1995. Following the Footsteps of Korean Americans. Los Angeles: The Pacific Institute for Peace.

Choy, Bong−youn. Koreans in America. Chicago: Nelson−Hall, Inc., 1979.

Choy, Kyung−Hee. Korean Americans: An Annotated Bibliography. Berkerley, University California ar Berkerley, 1983.

Citizenship, and Immigration Canada. Citizenship and Immigration Statistics, 1970−2001.

Darden, Joe T. Asians in Metropolitan Areas of Michigan: A Retest of the Social and Spatial Distance Hipothesis// Amerasia. −1985−1986. −12:2, pp.67−77.

Ethnic, Origin. Ottawa: Statistics Canada, January 21, 2003. 2001 Census of Canada. Catalogue number 97F0010XCB01001. 18 March 2003.
http://www12.statcan.ca/english/census01/

Galbraith, H. L. and Bernard, R. S. A Survey of Korean−American Marriage Applicants. Military Complaints review, 1980, pp.51−61.

Hamish, A. Ion. Across the Tumen and Beyond: Canadian Missionaries, Korean Christians and the Japanese on the Manchurian Border, 1911−1941. −Canada and Korea. Perspectives 2000. Ed. by R. W. L. Guisso, Young−sik Yoo. Toronto, 2002, pp.45−71.

Hawaii, Korean Golden Jubilee Comittee. Fifty Years of Progress: Hawaii Korean Golden Jubilee Celebration Comittee. 1953.

Hong, Lawrence and Sa−Hun Kim. Socio−Economic Characteristics of Korean Migrants. Seoul: Korea Development Institute Press, 1979.

Hong, Sawon. Another Look at the Marriages between Korean Women and American Servicemen. Korea Journal, 22:5, pp.21−30, 1982.

Hurh, Won Moo. Marginal Children of War: an exploratory study of American−Korean children. International Journal of Sociology of the Family 2:10−20, 1972.

Hurh, Won Moo. Comparative Study of Korean Immigrants in the United States: A Typology. The Korean Christian Journal, 2:60−99, 1977.

Hurh, Won Moon and Kwang Chung Kim. Social and Occupational Assimilation of Korean Immigrant Workers in the United States. California Sociologist, 3(Jan): 124−142, 1980.

Hurh, Won Moon and Kwang Chung Kim. Korean Immigrants in America: A Structural Analysis of Ethnic Confinement and Adhesive Adaptation. Cranbury, New Jersey: Fairleigh Dickinson University Press, 1984.

Hyun, Peter. 1995. In the New World: The Making of Korean American. Honolulu: University of Hawaii Press.

Kim, Bok−Lim C. Casework with Japanese and Korean Wives of Americans. Social Casework, 53(5): 273−279, 1972.

Kim, Bok−Lim C. Asian Wives of U.S. Servicemen: women in shadows. Amerasia Journal, 5:23−24, 1978.

Kim, Byong−suh and Sang Hyun Lee(eds.). The Korean Immigrant in America, Montclair, New Jersey: Association of Korean Scholars in North America, 1980.

Kim, Choong Soon. Faithful Endurance: Ethnography of Korean Family Dispersal. Tusson. University of Arisona Press, 1988.

Kim, Claire Jean. Bitter Fruit. The Politics of Black−Korean Conflict in New York city. Nee Haven/London: Yale University Press, 2000, 300 pages.

Kim, Elaine and Eui−Young Yu. 1995. East to America: Korean American Life Stories. New York: New Press.

Kim, Hyung−chan. Korean Immigrants to the U.S.A., 1959−1969, Korea Journal, 11(9): 16−24, 1971.

Kim, Hyung−chan. Some Aspects of Social Demography of Korean Americans, International Migration Review, 8:23−42, 1972.

Kim, Hyung−chan(ed). East across the Pacific: Historical and Sociologocal Studies of Korean Immigration and Assimilation. Santa Barbara: ABC−Clio, 1977.

Kim, Hyung−chan(ed). The Korean Diaspora. Santa Barbara: ABC−Clio, Inc., 1977.

Kim, Hyung Chan and Eun Ho Lee. Koreans in America: Dreams and Realties. Seoul: The Institute Korean Studies, 1990.

Kim, Hyung Chan and Wayne Patterson. The Koreans in America: 1882−1974. Dobbs Fery, New York: Oceana publications, 1974.

Kim, Illsoo. 1987. "Korea and East Asia: Premigration Factors and U.S. Immigration Policy." Pp.327−345 in Pacific Bridges: The New Immigration from Asia and the Pacific Islands, edited by James Fawcett and Benjamin Carino. Staten Island: Center for Migration Studies.

Kim, Illsoo. New Urban Immigrants: The Korean Community in New York. Prinston, New Jersey: Prinston Uneversity Press, 1981.

Kim, Jung−Gun. How Koreans Came to Call Toronto Home. Polyphony, Vol.6, 1984, pp.176−180. Multicultural History Society of Ontario.

Kim, Kwang Chung. Intra−and Inter−ethnic Group Conflicts: the Case of Korean Small Business in the United States. In Harold Hakwon Sunoo and Dong Soo Kim(eds.), pp.201−232, 1978.

Kim, Kwang Chung. Division of Household Tasks in Korean Immigrant Families in the United States. International Journal of Sociology of Family, 9(July−December): 161−175, 1979.

Kim, Kwang Chung and Won Mo Hurh. The burden of double roles: Korean Wifes in the United States. Ethnic and Race Relations. 11:151−167, 1988.

Kim, Peter S., Hong, Sungdo and Kim, Bok Soon. Adoptation of Korean Children by New York Area Couples: A preliminary study. Child Welfare, 58:7, pp.419−428, 1979.

Kim, Warren(Kim Won−yong). A fifty Year History of the Koreans in America. Reedly, California: Charles Ho Kim, 1959.

Kim, Warren. Koreans in America. Seoul: Po Chin Chai Printing Co., 1971.

Kitano, Hary H. L. and Lynn Kyung Chai. Korean Interracial Marriages. Marriage and Family Review, 5: 75−89, 1982.

Koh, Hagen and Eiu−Young Yu. Korean Immigration to the United States: Its Detmographic Pattern and Social Implications for both Societies. Honolulu: East−West Population Institute, 1981.

Kho, Kwang Lim and Hesung C. Koh. Koreans and Korean−Americans in the United States: A summary of three conference proceedings. New Haven: East Rock Press, 1974.

Kuznets, P. W. Koreans in America: Recent Migration from South Korea in the USA. In: Sidney Klein(ed.). The Economics of Mass Migration. New York, Paragon −House, 1987.

Kvon Ho−Youn, Kim Kwang Chung. Korean Americans and their Religion. Pennsylvania State University, 2001.

Kwak, Tae−Hwan. The Korean American Community. Present and Future, Seoul: Kyunnam University Press, 1991.

Kwak, Tae−Hwan and Seong Hyong Lee(eds.). 1990. The Korean−American Community: Present and Future. Seoul, Korea: Kyungnam University Press.

Kwon, H. Y. and S. Kim(Eds.). 1993. The Emerging Generation of Korean Americans. Seoul, Korea: Kyung Hee University.

Lee, Chang Soon. The U.S. Immigration Policy and the Settlement of Koreans in America. Korea Observer, 4:412−451, 1975.

Lee, Chang Soon and Hirischi Wagatsuma. The Settlement Patterns of Koreans in Los Angeles: a demographyc survey. A paper presented at the 31st Annual Meeting of Association for Asian Studies, Los Angeles, March 30−April 1, 1979.

Lee, Don Chang. Korean Families in America. Migration Today, 5:13−15, 1977.

Lee, Don Chang. A Study of Social Network Within two Korean Communities in America. In Hyun−chan Kim. The Korean Diaspora, pp.135−154, 1977.

Lee, Ha-jin. Survey reports 10,000 Koreans Family in Los Angeles: Evidence Gross. Undercut by U.S. Government. The New Korea, December, 1974.

Lee, Lauren. 1995. Korean Americans. New York: Cavendish.

Light, Ivan and Edna Bonacich. Immigrant Enterpreneurs: Koreans in Los Angeles, 1965-1982 Berkeley, University of California Press, 1988.

Min, Pyong Gap. 1995. "Koreatown." Pp.940-944 in The Asian American Encyclopedia, edited by Franklyn Ng. New York: Marshall Cevendish.

Min, Pyong Gap.Korean Immigrant Enterpreneuship: A Multivariant Analysis, Journal of Urban Affairs, 10:197-212, 1988.

Min, Pyong Gap. The Korean American Family. In Charles Mindel et. al.(eds.) Ethnic Families in America. New York: Elsiver, 1988, pp.199-229.

Moon, Young-suck. New Horizon in Korea-Canadian Relations in Emerging Asia-Pacific Community. International Area Review: HUFS, Seoul, 2003, Vol.6(2), pp.185-199-195.

Oliver, Robert T. The success of Korean Scholars in the American Academic Community K. J., Vol.19:11, pp.26-38.

Park, Hyunjung. Demographic and Socioeconomic Characteristisc of Korean Americans in the United States in 1980., Korean Journal of Population and Development, 19:2, pp.177-199, 1990.

Park, Insook Han, James Fawcett, Fred Arnold, and Robert Gardner. 1990. Korean Immigrants and U.S. Immigration Policy: A Predeparture Perspective, Papers of the East-West Population Institute, No.114. Honolulu: East-West Center.

Park, Kyeyoung. The Korean American Dream. Immigrants and Small Business in New York City. Cornell University Press. Ithaca and London, 1997.

Park, Kyeyoung. Born again: What does it meen to be Korean American in New York City, Journal of Ritual Studies, 3:2, pp.289-303, 1989.

Pang, Keum-Young Chung. 1991. Korean Elderly Women in America: Everyday Life, Health, and Illness. New York: AMS Press.

Patterson, Wayne. The Koreans in North Ameica. Philadelphia: the Balch Institute(A Bibliography), 1976.

Ryu, Jai P. Koreans in America: a demographic analysis. In Hyung-chan Kim, The Korean Diaspora, pp.205-228, 1977.

Scott, W. Canadians in Korea. Toronto, Ontario: United Church of Canada, 1976, p.146.

Shin, Eui-Hang and Eui-Yooung Yu. Use of surnames in ethnic research: the case of Kims in the Korean-American population. Demography, 21:347-359, 1984.

Song, Young In. 1995. Battered Women in Korean Immigrant Families: The Silent Scream. New York: Garland.

Sunoo, Hakwon. Koreans in America. Memphis, Tennessee: Association of Korean Christian Scholars in North America, 1980.

Sunoo, Harold and D. Kim(eds.). Korean Woman in a Struggle for Humanization. Memphis, TN: The Korean Christian Scholars Publication, 1978.

You, Young−sik. Canadian Mind and Korean Heart: A History of Canadian Missions to Korea 1890−1998. Paper presented to the Conference of Celebrating the One Hundredth Anniversary of Canadian Missions to Korea. Emanuel College, University of Toronto, October 17−18, 1998.

Yoo, Young−sik. Canada and Korea: A Shared History. − Canada and Korea. Perspectives 2000. Ed. by R. W. L. Guisso, Young−sik Yoo. Toronto, 2002, pp.10−22.

Yoon, In−Jin. On My Own. Korean Businesses and Race Relations in America. Chicago & London: The University of Chicago Press, 1997.

Yu, Eui−Young. Demographic Profile of Koreans in Los Angeles: size, composition and distribution. A paper presented at a meeting Kokyo Research Institute, Los Angeles, March10, 1977.

Yu, Eui−Young. Koreans in Los Angeles: size, composition and distribution. In Eui−Young Yu et al.(eds.) Koreans in Los Angeles: Prospects and Promises. Los Angeles Research Institute, 1980, pp.23−47.

Yu, Eui−Young. Korean community in America: Past present and future. Amerasia Journal, 10(2):23−51, 1983.

Yu, Eui−Young. Korean−American Women: demographic profiles and family roles. In Eui−Young Yu and Earl H. Phillipset.(eds.) Korean Women in Transition: At Home and Abroad. Los Angeles: Center for Korean−American Studies, California State University, 1987, pp.183−197.

Yu, Eui−Young. Korean American Community in 1989 Issues and Prospects. Korea Observer, 20:3, pp.275−301, 1989.

Yu, Eui−Young, Earl H. Phillips and Eun Sik Yang(eds.) Koreans in Los Angeles: Prospects and Promises: Center for Korean American and Korean Studies. California State University, 1982.


## 한글 자료

미법무부 이민국, 2000년 통계연보. 2000 Statistical Yearbook, USA.

유의영. 미주 한인 인구학적 특징. 미주 한인이민사. 100 Year History of Korean Immigration to America. 한미 동포재단. Los Angeles. 2002. pp.131−147.

최협 · 박찬웅. 세계의 한민족. 미국−캐나다. 세계한민족총서. 3. 통일원. 1996.

윤인진. 코리안 디아스포라. 재외한인 이주, 적응, 정체성. The Korean Diaspora. 고려대학교출판부. 2004. p.292.

러시아어 자료

Иванов М. М. США: Правовое урегулирование иммиграционного процесса(условия и пр
    оцедуры приобретения статуса постоянного жителя США). Москва. — Междуна
    родные отношения. 1998.
Карен Лоуренс, Кэтлин Ньюланд. Цели и методы иммиграционной политики США. —
    Иммиграционная политика западных стран: Альтернативы для России. Под реда
    кцией Г.Витковской; Международная организация по миграции. Московская исс
    ледовательская программа по миграции. Москва, Гендальф, 2002, с. 187—203.
Ким Г. Н. Корейцы за рубежом: прошлое, настоящее и будущее. Историография и библ
    иография. Алматы, Гылым, 1995.
Михайлов Е. Д. Управление городскими агломерациями(проблема метрополитанизма).
    — США. 1994, N.3, C.104—110.
Севастьянов Е. П., Корсакова Н.Е. Позолоченное гетто. Очерки о жизни в США эмигра
    нтов из Китая, Кореи и Японии. М., Наука, 1983.
Тен В. А. Иммиграционная политика США в XVII—XX вв. М. Диалог—МГУ, 1998.


# 중국 조선족: 규모와 이주


영어 자료

A Field, Survey Report of the North Korean Refugees in China.
    http://www.nk—refugees.or.kr
Brief, Introduction to Yanbian Korean Nationality Autonomous Prefecture.
    http://chinawest.cei.gov.cn
Chiien, Chia and Nichdas Tapp(eds.) Ethnicity and Ethnic Groups in China. The Chinese
    University of Honkong. Honkong, 1989.
Choi, Bo—shik Ceaseless Flights of North Koreans. Human Traffickers Prey on North Korean
    Women. http://english.chosun.com
Choi, Woo—Gil. The Korean Minority in China: The Change of its Identity. —Development
    and Sociaty. Volume 30, Number 1, June 2001, pp.119—141.
Chung, Chong—Wook. 2000. "The global community of overseas Koreans. The Chinese
    Koreans and the Korean Americans. A vision for the future", International Journal of

Korean Studies 4(1): 107－121.

Diao, R. The National Minorities of China and Their Relations with the Chinese Communist Regime, In Kunstadter P. South－East Asian Tribens, Minorities and Nation Princeton University Press, Princeton, 1967.

Dreyer, J. Chinas Minority Nationalities in Cultural Revolution. The China Quaterly, N.35, 1968, pp.96－109.

Famine, Witnessed by 472 North Korean Refugees Interviewed in China.
http://www.kimsoft.com/1997/nk－fam98.htm

Han, Jing－Quing, Cho Lee－Jay, Choe Minja Kim, Tuan Chi－Hsien. The Fertility of Korean Minority Women in China: 1950－1985. Asia－Pacific Population Journal(ESCAP), 1985, Vol.1, No.1, p.31.

Hoffmann, Frank. The Korean Minority in China: Education and Publishing.－Korea Journal. Vol.26－12, pp.13－26.

Huang, Yonfu. The Korean Immigrants Society and Culture in PRC and USA. The World Times, Nov.30－Dec.2., 1988, New York.

Huang, Yonfu. The History of Migration of Korean into China. A Paper presented to the Ist International Seminar of ASKO, November 3－5, 1992, Seoul, National University.

Katherine, Palmer. China's Nationalities and Nationality Areas. －The China Handbook. Edited by Christopher Hudson. Chicago & London. Fitzroy Dearborn Publishers. 1997, pp.276－289.

Kim, Doo－Sub. Anderson B. A.(eds.) Population Process and Dynamics: for Koreans in Korea and China. Hanyang University Press, 1997.

Kim, Doo－Sub. The Pattern of Changing Trends and the Regional Differences in the Sex Ratio at Birth: Evidence from Korea and Jilin Province, China, Korea Journal of Population and Development, Vol.26, No.1, 1997, pp.19－42.

Kim, Jeongnim. Forceful Repatriation of North Korean Refugees And Their Punishment. http://www.nkhumanrights.or.kr/bbs/board2/files/89_fr4.doc

Kim, Si Joong. The Economic Status and Role of Ethnic Koreans in China. Paper Presented at the Conference Korean Diaspora in the World Economy sponsored by Institute for international Economics and OKF, Seoul, October 10, 2002.

Kwon, Tai－Hwan. International Migration of Koreans and the Korean Community in China. Korea Journal of Population and Development 26:1(July 1997): 1－18.

Kwon, Tai－Hwan. The Uncertain Future of the Korean Chinese. －Korean Diaspora in China; Ethnicity, Identity and Change. Korean and Korean American Bulletin. Vol.12, No.1, 2001, pp.20－42.

Lee, Chae－Jin. Chinas Korean Minority. The Politics of Ethnic Education. Watview Press: London, 1986.

Lee, Chae－Jin. The Koreans in China: Identity and Adaptation. // Korea and World Affairs, N.3. 1989.

Lee, Kwang Kyu. The Transformation of Korean Chinese Ethnic Identity. Korean Diaspora in China; Ethnicity, Identity and Change. Korean and Korean American Bulletin. Vol.12, No.1, 2001, pp.61－76.

Lee, Kwang－kyu. Overseas Koreans. Seoul: Jimoondang Publishing Company, 2000.

Lee, Young－hwa. Situation and Protection of North Korea Refugees in China.
http://www.bekkoame.ne.jp/ro/renk/en/lee3.htm

Lu, Yun. "The Korean Autonomous Prefecture", Beijing Review[Beijing], 30, No.51, December 21－17, 1987, 27－29.

MacKerras, Colin. China's Minorities: Integration and Modernization in the Twentieth Century. Hong Kong and New York: Oxford University Press, 1994.

Ma, Qui Cheng. The Historical Heritage of Chinese Koreans. A Paper presented at the 1st International Seminar of ASKO, November 3－5, 1992, Seoul, National University.

Minority, Nationalities in China: Koreans. Nationality Press, Beijing, 1981.

North, Korean Refugees In China: The Current Situation and Strategies for Protection Testimony by Joel R. Charny Vice President for Policy, Refugees International To the Senate Committee on Foreign Relations. November 4, 2003.
http://www.refintl.org/content/article/detail/1143/

Palmer, Katherine. China's Nationalities and Nationality Areas. －The China Handbook. Edited by Christopher Hudson. Chicago & London. Fitzroy Dearborn Publishers. 1997, pp.276 －289.

Olivier, Bernard. Ethnicity as Political Instrument among the Koreans of Northeast China, pre －1945 to the present. －Korean Diaspora in China; Ethnicity, Identity and Change. Korean and Korean American Bulletin. Vol.12, No.1, 2001, pp.6－19.

Olivier, Bernard Vincent. Korean Contribution to the Development of Heilongjiang/Hungnyonggang. －Korea Journal, Vol.35, No.4, 1995, pp.54－71.

Penny, Kane. Population Policy. －The China Handbook. Edited by Christopher Hudson. Chicago&London. Fitzroy Dearborn Publishers. 1997, pp.229－237.

Setsure, Tsurusima. The Effect of Cultural Revolution on the Korean Minority in Yenpien.－ Korean Studies, Vol.3, pp.93－124.

A Field, Survey Report of the North Korean Refugees in China. CNKR's Field Survey Report of the North Korean Refugees in China.
http://www.chosunjournal.com

Report, on Daily Life and Human Rights of North Korean Food Refugees in China. Seoul: Good Friends, 1999.

Dudley, L. Poston, Jr., Chiung－Fang Chang, Hong Dan. Fertility Differences between the Majority and Minority Nationality Groups in China.
http://sociweb.tamu.edu/Faculty/POSTON/Postonweb/research/everything.doc

Han, Jing－Quing, Cho Lee－Jay, Choe Minja Kim, Tuan Chi－Hsien. The Fertility of Korean Minority Women in China: 1950－1985. Asia－Pacific Population Journal(ESCAP),

1985, Vol.1, No.1, pp.31－54.

Dowdle, N. Variations in Fertility and Mortality Among Minority in Nationality Populations of the People's Republic of China. Paper presented at the workshop on China's 1982 Population Census, Honolulu 2－8 December, 1984.

Courtland, Robinson. Myung Ken Lee, Kenneth Hill, Gilbert M. Burnham, Mortality in North Korean Migrant Households: A Retrospective Study. The Lancet, vol.354, no.9175(July 24, 1999).

Smith, Hazel. North Koreans in China: Defining the Problems and Offering some Solutions. P.121－124.
http://www.kasm.org/PDFs/NorthKoreansinChina_HS.pdf

Won, Jae－Chun. Strategies for North Korean Refugees in China.
http://www.nkhumanrights.or.kr


На корейском языке

김상철·장재혁. 연변과 조선족. 역사와 현환. 백산서당. 2003.
권태환. 세계의 한민족. 중국. 세계한민족총서. 2. 통일원. 1996.
한상복·권태환. 중국연변의 조선족: 사회의 구조와 변화. 서울대학교지역연구총서. 서울대학교출판부, 1994.
김병호. 중국의 민족문제와 조선족. 학고방. 1996.
김종국. "세기교체의 시각에서 본 중국조선족". 연변인민출판사. 1999.
김종국. 중국 조선족 우열성 연구. 집무단. 1995.
두만강을 건너 온 사람들. 서울: 정도출판. 1999.
박창욱. 중국조선족역사연구. 연변대학출판사. 1995년 참조.
이광규. 민족 복리 우선원칙의 이론적 고찰. 구영록·임용순 공편: 한국의 통일정책. 서울: 나남출판. 1995. pp.137－161.
정판룡. 중국조선족과 21세기. 흑룡강조선민족출판사. 1999.
정판룡. 세계속의 우리 민족. 료녕민족출판사. 1996.
박민자. 중국조선족현상태분석 및 전망연구. 연변대학출판사. 2000.
정신철. 중국조선조사회의 변천과 전망. 요녕민족출판사. 1999.
허명철. 당대연변조선족사회발전대책연구. 요녕민족출판사. 2001.
김동화·김승철(편), 1993. "당대 중국 조선족 연구: 21세기로 달리는 중국 조선족(1)". 연길: 연변인민출판사.
김택 외(편). 길림조선족. 연길: 연변인민출판사. 1995.
박건일. 연길시 조선족가정 자녀양육실태조사. 당대 중국 조선족 연구: 21세기로 달리는 중국 조선족(1). 연길: 연변인민출판사. 1993.
심혜숙. 중국 조선족 취락지명과 인구분포. 연변대학출판사 및 서울대학교출판부. 1994.

이광규. 재중한인: 인류학적 접근. 서울: 일조각. 1994.

이채진. 중국안의 조선족. 서울: 집문당. 1988.

윤인진. 코리안 디아스포라. 재외한인 이주, 적응, 정체성. The Korean Diaspora. 고려대학
교출판부. 2004.


## 러시아어 자료

Ким Г. Н. Численность и миграции корейцев в КНР(1945－2000). － Шығыс. Институт
востоковедения МОиН РК, 2005, №2, с. 71－90.

Ланьков А. Корейские беженцы в Северо－Восточном Китае.
http://world.lib.ru/k/kim_o_i/a9.shtml

Наумов И. Н. Проблемы формирования и подъема уровня жизни населения КНР: Моног
рафия / РАН. Ин－т Дальнего Востока. － М.: Наука, 1993.

Сыроежкин К. Л. Регламентация межэтнических отношений в КНР: теория и практика.
М., 1997.

Сыроежкин К. Л. Эволюция формирования и основное содержание концепции национал
ьной политики КПК. Алматы, 1998.

Сыроежкин К. Л. Мифы и реальность этнического сепаратизма в Китае и безопасность
в Центральной Азии. Алматы. Дайк－Пресс, 2003.


## 한인의 일본이주


## 영어 자료

Abe, Kazuhiro. Japanese Capitalism and the Korean Minority in Japan: Class, Race, and
Racism. Ph.D. Dissertation. University of California, Los Angeles, 1989.

Bartram, David 2000: Japan and Labor Migration: Theoretical and Methodological Implications
of Negative Case. In: International Migration Review, vol.34, Spring 2000, S. 5－31.

Bridges, Brian. "Culture, Korean Residents and Reconciliation." In Japan and Korea in the
1990s: From Antagonism to Adjustment. Brookfield, VT and Aldershot, Hants,
England: Edward Elgar, 1993, pp.118－142.

Chee, Chong－il. Japans Post－war was Denationalization of the Korean Minority in
International Law. －Koreans Journal of comparative Law, Vol.10, 1982.

Cheong, Sung Hwa. "A Study of the Origin of the Legal Status of Korean Residents in Japan:
1945－1951." Korea Journal 32(1), Spring 1992, pp.43－60.

Cho, Soon Sung. "Korea－Japan Treaty of 1965, supplementary agreements." Kodansha Encyclopedia of Japan, V.4. Tokyo: Kodansha, 1983.

Chung, Young－Soo and Elise K. Tipton. 1997. "Problems of Assimilation: The Koreans" in Society and the State in Interwar Japan. Edited by Elise K. Tipton. London: Routledge: 169－217.

Conde, David. The Korean Minority in Japan. －Far Eastern Survey, Vol. XVI, 26 February, 1946.

De Vos, G. A. Japanese Citizenship and Korean Ethnic Identity: Can They be Reconciled? A Psychocultural Dilemma. In Korean residents in Japan and Korean Relations. ICSK Forum Series N.7, 1985, pp.107－135.

De Vos, Wetheral W. O. Japan Minorities: Barakumin. Koreans, Ainu and Okinawans. Minority Report Department of Emigration and Foreign Affairs. Canberra, 10－11, 1983.

Edit, Koreans in Japan( I , II). －Korean Journal, Vol.2－4, pp.49－52. Vol.2:5, pp.49－52.

Fukuoka, Yasunori. 2000. Lives of Young Koreans in Japan. Melbourne: Trans Pacific Press.

Fukuoka, Yasunori 1996, Koreans in Japan: Past and Present. In Saitama University Review, Vol.31, No.1, auch in:
http://www.han.org/a/fukuoka96a.html

Gohl, G. Die Koreanische Minderheit in Japan als Fall einer "Politisch－ethnischen" Minderheitengruppe"(The Korean Minority in Japan as a case a "Political－ethnic" Minoruty Group). Wiesbaden, W. Germany: Otto Harrassowitz, 1976.

Hahn, Bae Ho, Hong, Bung－chik. The Korean Minority in Japan: Their Problems and Prospects. Korea Observer, Vol.15: pp.4－21, 1975.

Hardace, Helen. 1989. Shinto and the State, 1868－1988. Princeton: Princeton University Press.

Herbert, Wolfgang: Japan nach Sonnenuntergang. Unter Gangstern, Illegalen und Tagelöhnern. Dietrich Reimer Verlag, Berlin 2003.

Hicks, George 1997: Japan's Hidden Apartheid: The Korean Minority and the Japanese. Aldershot: Ashgate.

Hiroshi, Komai. Foreign Migrants in Contemporary Japan. Published by Trans Pacific Press, 2001.

Hoffman, Diane M. "Changing Faces, Changing Places. The New Koreans in Japan." Japan Quarterly 39(4), October 1992, pp.479－489.

Iwasawa, Yuji. Legal Treatment of Koreans in Japan: The Impact of International Human Rights Law on Japanese Law. －Human Rights Quarterly, Vol.8, 1986.

Japans, Subtle Apartheid: The Korean Minority now. Published by RAIK(Research Action Institute for Koreans in Japan). pp.1－55, 1990.

Kajimura, Hideki. "Confronting Japanese Racism: Toward a Korean Identity." AMPO: Japan－ Asia Quarterly Review 20(1&2), 1988, pp.34－41.

Kashiwazaki, Chikako. 2000. "Politics of Legal Status: the equation of nationality with ethnonational identity." pp.13－31 in Sonia Ryang ed., Koreans in Japan: Critical

Voices from the Margin. London: Rutledge.

Kashiwazaki, Chikako. 2000b. "To Be Korean without Korean Nationality: Claim to Korean Identity by Japanese Nationality Holders." Korean and Korean American Studies Bulletin 11(2): 48−70.

Kim, Charn−Kui. Some Minority Problems in International Law. In Korean Residents in Japan and Korea−Japan Relations(ICSK Forum Series, N.7, Seoul, 1985, pp.35−41).

Kim, Hong Nack. The Korean Minority in Japan.− Korea and World Affairs, Vol.14, N.1, pp.111−137, 1990.

Kim, Sang−Hyun. Abstracts of Koreans Residents in Japan. Seoul: O Mun Gak, 1969.

Lee, Changsoo. The politics of the Korean Minority in Japan. Ph.D. diss, University of Maryland, 1971.

Komai, Hiroshi. 1995. Migrant Workers in Japan. London/New York: Kegan Paul International.

Lee, Changsoo. Ethnic Discrimination and Conflict: The case of Korean Minority in Japan. In Willem A. Veenhoven(ed.) Vol.4. Case Studies of human rights and fundamental freedoms: a World Survey: the Hague: Martinus Nijhoff, 1976.

Lee, Changsoo and George De Vos. Koreans in Japan: Ethnic Conflict and Accommodation. Berkerley California: University of California Press, 1981.

Lee, Chong−Sik. Japan and Korea: The Political Dimension. Stanford, CA: Hoover Institution Press, Stanford University, 1985.

Mc, Kinstlry J. A. and C. E. Lutrin. Koreans of Japan: an issue of human rights. − Journal of Contemporary Asia, 9:4:514−542, 1979.

Mika, Merviö. The Korean Community in Japan and Shimane. gsti.miis.edu/CEAS−PUB/200206Mervio.pdf.

Mika, Merviö. The Korean Community within Ethnic Minorities in Japan. www.unu.edu/hq/rector_office/events2003/pg−prog−6oct03.doc.    Первоисточник: Shimane Prefecture.

Min, Pyong Gap. "A Comparison of the Korean Minorities in China and Japan." International Migration Review 26(1), Spring 1992, pp.4−21.

Ministry, of Justice(1997) Annual Report of Statistics on Legal Migrants, Tokyo: Ministry of Justice.

Mitchell, Richard H. The Korean Minority in Japan. Berkeley, California: University of California Press, 1967.

Miyawaki, H. The Ethnic Identity, Bilingualism and Biculturalism of KoreanResidents in Japan. Working papers of Japanese Studies Center, Tokyo, N.5, 1988.

Moon, O.(1995) "Migratory Process of Korean Women to Japan", International Peace Research Institute, International Female Migration and Japan: Networking, Settlement and Human Rights, Tokyo: Meiji Gakuin University.

Morita, K. and Sassen, S.(1994) "The New Illegal Immigration in Japan, 1980−1992", International Migration Review 28, 1(spring): 153−63.

Morsbach, Helmut. Socio−psychological aspects of Korean in Japan. In Korea Research Foundation. Papers presented at the 6th Annual Conference of Association for Korean Studies in Europe(AKSE), held in Seoul, August 2−5, 1982.

Newell, William H. Some Problems of Integration Minorities into Japanese Society. −Journal of Asian and African Studies, Ⅱ, NN.3−4, July−October, 1967.

Onuma, Yasuaki. Nationality and Territorial Change: In Search of the State of the Law // Yale Journal of World Public Order, Ⅷ, No.1(fall, 1981), pp.1−35.

Onuma, Yasuaki. Korean Resident in Japan: Past, Present and Future. In Korean Residents in Japan and Korea−Japan Relations. International Cultural Society of Korea, ICSK Forum Series No.7, Seoul, 1985, pp.11−35.

Park, Byung Yoon. Why do the Korean Residents Refuse to Submit to Fingerprinting?(Legal Status Residents in Japan), Osaka, 1991.

Ryang, Sonia. 1997. North Koreans in Japan: Language, Ideology, and Identity. Boulder, CO.: Westview Press.

Sassen, S.(1994), "Economic Internationalization: The New Migration in Japan and the United States", Social Justice 21, 2(Summer): 62−81.

Sato, Seizaburo. 1979. "Response to the West: The Korean and Japanese Patterns" in Japan: A Comparative View. Edited by Albert M. Craig. Princeton: Princeton University Press: 105−129.

Tanaka, Hiroshi. Permanent Korean Residents and New Comers in Japan. A paper presented at the 1st International Seminar of ASKO(SNU), 1991.

Tauber, Irene. The Population of Japan. Princeton: Princeton University Press, 1958.

Tsurusima, Setsure. Origins of the Prejudice and Discrimination against Koreans in Japan as seen from Historical and Social Background.− Kansai University Review of Economics and Business, 5, 1, June, 1976.

Wahl, Yuriko. Menschenrechte in Japan. Bonner Japanforschung. Band 13. HOLOS Verlag, Bonn 1994.

Wagatsuma, H. and Wetherall W. Japans Minorities: Barakumin, Koreans, Ainu. London: Minority Rights Group Report No.31, 1975.

Wagner, Edward W. The Korean Minority in Japan, 1904−1950. New York: Institute of Pacific relations, 1951.

Weiner, Michael. 1997. "The Invention of Identity: 'Self' and 'Other' in Pre−war Japan." In Japan's Minorities: The Illusion of Homogeneity edited by Michael Weiner. London: Routledge: 1−16.

Weiner, Michael. 1995. "Discourses of Race, Nation and Empire in pre−1945 Japan." Ethnic and Racial Studies, Vol.18, No.3, July: 433−456.

Weiner, Michael. 1994. Race and Migration in Imperial Japan. London: Routledge.

Weiner, Michael. The Origins of Korean Community in Japan. 1910−1923. Manchester University Press, 1989.

Wolfgang, Herbert. Foreign workers and law enforcement in Japan. London — New York: Kegan Paul International, 1996.


## 일본어 자료

Fukuoka, Yasunori. 1993. Zainichi Kankoku Chosenjin(Korean in Japan). Tokyo: Chuo Koronsha.

Gendai, Nihon Chosen Kankeishi Shiryo(Modern Japan, Historical Materials Relating to Korea). Zainichi Chosenjin Taigu no Suit to Genjo(Changes in and the Present Treatment of Koreans in Japan), Tokyo, 1975.

Ha, Chang — ok. 1967. "Zainichi Chosenjin no 'Zairyuken' to 'Kannichi Joyaku'"("Residential Rights" of Koreans in Japan and the "R.O.K. — Japan Treaty"). Chosen Mondai Kenkyu, 6(2):263 — 287.

Hayata, Yoshiro. 1963. "Chosenjin no Hongokuho"(The Lex Domicilii of Koreans in Japan). Jurisuto, 269:103 — 105.

Iwamura, Toshio. Zainichi Chosenjin to nihon rodosha kaikyu(The Koreans in Japan and the Japanese Working Class). Tokyo: Azekura shobo, 1972.

Kang, Jae — on. Zainichi Chosenjin no Nihon Toko — shi(The History of the Crossing of Koreans to Japan), Takarazuka, 1976.

Kang, Jae — on and Kim Tong — hun. 1989. "Zainichi Kankoku Chosenjin — Rekishi to Tenbo(Koreans in Japan — History and Prospect). Tokyo: Rodo Keizaisha.

Kankoku, Mindan Chuohonbu ed. 1997. Kankoku Mindan 50 nen no Ayumi(The 50 — year history of Mindan). Tokyo: Satsuki shobo.

Kim, Chang — jong. Kaze no Dokoku: Zainichi Chosenjin Foko no Seikatsu to Rekoshi(The Lamentation of the Wind: The History and Lifestyle of Korean Factory Girls in Japan), Tokyo, 1977.

Kim, Chang — jong. Ame no Dokoku: Zainichi Chosenjin Doko no Seikatsu — shi(The Lamentation of the Rain: The History and Lifestyle of Korean Construction Workers in Japan), Tokuyo, 1979.

Kim, Yong — dal. 1990. Zainichi Chosenjin no Kika(The Naturalization of Koreans in Japan). Tokyo: Akashi Shoten.

Kinbara, Samon, et. al. eds. 1986. Nihon no nakano Kankoku Chosenjin, Chugokujin: Kanagawaken zaijyu gaikokujin jittaichosa yori(Koreans and Chinese in Japan: a survey on resident foreigners living in Kanagawa prefecture). Tokyo: Akashi shoten.

Ko, Son — hui. 1996. Zainichi Chejuto Shusshinsha no Seikatsukatei(Life Process of Koreans from Cheju Island). Tokyo: Shinkansha.

Miyata, Hiroto. 65 Mannin — Zainichi Chosenjin(650 thousand Korean Residents in Japan)

Tokyo: Suzusawa Shoten, 1979.

Morita, Yoshio. 1996. Suji ga kataru zainichi kankoku chosenjin no rekishi(The history of zainichi Koreans portrayed with statistics). Tokyo: Akashi shoten.

Onuma, Yasuaki. 1979a. "Zainichi Chosenjin no Hoteki Chii ni kansuru Ichi Kosatsu"(An Examination of the Legal Status of Koreans in Japan), part 1. Hogaku Kyokai Zasshi, 96(3):266－315.

Onuma, Yasuaki. 1979b. "Zainichi Chosenjin no Hoteki Chii ni kansuru Ichi Kosatsu"(An Examination of the Legal Status of Koreans in Japan), part 2. Hogaku Kyokai Zasshi, 96(5):529－597.

Onuma, Yasuaki. 1979c. "Zainichi Chosenjin no Hoteki Chii ni kansuru Ichi Kosatsu"(An Examination of the Legal Status of Koreans in Japan), part 3. Hogaku Kyokai Zasshi, 96(8):911－980.

Onuma, Yasuaki. 1980a. "Zainichi Chosenjin no Hoteki Chii ni kansuru Ichi Kosatsu"(An Examination of the Legal Status of Koreans in Japan), part 4. Hogaku Kyokai Zasshi, 97(2):192－268.

Onuma, Yasuaki. 1980b. "Zainichi Chosenjin no Hoteki Chii ni kansuru Ichi Kosatsu"(An Examination of the Legal Status of Koreans in Japan), part 5. Hogaku Kyokai Zasshi, 97(3):279－330.

Onuma Yasuaki. 1980c. "Zainichi Chosenjin no Hoteki Chii ni kansuru Ichi Kosatsu"(An Examination of the Legal Status of Koreans in Japan), part 6. Hogaku Kyokai Zasshi, 97(4):455－536.

Onuma, Yasuaki. Tan－itsu Minzoku Shakai no Shinwa o Koete(Beyond the Myth of Single Nation Society), Toshindo, 1986.

Pak, Sam－suk. 2002. Kaigai Korian(Overseas Korean). Tokyo: Chuokoron shinsha.

Pak, Jai－il. Zainichi Chosenjin ni Kansuru Sogo Chosa Kenkyu(A Comprehensive Investigation of Korean Residents in Japan), Shin－Kigensha, Tokio, 1979.

Park, Kyoung Sik. Zainichi chosenjin kankei shiryo shisei, dai ikkau(A collection of public documents on Koreans in Japan, Vol.1), Tokyo: Sanichi shobo, 1975.

Pak, Kyong－shik. 1989. Kaihodo Zainichi Chosenjin Undoshi(The History of Korean Movement in Japan: After the Liberation). Tokyo: Sanichi Shobo.

Sato, Akira and Yamada Terumi. Zainichi Chosenjin: Rekishi to Genjo(Korean residents in Japan: History and Contemporary) Tokyo: Akashi Scoten, 1986.

Sato, Katsumi and Kajimura Hideki. 1971. "Zainichi Chosenjin no Sengoshi to Nihon Kokka"(The Postwar History of Korean in Japan and the Japanese State). In Sato Katsumi(ed.), Zainichi Chosenjin no Shomondai(Problems Concerning Koreans in Japan). Tokyo: Doseisha.

Sato, Shigemoto. 1967. "Chosenjin no Kokuseki ni tsuite"(On the Nationality of Koreans in Japan). Minji Geppo, 22(5):14－19.

Seikatsu, Jittai Chosahan. 1959a. "Kyotoshi Nishijin, Kashiwano Chiku Chosenjin Shudan

Kyoju Chiiki no Seikatsu Jittai"(Survey of Living Conditions of Koreans Concentrated in Nishijin and Kashiwano Areas of Kyoto City). Chosen Mondai Kenkyu, 3(2):31−42.

Seikatsu, Jittai Chosahan. 1959b. "Osakashi Senbokugun Chosenjin Shudan Kyoju Chiiki no Seikatsu Jittai"(Survey of Living Conditions of Koreans Concentrated in Senboku District of Osaka City). Chosen Mondai Kenkyu, 3(1):25−34.

Shin, Hyeon−Ha and Yoshio Gondo. Zainichi kankokujin shitei no National Identity ni kansuru chosa kenkyu(A research on Identity of Korean Children in Japan). Research Bulletin of the research Institute of Comparative Education and Culture, Kyushu University, No.33, 1982.

Suzuki, Hideko. Zainichi Chosenjin Undo Nihonjin(The Korean Peoples Movement in Japan and the Japanese) Chosen Kenkyu 79, November, 1968.

Tamura, Toshiyuki. Zainichi Chosenjin Jinko no Suikei: 1910−1945(Estimates of the Korean Population in Japan: 1910−1945), Kokumin Keizai, No.138. November, 1977.

Totsuka, Hideo. Nihon ni okeru gaikokujin Rodosha Mondai ni tsuite(The Problem of Foreign Workers in Japan). −Shakai Kagaku Kenkyu, 25, 1974.

Yamawaki, Keizo. 2002. "Sengo nihon no gaikokujin seisaku to zainichi korian no shakai undo(Postwar Japan's policies toward foreigners and social movements by zainichi Koreans)." pp.286−318 in Kajita Takamichi ed., Kokusaika to aidentiti. Kyoto: Mineruba shobo.

Yi, Yu−hwan. Zainichi Kankokujin gojunenshi(A fifty Year History of Koreans in Japan. Tokyo, Shinju, Bussan Co., 1960.

Yoshika, Masuo. Zainochi Chosenjin no shakai hosho(Social Security of the Korean in Japan), Tokyo: Shakai hyoronsha, 1978.

Yoshika, Masuo. Zainichi Chosenjin no sekatsu to jinken(Life and Human Rights of the Koreans in Japan) Tokyo: Shakai hyoronsha, 1980.

## 한글 자료

정인섭 저. 재일 교포의 법적지위. 서울대학교출판부. 1995.

윤인진. 코리안 디아스포라. 재외한인 이주, 적응, 정체성. The Korean Diaspora. 고려대학교출판부. 2004.

러시아어 자료

Ким Г. Н. История иммиграции корейцев. Книга первая. Вторая половина ⅩⅨ в. −
    1945. Алматы: Дайк−пресс, 1999.
Ким Г. Н. Корейцы за рубежом: прошлое, настоящее и будущее. Алматы, Гылым, 1995.
Юриков Х. К. Корейцы в Японии, − Расы и народы, М., Наука, 1974, №.4, с. 206−229.


한인들의 유럽이주


독일어, 영어, 프랑스어 자료

Bade, Klaus J.: Von Auswanderungsland zum Einwanderungland? Deutschland 1880−1980.
    Berlin: 1983, S. 59−124.
Bauer, Thomas/Zimmermann, Klaus F.: Gastarbeiter und Wirtschaftsentwicklung im
    Nachkriegsdeutschland. In: Jahrbuch für Wirtschaftsgeschichte. München: 1996/2, S. 73
    −108.
Choe, Jae−Hyeon / Daheim, Hansjürgen: Rückkehr−und Bleibeperspektiven koreanischer
    Arbeitsmigranten in der Bundesrepublik Deutschland. Frankfurt/M., Bern, New York:
    1987, S. 67−116.(Beiträge zur Gesellschaftsforschung, Bd. 5).
Hansen, Randall. Citizenship and Immigration in Post−War Britain: The Institutional Origins
    of a Multicultural Nation Citizenship and Immigration in Post−war Britain. Oxford
    University Press, 2000, p.320.
Holt International Children's Services. 1992. Years of love······ A collection of articles and
    letters about adoption and helping homeless children. Eugene: Holt International
    Children's Services 1992.
Hubert, Ulrich: Ausländer und andere Deutsche. Bemerkungen über die Vorgeschichte einer
    aktuellen Diskussion. In: Geschichtswerkstatt, Nr. 23. o. O.: 1991; S. 5−13.
Hwang, Seung−Yeon: Probleme sozio−kulturellen Wandels durch Kulturkontakt: untersucht
    am Beispiel südkoreanischer Migranten im Saarland. Saarbrücken, Univ., Diss. 1990, S.
    91−162(Europäische Hochschulschriften, Reihe 22, Soziologie, Bd. 217).
Hwang, Seung−Yeon. Socio−Kulturelle Anpassungsprobleme koreanischer Arbeitskraefte in
    Deutschland.− Reinisch−wesfaelische Zeitschrift fuer Volkskunde, 1973, 20, S.151−
    167.

Hwang, Hae—In: Anpassungsprobleme koreanischer Arbeitskräfte in Deutschland. In: Rheinisch —westfälische Zeitschrift für Volkskunde, Band ⅩⅩ. Heidelberg: 1973.

Kim, Hung—Hyon: Deutsche und Koreaner: Gemeinsamkeiten und Gegensätze. Von Seoul nach Berlin. Seoul, Rep. Korea: 1998, S. 25—124, 235—281.

Kim, Young—Hee: Sozialisationsprobleme koreanischer Kinder in der Bundesrepublik Deutschland. Bedingungen und Möglichkeiten für eine interkulturelle Erziehung. Opladen: 1986.

Kuh, K. S. Auf der Suche nach der eigenen Identitaet. Probleme der zweiten Generation der koreanischen Minderheiten in Europa. Kulturmagazin Korean, 1986, Heft 10, S.83—99.

Lee, Jang—Seop: Koreanischer Alltag in Deutschland. Zur Akkulturation der koreanischen Familien. Münster: 1991, S. 6—15, 25—47(Beiträge zur Volkskultur in Nordwestdeutschland, Heft 75).

Lee, Kwang—kyu. Overseas Koreans. Seoul: Jimoondang Publishing Company, 2000.

Miller, Helen 1971. "Korea's international children", Lutheran Social Welfare 13(summer): 12—23.

Nesler—Tremel C. Und U. Tremel. Im Schatten des Lebens. Suedkoreaner im Steimbergbau von Nordrhein—Westfalen—Eine Untersuchung zur Rotationspolitik mit der auslaendischen Arbeitsnehmern. Heidelberg, 1985.

PAIK, 1987: in Gruppenzeitschrift der Koreanischen Jugendlichen in Hamburg, S. 17ff.

Ruediger, G. Koreaner in der Bundesrepublik Deutschland. Versuch einer Bestandsaufnahmemit dem Schwerpunkt auf Nordrhein—Westfalen(unferoeffentliches Manuskript).

Shim, Y. C. Aspekte der socio—kulturellen Einrdnung koreanschen Krankenpflegekraefte in Deutschland. Frankfurt/am M., 1974.

Simon, Michael: Deutsch—koreanische Familien: ein Beitrag zum Studium kultureller Mischehen. Münster 1985, S. 1—27, 100—156(Ethnologische Studien, Bd. 2).

Stolle, Christa: Hier ist ewig Ausland: Lebensbedingungen und Perspektiven koreanischer Frauen in der Bundesrepublik Deutschland. Terre des Femmes e. V.(Hrsg.). Berlin: 1990, S. 41—54, 66—129. S. 50.

Von, Kok—Nam Cho Ruwwe. Migrantinnen aus Korea in Deutschland. — Korea Forum. Jahrgang Ⅵ, Nummer 2, 1996, Osnabruek: Korea Kommunikations und Forschungszentrum. S.29.

Yoo D. J. Die Situation koreanischer Krankenpflegekraefte in der Bundesrepublik Deutschland und ihre social—paedagogischen Probleme, Dissertation, Kiel, 1975.

Yoo, Jung—Sook: Koreanische Immigranten in Deutschland: Interessenvertretung und Selbstorganisation. Hamburg, 1996.

You J. S. Koreanerinnen in Deutschland. Eine Analyse zum Akkulturationsverhalten am Beispiel der Kleidung, Muenster, 1981.

Yoon, Woon—Sup, Kim, Hae—Dong. Die koreanischen Bergarbeiter in Deutschland. Gestern und Heute. Korea Forum(Osnabrueck), 1999, Jg. 6, Nr. 2, S. 23—25.

Holt, M. The Orphan Trains: Placing Out in America. 1992, Lincoln, NE: University of
    Nebraska Press; http://www.holtintl.org/korea/; Holt Children's Services(1999). Status of
    Adoption(1955−1998). Seoul, South Korea: Holt International; Holt Children's
    Services(1999). Status of Adoption(1955−1998). Seoul, South Korea: Holt
    International. Holt Korea(1999, August 11).
Hübinette, Tobias. 2003. "The adopted Koreans of Sweden and the Korean adoption issue",
    Review of Korean Studies 6(1): 251−266.
Hübinette, Tobias. 2004. "The adopted Koreans and an identity in the Third Space", Adoption
    & Fostering. 28.
Tobias, Hubinette. Korean−Swedish relations and the Koreans in Sweden.
    www.orient.su.se/koreanskapersonal.html
    www.sub.su.se:591/sidor/forskning/koreaforsk/tobias/
http://www.korean.net/xelpa/users/korean/okf_eng/directory/country
http://tobiashubinette.se/adoption_history.pdf
The Korean Community in Kingston.
    http://www.dswark.org/bridge/0309/page02.htm


## 한글 자료

김인호. 재영 한인회 어제와 오늘. 재영 한인회. 1992.
박민옥. 재독한인 근로자들의 사반세기 회고. 사회와 신학. 뉴욕. 1991. No.1. pp.61−70.
스위스 생활. 스위스 한인연합회. Gotzky Drucke GmbH. 2002.
이광규. 세계의 한민족. 유럽. 세계한민족총서. 7. 통일원. 1996.
유럽한인사. 프랑스와 독일 중심으로. 재외동포재단 연구보고서. 2000−1. 서울. 2003.


## 러시아어 자료

Ким Г. Н. Из истории появления приемных детей корейцев за рубежом.− Вестник Каз
    НУ. Серия Востоковедения. 2005, №3(32), с. 43−48.
Ланьков А. 140 тысяч приемных детей.
    http://lankov.oriental.ru/d49.shtml

한인이주의 신방향: 호주와 뉴질랜드

## 영어, 독일어 자료


Ahn, B.(1995) The College Admission and the Family, Korea Journal, Summer, Vol.35, No.2:74－88.

Armitage, Lee－Anne. Factors affecting the adjustment of Koreans studying in Australia. M.A. Thesis. http://www.dfat.gov.au/akf/

Astronauts, Families and Cosmonauts couples. Immigration Research Service. New Zealand Immigration Service. May 2000.
http://www.immigration.govt.nz/NR/

Australia, Australian Bureau of Statistics. 1984. 1984 Year Book(Canberra), No.68.

Australia, Department of Immigration and Ethnic Affairs. 1982. Annual Review 1981(Canberra).

Bedford, Richard. New Zealand: The Politicization of Immigration. January 2003.
http://www.migrationinformation.org

Bedford, R. D. and Lidgard, J. M. 1997a: Arrivals, departures and net migration, 1984/85－1995/96, in Trlin A. D. and Spoonlcy P.(eds.), New Zealand and International Migration, A Digest and Bibliography, Number 3, Department of Sociology, Massey University Palmerston North and Albany, 28－41.

Bedford, R. D., Goodwin, J. E., Ho, E. S. and Lidgard, J. M. 1997: Migration in New Zealand 1986－1996: a regional perspective, New Zealand Journal of Geography, October 1997, 16－42.

Bennett, N. 1998: Asian Students in New Zealand: Policy, Problems and Performance, Institute of Policy Studies. Asia 2000 Foundation. Wellington.

Burke, K. 1986: Review of Immigration Policy, August 1986, Appendix G42 to Journals of the House of Representatives, Government Printer, Wellington.

Castles, and Kalantzis et.al., Mistaken Identity: Multiculturalism and the Demise of Nationalism in Australia, Sidney, Pluto Press, 1988.

Choi, M. 1997. Korean Students in Australian Universities. Higher Education Research and Development, 16, 3, 263－282.

Collins, J. Asian Migration to Australia. In: The Cambridge Survey of World Migration. Edited by R. Cohen. pp.376－379.

Coughlan, James Eric 'Korean Immigrants in Australia: A Demographic and Socio－Economic Profile of the Korean－Born Community in Australia from the 1986 Census', pp.123－154 in James E. Coughlan(Ed.), The Diverse Asians: A Profile of Six Asian Communities In Australia, Australia－Asia Papers, Centre for the Study of Australia－Asia Relations, Griffith University, Nathan, 1992.
http://www.faess.jcu.edu.au/saas/downloads/JimCoughlan/58－95kte.

Coughlan, James E. Korean Immigrants in Australia. 1995.

    http://www.faess.jcu.edu.au/saas/downloads/JimCoughlan/77－97kor.htm

Coughlan, James. Korean Immigrants in Australia: A Socio－Demographic and Economic Profile of the Korea－born Community From the 1996 Census.

    http://www.faess.jcu.edu.au/saas/downloads/JimCoughlan/94－99kor.htm

Coughlan, James E. & McNamara Deborah J(eds.). 1997. Asians in Australia: Patterns of Migration and Settlement. Melbourne: MacMillan Education Australia Pty Ltd. Grief, Stuart W.(ed.) 1995. Immigration and National Identity in New Zealand.

Coughlan, James E. 1995. Korean immigrants in Australia: The characteristics of recent Korea－born immigrants to Australia and a socio－demographic and economic profile of the Korean－born community from the 1991 census, Korea Observer 26,(3): 379－417.

Cremer, R. and Ramasamy, B. 1996: Tigers in New Zealand? The role of Asian Investors in the Economy, Institute of Policy Studies and Asia, 2000.

Directory, of New Zealand Expertise on Immigration.

    http://www.immigration.govt.nz/Migrant/General/GeneralInformation/Research/

Foster, Lois E. Australian multiculturalism. Bristol, 1988. Chapter 2. Immigration: Nature and consequences for Australian society. pp.7－21.

Gil, Soo Han. Korean Business Migrants in Australia.－ Asian Migrants. Volume IX, No.3, July－September 1996, pp.80－86.

Han, Gil－Soo. Australian Immigration Policy and Settlement of Koreans in Australia. － Korean Social Science Journal. Vol.XXVII, 2000, No.2, pp.197－216.

Han, Gil Soo. From Professional to Manual Workers: the Lives of Korean skilled and Family Reunion Immigrants in Australia. － Korean American Historical Society. Occasional Papers. Vol.4, 1998－99, pp.133－156.

Ho E., Bedford R. and Goodwin J. Astronauts' families: A contemporary migration phenomenon. East Asian New Zealand Research on New Migrants, Aotearoa New Zealand Migration Research Network, Paper 3, 1997, Department of Sociology, Massey University, Albany Foundation of New Zealand, Wellington.

Ho, E. S., Goodwin, J. E., Bedford, R. D. and Spragg, B. 1997: Migrants in the workforce: a Preliminary comparison of the experiences of Chinese and Korean recent immigrants in 1991 and 1996, Briefing Paper Prepared for the Participants at the Population Conference, Wellington 12－14 November, No.7, University of Waikato, Hamilton.

Kim, J. M. S. 'Koreans', pp.659－660 in James Jupp(Ed.), The Australian People: An Encyclopedia of the Nation, Its People and Their Origins, Angus and Robertson Publishers, North Ryde, New South Wales, 1988.

Lidgard, J. M., Ho, E. S., Chen, Y. Y., Goodwin, J. E. and Bedford, R. D., Immigrants from Korea, Taiwan and Hong Kong in New Zealand in the mid－1990s: macro and micro perspectives, Population Studies Centre. Discussion Paper No.29. University of Waikato, Hamilton, 1998.

Lidgard, J. and Hong-key Yoon. The Employment Experience of Recent Korean Immigrants in New Zealand. - Labour, Employment and Work in New Zealand, 1998, pp.263-275.

Moon, Sung-Hun. Managing International Education: Korean Students and Student Korean Students and Student Support Staff Perspectives at UNSW.
http://www.idp.com17aiecpapersprogramfridaycurriculum2moon_pp.pdf

New, Zealand and the Republic of Korea. Envisaging a closer economic partnership. Report to the Ministry of Foreign Affairs and Trade. April 2001. NZ Institute of Economic Research(INC.)

New, Zealand Immigration Service, Business Immigration: The Evaluation of the 1999 Business Immigration Policy, 2002.

New, Zealand Immigration Service, The Evaluation of the Settlement Services Pilots, 2002.

New, Zealand Immigration Service, Work Permits and Residence Qualitative Research, 2001.

New, Zealand Immigration Service, Work Visas and Permits Research, 2001.

New, Zealand Immigration Service, Migrants in New Zealand: An Analysis of 1996 Census Data, 2000.

O Yul, Kwon. Australia-Korea Relations: Issues and Prospects. - Korea Observer, Winter 1997, pp.537-557.

O Yu,l Kwon. Australia-Korea Relations: Yesterday, Today and Tomorrow, in C. Bulbeck(ed.), Explaining Australia,(1998). 'Country Digest - Korea', in C. Mackerras(ed.), Pacific Studies(1998).

Simpson, T. 1997: The Immigrants: The Great Migration to New Zealand, 1830-1890, Godwit Publishers, Auckland.

Spoonley, P. 1997: Migration and immigration: A New Zealand Directory of Researchers and Policy Analysts, New Zealand Migration Research Network.

Statistics, New Zealand, 1995: Asian New Zealanders, New Zealand Now Series, Statistics New Zealand, Wellington.

Statistics, New Zealand, 1998a: Census 1996: People Born Overseas, Statistics New Zealand, Wellington.

Statistics, New Zealand. 1998. 1996 Census of Population and Dwellings: People Born Overseas. Wellington: Statistics New Zealand.

Statistics, New Zealand. 1999. New Zealand Now: People Born Overseas. Wellington: Statistics New Zealand.

Te, Ratonga Menene. New Zealand Immigration Service. Immigration Research Programme. Astronaut Families and Cosmonaut Couples. May 2000.

The, Asianisation of Australia.(Volume Two). Statistics.(Immigration, Ethnicity, and Trade). http://members.ozemail.com.au

Tim, Beal. Korea and New Zealand. Broadening the Bridge. - Korea Observer, Vol. X X VIII, No.4, Winter, 1997, pp.591-609.

Thomson, Barbara. Ethnic Diversity in New Zealand: A Statistical Profile. A report on main population groups in the Ethnic Sector, prepared for the Ethnic Affairs Service, based on information from the Census of Population and Dwellings, 1996. Ethnic Affairs Service Information Series No 3 Department of Internal Affairs Wellington, 1999.

Thomson, Barbara. 1993. Ethnic Groups in New Zealand: A Statistical Profile. Research Series No.18. Wellington: Department of Internal Affairs.

Trlin, Andrew & Spoonley, Paul. 1997. New Zealand and International Migration: A Digest and Bibliography Number Three. Auckland: Department of Sociology, Massey University, Albany Campus.

Vasil, R. and Yoon, H−K. 1996: New Zealanders of Asian Origin, Institute of Policy Studies, Wellington.

Western, J. S. Asiatische Studenten in Australien.−Australien and Asien. Einige Aspekte australoscher Asienpolitik. Herauasgeben von Venturino G. Venturini. Otto Harassowitz −Wiesbaden. 1970, S. 259−286.

Winkelmann, Liliana and Rainer. 1998. Immigrants in New Zealand: A Study of their Labour Market Outcomes. New Zealand Department of Labour Occasional Paper Series. Wellington: Department of Labour.

Yoon, Hong−key. Recent East Asian Immigrants and Their Contribution to Multi−Culturalism in Auckland, New Zealand. − 2003.

Yoon, H−K and Bedford, R. D. 'Korean Visitors to New Zealand: a case of unsustainable tourism?', New Zealand Journal of Geography, 108, 1999.


## 한글 자료

김종심. 호주 한국인 뿌리내기 20년. 신동아 6월호. pp.428−437.

백시현. 호주 교포 이민사 개괄. 소수민족. 1986. No.4. pp.23−26.

호주 원주민의 역사와 현황. 주시드니 총영사관. 1994.

최근 호주 이민쿼타 및 한국인 이민 추이. 주시드니 총영사관. 1993.

한경구. 세계의 한민족. 아시아 · 태평양. 세계한민족총서. 8. 통일원. 1996.

호주 경제동향과 전망. 한국산업은행 시드니 사무소. 1995.

대 호주 수출입 동향. 대한무역진흥공사 시드니 무역관. 1995.

호주 이민 제도와 한국인 호주 이민 현황. 주시드니 총영사관. 1993.

퀸즈랜드 주(State of Queensland)개요. 주시드니 총영사관. 1993.

뉴사우스웨일즈(N.S.W.) 및 시드니. 주시드니 총영사관. 1995.

한국 학교 이야기 제3호: 94년도를 보내면서, 호주 한국 학교. The KOS. Vol.6, No.1, 재호 한국 유학생회. 1994. 호주 시드니 한인회보.

윤인진. 코리안 디아스포라. 재외한인 이주 적응, 정체성. The Korean Diaspora. 고려대학교

출판부. 2004.

윤홍기·임석희. 뉴질랜드 오클랜드 지역 한국의 생업 분석. 대한지리학회지. 제32권 4호. 1997(491−510).


## 러시아어 자료

Ким Г. Н. Отношения между Республикой Корея и Новой Зеландией: от экспорта товаров до миграции. Вестник КазНУ. Серия Международные отношения. 2004, № 4(16), c. 36−42.

Ланьков А. Н. Австралия − страна кенгуру и иммигрантов. Русский журнал, 16 ноября 2002.



# 한인의 중남미 이주


## 스페인어 자료

Alba, Francisco(1992). "Migración internacional y modelos de desarrollo en el contienente americano", en El poblamiento de las Américas, International Union for the Scientific Study of Population, Veracruz.

CEPAL/CELADE(2000). "Migración Internacional en América Latina: IMILA", Boletín Demográfico No.65, Serie LC/G. 2065 P, CELADE, Santiago de Chile.

CEPAL/CELADE(2000)(1999). Migración internacional en América Latina y el Caribe: Algunos antecedentes empíricos, LC/DEM/R. 296, CELADE, Santiago de Chile.

Cevallos Diego. Mexico: South Koreans a growing Presence in Retail District.
http://www.globalinfo.org/eng/reader.asp?ArticleId=23581

Choi, Keum Joa. 1991. Alem do Arco−Iris: A imigração Coreana do Brasil. Masters thesis. Faculdade de Filosofia, Letras, e Ciencias Humanas da Universidade de São Paulo.

Dona, Cristián(2002). Percepción de la inmigración reciente en Chile a través del análisis de medios de prensa, Santiago de Chile, Universidad de Chile, tesis para optar al Título de Sociólogo,(inédito).

Estrada, Francisco A. Romero. Factores que provacaron las migraciones de chinos, japoneses y

coreanos    hacia    Mexico:    siglos    ⅩⅨ    y    ⅩⅩ.    http://www.gkn−
la.net/history_resources/factores_que_provocaron_las_migraciones_FRomero.htm

Mera, Carolina. La inmigración coreana en Buenos Aires: multiculturalismo en el espacio urbano. Carolina Mera. 1.a ed. [Buenos Aires]: EUDEBA, 1998.

Mezzano, Silvia(1995). "Políticas de Inmigración chilena desde 1845 hasta 1992", en Revista Diplomacia, No.68, junio diciembre, Academia Diplomática de Chile, Santiago.

Organización, Internacional para las Migraciones(1992). Aspectos jurídico e institucionales de las migraciones, Santiago de Chile.

Millones, Luis Santagadea. Minorías étnicas en el Perú. Lima: Pontificia Universidad Católica del Perú, 1973. p.97.

Panaia, Marta. "Inserción laboral coreana en el mercado de trabajo argentino(Korean workers in the Argentine labor market)." Estudios Migratorios Latinoamericanos, v.31(December 1995): 613−632.

Stefoni, Carolina Espinoza(2003). Inmigración en Chile: Una Oportunidad a la Integración, FLACSO, Santiago de Chile.

Vargas, del Campo, Alberto(1997). "Hacia una Política de Inmigración. Los inmigrantes económicos: Criterios para su elegibilidad", en Revista Diplomacia, No.73, septiembre −diciembre, Academia Diplomática de Chile, Santiago.

## 영어 자료

A Brazilian Koreans: a Force in Fashion; Bringing expertise and resources from two worlds, they are energizing L.A.'s apparel district. 'My whole family's in garment', says the son of one merchant. 'What else do I know?' Los Angeles Times; Los Angeles, Calif.; Apr 30, 1998.

Calvin Sims, "South Korean emigrants fulfilling dreams of prosperity in Argentina", Dallas Morning News, December 3, 1995. "Asian smuggling ring busted in Argentina", Agence France Presse, October 13, 1995.

Gong, Ro−Myung(1995) "Korea−Latin America Relations in the Post Cold War Era", Speech at the Argentine Council for International Relations(CARI), 30 August.

Jyoung Taik−Hwan, Korean Investments in Latin America, paper presented to the conference on Regional Integration in the Americas and the Pacific Rim, University of California, San Diego, February 28, 1997.
http://orpheus.ucsd.edu/las/prrptk.htm

Kim, Won−Ho. The Importance of Korean Advancement in Latin America and the Role of Government, in Regional Economy(June 1996).

Kim, Won−Ho. Economic Cooperation with Latin America(Paper presented at a Seminar for the Korean companies in August 1996, Seoul).

Kim Won-Ho. Korean-Latin American Relations: Trends and Prospects, Korean Journal of Latin American Studies Vol.1(1998), pp.25-48.

Kim, Young Kon(1993) "The Economic Relationship between Korea and Latin America: Past, Present and Future Prospects", in Soo-Keun Kim, et al,(eds.), Comparison of Development Experiences: Latin America and Korea. Ajou University Press.

Martínez Montiel, Luz María. Asiatic Migrations in Latin America. México D.F.: El Colegio de México, 1981.

Paes Manso, Bruno 1998 Korean Boom in the Rag Trade. World Press Review(August 1998): 31-32(originally published in Veja, May 13, 1998).

Woo, Je-Ryang. The Investment Strategy of the Korean Firms in Latin America(Paper presented at a Seminar for the Korean Companies in August 1996, Seoul).
http://plaza.snu.ac.kr/~kjlas/PDF/KIMWH.PDF


## 한글 자료

임천택. 쿠바이민사. 쿠바: 태평양주보사. 1954.

전경수. 세계의 한민족. 중남미. 세계한민족총서. 6. 통일원. 1996.

전경수. 브라질의 한국이민. 서울: 서울대출판부. 1991.

지치을. 낭만의 나라 PARAGUAY, 아순시온: 현대신문사. 1988.

파라과이 한인이민 35년사. 재파라과이 한인회. 1999.

이교범. 아르헨티나 한인이민사. 부산: 선영사. 1990.

이영숙 편. 유까딴의 첫 코리언. 서울: 인문당. 1988.

이인길. 송암 문학전집. 브라질. 1983.

임천택. 쿠바이민사. 태평양주보사. 1954.


# 동남아시아 이주


## 영어 자료

ASEAN-Republic of Korea Dialogue. http://www.asean.or.id/7672.htm

Franklin Fisher, Stars and Stripes. Stripes Sunday magazine, Sunday, January 6, 2002.

Mongolian Statistical Yearbook 2000. Ulaanbaatar: National Statistical Office of Mongolia, 2001, p.195, Mongolian Statistical Yearbook 2002. Ulaanbaatar: National Statistical Office of Mongolia, 2003, p.225.

Philippines Allows North Koreans to Stay. Newsherald.com. Saturday, March 16, 2002; Asian Political News, December 16, 2002.

Tsedendamba Batbayar. Foreign Migration Issues in Mongolia. p.149.
httpgsti.miis.eduCEAS－PUB2003_Batbaya.pdf

Tsedendamba Batbayar. Foreign Presence in Mongolia: Current Status and Problems. P., 146.
httpgsti.miis.eduCEAS－PUB200109Batbayar.pdf
http://www.korean.net/xelpa/users/korean/okf_eng/directory/country/
http://www.mofat.go.kr/mission/emb/embassy


## 한글 자료

그들은 나를 칼리만탄의 왕이라 부른다, 상하 두 권, 권태하, 1994. 중앙일보사.

한경구. 세계의 한민족. 아시아·태평양. 세계한민족총서. 8. 통일원. 1996. 34쪽.

학교 현황. 자카르타 한국 국제학교. 1995.

인도네시아진출 한국기업의 노사관계: '한국적 경영방식' 이미지 형성과 '노동자 담론'의 확산. 신윤환. 1995. 10.

인도네시아 진출 한국기업의 노사관계: 현지조사 보고서. 참여민주 사회시민연대 인권센터 해외진출기업문제 특별위원회.

인도네시아 노동자들 한국기업 가장 싫어한다. <참여사회> 통권 3호. 김은영. 1995년 9/10월.


## 러시아어 자료

Бойцов В. Особенности внутрирегиональной торговли стран Юго－Восточной Азии.
http://www.iaas.msu.ru/res/lomo03/boitsov.html

Степанов Д. В. Современное состояние и перспективы экономической интеграции стран АСЕАН. Автореферат диссертации на соискание ученой степени кандидата экономических наук. Москва 2002.

Сулицкая Т. И. Страны АСЕАН и международные отношения в ЮВА. М., Наука, 1985.

Юго－Восточная Азия в 2000 г. Актуальные проблемы, М., 2001.

# 서아시아 및 아프리카 이주한인

## 영어 자료


Abdullah, Muhammad Morsy. The United Arab Emirates: A Modern History. London: Croom Helm, 1978.

Abella, I. M. Asian Migrant and Contract Workers in the Middle East. The Cambridge Survey of World Migration. Edited by Robin Cohen. Cambridge University Press. 1995, pp.418－423.

Alessa, Shamlan. The Manpower Problem in Kuwait. London: Kegan Paul, 1981.

Anthony, John Duke. The Gulf Cooperation Council, Journal of South Asian and Middle Eastern Studies, 5, No.4, Summer 1982, 3－18.

Awad, Ibrahim. Trends and Prospects of Labour Migration to Kuwait, Saudi Arabia and the U.A.E. In International Labour Migration Statistics and Information Networking in Asia. New Delhi: International Labour Organization, 1993, pp.162－227.

Birks, J. S., and C. A. Sinclair International Migration and Development in the Arab Region. 1980, Geneva: International Labour Office; Birks, J. S., I. J.

Blackwell, James. Thunder in the Desert: The Strategy and Tactics of the Persian Gulf War. New York: Bantam, 1991.

Clarke, Angela. Bahrain: Oil and Development, 1929－1989. London: Immel, 1991.

Clements, Frank. Kuwait. Oxford: Clio Press, 1985.

Cole, Donald. Nomads of the Nomads: The Al Murrah Bedouin of.

Economic, Cooperation of Korea to the Middle East: Retrospect and Prospect. Korea and Middle East in Changing World Order. The 2nd International Symposium on Korea and Middle East in Changing World Order Institute of the Middle East, Hankuk University of Foreign Studies. Seoul, Korea, October. 1996.

Fishelson, Gideon. 1989. Economic Cooperation in the Middle East. Boulder: Westview Press.

Fisher, Sidney N. The Middle East. New York: McGraw－Hill, 1990.

Germany, Statistiches Bundesamt. Länderbericht Vereinigte Arabische Emirate, 1990. Wiesbaden: Metzler/Poeschel for Federal Statistical Office, 1990.

Girgis, Maurice. The GCC Factor in future Arab Labor Migration. Prepared by LTC TECHNO－ECONOMICS INC. Raleigh, NC 27615 USA. Submitted to Fourth Mediterranean Development Forum Amman, Jordan October 2002.

Graz, Liesl. The Turbulent Gulf. New York: St. Martin's Press, 1990.

Hilan, Rizkallah. 1993. The Economics of Middle East Peace. Fischer, Stanley, Rodrik, Dani and Tuma, Elias ed. London: The MIT Press.

Hong, Seong Min. 1989. "Economic Development and Agriculture in the Middle East." Asian Economies. No.68. Research Institute of Asian Economies.

Hong, Seong Min. 1991. The Economics for the Middle East. Seoul: Myung Ji Publishing Co.

Hong, Seong Min. 1992. "The Changes of World's Economic Order and Economic Cooperation between Korea and Jordan." Parallel Study of the Political Economic Model of Jordan and Korea. Institute of the Middle East, The Center for Foreign Studies Hankuk University of Foreign Studies.

Hong, Seong Min. 1994. "The Changes of the International Economic Order & the Middle East after the Gulf War." 10th Annual Conference, Japan Association for the Middle East Studies(JAMES), May 14th－15th, Takushoku University, Japan.

Hong, Seong Min. 1995. "The Unified Yemeni Economy and its Economic Relations with Korea." The Journal of the Economy & Society. Vol.20. Seoul: Research Institute of the East－West Economy & Society.

Hong, Seong Min.1996. "Yemen's Economic Situation and its Relations with Korea." 12th Annual Conference, Japan Association for the Middle East Studies(JAMES), April 20th －21st. Tottori University, Japan.

Hong, Seong Min. Commercial Relations between Korea and the Middle East in the Medieval Ages. http://hopia.net/hong/file. http://ht/hong/file/english

Hong, Wontack, 1994. Trade and Growth: A Korean Perspective. Seoul: Kudara International.

Hyun, Oh－Seok. The Impact of Overseas Migration on National Development: the case of the Republic of Korea. In To the Gulf and Back: Studies on the Economic Impact of Asian Labour Migration, Rashid Amjad, ed. United Nations Development Programme and International Labour Organization Asian Employment Programme (ARTEP)(RAS/85/009), 1989, pp.143－164.

Kim, Sooyong. Labor migration from Korea to the Middle East: its trends and impact on the Korean economy. In Asian labor Migration: Pipeline to the Middle East, F. Arnold and N. M. Shah, eds. Boulder, Colorado, and London: Westview Press, 1986, pp.163 －174.

Lee, Honggue. 1996. Challenges and Responses in the New Trading Environment: A Korean Perspective. Seoul: Korea Development Institute.

Levels, and Trends of International Migration to Selected Countries in Asia. United Nations. New York, 2003. United Nations Population Division.

Mallakh, Ragaei. The Economic Development of the United Arab Emirates. London: Croom Helm, 1981.

Moon, Chung In. Korean Contractors in Saudi Arabia: Their Rise and Fall, Middle East Journal, 40, No.4, Autumn 1986, pp.614－633.

Mossa, Abdulrasool. Immigrant Labor in Kuwait. London: Croom Helm, 1985.

Niblock, Tim. Social and Economic Development in the Arab Gulf. London: Croom Helm, 1980.

RIES, means Research Institute of the East－West Economy & Society, KIME, Korea Institute of the Mideast Economies, KYC, Korea－Yemen Center, PEDCO, Korea Petroleum

Development Corporation, KAMES, Korea Association of the Middle East Studies, JAMES, Japan Association of the Middle East Studies and KJES, The Korea Journal of Economy & Society respectably.

Russell, S. S. International migration and political turmoil in the Middle East. Population and Development Review(New York), 1992, vol.18, No.4(December), pp.719−727.

Sakong, Il. 1993. Korea in the World Economy. Washington, DC: Institute for International Economics.

Seccombe, and C. A. Sinclair. Migrant workers in the Arab Gulf: the impact of declining oil revenues. International Migration Review(Staten Island, New York), 1986, vol.ⅩⅩ, No.4, pp.799−814.

Seok, Hyunho. Korean migrant workers to the Middle East. In Migration to the Arab World: Experience of Return Migrants. Tokyo: United Nations University, 1991, pp.56−102.

Sun, Yoon−kyung. Islam in Korea. Hartford, 1971.

The, Unified Yemeni Economy and its Economic Relations with Korea. KJES, RIES. Vol.20. 1996.

The, Changes of World's Economic Order and Economic Cooperation between Korea and Jordan. Parallel Study of the Political Economic Model of Jordan and Korea. Institute of the Middle East, The Center for Foreign Studies Hankuk University of Foreign Studies. 1989.

http://www.korean.net/xelpa/users/korean/okf_eng/directory/country


## 한글 자료

국책연구원 연구보고서. 서울: 대외정책연구원. 2001.

예멘의 경제와 한국. [현대경제와 사회]. 종합경제사회연구원. 제20호. 1995.

전경수. 세계의 한민족. 중동. 아프리카. 세계한민족총서. 9. 통일원. 1996.

한국의 대중동진출 현황과 대응전략. [동방]. 제4호. 한국외대 동양어대. 1984.


## 러시아어 자료

Александров И. А. Монархии Персидского залива: этапы модернизации. М.: Дело и сер виз, 2000.

Ким Г. Н. Ислам в Корее. − Шелковый путь и Казахстан. Материалы научно−практич еской конференции. Алматы, 2−3 сентября 1998. Алматы: Жибек жолы, 1999, с. 55−63.

Ли Ги Бэк. История Кореи: новая трактовка. Москва: Первое марта. 2000.

Мазеин Н. В. Иностранная рабочая сила в зоне Персидского залива: страны, которые п
ерестали быть арабскими.
http://geo.1september.ru/article.php

Мамед－заде П. Аравийские монархи избавляются от гастарбайтеров. Независимая газет
а, 9 июля, 2003.

Миграции в Африке / Беляев А. Б., Громова О. Б., Гусаров В. И. и др.; Отв. ред.
Муштук О. З.; РАН. Ин－т Африки. － М.: Наука, 1994.

# Содержание

## Глава 2. Миграционные процессы среди корейцев в СССР и постсоветском пространстве

## Глава 9. Иммиграция в Юго-Восточную Азию и в другие регионы азиатского континента



## Глава 10. Иммиграция на Ближний Восток и страны Африки

이 책은 김 게르만 교수의 История иммиграции корей цев, Книга вторая, 1945~2000 годы(한인이주의 역사, 제2권, 1945~2000)을 번역한 것이다. 김 교수는 해외한인의 역사를 종합하는 학술단행본을 전체 3권으로 기획하고 먼저 1권 История иммиграции корей цев, Книга первая, Вторая половина XIX в.~1945 г. (한인이주의 역사, 제1권, 19세기 후반~1945년)을 1999년 알마티에서, 그리고 동 저서의 한글판 『한인 이주의 역사』를 2005년에 서울에서 발간한 바 있다. 제1권에서는 한인이주가 시작되는 1864년부터 1945년까지의 시기를 대상으로 소련한인(고려인), 미주한인, 재일동포, 조선족 문제가 다루어졌다. 이번 제2권에서는 1945년부터 2000년까지의 시기를 대상으로 앞의 주요 해외한인 외에 세계 각지의 한인들 이주문제가 모두 분석되었다. 1945년은 한국이 일제강점기에서 벗어난 해라는 점에서, 2000년은 새로운 밀레니엄 시대의 서막을 올린다는 점에서 저자가 의미를 부여하였다.

해외동포인 저자가 생애에 비해 비교적 길지 않았던 한국체재의 경험에도 불구하고 한국의 상황에 대해 정확하고도 객관적인 시각을 가지고 연구서를 집필할 수 있었던 것은 그의 뛰어난 학문적 능력과 한국어 실력 때문이었다고 역자는 생각한다. 그의 경력에도 나타나 있듯이 카자흐스탄에서 출생하고 고등교육을 받은 저자는 특출한 연구의지로 한국을 비롯한 해외의 저명한 연구기관에서 수학하면서 자료를 수집하고 전문가들과 면담하면서 생생한 견해정립을 구축했을 것이다. 그 결과 한국적 상황을 누구보다도 더 잘 아는 해외동포 학자로서 자리매김되었다는 것은 부인할 수 없는 사실이다.

역자가 보기에 이 책의 장점은 전 세계에 있는 해외한인의 문제를 누락됨 없이 모두 포괄하여 분석하고 있다는 것으로 이것은 지금까지의 어떤 다른 저서에서도 볼 수 없었던 모습이다. 물론 1945년 이후 시기라는 측면이 단서로 잡혀 있긴 하지만 사실상 제대로 본다면 그때가 되어서야 한인들이 전 세계로 진출했었기 때문에 아무런 문제가 되지 않는다. 지금까지 해외한인 문제를 다룬 단행본은 특정 시기나 특정 지역 혹은 국가에 치중되어 있어서 전반적인 사정을 이해하는 데에는 한계가 있었다. 이 책은 이러한 한계를 해소해 주는 강점이 있는 것이다. 러시아고려인 문제에 치중되어 있던 역자 또한 이 책을 번역하면서 대단히 방대한 양의 공부를 한 셈이다. 때로는 역자에게 생소한 인명이나 지명 및 사건명에 대해 일일이 관련 서적을 통해 확인하였다. 그러는 과정에서 주변 사항에 대해 읽어보고 대조도 해 보면서 많은 지식을 터득하게 되었던 것이다.

역자가 2005년 가을 학기에 한국학술진흥재단의 해외한국학 파견교수로서 알파라비 카자흐국립대학교에서 한국학 전공학생을 상대로 강의하게 되었을 때 이전부터 알고 지내던 김 게르만 교수로부터 책 번역 제의를 받게 되었다. 책 번역에 대해서는 별로 관심이 없었던 역자가 출판도 되지 않았던 책 번역에 동의하게 된 것은 한국학 전공 학생들을 위하여 많은 힘을 쏟고 있는 동포학자를 존중하는 마음에서 비롯되었다.

그러나 책을 단순히 읽고 요약하면서 지식을 쌓는 것과 다른 사람의 글을 꼼꼼하게 번역하여 정리하는 일은 별개의 일이라는 것을 역자가 깨닫게 되었다. 학술서를 번역해 본 사람들은 이미 아시겠지만 사실 번역이라는 작업은 함부로 아무나 하는 일이 아니었다. 번역 중단에 대해서도 여러 번 생각도 해 보았지만 그렇게 할 수 없었던 것은 일종의 '신뢰와 약속'에 대한 역자의 강한 의지가 있었기 때문이었다.

두 권으로 된 본래의 단행본에는 부록편까지 있었지만 번역본에서는 생략하였다. 부록편은 동포들의 현황에 관한 자료여서 이 책이 아니더라도 독자가 쉽게 구할 수 있는 것이기도 했고 또한 역서의 분량이 지나치게 두꺼워지는 것을 방지하기로 저자와 합의했기 때문이다. 제대로 꼼꼼하게 번역한다고 했지만 어떤 부분에서는 모호한 표현도 있었을 것이라고 생각한다. 오역에 관한 책임은 전적으로 역자에게 있다.

러시아역사를 연구하던 역자가 러시아고려인 문제에 관심을 갖게 되고 연구하게 된 것은 2000년 재외동포재단 위탁연구조사에서 시작되었는데 이때 학문적 안내를 해 주신 한국외국어대학교 임영상 교수님께 감사의 말씀을 드리고 싶다. 아마 그분이 아니었더라면 역자는 고려인을 비롯한 우리 동포문제에 대해 문외한으로 남아 있었을 것이고 이 책도 나올 수 없었을 것이다. 그리고 좋은 책 번역을 허가해 주신 김 게르만 교수님께도 감사의 마음을 전해드리고 싶다. 오히려 늦은 출간에 송구함을 표하지 않을 수 없다. 그분은 역자가 알마티에서 있을 때 많은 도움을 주셨고 현재에도 역자와의 학문적 교류를 허락하고 있다. 그리고 시장성이 현격히 떨어지는 역자의 번역본 출판을 흔쾌히 맡아준 한국학술정보(주) 담당자분들께도 진심 어린 감사의 말을 드리고 싶다.

번역 때문에 많은 시간을 즐겁게 보내지 못한 아내와 두 아들에게 미안한 마음이 앞서지만 그래도 끝까지 묵묵히 지켜보고 격려해 준 것에 고마운 마음을 전하지 않을 수 없다.

2010년 무더운 7월 왕산을 바라보며
황영삼

## 김 게르만 니콜라예비치

알파라비 카자흐국립대학교 한국학과 교수
동 대학교 한국학연구센터 소장, 카자흐스탄 공훈교수
카자흐국립대학교 역사학박사(한인해외이주사 전공)
한국 국제교류재단 펠로우, 미국 미시간대학교 교환교수, 일본 동경대학교 교환교수

『한인이주의 역사』(2005)
『한국해외이민사: 19세기 후반-1945년』(러시아어, 한국어출판)
『러시아와 카자흐스탄 한인교육사: 19세기 후반-2000년』(러시아어, 영어, 한국어 출판)
『고려인: 역사와 출판 목록』(러시아어, 영어, 한국어 출판)

## German Kim

German Kim is one of the leading experts on Korean Diasporas and ethnic minorities in Central Asia. He received his Ph.D. from the Kazakh National University. Currently he is Director of the Center of Korean Studies and Professor in the Word History in the KazNU. He has written and edited a large number of books and published over hundred papers, originally in his native Russian, but translated into Kazakh, English, Korean, German and Japanese. Of those there are two books that are particularly noteworthy on the history of the Korean Diaspora. These are monumental works, and when the third volume is completed, they will be recognized as standard texts on the subject.

He presented papers in more than 50 international conferences in Ann Arbor, Warsaw, Berlin, Delhi, Seoul, London, Tokyo, Stockholm, Vancouver, Moscow, Hamburg, Harvard, Daegu, Los Angeles, Kwangju, Cheju, Taipei, Chicago, San Francisco, Sapporo, Tashkent, Bishkek, Almaty etc.

He is a member of the International Commission on Sources of the History of Korea, Korean studies associations in Europe (AKSE, London) and Asia (ASKO, Seoul), the USA - AAS (Ann Arbor, USA). Since 1996 he is the Chief-editor of the journal "Newsletter of Korean Studies of Kazakhstan" and member of the editorial board of the journal "Acta Koreana» (Los Angeles), «Korea Forum» (New York), «International Area Review (Seoul).

German Kim got research and field work grants of the Korea Research Foundation (1991), Korea Foundation (1992, 2004), British Academy(1992), Soros Foundation (1998), Korea Research Foundation (2001), Japan Museum of Anthropology in Osaka (2002), IREX (2003), Academy of Korean Studies (2005, 2006), POSCO (2007), IDE JETRO (2008) and Center for Slavic Studies Hokkaido University (2008).

As visiting Professor he was teaching special courses in the Hankuk University of Foreign Studies (Seoul, 2004) and in the Institute of Humanities University Michigan, Ann Arbor (2006) granted by A. Mellon Global Foundation.

Since 1996 he is the President of the Association of Korean Studies in Kazakhstan. Over 10 years he is serving for Korean community as Vice-President of the Association of Koreans in Kazakhstan; from 2000 he is a member of the International Committee for the Peace Democratic Unification of Korea headed by the President of the Republic of Korea.

For his academic, educational and social efforts German Kim was awarded certificates of merit, diplomas and the highest governmental title of the "Honored worker of the Republic Kazakhstan" (2007). He was awarded 2009 by the Ministry of Sciences and Education the medal "Merit for outstanding contribution in the development of Sciences in Republic of Kazakhstan"

List of Major Works

1. *History of Korean Immigration. Vol.1. Second Half of XIX c.-1945. Almaty:* Daik Press, 1999.- 424 P.

2. *Koryo Saram: Historiography and Bibliography.* Almaty: KazNU Press, 2000.- 280 P.

3. Co-edited with Ross King. *Koryo Saram: Koreans in the former USSR.*Korean and Korean American Studies Bulletin, Vol.12, No.2/3, 2001.- 189 P.

4. 『한인 이주의 역사』, 서울, 박영사, 2005, 460 P.

5. *History of Korean Immigration. 1945-2000. Vol.2, Part 1.,* Almaty: Daik Press, 2006.- 428 P.

6. *History of Korean Immigration. 1945-2000. Vol.2, Part 2.,* Almaty: Daik Press, 2006.- 394 P.

7. *Diasupora toshite no Korian (Koreans as Diaspora).*In co-authorship with Lee Kwang-Gyu, E. Chang, S. Ryang, R. King at all. East Rock Institute. Tokyo. 2007.- 578 P.

8. Koryo Saram in Kazakhstan, Uzbekistan and Russia. - World Diasporas Encyclopedia. Vol.2., Kluwer, 2004, pp.985-993.

9. German N. Kim (Area Editor) Korean Diaspora: Central Asia, Northeast Asia and North America. East Rock Institute. New Haven, Connecticut, 2008.- 450 P.

10. Ethnic Entrepreneurship of Koreans in the USSR and post Soviet Central Asia. IDE VRS Monograph Series, No.446, Institute of Developing Economies, 2008.-99 P.

11. Republic of Korea. The Countries of the World. Almaty: Daik-Press, 2010.- 584 P.

## 황영삼

한국외국어대학교 중앙아시아연구소 연구교수
알파라비 카자흐국립대 초빙교수
한국외국어대학교 러시아연구소 책임연구원 역임.

『재외동포사 연표: 러시아 · 중앙아시아』(2009)
『중앙아시아학 입문』(공저, 2009)
『러시아 · 중앙아시아 한인의 역사』(공저, 2008)
『소련해체 이후 고려인 사회의 변화와 한민족』(공저, 2005)

# 해외한인사
## 1945~2000


**초판인쇄** | 2010년 8월 31일
**초판발행** | 2010년 8월 31일

**지은이** | 김 게르만
**옮긴이** | 황영삼
**펴낸이** | 채종준
**펴낸곳** | 한국학술정보㈜
**주  소** | 경기도 파주시 교하읍 문발리 파주출판문화정보산업단지 513-5
**전  화** | 031) 908-3181(대표)
**팩  스** | 031) 908-3189
**홈페이지** | http://ebook.kstudy.com
**E-mail** | 출판사업부  publish@kstudy.com
**등  록** | 제일산-115호(2000. 6. 19)

ISBN  978-89-268-1432-1 93330 (Paper Book)
      978-89-268-1433-8 98330 (e-Book)